D1693697

Herausgeber Paul Stadlin, Zug

Les Parlements des cantons suisses

Die Parlamente der schweizerischen Kantone

I Parlamenti dei cantoni svizzeri

Verlag Kalt-Zehnder, Zug

Copyright
Paul Stadlin, Herausgeber, Zug,
und Erich Kalt, Verleger, Zug

Herausgeber
Paul Stadlin, Zug

Übersetzung ins Englische
Anne Kistler, Bern

Linguistische Bereinigung
Robert Hux, Schlatt bei Winterthur

Fotografen
Urs und Theres Bütler, Luzern

Gestaltung
Hans Peter Dubacher, Luzern

Bildredaktion
Paul Stadlin, Zug

Fotolithos
Kreienbühl AG Reprotechnik, Luzern

Fotosatz und Offsetdruck
Kalt-Zehnder-Druck, Zug

Buchbinder
Schumacher AG, Schmitten

ISBN 3-85761-244-4

Printed in Switzerland 1990

Dieses Buch wurde nebst dem Anhang
«Synoptische Tabellen über Organisation und Verfahren»
in einer ersten Auflage von 7500 Stück gedruckt.

Liste der Sponsoren

Öffentliche Sponsoren

Kanton Zug (Kulturfonds)
Stadt Zug
Gemeinde Oberägeri
Gemeinde Unterägeri
Gemeinde Menzingen
Stadt Baar
Stadt Cham
Gemeinde Hünenberg
Gemeinde Steinhausen
Gemeinde Risch
Gemeinde Walchwil
Gemeinde Neuheim
Bürgergemeinde Zug
Korporation Zug

Private Sponsoren (in alphabetischer Reihenfolge)

Arcadia Verlag AG, Zug
Bossard AG, Zug
Bourns AG, Zug
Constantia Zug AG, Zug
Corange AG, Zug
Crypto AG, Steinhausen
Engelhorn Peter, Brent-Fontanivent/VD
Paul Etter Söhne, Zug
Gerling Globale, Zug
Goehner Stiftung, Zug
Hell International, Zug
Holdag AG, Zug
Prof. Walther Hug Stiftung, Zug
Johnson Wax International SA, Zug
Jubiläumsstiftung «Zürich»/VITA/ALPINA, Zürich
Landis Bau AG, Zug
Landis & Gyr Betriebs AG, Zug
Lego AG (Kristiansen & Co.), Baar
Marc Rich Holding AG, Zug
Marine Cement Ltd., Zug
Merbag Holding AG, Zug
Metall & Rohstoff AG, Zug
Metallwaren Holding AG, Zug
Metro International AG, Baar
Mondiventures AG, Zug
Alfred Müller AG, Baar
MZ-Immobilien AG, Zug
Nestlé AG, Cham
Peikert Bau AG, Zug
Philipp Brothers AG, Baar
Raiser Helmut, Zug
E. Renggli AG, Risch
Rittmeyer AG, Baar
Ruegg Hans, Zug
Schweizerische Bankgesellschaft, Zug
Schweizerischer Bankverein, Zug
Schweizerische Kreditanstalt, Zug
Schweizerische Lebensversicherung & Rentenanstalt, Generalagentur, Zug
Schweizerische Volksbank, Zug
Sika Finanz AG, Baar
Sony Overseas AG, Baar
Spinnerei an der Lorze, Baar
Trichema AG, Baar
Varian AG, Zug
V-Zug AG, Zug
Wasserwerke Zug AG, Zug
Weidmann Holding AG, Zug
Zuger Kantonalbank, Zug

Die genannten Sponsoren haben wesentlich dazu beigetragen, dass das Werk erscheinen konnte, was an dieser Stelle dankbar vermerkt sei.

Inhaltsverzeichnis/Table des matières/Indice

Vorwort	Hans Hürlimann Dr. iur., a. Bundesrat, Zug	9
Einleitung des Herausgebers	Paul Stadlin Dr. iur., Herausgeber und Mitautor, Zug	11

Vergleichender Teil/Partie comparative/Parte comparativa

Les Grands Conseils dans l'Histoire de la Confédération	Georges-André Chevallaz Prof., ancien Conseiller Fédéral, Epalinges	15
Die Volksvertretung im kantonalen Demokratieverständnis	Paul Stadlin Dr. iur., Zug	21
Parlament kommt von parlare	Paul Stadlin Dr. iur., Zug	45
Die kantonalen Parlamente im Vergleich zum Bundesparlament	Monika Weber Ständerätin, Zürich	55
Parlament und Regierung: ein natürliches Spannungsverhältnis	Andreas Iten Stände- und Regierungsrat, Unterägeri	63
Wir-Gefühl Mentalität – Ambiance – Rathäuser	Paul Stadlin Dr. iur., Zug	71
Rotation an der Spitze	Paul Stadlin Dr. iur., Zug	83
Die Frau im Parlament	Ursula Herren-Luther a. Landratspräsidentin, Mollis	95
Die Entwicklung des schweizerischen Föderalismus am Bild der kantonalen Parlamente	Thomas Fleiner-Gerster Prof. Dr. iur., Universität Fribourg	103
Die parlamentarische Immunität	Paul Stadlin Dr. iur., Zug	111
Geschäftsordnung, Sitzordnung, Stabsfunktionen	Paul Stadlin Dr. iur., Zug	123
Parlamentarische Verwaltungskontrolle: Aufgabe und Entwicklungsmöglichkeiten in der Schweiz	Philippe Mastronardi Dr. iur., Fürsprecher, Bern	137
Die Bedeutung der Berichterstattung aus dem Parlament	Martin Merki Redaktor «Vaterland», Luzern	151

Le Grand Conseil genevois sous l'œil de la presse	Françoise Buffat Rédactrice «Journal de Genève», Genève	159
Parlament und Medien	Andreas Blum Programmdirektor Radio DRS, Basel	163
Wirtschafts- und Sozialinteressen in den kantonalen Parlamenten	Markus Kündig Ständerat, Zug	169
Neue politische Gruppierungen ziehen in die Parlamente ein	Christian Moser Forschungszentrum für politische Wissenschaften der Universität Bern; ab 1. Juli 1990 Sekretär Geschäftsprüfungskommission des Grossen Rates Bern	175
Ein Blick von ausserhalb der Schweiz auf die Kantonsparlamente	C. Christian von Weizsäcker Prof. Dr., Universität Köln	191
Kantonale Parlamentsreformen 1973–1988	Wolf Linder Prof. Dr., Universität Bern, unter Mitwirkung von Diego Hättenschwiler, wissenschaftlicher Mitarbeiter	197
Ein Strauss von Redeblüten	Paul Stadlin Dr. iur., Zug	209

Selbstportraits der kantonalen Parlamente
Autoportraits des Parlements cantonaux
Autoritratti dei Parlamenti cantonali

Der Kantonsrat von Zürich	Robert Hux Prof. Dr. phil., a. Kantonsratspräsident ZH, Schlatt	219
Der Grosse Rat von Bern in deutscher Sprache en langue française	Alfred Rentsch a. Grossratspräsident BE, Pieterlen André Ory ancien Vice-Chancelier, Ollon	231
Der Grosse Rat von Luzern	Anita von Arx-Fischler Dr. phil., Grossrätin LU und Bürgerratspräsidentin, Luzern	247
Der Landrat von Uri	Hans Muheim Dr. rer. pol., a. Kanzleidirektor, Altdorf	259
Der Kantonsrat von Schwyz	Toni Dettling lic. iur. und oec., a. Kantonsratspräsident SZ, Schwyz	267
Der Kantonsrat von Obwalden	Urs Wallimann lic. oec., Landschreiber, Sarnen	277

Der Landrat von Nidwalden	Hansjakob Achermann Dr. phil., Staatsarchivar, Stans	285
Der Landrat von Glarus	Martin Baumgartner a. Landratspräsident GL, Engi	291
Der Kantonsrat von Zug	Hans Ulrich Kamer Dr. iur., a. Kantonsratspräsident ZG, Obergerichtspräsident, Zug	303
Le Grand Conseil fribourgeois En langue française und in deutscher Sprache	René Aebischer Chancelier d'Etat, Staatskanzler, Fribourg	311
Der Kantonsrat von Solothurn	Jörg Kiefer Journalist, früheres Mitglied des Verfassungsrates SO, Solothurn	321
Der Grosse Rat von Basel-Stadt	Bernhard Christ Dr. iur., a. Grossratspräsident BS, Basel	331
Der Landrat von Basel-Landschaft	Urs Burkhart früheres Mitglied des Landrates BL, Gemeinderat, Frenkendorf	339
Der Grosse Rat von Schaffhausen	Kurt Schönberger ständiger Sekretär des Grossen Rates SH; ab 17. April 1990 Stadtrat, Schaffhausen	349
Der Kantonsrat von Appenzell Ausserrhoden	Peter Wegelin Prof. Dr. phil., a. Kantonsratspräsident AR, Teufen	357
Der Grosse Rat von Appenzell Innerrhoden	Carlo Schmid lic. iur., Landammann und Ständerat, Oberegg	365
Der Grosse Rat von St. Gallen	Bruno Isenring a. Präsident des Grossen Rates SG, Gemeindeammann, Flawil	371
Der Grosse Rat von Graubünden	Fidel Caviezel Dr. iur., Kanzleidirektor, Chur	379
Der Grosse Rat von Aargau	Walter Fricker Informationschef Kanton Aargau, Aarau	391
Der Grosse Rat von Thurgau	Hermann Lei Dr. phil., Grossrat TG, Gemeindeammann, Weinfelden	401
Il Gran Consiglio del Ticino	Mario Gallino Hon. deputato al Gran Consiglio TI, direttore «Il Dovere», Bellinzona	409
Le Grand Conseil vaudois	François Geyer ancien Président du Grand Conseil VD, Lutry	419

Le Grand Conseil valaisan en langue française in deutscher Sprache	Edouard Delalay ancien Président du Grand Conseil VS, Conseiller des Etats, St-Léonard Wilhelm Schnyder lic. iur., a. Präsident des Grossen Rates VS, Gemeindepräsident, Steg	425
Le Grand Conseil neuchâtelois	Jean-Marie Reber Chancelier d'Etat, Neuchâtel	441
Le Grand Conseil genevois	Hélène Braun-Roth ancienne Présidente du Grand Conseil GE, Grand-Saconnex	449
Le Parlement jurassien	Jean-Claude Montavon Vice-Chancelier d'Etat, Delémont	459

Annex
Synoptische Tabellen über Organisation und Verfahren
Tableaux synoptiques de l'organisation et de la procédure
Tabelle sinottiche sull'organizzazione e sulla procedura

Hans Hürlimann

Vorwort

Ein blosser Blick auf das Inhaltsverzeichnis des Buches verrät es nur zum Teil: Paul Stadlin, selbst langjähriger und erfahrener Parlamentarier, vermittelt mit seinem Werk drei Aspekte: Das Buch ist zunächst ein Vermächtnis der 26 schweizerischen Kantone, es ist zudem eine Botschaft an den Bund, und es formuliert darüber hinaus eine Hoffnung für eine Welt im Aufbruch.

Das Vermächtnis der 26 Kantone

Jeder Kanton hat seine eigene Geschichte und seine eigene Kultur. Auch und gerade in den 26 kantonalen Parlamenten drückt sich die Eigenart des jeweiligen Standes unverwechselbar aus.

In diesem Buch erhält jeder Kanton ein Portrait der Legislative mit ihrer Geschichte und der gelebten politischen Kultur. Darin spiegeln sich die Unterschiede zwischen den Sprach- und Kulturregionen, zwischen grossen und kleinen Ständen, zwischen Stadt und Land, zwischen Referendums- und Landsgemeindekantonen wider. Es sei in diesem Zusammenhang an den Kontrast der beiden Appenzell erinnert oder an die geschichtliche Distanz zwischen den Urkantonen und dem Kanton Jura.

So machen die Portraits mit Überzeugung deutlich, dass sich die eidgenössischen Gliedstaaten ein hohes Mass an Eigenleben bewahren – das Buch belegt eindrücklich die oft beschworene Vielfalt in der Einheit.

Diese Betonung kantonaler Besonderheiten hat gerade in einer Zeit, die eine weltumfassende Kommunikation hervorbringt, ihren Sinn. Fernsehsender überstrahlen mit ihren Programmen gleichzeitig mehrere Länder, und Europa schickt sich an, die Grenzen der Nationalstaaten zu öffnen.

So begrüssenswert diese Entwicklung ist, muss doch bezweifelt werden, dass der einzelne Bürger seine politische Identität einem vereinigten Europa abgewinnen kann. Diese findet er zur Hauptsache dort, wo er personell und inhaltlich an der Gestaltung seiner Lebenswelt beteiligt ist. In der Schweiz sind dies die Gemeinde und der Kanton.

Deshalb erfüllt dieses Buch in einer historischen Zeitepoche eine wichtige Aufgabe. Es hält die Fülle jener gliedstaatlichen Eigenarten fest, die dem Bund die politische Kraft und die geschichtliche Beständigkeit verliehen haben. Zudem enthält jedes Portrait ein Vademecum für Grundsatzfragen und zukünftige Reformen der kantonalen Parlamente und öffnet eine Fundgrube von Lösungsmöglichkeiten für verschiedene Probleme im Spannungsfeld von Parlament und Regierung.

Dies gilt nicht nur für die Gliedstaaten unter sich, dies gilt auch für den Bund, dem laut Artikel 1 unserer Bundesverfassung die Pflicht übertragen ist, «die Völkerschaften der souveränen Kantone zu vereinigen.»

Die Botschaft an den Bund

Die in diesem Buch vereinigten Darstellungen der Kantone formulieren die Forderung an den Bund, die Eigenständigkeiten der Gliedstaaten in der Verfassung und in der Gesetzgebung zu respektieren.

Seit dem Ende des Zweiten Weltkrieges hat der Bund mit dem Segen von Volk und Ständen mehr als zwei Dutzend ehemals der Domäne der Kantone zugehörige Rechtssetzungs-Kompetenzen an sich gezogen. Die Tendenz ist eindeutig: Man vernachlässigt regionale Eigenheiten und misstraut oft dem Verantwortungsbewusstsein und dem fachlichen Können der kantonalen Behörden und Verwaltungen.

Die Aufgaben technischer und gesellschaftlicher Natur, die der Staat im Interesse der Wohlfahrt zu lösen hat, verlangen ein kritisches Überdenken dieser Tendenz, an die sich nicht nur der Bund, sondern auch die Kantone gewöhnt haben. Das heisst, dass gemäss Artikel 3 der Bundesverfassung bei jeder neuen materiellen Rechtssetzung zu überprüfen ist, ob sie in die Verantwortung des Bundes gehört oder in die der Kantone. Das heisst aber auch, dass die Kantone in ihren Vernehmlassungen zu Absichten des Bundes auf Stufe Verfassung und Gesetz gemäss dieser staatspolitischen Maxime ihren Standpunkt als souveräne Gliedstaaten inhaltlich zum Ausdruck bringen.

Bei der Lektüre der informativen Arbeiten kompetenter Wissenschaftler und erfahrener Politiker im «vergleichenden Teil» sowie der hochinteressanten «Selbstportraits» ist zu spüren, dass gerade in diesem wesentlichen Bereich unserer föderativen Staatstruktur das kantonale Parlament eine entscheidende Mitverantwortung trägt. Die Stimme der kantonalen Legislativen sollte auch im Bund Beachtung finden. Die Aufgabe der Kantone darf sich daher nicht in der Bestellung des eigenen Gartens erschöpfen, sondern die kantonalen Parlamente müssen als Hüter eigenstaatlicher Souveränität im Bundesstaat wirksam und wachsam sein.

So wird diese Botschaft an den Bund auch zu einem Auftrag an die Kantone. Der Bund kann auf das Wesen der kantonalen Eigenstaatlichkeit nur dann gebührend Rücksicht nehmen, wenn die Kantone und insbesondere die kantonalen Parlamente bereit sind, die Grundsätze des Föderativstaates zur Geltung zu bringen.

Damit ist ein Zusammenwirken von Kräften angesprochen, das sich in unserem Land während 700 Jahren bewährt hat.

Hoffnung für eine Welt im Aufbruch

Im Jahre 1481 drohte der damaligen Eidgenossenschaft der Zerfall der Bündnisse unter den acht alten Orten. Nikolaus von der Flüe gelang es, die verhängnisvolle Krise mit seinem Rat abzuwenden. Seit jenem historischen Beschluss, dem «Stanser Verkommnis», galt im damaligen Staatenbund und gilt im heutigen Bundesstaat der Grundsatz, dass grosse und kleine Stände, Stadt- und Landkantone, Ur- und Mediationskantone und der erst 1978 von Volk und Ständen gegründete Kanton Jura gleiche Rechte und Pflichten haben.

In unserer Zeit, da sich Europa neu gestaltet und verschiedene Staaten des Ostblocks sich auf den Weg zur Demokratie begeben, wirbt dieses Buch für das föderative Prinzip. Die Bewahrung der gliedstaatlichen Souveränität, die auf regionale und geschichtliche Kräfte Rücksicht nimmt, sowie das Zusammenwirken von Gliedstaaten und Bund, die sich gegenseitig ihrer Verantwortung bewusst sind, bilden die Prämissen für einen freiheitlichen, demokratischen und sozialen Rechtsstaat.

Bewahren wir, wie uns dies durch das vorliegende Werk aufgetragen ist, diese Politik, die der föderativen Kultur verpfichtet ist – zum Wohle unserer eigenen Kinder, zur Orientierung für eine Welt im Aufbruch und für alle als Hoffnung für die Zukunft.

Paul Stadlin hat nicht nur mit viel Idealismus, sondern auch mit dem feu sacré des Vollblutparlamentariers eine immense Arbeit geleistet, Dokumente gesammelt, prominente Politiker und anerkannte Wissenschaftler für die Mitarbeit gewonnen und so der Eidgenossenschaft zu ihrer 700-Jahr-Feier ein bleibendes Geschenk gemacht.

Den Autoren, dem Verleger und ganz besonders dem Herausgeber schulden wir dafür Dank und Anerkennung.

Hans Hürlimann, a. Bundesrat

Paul Stadlin

Einleitung des Herausgebers

Die Idee zur Herausgabe eines Buches über die Parlamente der schweizerischen Kantone wurde – vermutlich nach längerer unbewusster Inkubationszeit – im Sommer 1986 geboren. Ich war im Begriffe, aus dem Zuger Kantonsrat auszuscheiden, dem ich 28 Jahre hatte angehören dürfen. Plötzlich, an einem Morgen, als ich erwachte, stand der Gedanke vor mir, natürlich nur in Umrissen, aber doch so konkret, dass ich meinte, ihn weiter verfolgen zu sollen, was mich froh und erwartungsvoll stimmte. Sofort liess ich in Bibliotheken nachforschen, ob ein solches oder ähnliches Werk schon bestünde. Und da dies nicht der Fall zu sein schien, verfügte ich über einen handfesten Grund und eine genügende innere Motivation für mein Vorhaben. Ich konnte es als ein echtes Bedürfnis erachten und nicht nur als eine Ersatzbefriedigung für einen nicht mehr ganz jungen Politiker. Diese Überzeugung ist gewachsen, je mehr ich in den verschiedenen Kantonen feststellte, dass man fast überall nur spärliche Kenntnisse über das parlamentarische Leben selbst der Nachbarn hat, und dass man eine bessere Vergleichsmöglichkeit sehr begrüssen würde.

Erarbeitung eines Konzepts

Ein Einfall ist noch kein Konzept. Also begann ich ohne Verzug die Idee nach Kräften auszuloten und zu vertiefen. Ich verfasste so etwas wie einen ersten Prospekt, der aber lange nicht der letzte war. Vielmehr hob ein längerer Prozess an, der durch Gespräche mit Exponenten in verschiedenen Kantonen, aber auch durch mannigfache Lektüre und durch eine Sondierung in Richtung eines Verlegers, massgebend beeinflusst wurde. Über Zwischenstationen der Gestaltungsmöglichkeiten gelangte ich dann im Laufe des Jahres 1987 zu einer ziemlich klaren Vorstellung, wie das Buch aussehen müsste und was es enthalten sollte. So entstand das Skelett einer Gliederung in vier Hauptpartien, für die ich folgende Arbeitstitel wählte:

1. Ein vergleichender Teil: in ihm sollen die kantonalen Parlamente institutionell und nach Sachthemen nebeneinander gestellt und gewürdigt werden.
2. Die «Selbstporträts» der 26 Gross-, Kantons- und Landräte, redigiert von Insidern wie gegenwärtigen oder früheren Mitgliedern, Staatskanzlern oder sonstigen nähern Kennern der Materie.
3. Eine gediegene Bebilderung aus neuesten Fotos gewonnen und über den ganzen Band verstreut.
4. Eine Synopse in Tabellenform über Organisation und Verfahren.

Beim vergleichenden Teil steht die eher wissenschaftliche Betrachtungsweise in historischer, rechtlicher, politischer, soziologischer, reformatorischer Hinsicht im Vordergrund, während die Selbstporträts einen Strauss von persönlichen Eindrücken und lebensnahen Schilderungen aus der Tätigkeit der 26 Räte bieten sollen, in welchem das feuilletonistische Element seinen Platz hat, weshalb die Art der Behandlung weitgehend den Autoren überlassen wurde.

Auf einer ganz anderen Schiene läuft die Synopse über Organisation und Verfahren. Hier soll eine Übersicht nach Themen und Stichworten geschaffen werden, die über einzelne Fragen eine rasche Orientierung erlaubt, und daher sowohl dem Praktiker wie dem Studierenden dienen soll, in der Meinung, dass ein rascher Vergleich grosses Suchen erspart oder den Ausgangspunkt für nähere Recherchen bildet. Dabei sind Verleger und Herausgeber aus drei Gründen dazu gelangt, die Tabellen der Synopse als Bestandteil des Werkes, jedoch separat zum Buch in einem besondern Umschlag zu präsentieren: Einmal weil der Band sonst zu dick und unhandlich würde, sodann um die unabhängige Benutzung der Listen zu erleichtern, und schliesslich ist auch an die mögliche Fortschreibung durch Überarbeitung und Neuausgabe in fünf oder zehn Jahren zu denken, für die auf diese Weise die Voraussetzung geschaffen wird.

Zielsetzung und Zweck der Publikation

Der Herausgeber ist bei seinen vorbereitenden Kontakten immer wieder gefragt worden, was das neue Buch eigentlich bezwecke, so mit besonderer Intensität vom damaligen Präsidenten des Landrates BL. Das hat mir die Wichtigkeit einer expliziten Zielsetzung vor Augen geführt, die ich sehr kurz, aber auch wohlüberlegt formulieren möchte:
- Hauptzweck ist die Vermittlung einer Zustandsaufnahme der parlamentarischen Wirklichkeit in den 26 Kantonen und Halbkantonen um 1990, verbunden mit einer politischen, rechtlichen und sozialen Auslegeordnung. Da es eine derartige Darstellung bis jetzt nicht gibt, soll das Buch eine Lücke füllen.
- Das Werk möge weiter als Kulturleistung aus dem Kanton Zug im Hinblick auf die Bundesfeier von 1991 und ihren Begegnungen gewürdigt werden, wobei gezeigt werden soll, dass auch eine kleine Gemeinschaft fähig ist, etwas zustande zu bringen, wenn sie sich anstrengt und ihre Kräfte einteilt.
- Die heraufziehende Periode der politischen und wirtschaftlichen Umgestaltung Europas reicht weit über das Stichjahr 1992 hinaus und wird auch auf die Kantone Rückwirkungen haben. Es gilt, Lösungen zu finden, die ein hohes Mass von Euroverträglichkeit schaffen und trotzdem die nationale Identität des schweizerischen Bundesstaates und seiner Glieder intakt lassen. In einem «Europe des patries», föderalistisch und mehrstufig aufgebaut, hätten auch die kantonalen Parlamente ihren Platz. Bei der Suche danach möge sich das in diesem Werk gesammelte Material hilfreich erweisen.

Besichtigung des Standorts der kantonalen Parlamente und ihres Umfelds

Die sehr notwendige Beschränkung der Thematik verlangt nach Abgrenzungen in zeitlicher und sachlicher Hinsicht. Während über den Faktor Zeit nur gesagt sei, dass die Aktualität eingefangen werden soll, unter gebührender Berücksichtigung der historischen Grundlagen, erfordern die übrigen Elemente einen gestaltenden Eingriff, damit bei aller Interdependenz nicht ein verwässerndes Ausholen auf an sich interessante, aber nicht einschlägige Gebiete stattfindet. So bin ich zu folgender Grafik über den Standort der kantonalen Parlamente im schweizerischen Staatsaufbau gelangt, die freilich nur Eckpositionen angibt, die erst noch mit Inhalt erfüllt werden müssen. Dies soll durch verschiedene Artikel geschehen, die das Umfeld der kantonalen Parlamente ausleuchten und zu deren Erkenntnis die unumgänglichen Komponenten und Ergänzungen liefern.

Das Parlament

1 Bundeskompetenzen Bundesversammlung
2 Gemeindeautonomie Gemeindevertreter
3 Mitwirkung des Volkes: Initiative Referendum Landsgemeinde
4 Vom Volk gewählte Regierung
5 Informationsauftrag der Medien
6 Wissensvorsprung der Verwaltung

Das Parlament als Ausdruck der Geschichte, der Mentalität und der gesellschaftlichen und rechtspolitischen Entwicklung.

Die Gewinnung von Mitautoren

Die Anlage zu diesem Werk und seine Verwirklichung hing in hohem Masse von der Gewinnung geeigneter Mitautoren ab. So zeitraubend dies gewesen sein mag, so viel Befriedigung hat es mir gebracht, zahlreiche hervorragende Persönlichkeiten kennenlernen zu dürfen und sie zum «Mitmachen» bewegen zu können. Vor allem am Anfang, als noch nichts im Raum stand als ein Gedanke und eine Portion Idealismus und Mut, brauchte es da und dort einige Überzeugungsarbeit, um die Beteiligung zu sichern. Am Ende bin ich aber stolz und dankbar, dass alle Titel durch eine Elite von Fachleuten besetzt werden konnten. Bei den Selbstporträts figurieren vorab amtierende und ehemalige Präsidenten und Staatskanzler unter den Verfassern. Selbst der vergleichende Teil weist unter eidgenössischen Parlamentariern und Professoren etliche Namen auf, deren Träger lange in kantonalen Parlamenten sassen; ganz zu schweigen von den Vertretern der Medien, welche an den politischen Wechselbädern teilnehmen und sie gelegentlich selbst anheizen, was sie befähigt, in ihren Beiträgen aus dem vollen zu schöpfen. Das Inhaltsverzeichnis mit der Liste der Autoren scheint mir daher bereits ein gewisses Gütesiegel für das Buch, das seine Bestätigung erfährt, wenn man sieht, mit wieviel Sachkenntnis, Schwung und lebendiger Darstellungskraft sich die involvierten Damen und Herren ihrer Aufgabe entledigen.

Die Mehrsprachigkeit

Das Problem der Mehrsprachigkeit in unserem Land und der Wunsch, das Buch auch als Geschenkartikel und für Bibliotheken ausserhalb der Schweiz benutzbar zu machen, gaben einige Nüsse zu knacken. Schon früh wurde entschieden, die Selbstporträts in den Sprachen erscheinen zu lassen, die in den betreffenden Parlamenten gesprochen oder geschrieben werden, unter Verzicht auf die Mundarten des alemannischen Gebietes. Die Titel der Synopse über Organisation und Verfahren sind zweisprachig (deutsch und französisch), die Antworten in der meistverbreiteten Schriftsprache des Kantons der Herkunft. Diese dosierte Manifestation der Mehrsprachigkeit unserer Willensnation möge im Vorfeld des Bundesjubiläums von 1991 wohlwollend aufgenommen werden. Natürlich wurde an Übersetzungen gedacht, aber es war Zurückhaltung geboten, nicht nur um ein unverantwortbares Mass an Schwerfälligkeit zu vermeiden, sondern auch aus Kostengründen. Was herausgekommen ist, darf als typisch eidgenössischer Kompromiss bezeichnet werden. Den Artikeln des vergleichenden Teils wird ein «Summary» auf Englisch beigegeben.

Prozesshaftigkeit des Vorgehens

Die Schilderung des Zustands der kantonalen Parlamente in der Gegenwart erfolgt im Lichte einer Entwicklung, die sich im Fluss befindet und sich sogar beschleunigt. Laufend werden in den Kantonen Wahlen durchgeführt, Wahlsysteme überholt, Geschäftsordnungen revidiert. Neue politische Erscheinungen machen sich geltend. Diese Prozesshaftigkeit ging natürlich auch in die Arbeit am Buch ein und hinterlässt ihre Spuren, indem Geschehnisse und Änderungen nur noch berücksichtigt werden konnten, wenn sie bis Februar 1990 manifest waren. Diese Übergangsproblematik ist beispielsweise im Kanton Solothurn akut geworden, wo das Volk ein neues Kantonsratsgesetz im September 1989 gutgeheissen hat, die darauf beruhende Geschäftsordnung bis zum Abschluss der Redaktion aber nicht vorlag. Die Mitgliederlisten der kantonalen Parlamente basieren auf dem Stand per 1. Januar 1990. Nur für die Kantone Waadt, Bern, Appenzell-Ausserrhoden, Obwalden, Nidwalden und Glarus, die im ersten Halbjahr 1990 Wahlen abhielten, ist der Termin soweit verschoben worden, dass die neue Zusammensetzung im Werk noch zum Ausdruck kommt.

Stilfragen

Punkto Schlussredaktion und Arrangement des ganzen machten «meine» Autoren es mir leicht. Sie hielten sich an die Vorgaben, sie schrieben einen flüssigen Stil; ihre Texte sind bei aller Dichte in vielen Passagen amüsant. Ich suchte ihnen bei meinen eigenen Beiträgen nachzueifern. Um dies zu erreichen, durften dem Duktus der Sprache nicht Ketten angelegt werden, die zwar rasseln, aber seine Leichtfüssigkeit behindern. Sogar im Zeichen der Gleichberechtigung der Geschlechter, für die ich aus Überzeugung eintrete, ergeben sich daraus gewisse Konsequenzen. Gerade weil ich auf meinen Fahrten durch die Parlamentslandschaft beobachten konnte, wie tüchtige, den Männern in jeder Beziehung ebenbürtige Frauen am Werk waren, möchte ich diese herzlich bitten, sich eingeschlossen und nicht diskriminiert zu fühlen, wenn im vorliegenden Buch von Präsidenten, Vizepräsidenten, Ratssekretären, die Rede ist. Zwar habe ich nie gezögert, einzelne Damen hervorzuheben, wenn sich dazu Anlass bot. Aber es wäre doch ein stilistischer Unfug, wollte man durchs Band weg mit umständlichen Doppelbegriffen arbeiten, wie: Stimmenzähler/Stimmenzählerinnen oder dann in ein blasses Neutrum ausweichen, wo man bei «Monsieur le Bureau» bereits wieder in Schwierigkeiten geriete.

Auch eine andere, meines Erachtens unvorteilhafte, Neuerung habe ich in diesem Buch nicht nachvollzogen: nämlich dem Titel eines Parlamentariers die Parteibezeichnung voranzustellen, z.B. SVP Grossrat, SP Kantonsrat etc. Nicht nur dass das so bürokratisch klingt und einige Leser mit dem Kürzel nichts anzufangen wissen, bedeutet es eine unzulässige Vereinnahmung der vielen Deputierten, die sich nicht vornehmlich als Parteivertreter, sondern als Volksvertreter, mindestens als solche ihres Wahlkreises, einer Talschaft, eines Berufsstandes, einer Bevölkerungsgruppe fühlen.

Bildausstattung

Die Fotografen Urs und Theres Bütler haben von den 26 Parlamenten ein umfangreiches Bildmaterial heimgebracht. Aus etwa 3000 Fotos wurden ca. 380 ausgewählt und auf das Buch verteilt. Vorwiegend ganze Bildseiten sind nach einer gewissen Thematik dem vergleichenden Teil zugeordnet; bei den Selbstportraits sind pro Parlament 6–12 Aufnahmen in den Text eingestreut, mit dem Rathaus an der Spitze. Hier war es ein Anliegen des Herausgebers, in jedem Saal die verschiedensten Ecken und Gruppierungen einzufangen, um eine ausgewogene Optik der Zusammensetzung zu vermitteln. Dabei konnte bei den einzelnen Räten auf eine «Legende» verzichtet werden, denn die Kenner der Szene finden sich ja selber zurecht. Den Bildseiten im vergleichenden Teil sind jedoch stichwortartige Erläuterungen beigegeben.

Arbeit und Ergebnis

Die Aktivitäten zur Schaffung des Werkes bis zu seinem Erscheinen umfassen die Zeit von Ende 1986 bis zum Herbst 1990 und gliedern sich in verschiedene Phasen: Nach der Bereinigung des Konzepts und der Herstellung der Kontakte im Jahr 1987 kamen die Autoren zum Zug, die 1988 und 1989 ihre Beiträge schrieben. Parallel dazu lief die Anfertigung der synoptischen Tabellen, die sich als grosse Filigranarbeit erwies und bedeutende Kräfte erforderte, auch bei den 26 Staatskanzleien. Daneben machte der Fotograf seine Tour. Im Sommer 1989 begann man mit dem Satz. Der Umbruch wurde bis Ende Juni 1990 abgeschlossen. Für Druck und Finish blieben die letzten 4 Monate, mit dem Ziel, das Buch im Oktober 1990 herauszubringen. Im ganzen ging das Streben dahin, einen aussagekräftigen und gediegenen Band mit übersichtlichem Tabellenanhang zu gestalten. Die Texte sollen lesbar sein und die Zitate verlässlich. Ob dies gelungen ist, mögen diejenigen beurteilen, die sich darin vertiefen. Vielleicht hätte dieses und jenes noch besser gemacht werden können. Aber einmal muss bei jeder Arbeit der Schlusspunkt gesetzt werden und der Trost liegt darin, dass kein menschliches Unterfangen vollkommen ist.

Dank

Wenn man die 42 Autoren, die 26 Staatskanzleien, die technische Equipe und auch die Exponenten der Sponsoren einbezieht, dann haben mehr als 100 renommierte Persönlichkeiten zum Gelingen dieses Buches beigetragen. Ihnen allen entbietet der Herausgeber den herzlichsten Dank, vorab dem Verleger, Dr. Erich Kalt und seinem Mitarbeiter Peter Mauron, den Fotografen Urs und Theres Bütler, und dem Gestalter Hans Peter Dubacher; dann der Übersetzerin Frau Anne Kistler, Prof. Dr. Robert Hux für die linguistische Bereinigung und Dr. Felix Horber für seine Unterstützung bei der Herstellung der synoptischen Tabellen; und last but not least, den Mitgliedern des Sponsorenkomitees unter Leitung von Heinz Buhofer. Es war eine erfreuliche Erfahrung, gemeinsam mit ihnen die vierjährige Wegstrecke zurückzulegen.

Szene frei

Und jetzt die Szene frei für die Darstellung der 26 Parlamente der schweizerischen Kantone. Von St-Exupéry stammt das Wort: «Man sieht nur mit der Seele gut». Ich möchte, der Leser und die Leserin könnten sich überzeugen, dass die Autoren bemüht waren, nicht an der Oberfläche stehen zu bleiben, sondern ihren Erfahrungsschatz mit einem gewissen Tiefenblick auszubreiten. Auch wenn man Institutionen und die sie tragenden Menschen bejaht, braucht man für Schwächen nicht ganz blind zu sein.

Paul Stadlin, Herausgeber

Georges-André Chevallaz

Les Grands Conseils dans l'Histoire de la Confédération

Aux XIIIème et XIVème siècles de l'Occident européen, parallèlement à l'intensification des échanges et à l'activation de l'économie, la vie politique s'anime dans les villes et dans certaines communautés de l'arc alpin. Par la résistance, par la négociation tenace ou par l'argent, cités et communautés cherchent à se libérer de la tutelle seigneuriale, de l'autorité des princes et des seigneurs, de celle des évêques ou des couvents exerçant un pouvoir temporel, ou des ministériaux qui gouvernent en leur nom. Elles obtiennent leurs chartes de franchises, parfois l'immédiateté impériale. Elles assurent leur sécurité, élèvent des murailles, lèvent des impôts, règlent la police du commerce, revendiquent et obtiennent les droits de basse et de haute justices. Elles convoquent leur peuple en assemblée, élisent leurs conseils et leurs magistrats, qui se substitueront aux ministériaux et aux agents des seigneurs laïques et ecclésiastiques.

Chez nos voisins, ces indépendances locales et régionales seront, dès le XVème siècle, progressivement récupérées par les princes et les monarques autoritaires et centralisateurs. L'affirmation et la maintenance jusqu'au XIXème siècle des petites entités politiques indépendantes, groupées pour leur défense en confédération, républicaines sinon démocratiques au milieu des monarchies, représentent un phénomène spécifiquement helvétique, en contrepoint, si ce n'est à contre-courant de l'évolution européenne.

Dans cette affirmation et dans cette maintenance, ce sont les Conseils des villes-capitales, par la soumission à leur autorité des bailliages ruraux, qui deviendront de facto les Grands Conseils des Cantons, gouvernant au nom de la République de Berne, de Zurich, de Bâle, de Lucerne, de Soleure ou de Fribourg, et joueront un rôle dirigeant dans la Confédération.

Sans doute, dans les communautés montagnardes, c'est la Landsgemeinde qui détient la souveraineté, qui élit les magistrats, décide de la guerre et de la paix, des alliances et des pactes. On en a contesté le caractère démocratique, par le fait qu'un petit nombre de familles s'arrogeaient volontiers, par tradition, par expérience, par disponibilité, par notabilité, par le goût du pouvoir ou pour ses avantages matériels, les magistratures principales. Aucune démocratie n'échappera jamais au reproche d'une «égalité différentielle». La Landsgemeinde, même si l'on crée à ses côtés des Conseils pour l'expédition des affaires courantes, demeure le pouvoir souverain. Ainsi dans le Nidwald, au 17ème et au 18ème siècles, s'opposera-t-elle aux limitations de son droit d'initiative et refusera-t-elle de céder ses prérogatives au Landrat, dont elle refusera fréquemment les propositions. En Obwald, par contre, comme à Schwyz, les conseils prennent plus d'importance sans éliminer la Landsgemeinde. Dans les deux Appenzell, les compétences principales ont passé aux mains des Conseils, notamment les pouvoirs judiciaires, en une organisation fort compliquée dans les Rhodes Extérieures du fait d'âpres querelles régionales. Dans le canton d'Uri, tous les mois de mai, la Landsgemeinde affirme son autorité suprême en jurant de maintenir l'ordre établi, les coutumes, les lois, les pouvoirs des autorités qu'elle élit. Mais le Landrat, composé des magistrats élus, des anciens Landammanns, des députés des communes et de l'Urseren, qui avait sa propre organisation, assure la conduite des affaires dans la continuité, tout en assumant des compétences judiciaires.

Si, du Moyen-Age à la fin de l'Ancien Régime, la démocratie, dans son principe et, généralement, dans sa réalité, demeure la règle pour les cantons à Landsgemeinde, elle subit, dans les villes, des éclipses durables, partielles ou totales. Bien que l'origine des Grands Conseils des cités se perde dans la pénombre archiviale des XIIème et XIIIème siècles, il ne paraît pas que l'institution ait été manifeste, ni, surtout, qu'elle soit issue d'une quelconque représentation populaire. Il semble bien que les magistrats et les premiers conseils administrant les villes aient été désignés par les suzerains. A Bâle, un Conseil dont l'existence apparaît au XIIème siècle est nommé par l'évêque qui le consulte à l'occasion. Au cours du XIIIème siècle, à Berne, l'assemblée des bourgeois est, à l'occasion, consultée sur des questions importantes, notamment sur les alliances extérieures. Mais elle n'a aucune emprise sur la désignation des autorités: l'avoyer est confirmé par l'empereur sur la présentation d'un conseil de 12 membres qui se recrute par cooptation dans la noblesse et dans la bourgeoise fortunée. Un conseil des Cinquante, dont on ignore les compétences, est mentionné en 1249. Il faut arriver à la fin du siècle pour voir, sous la pression populaire, s'accroître l'influence de la bourgeoisie dans l'institution du Conseil des Deux Cents ou Grand Conseil. Mais l'élection n'est pas directe, elle émane de la commission des Seize, représentant les quatre quartiers de la ville. Dès lors, c'est le Grand Conseil qui procédera à l'élection de l'avoyer et du Petit Conseil, pouvoir exécutif.

Dès le XIVème siècle, le développement des institutions, dans les villes qui assument la souveraineté du canton qu'elles ont groupé autour d'elles, en respectant plus ou moins les libertés locales, va s'effectuer dans deux directions différentes. Le système des corporations va prévaloir dans les cités industrieuses et commerçantes de l'Est et du Nord de la Suisse comme dans les villes voisines rhénanes ou souabes. A Bâle les corporations, qui sont à la fois confréries religieuses et organisations de métier, sont apparues dès le XIIème siècle. Elles visent d'abord à défendre le métier, à se protéger contre la concurrence ou à l'organiser, à régler les conditions du travail, instituant une solidarité professionnelle. Elles deviennent bientôt une force politique solidement structurée. Leurs représentants, dès le XIVème siècle, viennent siéger dans le Petit et dans le Grand Conseil, où ils prévaudront bientôt sur la noblesse, assumant les charges suprêmes de bourgmestre et de grand prévôt des corporations. L'exercice des droits politiques est ainsi lié à l'appartenance à un corps de métier.

A Zurich, c'est Rodolphe Brun qui, en 1336, introduisit les corporations dans le Conseil de Ville, aux côtés des nobles et des bourgeois. Dès le XVème siècle, les corporations dominent largement le Grand Conseil, tandis que se limitent les pouvoirs du bourgmestre et du Petit Conseil, et que l'assemblée des bourgeois est réduite à la portion congrue. On constate des évolutions analogues dans les autres villes à corporations telles Schaffhouse ou Saint-Gall. Le pouvoir qu'exerce l'autorité souveraine du Grand Conseil soit sur la ville soit sur les bailliages émane exclusivement de l'organisation économique.

Il en va différemment des cités patriciennes, où les corporations, qui tiennent souvent davantage de la confrérie ou du club de bonne société, ne jouent pas de rôle dans la structure politique. Au XVIème siècle, l'assemblée des bourgeois est encore saisie des problèmes essentiels. Ainsi à Berne l'assemblée, non seulement dans la ville mais dans les bailliages, fut-elle consultée sur l'adoption de la Réforme, puis sur l'invasion du Pays de Vaud. Puis, progressivement, le pouvoir se concentre entre les mains du Grand Conseil et du Petit Conseil, sorte d'exécutif, tandis que le recrutement de ces hautes autorités se restreint à un nombre de plus en plus limité de familles dites gouvernantes. A la fin du XVIIIème siècle, on en dénombrait 73 à Berne. A Lucerne une vingtaine de familles ont accès au Petit Conseil. A Fribourg une soixantaine de familles sont représentées dans les Conseils, où l'on siège de père en fils ou d'oncle en neveu. Cette concentration du pouvoir entre les mains d'une minorité de plus en plus restreinte et fermée s'explique d'une part par la tendance naturelle, dans toute société, à sauvegarder les situations acquises, d'autre part par les avantages substantiels que les charges gouvernementales assurent à leurs bénéficiaires: ce sont les prébendes attribuées aux hautes fonctions, revenu des bailliages, pensions octroyées par les monarchies à propos du service étranger, exercice des commandements supérieurs dans les armées des princes.

Certes, dans les villes souveraines, la prédication réformée, mais aussi la rigueur de la réforme catholique, ont-elles affirmé les exigences morales de la fonction politique. La grâce particulière que le Seigneur a faite aux magistrats comporte aussi le sentiment d'humilité pécheresse et le devoir de se dévouer au bien des autres: d'où, en général, l'honnêteté de la gestion patricienne, le souci du bien commun, le respect du droit, les sanctions frappant la prévarication et les abus de pouvoir. Mais la conscience de la haute mission du magistrat chrétien conduit aussi à une fatuité profondément pharisienne, au sentiment de sa propre sagesse, à l'orgueil de sa puissance. Dans le siècle où Bossuet instruisait le Dauphin de

France de son pouvoir absolu: «Voyez un peuple immense réuni en une seule personne; voyez cette puissance sacrée, paternelle et absolue; voyez la raison secrète qui gouverne tout le corps de l'Etat renfermée dans une seule tête: vous voyez l'image de Dieu dans les rois, et vous avez l'idée de la majesté royale» – MM. de Berne ou de Fribourg détournaient quelques rayons du soleil royal et pensaient bien porter en eux, dans leurs modestes fonctions, une étincelle de la grâce divine. D'où le banc d'honneur qu'ils se réservaient dans les églises et les titulatures redondantes que s'attribuaient «Leurs Excellences, illustres, hauts, puissants et souverains seigneurs» membres des Petits et Grands Conseils, dans leurs rapports avec les puissances étrangères et avec leurs «humbles sujets» des campagnes.

Mais si le vent de l'absolutisme qui soufflait sur l'Europe aux XVIIème et XVIIIème siècles avait gagné les oligarchies urbaines, celles-ci n'en restaient pas moins viscéralement républicaines, allergiques au pouvoir personnel, pratiquant l'alternance aux fonctions suprêmes d'avoyer ou de bourgmestre, confiant à leur Grand Conseil, comme les petits cantons à leur Landsgemeinde, le pouvoir souverain.

Imposée par le Directoire français, à l'instigation de Pierre Ochs et de Frédéric-César de Laharpe, la Constitution unitaire de l'Helvétique, en 1798, fait des cantons, aux frontières arbitrairement redécoupées, de simples districts administrés par les préfets nommés par le gouvernement central et centralisé. Les Grands Conseils disparaissent. Mais ce régime imposé, contre nature, assorti de l'invasion et de l'occupation étrangères, bientôt suivi de la guerre civile entre Unitaires et Fédéralistes, eut la vie rude et brève.

En 1802–1803, la médiation qu'impose le Premier Consul Bonaparte aux querelles des Suisses donne à la Confédération et aux cantons des constitutions en quelque sorte sur mesure, tenant compte de l'histoire, des traditions et des conceptions politiques dans leur diversité. Ecoutant les députés des cantons et des partis, Bonaparte et ses conseillers procédèrent à une analyse impartiale et lucide, dépassant aussi bien les préjugés des tenants de l'Ancien Régime que l'idéologie unitaire et centralisatrice.

L'Acte de Médiation, redonnant à la Suisse sa structure fédéraliste, faisant, des ci-devant pays sujets, des cantons de plein droit, définit trois types de constitutions cantonales. Les cantons à Landsgemeinde sont rétablis dans leurs constitutions, à cette réserve près que ne pourront être délibérées que les propositions approuvées par le Landrat: il y a donc un renforcement des pouvoirs du Grand Conseil. L'élection du Grand Conseil, pouvoir souverain, dans les anciens cantons patriciens ou corporatifs, est manipulée par des conditions de fortune préalables au droit de voter et d'être élu et par un découpage des circonscriptions tel que les ci-devant gouvernants retrouvent leurs prérogatives. Sur les 195 membres du Grand Conseil de Berne, 121 appartiendront aux familles «aptes à gouverner» de la bourgeoisie citadine. Dans les nouveaux cantons, ci-devant pays sujets, l'élection de l'autorité souveraine du Grand Conseil est un peu plus ouverte, mais les conditions de fortune, de domicile, d'âge et l'intervention du tirage au sort limitent les droits populaires, ce qui n'empêche pas, dans le Canton de Vaud par exemple, l'élection d'une forte majorité de partisans des idées nouvelles.

1815, dans l'esprit de la Restauration qui domine l'Europe, amène dans les anciens cantons le retour en force des patriciens et la réaffirmation de la prépondérance urbaine. Dans les nouveaux cantons, sous la pression des puissances, le droit électoral est encore restreint. Cela n'interdira pas, bien au contraire, le développement, dans ces cantons, d'un esprit libéral et démocratique, de la volonté d'affirmer l'indépendance de la Suisse à l'encontre des monarchies conservatrices. Dans une première étape, dès 1830, la plupart des cantons revisent leur constitution en instituant le suffrage universel pour l'élection du Grand Conseil.

Dès 1848, les Cantons abandonnent une partie de leur souveraineté à la Confédération. D'autre part, la démocratie, dans les Cantons comme dans la Confédération, de représentative qu'elle était, deviendra directe, par le développement des droits d'initiative et de référendum, par l'élection populaire des gouvernements cantonaux et des députés aux Chambres fédérales. Mais bien qu'ils soient, par cette évolution, dépouillés de prérogatives importantes, les Grands Conseils – à la réserve des Cantons à Landsgemeinde souveraine – expriment bien, dans nos diversités, la conscience civique et la volonté politique des Cantons. Ces assemblées demeurent dès lors des partenaires essentiels dans notre communauté fédéraliste.

Summary

The Legislative Councils in the History of the Swiss Confederation
by Georges-André Chevallaz

In the 13th and 14th centuries, the cities and other communities in alpine areas were able to free themselves from the feudal dominion of the nobility, the bishops and the monasteries. They received charters and in part became subjects of the Empire alone. Thus they began to organize, and elected their councils and office-holders. In neighbouring states this regional and local independence was revoked to a large extent during the 15th century by monarchs and other central authorities, but not in Switzerland, and that determined the typical Helvetian kind of autonomy.

For further analysis, it is necessary to distinguish between the development in the cantons with Landsgemeinde and the development in the cities. In the former case, the popular assembly of those entitled to vote formed the basis for the entire political life, and it remained that way even when legislative and executive councils were formed to handle everyday affairs. This arrangement of almost unlimited sovereignty of the Landsgemeinde, is still in effect to this very day in Nidwalden, for example, while in Obwalden and Schwyz as well as in the two Appenzells, the councils, which can be viewed as an initial form of the parliaments, were accorded greater significance.

In contrast, the councils in the cities, which also assumed territorial sovereignty over the surrounding areas, did not represent the people. Since the Brun'schen Constitution of 1336, the guilds continued to hold the power in Zurich, and they shaped the system of government until the end of the 18th century. A similar structure existed in Basle and Schaffhausen. In contrast, the patricians formed the ruling class in Berne, Fribourg, Solothurn and Lucerne. Only those belonging to the ruling families had access to the legislative – and above all to the executive – councils. (In Berne there were 73 such families on the eve of the French Revolution, in Fribourg about 60.) Even though they shared the power only among themselves, these benevolent gentlemen led an enlightened regime, oriented toward the good of the people and by religious principles. They provided for a generally good public administration combined with considerable prosperity.

All of this collapsed in 1798, and the Republic of the Helvetic Union, too, lasted only 5 years until First Consul Bonaparte imposed upon Switzerland the Mediation Constitution, which took into account again the federalistic foundations. New cantons (Vaud, Aargau, St. Gall, Thurgau) resulted from this development, and the principle of popular representation in parliament prevailed, the right to vote, however, still remaining rather restricted for a long time. For example, the ruling families in Berne still provided 121 of the 195 members of the legislative council. During the ups and downs of the restoration period (starting in 1815) and of the regeneration period (starting in 1830), and as a consequence of the Federal Constitution of 1848, the cantonal parliaments gradually took on in the course of the 19th century the shape we still see today, at the end of the 20th century.

Saal-Typen / Types de salles

Basel-Stadt, halbrund

Saal der Bürgergemeinde Frauenfeld (Tagungsort des Grossen Rates Thurgau im Sommer)

Le salon néo-classique du Grand Conseil vaudois

Basel-Landschaft, viereckig

Saal der Munizipalgemeinde Weinfelden (Tagungsort des Grossen Rates Thurgau im Winter)

Die klassizistische Aula in Aarau

Paul Stadlin

Die Volksvertretung im kantonalen Demokratieverständnis

In dieser allgemeinen Würdigung der gliedstaatlichen Parlamente unserer Eidgenossenschaft soll zunächst ein Blick auf den politischen Zustand des Landes, sowie auf das Demokratieverständnis der schweizerischen Kantone geworfen werden; auch darauf, welchen Stellenwert die sogenannte Zivilreligion bei ihnen einnimmt. Dann sei die Willensbildung in den 26 Legislativen einer Betrachtung unterzogen. Der Schlussabschnitt gehört der Vorstellung eines «Leitbildes», über das die Auseinandersetzung natürlich weitergeht.

Beschaffenheit und Befindlichkeit des Wahlkörpers

Man kann sich zunächst einmal fragen, wie denn die Bevölkerung aussieht, die da ihre Frauen und Männer in die Räte entsendet. Lassen wir den runden Sechstel von registrierten Ausländern beiseite (von denen immerhin etwa Dreiviertel die Niederlassung besitzen), und wenden wir uns den Schweizern und mit besonderem Interesse den Stimmberechtigten zu. Hier gehören nach neuesten Erhebungen zwischen 70–75 % einem breitgelagerten Mittelstand in den Städten und Agglomerationen an, der sich durch fleissige Arbeit, ein gesichertes bis gutes Einkommen und einen Swiss way of life der 80er Jahre auszeichnet. Ihm sind mit Abstufungen zuzuzählen: die Masse der Angestellten von Bank, Handel, Industrie, die Facharbeiter, die grosse Schar der öffentlichen Bediensteten fast aller Grade, das Korps der Lehrkräfte, das Gewerbe, die freien Berufe und die Mittellandbauern; viele Junge und noch mehr Rentner sind dabei, und die Durchlässigkeit begünstigt die Aufsteiger. Dieser Block zieht sich durch alle bürgerlichen Organisationen bis weit in die Sozialdemokratie hinein. Die nächsten 10–15 % der Stimmberechtigten fühlen sich aus persönlichen, familiären, ökonomischen oder ökologischen Gründen nicht so glücklich, obwohl es an sich auch ihnen meist nicht gar so schlecht geht. Doch sie fügen sich und sind bis anhin nicht virulent geworden. Das Protestpotential und die politische Unstabilität und Unrast liegt in den restlichen 10–15 %. Es sind diejenigen, die meinen, irgendwie zurückgeblieben zu sein, und oft sind sie es wirklich, wie Invalide, alleinerziehende Mütter, kleine Existenzen aller Art in untergeordneten Stellungen, Bergbauern, Alte mit ungenügenden Ressourcen, aber auch solche, die mit der rasanten Veränderung auf vielen Gebieten nicht mehr Schritt halten können oder wollen, also offene und versteckte Aussteiger. Von dieser Gesamtheit begibt sich nur schwach die Hälfte, oft nur ein Drittel zur Urne, von den letzten zwei Gruppen bleiben aus Enttäuschung und Unwissenheit eher mehr zu Hause. Nach wohl ziemlich verlässlichen Schätzungen dürften etwa 12 % der Stimmberechtigten politisch tätig sein, und 10 % erklären sich als absolute Abstinenten bei Wahlgängen. Erstaunlicherweise hat aber ein verhältnismässig grosser Prozentsatz der Bevölkerung trotz zunehmender Distanzierung von den öffentlichen Angelegenheiten kein gespanntes Verhältnis zu den staatlichen Einrichtungen und Tätigkeiten, sondern erklärt sich mit dem heutigen Zustand ziemlich zufrieden. Bei 46 % soll das Stichwort Staat eher angenehme Gefühle wecken und nur bei 16 % betont unangenehme (vgl. Werner Ebersold in der Reihe der CH-Forschungen). Zur Vorsicht mahnt, dass bei dieser jüngsten Enquete «nur» 39 % erklärt haben, eine der vier Bundesratsparteien entspreche am besten ihrem Gusto. Wenn man aber weiss, dass diese 39 % kaum je einen Urnengang versäumen, wird sichtbar, woher die relative Stabilität in den Parlamenten rührt.

Warum den Bundesbehörden mehr die Fähigkeit zuerkannt wird, mit den Zeitproblemen fertig zu werden, dürfte auf die Grösse gewisser Aufgaben zurückzuführen sein, die landesweite bis europäische Dimensionen haben, aber auch auf die bessere Mediendarstellung der Vorgänge auf eidgenössischer Ebene. Man muss nun erkennen, dass sowohl die Ganzlinksgruppierungen wie die Grünen auch kantonal ihre Mandate vornehmlich aus den Reservoiren der Benachteiligten oder Nachdenklichen erhalten, die «Nationalen» und die Autopartei aber aus solchen Kreisen, die sich durch die etablierten Parteien nicht mehr vertreten fühlen oder die aus purer Zukunftsangst handeln; es sind solche, die schon jetzt ins Hintertreffen gelangt sind und durch Protestwahl aufmucken, aber auch solche, die arriviert sind, jedoch ihre Position gefährdet oder abbröckeln sehen (Autogewerbe, Pendler auf der Strasse, Berufe, die ins wirtschaftliche Abseits führen usw.), und jüngstens sind es ganz pointiert solche, die ihre neu erworbene finanzielle Bewegungsfreiheit wegen der Zwänge des Umweltschutzes nicht voll ausleben können.

Es kann kein Zweifel bestehen, dass auf breiter Grundlage ein Wandel des politischen Bewusstseins stattgefunden hat, der sich fortsetzt. Regierungs- und Ständerat Andreas Iten ist dieser Entwicklung in einem bemerkenswerten Artikel nachgegangen (NZZ 19. und 21.7.89) und gelangt zu folgenden Schlüssen. Noch nie sei eine Gesellschaft so stark auf Vertrauen, aber auch auf Selbstentscheidung der Bürger angewiesen gewesen wie die heutige und habe deshalb auch ein erhebliches Misstrauenspotential aufgebaut, das sich auf die Behörden ergiesse, zumal der Rechtsstaat zu einem Leistungs- und Dienstleistungsstaat geworden sei, an den man wohl grosse Ansprüche richte, in welchem man sich aber kaum stark engagieren wolle. Der Wohlstand wiederum habe einen ausgeprägten Privatismus erzeugt, ja eine epikureische Mentalität, wo der moderne Mensch z.B. die Landschaft weniger ökonomisch als ästhetisch empfinde. Als eine weitere gesellschaftliche Zeiterscheinung nennt Iten das «Subitodenken», das sich weiterum einniste, nicht ohne Projektion auf die Parlamentarier der neuen Richtungen. Als Korrelat des Mangels an Erfahrung täten sich überrissene Erwartungen kund, deren Erfüllung erst noch in ganz kurzer Frist gefordert werde. Dieser Analyse kann weitgehend beigepflichtet werden, macht eine politisch haltbare Synthese aber nicht eben leicht, wie auch die jahrzehntelangen vergeblichen Basteleien an einer neuen Bundesverfassung und das eher mühsame Zustandekommen einzelner neuer Kantonsverfassungen bewiesen haben. – Ins Gewicht fällt weiter der individuelle Habitus der einzelnen Stimmberechtigten, die deutliche Abnahme der Bindung an angestammte Parteien und damit die Neigung zum Wechselwähler je nach Situation, die Einwirkung der Medien und die anerzogene Schärfung des Kritiksinns. Man ist für liberale Lösungen, ohne sie in der FDP zu suchen. Man erkennt die Grenzen des Sozialstaates, ohne seine «Errungenschaften» der Finanzierbarkeit anpassen zu wollen. Man will den Umweltschutz, ohne auf das Auto zu verzichten. Man will Fortschritt und tritt, wenn es Landschaft oder Gebäude betrifft, unter dem Druck der allzu stürmischen Veränderung des gewohnten Bildes doch als Bewahrer auf. Ein bisschen Schizophrenie war ja stets in der Politik vorhanden. Solche Merkmale verdeutlichen sich jetzt, wie auch die populistischen, ja folkloristischen Züge. Ungern wird eine politische Versammlung besucht, weshalb findige PR-Leute Risottoessen, Wanderungen, Aperitive, Vitaparcours, Flossfahrten etc. organisieren müssen, um das Publikum anzuziehen, das zur Veranstaltung kommt, sich aber keineswegs verpflichtet erachtet, bei der nächsten Wahl die Liste der Veranstalter einzulegen. Ein aufschlussreiches Bild vermitteln – wenn es sich nicht um eine bestellte Aktion handelt – die vielen Leserbriefe in den Zeitungen. Es sind sehr persönliche Berichte und Anschauungen, die zuweilen weit mehr von der Stimmung in bestimmten Kreisen erkennen oder erahnen lassen als die redaktionellen Verlautbarungen. Mag diese Leserpost ein wertvolles Ventil sein, um Dampf abzublasen – und die Spalten zu füllen – man ist zuweilen doch etwas beklommen ob der darin zum Ausdruck kommenden politischen Intoleranz. Ich habe gehört, dass sich Politiker und Parteizentralen eine kleine Sammlung von Leserbriefen anlegen, die den Grundstock für Argumentarien hergäben und zudem für persönliche Vorstösse. Auch hier sind offenbar «Trouvaillen» möglich.

Ein nicht zu unterschätzendes Charakteristikum der gesellschaftlichen Befindlichkeit ist die heute unverhältnismässig grosse Nachsicht gegenüber Rechtsbrechern der meisten Art, insbesondere von Gewaltverbrechern, die sich mit einer seltsamen Vernachlässigung der Opfer paart. Das bedeutet einen stillschweigenden Abbau des Rechtsstaates, der es bei der hohen Regelungsdichte ohnehin schwer hat, sich zu behaupten. Ich will damit nicht sagen, dass die Hätschelung von Übeltätern bis in die kantonalen Parlamente hineinreicht, aber es offenbart sich quer durch die Räte bisweilen doch eine merkwürdig tolerante und ambivalente Haltung gegenüber dem Phänomen der Gewalt und des Polizeieinsatzes gegen sie, je nachdem, ob eigene Sympathisanten oder diejenigen der politischen Konkurrenz Stuss gemacht haben.

Veränderungen der parlamentarischen Landschaft

Aus diesem Konglomerat von Zuständen und Entwicklungen entsteigen die Gross-, Kantons- und Landräte sowie die Députés der Urne, und sie werden sich so benehmen, dass sie ihrer Basis in etwa entsprechen, was schon in der Kleidung zum Vorschein kommt, aber nicht minder in der Geisteshaltung, die den Trend der Wahlen oft akzentuiert, in vielen Fällen aber auch wieder abschwächt. Sie finden sich in eine veränderte parlamentarische Landschaft hineingestellt, in die wir jetzt einen Blick werfen wollen. Ich beginne mit einer Tabelle, welche die Verschiebungen in den jüngsten 8 Jahren festhält, die nicht die letzten sein werden.

Verteilung aller kantonalen Parlamentssitze (ohne Appenzell Innerrhoden)*

	Ende 1989	Ende 1985	Ende 1981
1. FDP	793	843	829
2a CVP (inkl. nichtauton. CSP)	785	831	847
2b CSP (von CVP autonom)	23	15	16
3. SVP	289	305	291
4. Liberale Partei	120	122	114
5. SP	530	531	603
6. LdU	44	50	51
7. EVP	47	55	46
8. PdA	20	24	35
9. Neue Linke: POCH, PSA, SAP	21	46	34
10. Grün-Alternative (Grüne Bündnisse)	46	11	–
11. Grüne Parteien (GPS)	94	30	6
12. Nationalistische Rechte (NA, Rep., Vigilants, EDU, ÖFP)	46	38	13
13. Auto-Partei	44	–	–
14. Diverse	35	36	30
Total Sitze in den kant. Parl.	2937	2937	2915

Zusammenstellung: Christian Moser, 1989

* Appenzell Innerrhoden zählt 61 Grossratssitze, die aber nicht auf Parteien umgelegt werden können.

Und nun der Versuch einer kurzen Interpretation: Der sogenannte Bürgerblock (FDP, CVP, SVP) mit Einschluss der Liberalen kann in manchen Räten eine satte Mehrheit bilden, wenn er zufällig mal einig ist und die Trennlinien nicht historisch anders verlaufen, wie im Wallis, in den Kulturkampfkantonen LU, SO, SG, TI sowie der Innerschweiz. Sodann erklärt sich die im Vergleich zur FDP und SP hohe Zahl von Mandaten der CVP aus der starken Verankerung dieser Partei in den kleinen Kantonen des Zentralraumes, wie auch in Fribourg, Wallis und Jura, wo auf eine geringe Bevölkerung verhältnismässig viele Sitze vergeben werden.

Die vier Bundesratsparteien (FDP, CVP, SVP, SP) haben landesweit eines gemeinsam: Sie sind an den Rändern kräftig ausgefranst, derweil sich in ihrem Innern weitere Ausmarchungen vollziehen, die unter Umständen zu Absplitterungen führen können. Das zeigt sich zwischen neuen Linken, Gewerkschaften und demokratischen Sozialisten bei der SP, zwischen Christlichsozialen, alt Konservativen und Wirtschaftschristen bei der CVP, zwischen Ökonomen und Ökologen bei der FDP und zwischen Bauern, Kleinbauern und Gewerbeflügel bei der SVP. Die CPV und dann die SP haben bereits Haare gelassen, die FDP ist dabei, es zu tun, und einzig die SVP scheint momentan in Form. Gehalten haben sich weiter die Liberalen (in BS, VD, NE und GE). Die EVP entwickelt sich unterschiedlich, wogegen der Landesring der Unabhängigen – seit je aus Flugsand bestehend – sowie insbesondere PDA und neue Linke in deutlichem Schwund begriffen sind. Die nationalistische Rechte hat zwar noch ziemlich Mandate, serbelt aber trotzdem, was sich allein schon darin offenbart, dass einer ihrer Gründer, James Schwarzenbach, zur Autopartei übergegangen sein soll und ein ehemaliger Motor nicht mehr dem Nationalrat angehört, sondern als Einzelkämpfer Valentino Oehen dem Gran Consiglio Ticinese. Wer sind nun aber die Erben der Verlierer? Es sind in der Substanz die Grünen und die ihnen zugewandten Orte der rot-grünen Alternativen, und es ist die Autopartei. Ob bei den spektakulären Erfolgen der Autopartei sich eher ein Stau von Protestgefühlen abreagiert, oder ob sich hier von der Basis her eine strukturelle Neugestaltung der Parteilandschaft abzeichnet, kann noch nicht mit Sicherheit ausgemacht werden. Die Grünen sind, obwohl sie starke bürgerliche Kontingente aufweisen, dem bisherigen politischen Verhalten nach eine vornehmlich linke Gruppierung, die in einem Blatt wie dem «Tagesanzeiger» ihr adäquates Sprachrohr besitzt. Dies gilt vor allem in der alemannischen Schweiz, weniger in der Romandie. Und die Verbindung rot-grün bei verschiedenen Alternativen deutet an, dass gewisse Kreise meinen, mit grünen Anliegen eine Bereitwilligkeit bei den Wählern herbeizuführen, die ihren linken Vorstellungen versagt geblieben war. Was feministische Regungen anbetrifft, so haben besondere Frauenlisten kaum Anklang gefunden, wie das Beispiel von Luzern zeigt, sehr zur Enttäuschung der militanten Vertreterinnen der POCH, die sich damit selbst aus dem Grossen Rat hinausmanövriert haben.

Damit schliesse ich diesen kurzen Tour d'horizon über die Veränderung der parlamentarischen Landschaft in den Kantonen und verweise für Einzelheiten der Entwicklung und Strukturierung auf den vorzüglichen Beitrag in diesem Werk von Christian Moser (Neue politische Gruppierungen ziehen in die Parlamente ein).

Demokratiesystem, Konkordanz, gesellschaftliche Entwicklung

Bekanntlich stellt das demokratische System der Schweiz – während Jahrhunderten gewachsen und verfeinert – eine Mischung verschiedener, zum Teil gegensätzlich wirkender Prinzipien dar, die sich ergänzen, die Machtbalance halten und überhaupt das Funktionieren gewährleisten sollen. So steht einmal die direkte einer repräsentativen Demokratie gegenüber und diesen beiden Elementen der Volksherrschaft das korporative Gewicht von verhältnismässig starken Regierungen, die ihre Kraft extern aus der Volkswahl und intern aus der Geschlossenheit der kollegialen Verantwortlichkeit schöpfen. Das «Unbehagen im Kleinstaat» (Karl Schmid) hat dabei augenscheinlich nicht zu Minderwertigkeitsgefühlen und Dauerfrustration geführt, sondern zu einer allmählichen Optimierung der Möglichkeiten und Vorteile, welche ein Staatswesen von noch übersehbaren Proportionen bietet. Es ist der politische Nährboden zur sinnvollen Kombination von Faktoren, die auf den ersten Blick nichts miteinander zu tun haben, aber doch ein Puzzle ergeben, das im weltweiten Vergleich eine durchaus eigenständige und praktisch bewährte Ordnung hervorgebracht hat. Als solche Stücke erweisen sich der dreiteilige Staatsaufbau, die föderative Organisation der Kantone, die Verankerung der Volksrechte in Landsgemeinden und verschiedenartigen Initiativen und Referenden, die Ausprägung des Proporzgedankens, die Kumulierungs – und Panachierbefugnisse des Wählers, die Allparteienregierung, der Milizcharakter vieler öffentlicher Tätigkeiten, die Begrenzung der Macht durch Gewaltentrennung und Legislaturperioden, die Verflechtung zwischen Staat und Wirtschaft. Auch der Umstand, dass sich politische und militärische Karrieren (zudem mehr und mehr professorale und medienbezogene) oft gegenseitig «hochschaukeln», gehört in dieses Bild. Die daraus hervorgegangene sogenannte Konkordanzdemokratie darf ihren Namen zu Recht beanspruchen. Ist aber das Steuerungsaggregat effizient und flexibel genug? Die politische Systemkomplexität scheint in unserer Willensnation die Bedingung der gesellschaftlichen Problembewältigung zu sein. Das stellt Prof. Leonard Neidhart in einer neuesten Studie von grosser Klarsicht und Dichte sehr zutreffend fest (Die Zukunft der Demokratie: Entwicklungsperspektiven der Regierungssysteme in Ost und West). Er hebt insbesondere hervor, dass das jeweilige System daran zu messen sei, ob es erlaubt, die sich laufend und beschleunigt stellenden Anpassungsprobleme zu lösen. Mit andern Worten, ob es fähig ist, Fehlentwicklungen zu vermeiden oder zu korrigieren, damit nicht eine explosive Situation oder eine solche der allseitigen Paralysierung entsteht, welche die Frage der Regierbarkeit des Landes aufwirft und die Gefahr in sich schliesst, dass die Demokratie sich selbst ad absurdum führt.

Die im Zentrum dieses Dispositivs angesiedelten kantonalen Parlamente erwiesen sich dabei nicht als die entscheidenden Säulen im Ringen um den besten Staat, wohl aber doch als wesentliche, nicht wegdenkbare Komponenten auf diesem Wege. Sie haben bedeutsamen Anteil an der öffentlichen Willensbildung und einem Streben nach Konsens, das auf eine kräftesparende Lösung von Konflikten angelegt ist, wie er im nüchternen Sinn unserer Bevölkerung verwurzelt ist. In diesem Kontext erscheinen zwei Punkte von der Warte der kantonalen Legislativen prüfenswert:

a) Wie weit widerspiegeln die kantonalen Parlamente gesellschaftliche Verhältnisse?

b) Wie fliessen aus der Zusammensetzung des Parlaments gesellschaftliche Entwicklungen in Beratungen und Entscheidungen ein?

Zu diesen zwei Punkten folgen einige Überlegungen.

a) Die in allen Ständen, ausser den beiden Appenzell und Graubünden, geltende Proporzwahl ist der Transmissions-Riemen für die

Übertragung der Volksmeinung in die Parlamente. Die meisten Gesetze eröffnen auch kleineren Gruppen in grossen Wahlkreisen die Möglichkeit einer Vertretung; und durch die Periodizität von 1–5 Jahren (AI und FR bilden die Extreme) ergibt sich ein gewisser Raster, der in kurzen Abständen den Veränderungen im Denken der Bevölkerung folgt. Nicht automatisch so ist es in den wenigen Kantonen mit einem Quorum, das heisst, es muss jede Liste einen Mindestprozentsatz von Gesamtstimmen auf sich vereinigen, um eine Zuteilung von Sitzen zu erhalten (in FR 7,5 %, in GE 7 %, in VD 5 %, in NE 5 %). Da braucht es vom System her schon erhebliche Wählerumschichtungen bzw. Konzentrationen, um auf die Zusammensetzung des Parlaments einzuwirken. Die Neuerer können daher nicht isoliert operieren, sondern sind bemüht, auf einer aussichtsreichen Liste unterzukommen. Hiebei spielt das Proporzglück nicht immer zu ihren Gunsten. Auch ist leicht auszumachen, dass durch Parteien und Gruppen schon bei der Nomination Pfähle eingeschlagen werden, weshalb je nach politischem Klima gewisse Kreise in den Parlamenten über- oder untervertreten sind. Dazu gesellt sich der Einfluss des Kumulierens, das in 15 Ständen möglich ist. Diese Zweitstimme für einen Kandidaten erweist sich als wirksame Waffe der Parteileitungen, um die Wahl ihrer Vertrauensleute zu sichern, was oft politisch profilierten Persönlichkeiten zugute kommt, oft aber auch reinen Parteibonzen. Dazu ist zu bemerken, dass die Kumulation heute mehr als ein Mittel der Manipulation durch die Parteiapparate aufgefasst wird und beim Stimmvolk deshalb an Akzeptanz verloren hat. Neben der Möglichkeit des Kumulierens tritt diejenige des Panachierens, das heisst, man kann Kandidaten auf andern Listen Stimmen geben, die dann der eigenen Gruppe verloren gehen. Nur dort wo noch das System der Listenwahl nach Partei und nicht nach Kandidaten in Kraft steht, schadet das Panachieren der eigenen Liste nicht. Diese politische Schönheitskonkurrenz wird mit Genuss praktiziert, wie etwa der Schreibende sich entsinnt, dass er stets von der FDP aufgestellt, aber durch Zusatzstimmen der CVP gewählt worden ist. In den kleineren Kantonen gibt es Geschlechter, die kaum je im Parlament fehlen. Ein blosser Name bürgt da für die Wahl, in vielen Fällen auch für die Leistung. Demgegenüber wissen die Vertreter von Bauernschaft und Gewerbe sich durch die grosse Stimmkraft ihrer Organisationen über die Parteigrenzen hinaus die ihnen erwünschten Plätze zu sichern. Sie bilden in den Räten eigene Clubs. Wichtige Gruppen, die parteipolitisch zwar zum Teil gebunden sind, aber in den Parlamenten dank ihrer Sachkunde, ihres Wissensvorsprungs und ihres Auftretens ein Eigengewicht aufweisen, sind sodann die Gemeindeammänner und Gemeindeschreiber (ihre «Fraktion» ist überall sehr mächtig, besonders in der Ostschweiz), die Beamten und Lehrer (wo zugelassen) und die freien Berufe. Traditionsgemäss weist z.B. der Gran Consiglio des Kantons Tessin stets eine hohe Zahl von Advokaten auf (derzeit 20 von 90 Mitgliedern). Gezielte Aktionen werden oft geplant und durchgeführt, um die Exponenten bestimmter Kreise in den Rat zu hieven, wenn nicht über die Kumulation, dann durch Bearbeitung der Stimmberechtigten, besonders von solchen, die sonst gar nicht an die Urne gehen würden. Der ausgesprochen Intellektuelle hat dabei nur unter einer günstigen Konstellation eine Chance. Das weckt dann Unzufriedenheit bei den Draussengebliebenen, schadet dem Ratsbetrieb aber kaum, weil dort pragmatisches Handeln gefragt ist. Junge Draufgänger suchen ihre Stimmen überall: am Arbeitsplatz, in der Disco, in den Vereinen. Ebensowenig verschmähen es jedoch die Bürgerlichen, durch ihre Werber und Kandidaten «Klinken» zu putzen, was man in einzelnen Kantonen der Innerschweiz bei systematischer Durchkämmung der Quartiere mit dem althergebrachten Wort «Trölen» bezeichnet. Im ganzen scheinen die Veränderungen in der Gesellschaft mit dem bekannten Verzögerungseffekt auf die Parlamente durchzuschlagen, und es kommt ja auch nicht immer darauf an, wieviel Köpfe eine Richtung stellt, sondern was für welche.

b) Nach einem berühmten Wort von Victor Hugo setzt sich jede Idee durch, wenn ihre Zeit da ist – auch in den kantonalen Parlamenten. Eingebaute Schalt- und Bremsmechanismen können den Durchbruch jedoch verzögern, oder sie können Modifizierungen, Abschwächungen bewirken. Letzteres kann soweit erwünscht sein, als es nicht zur Blockierung führt, denn der Verstopfung der Aorta folgt die Embolie. Also muss dafür gesorgt werden, dass das System durchlässig, elastisch bleibt, und dass sich keine Verkalkungen an den Innenwänden festsetzen. Dieser Erkenntnis möchte man aber noch den Satz von Winston Churchill über die US-Politik anhängen: «In the end Americans do always the right thing – after exhausting all other alternatives.» Darin steckt ein Körnchen Wahrheit auch für den schleppenden und retardierenden Gang der schweizerischen Staatsmaschinerie, wobei in Amerika und unserem Land das System bewusst so ausgestaltet ist, dass man die Rechte der Bürger und die Vermeidung von Machtkonzentrationen für wichtiger hält als eine Förderung des scheinbar schnellen und reibungslosen Handelns. Zwischen diesen Extremen liegt wohl das Geheimnis des politischen Lebens, das etwa Goethe in der Spanne zwischen Übereilung und Versäumnis erblickt. Wie fliessen also unter solchen Rahmenbedingungen neue gesellschaftliche Entwicklungen in die kantonalen Parlamente ein? Wir haben festgestellt, dass das Wahlsystem den Vertretern neuer Ideen, den Systemveränderern und andern aufmüpfigen Elementen durchaus Einlass gewährt. Und einmal gewählt, wissen vor allem die Repräsentanten von grünen und linken Alternativen ihre Möglichkeiten zu nutzen, während die Garagenbesitzer und Techniker der Autopartei sich mangels Erfahrung und politischen Flairs bisher oft eher hilflos ausnahmen. Eine Schnellbleiche in Verfahrenssachen durch den Ratssekretär (wie in Schaffhausen) verhilft eben einer frischgebackenen Fraktion noch nicht zu politischer Ansehnlichkeit.

Eine gewisse Instabilität ist der Preis des Fortschrittes, auch in der Parlamentstätigkeit. Keine Neuerung setzt sich ohne Infragestellung des Bestehenden durch. Die dadurch verursachte Unruhe ist als heilsam zu bezeichnen, wenn sie bei aller kritischen Tendenz nicht in eine anarchistische Entwicklung oder in eine Abwürgung aller vernünftigen Arbeit mündet. Das haben die sogenannten Realos eingesehen, die nicht alles von Grund auf zerstören und dann auf den Trümmern neu aufbauen wollen. Solche Randgruppen sind also nicht von Anfang an negativ zu bewerten, wenn sie programmatisch etwas zu bieten haben und wenn ihre Stiche und Schläge einen konstruktiven Grund erkennen lassen. Nicht alle derartigen Gruppierungen in den kantonalen Parlamenten zeigen solche Ansätze. Denken wir an deren Wortführer in ZH, BS und LU, die das System durch Filibuster und andauernde Provokationen aus den Angeln heben wollen. Andere sind da gemässigter. Ich hatte ein längeres Gespräch mit dem Vertreter einer sozialistisch-grünen Alternative, der einst der SAP angehörte und der mir sagte, er habe in seinem jugendlichen Überschwang früher oft marxistische Thesen breitgeschlagen, und zwar ziemlich aggressiv. Er habe aber eingesehen, dass er damit den Rat nur verärgerte und gegen sich aufbrachte, weshalb auch sachbezogene Anliegen ohne langes Federlesen abgelehnt worden seien. Jetzt gehe er selektiv und in der Tonart moderat vor, und siehe da, er könne in dieser und jener Fraktion Kollegen und Kolleginnen ausmachen, die ihn dann und wann unterstützten. Er fühle sich so auch akzeptiert. Fügen wir bei, dass solche Integration von verschiedenen Richtungen der neuen Linken gesucht und gefunden wurde, und das ist die beste Grundlage für eine Evolution, welche die Marke der Konkordanzdemokratie trägt. Schwieriger ist es für Einzelgänger und kleine Gruppen ohne Fraktionsstärke, in die Kommissionen hineinzukommen, wo die eigentlichen Weichen in der Gesetzgebung, im Finanzgebaren und der Verwaltungskontrolle gestellt werden. Bei Gelegenheit wird einem akzeptablen «Single» von einer Fraktion ein Sitz abgetreten. Auch bei der gesetzlichen Regelung gewinnen proportionale Überlegungen an Boden gegenüber der Befürchtung, Klima und Vertraulichkeit der Kommissionsarbeit könnten gestört werden. Nun, wer in der Kommission sich nicht zu produzieren vermochte, tut es um so ausgiebiger vor dem Plenum, und er (oder sie) täte es wohl auch, wenn er in der Kommission dabeigewesen wäre.

Ist also die Einbringung der Ideen auf jeden Fall gesichert, so ist es ihre Aufnahme nicht ohne weiteres. Der geistige Entwicklungsprozess zeigt – wenn er positiv verläuft – meist drei Phasen:
– Zunächst werden die unvertrauten Gedankengänge mit Gelächter oder kalter Ablehnung quittiert;
– später nähern sich ihnen, wenn sie von Realos vertreten werden, Abgeordnete oder Kreise aus andern Ecken des Saales vorsichtig an;
– am Ende findet eine Konvergenz statt, die vielleicht originelle Lösungen ermöglicht.

Umgekehrt ergeben sich besondere Probleme daraus, wenn sich die progressive Haltung in einer Verweigerung ausdrückt oder in einer Abkehr von der Zukunft, wie bei manchen Grünen, welche (das auch in andern politischen Kreisen anerkannte) Primarthema Umweltschutz kompromisslos und mit sektiererischen Mitteln angehen. Sie haben vielleicht zur Schärfung des Bewusstseins beigetragen, aber sie sorgen nicht dafür, dass ihre in der Tendenz richtigen Ideen fruchtbar werden, wozu eine gewisse Konsensfähigkeit gehört für Regelungen, die auf das Wesentliche zielen und auch andern Gruppierungen einleuchten. Damit, dass man den Strassenbau in jedem Dörfchen auf Null stellen will oder sich endlos mit allerhand Standesinitiativen beim Bund (die meist verpuffen) herumschlägt oder verlangt, dass in der Halle das Licht gelöscht werde (!), ist es natürlich nicht getan. Indessen gilt es in zunehmendem Mass, einschneidende Massnahmen zu treffen und politisch zu tragen, wie die Durchsetzung der Vorgaben über die Luftreinhaltung, die eine Bündelung und nicht eine Verzettelung der parlamentarischen Kräfte erfordern.

Diesem Debut bei den Neulingen stand bei den historischen Gruppierungen lange ein gewisses Zögern und Beharren gegenüber, das über die anerkannte Funktion des gesunden Bewahrens und einer gesunden Finanzpolitik weit hinausreichte. Es hat sich jetzt mancherorts in eine beträchtliche Umtriebigkeit gewandelt. Nun bemüht man sich in den Fraktionen darum, die brisanten Themen nicht nur von den politischen Gegnern besetzen zu lassen und beteiligt sich daher am allgemeinen Wettlauf, sich etwa im Umweltschutz sowie in der Verkehrs- und der Gesundheitspolitik als auf der Höhe der Zeit darzustellen. Immerhin ist das Abklingen des früher scharfen sozialen Umverteilungskampfes ein Anzeichen dafür, dass die Wohlstandsvermehrung hier mildernd eingewirkt hat. Dafür entzünden sich die Geister an Fragen wie der neuen Armut, der medizinischen Betreuung und ihrer Kosten, der Agglomerationsnöte, der Entsorgung, der echten und unechten Asylanten, was bei weitem nicht mehr eine blosse Auseinandersetzung zwischen rechts und links darstellt, sondern, je nach Philosophie, auch Risse in den grossen Gruppen selbst verursacht. Dabei könnte den angestammten Parteien auch in den schwierigen und glitschigen Gefilden der «Postmoderne» durchaus eine «Relance» gelingen, sofern sie ihre Trümpfe richtig zu spielen wissen, als welche zu nennen sind: Augenmass, politische Erfahrung, Kontinuität, solide Arbeit, Kompetenz in Sach- und Finanzangelegenheiten; dazu muss sich ein vertrauenerweckendes Erscheinungsbild gesellen.

Es fragt sich nun aber nicht nur, wie neue gesellschaftliche Entwicklungen in die Parlamente einfliessen, sondern auch, ob genügend neue Talente sich zeigen. Damit ist die Auslese angesprochen, über die der Publizist Oskar Reck in der «Weltwoche» öffentlich nachgedacht hat. Mit der Auslese treffen sich die Probleme der Abwanderung und künstlichen Fernhaltung. In diesem Kontext zeigt die Erfahrung, dass Generalisten mit Schwerpunktkenntnissen (vorab auch wirtschaftlichen) und mit staatsmännischer Sicht deshalb dünn gesät sind, weil sie oft bald in die Regierung oder in andere hohe Exekutivposten berufen werden. Und dieser «drain» wird noch akzentuiert durch die in gewissen Kantonen bestehenden Amtszeitbeschränkungen (ganz deutlich BS, BL und JU). Beiläufig beachte man aber auch die Tatsache, dass die aus Gründen der Gewaltentrennung festgelegten Unvereinbarkeiten das Reservoir der kantonalen Parlamente etwas verkleinern. Rund die Hälfte der Stände kennen – mit Abstufungen – das Verbot für kantonale Funktionäre und Lehrpersonen, der Volksvertretung anzugehören. Das mag für die Betroffenen schmerzlich sein und den Räten einige wertvolle Kräfte entziehen. Umso offenkundiger ist die Wirkung der gegenteiligen Lösung: Im Kanton Schaffhausen, der keine Unvereinbarkeit für Beamte etc. statuiert hat, sind gegen 40 % der Mitglieder des Grossen Rates öffentliche Bedienstete aller Arten.

Der Einfluss der direkten Demokratie auf die Tätigkeit der Parlamente

Der Einfluss ist vielgestaltig, allgegenwärtig, nachhaltig und oft kontrovers. Man attestiert dem Politiker in unserem Land, dass er diesen Aspekt äusserst ernst nehme. Wenn man ihm vorwirft, er halte ständig den nassen Finger in den Wind, so ist das kein Wunder, denn die hinter den meisten Vorlagen lauernde Möglichkeit der Volksabstimmung hat für die Legislatoren tiefgreifende Bedeutung. So beschäftigen sie sich stets gleichzeitig mit der materiellen Bewältigung von Aufgaben wie mit der politischen Realisierbarkeit: Es hätte ja nach der nüchternen Veranlagung unserer politischen Klasse wirklich keinen Sinn, die schönsten, richtigsten und gerechtesten Lösungen anzupeilen, wenn der Instinkt einem sagt, dass die Verwerfung vor der Tür steht. Den Ausruf in den Beratungen kantonaler Parlamente: «Ihr benehmt Euch, wie wenn die Volksabstimmung schon stattgefunden hätte», habe ich bei mehr als einem Ratsbesuch gehört, und am verdächtigsten ist es, wenn darüber Schweigen herrscht und alle einhellig in Beschwörungen machen; es ist ein Omen dafür, dass der Antrag bachab geschickt wird.

Alles beginnt in den Urzellen der Demokratie, in den 5 Landsgemeinde-Kantonen, damit, dass die meisten Vorlagen im Parlament nur unter Vorbehalt der Genehmigung durch die Landsgemeinde verabschiedet werden können. Die Ausnahme stellt Obwalden dar, wo die Landsgemeinde lediglich diskutiert, während durch Urnenabstimmung entschieden wird. Umgekehrt kennt die Landsgemeinde von Appenzell Ausserrhoden keine Diskussion, sondern schreitet direkt zum Entscheid, wobei die Volksdiskussion von Vorlagen des Kantonsrates einen gewissen Ersatz bietet. Und der ganze Sitzungskalender des Parlaments ist auf das Datum der Landsgemeinde getrimmt. Bis irgendwann im Januar-März müssen die Vorschläge (in OW, NW und GL Memorial genannt) bereinigt werden. So häufen sich die Tagungen in den Wintermonaten, und ich habe selbst einen gewissen Stress der Räte gespürt, wenn ich einzelne zu dieser Zeit von der Tribüne aus beobachtete. Nach der Landsgemeinde kehrt dann jedoch eine gewisse Sommerruhe ein. Aber was geschieht im Ring selbst? Unbefangen bis respektlos verfährt die Landsgemeinde mit der Parlamentsarbeit. Da kommen lang erwogene, fein ausbalancierte Entwürfe unter einer kaum vorauszusehenden Stimmung ins Schleudern. Nach aussen mag es nach einem ablehnenden Zufallsmehr aussehen, in Wirklichkeit aber sind es nicht selten Langfristsignale, die sich die Parlamentarier hinter die Ohren schreiben müssen.

Ein gewichtiges Mittel, um unsere Parlamente in gedämpften Trab oder mindestens unter Druck zu setzen und ihnen erhebliche Zeitopfer aufzunötigen, sind die verschiedenartigen Initiativen. Zur allgemein bekannten Volksinitiative zwecks Änderung der Verfassung und zum Erlass von Gesetzen gesellt sich im Kanton Zürich die Möglichkeit der Einzelinitiative aus dem Volk. Im Kanton Solothurn gibt es neuestens eine Volksmotion, die von 100 Stimmberechtigten lanciert werden kann. Der Kanton Zürich kennt überdies die Behördeninitiative, von der z.B. die Stadträte von Zürich und Winterthur etwa Gebrauch machen. Freilich sind Guillotinen in die Geschäftsordnung eingebaut, so dass im Zürcher Kantonsrat 60 Mitglieder ($^1/_3$) die Einzelinitiative aus dem Volk vorläufig unterstützen müssen, damit sie nicht sofort aus Abschied und Traktanden fällt. Die Verschiebung der Achse innerhalb des Rates hat seit den letzten Gesamterneuerungswahlen jedoch dazu geführt, dass mehr Einzelinitiativen aus dem Volk die Hürde nehmen als früher.

Das eigentliche Tummelfeld für parlamentarische Peripetien bildet indessen der Referendumsvorbehalt, dem ja die Allgemeinbezeichnung «Referendumsdemokratie» entspringt. Manche Kantone kennen neben der Verfassung das obligatorische Referendum auch für Gesetze und Finanzdekrete. Andere begnügen sich mit dem fakultativen Referendum für Erlasse auf niedrigerem Niveau als der Verfassungsstufe, worunter aber in gewissen Kantonen sogar der Steuerfuss fallen kann (ZG). Im gleichen Kanton kann der Rat, wenn er einen Drittel der Stimmen sämtlicher Mitglieder aufbringt, ein Gesetz von sich aus der Volksabstimmung unterstellen, was immer dann zu geschehen pflegt, wenn eine Verfassungsänderung damit verbunden ist. Sonst wird aber von dieser Ermächtigung zurückhaltender Gebrauch gemacht, obwohl Opponenten der Vorlage natürlich stets versuchen, damit durchzudringen, um sich die Sammlung der Unterschriften zu ersparen. Dieses Grundmuster trifft auch auf andere Kantone zu.

Es ist demnach nicht zu übersehen, dass die Referendumsklausel dem Gestaltungsdrang der Parlamente einen erheblichen Dämpfer aufsetzt. Angefangen von den Projekten des Regierungsrates über die Kommissionsberichte bis zu den Beratungen im Plenum zieht sich wie ein roter Faden die Referendumstauglichkeit. Denn zu häufig ist es vorgekommen, dass in der Volksabstimmung Vorlagen richtig abgeschmettert wurden, welche den parlamentarischen Test mit ansehnlichen Mehrheiten bestanden hatten. Auch kommen solche Niederlagen oft sehr überraschend, und das alles wirkt frustrierend auf die politische Stimmung in den Räten. Die Korrektur durch das Volk hat sich in vielen Fällen als weitsichtig erwiesen, aber sie beeinträchtigt, wenn sie zu häufig erfolgt, die minimale Selbstsicherheit und auch den Mut zum Wagnis beim Parlament, dem ein Erfolgserlebnis entgeht, das zu den Ingredienzen einer konsequenten und kontinuierlichen Arbeit gehört. Noch heute steckt zum Beispiel den Innerschweizer Parlamenten die massive und plötzliche Ablehnung ihrer CH 91 Projekte in den Knochen.

Wie nimmt sich nun diese beschränkte Handlungsfähigkeit unserer Parlamente vor der Notwendigkeit einer verstärkten internationalen Konkurrenz- und Anpassungsfähigkeit im Hinblick auf die EG 92 aus? Gewiss liegt der Aktionsbedarf nach der Kompetenzverteilung in unserm Land in erster Linie bei den Bundesbehörden. Aber auch auf kantonaler Ebene stellt sich das Problem, dass gerade die Schweiz in der Zukunft auf eine hohe Flexibilität der öffentlichen Institutionen und des Gesetzgebungsprozesses nicht verzichten kann. Wir müssen darauf achten, dass die gewollte Systemkomplexität mit ihren Sperrigkeiten und Sperrminoritäten nicht selbstmörderisch wirkt. Die «Insel der Seligen» inmitten von Europa bietet eklatante Angriffsflächen. Um sie zu verringern, muss neben die Umweltverträglichkeit also auch bei den kantonalen Parlamenten (und Regierungen) eine bewusst gepflegte EG-Verträglichkeit treten, müssen die wirtschaftlichen Grundtatsachen wieder mehr ihre Berücksichtigung finden. Diese Belange kommen in den Erwägungen und Beschlüssen oft zu kurz, weil verhältnismässig wenig politisch versierte Wirtschaftsfachleute in den Räten sitzen und die Referendumsgeometrie ganz andere Massstäbe besitzt.

Das Szenarium einer akuten Gefährdung der «Schweiz AG» durch ihre Institutionen und deren Handhabung hat unlängst der Hochschullehrer Silvio Borner dargestellt. Er zeigt schlaglichtartig, wie der Wohlstandsüberdruss in kurzer Zeit in einen echten politischen Katzenjammer umschlagen könnte, wenn wir uns durch Unbeweglichkeit und zu weit getriebene Glasperlenspiele von den Quellen unserer Einkünfte abkoppeln sollten. Die Vision ist eines der möglichen Horrorbilder und mag vor dem Hintergrund von Klimaveränderungen und Atomkatastrophen nicht so bedrohlich erscheinen, sie ist es aber wegen der wohl baldigen, obgleich schleichenden Aushöhlung unserer wirtschaftlichen Existenzbedingungen, die uns – doppelt schlimm – den Boden zur Finanzierung der immensen Kosten des Umweltschutzes entzöge. Umgekehrt kann kein Zweifel bestehen, dass die engere Verbindung der Schweiz mit den Europäischen Gemeinschaften einen Abbau des Föderalismus und auf gewissen Gebieten einen Verzicht auf verschiedene Formen der direkten Demokratie bringen wird, was die Stellung und die Kompetenzen der kantonalen Parlamente (aber auch der Landsgemeinden) nicht unberührt lässt.

Vereidigung einer neuen Grossrätin in Luzern

Ganz generell genommen, dürften auch bei den Kantonen die Grenzen der direkten Demokratie erreicht sein. Die Benützung von Initiative und Referendum als taktische Schachzüge, als Mittel der vorläufigen Verhinderung, als medienwirksame Ereignisse, springt in die Augen. Eine zusätzliche Erweiterung der plebiszitären Demokratie brächte eine riskante Erosion der Funktionsfähigkeit der Parlamente, die sich schon heute einem kritischen Stadium nähert. Dabei findet die Beseitigung vernünftiger Schranken, gewissermassen stillschweigend, seit langem statt, indem es äusserst schwer hält, die Zahl der Unterschriften bei Initiative und fakultativem Referendum der wachsenden Bevölkerung und der durch das Frauenstimmrecht eingetretenen Verdoppelung der Stimmberechtigten anzupassen. Der Politologe Leonhard Neidhart sieht sich daher nicht ohne Grund zur Frage veranlasst, ob ein Teil der hierzulande geführten Reformdiskussion nicht mindestens ebenso reformbedürftig sei wie die kritisierten Institutionen selbst.

Die Stellung der kantonalen Regierung gegenüber den Parlamenten

Die Blütezeit des kantonalen Parlamentarismus lag im 19. Jahrhundert. Die Probleme waren grundsätzlicher Art und überschaubar. Die Staatsquote war klein und dementsprechend die Verwaltung. Die Regierungen verstanden sich als echte Vollzugsorgane, was auch der Name Exekutive zum Ausdruck bringt. Das hat sich gewandelt. Es kam das

Assermentation d'un nouveau député à Genève

Vollmachtenregime zweier Weltkriege. Der Rechtsstaat wurde zum Wohlfahrtsstaat, zum Dienstleistungsbetrieb. Die Komplexität der Aufgaben nahm enorm zu, wobei gerade im letzten Jahrzehnt mit den Fragen der Atomenergie und des Umweltschutzes ein neuer Qualitätssprung gemacht wurde. Inzwischen waren die Posten des Regierungsrates mit wenigen Ausnahmen zu Vollämtern erweitert worden. Die Parlamente dagegen blieben Milizparlamente, für welche die Zeitnot, Sachkundenot und Bewertungsnot (Kurt Eichenberger) immer stärker ins Gewicht fallen. So musste der Einfluss der Regierungen sich steigern, die wegen der Volkswahl ohnehin seit je eine starke Stellung gegenüber den Legislativen genossen und immer noch geniessen. Ein schleichender Machtverlust der Volksvertretung, zurückzuführen auf eine hausgemachte Verzettelung der Kräfte, und der Ausbau der direkten Demokratie ist nicht von der Regierung verursacht, kommt ihr aber zugute. Es ist eine geschichtliche Tatsache, dass ein Machtvakuum immer sehr schnell ausgefüllt wird. So setzen die Parlamente nur noch selten Spezialkommissionen ein, die ein Projekt von sich aus erarbeiten. Zu mehr als 90 % stammen die Entwürfe aller Vorlagen und Gesetze aus der Küche der Verwaltung, die auch die meisten persönlichen Vorstösse vorkaut. An ihren Schriftsätzen nimmt schon der Regierungsrat nicht zu häufig grundsätzliche Änderungen vor und erst recht nicht das Parlament. Natürlich könnte der Rat Nichteintreten beschliessen. Dann setzte er sich bei den Medien in die Nesseln und würde nach zwei, drei solcher Entscheidungen zum «do nothing»-Parlament degradiert. Das äusserste ist praktisch die Rückweisung an den Regierungsrat mit gewissen Auflagen. Sonst aber beschränkt sich das Parlament meist auf kosmetische Änderungen, auf Abschwächung oder Verstärkung von Tendenzen sowie auf die Berücksichtigung referendums- und finanzpolitischer Gesichtspunkte. Wenn der Regierungsrat klug ist (und er ist es in der Regel), dann lässt er das Parlament seine Dominanz und seinen Wissensvorsprung nicht so fühlen. Er wählt entgegenkommende Worte und pflegt verbindliche Umgangsformen – suaviter in modo, fortiter in re – um seine Politik beim Rat durchzusetzen. Kleine Abstriche am Maximalprogramm sind von ihm zum vornherein einkalkuliert. Dabei hilft dem Regierungsrat seine Geschlossenheit in den Linien des Kollegialitätsprinzips (das gegenwärtig allerdings in den Kantonen Baselstadt, Tessin und Neuenburg nicht so unangefochten dasteht und bis vor kurzem auch in Bern nicht). Es steigert seine Aktionsfähigkeit gegenüber dem Parlament deutlich. Man kann diesen Zustand von der Warte der Legislativen aus beklagen, aber man kann aus der Sicht der gesamten Funktionsfähigkeit unserer Behörden ihm auch gute Seiten abgewinnen, denn die durch die Demokratie der Initiativen und Referenden geschaffenen Einflussmöglichkeiten wären wohl stärker destabilisierend, wenn hinter den Parlamenten nicht handlungsfähige Regierungen ständen, die ihren Kompetenzrahmen auszuschöpfen wissen.

Zivilreligion

Ein kantonales Parlament als Ausdruck der gesellschaftlichen Verhältnisse ist natürlich auch in ein religiöses Beziehungsgeflecht einbezogen, doch nicht so, dass es sich von Staates wegen mit einem bestimmten Bekenntnis identifizieren würde, was wegen der verschiedenen, heute nicht nur christlichen Glaubensgemeinschaften, die sich in der Schweiz vorfinden, und auch wegen der von der Bundesverfassung garantierten Religionsfreiheit nicht möglich wäre. Wenn man die religiösen Manifestationen der kantonalen Legislativen überblickt, erscheinen sie unzweifelhaft von der sogenannten Zivilreligion geprägt. Der Begriff geht auf den «Contract social» von Jean Jacques Rousseau zurück und hat sich vielfältig entwickelt bis zum aktuellen Stand in den

Installation du Grand Conseil vaudois à Lausanne
le 10 avril 1990

Prestation de serment dans
la cathédrale

Cortège solennel à Lausanne

Défilé du drapeau

westlichen Demokratien. Das Phänomen wurde für die USA entdeckt und beschrieben vom Soziologen Robert N. Bellah. Es wurde für den deutschen Sprachgebrauch und die europäische Situation ausgelegt von Kleger und Müller, und vom Zürcher Philosophen Hermann Lübbe durch seine Studie «Staat und Zivilreligion, ein Aspekt der Legitimität» vertieft. Aufbauend auf dem Gedanken Rousseau's, dass das Vaterland der Christen nicht von dieser Welt sei und dass man diesen Mangel nicht durch Unterordnung unter diese oder jene Kirche oder Religionsdogmatik beheben könne, kommt G. Kohler in einem Artikel in der NZZ (19.20.87) zum Schluss, dass einer anwendbaren Zivilreligion vier Züge innewohnen müssten:

- erstens die Reduktion der Glaubensinhalte auf ein Minimum mit der praktisch einzigen Voraussetzung der Existenz Gottes
- zweitens eine Toleranz gegenüber individuellen Konfessionen
- drittens der Status einer öffentlichen Zusatzreligion, an welcher der Einzelne mit seinem privaten Bekenntnis durchaus teilnehmen kann und
- viertens soll die Zivilreligion Quelle eines Grundwertekonsenses sein, die für gesellschaftliche Solidarität bürgt.

Ich habe dieses Anforderungsprofil an die Zivilreligion bei meiner Umschau in den Kantonen und ihren Parlamenten weitgehend bestätigt gefunden. Unter dem Dach der dort praktizierten Zivilreligion haben Strenggläubige wie Freigeister Platz, die Trennung von Kirche und Staat, die Förderung der einzelnen Religionsgemeinschaften durch Beiträge und Steuerbefugnisse oder auch die sogenannte Staatskirche, die natürlich vor den Toren des Ratshauses bleibt, was schon der Haltung unserer Ahnen entspricht, die bei aller religiösen Motivierung sich in der Ausübung ihrer Ämter nicht der Weisung oder Oberaufsicht einer kirchlichen Instanz unterziehen wollten. Religiöse Konflikte sind denn auch für die heutigen kantonalen Parlamente kein Thema mehr. Dieser Zustand sagt dem liberalen Staat, der sich dadurch legitimiert, dem Bürger, dessen religiöse Beziehungen sich überhaupt stark gelockert haben und den Kirchen, die keine Verantwortung für die öffentlichen Dinge zu übernehmen haben, gleichermassen zu; und in den Parlamenten braucht keiner seine religiösen Gefühle zu artikulieren, sich aber auch nicht ihrer zu schämen. Es ist vorab die Tradition, welche die Teilnahme an christlich drapierten Anlässen nahelegt. Und es ist die Geschäftsordnung und die Landessitte, die zur freiwilligen Betätigung einladen. Die ausgreifenden historischen, ethischen und staatsphilosophischen Exkurse der genannten und anderer Autoren lassen sich hier natürlich nur in kleiner Münze, die in den kantonalen Parlamenten gängig ist, umsetzen. Da ist einmal der Amtseid (so wahr mir Gott helfe!), welcher in den katholischen Landkantonen fast noch durchs Band geleistet wird.

Zahlreiche Reglemente stellen indessen Eid und Gelöbnis wahlweise zur Verfügung, wobei man das letztere als Bekenntnis zur Bürgertugend und zur Solidarität ausgestaltet hat. In zwei Grossen Räten des Welschlandes gestattet die Formel dem Deputierten auf Wunsch die Worte «aux principes de la religion» (VD) oder «devant dieu» (NE) wegzulassen. Der neue Kanton Jura, obwohl überwiegend katholisch, hat zum vorneherein auf den Eid verzichtet und begnügt sich mit einer «promesse». Baselstadt nimmt von einer Inpflichtnahme völlig Umgang, derweil Baselland die «Anlobung» beibehält. Für die Grossräte von AI gilt der Landsgemeinde-Eid.

Die Vereidigung oder Gelöbnisabnahme vollzieht sich bei den einzelnen Räten in sehr bescheidenem Rahmen, am häufigsten im Ratsaal. Meist nimmt zuerst der Alterspräsident oder der Landammann (OW) den neugewählten Präsidenten in Pflicht und dieser dann den ganzen Rat.

Der feierliche Zug von Parlament und Regierung in eine Kirche oder in ein Münster am Anfang der Legislatur ist ein Stück demokratischer Selbstdarstellung, aber nur zum Teil eine religiöse Manifestation. Sie dient der Leistung des Eides in SZ, ZG, VD (wogegen das Gelöbnis im Ratsaal abgenommen wird). Als einzigartig darf das republikanische Zeremoniell genannt werden, das der Grosse Rat des Kantons Waadt bei dieser Gelegenheit entfaltet. Der Cortège der schwarz gekleideten Députés samt Staatsrat, Kantonsrichtern und den Präfekten, der sich vom Château cantonal zur Kathedrale hin und zurück bewegt, wird von Polizeieinheiten und Waadtländer Milizen in historischen Uniformen sowie der fanfare de la police cantonale angeführt und lässt 23 Salutschüsse über sich ergehen. In der Kathedrale umrahmt ein gediegenes Musikprogramm die Eidesleistung jedes einzelnen Amtsträgers, und es wird von allen die letzte Strophe der Hymne vaudois gesungen. Auch in Genf begibt sich der Grand Conseil mit M. le Sautier an der Spitze geschlossen in die Kathedrale, aber nur zur Vereidigung des Conseil d'Etat nach ganz bestimmtem, von der Geschäftsordnung vorgeschriebenem Ritual, während die Parlamentsmitglieder im Sitzungssaal vereidigt werden. In weitern Kantonen erfolgt der Kirchenbesuch vor oder nach der Vereidigung (UR, NW, FR, NE): Die Verbindung mit dem alten Schwurgedanken ist jedoch unübersehbar. In Sion wird für den andächtig versammelten Grand Conseil zu Beginn jeder Mai- und Novembersession in der Kathedrale eine Messe zelebriert, um – so das Reglement – den Segen des Höchsten auf die Parlamentsarbeit herabzuflehen. Die Hinneigung der staatlichen Behörden zu einer bestimmten Religion, hier der römisch-katholischen, geht wohl in keinem Kanton so weit wie im Wallis. Dies entspricht dem Volkscharakter, der sich aber zunehmend der allgemeinen Toleranz geöffnet hat und sich in andern Dingen durchaus im Rahmen der Zivilreligion hält. Als Gegenstück einer noch ziemlich intakten, aber vorwiegend protestantisch gefärbten Religiosität auf Parlamentsebene sei der Grosse Rat des Kantons Waadt mit seiner starken bäuerlichen Durchsetzung genannt.

Mehr den heutigen Anschauungen, auch im Sinn der Zivilreligion, dürften die verschiedenen Andachten für kantonale Parlamentarier entsprechen, die meist auf ökumenischer Basis abgehalten werden. So zum Auftakt des Amtsjahres (ZH Wasserkirche, SG St.-Laurenzen-Kirche) oder zu Beginn der Session (BE, VD). Luzern kennt eine differenzierte Lösung, indem das Reglement bestimmt, dass ein ökumenischer Gottesdienst stattfinde, im Jahr der Neuwahl vor der konstituierenden Sitzung und in den übrigen Jahren am zweiten Tag der Mai-Session. Zudem wird in der November-Session zu einem katholischen Gottesdienst in der Kirche St. Franz Xaver (Jesuitenkirche neben dem Regierungspalast) und zu einem evangelisch-reformierten in der Lukaskirche eingeladen. Der Kantonsrat von Solothurn organisiert einen ökumenischen Gottesdienst vor der Konstituierung, abwechslungsweise in einer von drei Stadtkirchen (römisch-katholisch, evangelisch, christkatholisch). Vor der ersten Sitzung jedes Amtsjahres vereinigen sich Kantonsräte und Regierungsräte in der Dorfkapelle Sarnen zu einem Gottesdienst. Der Unterzeichnete hatte Gelegenheit, in Bern und Lausanne der Andacht beizuwohnen. In der gotischen Kapelle neben dem Grossratssaal von Bern versammelten sich um 13.30 Uhr rund 50 Parlamentarier sowie 2 Regierungsräte. Der Prediger, ein pensionierter Pfarrer der Landeskirche, sprach zum Thema «Gerechtigkeit erhöht ein Volk». In der Kathedrale von Lausanne war eine Seitenkapelle reserviert und es erschienen ca. 100 Ratsmitglieder, angeführt vom sozialdemokratischen Präsidenten, deren Kleidung und Haltung die Herkunft vornehmlich vom Lande andeutete. Der reformierte Pastor und der katholische Geistliche sprachen völlig austauschbar.

In Schwyz, Nidwalden und Appenzell a.Rh. wird jede Sitzung mit einem stillen Gebet begonnen. Im Kanton Waadt heisst es: Le Président invoque «la bénédiction divine sur les travaux de l'assemblée». Auch die auf Tradition und Geschäftsordnung beruhende «Exhortation» zu Anfang jeder Sitzung in Genf ist als Umsetzung eines Stückes Zivilreligion zu werten, desgleichen, obschon in minderem Mass, das Läuten der Kirchenglocken vor Tagungen kantonaler Parlamente (SG, TG, GE). Im Ratssaal selbst hängt an verschiedenen Orten das Kruzifix – so in OW (einst vom Erzbischof von Konstanz gestiftet), NW, ZG, LU, FR – und sogar im Kulturkampfkanton Tessin ist dies, wie ich vernahm, als kleine Konzession an die starke katholische Richtung zu begreifen, welche die gewaltsame Expropriation des zum Palazzo del Governo gewordenen Ursulinerinnenklosters durch die Radikalen von ehemals noch nicht ganz vergessen zu haben scheint.

Ziemlich weitgehend durchgeführt ist heute die Trennung von Kirche und Staat im personellen Bereich: Alte Unvereinbarkeitsbestimmungen schliessen an einigen Orten die Zugehörigkeit eines geistlichen Herrn oder eines amtierenden Pastors zum Parlament aus. Auch dort, wo sie zulässig wäre, kommt sie aus andern Gründen wenig vor, besonders nicht im römisch-katholischen Sektor, der an das kanonische Recht mit seinem prinzipiellen Verbot der Übernahme von weltlichen Ämtern durch Kleriker gebunden ist. Jedenfalls bestätigen die Ausnahmen nur die Regel: So habe ich unter den Mitgliedern des Kantonsrats von Zürich eine bestallte Pfarrerin und einen ebensolchen Pfarrer (beide reformiert) festgestellt und in einem andern Kanton soll sich ein laisierter Priester um ein Grossratsmandat beworben haben.

Wirkt dergestalt der Geist des Parlaments nicht immer dort, wo er will, so darf man vielleicht auch einmal sehr leise fragen, ob es bei ihm auch so etwas wie eine (kollektive) Psyche gebe. Je mehr Psychologen darin sitzen, umso schlimmer stehe es um sie, war eine spitze Antwort, die ich erhielt. Aber wie es bei einem Patienten nicht genügt, dass er an die Schläuche der Ärzte angeschlossen wird, wenn seine Verbindung zu externen seelischen Kraftzentren abgeschnitten ist, so lebt auch eine Volksvertretung nicht vom Brot staatlicher Möglichkeiten allein, die vieles machbar erscheinen lassen, sondern in einem höhern Sinn, obschon meist unbewusst und verworren, von jedem Wort, das aus dem Mund des Schöpfers kommt. Dies in lichten Momenten zu erkennen, adelt das Selbstverständnis.

Willensbildung im Parlament

Die Willensbildung im Parlament hebt an, sobald die Vorlage, der Vorstoss eingebracht ist. Sie hat in Sachgeschäften bei den einzelnen Mitgliedern, welche die Medien verfolgen oder in Gremien sich schon mit der Sache befasst haben, bereits früher angefangen. Denn der Behandlung im Parlament ist meist ein langwieriger, vielschichtiger Entwicklungsprozess vorgelagert, der einem tropischen Flusssystem mit seinen Windungen, Verästelungen, Zuflüssen und Strömungen vergleichbar ist und keine so einfache Beurteilung erlaubt, wie die Benennung des einen Arms als «Rio blanco» und des andern als «Rio negro».

Im Rat vollzieht sich die Willensbildung in drei Hauptstufen: Bestellung der Kommission, Kommissionsarbeit, Plenum. In dieser einfachen Gliederung verbergen sich mannigfache Komplikationen mit Verzögerungseffekt: die Rückweisung an Regierungsrat oder Kommission, die Einholung von Expertengutachten, die Rücksichtnahme auf neue Vorschriften des Bundes oder Entscheide von anderen Gebietskörperschaften. Ausnahmsweise erfolgt ein abrupter Abbruch des Verfahrens, indem das Parlament aus irgendeiner Lage heraus unerwartet «Nichteintreten» beschliesst oder eine andere vorläufige Erledigung vornimmt, die den wirklichen Entscheid ad calendas graecas verschiebt. Wir wollen nun aber den Regelfall nachzuzeichnen versuchen.

Schon die Bestellung der Kommission ist ein politischer Akt, obwohl sie in der grossen Mehrzahl der Kantone nach Fraktionsstärken vorgenommen wird und die Nominationen der Gruppen meist ohne Widerspruch passieren. In den Fraktionen findet dagegen häufig ein gewisses Tauziehen statt: Dort drängen sich die direkt Interessierten zu den Sitzen, je nach Thema – die Sozialpartner, die Ökologen, die bäuerlichen und gewerblichen Kreise, die Gemeindevertreter, die Pädagogen. Wo die Attraktivität nicht so gross ist oder wo «neutrale» Gegengewichte geschaffen werden sollten, hat es der Fraktionschef bisweilen jedoch nicht so leicht, Kandidaten zu gewinnen, und so sind in jeder Kommission einige Leute anzutreffen, die von «Tuten und Blasen» wenig verstehen, sich aber dann und wann gegenüber dem Fachchinesisch der versierten Kollegen und Kolleginnen durch gesunden Menschenverstand auszeichnen. Oft wird auch die grosse zeitliche Belastung durch Mitwirkung in den Kommissionen gefürchtet. Einzelne Kantone hielten es daher für nötig, eine Pflicht zur Annahme einer Wahl zu statuieren (z.B. UR, AR). Umgekehrt sind Bestimmungen vorhanden, wonach ein Mitglied nur einer ständigen Kommission angehören darf (BE, FR, SH, TI) oder darin nicht länger als zwei Amtszeiten verbleiben kann (AG, UR, SH). Im allgemeinen behält sich der Rat die Kommissionsernennungen vor. Für nicht ständige Kommissionen überlässt er sie in einigen Kantonen dem Büro (GL, FR, BS, TG) oder dem Präsidium (SG), oder der Fraktion (TI), oder bei einer gewissen Dringlichkeit der Präsidentenkonferenz (GR). Es kommt wie gesagt selten vor, dass wegen einseitiger Gliederung oder wegen der Kandidatur ungeeigneter Persönlichkeiten aus dem Rat Opposition gemacht wird. Immerhin ist es in Zürich kürzlich geschehen, dass ein Kommissionspräsident sogar abgesetzt wurde, weil er sich mit den übrigen Mitgliedern völlig verkracht hatte. Natürlich trachten die Gruppen ohne Fraktionsstärke immer wieder danach, einen Kommissionssitz zu ergattern, wofür das Grossratsgesetz von Luzern ein gewisses Verständnis bekundet, indem es vorsieht, dass in besonderen Fällen die Kommission durch fraktionslose Mitglieder erweitert werden könne. Das gleiche gilt im Tessin für Spezialkommissionen. Bern verwirklicht den Proporzgedanken dadurch, dass alle kleinen Gruppen ohne Fraktionsstärke bei der Vergebung der Sitze zusammengerechnet werden. In Neuchâtel hat sich eine praktische Lösung durchgesetzt: Dort gibt es eine Fraktion «des petits partis».

Abstimmungen / Votations

Grosser Rat Bern
«Wer einem Antrag zustimmt, steht auf»
(so das Geschäftsreglement)

Handmehr im Kantonsrat Solothurn

… und im Landrat von Basel-Landschaft

Grosser Rat Bern

und nochmals Handmehr im Kantonsrat Obwalden

Grosser Rat St. Gallen
auch eine einzige Stimme will bemerkt sein

Für die Arbeitsweise einer Kommission sind in erster Linie die Vorschriften der Geschäftsordnungen massgebend, die trotz ihrer Vielgestaltigkeit eine ziemliche Übereinstimmung in den Grundzügen widerspiegeln. Ob der Präsident von der Wahlbehörde bestimmt wird oder von der Kommission selbst (GE), oder ob es automatisch der Erstnominierte ist (ZG), sodann ob der Vorsitzende mitstimmt, was die Regel ist (BE, ZH, TI etc.) oder nur den Stichentscheid gibt, wer das Protokoll führt (der Ratssekretär, ein Beamter, ein Mitglied) und anderes mehr, ist von sekundärer Bedeutung. Zu Friktionen führt jedoch erfahrungsgemäss der Wunsch von Kommissionen, in Akten des Regierungsrates und der Verwaltung Einblick zu nehmen oder Experten beizuziehen. Die meisten Parlamente haben darüber nur summarische oder keine Bestimmungen und überlassen es der Praxis, den richtigen Weg zu finden, wobei aber die Zurückhaltung, ja der Widerstand des Regierungsrates und der Mangel an Kreditpositionen ernsthafte Hindernisse sein können. Der Grosse Rat von Bern, gestützt auf die Affären der letzten Jahre, zeigt in diesen Fragen ein geschärftes Bewusstsein und hat im neuen Grossratsgesetz und der zugehörigen Geschäftsordnung eine eingehende Normierung der Rechte und Pflichten der Kommissionen und ihrer Mitglieder erlassen; der Parlamentarischen Untersuchungskommission mit sehr ausgedehnten Befugnissen wird besonders breiter Raum eingeräumt. Auch das neue Kantonsratsgesetz von Solothurn und die dortige neue Geschäftsordnung bewegen sich auf ähnlichen Pfaden.

Etwelche Nuancen enthalten sodann die Vorschriften über die Vertretung des Regierungsrates an den Kommissionssitzungen. Die einen erklären sie für obligatorisch (so NW, AG, FR, SG, NE, VD), andere begnügen sich mit Kann-Vorschriften, die verschiedene Facetten aufweisen. In mehreren Kantonen heisst es, dass der Vertreter des Regierungsrates «in der Regel» der Kommissionssitzung beiwohne (SO, LU, GL, GR). Für einzelne Parlamente wird bestimmt, dass der Regierungsrat angehört werden muss (TI sowie BS und BL im Zusammenhang mit Regierungsvorlagen oder Bern, wenn die Kommission zu neuen Erkenntnissen gelangt sein sollte, obwohl hier die Anwesenheit des Ressortchefs auch ganz allgemein üblich ist). In Zürich ist die Kommission befugt, Mitglieder des Regierungsrates einzuladen, die vielfach erscheinen, aber dazu nicht verpflichtet wären. Zug sieht dagegen vor, dass der Regierungsvertreter der Einladung einer Kommission Folge zu leisten hat. Im Kanton Jura wird der zuständige «ministre» aufgeboten, kann aber an seiner Stelle einen höhern Beamten entsenden; dies ist mit Zustimmung der Kommission auch anderorts möglich (BL). Im Wallis steht dem Departementschef die Teilnahme frei, sofern die Kommission nicht darauf beharrt. Die Stellung der Regierung in der Kommission ist in Nidwalden besonders stark, wird doch ihrem Vertreter in der Regel das Präsidium übertragen. In 99 % der Fälle funktioniert diese ohne Kleinlichkeit angewandte Ordnung reibungslos, und es ist auch ohne weiteres zuzugeben, dass die Anwesenheit des versierten Departementschefs für die Kommissionsarbeit fast nur Vorteile bringt. Hingegen begegnet man da und dort einem latenten Malaise gegen eine zu massive Regierungspräsenz. Es kommt überdies vor, dass eine Frage unversehens zum heiklen Politikum wird. So bestand in einem Kanton ein Konflikt zwischen der Regierung und der Justiz. Das Parlament als verfassungsrechtliche Schlichtungsinstanz erteilte der Justizprüfungskommission den Auftrag, Lösungsvorschläge zu ventilieren. Diese lud – mit der Begründung, die Regierung sei Partei – zu ihrer Sitzung den Justizdirektor nicht ein oder dann nur im Beisein der Exponenten der Gerichte, ein Vorkommnis, das die Exekutive sehr übelgelaunt zur Kenntnis nahm.

Nicht zu vernachlässigen sind für die Tätigkeit der Kommissionen gruppenpsychologische Aspekte. Da entsteht fast automatisch eine Rangordnung nach Persönlichkeit, Anciennität, aber auch aufgrund des taktischen Geschicks und des Führungswillens einzelner Mitglieder. So sehr sich letzterer hervorkehrt, so wenig verrät er aber über allfällige Führungsqualitäten, die erst die Stellung untermauern. In einer Fraktion, in einer Kommission sind es doch immer 3–4, die ständig das Wort ergreifen. Es folgt ein Mittelfeld von nicht schweigsamen, aber auch nicht so redeseligen und profilierungssüchtigen Abgeordneten, und der Rest sind die eher introvertierten Kollegen. In einer lesenswerten Artikelreihe, betitelt «Grundzüge des politischen Verhaltens» (in Broschürenform erschienen), hat Nationalrat Konrad Basler mit Blick auf die Bundesversammlung Überlegungen angestellt, die sich auf die kantonalen Parlamente übertragen lassen. Er beschreibt die sich selbst bildende

Gruppenstruktur und kommt zum Schluss, dass die Gruppe (lies Kommission) nicht zu gross sein dürfe, weil man sich doch recht gut kennen müsse, um erspriesslich zu arbeiten. In der Regel werde die Gruppensolidarität durch Bedrängung von aussen gestärkt. Oft aber finde darin ein Konsensdruck statt, der die Loyalität überspanne. Anschaulich schildert er, wie er wohl vorbereitet in ein Gremium gekommen sei, um einschneidende Abänderungsanträge zu stellen. Obwohl in dieser Breite zuerst nicht vorgesehen, hebt eine grundsätzliche Diskussion an, bei der alle bereits bekannten Argumente wiederholt werden. Der Vorsitzende schwankt, rutscht hin und her und erklärt etwas gequält, dass man in dieser Kommission traditionsgemäss einstimmige Beschlüsse zu fassen pflege. Einige Mitglieder klopfen in der Pause dem Opponenten freundschaftlich auf die Schulter, um ihn zum Konsens zu «verführen». Dann wird häufiger auf die Uhr geschaut, bis einer ein bisschen zu verstehen gibt, dass er eigentlich anderes zu tun hätte, als an dieser «klaren Sache» herumzuturnen. Und am Ende sitzt der Abweichler mit abgesägten Hosen da, als mit allen gegen eine Stimme entschieden wird.

Ein Scenario von dieser Eindeutigkeit ist jedoch nach meinen Beobachtungen doch etwas selten. Die kontradiktorische Behandlung mit einer Vielfalt von Meinungen ist die Regel. Eine Konvergenz muss von einem breiten Spektrum angegangen werden, und diese gelingt bei weitem nicht immer, so dass dann Kommissionen mit einer Palette von Mehrheits-, Minderheits- und Eventualanträgen aufrücken, die den Rat zum vorneherein vor schwierige Optionen stellt.

Nicht zum besten steht es mit der Vertraulichkeit der Kommissionsberatungen, welche die Voraussetzung ist, dass sich das richtige Arbeitsklima einstellt. Die neuen Geschäftsordnungen in Bern und Solothurn versuchen sie zu schützen, unter gleichzeitiger Öffnung spezifischer Kanäle der Information. So ist es für wichtige Kommissionen üblich geworden, dass sie in Abständen über ihre Tätigkeit orientieren, sei es durch schriftliche Verlautbarungen oder durch Pressekonferenzen. Dazwischen sollte aber Funkstille herrschen, denn man muss miteinander offen sprechen, seine Meinung wechseln, vor- und nachgeben, Konzessionen fordern und anbieten können, ohne unter dauernden öffentlichen Rechtfertigungsdruck gesetzt zu werden. Leider gibt es aber zuviele Lecks, in Form der gezielten Indiskretion, durch die zahlreichen Mitwisser in Fraktion und Verwaltung und durch die kombinatorisch gewieften Journalisten, die das Gras wachsen sehen und die Flöhe husten hören.

Jetzt landet der Ball beim Plenum. Das Traktandum ist anberaumt, der Berichterstatter, die Fraktionssprecher und der zuständige Vertreter des Regierungsrates haben – zuweilen in erdrückender Ausführlichkeit – ihre Beiträge zur Eintretensdebatte geliefert. Obschon bereits mehrfach alle Argumente ausgebreitet worden sind, hält das den Reigen der Einzelvotanten nicht davon ab, sie in neuen Formulierungen zu wiederholen. Es naht der Moment, von dem man so schön sagen kann, die Meinungen seien gemacht – nicht ganz jedoch, da der Abstimmungsmodus, den der Präsident dem Rate in der rollenden Ausmittlung zu unterbreiten hat, noch Fallgruben birgt. Denn je nach Fragestellung ist zuweilen nicht genau zu beurteilen, ob nun für eine bestimmte grundsätzliche Ansicht, die man letztlich anvisiert, ein «Ja» oder «Nein» oder eine Enthaltung bei den verschiedenen Zwischenmehrungen am nützlichsten sei.

Endlich ist es aber dann doch so weit, dass der Vorsitzende erklärt: Wir schreiten zur Schlussabstimmung. Sie stellt am meisten Anforderungen an das Gewissen des Parlamentariers, der es mit seinem Gelöbnis ernst nimmt, oder gar keine mehr, weil schon in einem frühern Stadium die Weichen gestellt worden sind. Viele machen sich den Entscheid leichter, indem sie sich an der Parteiparole orientieren oder natürlich an den höchstpersönlichen Interessen. Das alte «cui bono» feiert Urstände. Auch die Komplexität vieler Angelegenheiten schreckt ab, wobei die differenziert denkenden Mitglieder es wohl am schwersten haben, sich zu einer eindeutigen Haltung durchzuringen, diese ist dann am Ende doch wohl nur ein «jein» und lässt die Zahl der Enthaltungen steigen.

Die Würfel sind gefallen, das Abstimmungsergebnis wird verkündet. Die Spannung löst sich. Man sieht freudige und missmutige Gesichter und viel indifferente dazu. Breitet sich die Empfindung aus, es habe sich gelohnt, dabei gewesen zu sein? Man habe gewissermassen am Webstuhl der Zeit gesessen und bedeutsame Dinge bewegt? Das mag von einem formal-rechtlichen Standpunkt aus durchaus stimmen und stärkt auch das Selbstgefühl der Deputierten. Realistischerweise erachtet man jedoch die Parlamentsbeschlüsse als Phase in einem langen Prozess, der sich erst mit dem grossen «Hosenlupf» des Referendumskampfes erschöpft und auch das in der Sache kaum. Da gräbt man mit einem gewissen Vergnügen den Spruch des berühmten politischen Satirikers Bö im Nebelspalter aus – und vermerkt, dass es schon vor vierzig Jahren Kräfte gab, die der Regierung und, mutatis mutandis, auch dem Parlament das Steuer am Staatsschiff streitig machten: «Wer sitzt zu Bern und gibt dem Staat die heutige Gestaltung? He, zweitens ist's der Bundesrat und erstens die Verwaltung.» Es besteht also kein Anlass zu Überschwang in der Bewertung der Rolle der kantonalen Parlamente. Die Fundamente der Gebäude wurden früher gelegt und die Intentionen zur Innenausstattung mehrfach geändert, bis das Parlament zum Zuge kommt. Seine Behandlung einer Materie hat oft nur dilatorischen, bestätigenden oder ergänzenden Effekt. Bedeutende Eingriffe in eine Vorlage könnten in eine Verschlimmbesserung ausarten, wenn der Meinungsmix zu einem Einheitsfirnis aufgekocht wird.

Die kantonalen Parlamente werden deshalb kaum versuchen, den biblischen Spruch «Siehe der Stein, den die Bauleute verwarfen, ist zum Eckstein geworden» auf sich selbst zu beziehen. Aber ihre abwägende, filternde, integrierende Mission und das grüne Licht, das sie für eine Strecke geben, verdienen eine angemessene und keine abschätzige Würdigung.

Leitbild

Obwohl sich dieses Buch zur Aufgabe gesetzt hat, die bisherige Entwicklung und vor allem den heutigen Zustand der kantonalen Parlamente zu beschreiben und allenfalls zu benoten, so soll doch nicht ganz daran vorbeigesehen werden, welche Umstrukturierungen sich empfehlen könnten. Damit befasst sich der Artikel von Prof. Wolf Linder «Kantonale Parlamentsreformen 1973–1988». Es scheint mir aber nützlich, dem Leser auch das Leitbild vorzuführen, das von Dr. Roger Blum (einem Vordenker der Reform der kantonalen Parlamente, der sich in dieser Richtung auch auf praktische Erfahrungen im Landrat des Kantons Basel-Landschaft stützen kann) schon im Jahre 1978 veröffentlicht worden ist. Darin findet sich ein Fünf-Punkte-Programm, das auf eine Verwesentlichung des Parlaments zielt.

– Erstens: Das Parlament solle sich dahin begreifen, dass es eine von mehreren politischen Letztinstanzen ist und dass es im Kraftfeld von Regierung, Verwaltung, Verbänden, Bürgeraktionen, Medien und Souverän ganz bestimmte Funktionen wahrzunehmen hat.

– Zweitens: Das Parlament möge sich als Partner und zugleich als Kritiker der Regierung verstehen. Bessere Zusammenarbeit hinsichtlich der Regierungsrichtlinien, bei Wahrung der Gewaltenteilung, wird empfohlen.

– Drittens wünscht sich Roger Blum eine Mischform zwischen Rede- und Arbeitsparlament, die gute Kommissionsarbeit mit einer genügenden öffentlichen Darlegung der Argumente verbindet.

– Viertens müsste das Parlament darauf drängen, früher in den Vorbereitungsprozess von Gesetzgebung, Planungen, Vertragsabschlüssen eingeschaltet zu werden. Das soll ihm erlauben, zum voraus auf die Konzepte einzuwirken, in deren Rahmen die weitere Planung dann stattfinde. Dafür könnte das Parlament auf nebensächliche Kompetenzen (wie Beamtenwahlen, Landkäufe, Einbürgerungen) verzichten.

– Und fünftens plädiert Blum für starke Fraktionen, die in der Vorformung der Parlamentsentscheide einen grössern Einfluss hätten und das Plenum entlasteten.

Die Darstellung R. Blums ist meines Erachtens auch nach einem Jahrzehnt nicht überholt, weil sie eine ganzheitliche Sicht der Probleme vermittelt und weil man inzwischen klarer erkennt, was verwirklicht worden ist und werden kann – und was nicht! Durchgesetzt hat sich jedenfalls das Postulat No. 1 über das Selbstverständnis der Räte und ihre Einbettung in das heute so vielfältige Kräftefeld der politischen Entscheidungen. Kaum ein kantonaler Parlamentarier gibt sich doch der Illusion hin, er sei gewissermassen an der Ausübung der «höchsten Gewalt» (wie manche Verfassung noch die Legislative bezeichnet) beteiligt. Da werden ihm seine Schranken oft und drastisch vor Augen geführt. Im Stadium der Realisierung ist sodann die Aufwertung der Fraktionen. Sie impliziert jedoch eine Abwertung des Redeparlaments, dessen Behauptung neben den Kommissionen Blum als wichtig erachtet. Überhaupt steckt der Reformanspruch voller Zielkonflikte, die nur vielleicht in Sternstunden durch einen festen politischen Willen überwunden werden können, aber meist durch enormen guten Willen und

Stimmenzähler an der Arbeit / Scrutateurs en action

in Altdorf

in Zug

in Zürich von der einen Seite

in Bern

à Fribourg

in Zürich von der anderen Seite

viel praktische Vernunft immer wieder überbrückt werden müssen. Das nämliche braucht es für den wohl unbestrittenen Vorschlag der kritischen Partnerschaft von Parlament und Regierung, wobei in Rechnung gestellt werden muss, dass die Exekutive meist aus einer Position der Überlegenheit operieren kann.

Grosse Unterstützung verdiente das Verlangen nach Verwesentlichung des Parlaments. Hier liegen noch Kapazitätsreserven, und das Ansehen der Räte wüchse, wenn sie sich auf die bedeutsamen Angelegenheiten konzentrieren könnten. Allein es lauern politische Widerstände. Welche Behörde gibt schon freiwillig Kompetenzen ab! Sie sucht im Gegenteil solche an sich zu ziehen, wie der Grosse Rat von Bern nach den Finanzaffären. Und in Landkantonen zählten Wahlen von Beamten, Bürgerrechtsverleihungen, Genehmigung von Landkäufen etc. schon seit je zu den Prärogativen des Parlaments. Wie soll im weitern das Parlament seine Kräfte bündeln, wenn es verpflichtet ist, sich mit so vielen kleinen Sachen aus dem Korb der persönlichen Vorstösse zu beschäftigen? Schliesslich bleibt die frühe Information des Parlaments und seine Einschaltung am Anfang von Entscheidungsprozessen und nicht erst am Schluss. Man würde das sehr befürworten, wenn man sagen könnte, wie es geschehen soll. Der Kanton Solothurn nimmt in seiner neuen Verfassung dazu einen Anlauf, indem es dort in Art. 73 heisst: Der Kantonsrat kann über die Weiterführung einer Planung Grundsatzbeschlüsse fassen und dem Regierungsrat Weisungen erteilen. Diese binden Kantonsrat und kantonale Behörden. Nach dem revidierten Parlamentsrecht des Kantons Bern sollen durch sogenannte «Planungserklärungen» von Fraktionen und Einzelmitgliedern, im Zusammenhang mit den Richtlinien der Regierungspolitik, Hinweise für die künftige Planifikation gegeben werden können. Eine Selbstbindung des Grossen Rates sei indessen zu vermeiden. Aber dürften solche politischen Signale nicht auch ohne gesetzliche Verankerungen schon heute und anderswo möglich bis üblich sein? Der Teufel verbirgt sich an so manchen Orten im Detail. Die Genehmigung von Konzepten im Vorbereitungsstadium, die dann mit klaren Vorgaben der Regierung zugeleitet werden, ist sehr oft unmöglich, solange die Fragen nicht vertieft sind und die Experten nicht gesprochen haben. Ein Befehlen aus dem «Sattel» ist der Komplexität der Probleme nicht mehr angepasst. Ist es da nicht gescheiter, die Regierungsvorlage abzuwarten, obschon man dann einen grossen Kraftakt erbringen müsste, um sie abzulehnen oder umzukrempeln? Haben die Kantone, die Regierungsrichtlinien sowie rollende Planungen und Berichterstattungen besitzen, damit so viel bessere Erfahrungen gemacht als die Stände ohne solche Führungsinstrumente? Zu allen Belangen kommt die menschliche Dimension: Wir haben es mit handelnden Individuen, mit ihren Idealen und Ideologien, ihrem Gestaltungs- und Profilierungsdrang, ihrem taktischen Geschick und Ungeschick zu tun und mit den Interessen streitbarer Gruppen, die sich nicht ohne weiteres einbinden und domestizieren lassen. Ein erleuchteter Staatsmann hat einst gesagt: «Sprechen Sie mir nicht von Schwierigkeiten, die Schwierigkeiten sprechen für sich selber.» So möchte ich durch meine paar Einwände nicht den beachtlichen Denkansatz von Roger Blum und die auf kantonaler Ebene unternommenen Versuche herabmindern. Nach meiner Überzeugung müsste man aber noch andere Gefahren für die Funktionsfähigkeit der kantonalen Parlamente in die Erörterung einbeziehen: die Überstrapazierung der direkten Demokratie und bei einzelnen Räten die Absorbierung von zu viel Zeit und Kraft durch die Behandlung der persönlichen Vorstösse, die auf Kosten der Verwaltungskontrolle geht, worauf noch zurückzukommen sein wird. Man sollte zudem nicht vergessen, den Hebel zugunsten einer besseren Effizienz des Ratsbetriebs anzusetzen. Je differenzierter und minderheitsfreundlicher die Verfahrensregeln sind, umso komplizierter und weitschweifiger wird die Abwicklung, die das Milizparlament überfordert.

Ergänzt werden muss das Leitbild für die kantonalen Parlamente aber unbedingt durch eine Bemerkung zur heutigen europäische Dimension. An einer kürzlichen Gesprächsrunde des österreichischen Fernsehens über den demokratischen Aufbruch und die Minderheitsprobleme auf unserem Kontinent fiel die Bemerkung, man wünsche dem neuen Europa, dass es eine Schweiz im übertragenen Sinn werde. Ohne aus der uns naheliegenden Zurückhaltung herauszutreten, kann man sich vorstellen, dass die Eidgenossenschaft – trotz Mängeln und Unvollkommenheiten – in ihrer föderativen Gestaltung, dem dreistufigen Aufbau von unten her (der in der EG bis jetzt fehlt) Substantielles zu bieten hätte. Gerade die kantonale Ebene mit ihren Institutionen, ihren Erfahrungen und Entwicklungen vermöchte wohl inspirativ zu wirken und der wohl unausweichliche, aber gründlich abzuwägende und zu begrenzende Verlust einiger Kompetenzen bei den untern Gebietskörperschaften, also auch bei der direkten Demokratie und den kantonalen Legislativen, dürfte geistig durch die Ausstrahlung einer gewissen Modellhaftigkeit aufzuwiegen sein.

Im ganzen gelange ich zu einem subjektiven, nicht völlig rationalen Schluss über die Zukunft der kantonalen Parlamente, dessen Richtigkeit sich erst noch erweisen muss. Ich vertraue auf ihr Regenerationsvermögen, auf ihre Konsensfähigkeit ohne Konfliktscheu und dass sie mit etwas Glück und Geduld ihr adgiornamento fertig bringen.

Quellenverzeichnis

Auer Felix
Über hundert Nationalratssitzungen pro Jahr. Die zeitliche Beanspruchung der Volkskammer und allfällige Konsequenzen, NZZ 16. Oktober 1987

Bahro Rudolf, Leser Norbert, Neidhart Leonhard, Volenster Michael
Die Zukunft der Demokratie. Entwicklungsperspektiven der Regierungssysteme in Ost und West. Verlag Orac GmbH & Co. KG, Wien 1988

Basler Konrad
Grundzüge des politischen Verhaltens. Broschüre 1989, Th. Gut Verlag & Co., 8712 Stäfa

Blum Roger
Erich Klötzlis Landratsjahre. Ein Brevier über das Parlament des Kantons Basel-Landschaft. Erhältlich bei der Landeskanzlei, Postfach 4410, Liestal BL.

Blum Roger
Rolle, Schwierigkeiten und Reform der kantonalen Parlamente. Jahrbuch für politische Wissenschaft, 1978, Bd. 18

Borner Silvio/Brunette Ageno
Eine neue Strategie für die Schweiz AG, NZZ 19. Juli 1989

Chevallaz Georges-André / Neidhart Leonard, Eichenberger Kurt
Politische Willensbildung in der Schweiz. Herbstseminar des Redressement National 1987

Couchepin Pascal
Fédéralisme Suisse. Zeitfragen der Schweizerischen Wirtschaft und Politik, Nr. 137, Mai 1988

Ebersold Werner
Schweizer und Staat. Befragungsergebnisse der Schweizerischen Gesellschaft für praktische Sozialförderung. Reihe CH Forschungen («Image-Meter» Vox Univox) 1989

Dahrendorf Ralph
Fragmente eines neuen Liberalismus, Stuttgart 1987

Eichenberger Kurt
Politische Willensbildung heute und morgen. Zeitfragen der schweizerischen Wirtschaft und Politik, Nr. 136, November 1987

Gut Walter
Das Kollegialprinzip im Organisationssystem der schweizerischen Exekutivbehörden, NZZ 16/17, 7.1988

Höpli Gottfried F.
Abbröckelnde Konkordanz. Die Einstellung der Parteien zu Regierungsverantwortung und Opposition, NZZ 24. September 1987

Hamm-Brücher/Jagmetti
Die Parlamentarische Demokratie vor den Herausforderungen unserer Zeit. Bericht über ein Politgespräch, NZZ 25. Oktober 1988

Iten Andreas
Wandel des politischen Bewusstseins. Politischer Moralismus Quelle der Intoleranz, NZZ 19. und 21. Juli 1989

Kägi Erich A.
Zukunftsperspektiven für die Demokratie, NZZ 3./4. Juni 1989
Von der Eigendynamik der direkten Demokratie. NZZ 24/25 September 1988

Kleger Heinz/Müller Alois
Religion des Bürgers. Zivilreligion in Amerika und Europa. Chr. Kaiser Verlag, München 1986

Kohler Georg
Im Namen Gottes des Allmächtigen. Über die Funktion der Religionen im modernen Staat. NZZ 19./20. 9. 1987

Lübbe Hermann
Fortschrittsreaktionen über konservative und destruktive Modernität. Graz, Wien, Köln 1987

Melich Anna und Dembrinksi-Gonmard Dominique
Wertvorstellungen der Schweizer. Forschungsergebnisse der Abteilung für politische Wissenschaften der Universität Genf, 1989

Moser Christian
Aspekte des Wahlrechts in den Kantonen, Materialien zur schweizerischen Politik. Nr. 1, Forschungszentrum für schweizerische Politik der Universität Bern 1987

Müller Kurt
Geht das Milizparlament aus dem Leim? NZZ 15./16. Oktober 1988

Neidhart Leonard
Wie zukunftstauglich sind unsere Verfahren der politischen Interessenvermittlung? NZZ 19./20. August 1989

Reck Oskar
Die falsche Legende vom Föderalismus. Weltwoche 17. Sept. 1987

Saxer Matthias
Politische Lernfahrer auf der Überholungsspur. NZZ, 11./12. März 1989

Sonntag Cornelie
Abrackern in der Zwickmühle. Ein Jahr Bonn – Vorläufige Zwischenbilanz einer Abgeordneten. Die Zeit, 10. November 1989

Zundel Rolf
Der schwere Abschied: Vom Leiden der Politiker nach dem Entzug von Macht, Öffentlichkeit, Apparat und Wirkungsmöglichkeiten. Die Zeit, 7. April 1989

Summary

Parliaments in the cantonal understanding of Swiss democracy
by Paul Stadlin

Nature and State of the Electorate

What does the population look like which sends men and women to parliament? Leaving aside the one-sixth of the population comprised of foreigners, who have no voting rights, the group appears as follows: about 70 – 75 % of those entitled to vote are members of a broad middle class in the cities and metropolitan areas who have attained through hard work a secure income and the "Swiss way of life" of the '80s. This block of the voting population extends from the conservative and middle-of-the-road organizations to the Social Democrats. The next 10 – 15 %, for personal, family or ecological reasons, do not feel as happy, but are not entirely dissatisfied and take a calm approach to politics. The potential for prostests and a tendency toward political unrest characterizes the remaining 10 – 15 %. Barely half, sometimes just a third or even fewer of the total voting population goes to the polls. It has been estimated that 12 % are politically active, and 10 % have declared themselves as abstaining entirely from voting in elections and referenda. Only 39 % see one of the four governing parties as best expressing their point of view. If one takes into account, however, the fact that this 39 % group hardly misses a chance to go to the polls, then it becomes clear where the relative stability in the parliaments comes from.

A broad, fundamental change in political consciousness has undoubtedly taken place, and continues. The state has become an achievement- and service-oriented entity, into which the citizen, whose way of thinking has grown more independent, pours out his criticism. Beliefs about feasibility and prosperity have awakened unrealistically high expectations which are supposed to be fulfilled within a very short time. On the individual level the citizen's connections to a single party have declined; the number of voters with changing party allegiance is growing. A characteristic of the present time is the weakening of the constitutional state – not in a formal sense, but in a material one – combined with a disproportionally great leniency toward all types of people who break the law, especially violent criminals. The high density of regulations, which creates difficulties in applying the law, works in this direction.

Changes in the Parliamentary Landscape

The parliamentary delegates who have emerged from the polls find themselves in a changed political landscape, expressed only partially in the following table since the intellectual changes cannot be reflected.

Total Number of Mandates as allocated:
(without Appenzell Innerrhoden*)

	End of 1989	End of 1985	End of 1981
1. Radical Democratic Party (FDP)	793	843	829
2a. Christian Democratic Party (CVP)	785	831	847
2b. Christian Social Party			
3. Swiss Popular Party (SVP)	289	305	291
4. Liberal Party	120	122	114
5. Social Democratic Party (SP)	530	531	603
6. National Ring of Independents (LdU)	44	50	51
7. Evangelical Popular Party (EVP)	47	55	46
8. Workers' Party (Communists) (PdA)	20	24	35
9. New Left: Progressive Organisations of Switzerland (POCH), Autonomous Socialist Party (PSA), Socialist Workers' Party (SAP)	21	46	34
10. Green-Alternatives (Green Alliances) (Leftist)	46	11	–
11. Green Parties (GPS) (Moderates)	94	30	6
12. Nationalistic Right (NA, Republicans, Vigilants, EDU, ÖFP)	46	38	13
13. Auto Party	44	–	–
14. Diverse	35	36	30
Total Seats in the Cantonal Parliaments	2937	2937	2915

* Appenzell Innerrhoden has 61 parliamentary seats, which cannot be distributed among parties, however.

An attempt at an interpretation of the Table: The four parties represented in the federal government (FDP, CVP, SVP and SP) have one thing in common: on their fringes they are disintegrating and they probably face internal splits: between the New Left, the unions and the Democratic Socialists in the SP; between the Christian Socialists, structural conservatives and economic circles in the CVP; between the economists and the ecologists in the FDP; and between the farmers' wing and the craftsmen wing in the SVP. The liberals (in Basle, Vaud, Neuchâtel, Geneva) have remained stable. The Evangelical Popular Party has had varied success. In contrast, the LdU, PdA and the New Left are dwindling. As heirs the Greens appear on the left; and in a broader sense it is the Auto Party. The latter party is tapping the reservoir of every party, in particular of the Nationalistic Right, and one does not know very clearly how far and for how long it will be able to draw protesters from all directions.

Democracy, Concord, Societal Development

As is well known, the democratic system of Switzerland, and therefore also of its cantons, developed and refined over centuries, represents a mixture of different – in part opposing – principles. These principles complement each other, maintain the balance of power and, generally speaking, ensure that things function. Thus the direct democracy is counterposed by the representative democracy, and the latter in turn by strong governments who draw their power from popular election and inner unanimity. Our state of still surveyable proportions is the fertile political soil for the meaningful combination of these factors, which have produced a self-sufficient and practically tested order. Fundamentals are: the three-fold state structure, the federative organization of the cantons, the anchoring of human rights in Landsgemeinden plus various kinds of initiatives and referenda, the idea of proportional representation, the all-party government, the militia-like (non-professional) character of many public activities, the limitation of power through separation of powers and legislation periods, the interlocking between state and economy. The result is the so-called "Konkordanz-Demokratie" (democracy based on concord). Is this set of controls efficient and flexible enough, however? Professor Leonard Neidhart rightly maintains that the complexity of the political system in our nation-by-choice is the prerequisite of social problem resolution. He also stresses that the particular system is to be measured according to whether it permits solution of the adjustment problems which arise constantly and at an accelerated pace.

The cantonal parliaments placed at the center of this layout are not decisive pillars in the struggle for the best state, but essential, irreplaceable elements on the way. They play a significant role in the formation of the popular will and in a striving for consensus, aiming at an energy-saving resolution of conflicts. Concerning the representativeness of the cantonal legislatures, the following questions arise:
a) How far do the parliaments reflect social relationships? In all the cantons except Grisons and the two Appenzells, the proportional voting forms the moving force for conveying the people's opinion to parliament. In most constituencies the laws also give smaller groups the possibility of being represented (except Geneva where 7 % are required or Vaud and Neuchâtel where there is a quorum of 5 %). Of course proportional luck does not always play along here, and it is easy to figure out that, when drawing up the electoral lists, the political parties and groups already try to influence the outcome. In 15 cantons there is the additional influence of cumulative votes. This possibility of a second vote for a particular candidate is an effective weapon of the party leadership to ensure the election of favourites. It is, however, no longer entirely uncontroversial today. Important groups, which are partially bound by party politics, but nevertheless hold a weight of their own due to their special, expert knowledge and their bearing are: the presidents and administrative secretaries of the municipalities (whose "faction" is very powerful everywhere), the officials and teachers (where they are permitted to sit in parliament), the farmers, the representatives of trade, and the liberal professions. Among these, the physicians and in particular the lawyers traditionally make up a big contingent. For example in the Gran Consiglio ticinese, the parliament of Ticino, 20 out of 90 are lawyers.
b) How does the composition of the parliament reflect in its debates and decisions the developments in society? To paraphrase a famous saying by Victor Hugo, every idea gains acceptance when the time is ripe. This applies to the cantonal parliaments too! Built-in control and braking mechanisms may lead to modifications and qualifications of ideas, which are often desired, but they must not lead to blocks since the blockage of the aorta leads to an embolism. The system must therefore remain permeable, elastic. At least all the pre-conditions have been met so that the representatives of new ideas can be heard – and in the system. In this respect the representatives of the pro-environmental "greens" and of the left-wing alternative groups know how to make use of their opportunities. In contrast, the proponents of the Auto Party have remained so far rather helpless due to their lack of experience and flair.

No reform gains acceptance, however, without putting into question what already exists. The unrest created in this way is salutary as long as it does not take anarchical forms. The so-called realistic reformers, who want to be active in an evolutionary and not revolutionary way, have realized this. Such fringe groups are not to be judged necessarily negatively if they show a constructive aim, despite a certain amount of aggresssion. Not all of the groups of this kind in cantonal parliaments display such constructive objectives, but some of them. It is more difficult for those without a faction or for small groups not big enough to have the strength of a faction to get into the commissions, where the course is really set in legislating, in fiscal policy and in controlling administration. Occasionally, however, a faction will give up a seat to an acceptable independent, or, taking the problem into consideration, the number of seats will be increased (as mentioned in the rules of procedure of Lucerne, for example). Meanwhile the reformers make themselves heard with numerous votes and petitions in the plenary assembly. In this way the bringing in of new ideas is at least assured, and out of a cautions process of development, in which the traditional parties also take part, a convergence of ideas with original solutions may result.

Ideas are one thing, a supply of talent is another. Connected with the selection of talent involved here are the problems of brain drain and artificial limitations. In this context experience shows that persons of broad education having specialized knowledge in certain areas (above all in economics) are rare, and these few individuals are often elected rather soon to the government, or are given some other high executive post. And this brain drain is exacerbated by the limitations in certain cantons on the period of holding office (Basle City, Basle Countryside, Jura 12 years) and by the fact that in about half of the cantons cantonal employees, such as civil servants and teachers, for example, cannot be elected into the cantonal parliament for reasons of separation of powers, thereby reducing further the reservoir of potential talent.

The Influence of Direct Democracy on the Activity of the Parliaments

The influence takes many forms, is ubiquitous, enduring and often controversial. One grants that the politician in our country takes this aspect very seriously. And he has to – in order not to suffer failure. That is why he is always interested at the same time in finding a material solution to tasks and in the question of political realization.

In the original forms of democracy, in the five cantons with Landsgemeinden, it all starts with the fact that most of the draft proposals in parliament can only be passed on the condition that they are later approved by the popular assembly. (Exceptions are Obwalden, where the Landsgemeinde discusses, but the issue goes to the polls. It is the reverse in Appenzell Ausserrhoden, where there is no discussion: the Landgemeinde simply makes the decision.) The whole calendar of the parliaments in these cantons centers on the date of the Landsgemeinde since all the proposals called "Memorial" have to be ironed out before sometime in February/March. Standing in a ring, the voters handle the work of the parliament in an uninhibited, even respectless manner, and many good parliamentary proposals have been defeated.

An important means of putting the parliaments under pressure and of causing them to sacrifice considerable time are the various initiatives. In addition to the generally well-known popular initiative to change the constitution and to enact laws is the one man (or one woman) initiative in Canton Zurich which has to be followed up further if a third of the members of parliament support it for the time being. In Zurich there is also a type of initiative of the public authorities by means of which city and municipal councils can make their suggestions to Parliament.

The biggest repercussions on Parliament come from the so-called threat of possible popular referendum for bills, constitutional amendments or financial decrees, be it that the question must be presented to the people (compulsory referendum) or that a certain number of those entitled to vote can demand that it be put to a vote (facultative referendum). This limits considerably the creative impulse of the parliaments since it sometimes happens that in the referendum, proposals do very badly even though they passed the parliamentary test with acceptable majorities.

How does this limited ability of our parliaments to take action fare on the eve of the unification of the European Community (1992) when a greater ability to compete and to adjust is imperative? Of course the need for action lies primarily with the federal authorities, according to the distribution of competence in our country. The problem presents itself on the cantonal level too, however, because Switzerland in particular cannot do without a high degree of flexibility of its public institutions and of the legislative process in the future. We must see to it that the desired system complexity with its blocks and its minorities who act as blocks does not have a suicidal effect. The "Island of the Blessed" in the middle Europe offers obvious areas for attack. To minimize them, the cantonal parliaments (and governments too) must consciously consider not only whether proposals are compatible with environmental protection, but also whether they are compatible with EC norms; fundamental economic realities have to be given more consideration. These concerns are not given enough attention in the discussions and decisions because relatively few politically versed economic experts sit on the councils and the referendum geometry has completely different standards.

Very generally speaking, the limits of direct democracy may have been reached in the cantons as well. The use of initiatives and referenda as tactical moves, as temporary blocking means, as effective media events is obvious. A further extension of the plebiscite democracy would cause a risky erosion of the parliaments' ability to function, which today has already approached a critical stage.

The Position of the Cantonal Government in relation to the Parliament

The heyday of cantonal parliamentarianism was in the 19th century. The problems then were of a fundamental kind and surveyable. The state's share of gross national product was small, and therefore the administration too. The governments saw themselves as genuine executive organs. This has changed. The constitutional state has become a welfare state. The tasks have grown more complex. In the last decade in particular a new jump in quality has taken place with the issues of the environment and atomic energy. In the meantime the posts of members of the government have been turned into full-time offices. The parliaments, on the other hand, have remained militia-like (non-professional), suffering more and more from lack of time, lack of expertise and lack of judgment (in short, the formula of Kurt Eichenberger). The position of the executive government in relation to the legislature, a position which has always been strong, has thereby become even stronger. Thus it is only seldom that the parliaments work out a proposal in their commissions, but instead frequently get the drafts and the arguments from the executive government and the administration only to make changes of a cosmetic sort or for financial reasons or to avert a political referendum.

If the executive council (collegial system) is clever – and it is, as a rule – then it does not let the parliament feel its dominance and its superior knowledge too strongly. Small cuts in its maximal programme have already been taken into consideration beforehand. This state of affairs can be regretted from the point of view of the parliaments, but from the point of view of the ability of our official apparatus to function as a whole there is also a positive side. The danger of destabilization is reduced when governments capable of action, who know how to use their powers, stand behind the parliaments.

Civil Religion

The cantonal parliament, as an expression of societal relationships, is also a network of religious relationships although not in a way that the state would identify with a certain confession. That would no longer be possible today not only because of the various Christian and non-Christian religious communities in Switzerland, but also because of the freedom of religion proclaimed in the Federal Constitution. Looking at the religious manifestations of the cantonal parliaments, they seem shaped by so-called civil religion, a concept which goes back to J. J. Rouseau's *Social Contract*, and which has developed in the democracies of the West, especially in the U.S.A. and in West Germany. Civil religion of this kind, according to G. Kohler, has to possess four characteristics:
– first, reduction of the content of belief to a minimum with practically the single prerequisite being (belief in) the existence of God;
– second, tolerance toward individual confessions;
– third, the status of a public substitute religion which can be shared by the individual with his private creed;
– and fourth, the civil religion should be a source of consensus on fundamental values which guarantees social solidarity.

This profile of requirements seems to be fulfilled in Switzerland, and shows up in the cantonal parliaments as follows: The oath and vow are offered consequently as alternatives, and administering the oath is carried out usually in the parliamentary chamber. The solemn procession by parliament and the government into a church or cathedral, a tradition still practised in some places, is more a bit of democratic self-expression than a religious act. More in keeping with modern-day views, in the sense of civil religion too, are the various short services for cantonal representatives which are held on an ecumenical basis at the start of the official year (Zurich) or during the official year (Lucerne) or as a preliminary to opening the session (Berne, Vaud etc.). In Schwyz, Nidwalden and Appenzell Ausserrhoden every session starts with a silent prayer, and the "exhortation" in Geneva, based on tradition and rules of procedure, is to be seen as a transformation of a piece of civil religion. In some parliamentary chambers a crucifix hangs over the presidential chair, for example, in Obwalden, Nidwalden, Zug, Lucerne, Fribourg and Ticino.

The separation of church and state is a practice of the parliaments which is carried out rather strictly on the personal level. Old regulations on conflict of interests in some cantons exclude a clergyman or a pastor from parliamentary membership. But even where it would be permitted, it seldom exists.

Formation of Will

The formation of will in parliament begins when a proposal is introduced. For individual members, however, it has begun long before that. They have followed the media coverage, and have personally examined the different views of a project.
The formation of the will in parliament takes place in three stages: formation of a commission, work in the commission, and deliberations in the plenary assembly.

Formation of the commission is already a political act although in the great majority of cantons it is carried out according to faction strength, and nomination of the groups takes place usually without opposition. In contrast, within the factions there is occasionally a tug-of-war as those interested directly push for the seats. Now and then it can also happen that too few declare an interest. That is why small cantons such as Uri and Appenzell have passed statutes on official obligation. So that a delegate does not acquire too much influence, there are also regulations according to which a member of parliament may only belong to a single standing committee (Berne, Fribourg, Schaffhausen, Ticino) or may not remain in one for a period longer than two terms of office (Aargau, Uri, Schaffhausen). In general the parliament reserves the right to make the appointments to the commissions; for non-standing committees it leaves making the appointments to the parliamentary inner circle in some cantons (Glarus, Thurgau, Basle City) or to the faction (Ticino), or to the conference of presidents (Grisons). On the other hand, the commissions organize their work to a large extent themselves. They also determine, for example, who presides (Geneva). It can lead to friction with the executive when a commission wants to have a look at the documents of the executive government or wants to call in experts. The latest rules of procedure of the parliaments of Berne and Solothurn display specific powers created for such cases. As a rule, the government member responsible for the matter in question takes part in the commission sessions although in several cantons an invitation from the commission is a prerequisite (Zug, Thurgau), while in others the government decides about participation itself (e.g. Berne). In 99 % of the cases this procedure functions without friction, and it has to be admitted that the presence of the well versed Department Head brings almost only advantages for the work of the commission. Nevertheless here and there one notes a latent dislike of too massive a presence of the executive.

The diversity of opinions is supposed to be expressed in the commission. An agreement must be reached based on a broad spectrum of views and this is by far not always successful, confronting the parliament with difficult options when the commission report comes out with a palette of majority, minority and possible proposals.

Concerning confidentiality in the commission talks, the situation leaves much to be desired even though confidentiality is a prerequisite for a healthy working climate. The new rules of procedure in Berne and Solothurne attempt to safeguard confidentiality while opening up specific information channels at the same time (such as regular press conferences). Nevertheless there are still too many leaks which put the members constantly under pressure to justify themselves publicly, something which should actually take place first in the plenary assembly.

The business is presented finally to parliament as a whole. The item is scheduled, the commission member reporting, the speakers of the factions, the representative of the executive government make their contributions – often in great detail. This does not keep individual speakers from repeating most of the arguments in new variations again and again, and from making proposals which have no chance of succeeding, but instead bring publicity.

Finally the time has come for the Chairman to declare: we shall proceed to the final vote. The vote places the highest demands on the conscience of the parliamentarian, who takes his oath of office seriously, or no demands at all when the course has already been set at an earlier stage. Many make the decision easier for themselves by following party lines, or of course their highly personal interests. The old motto "cui bono" ("To whose benefit is it?") is revived. The complexity of many issues is discouraging too, the members of parliament who think in a differentiated way having it the hardest to assert themselves with a clear stance. In the end their stance is undoubtedly only a "yes/no", and the number of abstentions climbs.

The dice are thrown, the results of the vote are announced. The tension dissolves. There are happy faces, and dissatisfied faces, and a lot of indifference. Does the feeling spread that it was worthwhile being there? That one has taken part in momentous decisions and brought about significant acts? From a formal, legal standpoint that may very well be true, and it strengthens the self-esteem of the delegate. Seen realistically, however, the parliamentary decisions are to be judged as a phase in a long process, which exhausts itself only in the battle of the referendum, and in actual fact not even then.

The cantonal parliaments, therefore, have no reason to overrate their contribution to formation of the public will. Nevertheless their weighing, filtering, integrating mission and the green light they give for a certain stretch deserve adequate appreciation and no disparagement.

Model

Although the aim of this book is to describe the present state of the cantonal parliaments, starting from an historical perspective, the question of how they should look in future should not be left out entirely. Professor Wolf Linder has contributed an interesting special article on this subject under the title "Parliamentary Reforms". Above and beyond that I would like to present the model devised by Dr. Roger Blum, a trendsetting thinker on the subject of cantonal legislatures, who has acquired practical experience in the parliament of Canton Basle Countryside. Already 10 years old, the model comprises the following five points, which deal with the essentials of parliament:
– First: The parliament should comprehend its role in that it is one of several political last resorts, and that it has very specific functions to fulfil within the spheres of power of government, administration, associations, citizens' groups, the media and the voters.
– Second: The parliament should see itself as the partner and at the same time as the critic of the executive government. Better cooperation is to be recommended regarding governmental regulations and in maintaining the separation of powers.
– Third: Roger Blum desires a mixed form between a speaking parliament and a working parliament which combines good committee work with sufficient public presentation of the arguments.
– Fourth: Parliament must insist on being brought earlier into the preparatory process of legislation, planning, and conclusion of agreements.
– Fifth: Blum pleads for strong factions, which have a greater influence in the formation of parliamentary decisions and which take the load off of the plenary assembly.

In my opinion, the principles of Roger Blum are not ontmoded after a decade and still proves essentially thought-provoking. One can now better see what has been achieved in the meantime and what also in future will be difficult to do. The conflict of aims and the stumbling blocks contained therein as well as some critical objections in no way detract from the value of Blum's picture. One must agree with him in particular that the parliament is to take its place as one of several last resorts in a multifarious political process. The relationship of critical partnership between parliament and the executive is an absolute necessity, but depends less upon the institution than upon the skill of the persons involved. How can parliament concentrate on "the essential" then? The prerogatives of rural parliaments such as election of officials, bestowal of civil rights awards, approval of puchases of land can hardly be done away with for political reasons.

There remain the early information of parliament and its being called in at the beginning of the decision-making phases, which would be very desirable. The difficulty here lies in that the elements for a solid fundamental formation of will are often not there before the executive council presents its proposed bill. From the comprehensive perspective of Roger Blum, moreover, three specific dangers for the functioning of cantonal parliaments may be brought in: the straining of direct democracy and the absorption of much too much time for handling individual motions, which takes place at the cost of administrative control. The matter of optimization of parliamentary operations should be tackled too. Thus I arrive at a subjective, not completely rational point of view. Whether this view is correct or not will still have to be shown. I trust in the ability of the cantonal parliaments to regenerate, in their ability to reach a consensus without shying away from conflict, and that with luck and patience they will achieve their "adgiornamento".

Paul Stadlin

Parlament kommt von parlare

Dass sich Parlament als Bezeichnung der Institution von parlare, parler, herleitet, ist eine den Tatbestand zutreffend umschreibende Binsenwahrheit. Das Parlament stellt dabei so etwas wie eine Bühne für den Auftritt der Volksvertreter dar. Daran anknüpfend möchte ich zur Einstimmung in das Thema eine kleine Begebenheit erzählen. Ich stand mit einer Karte der Schweizerischen Botschaft in der langen Reihe der Wartenden, welche die Tribüne des Unterhauses in London erreichen wollten, neben mir eine Dame aus dem Hotel, die ihr Glück ohne Billet versuchte. Als wir beim kontrollierenden Bobby angelangt waren, bemerkte dieser, dass er von uns beiden nur eine Person einlassen könne. Auf die Bitten der Begleiterin erklärte er die Situation wie folgt: «If you are going to a theatre you are not able to get two seats for one ticket». Darauf die Eidgenossin schlagfertig: «Do you compare your Parliament to a theatre?» Was ein so gewaltiges Gelächter der Umstehenden auslöste, dass der Polizist sichtlich verwirrt der Frau wenigstens den Weg zum Oberhaus freigab.

Redeparlament – Arbeitsparlament

Die beiden Begriffe beinhalten nicht unbedingt einen Gegensatz, sondern sind sich ergänzende Ausprägungen der ein und nämlichen Institution. Sie durchdringen sich gegenseitig, indem das Reden durchaus Schwerarbeit sein kann, erst recht in der Vorbereitung, wovon ungeübte Hinterbänkler ein Lied singen könnten. Umgekehrt geht es auch im Arbeitsparlament nicht ohne ständiges «Reden mitenand». Diese Betrachtungsweise trifft aber nicht den Kern: Der Unterschied besteht darin, dass sich das Arbeitsparlament vorwiegend auf die Kommissions- (und Fraktions-)tätigkeit stützt, während im Redeparlament das Hauptgewicht auf die Austragung von Für und Wider in öffentlicher Debatte gelegt wird, womit die Transparenz der Willensbildung

im Grossen Rat Thurgau

erreicht werden soll. Als ziemlich reines Redeparlament kann man in der Schweiz eigentlich nur den Grossen Rat von Appenzell Innerrhoden bezeichnen, der keine Kommissionen und Fraktionen kennt; ähnlich ist es in Baselstadt, dessen Grosser Rat ein Gemeindeparlament ist; in Schaffhausen und Solothurn hat sich ebenfalls eine gewisse Redetradition erhalten. Die andern Kantone besitzen eine deutliche Mischform, wobei von Ort zu Ort verschieden ist, welche Komponente überwiegt. Generell sind die Romands und Tessiner auf eloquente Streitgespräche spezialisiert, aber die Gepflogenheit vieler und ausgreifender Voten ist auch in Zürich, Luzern, und in Basselland heimisch und leider erlebt man immer wieder, wie der Redefluss in ein Palaver abgleitet. Der dann etwa auftretende Frust über die Disziplinlosigkeit der Räte soll jedoch nicht vergessen machen, dass eine nicht unwichtige Ur-Funktion des Parlaments darin besteht, dort in noch einigermassen geordneter Formation politischen Dampf abzulassen. In der Ostschweiz herrscht das sachliche Betriebsklima mit eher spärlichen verbalen Interventionen vor. Kurze Diskussionen mögen zur Effizienz beitragen. Sie sind aber auch etwa bloss der Ausdruck einer gewissen Müdigkeit und Resignation. Man hat mit Belanglosigkeiten vorher Stunden verloren und holt sie dadurch wieder auf, dass selbst bei wichtigen Vorlagen die Referenten nur mehr flüchtig angehört werden und niemand mehr Lust hat, die Einzelberatung zu verlängern. Wie es ja Erfahrungstatsache ist, dass der Redestrom sich mit besonderer Vorliebe auf Details ergiesst, wie einen Kinderhort, den Belag eines Sportplatzes oder, wie neulich in Zürich, die Breite eines Radweges. Jüngst hat sich der Landrat BL ausgiebig darüber unterhalten, wie hoch die Kirschbäume in geschlossenen Anpflanzungen sein sollen. Das sind konkrete, überblickbare Sachen, während sich der gewöhnliche Abgeordnete in komplexen Problemen schwer zurechtfindet und sich deshalb scheut, als Banause hervorzutreten. Er zieht es vor, das Feld den wirklichen und vermeintlichen Experten zu überlassen, die dann zuschlagen und den Rat mit ihren Exkursen bombardieren, ohne Rücksicht darauf, dass sie an der stummen Mehrheit abprallen werden. Diese Mehrheit hat jedoch die Kommissionsberichte getreulich durchgepflügt und besonders die Seiten mit den Schlussfolgerungen und Anträgen mehrmals gelesen. Sie hat auch Aufschlüsse von ihren Leuten in der Fraktion erhalten, wo man ungenierter fragen darf. Der schriftliche Prozess – nicht so lebendig, aber genauer und weniger Zufälligkeiten ausgesetzt – hat also seine Wirkung getan. Die Ernte der Kompromisse kann eingebracht werden, und die rednerische Abrundung ist dann mehr für die Tribüne und die Medien bestimmt. Übrigens ist es tröstlich, zu erfahren, dass der Redefluss und der Redebedarf in jedem Parlament anders ist und selbst im gleichen ändert er sich – zum Glück – von Sitzung zu Sitzung und von Stunde zu Stunde.

Das Wort hat …

Die Erteilung des Worts durch den Präsidenten ist der Moment, auf den manche gewartet haben und unausgesetzt warten, mit Tatenlust, Feuereifer und eventuell auch mit Beklommenheit. Was bezweckt nun der Volksvertreter mit seinem Auftreten? Er hat den Drang, sich selbst zu verwirklichen (was immer man darunter verstehen will), er möchte politische Erfolge erzielen und Ansehen erwerben, und er spricht, um öffentlich aufzufallen und so vermeintlich seine Wiederwahl zu sichern. Alle Motive münden in ein Zwangsergebnis: Er muss sprechen. Über die Psychobiologie des Pathos (vgl. Prof. Klaus A. Scherer, Universität Genf: Emotion und Propaganda) hat er sich gleich seinen Kollegen wohl kaum Gedanken gemacht, wie sie die Rhetoren im alten Athen und Rom anstellten. Ebensowenig darüber, dass Sachdissens und Regelkonsens die Grundlage einer funktionierenden Ordnung bilden, besonders im Parlament (Prof. Guy Kirsch). Intuitiv hat er aber vielleicht realisiert, dass zur Glaubwürdigkeit ein bestimmtes Mass von Betroffenheit und von Gefühlswärme gehört. Der entschlossene Schritt zum Rednerpult deutet einiges an und findet seine Fortsetzung in der Verfügbarkeit einer kräftigen Stimme, die auf Sympathie stösst, wenn sie einen sonoren Klang hat. Ein geschmeidiger Gang lässt eher auf Beweglichkeit schliessen, ein zaghafter auf innere Unsicherheit. Wer leise beginnt, kann sich steigern und riskiert, wenn er es nicht tut, den Zwischenruf «lauter». Konzise, bedächtige und kurze Voten werden dadurch honoriert, dass man sie zur Kenntnis nimmt. Originalität und gutartiger Humor haben Freunde in allen Ecken des Saales, letzerer besonders, wenn er unfreiwillig ist, was bei gewissen Kollegen vorausgesetzt wird. Ironie und Zynismus sowie bissige Bemerkungen kommen gelegentlich an. Der Ruf der Langfädigkeit und Langweiligkeit geht bestimmten Rednern voraus. Kein Wunder dann, dass sich der Lärmpegel im Rat erhöht und der Vorsitzende um Ruhe bitten muss, sobald sie angefangen haben. Oft glauben Neulinge und Vertreter von Randgruppen, sich besonders auffällig und provokativ benehmen zu müssen und erzeugen daher Missfallenskundgebungen. Der und die Schüchterne wirken demgegenüber einnehmend, und man verträgt von ihnen auch «abwegige» Äusserungen, in der Hoffnung, sie seien mit ihren Pflichtübungen bald fertig. Das Nachbeten von Schlagworten auf der einen Seite und eine servile Haltung gegenüber dem Regierungsrat auf der andern werden weniger goutiert, der Rat lässt es aber oft abfliessen wie Wasser von einer Entenbrust, bis ein Blitz einschlägt und sich daran eine plötzliche Debatte entzündet, die aber ebenso schnell wieder abflauen kann, wie sie gekommen ist. Es fehlt zudem nicht an grotesken Situationen. So wurde mir eine Anekdote aus einem kantonalen Parlament zugetragen, wo sich – se non è vero è ben trovato – folgendes abgespielt haben soll. Frau B. hat das Wort erhalten und erklärt einleitend: «Ich habe nach dem neuen Eherecht meinen ursprünglichen Namen demjenigen meines Mannes vorangestellt und heisse nun Frau M. B.» Der Präsident unterbricht: «Da muss ich Sie leider bitten, wieder Platz zu nehmen, denn es hat sich mit Ihnen noch Frau G. gemeldet und ich pflege in solchen Fällen nach dem Alphabet vorzugehen ...» Diese Geschichte mag eine übertriebene Pedanterie offenbaren, aber umgekehrt ist es unleugbar, dass eine straffe, unparteiische Handhabung der Verfahrensregeln am besten einen geordneten, flüssigen Ratsbetrieb garantiert.

Wo, wie, wie lange ... wird gesprochen

Offensichtlicher Mittelpunkt, schon rein optisch, ist im Grossen Rat von Bern das Rednerpult, an das sich jedes Mitglied bemühen muss, das sprechen will. Im Grossen Rat von Aargau stehen vorne vor dem Präsidium zwei Rednerpulte bereit, in Basel neben dem Präsidium ebenfalls, die abwechselnd benützt werden; im Grossen Rat von Thurgau sogar drei, an den Saalecken, so dass man, um das Wort zu ergreifen, auch nach hinten gehen kann, derweil die Kanzeln an der Stirnseite oft vom Kommissionsreferenten und vom Regierungsrat besetzt sind. Man darf dort aber auch vom Platz aus kurze Erklärungen und Erwiderungen abgeben. Wahlweise vom Rednerpult oder vom Platz aus äussert man sich in den Parlamenten von Tessin, Zug und Waadt. In der überwiegenden Anzahl von Legislativen haben aber nur Berichterstatter ein eigenes Pult oder einen Tisch, meistens vorn in der Mitte, wie in Zürich, St. Gallen, Fribourg und Schaffhausen oder neben dem Präsidenten, wie in Solothurn, Baselland und Wallis. Die Mitglieder sprechen teils stehend von ihrem Platz aus (ZH, LU, SG, SH, SZ, OW, FR, SO, VS, GE, JU), teils jedoch auch sitzend (UR, GR, AR, AI). Mag sein, dass das Sprechen in stehender Haltung den freien Vortrag etwas begünstigt, obwohl Ablesen in der alemannischen Schweiz auch hier gang und gäbe ist. Wer sich mit Notizen oder einem kleinen Spickzettel behilft, wirkt spontaner. Die eigentlichen Redner aber finden wir natürlich in der Romandie und im Tessin. Selten beugt sich da ein Votant über ein Papier und die Satzperioden gleiten mit rhetorischer Eleganz durch den Raum, aber auch mit so grosser Leichtigkeit, dass man hinterher etwas Mühe hat, herauszuknobeln, was wirklich gesagt werden wollte. Die rednerische Leistung, die rasche verbale Reaktion, die Sprachkultur sind dort eben für sich ein Wert. Die Körperhaltung hängt nun aber vielerorts von der Lage

au Grand Conseil neuchâtelois

des Mikrophons ab. In Zürich muss sie aufrecht und doch ganz wenig vornübergebeugt sein, wie es das Handbuch in einer Illustration vorführt.

Die eigentliche Crux im Ratsbetrieb stellt indessen die Rededauer dar. Während sie besonders in kleinen Parlamenten dem freien Spiel der Kräfte überlassen ist, werden in den grösseren vielfach Bestimmungen aufgestellt (BE, TI etc.) oder die Geschäftsordnung gibt dem Rat die Kompetenz zur Beschränkung (SH, TG und LU). In letzterem Kanton wird zurzeit so davon Gebrauch gemacht, dass dem Motionär 8 Minuten und den Einzelvotanten 4 Minuten eingeräumt sind. Es werden auch Obergrenzen festgesetzt (FR, BS, GR, TI, GE, JU). Häufig finden sich Bestimmungen, dass die Fraktionssprecher, die Berichterstatter der Kommission (bisweilen auch die einzelnen Kommissionsmitglieder) sowie der Vertreter des Regierungsrates eine Vorzugsstellung haben und dass in der Regel kein Diskussionsteilnehmer mehr als zweimal zur gleichen Sache sprechen darf. In der nämlichen Richtung wirkt die Vorschrift, wonach ein Redner zuerst an die Reihe kommt, der noch nicht gesprochen hat (GL). Dass der Vorsitzende das Wort im übrigen in der Reihenfolge der Anmeldung erteilt und dann eingreift, wenn allzusehr vom Thema abgewichen wird, versteht sich von selbst. Das sind aber alles nur Notbehelfe, die leicht unterlaufen werden können, z.B. durch systematische Filibuster von Gruppen, was ich indessen nur vereinzelt feststellen konnte. In Bern lässt der Präsident am Rednerpult – unsichtbar dem Rat – ein rotes Lämpchen aufim Kantonsrat Zürich

leuchten, und in dreissig Sekunden wird das Mikrophon abgestellt. In andern Kantonen mahnt der Präsident und entzieht das Wort oder es breitet sich so grosse Unruhe aus, dass der Redner überhaupt nicht mehr weitermachen kann. In Basel habe ich beobachtet, wie sich der Saal förmlich leerte, als ein einschlägig bekannter Grossrat zum Rednerpult schritt. Neckisch sind folgende gegensätzliche Auffassungen, die Mentalitäten andeuten: In Uri heisst es ausdrücklich in der Geschäftsordnung, dass kein Redner unterbrochen werden darf; im benachbarten Nidwalden dagegen sind Zwischenrufe explizit gestattet. Tradition haben zudem die witzigen bis gepfefferten Zwischenrufe in der Volksvertretung von Basel-Landschaft. Sie gelten als erlaubt und werden geschätzt.

Dazwischen eine kleine Satire

An dieser Stelle kann ich mir eine satirische Einlage nicht verkneifen, eine nämlich über das gemeinsame Blöken bzw. Heulen von parlamentarischen Schafen im Wolfspelz. Der Normaltypus des helvetischen Deputierten neigt in seinen Interventionen gewiss nicht zum eleganten «Understatement»; Deutlichkeit muss sein! Er vermeidet meist auch den «Overkill», dessen Bumerangeffekt er fürchtet. Aber im Chor der Jammerer, da macht und summt er im Rahmen der weitherzigen Landessitte wacker mit. Wie rührend kümmern sich die anwesenden Armen (im Geist) um die abwesenden Armen (am Beutel), solange es sie nicht mehr kostet als ein paar melodramatische Strophen. Es klagen in den höchsten und tiefsten Tönen sämtliche Berufsklassen, Sport-, Standes- und Wirtschaftsorganisationen, der Betuchte nicht weniger als der Bedrängte. Jede neue Politik kündigt sich zunächst mit einer Jereminade an. Und sässe ein Ausserirdischer zufällig auf der Tribüne, er glaubte sich in ein Paradies verschlagen, in dem es miserabel zugeht. Selbst der Finanzdirektor unterstreicht den Ernst der Lage mit Blick vom angespannten Haushalt her. Er wäre schon froh, wenn es bei einer Resolution bliebe. Aber der erfahrene Regisseur weiss natürlich, dass es mehr braucht, um den Ruf nach aufwendigen Gesetzen, Subvention und Nulltarif zu bezähmen. Die «Solidarität» wird beschworen, die Missgunst unterschwellig geschürt: Ob man eigentlich wisse, wie enorme Summen der Staat für den betreffenden Zweck schon jetzt verbuttere? Ob man die Missbräuche kenne, welche eine unselige Geldverteilerei hervorrufe? Ob nicht die Reihe am Bund oder der blühenden Industrie wäre? Oder wenn man den Petenten gäbe, dann müssten auch die Gemeinden mitziehen. Dann werden halbe Versprechungen aus dem Sack gelassen: Man werde versuchen, das Anliegen, das sympathisch sei, beim nächsten Budget teilweise zu berücksichtigen. Die besten Wirkungen erzielen jedoch allemal vage Andeutungen über die Gefahr von Steuererhöhungen. Wo es ans eigene Portemonnaie greift, wird jeder Schweizer stutzig. Es kehrt im Saal die Nüchternheit zurück. Das wohlige Gefühl, etwas für die Allgemeinheit – und die persönliche Wiederwahl – getan zu haben, ist rasch verflogen. Allein die Dirigenten der Chöre sind unverzagt. Sie bereiten neue Programme vor...

Tagungsdauer und Gewichtung der Arbeit

Um sich Rechenschaft zu geben von der zeitlichen und sachlichen Belastung der kantonalen Parlamente (was nicht identisch ist mit der individuellen Inanspruchnahme der Mitglieder), sei ausgegangen von der Sitzungsdauer eines Jahres, ohne Kommissionen. So haben im Jahr 1988, laut ihrer Protokolle, die Parlamente getagt in Stunden: ZH: 236, BE: 208, LU: 130, UR: 49, SZ: 70, OW: 32, NW: 32, GL: 60, ZG: 49, FR: 89, SO: 68, BS: 170, BL: 107, SH: 92, AR: 23, AI: 23, SG: 57, GR: 100, AG: 147, TG: 70, TI: 110, VD: 140, VS: 150, NE: 71, GE: 120, JU: 53. Da gucken mehr als Indizien über die rationelle Gestaltung der Ratsarbeit und die Redefreudigkeit der Räte hervor. Es sollte nun aber auch eine Gewichtung erfolgen, die äusserst schwierig ist, weil die einzelnen Arbeitsgebiete methodisch kaum von einander getrennt werden können, was die statistische Erfassung fast unmöglich macht. So überlappen sich oft der legislatorische Teil und die persönlichen Vorstösse, und diese wieder mit den Führungsinstrumenten, wie Planungen, Budget, Staatsrechnung etc. Ich habe die Staatskanzleien gebeten, mir Schätzungen einer gewissen Aufschlüsselung zu vermitteln, die aber sehr weit auseinanderklaffen. Immerhin ist, was die Beanspruchung durch persönliche Vorstösse betrifft, eine Spitzengruppe feststellbar, wo diese 40–50 % der Zeit absorbiert (ZH, GE, BE, GR, SO, VD, JU); dann eine Mittelgruppe, wo diese Quote zwischen 20 und 40 % ausmacht.: LU, SZ, ZG, BS, SG, VS und eine Tiefgruppe mit 5–20 %: UR, OW, GL, BL, NE. Die beiden Appenzell haben mit 0–5 % des Zeitaufwands für persönliche Vorstösse die absoluten Niederstwerte. Nun vermag aber dieser Prozentsatz nur etwas auszusagen in Verbindung mit der Tagungsdauer des Rates, seiner Grösse und auch der Grösse des Kantons. Bei 170 Stunden in Baselstadt sind 30 % Zeitaufwand für persönliche Vorstösse sehr viel, ebenfalls bei 150 Stunden im Wallis 25 %; oder bei 130 Stunden in Luzern 30 %. Demgegenüber ergeben die rund 25 % in St. Gallen bei einer Stundenzahl von total nur 57 und die 30 % von Solothurn bei einer Stundenzahl von 68 ein bedeutend günstigeres Bild.

Sieht man sich jedoch die Erledigungen an, so zeigen sich interessanterweise zwei Kategorien von Kantonen: diejenigen, die per Jahresende 1988 grosse Pendenzen aufgewiesen haben, wie ZH (315), LU (380), BS (95), BL (316), VD (85), VS (125), GE (345), und diejenigen, denen es gelungen ist, sie mehr oder weniger laufend aufzuarbeiten: So hat der Grosse Rat von Bern keine und diejenigen von SO (36), von SG (44) und von NE (12) sind verhältnismässig gering.

In einer Betrachtung über die zeitliche Beanspruchung der Volkskammer im Bund (NZZ 16.10.87) weist Nationalrat Dr. Felix Auer nach, dass der Rat in einer Legislaturperiode rund 1000–1100 Stunden, also jährlich ca. 250–275 Stunden tagt, was nicht soweit von den Zeiten der Parlamente grösserer Kantone entfernt liegt. Er setzt sich auch mit Schnell-, Viel-und Marathonrednern auseinander, die den Löwenanteil dieser Zeit belegen, weshalb das Jahr hundert Sitzungswochen haben müsste, wenn alle 200 in gleichem Masse mittäten. Auf diese Einzelredner entfällt fast 40 % der verfügbaren Sitzungszeit, auf die Berichterstatter 20 %, auf Fraktionssprecher 17 % und auf die Regierungssprecher annähernd 10 %, während der Rest von 13 % in Pausen oder Abstimmungen versickert. Ich führe diese Verhältniszahlen an, weil sie auch auf die kantonalen Parlamente ein gewisses Licht werfen, Abweichungen dürften sich daraus ergeben, dass Kommissionsreferenten wegen der Einsprachigkeit eine geringere Zeit benötigen, und in den Kantonen mit weniger Fraktionen auch deren Sprecher. Man muss daraus folgern, dass die Einzelvotanten über 40 % ausfüllen, wohl aber auch nicht immer, denn die unbestrittenen Vorlagen lösen besonders in kleinen und mittleren Kantonen oft nur eine kurze oder gar keine Diskussion aus.

Die Problematik der persönlichen Vorstösse

Man weiss es seit langem und greift es immer wieder mit Händen: Eine Achillesferse der schweizerischen Milizparlamente liegt in gewissen Räten bei der Häufung der persönlichen Vorstösse. Das Organisationssystem vermag sie nicht zu schlucken, es entstehen Stauungen und Pendenzenlisten. Die Räte werden gehindert, andere ebenso wichtige Aufgaben, wie die Verwaltungskontrolle, in genügendem Mass wahrzunehmen. Kein Präsident tritt sein Amt an, ohne zur Selbstbeschränkung aufzurufen, keiner verlässt seinen Posten, ohne den Zustand zu beklagen und mehr Disziplin zu fordern. Und doch prallen alle diese Appelle ab. Warum? Weil der persönliche Vorstoss insbesondere in Form der Motion, des Postulats und der Interpellation zu den wichtigsten Errungenschaften der parlamentarischen Entwicklung gehört, zum eigentlichen Schlüsselpunkt für die Ausübung der meisten übrigen Kompetenzen. Seine wesentliche Beschneidung würde der Verstümmelung des Parlaments, seiner Denaturierung gleichkommen und daher versteht man die Vorsicht, mit der alle Reformer ans Werk gehen. Im Grunde handelt es sich um einen Zielkonflikt, der nicht gelöst, sondern nur überbrückt werden kann: Auf der einen Seite besteht das legitime Interesse, die Gedanken und Vorschläge der Abgeordneten in das Parlament einfliessen zu lassen und ihnen ein umfassendes Auskunftsrecht über alle Belange der Verwaltung und der öffentlichen Befindlichkeiten zu sichern. Auf der andern Seite gebietet die Staatsraison, dafür zu sorgen, dass dem Milizparlament die Geschäfte nicht über den Kopf wachsen, woraus eine eklatante Abwertung der demokratischen Institutionen überhaupt hervorginge. Aus diesem Dilemma führt meines Erachtens nur ein Weg der Mitte, welcher die Rechte der Volksvertreter nicht antastet, aber mit deren Hilfe so kanalisiert und selektioniert, damit ein geregelter Betrieb möglich wird und andere Aufgaben nicht verkümmern. Bevor jedoch eine abschliessende Würdigung erfolgt, sollen die individuellen, sachlichen und politischen Beweggründe des Andrangs von Vorstössen noch etwas näher beleuchtet werden. Es gibt für die Lancierung eines persönlichen Vorstosses eine Reihe von Motivationen, die sich oft überschneiden, addieren und durchkreuzen. Folgende seien genannt:

- ein echtes persönliches Engagement des Deputierten
- das wirkliche oder mindestens vorausgesetzte Interesse gewisser Volks- oder Wählerkreise
- der Wunsch, sich zu profilieren
- die Absicht, Regierung oder Parlament unter Druck zu setzen
- die Notwendigkeit, mit andern Gruppen, die sich bereits rühren, gleichzuziehen
- die Tendenz, frühere politische Versprechungen einzulösen und wenigstens dem Parteiprogramm formaliter nachzuleben
- der Regierung eine Plattform zur Stellungnahme zu verschaffen.

Oft übt der persönliche Vorstoss nur schon dadurch, dass er eingereicht ist, eine Wirkung aus. Der Rat ist verpflichtet, sich damit zu befassen. Vielleicht werden der Regierung Beine gemacht. Sie wird unter Umständen, durch Präventivmassnahmen, tätig, um dem Vorstoss den Wind aus den Segeln zu nehmen, so durch Einbringung einer Vorlage, die längst fällig war, aber auch von solchen, die gut entbehrt werden könnten. – Untersuchen wir nun einmal das Problem der persönlichen Vorstösse anhand einiger Verhaltensweisen: H. ist ein eifriger Kantonsrat, leider mit wenig Inspiration. Fast jeden Monat erscheint er mit einer Motion, seltener mit einem Postulat oder einer Interpellation, die er unverdrossen einreicht, obschon ihn der Fraktionsvorsitzende beständig zur Zurückhaltung mahnt. Der Ratspräsident, der die Schriftsätze missmutig entgegennimmt, hat ihm sogar einmal angedeutet, dass sein «Kontingent» für dieses Jahr erschöpft sei. Oder: Ein freisinniger Buchhalter wurde im Rat ganz allgemein nur der Motiönli-Meier genannt, man liess ihn unbehelligt, weil er im KV sass und man den Angestelltenflügel nicht verprellen wollte. Bei einigen ist es umgekehrt. «Du könntest eigentlich auch einmal etwas machen», tönt es in der Fraktion, und man übergibt dem Landwirt ein reizloses, aber einschlägiges Thema für eine kleine Anfrage: «Ist es dem Regierungsrat bekannt, dass ein Maikäferjahr bevorsteht, und was gedenkt er dagegen zu tun?» Die meisten drängen aber von sich aus an die Quelle der Publizität, die ein persönlicher Vorstoss verschafft und der allemal als Leistungsbeweis bei der nächsten Wahl aufgeführt werden kann. Dazu gesellen sich zentralgesteuerte Aktionen, so die von Frauenorganisationen gesponserten Motionen für die Einrichtung von Amtsstellen zur Verwirklichung der Gleichberechtigung der Frau in jedem Kanton. Die Regierungsräte wollten die Motion meist nur als Postulat entgegennehmen, und z.B. in Solothurn wies der Justizdirektor darauf hin, dass die Stelle nach den Grundsätzen der Gleichberechtigung auch von einem Mann besetzt werden könnte, was die anwesenden Befürworterinnen gar nicht so gerne hörten. Die Matadore der Politik handeln am liebsten allein, oft ohne die Fraktion zu orientieren. Sie wollen den Überraschungseffekt, und wenn Fleisch am Knochen ist, wollen sie dieses selbst verspeisen. Bei wichtigen Angelegenheiten findet ein Wettlauf zwischen Fraktionen und wendigen Einzelgängern statt, wer den ersten Platz zuerst belegt, das schliesst aber die andern nicht aus, so dass mit einem Mal vier Interpellationen mit ähnlichem Inhalt oder als Kontrastmittel vorliegen. Da gibt es aber auch bestellte Motionen, die vom Vertrauensmann einer Talschaft, der Krankenkassen oder einer Sportorganisation eingebracht werden, und es gibt bestellte Interpellationen, damit der Regierungsrat je nachdem Gelegenheit erhält oder gezwungen wird, sich zu einer Sache zu äussern. Hinter einer Serie von Interpellationen kann sich zudem eine parteipolitische Abrechnung verstecken, wie zurzeit im Kanton Fribourg, wo ehemalige Genossen versuchen, den zu den demokratischen Sozialisten übergegangenen Staatsrat Félicien Morel mit heissen Fragen in die Enge zu treiben.

Es würde den Rahmen dieser vergleichenden Darstellung sprengen und bräuchte gewissenhafte Detailstudien in den Kantonen, die einen Handlungsbedarf aufweisen, um Ratschläge zur Verbesserung des Zustandes zu erteilen. Wohin die Richtung gehen könnte, zeigt das neue Grossratsgesetz des Kantons Bern mit der zugehörigen Geschäftsordnung. In sorgsamer Abwägung der Interessen, die mit einem erweiterten Einsichts- und Informationsrecht der Deputierten gegenüber Regierung und Verwaltung Hand in Hand gehen, wurden doch gewisse Verfahrenshürden aufgestellt; abgesehen davon hat der Grosse Rat von Bern das Problem der persönlichen Vorstösse schon jetzt im Griff, wie die geringe Zahl von Pendenzen zeigt. Bei den meisten kleinen Kantonen haben die persönlichen Vorstösse keinen markanten Anteil am Geschäftsumfang; auch im Tessin und in der Waadt scheint die Lage erträglich, in der Ostschweiz ausgesprochen entspannt. Genf ist etwas kritischer zu beurteilen, und man würde eine gewisse Reduktion begrüssen, wenn sie im Rat eine Chance hätte. Baselstadt kennt die Motion und die parlamentarische Initiative gar nicht, sondern nur den postulatsähnlichen Anzug, und doch leidet es unter einer Unzahl von Vorstössen. Man scheint dort die Motion nun aber auch noch einführen zu wollen. In Appenzell I.Rh. fehlt das ganze Instrumentarium. Indessen ist im Kanton Tessin die Motion eigentlich ein Postulat. Umgekehrt gibt es im Thurgau, in der Waadt sowie in Genf das Postulat nicht, dafür in letzterem Kanton die Resolution. Das Budgetpostulat in BS ist seiner Form nach zwar ein persönlicher Vorstoss, jedoch vor allem ein Mittel, die Budgetberatung zu gestalten. Anträge, die eine Verminderung der Einnahmen und eine Vergrösserung der Ausgaben bezwecken, sollen nicht überraschend gutgeheissen, sondern vorweg genau geprüft werden. Die parlamentarische Initiative beschränkt sich auf 7 Kantone (ZH, BE, LU, UR, SZ, TI, GE). Einfallen lassen müssen sich vor allem die Kantone Zürich, Baselland und Luzern, eventuell auch Wallis wohl einiges, um mit den Pendenzen zu Rande zu kommen. Ob man einen einmaligen Kraftakt versucht mit nachheriger Einpendelung oder ob man langsam systematisch einen Abbau vornimmt, der viel Disziplin erfordert, sei hier nicht erörtert. In Luzern bestimmt der Präsident jetzt in jeder Session einen Nachmittag zur Behandlung der persönlichen Vorstösse, um eine Ausuferung

im Grossen Rat Bern

im Zeitplan zu verhindern und damit den Fortgang der übrigen Ratsarbeit zu sichern. Eine Bremsung des Andranges von neuen Vorstössen ist das natürlich noch nicht, und die Pendenzen könnten mit dieser Methode noch ansteigen.

So bedenklich sich die hohen Rückstände von staatspolitischer Warte ausnehmen, so wohltuend ist in gewissen Fällen ihre praktische Wirkung. Dieser und jener Abgeordnete wird sich nämlich ausrechnen, dass es Jahre dauern könnte, bis sein Vorstoss zur Beratung gelangt. Er wird diesen deshalb als Mittel zur Markierung seiner Präsenz auffassen und als Hebel, der Dinge indirekt in Bewegung bringt. Das heisst, er lernt sich abzufinden, dass eine Motion nach langer Erdauerung eines Tages sang- und klanglos abgeschrieben wird, nachdem der Regierungsrat ihr unter Umständen teilweise entgegengekommen ist. Das ist wie anderswo das politische Geschäft. In Zürich sehen die rot-grünen Vorschläge 1988 zur Parlamentsreform vor, dass die Motionen nicht mehr erheblich erklärt zu werden bräuchten; der Regierungsrat hätte innert drei Jahren (mit Verlängerung bis 6 Jahre) vermittelst einer Vorlage Stellung zu nehmen. Dadurch würde aber der Stau und die Pendenzenlast nicht beseitigt, sondern einfach vom Rat auf die Verwaltung verlagert. Etwas Ähnliches gibt es bereits im Kanton Tessin, wo keine Abstimmung stattfindet, wenn der Staatsrat die Motion, die eigentlich ein Postulat darstellt, akzeptiert. Im Ansatz richtig scheint mir aber die Anregung, man möge programmatisch zusammengehörende Gruppen von Vorstössen bilden und

im Grossen Rat Luzern

gemeinsam beraten. Oder will man, wie eine Kommission des Nationalrates dies vorhat, die Geschäfte in (5) Kategorien einteilen, mit entsprechender Zuordnung von Rede-Restriktionen? Es bleibt abzuwarten, ob diese Rationierung des Wortes sich durchzusetzen vermag und ob nicht Versuchungen geschaffen werden, sie zu unterlaufen. Wenn flexible Vorschriften da sind, die Ausnahmen durch den Rat erlauben, so wäre ein neues Verfahrensquerfeldein in Sicht, das ebenfalls aufwendig werden könnte. In St. Gallen wird erwogen, eine Straffung der Verhandlungen durch folgende Massnahme zu erzielen: Das Präsidium soll autorisiert werden, ausnahmsweise für eine Vorlage einen runden Zeitblock festzusetzen, welcher den Fraktionen nach ihrer Stärke zugeteilt würde. Diese können dann die Redner (und wie lange sie sprechen dürfen) selbst bestimmen. Die Mitglieder ohne Fraktionsstatus würden mit ihrer Gesamtzahl berücksichtigt. Auf Einsprache aus dem Rat hätte das Plenum über die Plafonierung zu entscheiden. Ob diese Ordnung in einem Rat, der ohnehin grosse Disziplin zeigt, nötig ist, bleibe dahingestellt. Generell scheint mir aber die Regelung nicht unproblematisch; nicht nur, weil sie vom Rat aufgehoben werden kann, sondern auch, weil Einzelvotanten aus den Randgebieten wohl mehr Zeit benötigen als grosse Fraktionen. Umgekehrt hat eine von der Konferenz der Fraktionspräsidenten beschlossene «organisierte Debatte» in Einzelfällen schon Erfolg gehabt, wie bei der «Waldsterbe-Session» im Nationalrat (vgl. Sigmund Widmer: Worte zur Zeit, S. 161). Voraussetzung dafür war das Vorhandensein eines festen politischen Willens und das Geschick des Ratspräsidenten.

Sehr zeitraubend sind in einigen Kantonen die Zwischeneinlagen der Stellungnahme des Regierungsrates und einer Kommission. Natürlich ist es besser, wenn der Rat en connaissance de cause über Annahme oder Ablehnung eines Vorstosses entscheiden könnte, aber das Warten, bis es soweit ist, hat auch seine Nachteile. Könnte man nicht daran denken, über die vorläufige Unterstützung einer Motion oder eines Postulates abstimmen zu lassen, sobald die Begründung erfolgt ist, aber ohne schriftlichen Bericht des Regierungsrates oder einer Kommission, wie bei der parlamentarischen Initiative in Zürich ($1/3$ der Stimmen sämtlicher Mitglieder), oder in Bern ($2/5$ der Stimmen sämtlicher Mitglieder)? Bei den Interpellationen, die statistisch gegenüber Motion und Postulat deutlich in der Minderzahl sind, hat die Einführung des Instituts der schriftlichen Anfrage und der Fragestunde (BE, SZ, BL, SG, JU) eine starke Entlastung herbeigeführt. Interpellationen benötigen in gewissen Kantonen auch eine Mindestzahl von Stimmen (in ZH 20, SG 7, GR und GE 5). Die Notbremse gegenüber einem enfant terrible, Erich Weber, hat Baselstadt gezogen, indem dort ein Mitglied pro Sitzung nur noch einen Vorstoss einreichen kann. Das beste Mittel ist aber immer die Disziplin des Rates. Sie funktioniert oft ganz von selbst, aber die Vorsitzenden und Respektspersonen werden auch in Zukunft da und dort eine starke Seelenmassage anzuwenden haben, damit «das Milizparlament nicht aus dem Leim geht» (Kurt Müller).

Quellenverzeichnis

Alberoni Francesco
Come sono fatte le persone che sanno dire soltanto si. Corriere della Sera, 2. März 1987

Lautenschütz Raul
Alpträume unter der Bundeskuppel.
NZZ 22./25. Juni 1989

Lezzi Bruno
Wie voreingenommen ist das Parlament?
NZZ 3./4. Dezember 1988

Ochsner Alois
Die schweizerische Bundesversammlung als Arbeitsparlament. Vollanalyse der parlamentarischen Kommissionen in einer Legislaturperiode. Diss HSG 1987, Huber Druck AG, Entlebuch.

Widmer Sigmund
Worte zur Zeit. Ex Libris Verlag AG, Zürich 1989

Kirsch Guy
Staatsmann, Amtsinhaber, Demagoge, Göttingen 1986 sowie NZZ 31. März/1. April 1990

Summary

Parliament comes from "Parlare"
by Paul Stadlin

That the designation of the institution as "parliament" originates from parlare, parler (to speak) is a truism. A parliament is also a stage on which the representatives of the people perform. To illustrate this idea, here is an anecdote from London: At the gate to the House of Commons a bobby was checking the tickets of a Swiss woman and myself. We only had one ticket between us, which caused the bobby to remark: "If you are going to a theatre you are not able to get two seats with one ticket." To which the lady replied quick-wittedly: "Do you compare your Parliament to a theatre?" The result was a hearty laugh, which caused the policeman to admit the lady at least for the House of Lords.

The concepts of a speaking parliament and a working parliament are not opposite concepts, but rather complementary ones. The difference is that the so-called working parliament relies more on the activity of the commissions while in the speaking parliament the main emphasis is placed upon open debate, whereby the formation of the political will is supposed to become apparent. Actually in Switzerland only the parliament of Appenzell Innerrhoden (where there are no commissions) is a pure speaking parliament while those of the Canton Basle City, of Schaffhausen and Solothurn have preserved some of the characteristics of a speaking parliament. The other cantons have mixtures of both types. In one place the components of the one type will predominate, in another place the components of the other. The flow of speech within the same parliament is a factor of fast changing magnitude, which can quickly turn into palaver.

The moment eagerly awaited by many, and which is long in coming, is the moment one is granted the right to speak by the president. What does the representative of the people aim to achieve with his appearance? He is eager to realize himself (regardless of what one understands by self-realization). He would like to attain political success and acquire prestige, and he speaks in order to catch the attention of the public and thereby supposedly secure his reelection. His decisive stepping up to the podium already suggests something, then comes the display of a powerful voice which is found sympathetic if it has a sonorous tone. Concise, well considered and short comments are appreciated in as far as they are noted. Originality and good humour are welcome in every corner of the chamber. The latter especially if it is unconscious, which is presumed in the case of certain colleagues. Some speakers in particular have a reputation for longwindedness and dullness, or even for provocation. No wonder that the noise level in the chamber rises as soon as they have started speaking and the Chairman has to call for order!

The apparent focal point of the chamber in Berne, for example, is the podium. In many parliaments, however, the speaker speaks standing at his seat (for example, in Zurich, Lucerne, Solothurn, Valais, Geneva and Jura), and in some cases the speaker even sits (Uri, Grisons and the two Appenzells). Free presentation takes place above all in French-speaking Switzerland and in Ticino, where the art of oratory and the language are accorded a value of their own. The essential thing in parliament, however, is the length of the speech. While the length is left to chance in the small parliaments, other cantons have had to introduce limits, especially in the handling of individual questions (for example in Lucerne: 8 minutes for motions, 4 minutes for comments). In Berne the president has a red lamp light up when the time limit is up, and 30 seconds later the microphine is turned off.

The length of the sessions and the weight accorded items of business give a certain insight into the workings of the cantonal parliaments. Based on the parliamentary protocol, the number of hours in session in 1988 totalled 23 in Appenzell Innerrhoden, over 57 in St. Gall, 100 in Grisons, 140 in Vaud, 150 in Valais, up to 208 in Berne, and 236 in Zurich. It is harder to generalize about the weight accorded items of business, especially that accorded individual questions, which absorb 40–50% of the time in Zurich and Geneva, 20–40% in Lucerne and Valais, and only 5–20% in Uri, Obwalden, Glarus and Neuchâtel. That extent of pending business is noticeable too. Two categories can be distinguished. There are the big bottlenecks such as in Zurich (315 pending matters), Lucerne (380), Basle Countryside (316), Valais (125) and Geneva (345), and then there are the cantonal parliaments without hardly any pending business as in Berne or only few pending matters as in Solothurne (36) and St. Gall (44). This touches upon the problem of individual questions which considerably disturb the flow of parliamentary business, but nevertheless represent the most important right of a parliamentarian. A limitation of this right would cut to the bone. After all a delegate is supposed to be able to express his ideas and proposals unhindered in parliament. On the other hand, however, for reasons of state, the business of the militia-like parliaments of the cantons must not be allowed to get out of hand, which would amount to a striking devaluation of democratic institutions as such. Only through greater discipline plus a lot of patience and flexibility can this conflict of aims be overcome.

Monika Weber

Die kantonalen Parlamente im Vergleich zum Bundesparlament

Bekanntlich gibt es in der Schweiz 20 Voll- und 6 Halbkantone. Alle haben sie ein Parlament; man nennt es Kantonsrat, Grosser Rat oder Landrat, Grand Conseil, Parlement und Gran Consiglio. Diese Kantone sind die ursprünglichen Staaten, die Stände; sie sind auch heute noch die eigentliche Gesetzesebene, d.h. das eigentliche Grundgefüge unseres Bundesstaates, genannt Schweizerische Eidgenossenschaft.

Letztere hat ihrerseits ein anspruchsvolles Parlament; es besteht aus zwei Kammern: der grossen, dem Nationalrat, und der kleinen Kammer, dem Ständerat. Die Gesamtheit der beiden Räte nennt sich: Bundesversammlung.

In der Folge werden Vergleiche gezogen, insbesondere zwischen den Kantonsparlamenten und dem Nationalrat, welche die eigentlichen schweizerischen Volksvertretungen sind. Implizite gelten die Ausführungen natürlich auch für den Ständerat. Indessen soll diesem etwas «besonderen» Rat mit seinem eben auch etwas besonderen Charakter ein spezielles Kapitel am Schluss gewidmet werden.

Zum Selbstverständnis der schweizerischen Parlamente

Einem Parlament ist von der Verfassung her eine bestimmte Rolle zugeteilt. Nach dieser Normierung wären sich die kantonalen Legislativen und die Bundesversammlung (abgesehen vom Zweikammer-System) ziemlich ähnlich. Doch eben... da ist nun einmal festzustellen, dass die kantonalen Parlamente gegenüber ihren Regierungen in einer eher schwächeren Stellung sind als die Bundesversammlung gegenüber dem Bundesrat.

Welches sind denn nun die institutionellen Gründe, weshalb die kantonalen Parlamente ihren Regierungen gegenüber eher schwächer sind als die Bundesversammlung dem Bundesrat gegenüber? Sicher spielt da eine Rolle, wer die Wahlbehörde der jeweiligen Exekutive ist.

In sämtlichen Kantonen wird, im Unterschied zur Bundesebene, die Regierung vom Volk gewählt. Dieses Faktum macht sich im politischen Alltag bemerkbar: Da erlaubt sich ein Regierungsrat ohne weiteres, das Parlament zur Begründung seines Standpunktes darauf hinzuweisen, dass er ein Volksvertreter sei. Aber auch die Parlamentarier fühlen sich natürlich als solche. Und so stehen sich gegebenenfalls unterschiedliche Meinungen und Interessen (so erlebt im Kanton Zürich mit 7 Regierungsräten und 180 Kantonsräten) von Legislativ- und Exekutiv-Mitgliedern mit dem gleichen Legitimationsgrund gegenüber, alle gleichermassen als erklärte Hüter des Volkswillens.

Ganz anders erleben wir die Situation im eidgenössischen Bern. Die Bundesversammlung ist die Wahlbehörde des Bundesrates. Die sich aus diesem Faktum ergebende «Abhängigkeit» des Bundesrates spiegelt sich bis ins höchst Persönliche. So hat jedes Mitglied des Bundesrates den Ehrgeiz, alle vier Jahre auch wieder gut gewählt zu werden. Dementsprechend geht es gegebenenfalls allzu heftigen Kollisionen mit einzelnen Parlamentariern aus dem Wege. Selbstverständlich ist damit nicht gesagt, dass der Bundesrat in einer schwachen Stellung sei. Seine Stärke liegt u.a. in der freien Wahl seiner Verwaltung und seiner Experten, was ihm eine immense Kraft gibt. (Der Vergleich bezieht sich nur auf die Situation in den Kantonen gegenüber dem Bund.)

Die Departementchefs sind im weiteren besorgt darum, dass die Parlamentarier bei der Bundesverwaltung bzw. den einzelnen Ämtern offene Türen finden. Hier zeigt sich das Interesse an einer bestimmten Zusammenarbeit. Ist das auch in den Kantonen so? Nicht überall. Da und dort ist der Regierungsrat eher darauf bedacht, die Kantons- und Grossräte nicht allzusehr in seine Geschäfte schauen zu lassen. Man möchte nicht mit «unnötigen» Vorstössen belastet werden.

Natürlich spielt auch der Ausbau der Volksrechte in den Kantonen mit eine Rolle, dass die Parlamente nicht zu stark werden. Hier bestehen für den Bürger verschiedene Möglichkeiten, sich als «Konkurrent» der Legislative zu betätigen, so mit der Gesetzesinitiative, (im Kanton Zürich sogar als Einzelinitiative), der Verwaltungsinitiative, dem Finanzreferendum.

Auf Bundesebene gehören die Volksvertretungsrechte dem Parlament. Mit Ausnahme von Verfassungsinitiative und Referendumsmöglichkeit kann sich der Bürger nicht direkt einschalten. Das Referendum mit einer 50000-Unterschriften-Hürde bedeutet eine letzte Notbremse, und die Volksinitiative mit ihren 100000 Unterschriften als Erfordernis wird de facto oft nurmehr als eine Anregung betrachtet. Nach deren Annahme durch das Volk kann die parlamentarische Umsetzung in ein Gesetz leider sogar so erfolgen, dass man von einer eigentlichen Verfassungswidrigkeit sprechen muss (z.B. Preisüberwachung). Nur weil es keine Verfassungsgerichtsbarkeit gibt, wurde dies noch nie gerichtlich festgehalten und wird das oft als reine Behauptung abgetan.

Ein weiterer Unterschied in der Machtausübung von eidgenössischen und kantonalen Parlamenten zeichnet sich ab durch das Bestehen oder Nichtbestehen einer Verfassungsgerichtsbarkeit. Letzere gibt es in den meisten Kantonen in Form des Verwaltungsgerichts, aber auch das Bundesgericht amtet gegenüber den Kantonen als oberster Verfassungshüter. Eine Verfassungsgerichtsbarkeit existiert aber nicht im eidgenössischen Bereich. Bundesgesetze können vom Bundesgericht nicht auf ihre Verfassungsmässigkeit überprüft werden, wohl aber kantonale. So ist auf Bundesebene de facto das Parlament die letzte Instanz, das damit seine Gesetzeswerke selbst beurteilt, es sei denn, irgendein Interessenvertreter oder ein Bürger ergreife das Referendum. Demgegenüber kennen manche Kantone das obligatorische Gesetzesreferendum.

Andererseits sind aber im Vergleich zum Bund in verschiedenen Kantonen die Regierungsmitglieder exponierter. So haften sie einzeln, z.B. in Solothurn; für den Bürger besteht etwa die Möglichkeit, Strafanzeige gegen Regierungsmitglieder zu machen. Es gibt nur in einem Teil der Kantone einen Immunitätsvorhang für die Regierung. Auf Bundesebene aber ist man in der Praxis bezüglich der Regierungsmitglieder weit entfernt von einem Haftungsgedanken; der Fall Kopp (1989) muss als absoluter Ausnahmefall bezeichnet werden.

Das den kantonalen Regierungen eigene erhebliche Selbstbewusstsein zeigt sich auch im Streit um die Genehmigung der Verordnungen. Kantonsparlamente fühlen sich immer wieder veranlasst, von der Regierung ausgearbeitete Verordnungen nicht einfach zu genehmigen, sondern sie abzuändern, worauf sich dann die Auseinandersetzung darüber entfacht, ob das Parlament überhaupt ein Recht hat, Korrekturen quasi an den Ausführungsbestimmungen vorzunehmen. Die Regierung behauptet, dass sie sich nicht in ihre Kompetenz dreinreden lassen wolle, dass sie allenfalls ihre Verordnung zurückziehen könne. Im Zürcher Kantonsrat gingen die Auseinandersetzungen in den 70er Jahren soweit, dass der Regierungsrat ein Rechtsgutachten zu dieser Frage erarbeiten liess. Der Auftrag an Prof. Dr. H. Nef war klar: Die Auftraggeber wollten sich durchsetzen. So glaubte die Regierung, den Streit ein für alle Male zu ihren Gunsten entscheiden zu können. Er ging aber damals erst recht los: Seit diesem Moment hat man auf ein pragmatisches Vorgehen eingelenkt.

Das Problem der Akzeptanz von Verordnungen stellt sich auf Bundesebene in der erwähnten Ausprägung nicht. Erstens gehören Verordnungen wirklich in die Kompetenz der Regierung. Es entschärft sich aber auch deshalb, weil die Interessenverbände und Kantone durch die Vernehmlassungen – die offiziellen wie die nicht offiziellen – ihren Einfluss auf die Ausführungsbestimmungen mit Sicherheit geltend machen und die Mehrheit des Parlaments ja mit diesen Interessen einig geht und deshalb kein Bedürfnis für Abänderungen zeigt. (Wehe aber dem, der klein und ohne Einfluss ist!) Das führt mich zu einem weiteren Gedanken. Die relative Schwächung der kantonalen Parlamente gegenüber ihren Regierungen ist vielleicht auch dadurch zu erklären, dass die Mehrheiten (bürgerlich) der Parlamente nicht mit denen der Regierungen übereinstimmen müssen. Regierungsratswahlen sind Persönlichkeitswahlen (Volkswahl, meist Majorz). Oft sind dadurch in den Regierungen auch Gruppierungen vertreten, die eher klein sind und der Opposition angehören; im Kanton Zürich ist es seit über 40 Jahren ein Vertreter des Landesrings der Unabhängigen.

Das ist ein Unterschied zum Bundesrat, der seit 1959 in seiner starren parteipolitischen Zusammensetzung von einer ungeschriebenen

Schnappschüsse / Flashes

à Sion
in Weinfelden
in Appenzell

à Neuchâtel
in Zug
in Sarnen

Zauberformel bestimmt wird. Diese funktioniert nach dem folgenden Prinzip: Wenn sich die vier Bundesratsparteien bzw. -fraktionen – FDP, CVP, SVP und SP – in einem Punkt einig sind, dann darin, dass unter allen Umständen vermieden werden muss, dass ein anderer, einer aus einer sogenannten Nicht-Bundesratspartei in den Bundesrat gewählt werden könnte. Das heisst nicht, dass wir «übrigen» nicht auch unsere Funktion in der Konsensdemokratie hätten: Als nicht potentielle Bundesräte haben wir mindestens das Privileg, nicht immer zuerst um sieben Ränke herum denken zu müssen, bevor wir uns äussern!

Zurück zur Zauberformel! Diese ist ein Machtkartell, das etwas über 70 % der Mitglieder der Bundesversammlung umfasst, die das «divide et impera» trotz manchen Reibungsflächen bis jetzt sicherzustellen wussten. Ob das immer gelingt und unserem Land in der praktizierten Starrheit auf die Dauer nur wohl bekommt, wird die Zukunft zeigen.

Die echte Oppositionsrolle wird deshalb von den Kleinen, den restlichen ca. 30 % der Räte übernommen. So lieferte denn der Landesring als grösste Oppositionsfraktion seit über 50 Jahren sehr viele Ideen, die vom Regierungsblock zunächst verworfen, später aber oft von denselben Leuten als eigene wieder aufgenommen und umgesetzt wurden. Wichtige Impulse kommen aber auch von den anderen kleinen Fraktionen, den Grünen, den Liberalen usw.

Eine Parallele zwischen kantonalem und eidgenössischem Parlament zeigt sich im Selbstverständnis der Parlamentarier. Sowohl die kantonalen Räte wie die Nationalräte verstehen sich als Interessenvertreter (Parteien, Wirtschaft, Landwirtschaft, Konsumenten, Arbeitgeber, Arbeitnehmer usw.); nur ist dieses Selbstverständnis in Bern ausgeprägter als in den Kantonen, was sich auch beim Bezug von Verfahrenspositionen niederschlägt und natürlich im Kampf um Kommissionssitze.

Die Aufgabe der Parlamente

Die Verfassungen schreiben den Parlamenten vor, dass sie eine gesetzgeberische Funktion haben. Die Parlamentarier sind also da, um zu legiferieren, und dabei haben sie zu reden und zu entscheiden. Das tun kantonale Parlamente sowie die Bundesversammlung gleichermassen. Während es auf der Ebene der Kantone keinen Stand mit einem Zweikammer-System gibt, haben wir es auf Bundesebene beim Entstehen eines Gesetzes mit zwei Räten zu tun. Dementsprechend spielt sich auf kantonaler Ebene der Dialog ausschliesslich zwischen Parlament und Regierung ab.

Nicht so in Bern. Das Zweikammer-System behält den Dialog zu einem beträchtlichen Teil für sich. Zwar stammen Gesetzesvorschläge in Form von Botschaften selbstverständlich von der Regierung, für die Behandlung aber entwickelt sich ein eigentlicher dialektischer Prozess auch zwischen National- und Ständerat. (Siehe Abschnitt über den Ständerat.)

Das eidgenössische Parlament hat neben dem Legiferieren eine weitere wichtige Aufgabe: Neben dem Reden ist das Miteinander-Reden von zentraler Bedeutung. Mit einem Fachausdruck nennt man diese Tätigkeit: Interagieren bzw. Interaktionen vornehmen.

Kennt man sich auf Gemeindeebene noch persönlich und ist man sich auf Kantonsebene doch noch vertraut, so müssen National- und Ständerat ein Forum bilden, wo man sich begegnet, sich kennenlernt, anderes Denken, andere Ansichten schätzen lernt.

Um Mehrheiten zu erzielen ist es wichtig, dass Deutschschweizer mit Welschen und Tessinern, aber auch mit romanisch Sprechenden zusammenkommen und ihre Ideen und Überzeugungen austauschen und verstehen lernen. Da ist es wichtig, dass Basler und Zürcher, Walliser oder Waadtländer mit Bernern, Genfern, Urnern und Schwyzern, aber auch mit Aargauern, Appenzellern und Jurassiern reden und Vertrauen zueinander gewinnen.

Wir sind ein Volk von selbstbewussten Minoritäten. Vermeintliche und wirkliche «Röstigräben» sind viele vorhanden. Auch wenn die Politik ein Kampf bleiben soll, so ist es unerlässlich, dass unermüdlich immer wieder versucht wird, diese «Röstigräben» jeglicher Art zuzuschütten – und dafür bieten sich mindestens viermal drei Sessionswochen pro Jahr an.

Interaktionen gibt es auch in der Wandelhalle zwischen Beamten und Parlamentariern, zwischen Verbänden, Firmen, Interessengruppen, zwischen Vereinen, Gegnern und Befürwortern einer Sache und eben den Politikern. Das Bundeshaus ist während der Sessionen ein Ort der Zusammenkünfte, ein grosser, freier Treffpunkt, ein Forum. Dies ist eine wichtige, staatserhaltende, notwendige Funktion des Parlamentsbetriebes in Bern.

Die Parlamente und ihre Vielfalt

In den kantonalen Parlamenten sitzen vielleicht der Zahl nach mehr Parteien als in den eidgenössischen Räten. Trotzdem sind die Ratsmitglieder von der Grundstruktur der Kantone her einheitlicher, obwohl nicht zu leugnen ist, dass auch manche Kantone weitgefächerte Verhältnisse sowie Sprach- und Religionsbarrieren aufweisen.

Die eidgenössischen Räte sind indessen von vornherein heterogener zusammengesetzt: Kleine Gruppierungen, grosse Regierungsparteien mit Flügeln, dann die Kantone (einem Walliser Wunsch wird z.B. nie total nicht entsprochen!).

Die Heterogenität, das Zusammensein und Zusammenleben-Müssen von verschiedenen Volksteilen, das Akzeptieren von Minderheiten – und die Schweiz besteht quasi nur aus Minderheiten – ist nicht immer leicht zu verkraften. Aber wir haben Übung, und ich meine, wir sind fast Meister im «Aufeinander-Eingehen»!

Dieser Notwendigkeit wird auch institutionell grosse Beachtung geschenkt – alle Debatten werden simultan übersetzt: Deutsch, Französisch und Italienisch im Nationalrat (im Ständerat wird kurioserweise nicht übersetzt, was ein gewisses Elitedenken verrät!). Die gängigen Sprachen sind Deutsch und Französisch. Man hört sich gerne aber auch eine Rede auf Italienisch an. Die Tessiner haben übrigens eine ganz wichtige Rolle; sie sind als kleine Minderheit sehr oft unausgesprochen Mittler zwischen den Deutschschweizern und den Romands. Sie sprechen hervorragend und perfekt alle drei Sprachen und sind als fröhliche und aufgeschlossene Gesprächspartner allgemein geschätzt.

Miteinander-Reden heisst manchmal auch Geselligkeit

Das Miteinander neben der eigentlichen Parlamentsarbeit ist in den Kantonsräten oder Grossen Räten zeitlich eher begrenzt. Zwar haben alle grossen Kantonsparlamente mit Ausnahme des Zürcher Kantonsrates sogenannte Sessionen. Da man aber nicht weit weg vom Ratshaus zuhause oder am Arbeitsplatz ist, beschränken sich die Kontakte auf einen Kaffee, ein Gläschen oder ein Mittagessen.

Ganz anders ist es in Bern. Die meisten Parlamentarier übernachten während der Session in einem Hotel. Entsprechend verbringt man die Mittagessen und die Abende entweder zusammen, z.B. an Vorträgen in Lobby-Kreisen oder aber in kleinen Grüppchen, die sich über die Fraktionsgrenze hinweg spontan ergeben.

Der uneingeweihte Bürger mag meinen, dass auf diese Weise die Teiglein gerührt werden. Dem ist entgegenzuhalten, dass Kontakte für die Konsensfindung eben wichtig sind. Sie dämpfen die sonst harten Auseinandersetzungen im Ratssaal keineswegs. Sie berühren auch nicht die stillschweigende Abmachung der grauen Eminenzen, dass derjenige, der «viele Stimmen bei der Volkswahl» gemacht hat, sich nun erst recht auf dem Parkett zu bewähren hat. Aber wie sollte sich der berühmte eidgenössische Kompromiss anbahnen, wenn nicht dadurch, dass der einzelne Parlamentarier über den Fraktionsbereich hinausblickt und seine Meinung an – auch geselligen – Anlässen mit Kolleginnen und Kollegen anderer Richtung austauscht.

Da besteht in einer mir vertrauten Umgebung z.B. der Weber-Club. In der letzten Legislaturperiode gab es gerade fünf Weber (2 Sozialdemokraten, 1 FDPler, 1 CVPler und mich). Ab fünf Mitgliedern kann eine Fraktion gegründet werden. So waren wir eben die Weber-Fraktion, die jede Session am letzten Montag zusammen essen ging.

Ein anderes Beispiel: Im März treffen sich jeweils die im Fischezeichen Geborenen zu einem Fischessen; dieser Anlass wird von einigen Sekretariatsmitarbeitern initiiert und betreut. Aber auch Journalisten, die ja einen bedeutenden politischen Stellenwert in den Sessionen haben, lassen sich etwas einfallen.

Besonders einmalig sind die Ständeratsausflüge, an denen man gerne zusammen singt. Angestimmt wird jeweils insbesondere von den CVP-Kollegen, die eben alle im «Kollegi» die gleichen Lieder eingeübt haben und auch alle Strophen kennen. Wo auf der Welt gibt es einen Senat, der noch gemeinsam ein Lied anstimmt?

Arbeitsethik – Verpflichtungen

Das Milizsystem hat seine Grenzen. Es ist indessen ein Irrtum, wenn man meint, der chronischen Überlastung der meisten Parlamente allein mit Aufrufen zur Disziplin beikommen zu können. Die Probleme sind komplexer und wahrscheinlich unlösbar. Sicher muss sich dazu die individuelle Selbstbeschränkung gesellen, wenngleich gerade hier eine grosse Lücke zwischen guten Vorsätzen und Wirklichkeit bestehen mag. Denn auch bei uns – ob in den Kantonen oder beim Bund – glaubt jeder Parlamentarier, dass gerade er das Wichtigste zu sagen hat und diesen Glauben kann man ihm nicht nehmen. Er gehört zu seinem Selbstverständnis, lässt aber die Protokolle zu dicken Büchern anschwellen und die Sitzungen dauern bis 5 Stunden vormittags und nachmittags, was eine grosse Portion Durchhaltevermögen von den Nationalräten erfordert.

Ob beim Bund oder bei den Kantonen, der vom Volk gewählte Vertreter hat die Pflicht, den Sitzungen beizuwohnen und alle sonstigen zeitraubenden Obliegenheiten zu erfüllen, die sein Mandat ihm auferlegt. Das ist Ehrensache! Dabei ist man gehalten, bereits am Anfang der Sitzung – also pünktlich – anwesend zu sein; während z.B. in Zürich und im Nationalrat eine Einschreibung erfolgt, erwartet die Ständeräte punkt acht Uhr und auch die Räte in vielen Kantonen ein Namenaufruf bzw. ein «appel nominal». Dies geschieht auch wegen des Taggeldes, das den «Schwänzern» zu entgehen droht. Umgekehrt wäre es verfehlt, das Wirken eines National- oder Ständerates allein an seiner «Sesshaftigkeit» im Saal messen zu wollen. Wie bereits erwähnt, ist das Gespräch in der Wandelhalle ebenso bedeutend. Im übrigen mahnen im ganzen Bundeshaus Fernsehmonitoren und Klingelzeichen den Parlamentarier, bei den Abstimmungen im Ratssaal Präsenz zu zeigen.

Ein bisschen ein Sonderfall: Der Ständerat

Wer nach vielen Jahren Kantonsrats- und Nationalratszugehörigkeit in den Ständerat gewählt wird, erlebt in dieser Kammer die Schweizerische Eidgenossenschaft nochmals neu und sehr intensiv. Ich spreche nicht von der eher sehr konservativen Politik im Ständerat, sondern über systemische Phänomene und vor allem über subtile Fragen des Selbstverständnisses. Da zeigt sich – und zwar auf den ersten Blick scheinbar widersprüchlich – zweierlei: Einerseits versteht sich der Ständerat als diejenige Kammer, die die Schweizerische Eidgenossenschaft zusammenhält; die Kantone – sie könnten ja auch allein existieren! – sind quasi freiwillig da und sie haben sich eben in diesem freiwilligen Entschluss die Aufgabe gegeben, zusammenzustehen, freilich, ohne ihre Souveränität aufzugeben, und das soll «der Bund» auch bei jeder Gelegenheit zu spüren bekommen. (In Bern kann man – zwar etwas verschämt, aber dennoch – das Wort hören, dass wenn der Bundesrat aus irgendeinem Grund plötzlich nicht mehr da wäre, dann würde à court terme sich nicht viel ändern, weil die Kantone bzw. die Kantonsregierungen ja einfach weitermachen würden und sie das Heft schon in den Händen hätten. Und der Ständerat – er markiert irgendwie diese Stabilität: Man hält die Schweiz zusammen; das, auf jeden Fall, betrachtet er als seine Pflicht.)

Andererseits markieren die Ständeräte die Hoheit der Kantone. Und voller Ehrfurcht wird jeder Kollege akzeptiert – eben als Kanton! So würde einem Walliser, der für mehr Rebbau-Subventionen kämpft, nie dreingeredet. Er muss ja so plädieren; er muss dafür kämpfen, das versteht sich. Bei der Abstimmung aber gilt das eidgenössische Interesse. Bei der Vorlage über die Restwassermengen war es ein wenig anders: Zwar zeigte sich rundum grosses Verständnis für die Bergkantone. Aber gerne benützte man den Anlass, wieder einmal zu demonstrieren, dass man sich vom Bund grundsätzlich nicht dreinreden lassen wolle. Das war die vordergründige Argumentation. Ich will nichts über den riesigen Einfluss der Interessenvertreter sagen. Der Ständerat legt sowieso grossen Wert darauf, nicht als Interessenvertreter bezeichnet zu werden. Sein Wort in Gottes Ohr!

Volle Akzeptanz also der Hoheit der Stände; nur bei einem Kanton spielt diese Unantastbarkeit nicht. Der mächtige Kanton Zürich muss quasi als Prügelknabe hinhalten. Er hat weder zu fordern, noch darf er sich zu stark in Dinge einmischen, an die er zwar beträchtliche Beiträge beisteuert, die ihm aber eben nicht gehören. Das Phänomen ist nicht neu, sondern auch soziologisch erklärbar: Der Mächtigste muss die Gnade haben, zu akzeptieren, dass er als Gebender wenigstens geduldet wird! (All das Gesagte hat nichts zu tun mit dem Umgang unter Kollegen; es ist nur signifikant für die Einstellung von Kanton zu Kanton). Freude an uns Zürchern hatte der Ständerat, hatten insbesondere unsere welschen Kollegen in den letzten zwei Jahren eigentlich nur einmal echt, nämlich nach der Abstimmung über das «Früh-Französisch», dem der Zürcher Souverän mit grosser Mehrheit zustimmte.

Dialektisches Denken kommt im Ständerat auch beim Legiferieren zum Ausdruck. Der Ständerat, als chambre de réflexion, ist überzeugt davon, dass im Nationalrat, der grossen Volkskammer, naturgemäss auch zu wenig überlegte, emotional gesteuerte Entscheide fallen können. Der Ständerat fühlt sich in diesen Fällen verpflichtet, beim Differenzbereinigungsverfahren bewusst pointierte Differenzen zu setzen, damit eben der Nationalrat nochmals über die Bücher gehen muss. Trotz unterschiedlicher Parteien spielt dieser Mechanismus tatsächlich.

Selbstdisziplin bedeutet dem Ständerat sehr viel. Und in dieser kleinen Kammer werden Ansätze dazu auch immer wieder deutlich gemacht: Langes Reden ist verpönt; vor allem aber sollte man zur Sache reden; sich zu produzieren ist absolut untersagt; Publizität wird geradezu als Abwertung betrachtet. Man ist im Dienst, tut seine Pflicht und das soll auch im Informationszeitalter wenig zu tun haben mit Sich-zur-Schau-Stellen. Es gilt dem üblen Zeitgeist zu trotzen!

Für den Durchschnittsjournalisten muss der Ständerat ein Horror sein, aber vor allem etwas Unverständliches; «actions» fehlen fast gar immer. Es würde sich aber vielleicht lohnen, die Journalisten einmal in die «Mechanismen und Geheimnisse» des Ständerates einzuweihen. Rein vom System her gesehen herrscht dort nämlich eine gewisse «dignitas», eine Art politische Kultur, für die vor allem auch die Herren der kleinen Kantone, nämlich jene, die nach einem erfahrungsreichen Leben ins «Stöckli» geschickt wurden, sorgen und die einen immer wieder zum Staunen veranlasst.

Schlussbemerkungen

In unserem kleinen Land ist – vom System her gesehen – fast alles fast ideal organisiert und durchdacht. Das ist die Voraussetzung, um überhaupt edlen Zielen nachzuleben versuchen zu können. Das heisst aber nicht, dass die politische Wirklichkeit nur sauber, demokratisch, nur human sich zeigte. Oh, sicher nicht! Doch bietet ein gut durchdachtes System, und damit meine ich ein System, das im Prinzip jedem Menschen eine Entfaltungsmöglichkeit einräumt, die Möglichkeit, an der unvollkommenen Politik, im politischen Alltag also, immer wieder unermüdlich für ein Besseres zu kämpfen: Damit System und Politik, damit Theorie und Praxis eben nicht zu stark auseinanderklaffen, sondern der Alltag der besseren Idee, die Praxis dem anzustrebenden theoretischen Urgedanken näherrücken. In diesem Sinne lohnt sich ein Einsatz.

Summary

The Cantonal Parliaments in Comparison to the Federal Parliament
by Monika Weber

In Switzerland there are 26 cantons. Each of them has a parliament, and each is proud of its originality. The Swiss Confederation – to which one belongs voluntarily from the cantonal point of view! – has a Parliament, too, consisting of two chambers which in turn differ from each other.

All these parliaments may be similar in many respects, but they all have an individual understanding of their role. The relationship to the government (executive) is very different too. On the federal level not only does legislating play a bigger role, but also interaction, i.e. Parliament has to be a kind of forum where one meets and talks to one another not just publicly and above all tries to reach an understanding. This forum plays a decisive role for that important feeling of solidarity, which has to be worked on again and again, despite – or perhaps even because of – our very federalistic structures. Understanding must be sought among the French-speaking, Italian-speaking, German-speaking as well as Rhaeto-Romance-speaking Swiss. And not just among these groups! There are other groups too, and above all the cantons! In personal talks one tries to respond to each other.

An important reason why, as a rule, the cantonal parliaments feel in a weaker position toward their executive governments than the Federal Parliament does toward the Federal Government lies in the fact that the cantonal executive is elected directly by the people. In contrast the Federal Council (executive) is elected by the Federal Assembly (i.e. the two chambers of Parliament). Of course the extension of popular voting rights on issues in the cantons has also resulted in the parliaments not becoming too powerful. There exist in the cantons the initiative on laws, even launched by individual citizens (Zurich), and in many cases the obligatory referendum. On the other hand the popular voting rights are limited on the federal level to the constitutional initiative (requiring 100 000 signatures) and the facultative referendum (50 000 signatures).

A further difference in the position of the Federal Parliament compared to the cantonal parliaments shows itself in the area of constitutional jurisdiction. There is no constitutional jurisdiction on the level of the Confederation, but most cantons have a constitutional court. Moreover, cantonal laws can be examined by the Federal Supreme Court as to their constitutionality. On the federal level, however, Parliament is de facto the highest authority, which judges its own acts.

Let me make a special remark about the smaller chamber of the Federal Parliament, the Council of States, which is actually a representation of the cantons (2 members from each canton). It sees itself as a "Chambre de Reflexion" ("chamber of reflection"), and knows how to correct unwise decisions of the National Council. Moreover it represents the interests of the cantons, paying due consideration to these interests, especially those of the small cantons, in its work. Interesting is that the most populous (and economically most powerful) canton, Zurich, gets little of this attention, apparently for psychological reasons. This fact underlines the aversion to concentrations of power, an aversion manifested again and again in this country.

Seen from the point of view of the system, almost everything in our country seems to be rather well organized. That is the prerequisite for being able to live up to high ideals. But that does not mean that political reality proves to be only clean, democratic and humane. Nevertheless a well conceived system offers the possibility to fight untiringly for something better in the imperfect world of politics.

Andreas Iten

Parlament und Regierung: Ein natürliches Spannungsverhältnis?

Das Verhältnis zwischen Parlament und Regierung ist nicht leicht zu beschreiben, denn es wird mehr durch Gemeinsamkeiten als durch Spannungen beherrscht. Wir kennen das Schema Regierung und Opposition nicht. Die Regierungstätigkeit wird durch Konkordanz, Kollegialität, durch die Referendumstauglichkeit von Beschlüssen usw. bestimmt. Regieren ist Handeln im Prozess eines komplexen Systems, das nicht durch einfache Wirkverhältnisse dargestellt werden kann. Wer in der Politik auf der Seite der Regierung steht, ist in Geschichten verstrickt, deren Anfang er nicht kennt und nicht selbst ausgelöst hat und deren Ende er nicht absehen kann. Ein Parlamentarier, der wenig Einblick in das Verwaltungshandeln hat, steht erst recht vor einem Berg von Geschichten. Die Politiker können ihr Handeln nicht so isolieren, dass es als kausales Handlungsgeschehen definiert werden kann. Durch den Eintritt in die Politik verbinden sich fremde und fremdeste Geschichten mit eigenen, nicht zu einer Einheit, nicht zu einem Ganzen, sondern «um einen Kern herum, oder zu einem Fluss oder zu einem Strom»[1].

Politisches Handeln ist immer auch Entfaltung von Macht. Es strebt bestimmte Ziele an. Es orientiert sich an der Machtkumulation. Diese Tatsache zeigt, wie wichtig die Persönlichkeiten mit ihren je unterschiedlichen Charakteren im Spannungsfeld der Staatsgewalten sind. Sie und ihr spezifisches Machtstreben schaffen Gegensätzlichkeiten, Reibungsflächen und Spannungsherde. Soll nun das Spannungsverhältnis von Regierung und Parlament erörtert werden, müssen zuerst die Gemeinsamkeiten erwähnt werden; hernach kann man beleuchten, wie das Gemeinsame unterschiedlich betrachtet und aus gegensätzlicher Optik wahrgenommen werden soll.

Erstens

Die Staatsleitung ist eine gemeinsame Verantwortung zwischen Parlament und Regierung. Sie geht von Voraussetzungen aus, die

Le Conseil d'Etat du Canton de Vaud au jour de l'installation (10 avril 1990)

die Organisation nicht garantieren kann. Zwar kennt unsere Staatsorganisation eine klare Kompetenzordnung. Sie teilt den einzelnen Gewalten Entscheidungsbefugnisse zu, die aber nicht isoliert zu betrachten sind. «Die Mitwirkungs- und Entscheidungskompetenzen der einzelnen Behörden sind im Verhältnis dazu Mittel zur Erfüllung der gemeinsamen Staatsaufgabe»[2]. Diese Tatsache deutet an, dass die einzelnen Gewalten in einer Wechselwirkung zueinander stehen. Im modernen Leistungsstaat fallen der Verwaltung und der Regierung immer mehr Macht und Einfluss zu. Nicht selten wird diese Verlagerung der Machtfülle beklagt, und es breiten sich Ohnmachtsgefühle aus, je grösser eine Verwaltung, umso mehr. Daher trachtet das Parlament nach einer Balance des Einflusses. Es wünscht eine bessere Kontrolle der Verwaltungstätigkeit und es ist bestrebt, durch Wirkanalysen herauszufinden, ob seine in Gesetzen formulierten Absichten effizient und gesetzestreu ausgeführt werden. Das führt auf Seiten des Parlamentes zur Diskussion über den Stellenwert der Verwaltungskontrolle. Darauf werde ich noch zurückkommen.

Zweitens

Die Staatstätigkeit lebt von Voraussetzungen, die sie nicht selbst garantieren kann. Dazu gehört das sittliche Verhalten der Politiker, die durch ihr Handeln Absichten verwirklichen wollen. Die Gesetze sind die Basis dafür. «Wo immer im zwischenmenschlichen, im gemeinschaftlichen Dasein Absicht und Erfüllung getrennt sind, wo Zeit vergeht, bis die Absicht sich verwirklicht, kann nicht nur von Zeit, sondern muss auch von sittlichem Verhalten die Rede sein»[3]. Die Zeit, die verstreicht, bis eine Absicht verwirklicht wird, ruft nach einer gemeinsamen sittlichen Basis, auf der das Handeln beruht. Die Arbeit der gesetzgebenden Behörde besteht darin, Absichten zu verwirklichen, gesetzliche Grundlagen zu schaffen, die gestatten, sie in die Tat umzusetzen. Die vollziehende Behörde erfüllt diese Absichten. Da nun aber zwischen der Absicht und der Erfüllung Zeit dahingeht, muss etwas dazwischen treten, das die Spanne ausfüllt. Es ist das Vertrauen. Somit kann gesagt werden, dass alles politische Handeln Vertrauen voraussetzt.

Die zeitliche Differenz wiederholt sich nicht bloss im Gesetzgebungsvorgang, sondern laufend. Jeder Vollzugsakt ist von der Absicht und der Erfüllung durchherrscht. Das Parlament muss Gewähr haben, dass Regierung und Verwaltung die Gesetze einwandfrei vollziehen. Sein Verhältnis zur Regierung muss daher von Vertrauen erfüllt sein. «Wer vertraut, glaubt an eine in Freiheit vollzogene Bindung... Dem Vertrauen widerfährt seine Rechtfertigung erst in der Zukunft. Seine Bewährung wird in der Zukunft offenbar. Vertrauen ist so etwas wie ein Vorgriff auf die Zeit, eine Gewissheit, dass die Zeit dem nichts anhat, der des Vertrauens für würdig befunden worden ist»[4]. Schrecklich aber wird der Vertrauensmissbrauch bestraft. Die Härte des Urteils ist zwingend, denn sonst bröckelt die Basis des gemeinschaftlichen Daseins ab. Der Staat und mit ihm die Gesellschaft verkommen. Sie verlieren ihr sittliches Fundament. Schon für Cicero war das Vertrauen (fides) das Fundament des Gemeinwesens (fundamentum iustitiae).

Das Verhältnis der beiden Gewalten beruht also auf einem sittlichen Fundament. Und käme es nie zum Vertrauensmissbrauch oder könnte das Parlament unbesehen davon ausgehen, dass Vertrauen jederzeit gerechtfertigt ist, dann wäre das Verhältnis zwischen den Gewalten ungetrübt. Da aber politisches Handeln Macht erstrebt und die Macht den Menschen verführt, seinen Willen gegen einen widerstrebenden Willen durchzusetzen, muss das Misstrauen «institutionalisiert» werden.

Drittens

Die gemeinsame Staatsleitung steht in der Spannung zwischen Bedingtem und Unbedingtem. Darauf müssen sich Regierung und Parlament unausgesprochen geeinigt haben. Das Unbedingte, der Angelhaken sozusagen der Staatstätigkeit, beruht auf der Überzeugung, dass alles staatliche Handeln das Wohl des Bürgers zum Ziele haben muss. Das Mass des politischen Handelns ist die gerechte Ordnung. Sie kann nicht der Zeit und den Umständen ausgeliefert werden. Sie ist das unbedingte Mass, das allem Bedingten den Stempel aufdrücken muss. Die gerechte Ordnung ist ein Ideal. Sie existiert nur in der Idealität der Gedanken. Sie ist konkret nicht fassbar. Darum gibt sie im Bereich der bedingten Grössen, der jeweiligen Gesetzgebung, Munition für die Kritik an vorgesehenen staatlichen Massnahmen. An ihr orientieren sich die Parteien und die verschiedenen Gruppierungen im Parlament. Das führt uns zu einem Problem im Spannungsfeld von Regierung und Parlament, dass nämlich die Spannung nach unserem politischen System nicht nur im Gegensatz der Gewalten beruht, sondern in der unterschiedlichen Auffassung der Regierungsparteien und der anderen Gruppierungen über die gerechte Ordnung. So können in einem auf Konkordanz angelegten Gesetzgebungsverfahren die unterschiedlichsten Oppositionen entstehen, die quer durch die Parteien und die Regierung gehen. Die Regierungsseite schützt sich und die Einheit der Führung durch das Kollegialitätsprinzip.

In einem parlamentarischen System, wo eine klare Trennung zwischen Regierungslager und Opposition besteht, ist das Spannungsfeld klar mit den Polen besetzt, bei uns aber wechseln sie von Fall zu Fall. Es entstehen unterschiedliche Oppositionen und sie richten sich weniger auf die Regierung, sondern vielmehr auf die Parteienstandpunkte.

In einer Konkordanzdemokratie, in der alle grossen Parteien an der Regierung beteiligt sind, kann die Staatsführung nur durch das Kollegialitätsprinzip wirkungsvoll wahrgenommen werden. Dadurch verändert sich die Form der Opposition. Sie kann nicht in der gleichen Weise personifiziert werden wie in Demokratien mit Mehrheitsregierung. Das Kollegialitätsprinzip nimmt alle an der Regierung beteiligten Parteien in die gleiche Verantwortung und Verpflichtung. Das zwingt die Opposition des Parlaments zur Mässigung. Aggressivität und emotionelle Angriffe können nicht voll ausgelebt werden. Würde sich eine Partei dennoch dazu hinreissen lassen, würde sie ihre eigenen Mitglieder in der Regierung isolieren und damit schwächen. Mit dieser Hemmschwelle und Aggressionsbarriere ist der Gewinn eines versachlichten politischen Stils bei den Auseinandersetzungen verbunden. Wir stellen fest, dass in der öffentlichen Diskussion Sachkriterien oft nicht mehr dargestellt werden, so dass der Eindruck entsteht, es gebe sie nicht mehr, sondern es komme alles auf den politischen Willen an. Aber gerade das Kollegialitätsprinzip verhindert, dass die Politik als Sache des Willens einer einzelnen Persönlichkeit oder einer Partei wahrgenommen wird. Sie muss mehr als Sache der Vernunft dargestellt werden. Ist Politik eine Sache der Vernunft, dann kann man nach den Gründen von Entscheidungen fragen; ist sie hingegen nur eine Sache des Willens, dann stellt sich die Frage nach den Motiven. Sie aber rückt die Personen in den Mittelpunkt und entfernt sich von der Sache.

Diese Seite des Kollegialitätsprinzips ist wenig gewürdigt worden. Aber sie macht sichtbar, dass dieses Prinzip zur Versachlichung des Spannungsverhältnisses zwischen Regierung und Parlament beiträgt. Das ist in einer Zeit der wachsenden Emotionalisierung und Sachferne in der öffentlichen Diskussion besonders wertvoll. Opposition um jeden Preis dient der Sache des Staates nicht.

Viertens

Was Regierung und Parlament tun, hat prozesshaften Charakter. Prozesse können nur ablaufen, wenn sie von gewissen Gesetzmässigkeiten bestimmt sind. Zu ihnen gehört das Gesetz der Polarität, das Gesetz der Reziprozität, das Gesetz auch der Gegenläufigkeit. Die gemeinsame Staatsführung verbindet Menschen unterschiedlicher Herkunft, unterschiedlicher Überzeugungen, unterschiedlicher Parteistandpunkte usw. Wir leben in einer Zeit der Gleichzeitigkeit des Ungleichzeitigen. Die Pluralität der Meinungen und Wertungen ist der Ausgangspunkt der politischen Diskussion. Sie wird von den einen als Ärgernis empfunden, von den andern als Bereicherung, sicher ist sie ein Faktum und die Vorgabe für Spannungen verschiedenster Art. Die Auseinandersetzung vollzieht sich als langandauernder Prozess, in dem praktische Entscheidungen fallen und politisches Bewusstsein gebildet wird. Die gemeinsame Arbeit im Parlament schafft sowohl Nähe als auch Distanz. «Soziale Prozesse sind jene Vorgänge, durch die Menschen enger miteinander verbunden oder mehr voneinander getrennt werden. Da soziale Prozesse also Abstandsverschiebungen sind, muss (eine) Hauptkategorie des Systems der Begriff des Abstandes sein, der sowohl Nähe wie Ferne, das Zueinander wie das Voneinander bedeutet»[5]. Diese Abstandsverschiebungen im Prozess politischer Systeme können im Verhältnis zwischen Regierung und Parlament sehr schön nacherlebt werden. Das Parlament steht im gebührenden und noblen Abstand zur Regierung. Ihre Exponenten werden Magistraten genannt. Dieser noble Abstand verringert sich rasch, wenn auf Seite der Regierung Fehler gemacht werden. Wird gar das Vertrauen missbraucht, werden Entscheide getroffen, die sich nicht auf eine gesetzliche Grundlage abstützen lassen, geht das Parlament mit Kraft und Deutlichkeit auf Distanz. Ja, es kommt vor, dass einzelne Regierungsmitglieder in aller Schärfe angegriffen und isoliert werden.

Das Kräftespiel zwischen den Gewalten kommt in den Abstandsverschiebungen zum Ausdruck. Man kann es auch als die Suche und das Ringen um das Gleichgewicht des Abstandes definieren. Immer wieder muss ein verträgliches Verhältnis zwischen Nähe und Ferne hergestellt werden. Ja, es geht um die Kunst der mässigen Entfernung, die Schopenhauer einmal mit dem berühmten Stachelschwein-

Il Consiglio di Stato del Cantone Ticino

Le Gouvernement du Canton du Jura

gleichnis sehr anschaulich dargestellt hat. Er schreibt in den Paralipomena: «Eine Gesellschaft Stachelschweine drängte sich an einem kalten Wintertage recht nahe zusammen, um durch die gegenseitige Wärme sich vor dem Erfrieren zu schützen. Jedoch bald empfanden sie die gegenseitigen Stacheln; welches sie dann voneinander entfernte. Wann nun das Bedürfnis der Erwärmung sie wieder näher zusammenbrachte, wiederholte sich jenes zweite Übel; so dass sie zwischen beiden Leiden hin und her geworfen wurden, bis sie eine mässige Entfernung voneinander herausgefunden hatten, in der sie es am besten aushalten konnten.»

Fünftens

Es gehört zu den Eigentümlichkeiten der schweizerischen Politik, dass auf sie das Gleichnis der Stachelschweine angewendet werden kann. Es ist die Regierungsform der Konkordanz, der Mehrparteienregierung, die nur funktioniert, wenn der Wille zum Konsens und zum Kompromiss vorhanden ist. Für die Regierungsform der parlamentarischen Demokratien taugt das Gleichnis nicht. Opposition und Regierung sind in zwei Lager gespalten. Das eine versucht das andere zu überspielen. Es herrscht dort auch nicht der gleiche Wettbewerb zwischen Regierung und allen Gruppierungen im Parlament, denn jener Teil des Parlaments, der das Regierungslager bildet, ist Diener und Vollzugsgehilfe der Exekutive. Die Linie der Machtteilung verläuft dort anders als bei uns. Die Auseinandersetzung hat einen anderen Stellenwert, weil im Hintergrund die Machtfrage stärker mitspielt. Die Positionskämpfe verschärfen die Form der Auseinandersetzung. Sie lassen oft erkennen, dass es weniger um die Sache geht als darum, vor dem Wähler recht zu haben und wählbar zu sein.

In den schweizerischen Parlamenten, in denen das Volk als Schiedsrichter in Sachfragen auftritt, wird die Oppositionsrolle quer durch alle Parteien wahrgenommen und ist im Sinne von oppositio die Entgegensetzung zur Sache mehr als zu Personen. Auch wenn wir heute eine Personalisierung und Emotionalisierung der Politik beklagen, so ist dies mehr ein Phänomen nach aussen und weniger nach innen. Parlamentspräsidenten beschwören dann auch oft bei ihrem Amtsantritt den spezifischen Geist ihres Parlaments, der über Jahrzehnte den Stil der Auseinandersetzung bestimmte und der in der Fortsetzung einer gültigen, aber unbeschriebenen Tradition vor Ausseneinflüssen bewahrt werden soll. Kluge Parlamentspräsidenten versuchen extreme Oppositionelle in die Gemeinsamkeiten einzubeziehen und sie auf einen wohlgeübten Stil zu verpflichten.

Sechstens

Die Politik ist darauf angewiesen, dargestellt zu werden. Gegensätze müssen hervortreten. Es muss ein Hin und Her, eine spannungsvolle Bewegung zwischen zwei oder mehreren Kontrahenten entstehen. Die Regierung versucht durch ihre Argumente, die Mehrheit des Parlamentes für ihren Standpunkt zu gewinnen. In diesem Hin und Her tritt ein ludisches Element hervor. Politik ist eine Art Kampfspiel, und eben darin liegt Spannung und Lust. Zwar ist mit dem Begriff des Spiels Politik nicht zu definieren, denn die Spielbewegung hat kein anderes Ziel als sich selbst. Die Politik hingegen ist an bestimmte Ziele gebunden. Sie muss Entscheidungen treffen und Massnahmen ergreifen. So ist die Parlamentsarbeit zwar kein Spiel, aber die Art, wie sie ausgeübt wird, hat etwas Spielerisches an sich. Das Spielerische zeigt sich nicht nur in der Gegenrede, im Wortspiel etwa, sondern auch in der Lust zur Selbstdarstellung. Die politischen Akteure sind Darsteller, und sie wissen, dass sie beobachtet werden. Alles Darstellen von politischen Standpunkten ist ein Darstellen für jemanden.

Der Auftritt zielt auf ein Publikum. Und wie bei der politischen Schreibweise versucht die Darstellung im Parlament zu überzeugen, und wenn dies nicht gelingt, zu überreden. Darin verliert die Politik die Unschuld. Sie ist kein Spiel. Sie kann es nicht sein, «weil der wirkliche Zweck des Spiels gar nicht die Lösung von Aufgaben ist, sondern die Ordnung und Gestaltung der Spielbewegung selbst»[6]. Dennoch ist die parlamentarische Debatte mit dem oft unsicheren Ausgang von Abstimmungen ein spannendes Geschehen. Und oft genug fühlt der Teilnehmer wie der Spieler beim Spiel, dass im Ratssaal eine ihn übertreffende Wirklichkeit entsteht, die ihn gefangen nimmt und fasziniert. Das Einbezogensein in den Wechsel der Argumente, in das Für und Wider der Meinungen, löst ein Lustgefühl aus.

Zum parlamentarischen Leben gehört auch die Feier. Wenn Präsidenten erkoren werden, feiert die Gemeinschaft der beiden Gewalten den Erwählten. Und nun kann, was im Parlament von der Form her spielerisch ist, zentral werden. Oft genug erlebt man in solchen Augenblicken die Parlamentarier und «Streithähne» bei bester und einfallsreichster Redelaune, so dass der Anlass zu einem verbindenden und beglückenden Ereignis mit Symbolcharakter wird. In der Festfreude nämlich wird über das Trennende der Meinungen und Ansichten das Gemeinsame auch im Menschlichen bewusst.

Siebtens

Das ludische Element in der Politik ist abhängig von einzelnen Persönlichkeiten, die das Feld beherrschen. Oft erscheinen auf der Bühne des Parlamentes aber rechthaberische, starrköpfige und verletzende Redner. Sie versuchen die Gegner auszustechen, sie womöglich an die Wand zu spielen und ihre Argumente als nicht stichhaltig abzutun. Solche Persönlichkeiten bringen eine besondere Tönung in den Parlamentsbetrieb. Das Spielerische verliert sich und an seine Stelle tritt Verhärtung und Einschüchterung. Auftritte dieser Art haben oft einen überraschenden Erfolg. Sie verschlagen den Gegnern das Wort im Mund. Ihnen gelingt die Widerrede nicht.

Spannungen, die vom Heruntermachen des gegnerischen Standpunktes herführen, rufen gemäss dem Gesetz der Gegenläufigkeit nach einem späteren Ausgleich, nach Rache oder nach einer zumindest kräftigen Korrektur. Und

Der Regierungsrat von Obwalden

so ist das Parlament oft auch ein Ort, wo Gegner auf die Chance warten, Gleiches mit Gleichem zu vergelten. Wer Mühe hat, eine Niederlage zu verkraften, ergreift in günstiger Stunde die Gelegenheit, zu wiederholen, dass er früher recht gehabt habe.

So hängt – ohne diese Persönlichkeitsaspekte noch mehr auszuleuchten – die Spannung im Parlament sehr stark von seiner jeweiligen Zusammensetzung ab. Das Gesetz der Gegenläufigkeit, das man mit der einfachen Feststellung «Alles kommt zurück» umschreiben kann, spielt im politischen Leben eine grosse Rolle. Und da Politik häufig den Gegner einschüchtern und den eigenen Standpunkt glorifizieren will, geschieht dasselbe im Gegenzug. Von aussen sieht dann die parlamentarische Arbeit nach einem Gerangel aus. Und wenn dem politischen Gegner die Chance geboten wird, sich an Fehlern festzusaugen, kommt es oft zu langwierigen hässlichen Streitereien. Die Exponenten der politischen Parteien werden demontiert. Politik spielt sich nicht nur auf der Sachebene ab, sondern vielmehr auf der Beziehungsebene. Machtkämpfe tendieren ja darauf, auf der Beziehungsebene Überlegenheit zu gewinnen. Und oft ist die Sache nur Mittel zum Zweck.

Achtens

Die gemeinsame Staatsführung verlangt ein vielfältiges Zusammenspiel von Parlament und Regierung, das sich sowohl bei der Gesetzgebung als auch bei der Führung des Finanz-

Der Regierungsrat
des Kantons Zug

haushaltes und bei der Verwaltungskontrolle äussert. Es handelt sich dabei sowohl um ein Miteinander als auch um ein Gegeneinander der beiden Gewalten. In allen Kantonen gibt es Geschäftsprüfungskommissionen, die das Handeln der Verwaltung und Regierung überwachen. Die jährlichen Rechenschaftsberichte bieten häufig Anlass, die Regierung zu kritisieren. Die Kritik richtet sich weniger auf kleine und einzelne Fehler der Verwaltung als auf eine falsche Tendenz des Verwaltungshandelns oder auf die Vernachlässigung von Aufgaben. Dabei wird sorgfältig darauf geachtet, dass die Kompetenzen nicht verletzt werden. Das Parlament hat oft durch einzelne Mitglieder seiner ständigen Kommissionen die Tendenz, mehr Kompetenzen an sich zu ziehen. Die Regierungen verfolgen solche Absichten mit Misstrauen und wehren sich gegen eine Vermischung und Beschneidung der Kompetenzen. Auch wenn es zur Oberaufsicht des Parlamentes gehört, die gesamte Tätigkeit der Exekutive kritisch zu durchleuchten, bleibt die Regierung doch für die allgemeine Kontrolle, die direkte und permanente Verwaltungsaufsicht zuständig. Die Kontrolle des Parlaments hat sich darauf zu beschränken, im nachhinein die Zweckmässigkeit und die Effizienz der Verwaltung unter die Lupe zu nehmen. Sie soll die Verwaltungsprozesse an den Zielen der Gesetzgebung messen und die Wirkungen überprüfen.

Die tägliche Führungskontrolle fällt allein in den Kompetenzbereich der Regierung.

Häufig kommt es zu Diskussionen über die Kompetenzen, weil einige Mitglieder des Parlaments glauben, sie müssten wirksamer ins Verwaltungshandeln eingreifen. Eine Regierung aber braucht Ermessensspielraum, damit sie auf veränderte Umstände reagieren kann. Da auch hier die Wertungen unterschiedlich sind, kommt es sehr oft zu Konflikten unter den Gewalten. Eine klare Kompetenzordnung gerade im Finanz- und Kontrollbereich verhindert ein Ausufern der Konflikte. Rechenschaft geben und die Berichte kritisch sichten ist eine Form der nachträglichen Kontrolle, die kein Eingreifen in das laufende Verwaltungshandeln zulässt. In der unterschiedlichen Optik der Kontrollfunktionen der beiden Gewalten äussert sich das auf gegenseitige Kontrolle angelegte Spannungsverhältnis zwischen Parlament und Regierung sehr schön.

Neuntens

Die unsystematische Art und Weise, wie hier das Beziehungsfeld zwischen Parlament und Regierung beschrieben wurde, sollte aufzeigen, dass viele Komponenten und Wirkfaktoren im Spiele sind. So wird es verständlich, dass das spannungsvolle Geschehen zwischen den Gewalten immer wieder voller Überraschungen ist. Das Parlament verkörpert darin mehr die populistische Seite. Es orientiert sich vielmehr an den Tagesströmungen, den Stimmungen und den Moden als die Regierung. Darum herrscht im Parlament mehr Betriebsamkeit und Hektik als im Kreis der Regierung. Es lässt sich daher nur schwer vorhersagen, welche Themen langfristig traktandiert werden müssen. Die Prioritäten können plötzlich ändern. Man denke an die Umweltdiskussion, die in den letzten Jahren den anderen Themen den Rang abgelaufen hat.

Was langfristig die Arbeit in den kantonalen Parlamenten beeinflusst, sind über das Tagesgeschehen hinaus Traditionen, Rituale und Verhaltensselbstverständlichkeiten. Das Hin und Her in der Debatte und im Dialog schafft ein bestimmtes Klima. Es kann sachbezogen, es kann auf persönliche Konfrontation ausgerichtet sein. Dieses Klima verdichtet sich zu einem geistigen «Gebilde», das über dem Parlament schwebt und das Verhalten der einzelnen Mitglieder beeinflusst. Es handelt sich dabei um eine vorgegebene und nicht beschreibbare Erwartungshaltung. Kantonsratspräsident Ernst Moos (Zug) sprach bei seiner Antrittsrede von der Würdigkeit des Parlaments. Es gebe, meinte er, eine besondere parlamentarische Würde, die nie verletzt werden dürfe. Dazu gehöre der Respekt und die Achtung vor Menschen, die anders denken, aber auch eine sachbezogene Politik. Der Begriff Würdigkeit kann vielleicht beschreiben, was ich unter dem geistigen «Gebilde» als Frucht der Hin- und Herbewegung zwischen Parlament und Regierung verstehe. Es bestimmt das Klima im Saal. Wo ein solches Klima herrscht, spricht man etwa vom traditionell guten Geist oder von der traditionellen Haltung, in der die Probleme behandelt und die Konflikte ausgetragen werden. Damit kehre ich zum Anfang meiner Ausführungen zurück. Wenn die Staatsführung die gemeinsame Aufgabe von Parlament und Regierung ist, dann muss der Dialog zwischen den beiden Gewalten von einem guten Geist getragen sein, dann kommt es nicht auf die Gegensätzlichkeit an, sondern auf die durch Spannungen erzeugte Gemeinsamkeit.

Anmerkungen

[1] Schapp Wilhelm
Philosophie der Geschichten; Frankfurt am Main 1981, S. 27.

[2] Mastronardi Philipp
Vortrag über die Verbesserung der Verwaltungskontrolle; Bern 1988.

[3, 4, 5] Barth Hans
Denken in der Zeit; Verlag NZZ, S. 34, 45, 27.

[6] Gadamer Hans Georg
Hermeneutik; Gesammelte Werke, Band 1; Tübingen 1986, S. 113.

Summary

Parliament and Government: A Naturally Tense Relationship?
by Andreas Iten

In Swiss politics, which is based on "consensus," a real polarity between the government and an opposition does not exist. Consequently no clear battle fronts are formed between the government (executive) and the parliament (legislative). As regards Government, its activity is determined and carried out according to the principle of esprit de corps among colleagues i.e. collective agreement and shared responsibility for government decisions. It is guided by the search for a suitable compromise.

The responsibility for state leadership is borne jointly by the parliament and the government. Although the division of competence accords the two powers different rights, the aim is optimal leadership of government activities. The more the power shifts to the executive and the administration in the modern service-rendering society, the more the parliament tries to increase its control activity.

Mutual trust is part of the joint basis of state leadership, and most participants in this game are eager not to destroy it. Should the trust be abused by the government, parliament is expected to step in with great severity. But the activity of parliament and government is founded on common values which cannot be generated by discourse. In the foreground is the good of the people and the order of justice, and most conflicts arise from the differing conceptions of the political parties about these points and not as a result of friction between the government and the parliament as institutions. The principle of consultation between colleagues is supposed to prevent the disintegration of the multi-party government, and at the same time obliges the parliament to be moderate and objective.

Political decisions have the character of legal proceedings, which depend upon certain inherent laws. In the frequently lengthy decision-making process, the differing standpoints approach each other. The relationship between the two powers is determined by proximity and distance. If gross errors are made on the part of the government, the distance increases and the member of the government concerned is then often exposed to harsh attacks. But quickly thereafter efforts are made to bridge the gap. By and large the opposition cuts across all party lines, the opposition being considered therefore more a countering of issues than of persons. Even today when emotionalizing and personalizing play a big role, the attempt is still made again and again – above all by clever council presidents – to put the common interests in the foreground and to reduce tensions.

In public discussion the playful element enlivens the scene. It frequently leads to ritualistic celebrations which finally have the function of settling the dispute and reconciliation.

The joint state leadership of parliament and the government calls for a clear respect of mutual competences. Sometimes the Parliament has the tendency to encroach upon and curtail the competence of the government. On the other hand the government may here and there try to manoeuvre the parliament. The result is conflicts. What counts in the end is the spirit in which these conflicts and tensions are dealt with. Every parliament is sustained by a traditional climate of conflict resolution. Without the will to promote dialogue, the common ground of state leadership cannot be sustained.

Paul Stadlin

Wir-Gefühl
Mentalität – Ambiance – Rathäuser

Das Wir-Gefühl

Man bezeugt dem britischen Unterhaus gelegentlich seine Achtung dadurch, dass man es als «feinsten Club im Lande» bezeichnet. Niemand in der Schweiz verfiele darauf, einem seiner Parlamente einen solchen Knicks zu erweisen und von einer Clubatmosphäre – die eine Mischung aus Würde, Toleranz und Wohlbehagen darstellt mit einer Prise Snobismus – kann in den kantonalen Legislativen schon gar nicht die Rede sein, obwohl ihnen ein starkes Wir-Gefühl nicht mangelt. Der Welsche spricht von «République des camarades»; der Tessiner deputato geniesst die Anrede «onorevole», wogegen in den alemannischen Gefilden alle Titel zunehmend verpönt sind und kaum mehr einen Kitt hergeben. Wenn sich bei irgendwelchen Anlässen aber Grüppchen bilden, so sieht man die Gross-, Kantons- oder Landräte gewiss beisammenstehen. Die Kollegialität verbietet es manchen, sich in der nicht parlamentarischen Öffentlichkeit allzu heftig anzugreifen. Anflüge elitärer Gesinnung mögen da und dort noch vorhanden sein, laufen aber schnell Gefahr, von der nicht zu leugnenden Verminderung des Ansehens der Parlamente weggewaschen zu werden.

Mag der einzelne Abgeordnete, wenn er nicht zum Dutzend der ganz Selbstsicheren zählt, leise Bedenken über Wert und Wirken seiner Arbeit empfinden, so ist der Rat als Kollektiv von solchen Zweifeln nicht angekränkelt. Da gilt es als ausgemacht, dass die Leistung der Legislative beste Noten verdiene; und so man alle Hindernisse, Bremsmöglichkeiten, Forcierungs- und Abschwächungsversuche, die Dimension der Probleme, die Flut der Vorstösse und sonstigen Geschäfte, die auftretenden Zielkonflikte, den Profilierungsdrang von einzelnen und Gruppen, den Faktor Zeit, die finanziellen Engpässe und viele andere Dinge mit einbeziehen, so ist die gute Meinung von sich selbst nicht einmal falsch. Unterdessen hagelt es Herausforderungen auf die Häupter der

vor dem Kantonsratssaal in Herisau

schon nicht mehr verduzten Parlamentarier. Doch geteiltes Leid ist halbes Leid; und jeder stellt sich den Bewältigungsprozess auf seine Weise vor. Er hülfe zum Beispiel gerne mit, die politischen Kastanien zu sammeln und nach Befreiung aus ihrer stacheligen Umhüllung zu braten, ein anderer soll sie aber aus dem Feuer holen. Man wünscht sich: «buona mangiata» und pflegt eine begrenzte Solidarität nach aussen. So treten selbst scharfe Gegner in Linie an, um das Parlament als Institution zu verteidigen, nicht ohne aber ihren eigenen Beitrag zu dessen Funktionsfähigkeit herauszustreichen.

Schon der Journalist, der über den Rat berichtet, sieht das ganz anders und erst der Bürger, der freilich oft unbeschwert von Kenntnis über die Existenzverhältnisse im politischen Labyrinth urteilt. Für sie hat der Parlamentarier nach einem eingängigen Spruch geschlossene Ohren und einen grossen Mund, den er dazu noch voll nimmt. Entscheidungsschwäche kann da nicht als politische Weisheit verkauft werden. In ihren Augen sind die Räte undiszipliniert, verplanen und verplempern ihre Zeit, womit sie das minimale Klassenziel verpassen, das auch smarte Manager von ihnen verlangen. Wo hätte aber bei einer solchen Denkweise die Spontaneität Platz, ohne welche die oft gerügte Eintönigkeit der Debatten noch grösser wäre? In diesem Kontext darf wohl auch der mögliche Unterschied von sachlich richtigen und politisch richtigen Lösungen in Erinnerung gerufen werden. Da mögen sich die zufällig einigen Experten die Haare raufen, dass ihre Vorschläge nicht glatt akzeptiert und flott durchgezogen werden. Ihnen entgehen die Gründe, Strömungen, Entwicklungen auf politischer Ebene, die ein verzögerliches Vorgehen ratsam erscheinen lassen und auch die Bevorzugung der technisch drittbesten Variante. Solche Gipfelstürmer haben nie etwas erfahren von «reculer pour mieux sauter». Die Parlamente wären weiter berufen, die helvetische Perfektionsmanie in zukömmlichen Limiten zu halten und neben der Referendumstaktik auch die Vollzugstauglichkeit zu prüfen. Alle diese Perspektiven werden vom Selbstverständnis der Räte mehrheitlich abgedeckt, obwohl im Eifer des Legiferierens das Gebot der Kürze und des Masshaltens im Erlass neuer Vorschriften oft genug untergeht. Dieses deutliche Defizit erscheint schwer korrigierbar, weil Reglementierer eben in allen politischen Gruppierungen anzutreffen sind.

Mentalitäten schimmern durch

Die Erfahrung lehrt, dass einem Volk oder einer Gruppe davon, wie das Parlament sie darstellt, eine bestimmte Mentalität zugeschrieben wird, dann nämlich, wenn sich besondere Eigenschaften und Eigenheiten, die bei einzelnen Individuen sehr häufig vorkommen oder sich sehr intensiv manifestieren, dem Kollektiv ihren Stempel aufzudrücken vermögen. So geht die Kunde vom geschäftstüchtigen Bergeller, vom bedachtsamen bis langsamen Berner, vom schwerblütigen Waadtländer des pays d'enhaut, vom festfreudigen Luzerner, vom spleenigen Basler und vom keuschen Zuger, wobei die Verkehrung der Realität ins Gegenteil stets ein bewährtes Mittel der Persiflage darstellte. Bei der heutigen Bevölkerungsdurchmischung lassen sich so einfache Zuordnungen, die früher gerechtfertigt gewesen zu sein schienen, für die kantonalen Parlamente kaum noch aufrechterhalten. Andere Kategorien haben sich durchgesetzt oder wirken nach: Zürich ist zum Schmelztiegel geworden, der bis nach Winterthur und im Süden und Westen über die Grenzen reicht. Echt zürcherische Siedlungen sind nicht mehr so deutlich (z.B. noch im Weinland) zu erkennen, aber echt zürcherische Regungen schon. Denn die rasante Entwicklung von Wirtschaft und Infrastruktur ist von alten Erbstücken zürcherischen Herkommens begünstigt worden, als da sind: hohes Arbeitsethos, praktische Vernunft, Weltoffenheit und Sinn fürs Pekuniäre; sie bilden heute ein Allgemeingut mit etwelchen Kratzern. Das alte Bernertum (Patriziat und Bauernstand) hat sich durchgemausert und ist eine Symbiose mit der Administration des Bundes eingegangen, die eine Schweiz en miniature darstellt. Genf ist kosmopolitisch mit einigen kalvinistischen und necker'schen Nachwehen. Der Stadtstaat Basel behauptet sich durch seine kulturelle Assimilationskraft, Luzern als Kern der Zentralschweiz. Die Waadt hat das bernische Staatsverständnis rezipiert und mit eigenen Komponenten der Latinität und ihrer vielfältigen Landschaften angereichert. Nur noch gelegentlich flackert der Kulturkampf im politischen Wesen der Solothurner und St. Galler auf, wobei dieser Begriff eine zu simple Umschreibung der zwei so reich gegliederten Kantone wäre. Das Wallis gleicht einem riesigen sonnendurchfluteten Treibhaus, in welchem zwei verschiedensprachige Gärtnerequipen tätig sind, zum Zusammenwirken und sich Verstehen berufen und verurteilt. Die Abgeschlossenheit der Täler in Graubünden hat noch viel vom ursprünglichen Volkscharakter und seinen Gegensätzlichkeiten bewahrt. Demgegenüber ist die Pflege der französischen Sprache, worin die welschen Parlamente wetteifern, ein Bindeglied zwischen den verschiedenen Gesellschaftsschichten. Das Tessin kämpft um seine Italianità, die durch das anpassungsfähige Wesen der sympathischen Stammbevölkerung ebenso bedroht ist wie durch die Deutschschweizer, die sich freilich im Südzipfel unseres Landes oft sehr ungeniert gebärden. Die vier historischen Kantonsteile des Aargau haben im Zeichen des Bürgersinns und -fleisses ihre wohlstandsgestützte Identität entwickelt. Schaffhausen ist keineswegs ein über den Rhein verlängerter Arm von Zürich, sondern eine eigenständige Amalgamierung der Emsigkeit in den Städten mit dem ruhigem Rhythmus der (wein)bäuerlichen Umgebung. Das kleine Zug versteht sich als Brücke, die sich heute bis zum Airport Kloten spannt. Der noch intakte Menschenschlag der Ur- und Landsgemeindekantone verkörpert einen aufgeschlossenen Konservativismus. Gedämpft progressiv gebärdet sich die Nordwestecke der Schweiz: Im Jura grassiert noch das Separatistenfieber und Baselland war schon seit je ein

Nährboden von Aufmüpfigkeit. Die Ressentiments der ehemaligen Untertanenländer und der Vogteien gegenüber den im ancien régime politisch allein massgebenden Städten sind verschwunden. Und doch erhielt sich eine zählebige Restmentalität, die in zufälligen, mehr stimmungsmässigen Zweckbündnissen der Volksvertreter aus solchen Gebieten weiterlebt, wenn es gegen die vermeintliche Arroganz der Zentren geht. Das ist in abgewandelter Form sogar noch in Zürich ein Thema, aber auch in Luzern, Schaffhausen, Thurgau, Freiburg und Zug, und dies, obwohl die früher damit verbundene Anzapfung der Finanzkraft der Städte sich vielerorts ins Gegenteil gekehrt hat. In der ganzen Ostschweiz ist neben den geschichtlichen Komponenten das zu verzeichnen, was die dortigen Kantone mit beträchtlicher Artikulation in den Parlamenten als wirtschaftliches Defizit ihrer Randlage empfinden. In Neuenburg finden wir die gleiche Erscheinung wegen des Niedergangs der Uhrmacherei. Prof. Georg Kreis hat in einem Artikel «Verflechtung und Kantönligeist» (Schweizer Monatshefte, November 1988) die binnenstaatlichen Grenzen aufgezeigt, die sich nach Sprachatlas, Lebensgewohnheiten, Agglomerationen ausrichtet, auch nach dem Kultur-, Bildungs- und Spitalangebot und nach der Statistik über die Zweitwohnungen.

Wie färben nun diese Umstände auf die kantonalen Parlamente ab? Ihre Mitglieder entsprechen nur in handverlesenen Exemplaren den traditionellen Vorstellungen über diese Kantone. Man muss in ZH, BS, BE, GE eher nach dem Herkommen aus allen Landesteilen und der weiten Welt forschen, wozu schon das Namensregister der Deputierten Anhaltspunkte bietet und das soziale Milieu, aus dem sie kommen. Da verrät sich einer durch den deutlich anklingenden St. Galler Dialekt oder durch den gewerkschaftlichen Stallgeruch. Irgendwann schlägt der katholische Fundus des von Freiburg stammenden Wahlgenfers durch, oder es schimmern unter dem Hut des Parlamentariers Berufsgattungen hervor, wie die des theoretisierenden Hochschullehrers oder des Weinbauern mit seiner knorrigen Fröhlichkeit. Ein neues Segment, erst in den letzten Jahren aufgetaucht, stellen die Therapeuten aller Schattierungen und die Sozialarbeiter dar. Sie unterscheiden sich vom «Normalbürger» nicht nur durch ihre Kleidung, sondern auch durch ein auf die Wellenlänge ihrer Klienten zugeschnittenes Denken, in welchem wirtschaftliche Überlegungen kaum Platz haben und Zeit in unbeschränkter Menge zur Verfügung steht. Der argumentative Gehalt und die Länge der Voten bleiben davon nicht unberührt. Dagegen sieht man allenthalben, auf das ganze Schweizerland verteilt, gesetzte Bauunternehmer mit wohlklingendem italienischem Namen in den Räten sitzen, die als Stützen des Staates erhebliches Ansehen geniessen. Ihre Grossväter sind als muratori eingewandert.

Blickt man mehr auf die überlieferten Eigenschaften der Kantone und Gemeinden, so habe ich in der Tat nirgends so viel von Sparsamkeit vernommen wie in den Parlamenten von SG, TG, AR, AI. Dazu zählt auch die Vermeidung der Zeitverschwendung. So steht im Saal des Kantonsrates von Appenzell AR der vielsagende Spruch: «Das ist der allerschönste Stil, kein Wort zu wenig, keins zu viel.» Eine solide Finanzgebarung, welche die Kontrolle der Ausgaben mit ins Visier nimmt, kennzeichnet aber auch die bürgerlichen Mehrheiten anderswo, so in den reichen Kantonen Zürich und Aargau. In Basel, dessen Mentalität zwischen very careful und Grosszügigkeit oszilliert, überlagern die Strukturprobleme des Stadtstaates die Finanzpolitik und lassen keinen grossen Spielraum. Obwohl der Grosse Rat von Bern gegenüber der Verwaltung und der Polizei sehr kritisch ist, stösst er sich offenbar nicht an der althergebrachten Rigorosität seines Fiskus: ein Stück Mentalität kommt zum Vorschein. Indessen fand ich die in alemannischen Hirnen etwa herumgeisternde These nicht bestätigt, dass das Geld in der «Romandie» so viel leichter ausgegeben wird. Leichter ist der Ton, in dem man über solche Dinge diskutiert. Nicht Unseriosität, sondern eine etwas andere Philosophie in der Allokation der öffentlichen Mittel und eine geringere Furcht vor dem Anwachsen der Staatsschuld, als in der Ostschweiz, führen zu diesem Unterschied. Im Kanton Tessin ist eine Gesundung der Finanzen in Gang, nicht zuletzt dank grosser Erbschaftssteuerfälle. Die meisten Kantone haben in den letzten Jahren Überschüsse der Betriebsrechnung erzielt. Auch wenn die Quellen wegen der guten Wirtschaftslage sprudelten, so schmälert das nicht das Verdienst der kantonalen Parlamente, die sich – wenngleich oft nur mühsam – der Begehrlichkeiten zu erwehren vermochten. Die Mentalität des vernünftigen Hausvaters ist also in der Schweiz noch einigermassen ungebrochen. In einzelnen Räten habe ich überdies kompetente Damen zu Staatsrechnung und

Kreditvorlagen sprechen hören. Traditionell ist ja das Geld bei Frauen fast besser aufgehoben als bei Männern. Das Bewahren und Erhalten ist ein Teil der weiblichen Mentalität und die Mehrheit der kantonalen Parlamentarierinnen passt in dieses Leitbild.

Um bei der Frau zu bleiben, so muss diese im Rat als Persönlichkeit überzeugen, und wenn sie ein gewinnendes Wesen hat, dann wird sie gerne akzeptiert. Das und andere menschliche Facetten mögen einige Kolleginnen insgeheim stören, weshalb die äusserlich zur Schau gestellte Solidarität des Damenflügels auf schwächern Füssen steht, als gemeinhin angenommen. Die Nachwuchspolitikerin in der Romandie empfiehlt sich durch ihren elegant pointierten Konversationston, die scharfzüngige Emanze in der alemannischen Schweiz dagegen viel weniger. Man zollt Respekt für ihren Intellekt und ihren Mut und wünscht sie ins Pfefferland. Da schmuggeln sich atavistische Züge in die neue Rollenverteilung der Geschlechter ein, die tiefer sitzen als Mentalitäten.

In einigen kantonalen Parlamenten gibt es weiterhin Exponenten von traditionalistischen Lebensformen, die der Zyniker als Relikte bezeichnen mag, die aber doch das Bild der Mentalitäten bereichern: die Angehörigen des «Daiggs» in Basel, die Sendboten von Clans im Wallis (Chermignon), die würdigen Vertreter des Patriziats in Fribourg, Luzern und Solothurn. Ihnen gewähren vorab die Liberalen und die CVP Gastrecht. Mehr in den freisinnigen Reihen lassen sich die Generalstabsoffiziere und die Unternehmer nieder, wobei es für letztere in Uri, Glarus, Zug, Schaffhausen, aber auch im Aargau und der Ostschweiz als Ehrenpflicht gilt, sich für ein Amt oder Ämtchen zur Verfügung zu stellen, derweil die Wirtschaftskapitäne in den grossen Städten eher bestrebt sind, sich dem politischen Tumult fernzuhalten oder aber direkt auf das Bundesparlament zuzusteuern.

Der Innenhof des Ritterschen Palastes in Luzern mit seinem Säulenumgang ist ein würdiges Ambiente, das mediterane Eindrücke vermittelt.

Ambiance

Im Gegensatz zu den obigen Ausführungen ist die Wahl der Kleider durch die Parlamentarier den Äusserlichkeiten zuzurechnen, folge sie nun der Mode oder sei sie Ausdruck des Protestes. Sie sind bereits ein Stück Ambiance und die Staffage ist relativ leicht austauschbar. So kann man dem SAP-Mann, der im Rat mit offenem Hemd auftritt, anderentags, wenn es um Geschäfte geht, in schwarzer Kluft begegnen. Und es darf extrapoliert werden, dass wenn die Bürgerlichen plötzlich im Sweater daherkämen (was sie sonntags gerne tun), dann würden manche Alternative schnell einen Sakko entdecken, um sich abzuheben. Dass Kleider trügen können, habe ich im Kantonsrat unter dem Grossen Mythen selbst erfahren: Da wetterte ein Mann in derben Klamotten und Nagelschuhen gegen «Rothenturm». Ich glaubte, es wäre ein Vertreter aus dem hintersten Muotathal, der soeben von seiner Alp herabgestiegen sei. Weit gefehlt! Es war ein SVP-Gewerbler aus dem Hauptflecken Schwyz, allerdings ein sehr origineller.

Von der Tribüne beäugt, zieht sich die Grenze zwischen Pulloverträgern und Jacketträgern mitten durch den Sektor der Sozialdemokraten hindurch. Aber die eigentlichen Unterschiede in der Kleidung werden stärker durch die Generationen markiert. Die Altkommunisten Forel (Vaud) und Magnin (Genève) sassen in herkömmlichen Anzügen im Rat. Jüngere Freisinnige und CVP-Leute dagegen sind Tenuelockerungen nicht abgeneigt: Karo und Streifen an weiten Hosen und Kitteln dominieren. Im Sommer entledigen sich die SVP-Vertreter, ihrer ländlichen Gepflogenheit getreu, als erste des Rockes. Die farbigen Deux-pièces der Damen sind hingegen wie Blumen in eine Wiese hineingestreut: Jasmin, Dottergelb, Klatschmohn, Lilien, Türkenbund, Narzissen, verborgene Veilchen, einzelne Herbstzeitlosen. Der Grundton des bevölkerten Saales ist grau-blau-ocker, mit den bunten Oasen der Grünen. Indessen weist der Grosse Rat von Graubünden seine Mitglieder noch an, dunkle Kleider zu tragen und hält die Vorschrift bis heute durch. In den Reglementen von Fribourg und Wallis ist von «tenue correcte» die Rede, was traditionsgemäss allzu helle Anzüge ausschliesst. Überhaupt kleidet man sich im Alpengürtel, zu dem auch Uri, Berner Oberland und ein Teil des Waadtlandes gehören, noch ziemlich konventionell. Bei andern Kantonen sind die Kleidermandate abgeschafft, oder durch flexiblere Begriffe, wie «geziemend» oder «schicklich» ersetzt. Und das ergibt die grösste Freiheit und Variationsfähigkeit.

Kurz gestreift seien sodann die Erfrischungsmöglichkeiten der geplagten Deputierten während der Sitzungsperioden. Natürlich sind die Konsumgewohnheiten von Herr und Frau Schweizer hier eingedrungen: Kaffee und Gipfeli sind Trumpf, ein Espresso im Tessin, ein Schluck Wein an den Gestaden des Genfer- und Neuenburgersees sowie im Wallis. So etwa um 10 Uhr bei Morgensitzungen melden sich die Magennerven und das kommunikative Bedürfnis. Dann wird in manchen Räten unterbrochen: In Altdorf begeben sich die Landräte in einen Nebensaal, und ihr Kaffee wird mit einem Schuss «Bränz» gewürzt. Das Foyer benutzen Zug, Thurgau und Jura. In Sarnen versammelt man sich im Kellergeschoss des Rathauses. Wo in Stadt- und Ortskernen das Umfeld aus Restaurants und Pinten besteht, verzichtet man auf Eigenregie. In Zürich werden die Zunfthäuser frequentiert, in den Gassen von Bern, Luzern, Glarus, Aarau, Solothurn fehlt es nicht an Einkehrgelegenheiten, ebensowenig am Rathausplatz in Schwyz. Ein Rittersaal des Château de Neuchâtel wird während der Tagungen des Grand Conseil zur Bar umfunktioniert und ein Salon des Parlaments in Aarau zum Coffee Shop. Damit kommen wir zu denjenigen Kantonen, die permanente Einrichtungen haben: Die hübsche Cafeteria im Klostertrakt von St. Gallen, und die weniger hübsche in Basel, diejenige mit dem Getränkeautomaten in Liestal, die Bar neben dem Grossratssaal in Bellinzona, die Buvette in den Gewölben des Grand Conseil in Lausanne. Charakteristisch, dass bei diesen Kantonen nicht so regelmässige Pausen stattfinden, sondern dass es den einzelnen Mitgliedern überlassen bleibt, den Erfrischungsraum auf einen Sprung aufzusuchen. In Genf, wo die Sitzungen in der Regel um 17 Uhr (Abendsitzung) beginnen, mit einem Unterbruch von ca. 1 Stunde bis zur Nachtsitzung um 21 Uhr, wird der Aperitiv im Foyer serviert, sofern man es nicht vorzieht, in das zum Hotel de Ville gehörende Café Papon an der Strasse zu retirieren. Natürlich wird Wein aus den staatseigenen Domänen kredenzt. In der Buvette zu Lausanne hingegen sorgen Vignerons, die Mitglieder des Rates sind, für den Nachschub des guten Tropfens (Zurzeit: Villette: Réserve des Députés du Grand Conseil). In Bern steht ein prächtiger Ratshauskeller zur Verfügung, aber nur dem Grossratspräsidenten und dem Regierungsrat, die dort ihre Gäste empfangen.

Wir-Gefühl der Räte und Ambiance verbinden sich sodann in den gesellschaftlichen Anlässen der kantonalen Parlamente, die sehr geschätzt sind, gerade weil sie ohne Ausnahme den Geist republikanischer Bescheidenheit

Vorraum des Grossen Rates in Sitten

ausströmen und den Mitgliedern Gelegenheit verschaffen, über die Fraktionsgrenzen hinaus gesellige Beziehungen zu knüpfen; aus ihnen können Freundschaften erwachsen, welche die offizielle Arbeit erleichtern. Fast überall schliesst sich an die Wahl des neuen Präsidenten eine grosse Feier in der Wohnsitzgemeinde des Gewählten an, die zu einem Volksfest mit Verbrüderungseffekt wird. Ansonsten sind die Bräuche sehr verschieden. In manchen Kantonen begibt sich das Parlament, gewöhnlich im Spätsommer oder Herbst, auf einen Ausflug, der mit Besichtigungen und einer Mahlzeit verbunden wird. In einzelnen Kantonen nur einmal pro Legislatur (BE, FR, SG). Gewöhnlich bleibt man im Kanton, aber einzelne schwärmen auch weiter aus. Fahrten auf dem Bodensee und auf dem Zürichsee sind bei den St. Gallern sehr beliebt und Besuche des staatseigenen Weingutes in «Faverges» bei den Freiburgern. Der Jura meldet jährliche Exkursionen innerhalb und ausserhalb des Kantons, auch in die französische Nachbarschaft. Der Grosse Rat von Basel macht alle zwei Jahre eine 2tägige Grossratsreise, so 1987 in die Zentralschweiz. Der Landrat von Basellandschaft begnügt sich demgegenüber mit einem Landratsabend. Der Grosse Rat von Appenzell Innerrhoden kennt den Alt- und Neurätetag im Juni. Ein Werk lassen sich vorführen die Parlamente von Graubünden, Solothurn, Appenzell Ausserrhoden und Waadt. Der Landrat von Nidwalden veranstaltet einen Umtrunk des Rates nach der letzten Sitzung des Jahres, der Grosse Rat von Aargau am Ende der Legislatur. Ein solches Essen am Ende der Amtsperiode in der Wohnsitzgemeinde des Präsidenten heisst in Schaffhausen sinnigerweise «Henkersmahl». Die kantonalen Deputierten betätigen sich zudem sportlich: da sind die Parlamentarierskirennen SZ/ZG und ZH/SG/GL und NW. Da ist der Tournoi de Football des Grands Conseils romands, da sind die Fussballclubs Grossrat BS, GR und TG, der auch schon gegen den Landtag Baden Württemberg angetreten ist. Im Aargau gehören Truppenbesuche des Grossen Rates zur Tradition, in der Waadt die Präsenz des Grand Conseil am offiziellen Tag des Comptoir, in Obwalden nimmt der Kantonsrat in corpore am Landsgemeindemahl der Behörden teil. Eine gewisse Originalität darf das in der Legislaturperiode zweimal durchgeführte Ratsherrenschiessen des Kantonsrates von Zürich beanspruchen.

Die Büros der Räte pflegen indessen eine gewisse interkantonale Besuchsdiplomatie. In einigen Ständen ist es üblich, dass pro Jahr 1–2 Besuche empfangen und abgestattet werden, in andern wäre diese begrüssenswerte Kontaktnahme, vor allem mit den Nachbarn, noch ausbaufähig. Weiter laden in manchen Kantonen die Büros dann und wann die Spitzen der Regierung und der Gerichte ein und jüngstens überdies die Altpräsidenten des Rates, womit eine neue Kategorie von dankbaren Mitessern geschaffen ist. Zu formieren begannen sich zudem die amtierenden Parlamentspräsidenten: Einer ersten Begegnung in Bern (1987) folgte eine zweite in Zug (1989). Die Büros der französischsprechenden Kantone und des Tessin halten jährliche Treffen ab, die zur guten Regel geworden sind. In Einzelfällen reisen die Büros oder Ratsdelegationen auch ins Ausland, so zum Besuch des Landtags in München von St. Gallen aus oder des Landtags in Hannover von Bern aus oder von Genf nach Savoien. Das Parlament von Jura ist eine Sektion der Association internationale des parlamentaires de langue française und lässt sich an deren Tagungen vertreten. Die Büros von Genf und Zürich machen zudem jährlich eine grössere selbstbezahlte Tour ins Ausland. Der Hinweis auf das eigene Portemonnaie ist nicht überflüssig, denn die meisten kantonalen Parlamente haben für Exkursionen nur ein sehr kleines Budget oder es müssen einzelne Anlässe aus dem freien Kredit oder aus dem Voranschlag der Staatskanzlei bestritten werden. Hier zeichnen sich die politischen Limiten parlamentarischer Gastfreundschaft und Bewegungstherapie ab.

Rathäuser und Ratsäle

Eckpfeiler der Ambiance und nicht unwesentliche Elemente der Selbstdarstellung sind die vielen prächtigen oder mindestens bezeichnenden Rathäuser, welche die kantonalen Parlamente beherbergen. Sie zeugen vom Bürgerstolz und der kulturellen Aufgeschlossenheit der Vorfahren, aber die Windungen einstiger Politik haben in den Residenzen der Räte auch ihre Spuren hinterlassen. Es kann natürlich die Geschichte der Rathäuser und ihre wertvolle Bausubstanz im vorliegenden Werk nicht abgewandelt werden. Doch seien mit ein paar Strichen einige Streiflichter aufgesetzt.

Die in der offiziellen Reihenfolge an der Spitze rangierenden Kantone Zürich, Bern und Luzern sind ebenfalls mit erstrangigen Rathäusern vertreten. Das grosszügigste und das geschlossenste ist dasjenige von Bern im spätgotischen Stil, mit der imponierenden Aussentreppe und mit der mächtigen Halle im Untergeschoss, die schon oft auch dem Bundesrat für Staatsempfänge gedient hat. Die ganze historische Wucht des Staates Bern ist darin verkörpert. Erlesene Bilder von Malern aus dem bernischen Kulturbereich schmücken die breite Wandelhalle vor dem Saal des Grossen Rates, der mit weiten Fenstern gegen die Aare hin und mit einer hellgebeizten Stuhlgarnitur einen sachlich-freundlichen Eindruck erweckt. Ein humanitärer Anklang: Die Innentreppe ist mit einem Aufzug für Behinderte ausgestattet.

In Zürich war der schöne, wenngleich etwas düster wirkende, barocke Ratssaal im zierlichen Renaissancebau, der halb in der Limmat steht, am Anfang niedriger. Mit dem Einbau der Tribüne wurde die Aufstockung verbunden, und wenn man durch die Fenster mit den Wappenscheiben sieht, so blinken silbern die feinen Wellen auf, welche der Wind über die blaugraue Wasserfläche treibt. Bewundernswert ist das schmiedeiserne Gitterwerk am Treppenaufgang, prägend die Holzstruktur der schweren Kassettendecke im Foyer. Ausgesprochen unbequem sind jedoch die Bankreihen des Ratssaales mit Klappsitzen und schmalstem Pult. Man kann weder die Beine strecken, noch sich ohne Störung der Nachbarn aus der Mitte entfernen. «Dur aux grands» ist man versucht zu sagen, aber die schon lange ventilierte Neugestaltung stösst auf grosse Schwierigkeiten, sofern man dem gediegenen Raum nicht Gewalt antun will. Bereits wird darüber gesprochen, andernorts

Vorraum des Parlaments in Weinfelden

einen «funktionellen» Versammlungsraum zu schaffen. Das wäre aber ein kultureller Verlust, den ich den Zürcher Freunden nicht gönnen möchte, denn der geschichtliche Gehalt der Ratshäuser ist immer auch ein Stück Kontinuität und Identität. In Luzern ist die Einklemmung der Grossräte im grossen, neuklassischen Halbrund der Aula ebenfalls ein Handicap. Man denkt dort darüber nach, zu der früheren Einteilung zurückzukehren. Das Ambiente im Ritterschen Renaissance-Palast ist allerdings einzigartig, unvergleichlich die feingegliederten Treppenaufgänge und Couloirs, die den Regierungssitz kennzeichnen, zu dem der Grossratssaal eigentlich nur ein Anhängsel bildet. Die bürgerlich-bäuerliche Art der kleinen Massstäbe hat die Ratshäuser der innerschweizerischen und Landsgemeinde-Kantone geformt. Es sind geschmackvoll ausgestattete Bürgerhäuser oder Patriziersitze aus der Barock- bzw. Rokokozeit, wie in Altdorf, Schwyz, Sarnen und Stans. Trotzig ragt die gedrungene Fassade des Rathauses von Appenzell an der Hauptgasse aus der Häuserreihe hervor. Je nach Grösse und Zahl der Fenster wirkt der eine Saal eher etwas dunkel (Schwyz, Fribourg, Appenzell) oder ausgesprochen hell (Sarnen, Herisau, Glarus). An einigen Orten sind neben den Kantons- und Waffenemblemen über dem Präsidium an der Rückseite des Saales ganze Sequenzen von Bildnissen ehemaliger Landammänner angebracht, die nicht nur einen sehr würdigen Anblick gewähren, sondern in einem geschichtsbewussten Deputierten zudem einen leichten Schauer aufkommen lassen könnten bei der Vorstellung, die

Vorfahren blickten ihm über die Schulter. Dass einige Kantone mit der Serie der Porträts ihrer Landammänner fortfahren, sei nur am Rande vermerkt. Spezifische Symbole kommen nicht zu kurz: in Obwalden der hl. Bruder Klaus, in Luzern der wilde Mann und in Glarus der hl. Fridolin. Das Ambiente wird hier und dort durch prächtige Kachelöfen herausgeputzt, so in Fribourg, Luzern und Lausanne. Eine farbenfrohe Note wird manchen Ratsälen durch die in die Fenster eingelassenen Wappenscheiben der andern Stände zuteil. Abgesehen von Wandbehängen, heraldischen Darstellungen, Büsten von Staatsmännern etc. enthält sodann das Ameublement zuweilen auch geschmackvolle Gegenstände des praktischen Gebrauchs: glitzernde Kristallüster, Pendulen, neue und alte Uhren, von denen aber nur diejenige von Appenzell die Stunde schlägt. Zur Vervollständigung hängt hier ein grosser Kalender, dort ein Thermometer und Barometer. Überdies darf man zur Standard-Ausstattung etwa der Hälfte der Ratsäle und ihrer Vorzimmer auch die Berge von Regional- und Lokalzeitungen rechnen, die den Abgeordneten bei flauer Debatte die Gratis-Morgenlektüre ermöglichen.

Die Regierungsgebäude in Glarus und Zug wurden kurz hintereinander, in der zweiten Hälfte des 19. Jahrhunderts, aus Sandstein gebaut und in gleicher Architektur. Nur dass jenes von Glarus etwas geräumiger ausgefallen ist, das von Zug aber durch seine herrliche Lage am See hervorsticht. Freilich sind gegen den Postplatz hin wegen des Motorenlärms und der Benzindämpfe die Fenster geschlossen zu halten. Umso offener dürfen sie gegen die Uferseite sein, so dass es möglich ist, sich kurz den vielfältigen Stimmungen hinzugeben, welche die schnell wechselnden Spiele der Wolken auf dem gekräuselten oder bleiernen Wasser hervorrufen. Freiburg und Solothurn seien auch punkto Parlamentssitz gemeinsam eingeblendet. Im altehrwürdigen, breitausladenden Rathaus von Fribourg (Hôtel cantonal), dem die Murtenlinde fehlt, ist der Grossratsaal renovationsbedürftig. Sein wertvollstes Stück bildet der prächtige Tisch der Stimmenzähler in der Mitte, intarsienverziert, aus dem Jahre 1546. Der Kantonsrat von Solothurn benützt das ehemalige Armbrusterhaus aus dem 15. Jahrhundert als seine Residenz; es ist freilich seit dem 19. Jahrhundert einen Stock höher als früher und mit einem Holzameublement dieser späten Epoche ausgestattet.

Nun gibt es Städte, in denen das Rathaus oder der Ratsaal in einen historischen Komplex mit grosser kultureller Bedeutung hineingepflanzt worden ist, so der Saal des Grand Conseil von Neuchâtel in das Château oder der neugotische Saal im spätgotischen Rathaus von Basel. In Lausanne hat sich der Grand Conseil, nach dem Abzug der Berner, unterhalb des grossartigen Château cantonal (das von der Regierung besetzt ist) ein eigenes, weit niedrigeres Versammlungsgebäude im klassizistischen Stil errichtet, das mit seinen grünbezogenen Bankreihen (ohne Pult!) schon mit einem «Salon campagnard» verglichen worden ist (François Geyer). In Genf heisst das Palais zwar Hôtel de Ville, gehört aber der Republik zu Eigentum, die ihrerseits dem Conseil municipal im Saal des Grand Conseil Gastrecht gewährt. So einfach ist das! Letzterer Raum weist eine gewisse Monumentalität auf, und das Präsidium thront ziemlich hoch über den Sitzreihen, wie auch über der Bank des Conseil d'Etat. Der Renaissancecharakter des Gebäudes mit den geschwungenen Stiegen und dem gediegenen Innenhof ist jedoch formidabel. Ein historisches Bijou stellt die Salle de l'Alabama dar, wo ein in Genf installiertes, internationales Schiedsgericht im Jahre 1872 einen Konflikt zwischen den jungen Vereinigten Staaten und Grossbritannien über das in England armierte Kriegsschiff gleichen Namens gütlich geregelt hat.

In einem Gebäude mit dem Habitus des frühen 20. Jahrhunderts hat der Kantonsrat von Appenzell a.Rh. sein Quartier bezogen. Der Landratssaal im Regierungsgebäude von Liestal hat dagegen in seiner mehr als 150jährigen Geschichte einige Wandlungen durchgemacht. Zuerst sassen die Abgeordneten auf Strohsesseln, dann auf gepolsterten Bänken und seit 1964 auf Einzelstühlen im Rechteck der Pultreihen. Das zeitgenössische Image wirkt nachhaltig. Die klassizistische Rotunde des Grossratssaales in Aarau aus der Gründungszeit ähnelt derjenigen von Luzern, wirkt aber mit ihrer Weiträumigkeit und ihren Säulen irgendwie stattlicher. Der grosse Rat von Graubünden zog es vor, seinen Saal in einem ehemaligen Zeughaus einzurichten, dessen halber Teil nun dem Churer Theater dient, eine Kombination, die schnippischen Zungen schon Anlass zu Vergleichen geboten hat. Weitbekannt ist jedoch das klassische Grossbild von Alois Carigiet an der Stirnwand, das den Rat darüber hinwegtrösten kann, dass er das

«Graue Haus», Symbol des ganzen Standes, weil zu wenig Platz bietend, dem Kleinen Rat (Regierung) überlassen musste.

Nicht alle Räte befinden sich jedoch in den eigenen vier Wänden. So pendelt der Grosse Rat des Thurgau stets zwischen den zwei Hauptorten des geographisch etwas zentrifugalen Kantons: Er tagte vom Mai bis Oktober in Weinfelden und vom November bis April in Frauenfeld – und zwar in Miete. Ab 1. Januar 1990 wird der Turnus umgekehrt. Am Regierungssitz Frauenfeld stellt die Bürgergemeinde den Saal, in Weinfelden die politische Gemeinde. Da die Säle auch für andere Zwecke benützt werden, ist die Möblierung mobil. Vier lange Reihen von aneinandergeschobenen Tischen, mit grüner Decke und sogenannter Konsumationsbestuhlung laufen auf die quergestellten Aufbauten für Präsidium und Regierungsrat zu. Und wären da nicht die Sprecher an den ebenfalls nicht fest verankerten Rednerpulten, so hätte der Anblick von der Empore etwas vom friedlichen, aber durchaus nicht schläfrigen Lesesaal einer Bibliothek, die auch Zeitungen anbietet.

Eine etwas verschiedene Atmosphäre zeigt der Grosse Rat von Wallis, ebenfalls als locataire de la municipalité. Die Bänke und Stühle sind zwar ebenso ausräumbar, nur nicht so offensichtlich; die schwarze Wandtafel, auf der Bekanntmachungen angeschrieben werden, erinnert eher an einen Seminarraum. Erst die Lebhaftigkeit der Diskussion, das Walliser Temperament, geben das Gefühl, auf dem Schauplatz politischer Auswandersitzungen zu sein. Und auch die als einziger Schmuck des Vorraums aufgestellte Mazze versinnbildlicht den Genius loci in seiner unbändigen Lebensfreude und seinen dunkleren Leidenschaften. Erst provisorisch eingerichtet ist das Parlament des Jura, des jüngsten Kantons – im Mehrzwecksaal des reformierten Zentrums zu Delémont. Die Fahne mit dem roten Stab beherrscht den Raum und der Blick durch die Seitenfenster ist wegen des grünbewachsenen Steilhangs wohltuend, ohne abzulenken. Dank des Systems der Stellvertreter sind die schmucklosen Stuhlreihen stets gut besetzt, und auch in der Versammlung spürt man noch einen Hauch der Pionierhaftigkeit.

Wir kommen nun zu den zwei Parlamenten, die sich in expropriierten Gebäulichkeiten wohl fühlen. «Sei im Besitze und du wohnst im Recht». In St. Gallen tagt der Grosse Rat seit der Gründung des Kantons (1803) im barock-

Kaffeepause im Kantonsrat Obwalden

im Kantonsrat Zug

l'heure du café au Parlement jurassien

klassizistischen Thronsaal des Fürstabtes der ehemaligen Benediktinerabtei. Ressentiments kirchlicher Kreise über diese «Profanation» sind heute nicht mehr auszumachen, wohl aber in Bellinzona, wo die radikale Bewegung in der Mitte des 19. Jahrhunderts das Ursulinerinnenkloster aufgehoben, die Nonnen weggeschickt und den quadratischen Bau mit Innenhof zum «Palazzo del Governo» erklärt hat. Ohne zu diesen geschichtlichen Ereignissen und ihrer Bewältigung Stellung zu beziehen, kann der heutige Betrachter nur konstatieren, dass die Ansiedelung von Gran Consiglio und Consiglio di Stato in diesem Klosterkomplex durchaus passend und standesgemäss wirkt, diejenige des Grossen Rates von St. Gallen in der sogenannten «Pfalz» aber sogar sehr vornehm.

Mit einem Seitenblick habe ich bei meinen Visiten stets auch die Unterbringung des Regierungsrates gestreift, im Vergleich zum Parlament nämlich. Dabei soll nicht von den Staatsdomänen, Schlössern, Weingütern, Landsitzen und Stadtpalais die Rede sein, die den Kantonen und nahestehenden Stiftungen gehören und daher den Exekutiven zur Verfügung sind, sondern nur von ihren Amtssitzen und Beratungszimmern. So glaube ich festgestellt zu haben, dass die beiden öffentlichen Gewalten in den Rathäusern von Zürich, Bern, Luzern, Uri, Obwalden, Nidwalden, Glarus, Zug sowie Tessin ebenbürtig zusammenwohnen. In St. Gallen befindet sich das dezent renovierte Sitzungszimmer des Regierungsrates direkt unter dem Saal des Parlaments, womit, wie man mir erklärte, beileibe nicht eine Rangordnung angedeutet werde, obwohl man auf diesen unorthodoxen Gedanken kommen könnte, wenn man hört, dass früher noch einen Stock tiefer das Kantonsgericht einquartiert war. Vermutlich besser als das Parlament dürfte sich der Regierungsrat mit seinem «festen Wohnsitz» in den Kantonen Thurgau und Wallis stellen. In einzelnen Kantonen residiert die Regierung in einem anderen Gebäude als die Exekutive, wie in Schwyz, in Schaffhausen, in Sion (Palais Planta), in Graubünden, wo der Saal des Kleinen Rates im Dachstock des Grauen Hauses mit Oberlichtern eine richtige Sehenswürdigkeit ist. In Fribourg schliesst an das konventionelle Beratungszimmer des Regierungsrates an der Rue Chanoines der Salon d'or für Staatsempfänge an. Alle Ehre macht der Ambassadorenstadt Solothurn die Residenz des Regierungsrates im historischen Rathaus. Der «steinerne» Saal (so benannt wegen des Fliesenbodens) mit Täfer, Truhen, Barockuhr und aufgehängten Rüstungen bildet das prächtige Vorzimmer für Empfänge; ihm ist der Sitzungsraum angegliedert. Hier blicken die dunklen Porträts der einstigen Schultheissen auf den langgestreckten Beratungstisch. Im Winter knistert ein Feuer im riesigen Cheminée des Verhandlungsraumes des Consiglio di Stato in Bellinzona. In Lausanne und in Neuchâtel regiert der Staatsrat in Fortsetzung einer langen Tradition vom mittelalterlichen Schloss aus. Von den Beratungszimmern schweift der Blick weit über Stadt und See. Dem hohen Gemach des Conseil d'Etat im Château cantonal der Waadt – mit dem Büro des Kanzlers durch eine «Geheimtür» verbunden – geben schöne alte Deckenmalereien das Gepräge. Demgegenüber hat die Regierung von Neuchâtel für ihren Sitzungssaal einen modernistischen Bilderschmuck gewählt, an den sich noch nicht alle Akteure gewöhnt zu haben scheinen. Die Rittersäle mit den grossen Kaminen daneben dienen als Hort der Kommissionen. Im ganzen bleibt unter Einschluss der Kirche «La Collégiale» und des Parlaments die historische Note von der Bauanlage her nirgends in der Schweiz besser gewahrt als hier. Der Staatsrat von Genf hat sich jedoch in einem mittelalterlichen Wehrturm (tour Baudet) gegen die Treille installiert. Die Ausstattung ist reich und geschmackvoll, wie es sich für die Kultur- und Handelsmetropole am Ausfluss der Rhone schickt. Nüchtern und sachlich und doch formschön, so richtig gediegene Konferenzräume sind die Beratungszimmer der Regierungen in Aarau, Liestal und Delémont. Der Ratssaal des Regierungsrates von Baselstadt atmet demgegenüber noch echte Gotik. Allein in Schaffhausen scheint das Parlament im Ensemble des alten Rathauses stilvoller untergebracht als der Regierungsrat, der zwar eine nette Aussicht geniesst, aber sonst seinen getäferten Raum mit Kommissionen teilen muss. Da sind die Bräuche anderwärts strenger. Nur der Staatskanzler und der Weibel haben den Schlüssel zum Sanktuarium der Regierungsgewalt und wachen mit Sperberaugen, dass sich kein unverfrorener Besucher auf einen der lederbespannten Sessel auch nur flüchtig niederlässt. Derweil öffnen Regierungen und Staatskanzleien die Parlamentssäle laufend für unzählige Tagungen, ohne im entferntesten daran zu denken, dass hierüber die Meinung des Präsidenten oder des Büros eingeholt werden könnte. Das mögen traditionelle Gepflogenheiten sein. Gewiss, aber sie vermitteln doch subtile Hinweise, wer sich wo als Hausherr betrachtet.

Quellenverzeichnis

Kreis Georg
Verflechtung und «Kantönligeist». Schweizer Monatshefte, November 1988

Kreis Georg
Blick auf die Mehrsprachigkeit der Schweiz. Ja zur Existenz verschiedener Kulturen. NZZ 4. Oktober 1989

Stahlberger
Die starke Stellung der Gemeindeammänner im Kanton St. Gallen. NZZ 29. Februar 1988

Summary

The "We Feeling" – Mentality – Ambiance – Houses of Parliament
by Paul Stadlin

The "We Feeling"
The Swiss cantonal legislatures have little of the club atmosphere which – with all due respect – is witnessed in the British Parliament. Nevertheless a vital feeling of belonging together is not lacking, a feeling which is expressed by the designation "Républiques des Camarades" in French-speaking Switzerland. The spirit of fellowship has weakened considerably in German-speaking Switzerland, but the term of address for members of parliament in Ticino "onorevole" ("honourable") still has a certain effect.

Although the individual member of parliament may have secret second thoughts about the value and effectiveness of his work if he is not among the dozen or so very self-secure delegates, the council as a whole is not plagued by such doubts. It is a foregone conclusion that the performance of the legislature deserves top grades, and this high opinion is not even wrong, considering all the obstacles, possible restraints, attempts to force and weaken, the dimension of the problems, the flood of motions and other business, the conflicts which arise over goals, the yearning of individuals and groups to acquire status, the time factor, the financing bottlenecks, and many other factors.

The journalist who reports on parliament sees things differently, however – and above all the citizen, who often makes a judgment without being burdened with the knowledge of the existential circumstances prevailing in the political labyrinth. For them the parliamentarian, after a catchy phrase, has closed his ears and has a big mouth (which he uses to brag on top of it!). Here weakness in making decisions cannot be passed off as political wisdom. In their eyes the parliament is undisciplined. It misplans or wastes time. The reasons, the undercurrents, the developments on the political level which made a delayed action seem advisable and also led to preference of the technically third-best variant escape them. Furthermore the parliaments have been called to keep the Swiss mania for perfection within acceptable limits, and, besides the referendum tactic, to consider also the question of whether the laws they pass can be executed. The shortcoming in these requirements seem sometimes obvious.

Mentalities
The inhabitants of the diverse country of Switzerland display very different mentalities. How do these differences come through in Parliament? Because of the mixing of population groups, which has taken place, no simple classifications can be made anymore. Typical Zurich, Berne, Basle or Geneva natives still exist only in hand-picked examples, and to discover the origin of the delegates one has to look at all parts of the country, even the whole wide world, although the registry of names does offer clues and the milieu from which they come. One sees throughout Switzerland, for example, dignified building contractors with melodious Italian names sitting in parliaments, who enjoy considerable prestige as pillars of society. Their grandfathers immigrated to Switzerland as "muratori" (bricklayers). Looking more to the traditional characteristics of the cantons and municipalities, nowhere is there more talk about saving money in fact than in the parliaments of St. Gall, Thurgau and the two Appenzells. The same applies to saving time. In French-speaking Switzerland the money-bags are not taken less seriously, but are discussed in a lighter and more relaxed tone. The mentality of the sensible head of the household is therefore intact everywhere.

Ambiance
Now about the clothes of the parliamentarian, which is part of the external appearance:

Seen from the speaker's platform, the line between the wearers of pullovers and the wearers of jackets goes right through the middle of the Social Democratic sector. The actual differences in attire, however, are more clearly marked by age. The old generation of Communists Forel (Vaud) and Magnin (Geneva) sat in parliament in conventional business suits. Younger members of the more conservative Radical Democratic Party and of the Christian-Democrats, on the other hand, are not adverse to more relaxed dress: checks and stripes on baggy trousers and jackets predominate. The colourful twopiece dresses of the ladies are strewn like flowers through a meadow. The background colour of the populated chamber is gray-blue-ochre with a multi-coloured oasis of environmentalist "greens". The parliament of Grisons, however, still instructs its members to wear dark clothing, and enforces the rule up to today.

Refreshment possibilities for the beleaguered delegates during sessions should be touched upon briefly. Only few parliaments have a cafeteria like St. Gall and Basle, a bar as in Ticino, or a wine lounge like the parliament of Vaud. In various places coffee or drinks are served in the foyer (Uri, Zug, Geneva) or in a cellar (Obwalden). Where there are numerous restaurants and pubs in the vicinity of the Houses of Parliament, other facilities are considered unnecessary as in Berne, Lucerne, Schwyz, Glarus, Aarau, Solothurn.

To a limited extent the parliaments also hold social and sports functions. Most of them take one excursion connected with sightseeing per year or legislative period. The cantons of Zurich, St. Gall, Glarus, Schwyz, Zug and Nidwalden take part in the parliamentarian ski races. To be named further are the football clubs of the parliaments of Basle, Grisons and Thurgau. In Aarau there is a tradition of visiting the troops. Riflery contests among members of parliament are popular in Zurich. And the top people of the various parliaments pay visits to one another.

Houses of Parliament and Parliamentary Chambers
Pillars of ambiance and significant elements of self-expression are the many splendid or at least notable buildings which house the cantonal parliaments.

Zurich, Berne and Lucerne possess first rank historical parliamentary buildings. In the small cantons the legislatures are housed in some cases in very beautiful Baroque structures. Fribourg has the splendid Château cantonal, Basle the Gothic building on Marktplatz with its tower. The neoclassical buildings and chambers in Aarau and Lausanne were built in the first half of the 19th century after the cantons were founded. The parliament of St. Gall resides in the throne room of the Benedictine abbey, the Gran Consiglio of Ticino in the expropriated convent of the St. Ursula Nuns in Bellinzona. The parliaments of Valais, Jura and Thurgau meet in rented chambers, the Thurgau parliament being in Frauenfeld in the summer and in Weinfelden in the winter. In Neuchâtel the chamber of the Grand Conseil is part of a castle, and in Geneva the Hôtel de Ville has a monumental hall for debates. The "Salle de l'Alabama" is also located there, where a conflict between Great Britain and the young U.S.A. over the arming of the Confederate battleship of the same name was settled by arbitration.

Paul Stadlin

Rotation an der Spitze

Alle Jahre wieder tauchen an bestimmten Tagen in den schweizerischen Regional- und Lokalzeitungen die vertrauten Bilder auf, wie ein strahlender Magistrat in dunklem Anzug auf ein Podium steigt, Blumensträusse mit Bändern entgegennimmt und Trachtenmädchen küsst. Auch energische, aber friedlich blickende Damen, meist in schlichtes Schwarz gekleidet, reihen sich mehr und mehr in diesen Reigen ein. Es ist die Wahl der Präsidenten der kantonalen Parlamente, die sich vor unsern Augen abspielt, in der Regel ein Freudentag, der bei Speis und Trank und Reden, unter Teilnahme aller Kollegen, des Regierungsrates, der Parteien und der Bevölkerung der Wohnsitzgemeinde festlich begangen wird. Die Wahl selbst vollzieht sich nach bestimmten Regeln, Traditionen und Ritualen, die von Stand zu Stand etwas verschieden sind, in ihrem Gesamteindruck sich aber durchaus vergleichen lassen.

Blumen für den neuen Präsidenten des Grossen Rates Graubünden

System und Motivation

Das System darf als Rotation an der Spitze der Grossen, Kantons- und Landräte bezeichnet werden und ist einer näheren Betrachtung wert, die in diesem Artikel vorgenommen werden soll. Unverkennbar ist es durch das Muster der Bundesverfassung von 1848 inspiriert und geprägt worden, die – basierend wieder auf kantonalen Vorbildern – den einjährigen Turnus für das Präsidium der beiden eidgenössischen Kammern einführte. Seither haben ihn 22 Stände verwirklicht, deren drei – Nidwalden, Zug und Appenzell a. Rh. – kennen noch die zweijährige Amtsdauer ihrer Ratsvorsitzenden; letzterer Halbkanton jedoch nur, wenn sich der Präsident nach einem Jahr nochmals zur Verfügung stellt und gewählt wird. In Appenzell i. Rh. führt der Landammann den Vorsitz, dessen Mandat sich nach der Landsgemeinde richtet.

Diesem Prinzip liegen verschiedene Motivationen zugrunde. An erster Stelle darf wohl die Machtfrage genannt werden. Macht als eine der gefährlichsten Verlockungen der menschlichen Existenz kann, nach Winston Churchill, auch wohltätig sein, wenn sie in die richtigen Hände kommt und richtig dosiert wird. Die Gier danach entspringt jedoch den dunkleren Seiten unserer Natur.

Sie ruht beispielsweise, nach der Ansicht von Mao Tse Tung, in den Gewehrläufen. Sie hat starke wirtschaftliche Triebfedern und gewährt reiche Belohnungen, (vergleiche neueste Studie «Economy and Power»[1]). Vermittelst von Institutionen erfolgt der Aufbau der Macht und ihre Teilung, und sie soll durch das Recht kontrolliert werden. Dafür hatten unsere Vorfahren mit ihren aufgefächerten Staats- und Gemeindeordnungen ein feines Gespür. Sie wollten Machtansammlungen an einzelnen Punkten und bei einzelnen Persönlichkeiten vermeiden. Die Rotation an der Spitze von Behörden stellt sich als eine interessante und eigenständige Bemühung in dieser Richtung dar. Im demokratischen Ausland sind zeitliche Beschränkungen im Parlamentsvorsitz meistens nur in dem Sinn anzutreffen, dass die Legislaturperiode einen Einschnitt bedeutet; nach Wahlen werden die Karten neu gemischt und die Posten neu besetzt. Dort ist der Parlamentspräsident neben Staatsoberhaupt und

Regierungschef der zweite oder dritte Mann im Staate, und wegen seiner Stellung und langdauernden Funktion übt er häufig einen beträchtlichen Einfluss auf den Lauf der Staatsgeschäfte aus. Solche kleinen Könige hatten und haben im Land der Eidgenossen des 19. und 20. Jahrhunderts offenbar keinen Platz.

Umgekehrt – aber nicht unbeabsichtigt – bietet das System Gelegenheit, einer verhältnismässig grossen Zahl von Mitbürgern und Mitbürgerinnen die Mitarbeit an der Spitze eines Parlaments zu ermöglichen. Diese Tendenz einer Staatslenkung über viele Köpfe und viele die Verantwortung tragende Schultern ist das positive Korrelat der Machteindämmung. Sie schuf die Kollegialregierung und kommt zum Ausdruck in der Zulassung verschiedener Gemeindeverbände (wie Munizipal-, Orts-, Bürger-, Kirch-, Schul- und Korporationsgemeinden). Der sachlichen und örtlichen Dezentralisation gesellte sich, im Falle der Leitung der kantonalen Parlamente, die zeitliche der kurzen Amtsdauer hinzu. Ein Element mehr für die sorgsam austarierte Verteilung der öffentlichen Machtmittel.

Wenden wir uns nun dem einzelnen Abgeordneten zu, der papabile sein könnte: Für ihn hat das System etwas durchaus Erfreuliches und Ermutigendes, kann er doch bei jährlichen Neubestellungen hoffen, dass er in seiner Amtszeit, die im Durchschnitt 8–12 Jahre währt, auch einmal zum Zuge kommt. Er kann dann seinen Aufstieg – mag er ihn bewusst angepeilt oder dem Zufall überlassen haben – als persönlichen Erfolg verbuchen. Die Ehrung strahlt auf weitere Kreise aus: die Familie, die Stadt, aus welcher der Gewählte stammt, seine Talschaft, Region oder Sprachgruppe, seine Partei oder seinen Berufsstand, was in den Festreden stets gebührend vermerkt zu werden pflegt. Wenn nun einzelne die Einnahme des Präsidentensessels als Ziel oder Höhepunkt einer Karriere erachten, bildet diese für andere nur eine Durchgangsstation, ein notwendiges oder nützliches Sprungbrett für höhere Weihen. Wie oft kommt es doch vor – und darin liegt eine reine Feststellung, nicht eine Kritik – dass der Herr Parlamentspräsident oder die Frau Präsidentin während oder kurz nach ihrer Amtszeit in den National-, Ständeoder Regierungsrat gewählt wird. Der durch den Vorsitz im Rat erworbene Bekanntheitsgrad leistet der Tendenz Vorschub und erspart es den Parteien, einen Kandidaten unter grossen Kosten von Grund aufzubauen. Solche Konstellationen werden jedoch von den Vorder- und Hinterbänklern nur begrenzt goutiert. Allzu menschliche Gefühle mischen sich mit echten Bedenken, und beides ist dazu angetan, dass man sich gegenüber Senkrechtstartern beim erstbesten Anlass querlegt.

Es ist indessen interessant, dass es Kantone und Parteien gibt, die von ihren eidgenössischen Räten geradezu verlangen, dass sie sich der politischen Arbeit im Kantonsparlament nicht entziehen. So hat beispielsweise die CVP im Kanton Zug immer darauf gehalten, dass ihre Vertreter in Bern weiter im Kantonsrat wirkten, und zwar unter voller Inkaufnahme der Unzukömmlichkeiten, wie häufige Absenzen und Überlastungen. Unverkennbar ist aber auch, dass sich die öffentliche Meinung immer mehr gegen Ämterkumulationen wendet, so dass einzelne Kantone, wie Bern, ein eidgenössisches und ein kantonales Parlamentsmandat als unvereinbar erklären.

Milizcharakter des Präsidiums und seine Grenzen

Das ganze System lässt keinen vollamtlichen Parlamentspräsidenten in den Kantonen zu, oder man müsste es völlig umkrempeln, wofür es aber an Mehrheiten fehlt. Man muss also die Institution im Bewusstsein würdigen, dass es keine grundlegenden Alternativen gibt, und kann höchstens danach trachten, das System aus sich selbst heraus zu verbessern. Schon beim einzelnen Parlamentsmitglied geht die Inanspruchnahme in gewissen Kantonen (Zürich – 2 Tage pro Woche) bis an die Grenze des Tragbaren, und das gilt a fortiori für den Präsidenten, der in den bevölkerungsreichen Flächenkantonen 50 % und mehr seiner Arbeitszeit sowie viele Abende und Freitage dem Amt und seinen Repräsentationspflichten zu widmen hat. Soviel erscheint klar, dass die Nebenamtlichkeit des Vorsitzenden nur aufrecht erhalten werden kann, wenn die Amtsdauer kurz ist. Darin begegnen sich politische Absicht und praktische Notwendigkeit. Eine im Beruf stehende Persönlichkeit – selbst wenn sie ein politisches «Vollblut» wäre – kann sich eine längere Doppelbelastung nicht leisten. Man kniet für ein Jahr hinein, und «man» macht, mit Billigung des Arbeitgebers oder unter Inkaufnahme ökonomischer Engpässe und mancher Zerreissproben, fast nichts anderes mehr, als Präsident zu sein. Schon ein Zweijahres-Turnus wäre in manchen Kantonen nach bisheriger Manier nicht durchzuführen. Aus dem Faktor Kurzfristigkeit ergeben sich aber auch Nachteile: Ein Jahr reicht kaum aus, um sich einzuarbeiten. Bis man auf dem Parkett der verschiedenen Geschäfte und Gepflogenheiten Fuss gefasst hat, ist die Amtsdauer abgelaufen. Der Unterschied zeigt sich besonders deutlich im Vergleich mit dem Regierungsrat, dessen Mitglieder für mehrere Jahre amtieren und deshalb gegenüber der Spitze des Parlaments viel sicherer auftreten können, denn sie haben auch noch den ganzen Sachverstand der Verwaltung und einen grossen Wissensvorsprung auf ihrer Seite. Der Präsident des Parlaments, der nicht Jurist und Habitué in staatsrechtlichen Fragen ist, sieht sich zudem gezwungen, sich sehr intensiv vorzubereiten, ganz zu schweigen von seiner Abhängigkeit vom Staatsschreiber, der Staatskanzlei oder dem ständigen Ratssekretär. Letztere wird allerdings aufgewogen, wenn der Präsident eine originelle, unverbrauchte Kraft ist, die sich auch die Freiheit nimmt, dies und jenes anders zu machen als sein Vorgänger oder wie es ihm die Berater einflüstern. Zu weit getrieben darf die Eigenwilligkeit aber ebenfalls nicht werden. Warum? Weil der typische Parlamentarier aller Parteien in seinem Strickmuster konservativ ist und es deshalb nicht besonders mag, wenn vertraute Sitten und Abläufe ohne zwingenden Anlass geändert werden.

Vormarsch durch die Institutionen: Fraktionen, Büro, Präsidium

Die Auswahl eines Präsidenten beginnt in der Fraktion und wird dann in Gang gesetzt, wenn die betreffende Gruppe an der Reihe ist. Das richtet sich meistens nach der Parteistärke im Parlament, und wie es bei allen Formeln, die keine Zauberei bedeuten, unabwendbar ist, muss sie von Zeit zu Zeit, obgleich mit etwelcher Verzögerung, der Realität des Proporzes angepasst werden, der freilich die kleinen Gruppierungen kaum berücksichtigt. Das verursacht dann mitunter politische Bauchschmerzen.

In jeder Fraktion gibt es Bewerber und Strömungen. Manchmal drängt sich der Kandidat mehr auf als die Kandidatur. Der umgekehrte Fall ist aber auch nicht ausgeschlossen, wonach der Fraktionschef keinen Kollegen findet, der sich zur Verfügung stellt. Da ist die nette Geschichte aus einem Grenz-Kanton, wo in der entscheidenden Sitzung der Chef der freisinnigen Fraktion verschiedene ihm geeignet scheinende Räte vergeblich angesprochen hat, und sich erst zuletzt an einen Mann mit Bart und Pullover wendet. Dieser antwortet trocken: «Ihr habt mich bisher ja nicht gefragt, aber wenn Ihr es jetzt tut, dann nehme ich an.» Er wurde vorgeschlagen und gewählt und soll ein guter Präsident gewesen sein.

Damit ist der Weg durch die Instanzen erst angelaufen, denn die andern Fraktionen im Rat interessieren sich auch für den Bewerber, und es kommt auf ihre Unterstützung an, damit er durchdringt. Natürlich verlangt die Tradition eine gewisse Toleranz gegenüber Vorschlägen aus gegnerischen Lagern, aber man darf diese erfahrungsgemäss nicht strapazieren. Überhaupt lassen sich die fraktionsinternen Personalprobleme nicht auf dem Buckel des ganzen Rates lösen. Es hiesse die Kooperationswilligkeit anderer Gruppen weit überschätzen, wenn man von ihnen in dieser Richtung Hilfe erwartete. Sie schauen bei Zwistigkeiten eher nach der Möglichkeit aus, sich als Königsmacher oder lachende Erben zu betätigen. – Wenige erklimmen den Präsidentensessel auf der «Direttissima», eigentlich nur, wenn der Vizepräsident gerade vor dem Antritt plötzlich ausscheiden sollte. Sonst ist die «Ochsentour» über das Büro zu absolvieren, die aber auch als Lehr- und Angewöhnungsperiode ihren guten Sinn hat. In einzelnen Kantonen, hauptsächlich kleinen, gilt das System des Ständerates, das heisst ein Anwärter wird zuerst Stimmenzähler, dann Vizepräsident, und dann, nach drei, vier Jahren, endlich Präsident. In Nidwalden und Appenzell a. Rh. geht es wegen dem zweijährigen Turnus noch länger. Daraus ist zu erklären, dass beispielsweise in den Kantonen Glarus und Obwalden bisweilen ein Kampf um den letzten, das heisst neuen Stimmenzähler entbrennt. Das ist nämlich die Weichenstellung für das Präsidium. Im Kanton Neuenburg führt der Weg zum Präsidentenfauteuil über die beiden Sekretäre des Büros und die beiden Vizepräsidenten, welcher Parcours dort bis kürzlich als Garant einer friedlichen und diskussionslosen Zurücklegung des entscheidenden Schrittes zur höchsten Würde betrachtet wurde. In den meisten Kantonen ist die Vorstufe des Präsidentenamtes aber das Vizepräsidium allein, und wo 2 Vizepräsidenten bestehen, fängt man mit dem zweiten an, wie in Zürich, Bern oder Solothurn. In Genf habe ich jedoch eine weitere Besonderheit festgestellt: Der zweite Vizepräsident ist rein aus Gründen der Parteisymmetrie und der Stellvertretung da, hat aber keinen traditionellen Anspruch, zum ersten Vizepräsidenten nachzurutschen.

Kandidaturen und ihre Akzeptanz

Aus tieferer – allgemein menschlicher Sicht – kann man den begehrten Präsidentenposten, der Ehre und doch nicht soviel Stress und Ungemach in sich zu schliessen scheint, als Balsam für erlittene politische Unbill (z. B. einen Riss in der Karriere) oder als Korrektur eines Schicksalsschlages erachten oder auch als Belohnung für Wohlverhalten sowie für Fronarbeit in Parteiapparat und Fraktion. Zudem werden Frohnatur und Arglosigkeit, sowie gesellige Eigenschaften bei solchen Gelegenheiten gerne honoriert. Den Jass- und Kegelfreund, der fünfe gerade sein lässt, schubst man nach oben. Hört man sich dann am Wahltag etwas um, so vernimmt man Bemerkungen wie: «Das steht ihm zu» oder: «Er hat lange strampeln müssen» oder: «Wenn schon eine Frau, dann diese sympathische, die soviel durchgemacht hat». In der Tat sind die Kollegen nicht ohne Herz, obgleich es in einem kritischen Schutzmantel tickt. Sie zeigen damit nur ihre Volksverbundenheit, indem sie ähnlich zu reagieren neigen, wie die Bürger und Bürgerinnen an der Urne. Die Empfindung kann sich aber schnell wieder auf die ungünstige Seite kehren, und das kostet Stimmen bei der geheimen Kür. Nicht jeder Fundamentalist oder Selbstdarsteller ist dem Wahlkörper zuzumuten. Der Streber wird mit Teilentzug der Liebe bestraft. Dem Sesselhüpfer, der flach herauskommt, wird die Erfahrung zuteil, dass es durchaus möglich ist, einen genau kalkulierten Sprung zu verpassen. Vom Moralisten befürchtet man eine strenge Zensur und pingelige Amtsführung, und das weckt Unlustgefühle; und der Konvertit, ja dieser unterliegt vielfältigen Aversionen, die seine Kandidatur vielleicht schon im Vorfeld ersticken. Umgekehrt kann das Sozialprestige eines Berufes (z. B. Arzt) einen Bonus gewähren, ebenfalls dasjenige eines bekannten Namens oder einer Geisteshaltung, ja auch einer Modeströmung. Alle diese Dinge können indessen auch polarisierend wirken und wiederum Stimmen abziehen. Als kräftige Bremse zur Vermeidung von Verstössen gegen ungeschriebene Gesetze oder gegen ausgegebene Losungen, erweist sich allemal die Angst vor Retourkutschen, denen schon gute Leute zum Opfer gefallen sind. Das ist der Grund, weshalb mancher Parlamentarier es vorzieht, Kröten zu schlucken, als einen politischen Salat anzurichten. Man tröstet sich dabei, dass der unerwünschte Kandidat beim einjährigen Zyklus doch nur Episode bleibt, oder dass er sich in seiner Funktion blamieren könnte, was man dann aber freilich dem Ansehen des Kantons auch wieder nicht gönnen mag. Die simultane Wahl des Büros auf einer Liste soll in einzelnen Ständen ein Ausweg aus solchem Dilemma sein, verschiebt aber das emotionelle Problem nur auf die technische Ebene und auf die Hoffnung, dass der Affront bald wieder vergessen sein werde. Gewiss, der Politiker hat oft ein kurzes Gedächtnis, aber die Trübung der Atmosphäre zeigt vielleicht schon Naheffekte. Am besten steckt man Betriebsunfälle bei Wahlen wortlos ein, wozu es aber Nerven und Willen braucht, an denen es mangeln könnte. Und das nennt man circulus vitiosus... Abschliessend: Politische Versprechungen – ausser der Reziprozität – spielen bei der Präsidentenwahl eine geringe Rolle, ein Beweis mehr, dass der/die für ein Jahr Höchste im Saal nicht als Turm im Staatsschach eingestuft wird und schon gar nicht als Dame, selbst wenn es eine wäre.

Der Wahlakt und das Wahlfest

Der Wahlakt hat eine technisch-rechtliche Seite, soll aber auch einer gewissen Feierlichkeit nicht entbehren. Diese ist dann gesichert, wenn die Wahl mit dem Beginn der Legislaturperiode zusammenfällt oder mindestens als Auftakt zu einer Session, wie in Bern, Graubünden, St. Gallen und Wallis. Die Anberaumung einer eigenen Wahlsitzung ist auch nicht unüblich, von einem witzigen Kommentator einst «Glöggli-Sitzung» genannt, weil der Vorsitzende so oft läuten muss, um Resultate bekanntzugeben. In Fribourg freilich sind die periodischen Wahlen in eine Arbeitstagung eingebettet. Der amtierende Präsident nimmt die Vorschläge in Empfang und lässt die Stimmenzähler in Aktion treten. Derweil gehen die Ausführungen eines Berichterstatters und die Detailberatung einer Gesetzesvorlage aber weiter. Wenn das Resultat der Wahl vorliegt, unterbricht der Vorsitzende die Debatte, um es zu verkünden. Darauf folgen Annahmeerklärung und Dankesbezeugung, aber es wird dann schnell zum Sachgeschäft zurückgekehrt. Das gleiche wiederholt sich bei der Wahl des Vizepräsidenten und des Präsidenten der Regierung. Auch andere Kantone machen vereinzelt ein Experiment in die Richtung einer Arbeitsanstrengung während des Auszählens der Stimmen oder auf andere Weise. Ein solches ist etwa im Kanton Zug 1988 missglückt, weil eine Interpellation dem Wahlakt vorgeschaltet wurde, die soviel Zeit beanspruchte, dass das Budget erst am Nachmittag behandelt werden konnte, sehr zum Unbehagen aller, die verknurrt waren, das Fraktionsessen übereilt abzubrechen und auf den obligaten «Schieber» zu verzichten. In manchen Kantonen verlassen die Kandidaten vor der Wahl den Saal und werden triumphal hereingeführt. Da soll es einmal vorgekommen sein, dass der Gewählte in seiner Freude dem Frohboten einer hohen Stimmenzahl, das heisst dem Weibel an seiner Seite, ein «Goldvreneli» in die Hand gedrückt habe. Nicht überall besteigt der Gewählte sofort den Präsidentenstuhl, sondern bei etlichen beginnt die Amtszeit erst später, z. B. an Neujahr oder am 1. Juli. Der direkte Einstieg ergibt sich meistens zu Anfang der Legislatur, wo nach der Wahl des Vorsitzenden der Alterspräsident seine Mission erfüllt hat. Sofern sich der alte und neue Präsident unmittelbar ablösen, trägt es zur Steigerung der Stimmung bei, wenn der Abtretende sich mit kurzen und launigen Worten, oder wenn schon, nur mit liebenswürdigen Ermahnungen verabschiedet, worauf die Antrittsrede des «Neuen» auf neugieriges Interesse stösst. Ein realistischer «Incoming President» hat jedoch einst auf jede Ansprache verzichtet mit dem Hinweis: Genug Arbeit wartet auf uns! Er hatte damit sachlich recht, aber emotionell nicht ganz, denn auch der nüchterne Betrieb unserer Parlamente bedarf in bestimmten Momenten eines gewissen Glanzes und der Erhebung in höhere Sphären. Natürlich ist nicht jeder Vorsitzende ein grosser Redner. Hauptsache, er weiss sich zu behelfen. So geht die Kunde, dass ein vom Lande stammender Alterspräsident sich seine Begrüssungsadresse von einem bekannten Regierungs- und Nationalrat aufsetzen liess, der bei anderer Gelegenheit auch schon seinem Bischof das Bettagsmandat verfasst haben soll. Ob es diesem Magistraten wohl Spass gemacht hat, im Ratssaal und in der Kirche seinen eigenen Worten zu lauschen?

Le président du Grand Conseil vaudois

Der Präsident des Kantonsrates Zug

Der Präsident des Grossen Rates Schaffhausen

Was geschieht indessen, wenn bei der Präsidentenwahl genau gleich viel Stimmen auf zwei Kandidaten entfallen? In einem Kanton der Zentralschweiz entstand Unruhe und Ratlosigkeit, als auch bei der Wiederholung das Ergebnis unverrückbar blieb. Bis ein «Weiser» auf das Reglement aufmerksam machte, das für solche Fälle das Los vorsehe. Gesagt, getan! Und das Happy-End für beide: der Gewinner wurde als gewählt erklärt und der Verlierer kurze Zeit danach von seiner Partei in den Regierungsrat gehievt.

Während nun das Wahlfest von gemeinschaftsbildender Wirkung, wie es in einzelnen «Selbstportraits» geschildert wird, seinen fröhlichen Verlauf nimmt, dürfen wir diesen Abschnitt schliessen, mit dem Satz, den Nationalrat Dr. S. Widmer bei einer Bundesratswahl ausgesprochen hat: «Für uns ist der Wahlvorgang ein Moment hoher Verantwortung für das Parlament.» Was auch für die Kantone gilt.

Eigenschaften und Anforderungsprofil

Wie im Wirtschaftsleben spricht man auch in der Politik heute viel vom Anforderungsprofil. Versuchen wir deshalb ein solches für den Parlamentspräsidenten zu entwerfen, wobei man mir nicht verübeln wird, wenn ich mit den Augen des Verständnisses auf die Zunft blicke, der ich selbst einmal zuzugehören die Ehre hatte. Oft gewinnt man aus einem Gegensatz die besten Argumente. Hier bietet sich die Exekutivstellung als Beispiel an. Regierungsräte sind Manager der Staatsmacht, von denen man Stehvermögen, Durchsetzungskraft, Organisationstalent, politischen Instinkt, intensive Arbeit, Personalführung erwartet, aber auch eine Verbindung von Grundsatztreue und pragmatischem Geschick. Dagegen stehen andere Begabungen beim Parlamentspräsidenten im Vordergrund. Seine Aufgabe ist die eines neutralen Gesprächsleiters, eines Schiedsrichters, der die gelbe Karte (aber kaum je die rote) zeigen kann. Eine gewisse geistige Beweglichkeit und die rasche Erfassung von unerwarteten Situationen müssen ihn begleiten. Die prompte und massvolle Reaktion darauf gehört zu seiner Ausstattung. Ist er dabei schlagfertig und lässt er sich nicht alles gefallen, gewinnt er Punkte. Das sollte ihn aber nicht hindern, flexibel und gegebenenfalls sogar langmütig zu sein. Der umsichtige Präsident greift daher nur zögernd zur Glocke; er hat das in der Regel auch nicht nötig, weil er auf jeden Fall am längeren Hebelarm sitzt. So hat er sich selten Angriffen zu erwehren. Wer sich mit ihm anlegt, bringt unschwer den ganzen Saal gegen sich auf, was dem Vorsitzenden ein schnelles und entschlossenes Durchgreifen erleichtert. Er wird sich aber hüten, seine Autorität zu überziehen, denn das wäre der sicherste Weg, sie zu zerstören. Der Parlamentarier will nämlich von seinem Präsidenten nicht gegängelt und geschulmeistert werden. Gewandtheit im Ausdruck und eine Prise Witz und Humor helfen dem Präsidenten allemal weiter, und zieht er die Lacher auf seine Seite, ist die Lage bereits entschärft. Die streitbaren Opponenten vom Dienst stecken gegenüber einem solchen Vorsitzenden merklich zurück, mindestens im Ton und in der Häufigkeit ihres Vorprellens.

Der erfahrene Verhandlungsleiter soll sich indessen durch das Plätschern der Debatte nicht einschläfern lassen; es ist ihm nicht erlaubt, sich in seinem hohen Sessel wohlig zurückzulehnen, im Vertrauen darauf, dass der Fluss der Reden einfach an ihm vorüberziehe. Da lauern nämlich überall prozedurale Stromschnellen, die zu einem Schiffbruch führen könnten. Das erfordert ständige Präsenz. Trotzdem unterlaufen gelegentlich Fehler und Irrtümer. Es kennzeichnet die souveräne Art des Befähigten, dass er sie freimütig zugibt und prompt ausbügelt, vielleicht sogar mit einem Schuss Selbstironie, die beiträgt, dass sein Image unbeschädigt bleibt.

Mag das würdige Erscheinungsbild des Präsidenten bei seinen öffentlichen Auftritten förderlich sein, im Saal, wo er der Erste, aber nicht unbedingt der Beste ist, zählt die ruhige, bescheidene und doch besonnene Haltung, wobei die Damen an der Spitze überdies von ihrem Charme einen dosierten Gebrauch zu machen wissen. Es kommt vor, dass auch körperlich behinderte Ratsmitglieder, die mitunter einen besonderen Ehrgeiz entwickeln, ins Präsidium gelangen. Dann ist es faszinierend, zu beobachten, wie ein Invalider durch geistige Brillanz, aber auch durch Willensstärke sein Handicap meistert.

Ein Präsident darf aber nicht nur Bonmots verstreuen, er muss das Gefühl der Kompetenz erwecken und wird vor allem an seiner Speditivität gemesssen. So erntete jener PTT-Beamte grosse Anerkennung, der auf politische Höhenflüge verzichtete, aber dafür unnützen Weitschweifigkeiten entschieden entgegentrat.

Sein gängiger Spruch: «Die Meinungen sind gemacht, wir schreiten zur Abstimmung» war genau das, was manche insgeheim dachten. So kristallisierte sich eine Identität zwischen dem Präsidenten und der stummen Mehrheit heraus. Ich erinnere mich jedoch auch gern eines Vorsitzenden im Gran Consiglio ticinese, der den Rat freundlich aber straff führte und die umfangreiche Traktandenliste eines Nachmittags in einer redefreudigen und redebegabten Versammlung elegant bewältigte. Ein anderer Präsident geriet demgegenüber selbst gern ins «Pläuderlen», und als er bei einer Gelegenheit den Rat ermahnte, sich kürzer zu fassen, wurde ihm aus der Mitte bedeutet, er möge sich selber an der Nase nehmen.

Stimmgebung und Wahlbeteiligung des Vorsitzenden

Die Teilnahme des Vorsitzenden an Abstimmungen und Wahlen ist ein Ausfluss seines Schiedsrichteramtes. Es handelt sich um eine Kompetenz, die in der Praxis von manchen Magistraten eher als Danaergeschenk empfunden wird, denn die wenigsten reissen sich darum, mit ihrer Stimme öffentlich Schicksal zu spielen oder bei komplizierten Wahlgeschäften das Züngleins an der Waage zu sein. Die Geschäftsordnungen der Kantone haben ein ziemlich genaues, vereinzelt sogar ausgeklügeltes Verfahrenssystem für den Fall der Gleichheit der Stimmen entwickelt, das in der Folge noch etwas näher dargestellt werden soll.

Stimmgebung der Präsidenten: In 19 Kantonen stimmt der Präsident bei Sachgeschäften nicht mit, im Rest der kantonalen Parlamente stimmt er mit, vereinzelt freilich nur bei geheimer Abstimmung oder bei Namensaufruf (SH). In 22 Parlamenten gibt er bei gleichgeteilten Stimmen (wenn sie «einstehen») den Stichentscheid. Auf das nämliche kommt es heraus, wenn der Präsident teilnimmt, und es dann in der Geschäftsordnung heisst, dass jener Antrag angenommen sei, dem der Vorsitzende zugestimmt habe (SH, SO, TG). In Genf besteht die Regelung, dass der Präsident zwar den Stichentscheid besitzt, er aber nicht verpflichtet ist, davon Gebrauch zu machen. Im letztern Fall gilt der Antrag als abgelehnt. Die interessanteste Bestimmung kennt der Kanton Tessin. Dem Vorsitzenden ist kein Stichentscheid zugedacht. Dafür muss an einer näch-

Gruppenbild der Präsidentinnen und Präsidenten der kantonalen Parlamente an ihrer Tagung in Zug am 20. September 1989

sten Sitzung ohne Diskussion nochmals abgestimmt werden, und wenn wieder das «pro» und «contra» gleich viele Stimmen vereinigt, gilt die Sache als zurückgewiesen.

Wahlrecht des Präsidenten: In 25 kantonalen Parlamenten nimmt der Vorsitzende an Wahlen teil, in einem Fall, der Waadt, ausdrücklich nur bei geheimer Wahl. Was geschieht nun aber bei einem Patt?

Nur 4 Kantonsparlamente schieben dem Vorsitzenden den unangenehmen Stichentscheid zu, der ihm wohl Vorwürfe, ja Feindschaft eintragen könnte. Die Mehrheit, nämlich 14 Kantone, sehen eine Losziehung in verschiedener Form vor. In den Kantonen Solothurn und Jura bestimmt das Los nicht darüber, wer gewählt ist, sondern wer eliminiert wird. Im Aargau muss die Wahl vor der Losziehung wiederholt werden, was ja rein faktisch in den Kantonen zutreffen dürfte (zum Beispiel TG), die keine explizite Bestimmung kennen. Nach der Geschäftsordnung von Baselstadt ist das Los, «sichtbar» dem ganzen Saal, zu ziehen. In Genf gibt es weder Los noch Stichentscheid, sondern bei Gleichheit der Stimmen hat der älteste Kandidat das Rennen gemacht.

Präsidialer Alltag

Die Wahlfeiern sind verflogen, und der Alltag breitet sich aus. Auch an einem solchen ist der Präsident sorgfältig gekleidet, meist dunkel oder grau. In einzelnen Kantonen liegt der Pegel traditionsgemäss höher. Ich erlebte, wie der Präsident des Grand Conseil neuchâtelois im Smoking mit Fliege amtete, der Präsident des Grand Conseil vaudois im Stresemann (gestreifte Hose und schwarzes Jackett); der Vorsitzende des Grossen Rates Appenzell i. Rh. (das heisst der regierende Landammann) im Cutaway mit silberner Krawatte. Demgegenüber zog der Präsident des Grossen Rates von Bern an einem heissen Sommertag den Rock aus und hängte ihn kurzerhand an seine Stuhllehne.

Sehen wir uns nun etwas um, welche Probleme und Schwierigkeiten auf ihn zukommen. Da ist die Festsetzung des Sessionsprogramms und der Traktandenliste der einzelnen Sitzungen. Obwohl der Rahmen weitgehend vorgegeben ist, durch Reglement, die Vorschläge des Regierungsrates und die allfälligen Beschlüsse des Büros bzw. der Präsidenten-Konferenz hat der Präsident doch eine gewisse Steuerungsmöglichkeit. Was er als nicht so dringend erachtet, kann er etwas nach hinten zu schieben versuchen. Die grosse Unbekannte ist jedoch der Zeitbedarf des einzelnen Geschäfts, der sich schwer abschätzen lässt. Natürlich wird der Plan nicht selten durch unerwartete Vorkommnisse, die eine sofortige Beratung nötig machen, über den Haufen geworfen. Auch kann, wenn vorerst alles glatt zu laufen scheint, plötzlich aus einem Winkel ein Blitz zucken, der das Diskussionsfeuerwerk in Gang setzt, das gut und gern eine halbe Stunde oder mehr der knapp bemessenen Sitzungsdauer absorbiert. Grosse Bedeutung im Zeitmanagement kommt der Behandlung der persönlichen Vorstösse zu. Dringliche Interpellationen und Motionen verlangsamen die Behandlung der normalen. Die Menge der Neueingänge übersteigt die Kapazität zur Erledigung der schon anhängigen. Der Stau vergrössert sich, und die Papier- und Redeflut überspült Rat und Präsident, der echte Korrekturen kaum zu erzielen vermag, sondern nur Palliativmittel anwenden und Geduldsübungen verschreiben kann, in der Hoffnung, diese seien abschreckend. Als einigermassen wirksam und jedenfalls das Vormittagsziel rettend, ist die Plazierung der persönlichen Vorstösse am Schluss, wo sie aber gar nicht immer verbleiben, denn der Rat selber entscheidet nach den meisten Reglementen über die Tagesordnung und speziell die Reihenfolge der Traktanden.

Als richtiger Stolperstein erweist sich in vielen Fällen der Abstimmungsprozess. In der Regel verordnet das Reglement, dass der Vorsitzende dem Rat seine Vorschläge unterbreitet; und das ist gut so, da auf keinem Gebiet so widersprüchliche Ansichten vertreten werden können, von denen keine als total abwegig erscheint. Also muss die Bereinigung durch das Plenum erfolgen. Diese ist deshalb bisweilen nicht einfach, weil darüber, was ein Haupt-, Eventual- oder Subeventualantrag sei oder ob zwei Hauptanträge vorliegen oder wie Gegenvorschläge zu einer Initiative in Beziehung zu setzen sind, je nach Sicht der Dinge, in guten Treuen, verschiedene Meinungen möglich sind. Das hat sich, in Anwesenheit des Verfassers, z.B. in Schaffhausen bei der Beratung gezeigt, wie der Rat sich zu einer Volksinitiative über die Unvereinbarkeit des Parlamentsmandates mit der Funktion eines kantonalen Beamten oder Lehrers verhalten wolle.

Dann gibt es auch noch so etwas wie die bewusste Provokation: Eine solche lag vor, als im Grossen Rat des Kantons Aargau grüne Mitglieder wegen eines bestimmten Geschäftes in Gasmasken angerückt kamen. Der Präsident reagierte nicht unmittelbar darauf, sondern wartete die Vereidigung eines neuen Mitgliedes ab, um den Spuk loszuwerden: Er lud Rat und Tribüne ein, sich zu erheben, und die Gasmaskenträger forderte er ruhig auf, ihre Vermummung abzulegen, welchem Befehl wortlos Folge geleistet wurde, sehr zur Erleichterung der Maskierten selbst, die unter ihrem Kopfaufsatz ganz ordentlich zu schwitzen begonnen hatten.

Zum ungeschriebenen Pflichtenheft des Präsidenten gehört auch, dass er sich dem Volke zeigt. Im Wallis wird der Grossratspräsident im Volksmund respektvoll «Grand baillif» genannt, der im Amtsjahr an 150 bis 180 Anlässen teilnimmt und der in diesem Stand der zwei Sprachen und aufgegliederten Talschaften eine bedeutende Integrationsfigur darstellt. Dem Präsidenten des Grossen Rates von Graubünden, der Standespräsident heisst, kommt eine analoge Funktion zu, und der Kantonsratspräsident von Solothurn achtet sorgsam darauf, in allen, selbst peripheren «Ämtern» präsent zu sein. Der Grossratspräsident von Bern hat zu diesem Zweck ständig einen Wagen des Staates mit Chauffeur zur Verfügung, während der Kantonsratspräsident von Zürich der Metropolenhaftigkeit seines Kantons mit dem Besuch von mehr als 100 Veranstaltungen seinen Tribut zollt.

In Wartestellung

Es ist vom Vicepräsidenten (oder den beiden Vicepräsidenten) die Rede, die verurteilt sind, ein oder zwei Jahre als mehr oder weniger stumme Teilnehmer auf dem «Bock» zu sitzen. Sie können sich zwar als Votanten betätigen, aber es wird nicht als besonders stilvoll erachtet, wenn sie das öfter tun. Ihr Los und ihre Aufgabe ist es, dem Präsidenten zu assistieren, indem sie ihn z.B. auf übersehene Wortbegehren aufmerksam machen (wobei im Einzelfall noch festzustellen wäre, ob der Präsident – nach dem Vorbild des Speakers im Unterhaus – nicht geflissentlich in die falsche Ecke geschaut hat, wenn er erklärte: «Die Diskussion scheint erschöpft»). Die eigentliche Funktion liegt jedoch in der Vertretung des Präsidenten, wenn dieser austritt oder aus einem sonstigen Grund nicht teilnehmen kann oder wenn der Präsident ausnahmsweise seine Meinungsäusserung zu einem Sachgeschäft als noch wichtiger betrachtet als seine Schiedsrichterrolle. Er bittet dann den Vicepräsidenten zur Übernahme des Vorsitzes für die Zeit, da er spricht. In Räten, die Pausen einschalten, gelangt ein Vicepräsident nicht häufig zur Stellvertretung, wohl aber in solchen, die durchgehend arbeiten. Da ist es in St. Gallen vorgekommen, dass der Vicepräsident eine Abstimmung durchführen musste, aus der ein «Patt» resultierte. Er gab wie vorgeschrieben den Stichentscheid, der aber, wie nachträglich festgestellt, im gegenteiligen Sinn lautete, als ihn der in diesem Moment zurückkehrende Präsident gefällt hätte. Eine wirkliche und originale Neuerung wird im Landrat BL praktiziert: § 101 des Reglements bestimmt, dass, wer das Wort ergreifen will, sich beim Vicepräsidenten zu melden habe. Diese Vorschrift wird so gehandhabt, dass der Vicepräsident faktisch die Diskussion leitet, auch bei Anwesenheit des Präsidenten, (der sich damit eine Pause verschaffen oder einem anderen dringenden Anliegen widmen kann). Die beschriebene Arbeitsteilung im Präsidium spielte ausgezeichnet bei meinem Besuch und die Vicepräsidentin gab das Steuer erst am Ende der Debatte wieder an den Präsidenten zurück, damit dieser die Abstimmung durchführen konnte. Die positive Wirkung ist eine doppelte: Der Präsident wird entlastet und der Vicepräsident wächst in seine künftige Stellung hinein. In Zürich scheint eine andere Gepflogenheit zu herrschen: Dort befasst sich der erste Vicepräsident während der Verhandlung hauptsächlich mit der Zusammenstellung der Tagesordnung für die nächste Sitzung. In Basel hingegen wurde ihm die delikate Mission anvertraut, ein junges Mitglied, welches nach Überschreitung der Redezeit nicht an seinen Platz zurückkehren wollte, mit guten Worten und väterlichem Rat so zu beeinflussen, dass es nach längerem Palaver, am Arm seines Mentors, aber immer noch gestikulierend, den Saal verliess.

Ein Hauch von Protokoll

Die meisten Kantone besitzen für ihre Behörden kein genau definiertes Protokoll oder nur ein spärliches. Die wichtigste Ausnahme macht der Kanton Genf, der sich – seiner internationalen Verflechtung bewusst – stärker um die Belange des Staatszeremoniells kümmern muss und auch einen eigenen, sehr distinguierten Protokollchef besitzt, der bei jedem Empfang aufkreuzt. Im Jura hat die Regierung ein «Règlement protocolaire» erlassen, das dem Präsidenten der Exekutive den Vortritt einräumt, während aus Art. 82 alinea 1 der Verfassung «Le parlement est le principal représentant du peuple» abgeleitet werden könnte, dass eigentlich der Präsident der Legislative obenanstände. In Neuenburg wird sehr hübsch vom «premier Magistrat» und vom «premier citoyen» gesprochen. Ähnlich in Glarus: Der Landammann ist der höchste Magistrat im Tal, der Landratspräsident aber im Sitzungssaal der erste. Auf dieses Dilemma spitzt sich die ganze Frage zu. Sie stellt sich nicht in Appenzell i. Rh., weil dort der regierende Landammann den Grossen Rat und die Standeskommission präsidiert. Folgende Staatskanzleien erklären auf Anfrage, dass bei ihnen dem Parlamentspräsidenten der protokollarische Vorrang zukomme (ZH, ZG, FR, SO, SH, SG, TG). Für Wallis gilt aber: «seulement pendant les sessions». Keinen Vorrang geniesst der Präsident des Parlamentes nach den gleichen Quellen in LU, UR, OW, AR, TI, VD, GE, wobei das Problem aber oft so gelöst wird, dass die Exponenten Seite an Seite auftreten und zu späterer Stunde Arm in Arm. Also eine echt helvetische Vielfalt, die auch die geringe Bedeutung des Protokolls in den Kantonen erkennen lässt, das keine Ambitionen nährt und keine Gemüter in Wallung bringt. Oft wissen die Amtsträger selber nicht, wie sie sich verhalten sollen und müssen den Staatsschreiber oder sogar den Weibel fragen; wie es geschah, als Kantonsratspräsident und Landammann bei einem Fest die Kutsche besteigen sollten: «Geh Du voran», sagte jeder, bis von einem schnauzumbarteten Mund der kernige Bescheid ertönte: «Mached kei Lämpe, sonscht fallt's no uuf.» Auch das ist irgendwie charakteristisch für die gemeinschaftliche Demokratie in den kantonalen Parlamenten.

Quellenverzeichnis

Als Quellen benutzte der Verfasser die Geschäftsordnungen, Auskünfte der Staatsschreiber und Parlamentssekretäre sowie eigene Beobachtungen und Erfahrungen.

Anmerkung

[1] Studie «Economy and power», herausgegeben vom Forschungszentrum für Wirtschafts- und Sozialpolitik, Zug, 1988

Summary

Rotation at the Top
by Paul Stadlin

The familiar pictures appear in the Swiss national and regional press each year on certain days. They show a smiling public officeholder in a dark suit climbing up to a podium, accepting bouquets with streamers, and kissing girls in traditional costumes. Dynamic but composed ladies, too, usually dressed in sleek black, are coming more and more into these ranks. What we see taking place is the election of the presidents of the Swiss cantonal parliaments. As a rule, it is a happy day, marked by festivities, eating and drinking, and speeches. Members of the cantonal goverment and the political parties all take part, as well as the populace of the place where the newly elected officeholder resides.

The system can be called rotation at the top of the cantonal legislature. In 22 cantons the rotation is realized on a yearly basis. In three – Nidwalden, Zug and Appenzell Ausserrhoden – the parliamentary president has a two-year term of office while in Appenzell Innerrhoden the "Landamman" presides, whose term follows the Landgemeinde, the gathering of all those entitled to vote.

There are various reasons for this principle. The primary motive is certainly decentralization of power. By the same token – and not unintentionally – the system offers the opportunity for a relatively large number of citizens to take part at the head of a parliament. He or she can see his or her rise, whether consciously sought or not, as a personal triumph. While some individuals view taking the presidential chair as the goal or highlight of their career, others consider it merely a station along the way, a necessary or useful stepping stone for higher aspirations.

The office of president has a militia-like character. It requires of the officeholder in the big cantons of Zurich and Berne up to four days a week, in contrast to the small cantons where it is only a matter of three to five days a month. In addition there are many representational duties in the evenings and on Sundays. If it were not for the short term of in most cases one year, the system could not be maintained. The negative side is that the mandate comes to an end before the president has gained a sure foothold in the rules and practices. His dependence on the chancellor or parliamentary secretary is obvious, and can only be compensated for by originality and good preparation.

How does one become President? It is a difficult obstacle course, influenced by various constellations and coincidences. First, according to the rules of proportional representation, it has to be the turn of one's political party, which then makes its internal selection, taking into consideration acceptance of the candidate by other big groups. Then comes the rise through the ranks of the "Büro", an administrative group in Parliament, which can take up to three years in Uri, Obwalden and Glarus, since one counts votes for two years before moving into the vice presidency. It is an unwritten rule in almost all the cantons that the Vice President will be elected President. Nevertheless a rival candidate for the presidency can still appear at the crucial hour. Should both candidates receive the same number of votes, then the decision is made by lot in a majority of the cantons.

Let's take a look at the necessary qualifications for a president. His task is that of a neutral discussion leader, a referee who can give a warning (but rarely makes a player leave the field). He must also possess a certain intellectual versatility and quick comprehension of unexpected situations. Prompt and tempered reaction to such situations is among his required attributes. If at the same time he is quick-witted and does not put up with everything, then he wins some points. He will be careful not to overstep his authority as that would be the surest way of destroying his power since the parliamentarians do not want to be led around by the nose, nor be lectured to like children. Although the dignified presence of the President may be called for at public appearances, it is a calm, unassuming but prudent bearing which counts in Parliament, where the President may rank first, but as a first among equals. A president should not just utter witticisms, but should instill confidence in his competence, and will be judged above all by his efficiency. Consequently a particular employee of the Swiss postal, telephone and telegraph company was greatly acclaimed since he refrained from political flights of fancy and decisively opposed verbosity.

Procedural stumbling blocks of all kinds lurk in the president's everyday routine. This is especially so when several proposals have been made concerning a bill, and are to be brought up for a vote. In the event of a tie, the deciding vote is cast by the president in 22 of Switzerland's cantonal parliaments. The president also plays the main role in setting up the agenda and in time management.

By comparison, the vice president (or the two vice presidents) must wait for the moment when the President wants to speak on an issue or is unable to fulfil his duties for some reason. In Baselland (Basle countryside) there is a unique practice. Paragraph 101 of the regulations states that one who wants to speak has to notify the vice president. This rule is applied in such a way that the vice president in fact leads the discussion even when the president is present (who can therefore take a break or can concentrate on another urgent matter).

Most of the cantons have no protocol for their authorities or very little, with the exception of Geneva due to its international relations. Protocol focuses in fact on the point of whether the parliamentary president or the president of the cantonal government deserves to be given precedence at official functions, whereby seven cantons have chosen the one solution and seven the other, with a grey area for the rest, which have left it to the officeholders to decide what is the right thing to do.

Ursula Herren-Luther

Die Frau im Parlament

Einleitende Gedanken

Seit 18 Jahren kennt auch die Schweiz auf eidgenössischer Ebene das Frauenstimmrecht. Alle Kantone bis auf den Stand Appenzell-Innerrhoden haben die politische Gleichberechtigung nachvollzogen. Der Weg der Frau auf die politische Bühne ist also «frei».

Wo aber stehen die Schweizer Frauen heute wirklich? Die Zahlen sind ernüchternd, obwohl ihr Anteil in den Parlamenten ständig leicht steigt. Dennoch liegt er heute im Nationalrat bei nur 14 Prozent, im Ständerat bei 11 Prozent und in den Kantonsparlamenten insgesamt bei 12,4 Prozent. (Quelle: Schweizerischer Verband für Frauenrechte, Mai 88; seither sind noch zwei Frauen im Kanton AR dazugekommen.)

So vielversprechend dieser Anfang sein mag, verglichen mit der langen Geschichte der politischen Männerbeteiligung ist auch eine gewisse Ungeduld, auch Enttäuschung nicht zu verbergen. «Konkretes hat sich wenig geändert, seit die Frauen in die Politik eingezogen sind», stellt die Verfasserin des Beitrages, der die Aktivitäten der Frauen in Regierung und Parlament unter die Lupe nahm, Thanh-Huyen Ballmer-Cao, fest. Als diese Arbeit geschrieben wurde, war noch keine Frau in der obersten Landesbehörde (1984). Die Autorin stellt in diesem Bericht fest, dass sich die Mehrheit der Schweizerinnen nicht so stark für Politik interessiert. Anderseits konnte sie sich davon überzeugen, dass sich seit den siebziger Jahren eine Minderheit von Frauen vehementer für die politischen Belange einsetzt und sich auch Gehör zu verschaffen weiss.

Der Ausspruch «Politik ist Männersache», den unsere Grossmütter noch zu verwenden pflegten und der wie eine unumstössliche Wahrheit klingt, kann heute noch nicht guten Gewissens als überholt betrachtet werden, auch wenn er etwas von seiner Absolutheit verloren hat. Die reellen Zahlen des folgenden Abschnittes werden dies beweisen, auch wenn sie bis zum Erscheinen dieses Buches noch Veränderungen erfahren werden.

Fakten

Nach einer Aufstellung des Schweizerischen Verbandes für Frauenrechte, ergänzt durch die neuesten Zahlen aus den Kantonen AG (März 1989) und AR (Juni 1989) ergibt sich fürs 1989 folgende «Hitparade» der Frauenvertretung in den Kantonsparlamenten:

Rang	Kanton	Anzahl Frauen im Parlament	Gesamtzahl der Parlamentsmitglieder	Prozent-Anteil
1	GE	27	100	27
2	BS	35	130	26,9
3	ZH	37	180	20,6
4	BL	16	80	19
5	AG	37	200	18,5
6	LU	31	170	18,2
7	BE	33	200	16,5
8	SH	12	80	15
9	TG	18	130	13,8
10	TI	12	90	13,3
11	SG	21	180	11,7
12	FR	13	130	10
13	ZG	8	80	10
14	SO	14	144	9,7
15	VD	18	200	9
16	NE	10	115	8,7
17	JU	5	60	8,3
18	UR	5	64	7,8
19	OW	4	52	7,7
20	GL	4	80	5
21	NW	3	60	5
22	VS	6	130	4,6
23	GR	5	120	4,2
24	SZ	4	100	4
25	AR	2	58	3,4
26	AI	0	61	0

Kanton	Jahr der Einführung	Anzahl Frauen in der 1. Legislatur	Anzahl Frauen (Sommer 1989)	Bewegung Zunahme Abnahme Stagnation	+ − 0
ZH	1971	5	37	32	+
BE	1974	10	33	23	+
LU	1971	8	31	23	+
UR	1972	0	5	5	+
SZ	1972	5	4	1	−
OW	1974	1	4	3	+
NW	1974	1	3	2	+
GL	1971	4	4		0
ZG	1974	1	8	7	+
FR	1972	9	13	4	+
SO	1973	6	14	8	+
BS	1966	14	35	21	+
BL	1971	5	16	1	+
SH	1973	3	12	9	+
AR	1989	2	2		0
AI					
GR	1972	3	5	2	+
SG	1972	11	21	10	+
AG	1973	13	37	24	+
TG	1972	1	18	17	+
TI	1971	10	12	2	+
VD	1962	13	18	5	+
VS	1974	7	6	1	−
NE	1961	4	10	6	+
GE	1961	9	27	18	+
JU	1979	4	5	1	+

Groupe de députées à Genève

Frauen, so bringt es die vorstehende «Hitliste» klar zum Ausdruck, sind immer noch eine verschwindende Minderheit in den meisten Kantonsparlamenten.

Zur freien Interpretation lädt die Schweizerkarte ein, die in Farbe (oder Schraffierung) die prozentuale Frauenbeteiligung in den Kantonen besser verdeutlicht als viele Worte.

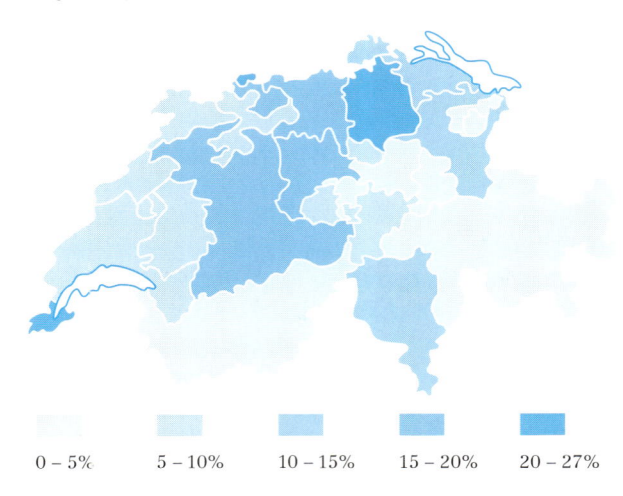

0 – 5%   5 – 10%   10 – 15%   15 – 20%   20 – 27%

Damit durch die vorliegenden Darstellungen ein nicht allzu negatives Bild entsteht, soll die Entwicklung in der noch jungen Geschichte der politischen Gleichberechtigung nach der Einführung des Frauenstimm- und wahlrechtes im Jahre 1971 durch Zahlen belegt werden.
Die Entwicklung des Frauenanteils in den Kantonsparlamenten seit der Einführung des Frauenstimm- und wahlrechtes auf eidgenössischer Ebene (Auflistung der Kantone nach dem Eintritt in den Bund)

Gründe für die Untervertretung der Frauen

Auch wenn Frauen in der Politik nur langsam und zögernd im Vormarsch sind, so ist Resignation doch fehl am Platz. Denken wir einmal zurück an die Stellung der Frau zu Grossmutters Zeiten. Vieles ist heute möglich, wovon Frauen von damals kaum zu träumen wagten. Der Prozess zwischen Männern und Frauen zu gleichwertigen Partnern in allen Lebensbereichen ist in vollem Gange und zeigt, realistisch besehen, einen markanten Wandel in unseren gesellschaftlichen, wirtschaftlichen, kulturellen und politischen Strukturen.

Dieser Wandel hat sich aber nicht von selbst vollzogen. Vor allem in der Politik brauchte und braucht es Menschen, die mit überdurchschnittlichem Engagement Aufklärungsarbeit leisten. Und es wird zu allen Zeiten Menschen geben, welche ohne eigenes Dazutun vom Grosseinsatz der anderen letztlich profitieren.

Wo aber liegen die Schwierigkeiten, welche im zu Ende gehenden 2. Jahrtausend die Frauen auf dem Weg in die Politik noch behindern?

Es sind zwei Aspekte hierfür hauptverantwortlich:

Zum einen sind es die gesellschaftlichen Strukturen und zum andern die negative Einstellung der Frauen selbst, welche erschwerend wirken.

Im strukturellen Bereich wird die Frau durch ihre Familienpflichten und -bindung an der Beteiligung an öffentlichen Aktivitäten eingeschränkt. Diese Aktivitäten finden dann statt, wenn die Frau für Mann und Kind da sein muss. Die Politik findet nicht nur abends statt, wenn die Betreuung der Kinder eventuell vom Ehemann übernommen werden könnte.

Das politische Engagement fordert ungebundene, mobile und flexible Personen oder eine entlastende «Kraft» im Hintergrund. Beide Voraussetzungen werden bei Frauen viel seltener erfüllt als bei Männern. Entscheidet sich die Frau in der nachfamiliären Phase doch noch für ein politisches Mandat, so gerät sie in den Konkurrenzkampf mit jüngeren Männern, welche Offiziersschulen durchgestanden und Führungserfahrungen gesammelt haben. Mit der Lebenserfahrung als Hausfrau ist es schwierig, in die Politik einzusteigen, geschweige denn, sich darin zu behaupten.

Gerade weil die männliche Konkurrenz gross ist, unterliegen die Frauen dem Zwang, doppelt so fähig, informiert und belastbar zu sein, um die volle Anerkennung zu erringen. Diese Tüchtigkeit wirkt jedoch auf die andern Frauen frustrierend und für ein eigenes politisches Engagement abschreckend. Sicher hängt die politische Nicht-Mitarbeit der Frauen auch von einer gewissen Abwehrhaltung der Männer ab. Die Angst um die eigene Stellung ist bei den Männern durchaus verständlich, sind doch Frauen mehr und mehr gut ausgebildet, kompetent und auch strebsam. Wie vorher angedeutet wurde, darf nicht verschwiegen werden, dass Frauen sich selbst schwer tun im Unterstützen anderer Frauen. Die Frauen-Solidarität ist eine ganz besondere Problematik, wenn es um die Integration der Frau in die Politik geht. Die nötige Aufmerksamkeit wird der Frauensolidarität in einem gesonderten Abschnitt geschenkt.

Neben all diesen aufgeführten Gründen, die ihre Gültigkeit auch für den Einstieg der Frau in ein Kantonsparlament haben, kann behauptet werden, dass die Konkurrenz zwischen Mann und Frau auf jeder politisch höheren Ebene härter ist als auf der darunterliegenden Stufe. Diese Tatsache schreckt noch viele Frauen ab. Sie haben Angst vor Niederlagen, vor dem «Verheizt-werden» und flüchten sich in die Ausrede, dass ihr persönliches Engagement in der Politik die Zukunft im Sinne der Frau kaum beeinflussen könne. Dieses Misstrauen richtet sich aber auch gegen die traditionelle Männerpolitik und gegen die männergeprägten Strukturen.

All diese Tatsachen weisen darauf hin, dass sich noch vieles ändern muss, wenn Frauen wirklich ihrem Bevölkerungsanteil entsprechend vertreten sein sollen. Diese Reform ist ein langwieriger Prozess der kleinen Schritte, wenn ihr Ziel stabile Verhältnisse schaffen soll.

Solidarität

Tatsache ist, dass die Frauen mehr als die Hälfte der Bevölkerung ausmachen. Die logische Folge wäre, rein zahlenmässig, eine ebenso grosse Beteiligung im politischen Leben wie bei den Männern. Doch Frauen sind sich ihrer Macht als Stimmbürgerinnen und Wählerinnen noch viel zu wenig bewusst. Sie nutzen ihre grosse Chance der Einflussmöglichkeit noch nicht. Auf keiner Ebene entspricht deshalb die Anzahl der aktiven Politikerinnen dem Anteil der weiblichen Bevölkerung.

Warum, so fragt man sich, nutzen die Frauen die Macht der Mehrheit nicht? Die Antwort ist ganz einfach: Sie denken und handeln nicht solidarisch. Was verbirgt sich hinter der mangelnden Solidarität, welche die Integration der Frau in die Politik so hemmt?

Der wohl ausschlaggebende Grund liegt im traditionellen Rollenbild der Geschlechter. Noch lange nicht alle Frauen sind der Ansicht, dass Mann und Frau die gleichen Möglichkeiten offenstehen sollen. Noch zu viele meinen, dass unsere gesellschaftlichen Strukturen in zwei Bereiche aufgeteilt sein müssen: Hier das weibliche Revier, wo die Frau verantwortlich ist für Familie und Gemeinschaft, und dort die männliche Domäne, Öffentlichkeit und Gesellschaft. Dieses noch stark verwurzelte Rollendenken wird viel stärker von Hausfrauen praktiziert als von berufstätigen Frauen. Es dient zur Rechtfertigung der eigenen Situation und erleichtert das sich Abfinden mit dem Hausfrauendasein. Immer wieder wird bei einer Frauenkandidatur der ganz persönliche Massstab der Wählerin entscheiden. Bei ihr fliesst gegenüber einer Frauenkandidatur auch der

Gruppe von Grossrätinnen in Basel

folgende Gedanke ein: Andere sollen es nicht anders, besser, interessanter haben. Das Gefühl, auch wenn es nicht eingestanden wird, benachteiligt zu sein, fördert somit den Rückzug in die angestammte Rollenverteilung. Sitzen die Frauen jedoch in der Familie fest, empfinden sie diese als Fessel, so werden sie zu vehementen Gegnerinnen der Gleichberechtigung von Mann und Frau. Dies hält auf jedenfall so lange an, bis die Aussenwelt für sie selbst wieder an Bedeutung gewinnt. Gerade die wirtschaftliche und soziale Abhängigkeit der Frau vom Mann führt dazu, dass sie sich den Interessen der Männerwelt anpasst und somit alles verhindert, was ihre eigene Selbständigkeit und Unabhängigkeit bewirken könnte. Eben dieses traditionelle Denkmuster, dieses Abstützen der Frauenexistenz auf die ökonomische Kraft und den sozialen Stand des Mannes macht aus den Frauen auch Rivalinnen. Dieses Konkurrenzverhalten unter Frauen ist ein ausgezeichnetes Mittel, um den Männern ihre Macht zu erhalten, während sich Frauen zerstreiten und dadurch immer wieder zu Verliererinnen werden. Nicht von der Hand zu weisen als weiterer Hinderungsgrund für solidarisches Verhalten ist die Verschiedenheit in den heute möglichen Lebensmodellen der Frauen und das mangelnde Einfühlungsvermögen gegenüber anderslebenden Mitmenschen. Der hohen Scheidungsziffer wegen gibt es viele alleinerziehende Mütter, der traditionellen Ehe steht das Konkubinat als Alternative gegenüber und aufgrund der guten Berufsausbildungen und Chancen nimmt das Singletum zu. Auch die ganz jungen Mütter und als Gegenpol die immer grösser werdende Zahl von spätgebärenden Frauen, aber auch viele verwitwete und ältere Frauen zeigen eine enorme Vielfalt der möglichen Frauenleben. Die Verschiedenheit schwächt die Macht der Frauen. Nicht zuletzt liegt die mangelnde Solidarität der Frauen untereinander im fehlenden «Netzwerk», das sie stützt, hält, so wie es die Männer vom Militärdienst und der Feuerwehr her kennen. Ihre traditionelle Lebensbestimmung führt die Frau in die Isolation der eigenen vier Wände, und es braucht deshalb ungleich mehr Kraft, sich daraus in die Öffentlichkeit zu wagen. «Echte Solidarität heisst nicht Einigkeit auf Biegen und Brechen, aber sicher Zusammenarbeit und gegenseitige Handreichung», so formuliert es die Chefredaktorin in der Zeitschrift «Zeitspiegel Frau» vom Oktober 1989, Ursula Oberholzer.

Das müssen die Frauen noch lernen: umdenken, offen sein für andere Menschen, Toleranz gegenüber anderen Lebensmodellen. Das sind unausweichliche Stationen auf dem Weg zur gelebten Solidarität und dadurch zur stärkeren Beteiligung der Frau in allen politischen Bereichen.

Politisieren Frauen anders als Männer?

Eine repräsentative Befragung über dieses Thema bei Mandatsträgerinnen aller politischen Stufen hat ergeben, dass nur ca. ein Fünftel der Befragten dies grundsätzlich verneint. Für die Mehrheit ist der Unterschied offensichtlich.

Wie äussert sich nun dieses Anderssein im politischen Alltag? Folgende Aussagen (oft auch mehrmals genannt) von verschiedenen Parlamentarierinnen zeigen die Grundstimmung betreffend weibliches Verhalten in der Politik:
– Frauen politisieren unabhängiger von Verwaltungs- und Verbandsinteressen, sie sind selten verfilzt.
– Sie lassen sich in ihren Voten mehr von Intuition und Spontaneität leiten.
– Ihre Meinung formulieren sie allgemein kürzer, klarer und hören dem andern besser zu.
– Bei ihren Voten und Vorstössen schielen sie weniger auf die Auswirkungen bei der Wiederwahl.
– Sie denken beim Politisieren weniger an Karriere.
– Das Taktieren liegt den Frauen weniger.

Hélène Braun-Roth
Présidente du Grand Conseil Genève
pour l'année 1988

Ursula Herren-Luther
Präsidentin Landrat Glarus
für das Jahr 1988

Dora Bärtschi
Präsidentin Grosser Rat Aargau
Amtsperiode 1988/89

Margot Hunziker-Ringel
Präsidentin Landrat Basel-Landschaft
Amtsperiode 1988/89

Jacqueline Berenstein-Wavre
Présidente du Grand Conseil Genève
pour l'année 1989

Trudy Abächerli-Wallimann
Präsidentin Kantonsrat Obwalden
Amtsperiode 1989/90

Dr. Ursula Leemann
Präsidentin Kantonsrat Zürich
Amtsperiode 1989/90

Jacqueline Bauermeister-Guye
Présidente du Grand Conseil Neuchâtel
mai 1989 – mai 1990

Ruth Gribi-Aebi
Präsidentin Kantonsrat Solothurn
für das Jahr 1990

Mathilde Jolidon-Berberat
Présidente Parlement Jura
pour l'année 1990

Al Gran Consiglio ticinese

– Sie sind beim Politisieren viel näher bei den Realitäten des täglichen Lebens.
– Frauen denken und argumentieren ganzheitlicher.

Aber auch die Themenwahl in der politischen Arbeit gibt Aufschluss über Prioritäten, welche Frauen setzen. Eine Analyse (Ballmer-Cao 89) über die politische Arbeit der Mandatsträgerinnen zeigt, dass die Spezialisierung der Frauenthemen in die Richtung der als traditionell weiblich geltenden Bereiche geht. Es sind dies Fragen der sozialen Wohlfahrt, Fragen der Kultur, Erziehung oder Gesundheit, die in der politischen Arbeit dominieren. Doch ist auch eine Zunahme der Mitsprache der Frauen bei Themen, die als männliche Domäne gelten, Wirtschafts- und Finanzfragen, Landwirtschaftspolitik, Energiefragen usw. festzustellen. Frauen sind ganz besonders sensibilisiert für Mensch, Natur und Umwelt. Zeigt sich dieses teilweise andersartige Verhalten der Frauen auch in ihrer Parteizugehörigkeit? Es würde den Rahmen dieses Kapitels sprengen, würde eine detaillierte Untersuchung, beschränkt auf die Kantonsparlamentarierinnen durchgeführt. Ist doch die Vielfalt der Parteienlandschaft in den Kantonen gross und sehr unterschiedlich, was die Anzahl der Parteien betrifft. Die schon mehrfach erwähnte Untersuchung (Ballmer-Cao) zeigt, dass die Mandatsträgerinnen sich auf allen Ebenen in folgenden Parteien am wohlsten fühlen:

– in der
 Sozialdemokratischen Partei 29 %
– in der
 Freisinnig-demokratischen Partei 23 %
– in der
 Christlich-demokratischen Volkspartei 20 %

In der Schweiz nimmt die Zahl der gewählten Frauen in den linken Parteien jedoch mit zunehmender Höhe der Mandatsebenen zu, während sie bei den bürgerlichen Parteien gegen oben tendenziell abnimmt (Mossuz-Lavan, Sineau, 1984, S. 80 ff.).

Schlussgedanken

Auch wenn Frauen in den Parlamenten der Schweiz immer noch untervertreten sind, so zeigt sich ihr Einfluss aufs Umdenken in der dominanten politischen Männerwelt recht deutlich. Nicht wenige Politiker erkennen im politischen Wirken der Frauen das Triebsalz für die Suche nach neuen Lebensweisen. Dadurch werden Frauen immer mehr akzeptiert, und ihre Beteiligung wird im politischen Leben der Schweiz wohl bald zur Selbstverständlichkeit.

Wer könnte besser als die Frauen selbst der Politik jene Dimension zurückgeben, die ihr fehlt, nämlich die weibliche Hälfte? Ein Zitat aus dem vorderen Orient beschreibt das gewünschte Ziel der Partnerschaft in der Politik poetisch folgendermassen:

«Die Menschheit gleicht einem Vogel mit zwei Schwingen. Der eine Flügel ist das männliche Geschlecht, der andere das weibliche Geschlecht. Nur wenn beide Flügel gleich stark entwickelt sind, kann sich der Vogel in die Lüfte emporschwingen.»

Quellennachweis

Ballmer-Cao Thanh-Huyen
Die politische Frauenelite in der Schweiz; Zürich, 1989

Huber Alfred
Staatskundelexikon; Luzern, 1984

Summary

Women in Parliament
by Ursula Herren

The history of political participation of women in Switzerland is rather recent. The right of women to vote in elections and on referenda at the federal level was instituted only in 1971. All cantons except Appenzell-Innerrhoden have followed suit, introducing political equality between the sexes at the cantonal and local levels.

Reality has shown that integration of women into this male-dominated domain of politics progresses only slowly. The numbers of female members of parliament speak for themselves:

The percentage of women in the National Council lies at 14 %, in the Council of States even lower – 11 % – and in the cantonal parliaments 12.4 %. The figures on women's participation in the political life of Switzerland are sobering – although the proportion keeps growing slightly (see table).

What are the reasons for the extreme under-representation of women, eighteen years after attaining women's suffrage?

There are two main causes. One is the social structure, the other the negative attitude of many women themselves.

In the structural area, women's participation in public activities is restricted by familial responsibilities and ties. Political commitment namely calls for individuals who are available and not tied down. Both requirements are fulfilled less frequently by women than by men.

Should a woman decide – after having raised her family – in favour of a political mandate, she finds herself suddenly in hard competition against younger men, who have completed, for example, officers' training school and who possess leadership experience.

This, in turn, forces a woman to be twice as capable, well informed and able to cope with stress as her male competitors just in order to gain the necessary recognition. This efficiency often has an irritating, negative effect upon other women, however, seldom making politics seem a worthwhile goal to them.

The result is insufficient support of women candidates by members of their own sex. The lack of solidarity is an obstacle on the road to political integration of women, however, for completely different reasons too. Still deeply rooted among women is the view that society must be divided into two spheres, the feminine private one including family and community and the male, public one. Housewives hold on much more to this role-related thinking than do women who hold jobs. In this way women justify their own living situation, and make it easier for themselves to accept their state. Should women see their family as tying them down, then they become opponents of equal rights for another reason: other women should not have it any better than they do!

The economic and social dependence of the woman on the man leads her to conform with the interests of the world of men, causing her thereby to forfeit her self-sufficiency and independence.

Another factor making it difficult for women to show solidarity toward one another is the great diversity of possible lifestyles of women today.

Lacking too in most cases is that kind of network men know from the military, the fire brigade or from their associations.

The traditional living conditions of women lead to isolation at home, and a lot of courage is needed to take the risk of entering public life.

The solidarity vitally needed requires of women that they think differently, that they become open to the lives of other women, that they show tolerance toward other lifestyles. Only in this way can greater participation of women in political life as a whole be attained.

The different approach to life which women have makes itself also felt in the lives of women who have managed to enter politics. They talk politics differently. They think and they argue in an all-ambracing way. They talk politics more independently, in a less entangled way, and allow themselves to be guided more by intuition and spontaneity in discussions. In making politics they think less of re-election and career than men do.

The choice of themes in political work is also in the direction of areas considered of particular interest to women: charity, culture, education, health, etc. Nevertheless the increase of co-determination of women on subjects considered until now only "male" concerns is noticeable, such as, for example, economic and financial issues, in agrarian policy and energy questions. Women have a very special sensitivity to people, nature and the environment.

The differences between women and men are also apparent in the party preferences of women. The women who have received political mandates at all levels of political life in Switzerland feel most comfortable in the following main parties
- in the Social Democratic Party   29 %
- in the Radical Democratic Party   23 %
- in the Christian Democratic Party   20 %

The number of women elected increases the higher the level of the political mandate in the left-wing parties while in the right-wing and middle-of-the-road parties it decreases higher up.

Even though women are still very under-represented in the parliaments of Switzerland, their influence on new ways of thinking in the still predominantly male world of politics shows itself rather clearly. In this way women are becoming more accepted, and their participation in political life is becoming more and more a matter of course.

Thomas Fleiner-Gerster

Die Entwicklung des schweizerischen Föderalismus am Bild der kantonalen Parlamente

Mit der Idee des Bundesstaates haben die Verfassungsväter der schweizerischen Eidgenossenschaft wie jene des amerikanischen Bundesstaates eine Staatsform gegründet, mit der es möglich war, bereits bestehende, aber kleinere und schwächere demokratische Staaten in einen nach innen und nach aussen gestärkten Bundesstaat überzuführen, ohne die Identität der Gliedstaaten zu zerstören und ohne deren bereits bestehende Demokratie auszuhöhlen. Der Bundesstaat baut auf bestehenden kleineren Demokratien auf, ja, er ermöglicht es sogar den kleinen Demokratien, sich im stärkeren Ganzen besser zu erhalten und zu verteidigen. Die Demokratie in der Demokratie ist so nur im Bundesstaat möglich. Es liegt auf der Hand, dass deshalb die demokratischen Institutionen, ihre Lebendigkeit, ihre Entfaltungsmöglichkeit für das Bestehen und die Entwicklung des Bundesstaates ebenso bedeutsam sind wie die Demokratie auf Bundesebene. In diesem Sinne kommt den kantonalen Parlamenten eine erstrangige Bedeutung im System des Bundesstaates zu.

Die kantonalen Parlamente sind das Spiegelbild des kantonalen Volkes und verkörpern auf diese Weise die politische sowie die politisch-kulturelle Tradition und Identität der betreffenden Kantone. Im Bundesstaat finden sich somit die kleinen demokratischen Körperschaften auf einer höheren Ebene zu einer neuen Einheit zusammen, ohne ihre Grundlage und Identität zu verlieren. Die kleinen Demokratien bergen die Grundlage für die Legitimität der Staatsgewalt und bauen so den Staat vom kleinen Nukleus der Gemeinde über den Kanton bis zum Bundesstaat auf.

Vor der Gründung des amerikanischen Bundesstaates gab es lediglich den Gegensatz zwischen Staatenbund und Einheitsstaat. Der Einheitsstaat schöpfte seine Legitimität aus dem von Gottes Gnaden eingesetzten König oder aus der vom Volk erlassenen Verfassung. Der Staatenbund hatte keine eigenständige Legitimität. Er konnte nur durch den ständigen Konsens seiner Mitgliedstaaten bestehen und Entscheide auf der Basis der einstimmigen Zustimmung fassen. Die Idee des Bundesstaates, die die amerikanischen Verfassungsväter gefunden haben, war deshalb qualitativ etwas völlig Neues und Revolutionäres. Erst mit dieser Idee war es möglich, ein Staatswesen von unten nach oben aufzubauen und zwischen den Staaten sowie zwischen dem Ganzen und den Gliedern eine Zusammenarbeit zu begründen, die nicht auf Einstimmigkeit, sondern auf Mehrheitsentscheid basierte.

Dieses völlig neue Konzept eines Bundesstaates liess sich nur auf der Grundlage einer Aufteilung der Souveränität in eine Souveränität des Bundesstaates und eine Souveränität der Gliedstaaten verwirklichen. Die Konzeption des Bundesstaates setzt somit voraus, dass sowohl der Bund wie auch die Gliedstaaten die elementaren Voraussetzungen aufweisen, über die ein souveräner Staat verfügen muss.

Unbestritten ist nun zweifellos, dass ein demokratisches Gemeinwesen, das kein parlamentarisches Organ hat, unmöglich als Staat bezeichnet werden kann. Das Parlament ist eines der Staatsorgane, das per definitionem zum demokratischen, souveränen Staat gehört und als wichtigstes Organ auch der wichtigste Organträger der kantonalen Souveränität ist. In diesem Sinne sind die kantonalen Parlamente unabdingbare Voraussetzung für das Bestehen und Funktionieren des schweizerischen Föderalismus.

Wie alle Parlamente demokratischer Staaten, so müssen auch die kantonalen Parlamente die Funktionen wahrnehmen, die traditionellerweise einem Parlament zukommen[1]. Dazu gehören:
– Verfassungsgebung;
– Erlass von Gesetzen;
– Überprüfung der Verfassungsmässigkeit von Gesetzen;
– Entscheid über den Voranschlag und die Rechnungsführung;

- Wahl der Regierung;
- Oberaufsicht über die Verwaltung[2];
- Mitwirkung bei der Aussenpolitik;
- Notstandsmassnahmen;
- richterliche Befugnisse[3];
- Entscheid über Auflösung und Neuwahlen.

Die Parlamente von Bund und Kantonen nehmen im Vergleich zu den ausländischen Staaten allerdings nicht alle Funktionen in gleicher Weise wahr wie ihre ausländischen Schwesterorgane. Da die Exekutive vom Parlament unabhängig ist, kann diese beispielsweise nicht durch ein Misstrauensvotum aufgelöst werden. Aus diesem Grunde kann es auch keine Regierungskrisen geben, weshalb dem Parlament auch nicht die Aufgabe zukommen kann, über seine Auflösung zu entscheiden und Neuwahlen auszuschreiben. Die direkte oder halbdirekte Demokratie führt schliesslich dazu, dass die Parlamente in vielen Fällen Entscheide nur unter Vorbehalt des Volksentscheides treffen können[4].

Im folgenden wollen wir uns nun mit den verschiedenen Funktionen, die ein kantonales Parlament ausüben muss, befassen.

Verfassungs- und Gesetzgebung

Die zweifellos wichtigste Aufgabe des Parlamentes ist die Gesetzgebung[5]. Da sich nun allerdings in den letzten 100 Jahren die Befugnisse des Bundes auf dem Gebiete der Gesetzgebung wesentlich erweitert haben, wurden die Möglichkeiten der Kantone und damit vor allem auch ihrer Parlamente, die Gesetze innovativ zu gestalten[6], erheblich eingeschränkt[7]. Allerdings verfügen die Kantone im Bereiche der Bundesgesetzgebung oft über erhebliche gesetzgeberische Befugnisse im Rahmen der Vollzugsgesetzgebung[8].

Welches ist nun der föderative Beitrag der kantonalen Parlamente im Bereich der Gesetzgebung? Zu unterscheiden ist zunächst zwischen der eigenständigen kantonalen Gesetzgebung und der Vollzugsgesetzgebung. Im Bereich der eigenständigen kantonalen Gesetzgebung haben die kantonalen Parlamente wesentlich zur kulturellen Rechtsvielfalt beigetragen.

Die unterschiedliche Gerichts-, Gemeindeorganisation und Gemeindeautonomie haben zu einer unterschiedlichen Organisation und damit verbunden zu unterschiedlichen Organisationsgesetzen geführt.

Die unterschiedlichen Traditionen im Bereich des Verhältnisses von Staat und Kirche haben zu unterschiedlichen Verfassungsstrukturen, Schulgesetzen und Staats-Kirchengesetzen geführt.

Die unterschiedlichen Bindungen der Kantone an die Rechtskultur ihrer Nachbarländer Deutschland, Frankreich, Italien, Österreich und Liechtenstein haben die Verfahrensgesetze im Straf- und Zivilprozess unterschiedlich beeinflusst.

Die unterschiedlichen historischen Entwicklungen und die damit verbundenen unterschiedlichen Gerichtsorganisationen, wie etwa die Institution der volksverbundenen Friedensrichter im ehemals revolutionären Kanton Basel-Landschaft im Gegensatz zum Gerichtspräsidenten auf dem Schloss, wie er sich im ehemals aristokratischen Bern entwickelt hat, haben die politischen und rechtlichen Institutionen der Kantone unterschiedlich beeinflusst.

Die unterschiedlichen geographischen Strukturen haben zu unterschiedlichen rechtlichen Regelungen geführt, wie etwa die verschiedenen Ausgestaltungen der Jagdgesetze zeigen: Hochwildjagd, Niederwildjagd, Patentjagd und Pachtjagd.

Die unterschiedlichen Weltanschauungen haben zu unterschiedlichen Lösungen in den Schulgesetzen, Sozial-, ja sogar Steuergesetzen geführt und lassen auch heute noch Unterschiede zwischen den traditionell katholischen, evangelischen und gemischtreligiösen Kantonen erkennen.

Die unterschiedlichen gesellschaftlichen Entwicklungen in den Agrar- bzw. Stadtkantonen haben zu unterschiedlichen Wirtschafts- und Landwirtschaftsgesetzen geführt.

Die unterschiedlichen Einflüsse der Sprachregionen haben zu unterschiedlichen Regelungen des Minderheitenschutzes geführt.

Und die unterschiedlichen Einflüsse des Aufbaus der Kantone mit einer ausgebauten und zentralisierten oder die Gemeindeautonomie achtenden direkten Demokratie der Landsgemeinde bzw. der indirekten Demokratie mit obligatorischem oder fakultativem Gesetzes- bzw. Finanzreferendum etc. haben sich nicht nur auf die Staatsorganisation, sondern unmittelbar auf die sprachliche Ausgestaltung der Gesetze ausgewirkt.

So haben diese und viele andere Einflüsse zu einer ungeheuren kulturellen und rechtlichen Vielfalt der Gesetze geführt. Diese Viel-

Regierungen in Aktion / Gouvernements au travail

en Valais

in Schaffhausen

à Neuchâtel

in St. Gallen

im Thurgau

à Fribourg

falt gäbe es allerdings dann nicht, wenn nicht die unterschiedlichen kantonalen Parlamente ihre Verantwortung wahrnehmen und dafür sorgen würden, dass die neuen Gesetze und rechtlichen Tendenzen auf den bestehenden geschichtlich gewachsenen Traditionen ihrer Demokratie aufbauen. Der kulturelle Reichtum und die Vielfalt des schweizerischen Rechts wäre deshalb nicht denkbar, wenn die verschiedenen Gesetze der Kantone nicht durch Parlamente verabschiedet werden müssten, deren Mitglieder ihrerseits noch viel stärker mit dem Volk verbunden sind als dies auf Bundesebene der Fall ist.

Vielfalt findet sich aber nicht nur im Bereich der originären kantonalen Rechtssetzung, sondern auch im Bereich der kantonalen Vollzugsgesetze des Bundes. Je nach Kanton, ob Stadt- oder Landkanton, ob französischsprachiger oder deutschsprachiger Kanton, ob Mittelland- oder Bergkanton, ob Kanton mit starker oder schwacher Gemeindeautonomie, ob Kanton mit dezentralisiertem Statthalteramt oder mit zentralistischer Verwaltungsorganisation, ob Kanton mit ausgebauter oder nicht ausgebauter Verwaltungs- bzw. Verfassungsgerichtsbarkeit oder ob Kanton mit obligatorischem oder fakultativem Gesetzesreferendum, das Vollzugsgesetz wird jeweils einen anderen Inhalt und eine andere Konzeption aufweisen.

Aus all diesen Gründen sind Tendenzen, die kantonale Rechtsetzung durch Mustergesetze zu vereinheitlichen, unrealistisch, aber auch kaum wünschbar. Wünschbar ist hingegen, dass die grundsätzlichen Standards der Rechtssicherheit, Freiheit und des Rechtsschutzes in allen Kantonen in gleicher Weise beachtet werden. Wie sie aber in die Rechtstradition des Kantons integriert werden, dies ist Sache des Kantons. Dabei zeichnen sich natürlich die kantonalen Parlamente als besonders schöpferische Gesetzgeber aus. Sie können die neueren Bedürfnisse nach umfassender Gewährleistung der Grundrechte mit der bestehenden Rechtstradition der Kantone am besten und harmonischsten in Einklang bringen.

Voranschlag und Finanzwesen

Ein wichtiger Teil kantonaler Autonomie betrifft das Finanzwesen[9]. Zwar ist die Autonomie der Kantone im Bereich des Finanzwesens in letzter Zeit sehr stark eingeschränkt worden. Gebundene Ausgaben für den Vollzug des Bundes-, aber auch des kantonalen Gesetzesrechts, innerkantonaler Finanzausgleich und die durch die Gehaltsstruktur der Beamten festgelegten Ausgaben beschränken die Autonomie des Parlamentes auf einige wenige Prozente pro Haushaltsjahr. Kommt noch dazu, dass auch der Bund den Kantonen nicht nur über die Gesetzgebung, sondern auch über das Subventionswesen goldene Fesseln anlegt und sie dazu bringt, den kleinen Rest kantonaler Aufwendungen zu bewilligen, nur um in den Genuss der entsprechenden Bundessubvention zu gelangen[10].

Trotz dieser Einschränkungen kommt aber den kantonalen Parlamenten im Bereich des Finanzwesens eine entscheidende Aufgabe zu. Sie müssen dafür sorgen, dass sich die kantonale Bürokratie nicht zu einem dem Volk entfremdeten Wasserkopf entwickelt, und verhindern, dass politisch nicht tragbare soziale Ungleichheiten entstehen. Zwischen den sozial ausgeglichenen Steuergesetzen und den Aufwendungen für die Finanzierung der zu erfüllenden Aufgaben und vom Volk erwarteten Leistungen des Kantons sowie der für die Entwicklung unerlässlichen Infrastruktur muss eine sinnvolle Ausgewogenheit bestehen. Wer anders als die kantonalen Parlamentarier wäre besser in der Lage, diese schwierige Gratwanderung in ständigem Kontakt mit dem Volk zu begehen? Die kantonalen Parlamentarier kennen und überblicken die kleinen Verhältnisse ihres Kantons. Sie können die wirtschaftliche Verwendung der Finanzen durch die Verwaltung beurteilen und kontrollieren. Nur in den kleinen und überschaubaren Verhältnissen lässt sich abschätzen, welche Mittel die Regierung für die Verwirklichung ihrer Aufgaben braucht und inwieweit das Volk bereit ist, diese Mittel auch zur Verfügung zu stellen. Die Legitimation der Ausgaben ist besser abgestützt, wenn diese von einem kantonalen Parlament bewilligt werden anstatt von einer Behörde, die die Verhältnisse des Kantons kaum kennt.

Die kürzliche Finanzaffäre des Kantons Bern hat allerdings gezeigt, dass auch die kantonalen Parlamente, vor allem die Milizparlamentarier von Finanz- und Geschäftsprüfungskommissionen, im Bereich der Finanzkontrolle hohe Erwartungen erfüllen müssen, wenn sie im Rahmen der modernen und komplexen Finanzverwaltung eine effiziente und trotzdem unbürokratische Kontrolle sicherstellen wollen. Denn es geht nicht nur darum, der Skylla einer verschwenderischen und willkürlichen Finanzverwaltung entgegenzuwirken; die Parlamente müssen auch die Charybdis des «Overkills der Kontrolle» verhindern und darauf achten, dass die Verwaltung nicht durch übertriebene Kontrollinstrumente in ihrer Tätigkeit gelähmt wird. Diese Aufgabe können aber wohl Parlamente, die dem Volk nahestehen und den Überblick über den Kanton haben, besser erfüllen als Organe, die weit weg vom Kanton sind und deshalb ihre Kontrolle nicht auf Grund persönlicher Kenntnisse durchführen können.

Verwaltungskontrolle

Während im Zentralstaat die Aufsicht über die lokalen und regionalen Exekutivbehörden durch die Zentralregierung erfolgt, untersteht die Regierung eines Kantons der politischen Kontrolle des Parlamentes. Die Kantone unterstehen den Bundesorganen, d.h. dem Bundesrat als Gesamtkörperschaften. Wer aber im einzelnen die Verantwortung für den Vollzug des Bundesrechts wahrnimmt und wer die Kontrolle darüber führt, bestimmt sich nach kantonalem Recht. Dabei kommt den Parlamenten im Rahmen der Budgetberatung, dem Erlass der Vollzugsgesetze und der Geschäftskontrolle eine ganz entscheidende Bedeutung zu.

Würde das Parlament diese Funktion nicht ausüben, müsste sie vom Bund wahrgenommen werden. Dabei könnte sich der Bund verständlicherweise nicht damit begnügen, die kantonale Regierung im Verzugsfall lediglich politisch verantwortlich zu machen. Die kantonale Regierung und die ihr unterstellte Verwaltung müssten dem Bund vielmehr disziplinarisch verantwortlich sein, was sie selbstverständlich zu einem reinen Vollzugsorgan des Bundes und vor allem der Bundesverwaltung degradieren würde.

Im Bundesstaat müssen deshalb die kantonale Regierung und die ihr unterstellte Verwaltung dem kantonalen Parlament für die Geschäftsführung verantwortlich sein[11]. Das Parlament gewährt ihnen im Rahmen des Voranschlages die für den Vollzug des Bundesrechts notwendigen Mittel und sorgt auf Grund der kantonalen Verfassung dafür, dass diese wirtschaftlich eingesetzt und sparsam verwendet werden. Nur wenn die kantonalen Parlamente diese ihnen durch die kantonale Verfassung und Geschäftsordnung übertragenen Aufgaben auch faktisch wahrnehmen, können sie einer weiteren Zentralisierung und Abhängigkeit der kantonalen Regierung und Verwaltung im Rahmen des Vollzugs des Bundesrechts entgegenwirken.

Während sich die Gesetzgebungsverantwortung und die Verantwortung im Budgetbereich der Parlamente verringert hat, hat die Aufgabe im Bereich der Verwaltungskontrolle ganz entscheidend zugenommen. Die verschiedenen Revisionen der Geschäftsreglemente der Kantone in den letzten Jahren zeigen sehr deutlich, dass sich die kantonalen Parlamente mehr und mehr mit den Aufgaben im Bereich der Verwaltungskontrolle befassen[12]. Dabei wollen die kantonalen Parlamente einerseits das Instrumentarium der Untersuchungs- und Kontrollkompetenzen ihrer Kommissionen ausbauen oder neue Institutionen der Verwaltungskontrolle schaffen, wie etwa die Institution des Ombudsmannes[13].

Neben dem Bedürfnis nach Einrichtung eines Ombudsmannes zeigt sich auch das Bedürfnis nach zusätzlichen parlamentarischen Informationen. So nehmen parlamentarische Anfragen und Interpellationen mehr und mehr zu und zwingen die Regierung, über ihre Tätigkeit sowie über die Tätigkeit der Verwaltung Auskunft zu geben[14].

Auswärtige Beziehungen

Ein Gebiet, in welchem die kantonalen Parlamente bisher noch kaum in grösserem Ausmass aktiv geworden sind, betrifft die auswärtigen innerstaatlichen[15] und internationalen[16] Beziehungen der Kantone. Das Konzept eines von unten nach oben gewachsenen Bundesstaates wäre verfehlt, wenn es nicht offen wäre für eine grössere und weitere internationale Zusammenarbeit. Die auf die Schweiz rasant zukommende europäische Herausforderung richtet sich deshalb nicht nur an den Bund, sondern auch an die Kantone. Eine reine Abwehr und Defensivhaltung der Kantone wäre aber ebenso verfehlt wie Resignation und Aufgabe der gewachsenen kantonalen Identität. Gerade deshalb sollten sich die Kantone heute vermehrt die Frage stellen, wie sie ihre auswärtigen Beziehungen gestalten wollen. Die Parlamente haben aber bei der Wahrnehmung der auswärtigen Beziehungen der Kantone ebenso Mitverantwortung zu übernehmen wie auf Bundesebene die eidgenössischen Räte.

Zu den auswärtigen Beziehungen innerhalb des Bundes gehören die Beziehungen der Kantone zum Bund einerseits und zu den anderen Kantonen andererseits. In beiden Fällen haben sich diese Beziehungen bisher weitgehend auf der Ebene der Kantonsregierungen unter möglichst geringem Einbezug der kantonalen Parlamente abgespielt. Namentlich die jüngsten Entwicklungen im Bereich der Atomenergie und des Umweltschutzes zeigen aber, dass wenigstens in gewissen Kantonen das Volk in diesen Fragen intensiver mitsprechen möchte[17]. So will das Volk Standesinitiativen einreichen können und kantonale Vernehmlassungen zu Fragen der Kernenergie ratifizieren. Zweifellos wird das Parlament in den Kantonen, in denen die Mitspracherechte der Bürger in diesen Gebieten erweitert wurden, automatisch intensiver in die Willensbildung eingeschaltet werden als bisher. Es scheint mir aber unerlässlich, dass die Parlamente anderer Kantone sich grundsätzlich die Frage stellen sollten, ob sie nicht ihrerseits generell in grösserem Ausmass in die kantonale Willensbildung eingeschaltet werden sollten, wenn es darum geht, wichtige kantonale Vernehmlassungen auszuarbeiten, Standesinitiativen des Kantons einzureichen oder das Referendum auf Bundesebene zu ergreifen.

So kann beispielsweise das Parlament des Kantons Jura nach Art. 84 KV JU verlangen, dass ihm kantonale Vernehmlassungen zu Bundesgesetzen zur Genehmigung unterbreitet werden, sofern sie wichtige Fragen berühren. Es übt das Initiativ- und kantonale Referendumsrecht aus und kann die Einberufung einer ausserordentlichen Sitzung der Bundesversammlung mit anderen Kantonen verlangen[18].

In Zukunft werden die internationalen Beziehungen der regionalen Behörden in allen Staaten an Bedeutung gewinnen. Schon heute haben gewisse Länder der Bundesrepublik begonnen, eigene Vertretungen in Brüssel einzurichten, um Entscheidungen der Europäischen Gemeinschaften beeinflussen zu können und vor allem um über dortige Tendenzen, Absichten etc. frühzeitig informiert zu werden. Die meisten Kantone sind bestrebt, eigenständige Wirtschaftsförderung zu betreiben. Auch diese Tätigkeit ist letztlich nur im Rahmen einer internationalen Zusammenarbeit zwischen Regionen und lokalen Behörden möglich, die gemeinsame und gleichgerichtete Interessen und Probleme zu bewältigen haben. Es wäre wichtig, dass diese neuen Entwicklungen nicht nur auf der Stufe des Regierungsrates, sondern gemeinsam mit den kantonalen Parlamenten eingeleitet werden. Ein grosses Feld internationaler Beziehungen der Kantone öffnet sich schliesslich im Bereich der nachbarschaftlichen Beziehungen zwischen den Kantonen und Regionen der Nachbarländer. Sowohl im Energie- und Umweltsektor wie auch im Universitäts-, Forschungs- und Wohnungssektor sind neue Formen der Zusammenarbeit ebenso denkbar wie im Bereich Verkehr, Gesundheit und Arbeitsmarkt. Dass diese Zusammenarbeit nicht allein auf Regierungsebene zu erfolgen hat, dafür können die kantonalen Parlamente mit entsprechenden Vorstössen und Regelungen der Mitsprache sorgen.

Schliesslich stellt sich die Frage, ob die Parlamente nicht dort, wo sich eine intensive interkantonale oder internationale Zusammenarbeit anbahnt, indirekt durch ausgewählte Vertreter bei der Ausgestaltung der Zusammenarbeit mitwirken sollten oder ob nicht gar innerkantonale Institutionen geschaffen werden sollten, die der Kontrolle eines kleinen interkantonalen Ausschusses der Kantonsparlamente unterstellt sind. Die Kantone haben im Bereich der interkantonalen und internationalen Zusammenarbeit ein weites Feld möglicher Gestaltung, das noch keineswegs ausgeschöpft ist.

Im interkantonalen Bereich stellt sich zudem die Frage, ob die Parlamente nicht eine Zusammenarbeit zwischen bestimmten parlamentarischen Kommissionen einleiten könnten. Dies müsste nicht auf Bundesebene mit allen 26 Parlamenten geschehen, es wäre aber durchaus eine Zusammenarbeit auf bilateraler Ebene, z.B. im Schul- oder Kulturbereich bzw. im Bereich der Raumplanung, denkbar und möglicherweise sinnvoll.

Ausblick

Die Kantone sind und waren schon immer das Experimentierfeld des Bundes. Aus diesem Grunde finden manche Initiativen und Anregungen, die später einmal Bundesrecht werden, ihren Anfang und Ausgangspunkt in den Kantonen. In den Kantonen sind es aber vor allem die lebhaften und dem Volk sehr nahestehenden Parlamentarier, die durch ihre Motionen, Postulate, Interpellationen und anderen Vorstösse Denkanstösse vermitteln, die sich zunächst in den Kantonen zu bewähren haben und allmählich von anderen Kantonen und schliesslich zuletzt vom Bund übernommen werden können. In diesem Sinn werden die Kantone und vor allem auch die kantonalen Parlamente durch ihre innovative Kraft wesentlich an der Gestaltung des Bundesrechts mitwirken.

Die Kantone müssen auch weiterhin dafür sorgen, dass ihre kulturelle Identität lebendig bleibt und dass die nationalen und internationalen Neuerungen sich harmonisch in die bestehende kulturelle Tradition einfügen. Das neue nationale und internationale Recht soll weder durch eine unfruchtbare Abwehr- und Igelhaltung verhindert werden noch soll es wertvolle gewachsene kulturelle Traditionen auflösen. Diese wichtige Gratwanderung können aber nur die kantonalen, mit dem Volk verbundenen Parlamentarier begehen.

Anmerkungen

[1] vgl. dazu Inter-Parliamentar Union: Parliaments of the World, 2 Bde, 2. Aufl., Aldeshot Engl. 1976.

[2] Riesen Claudio: Die Kontrolle der Verwaltung und der Justiz durch den Bündner Grossen Rat, Diss., Zürich 1985; Ruch Alexander, Streiflichter auf das Verhältnis zwischen Grossem Rat und Regierungsrat des Kantons Basel-Stadt, Festschrift Kurt Eichenberger, S. 773ff.

[3] vgl. dazu Rötheli Alfred: Der solothurnische Kantonsrat als Beschwerdeinstanz, Festschrift Elzer, 1983

[4] vgl. z.B. Lorenz Zünd: Das Parlament in den Landsgemeindekantonen, Diss. St. Gallen 1954

[5] vgl. dazu z.B. Badura Peter: Die parlamentarische Volksvertretung und die Aufgabe der Gesetzgebung, in: Zeitschrift für Gesetzgebung, 1987, S. 300ff.

[6] vgl. allerdings den neuesten Entwurf des Kantons BL zu einem Umweltschutzgesetz mit sogenannten Emissionsgutschriften, NZZ vom 22.2.88.

[7] vgl. dazu schon Walther Burckhardt: Grundsätzliches über die Abgrenzung der Gesetzgebungskompetenzen zwischen Bund und Kantonen, Aufsätze und Vorträge von Walther Burckhardt, Bern 1970, S. 219ff sowie Moesle Hansueli, Verfassungsgebung und einfache Gesetzgebung im Kanton Appenzell Ausserrhoden, St. Gallen 1986.

[8] vgl. Thomas Fleiner-Gerster: Die Gesetzgebung im dreistufigen Bundesstaat, Festschrift Hans Nef, Zürich 1981, S. 43ff.

[9] vgl. Buschor u.a.: Neue Finanzpolitik der Kantone, Bern 1984, Eidg. Finanzverwaltung, Ausgaben und Einnahmen der Kantone, Bern 1984; Geser Hans, Bevölkerungsgrössen und Staatsorganisation, Kleine Kantone im Lichte ihrer öffentlichen Budgetstuktur, Verwaltung und Rechtsschutz, Bern 1981; Meyer Heinrich, Finanzhaushalt des Kantons Luzern von 1950 bis 1968 unter besonderer Berücksichtigung der wirtschaftlichen Entwicklung, Emmenbrücke 1975; Moor Silvio, Le finanze del cantone Ticino dal 1946 al 1966, Cureglia 1973; Spillmann Peter Hermann, Die Finanzen des Kantons Solothurn nach dem 2. Weltkrieg, Diss. Freiburg 1970; Wuergler Max August, Der Finanzhaushalt des Kantons St. Gallen in den Jahren 1946–1970, Diss. Freiburg 1973.

[10] vgl. Bruno Tuor: Die Bundeshilfe an die finanzschwachen Kantone im Sonderfall Graubündens, Diss. Winterthur 1960; Steiger Viktor, Der Finanzausgleich zwischen Bund und Kantonen, Bern 1923; Regierungsrat des Kantons Aargau, Kantonaler Finanzhaushalt und interkantonaler Lastenausgleich, Aarau 1978; Lehner Dionys, Der Finanzausgleich zwischen Bund und Kantonen im Hinblick auf eine Bundesfinanzreform; Dafflon u.a., Transfert financiers entre la confédération et les cantons; W.u.R. 1987, S. 100ff.

[11] Anton Egli: Die Kontrollfunktion kantonaler Parlamente, Diss. Freiburg 1974, Claudio Riesen; Die Kontrolle der Verwaltung und der Justiz durch den Bündner Grossen Rat, Diss. Zürich 1985; Jean-Noel Rey, Les Mécanismes de Contrôle Financier du Parlement, Le Cas Particulier de la Suisse, Lausanne 1986.

[12] z. B. Gesetz des Kantons Bern über den Grossen Rat vom 8. 11. 88; Geschäftsordnung des Grossen Rates des Kantons Graubünden vom 26. 2. 87; Gesetz über die Organisation des Grossen Rates des Kantons Aargau (Amtsblatt 87 s. 165); Gesetz über die Geschäftsordnung des Grossen Rates des Kantons Basel-Stadt vom 18. 12. 86.

[13] vgl. z.B. Gesetz über den Ombudsmann BL gemäss Botschaft der Regierung vom 3. 11. 87 und BS Kantonsblatt 1986, S. 385; Haller Walter, Der Ombudsmann im Gefüge der Staatsfunktion, Festschrift Kurt Eichenberger, Basel 1982, S. 705; Koelz Alfred, Zu Fragen der Zuständigkeit des kantonalzürcherischen Ombudsmannes, ZBl 1980, S. 281; Vontobel Jakob, Der Ombudsmann der Stadt Zürich, ZBl 1981, S. 1ff.

[14] vgl. dazu Josef Zurkirchen: Die Instrumente des parlamentarischen Vorstosses, ein Beitrag zum Schweizerischen Parlamentsrecht, Diss. Freiburg 1979.

[15] vgl. dazu Borter Willi: Demokratiegebot und interkantonales Vertragsrecht, Diss. Freiburg 1976; Dormann Albert, Interkantonale Institutionen mit Hoheitsbefugnissen, Diss. Zürich 1970; Frenkel Max, Interkantonale Institutionen und Politikbereiche, Zuchwil 1985; Kamer Bernhard, Rechtliche Fragen aus dem Problemkreis der interkantonalen Zusammenarbeit, Diss. Zürich 1981; Kehrli Hanspeter, Interkantonales Konkordatsrecht, Bern 1968; Siegrist Ulrich, Die Schweizerische Verfassungsordnung als Grundlage und Schranke des interkantonalen kooperativen Föderalismus, Diss. Zürich 1977.

[16] Bernier Ivan: International legal aspects of federalism, London 1973; Bleckmann Albert, Völkerrecht im Bundesstaat, Schweizerisches Jahrbuch für internationales Recht, 1973, S. 9ff; Bolle Arnold, Das interkantonale Recht. Die völkerrechtlichen Beziehungen der Kantone der Eidgenossenschaft unter sich, La Chaux-de-Fonds 1907; Bothe Michael, Völkerrecht und Bundesstaat, Festschrift für H. Mosler, Berlin 1983, S. 111ff; Di Marzo Luigi, Component Units of Federal States and international Agreements, Aplhen aan den Rijn, 1980; Fastenrath Ulrich, Die Kompetenzverteilung im Bereich der auswärtigen Gewalt, Diss. München 1966; His Eduard, Die Kompetenzen der Kantone zum Abschluss von internationalen Verträgen, ZSR 1929, S. 1ff; Schaffter Roger, La compétence des cantons dans la politique extérieure, Annuaire Suisse de science politique, 1984, S. 213ff; Sidjanski Dusan, Du fédéralisme national au fédéralisme international, Lausanne 1954; Stoke Harold, The foreign relations of the federal State, Baltimore 1931; Wildhaber Luzius, Bundesstaatliche Kompetenzausscheidung, Handbuch der schweizerischen Aussenpolitik, 1975, S. 237.

[17] vgl. z.B. Einzelinitiative im Kanton ZH auf Ergreifung einer Standesinitiative betr. autofreier Sonntage vom 6. 10. 87 oder Volksbegehren im Kanton SO auf Einreichung einer Standesinitiative für die Stillegung des Kernkraftwerkes Gösgen vom 22. 9. 87 oder Standesinitiative für eine Gleichbehandlung von Mann und Frau im Zivilschutzdienst vom 9. 8. 87 (Änderung von BV 22bis) oder initiative constitutionnel pour sortir du nucléaire du 29. 7. 87 du canton der VD

[18] Art. 84 litt. o und p

Summary

The Development of Swiss Federalism illustrated by the Cantonal Parliaments
by Thomas Fleiner-Gerster

The idea of the federal state was based on the assumption that a state is built up from the bottom to the top, and that the foundations are laid for cooperation between the whole and the parts. At the same time each member state represents an already existing democracy. These small democratic bodies form a new unity at a higher level without losing their foundations nor their identity.

The cantonal parliaments, as democratic institutions, have been particularly significant for the formation and development of the federal state. One can even say that the state as an entity presupposes the existence of a parliament since the parliament belongs by definition to the democratic, sovereign state.

The functions of the cantonal parliaments are multifaceted, and extend from passing and amending the cantonal constitutions and legislation to financial concerns and administrative controls and to the regulation of external affairs.

Undoubtedly the most important task of Parliament is legislating. Although the competence of the federal state has expanded significantly in this area, the cantons still possess considerable legislative powers within the framework of application of federal laws. In the area of their autonomous cantonal legislation, a great cultural diversity of law has developed. Examples are the different municipal organizations, the diverse forms of the relationship between church and state, the different regulations on penal and civil legal proceedings, or the divergent geographical settings which have led to, among other things, different hunting laws. The cantonal parliaments, which have passed these laws as a result of their ties with the people, must be given credit for this cultural diversity.

In the area of public finances, the cantonal parliaments have been accorded an important task despite the great limitation on autonomy. They have to see to it that a sensible balance is struck between social compensatory tax laws and the expenditures for the financing of the tasks to be fulfilled plus those for the infrastructure indispensable for the cantonal development. The cantonal parliaments are almost predestined for this task as who can better judge the economic and control utilization of the funds by the administration than the parliaments themselves?

Administrative control is a further important task of the parliaments. They play a very decisive role in the context of budget debate, the passing of laws implementing federal laws and control of affairs. If one takes a look at the revisions and efforts toward revision which have taken place in the last few years in the cantons, it is apparent that the cantonal parliaments are dealing more and more with the tasks in the sphere of administrative control. In so doing the possibility to create new institutions for administrative control is being availed of, such as, for example, that of the ombudsman.

A task of the cantons hardly made use of until now concerns external relations between cantons and international relations. In the relations of the cantons to the Confederation, on the one hand, and to the other cantons, on the other hand, the cantonal parliaments have hardly been included until now. It would undoubtedly be better, however, if they were brought into the cantonal formation of will to a greater extent. This applies above all to those areas involving the preparation of important cantonal standpoints concerning new laws or initiatives on the federal level. It is clear that international relations are going to become increasingly significant in future. So the challenge of European unity is not directed at the Confederation alone. Certain states ("Länder") of the Federal Republic of Germany are to be kept in mind here which have already set up missions of their own in Brussels in order to be able to influence decisions of the European Community and above all to ensure that they are informed early about trends and intentions there, etc.

Thus the cantons are frequently the focal point since they comprise the experimental field of the Confederation. Impulses for thought have often come from the cantonal parliaments which have first proved valuable in the cantons and then have been taken over by the Confederation.

In this light the cantons must continue to see to it that their cultural identity remains alive and that the national and international innovations fit in harmoniously with the existing cultural tradition.

Paul Stadlin

Parlamentarische Immunität

Zum Parlamentarier gehört die Immunität wie zu einem Ritter der Schutzschild. Das ist wenigstens eine landläufige Meinung, obwohl man gewahr wird, dass nicht nur beim Durchschnittsbürger, sondern bis weit in die «classe politica» hinein höchst unklare und bruchstückhafte Vorstellungen über Wesen und Wirkung der sogenannten Immunität herrschen. Sie reichen von Vermutungen einer Privilegierung bis zur Überzeugung, der Abgeordnete dürfe sich – wenigstens verbal – alles leisten, ohne dass man ihn zur Rechenschaft ziehen könne. Die Erforschung der Rechtsquellen und der Praxis zeigt jedoch, dass die kantonalen Parlamentarier entweder keinen oder, wenn rechtlich verankert, doch nur einen sehr limitierten Vorzug vor andern Staatsbürgern geniessen, weshalb auch die praktische Bedeutung der Immunität eher bescheiden geblieben ist. Ist sie ein überholtes Privileg?, so fragt der Staatsrechtslehrer Kurt Eichenberger, und er gibt die Antwort gleich selbst, indem er darauf hinweist, dass man sehr wohl darauf verzichten könnte, wenn nicht die Furcht vor dem «Missbrauch des Strafrechtes» sie aufrechterhielte.

Zur Geschichte der Immunität

Das Institut der parlamentarischen Immunität ist aus der demokratischen Entwicklung, vorab in England und Frankreich, herausgewachsen. Nach den Gedankengängen und den vorherrschenden staatlichen Verhältnissen im 19. Jahrhundert schien es für die Funktionsfähigkeit der Parlamente nötig, die Abgeordneten gegenüber andern öffentlichen Gewalten als unantastbar zu erklären und dafür zu sorgen, dass sie für ihre Äusserungen im Rat nicht verantwortlich gemacht werden konnten. Auch die heute noch gültige Überlegung, dass die politische Freiheit in der persönlichen Meinungsfreiheit wurzelt, dürfte eine gewisse Rolle gespielt haben. So fand sich erstmals in unserem Land eine Bestimmung in der Verfassung der helvetischen Republik von 1798, verschwand dann aber wieder mit der Mediation von der eidgenössischen Ebene. Bis zur Regeneration war der Kanton Waadt der einzige Stand, der den Mitgliedern des Grossen Rates das Verfolgungsprivileg gewährte (Loi du 2 juin 1803 sur le Grand Conseil, Art. 16). Dann kam St. Gallen mit der Verfassung vom 1. März 1831, Art. 69. Als wesentlicher Schrittmacher erweist sich der junge Bundesstaat nach 1848, der das Bedürfnis empfand, die Stellung seiner Behörden abzusichern. Dazu diente das Verantwortlichkeitsgesetz vom 9. Dezember 1850 und das Garantiegesetz vom 23. Dezember 1851. Aus den Botschaften des Bundesrates sieht man, worauf die Exekutive abzielte, so etwa wenn die Landesregierung beim Garantiegesetz bemerkte: «Wir schliessen diesen Bericht mit dem ehrerbietigen Gesuche, den Gesetzesentwurf mit möglichster Beförderung und jedenfalls im Laufe dieser Sitzungsperiode vorzulegen, weil schon seit längerer Zeit mit der Regierung des hohen Standes Bern Anstände bestehen, deren Erledigung durch dieses Gesetz erzweckt werden muss...» Nach und nach haben dann die meisten Kantone Vorschriften über die Immunität ihrer eigenen Parlamentsabgeordneten erlassen. Ausnahmen: Glarus hat nie eine solche Bestimmung gekannt, und der Kanton Waadt gewährt bis auf den heutigen Tag nur das Verfolgungsprivileg, jedoch nicht den Schutz für Äusserungen. Aber auch in den andern Kantonen stand die Erweiterung des persönlichen Freiraumes der Ratsmitglieder bei der Schaffung der Bestimmungen eher im Hintergrund; den Vorrang hatten staatspolitische Interessen. Heute ist es umgekehrt: Die Immunität wird fast nur noch als Verteidigungsposition des einzelnen Parlamentariers angesehen, wenn dieser sich mit Äusserungen zu weit vorgewagt hat. Interessant ist überdies die Beobachtung, dass es an keiner Landsgemeinde eine Berufung auf die Immunität gibt.

Begriff, Gehalt, Vorschriften und Praxis

Die Vorzugsstellung, welche die parlamentarische Immunität gewährt, ist eine doppelte: Es ist der Ausschluss der Verantwortlichkeit für Äusserungen, die ein Mitglied im Rat oder in den Kommissionen macht (materielle Immunität), und es ist das Verfolgungsprivileg (formelle Immunität). Diese Bevorzugung ist unter Umständen eine nur beschränkte (in erster Linie durch das Bundesrecht), oder sie kann unter die Bedingung gestellt werden, dass der Rat sie nicht aufhebt. Das bildet einen wesentlichen Einbruch in das Prinzip, kennen doch nicht weniger als 16 Stände eine Beseitigung der Immunität durch Parlamentsbeschluss, auf die noch zurückzukommen sein wird. Um eine Übersicht zu bieten, werden sämtliche kantonalen Vorschriften über die parlamentarische Immunität (Stand Ende 1988) in einem Anhang zu diesem Artikel zusammengestellt. Dass die Entscheidungen sowohl vom Tatbestand, aber auch von einer gewissen politischen Konstellation beeinflusst sein können, leuchtet ebenfalls ein. Mehr Einzelheiten können in der Dissertation von Regula Baur (Zürich 1963) nachgelesen werden, aus der ich einiges Material für meinen Beitrag entnommen habe, ebenso das untenstehende graphische Schema, das ich folgen lasse:

Eine Umschau in der Praxis ergibt ein nur mageres Resultat: In manchen Ständen ist aus den letzten 25 Jahren kein Fall bekannt, auch nicht in bevölkerungsreichen Kantonen wie St. Gallen und Genf. Aus dem Halbkanton Basel-Stadt wird eine Causa gemeldet: Der Grossrat L hatte Anschuldigungen gegen eine Ärztin an einer Klinik vorgebracht; auf Antrag des Büros wurde die Immunität aufgehoben, um der Ärztin die Möglichkeit zur Klage zu verschaffen. Dazu BGE 100, 1a 4. Im Kanton Waadt erinnert man sich an drei bis vier Fälle (plan pénal, affaires financières), die sich dadurch erledigten, dass die Betroffenen aus dem Grossen Rat zurücktraten. Weitere Beispiele sind auf den ganzen Text dieser Arbeit verstreut.

Die institutionelle Seite

Es fällt auf, dass die parlamentarische Immunität von den Kantonen auf verschiedenen Stufen der Rechtssetzung geregelt wird, in einzelnen Fällen auch auf zwei Stufen zugleich:

Die folgenden Kantone haben sie in der Verfassung verankert: Bern (KV 30), Freiburg (KV 47), Solothurn (KV 65), St. Gallen (KV 56), Waadt (KV 38), Thurgau (KV 34), Neuenburg (KV 28/29), Wallis (KV 48), Jura (KV 88).

Wenige Kantone haben ein Gesetz (ausserhalb der Geschäftsordnung) gewählt: Luzern (Strafprozessordnung 3), SZ (Strafprozessordnung 4), ZG (Verantwortlichkeitsgesetz 4), Appenzell i.Rh. (Strafprozessordnung 167), Graubünden (Strafprozessordnung 3), Thurgau (Verantwortlichkeitsgesetz 15, Verfolgungsprivileg).

In ungefähr der Hälfte der Stände wird die Immunität in der Geschäftsordnung geregelt: ZH (10, 37), UR (45), OW (6), NW (5, 6), ZG (49), AR (4), SH (6), BS (5), BL (8), AG (5), TI (34), NE (19), GE (69).

Hier könnte sich die Frage erheben, ob die Regelung in der Geschäftsordnung genügt,

Handlungen des Abgeordneten						
innerhalb der amtlichen Tätigkeit				ausserhalb der amtlichen Tätigkeit		
Voten	andere Handlungen					
		Delikte	andere Handlungen	Delikte		andere Handlungen
Unverantwortlichkeit	Verfolgungsprivileg			Verfolgungsprivileg		

wenn diese nur als Verordnung erlassen wird, während ein Privileg, das sich gegenüber jedermann durchsetzen soll, doch eigentlich zum Vorbehalt des Gesetzes gehört. Giacometti (Staatsrecht 320, 338) und die Praxis nehmen aber ein selbständiges Verordnungsrecht des Parlamentes an, das Gegenstand von allgemein verbindlichen Normen sein kann. Immerhin haben aber nicht wenige Kantone die Geschäftsordnung in die Form des Gesetzes gekleidet, wie ZH, LU, BS, TI, GE etc.

Die bundesrechtlichen Schranken der kantonalen Immunitäten

Zufolge des Vorranges des kompetenzmässig erlassenen Bundesrechts unterliegt die kantonale Immunität gewissen Beschränkungen: In zivilrechtlicher Hinsicht wird zwar in Art. 6, Absatz 2 ZGB das öffentliche Recht der Kantone vorbehalten, aber die Exegeten sind der Meinung (insbesondere Regula Baur, Seite 33 ff.), dass diese Bestimmung nur in Verbindung mit Art. 61, Absatz 1, OR, greife, da die Grenzen von Privatrecht und öffentlichem Recht fliessend seien.

Hinsichtlich des Strafrechtes beruht die Beschränkung auf Art. 366, Abs. 2a StGB, der folgenden Wortlaut hat: «Die Kantone sind berechtigt, Bestimmungen zu erlassen, wonach a) die strafrechtliche Verantwortung der Mitglieder ihrer gesetzgebenden Behörden wegen Äusserungen in den Verhandlungen dieser Behörden aufgehoben oder beschränkt wird». Also gilt der Ausschluss der Verantwortlichkeit nur für die Parlamentarier selbst (aber nicht für Regierungsräte sowie allfällig zur Sitzung aufgebotene Richter oder Experten. Vgl. dazu die Auseinandersetzung Dr. F. Ackermann gegen Regierungsrat Dr. A. Bachmann vor dem Zürcher Kantonsrat, Sitzung vom 2. Juli 1979). Und was das Verfolgungsprivileg betrifft, so ergibt sich die Kompetenz der Kantone, gemäss Art. 64 bis Absatz 2 BV und Art. 365, Absatz 1, StGB aus ihrer Zuständigkeit für das Strafverfahren (Ausnahme Bundesstrafgericht).

Ein besonderes Gebiet ist das Disziplinarrecht: Fest steht, dass kein Bundes-Vorbehalt zugunsten der Kantone vorhanden ist, weshalb die kantonalen Immunitätsregeln für die Disziplinarbehörden der Eidgenossenschaft nicht verbindlich sind.

Der Ausschluss der Verantwortung für Äusserungen

Man spricht hier von persönlichen, sachlichen, örtlichen und zeitlichen Voraussetzungen, über die im Blick zu den kantonalen Bestimmungen und ihrer Auslegung einiges gesagt werden soll. Weiter ist vorauszuschicken, dass die Kantone in ihren Immunitätsbestimmungen eine ziemlich buntscheckige Ordnung aufweisen, die aber doch Trends erkennen lässt, wobei in den letzten Jahrzehnten eine gewisse Konvergenz stattgefunden hat, die sich bei künftigen Revisionen fortsetzen dürfte.

Die privilegierten Personen sind die Mitglieder der kantonalen Parlamente und soweit das Bundesrecht (z.B. Ehrverletzungen) anvisiert wird, sind es nur sie. Immer mehr Kantone sind aber dazu übergegangen, auch die Mitglieder des Regierungsrates mit der gleichen Immunität auszustatten. Sachlich und örtlich bilden die kantonalen Regelungen eine besonders grosse Vielfalt. Da liest man häufig, dass Äusserungen im «Rat und in den Kommissionen» privilegiert seien (SO, SH, AR, GR, BS) oder aber Äusserungen nur im «Rat» (LU, AI, AG) oder in der «Ratssitzung» (UR) oder in der «Beratung» (SG) oder für «Voten» (GR), für «Reden in der Versammlung» (BE) oder in den «Verhandlungen des Rats» (SZ). In Zürich und Nidwalden sind auch die Äusserungen im Büro ausdrücklich erwähnt. Im Jura heisst die Umschreibung «dans l'exercice de leur mandat», in Genf: «paroles et ecrits». Das Tessin schützt auch «atti parlamentari». Gebräuchlich ist die Formel: «Das Mitglied (ist) nur gegenüber dem Rat verantwortlich» («responsable vis-a-vis du corps»): BE, UR, BS, BL, SH, AR, GR, AG, VS, JU.

Zu den Äusserungen zählen implizite Beifall, Kopfschütteln, Lachen, nicht aber Tätlichkeiten. Die handgreifliche Wahrnehmung des Hausrechts beim Eindringen von Béliers im Grossen Rat von Bern wurde aber 1984 als berechtigte Notwehr angesehen, und der Rat verzichtete auf die Durchführung eines Ermächtigungsverfahrens zur Aufhebung der parlamentarischen Immunität gegen die aktiv gewordenen Mitglieder. Logisch bildet die Stimmgebung eine konkludente Äusserung, die in einzelnen Kantonen (wie OW, GR, TG, SO) als unantastbares Recht des Parlamentariers namentlich erwähnt wird. Unter das Privileg im weitern Sinn sollen auch schriftliche Anträge, Begründungen, Motionen, Postulate,

Interpellationen, kleine Anfragen etc. fallen. Der Entscheid des Obergerichts Luzern, das einem Grossrat (1946) die Immunität verweigerte, weil er im Rat eine Broschüre verteilte, welche die Begründung einer von ihm eingereichten aber noch nicht behandelten Motion enthielt, erweist sich, mindestens aus heutiger Sicht, als zu eng. Trotz eingrenzender Formulierungen muss doch wohl gelten, dass die Immunität, wenn sie schon besteht, für die ganze Ausübung des parlamentarischen Mandates gelten muss. Das ist z.B. von Bedeutung für die Äusserungen vor und nach den Sitzungen, wo es oft schwerfällt, die Situation im Ratsaal von den Ereignissen im Vorzimmer, in der Cafeteria etc. zu trennen. Dieser gesamtheitlichen Würdigung hat sich das Bundesgericht schon frühzeitig angeschlossen. Dass die Immunität sich nicht auf Äusserungen zu beschränken braucht, die im Ratsaal gemacht werden, zeigt folgender Fall:

In der Sitzung vom 28. Januar 1926 beschuldigte Grossrat Dellberg seinen Ratskollegen Evéquoz in kaum verhüllter Form, im Prozess der «Lonza» Aktenstücke gestohlen zu haben. Auf das Drängen des Beschuldigten hin verliess er sodann den Ratsaal und trat ins Vorzimmer, wo er nach längerem Zögern erklärte: «Je n'ai pas dit que vous aviez volé, j'ai seulement dit que vous étiez le seul à avoir intérêt à le faire... Je maintiens tout ce que j'ai dit au Grand Conseil.» Im anschliessenden Schadenersatzprozess berief sich Dellberg auf die Immunität gemäss Artikel 48 KV, und das Bundesgericht schützte seinen Standpunkt auf erhobene staatsrechtliche Beschwerde hin. Es bekräftigte seine umfassende Betrachtungsweise in einer neuesten Auseinandersetzung (1984) aus dem Kanton Neuenburg, wo es dem Deputierten L. attestierte, dass ein Brief an den Staatsrat sehr wohl als Ausfluss der parlamentarischen Tätigkeit, ja sogar als kleine Anfrage im Sinn der Geschäftsordnung interpretiert werden dürfe und daher der Immunität unterliege, obwohl der Art. 28 der Geschäftsordnung nur von «opinion émise dans l'assemblée» spreche. Diese Rechtssprechung dürfte sinngemäss auch auf die Immunitätsregeln anderer Kantone zu übertragen sein. Nach allgemeiner Auffassung fallen jedoch Äusserungen an Fraktionssitzungen nicht unter die Immunität und auch der Abgeordnete, der sein Votum später in einem Zeitungsartikel auswalzt, kann sich wohl nicht darauf berufen (so entschieden schon im Fall Dürrenmatt/Oncken vor dem Grossen Rat von Bern im Jahre 1898).

Eine sehr ins Gewicht fallende Einengung des Äusserungsprivilegs resultiert indessen daraus, dass in der Mehrzahl der Kantone das Parlament befugt ist, die Immunität aufzuheben, d.h. die Ermächtigung zur strafrechtlichen Verfolgung und meistens auch zur zivilrechtlichen Belangung zu geben. Nur neun Stände sehen von einer solchen Klausel überhaupt ab (LU, BE, OW, FR, GR, AG, SG, TI, JU). Hingegen bedarf es unterschiedlicher Mehrheiten, um das Privileg zu beseitigen: Zwei Drittel aller Mitglieder in AI, die absolute Mehrheit in GE, zwei Drittel der Stimmen der Anwesenden in ZH, NW, SO, BS, BL, SH, AR. Das einfache Mehr der Stimmenden genügt in UR, SZ, ZG, TG, VD, VS, NE.

Man könnte an Kriterien denken, von denen sich die Parlamente bei der Aufhebung der Immunität leiten lassen würden. Die nur spärliche Praxis hat indessen nicht genügt, solche zu entwickeln. Es lassen sich immerhin Gesichtspunkte erkennen: Abgelehnt wurde die Aufhebung etwa dort, wo Drohungen und Druck des Auslandes eine Rolle spielten, beispielsweise als der Grosse Rat Schaffhausen anno 1928, im Fall Bringolf (es ging um italienische Spitzel), die Immunität demonstrativ schützte. Demgegenüber sollte die Immunität keine Plattform für masslose Angriffe bieten, und sie wurde wiederholt beseitigt, um den Betroffenen Gelegenheit zur Klage zu geben, wie 1922 ebenfalls zu Schaffhausen im Casus Waldvogel-Stetten. Dort handelte es sich um eine Breitseite gegen einen Strasseninspektor, was ein weiteres generelles Element der Beurteilung ins Blickfeld rückt. Statt die Verwaltungskontrolle intensiver auszuüben, zieht es das Parlament vor, die Abklärung der Justiz zu überlassen.

Eine Debatte in der Sitzung des Zürcher Kantonsrates vom 23. Februar 1981 hat das gegenteilige Ergebnis gezeigt: Trotz divergierender Meinungen wurde die Immunität von Kantonsrat G nicht aufgehoben. G hatte hinsichtlich einer Einzelrichterin in Frageform behauptet, ob sie nicht einen Krankheitsurlaub zur Beendigung einer wissenschaftlichen Arbeit benützt habe. Das war bei der Beratung des Geschäftsberichtes des Obergerichts, und der Rat scheint hier dem Umstand Gewicht zugemessen zu haben, dass die Oberaufsicht über den Staatsapparat oft unbequeme Fragen geradezu erheische.

In diesen Kontext gehört nun aber zudem, dass man nicht immer an den Strafrichter oder die Immunität appellieren muss, wenn es in Verhandlungen des Parlamentes zu Ausfälligkeiten kommt. Gegen Äusserungen, die sich an Kollegen, Regierungsrat und selbst Dritte richten, kann der Präsident nämlich mit disziplinarischen Massnahmen einschreiten: Rüge, Verwarnung, Wortentzug, Saalverweis sind seine Mittel. Oft bügeln sich auch schwere Zwischenfälle durch massive Gegenkritik oder durch treffende Zwischenrufe selbst aus. Diese Sanktionen und Konterungen, verbreitet durch die Presse, ergeben dann häufig eine nicht zu verachtende Satisfaktion. Es hat glücklicherweise auch Seltenheitswert, dass ein Grossrat (E.W., Basel) auf Anordnung des Präsidenten, mit Zustimmung des Rates, von der Polizei aus dem Saal getragen wurde, weil er Kollegen und Öffentlichkeit durch den Ruf «Heil Hitler» schockiert hatte (Sitzung des Grossen Rates vom 10. November 1988).

Das Verfolgungsprivileg

Das Verfolgungsprivileg, das wiederum nach persönlichen, sachlichen, örtlichen und zeitlichen Kriterien zu gliedern ist, hatte seit langem, im Vergleich zur Nicht-Verantwortlichkeit für Äusserungen, eine viel geringere Verbreitung. Es hat sich nur noch in den Kantonen Bern, Thurgau, Waadt, Wallis, Neuenburg erhalten und sollte vorab die Funktionsfähigkeit des Parlamentes sichern. Wenn nämlich eine erhebliche Menge von Mitgliedern festgenommen würden (wie es in den politischen Wirren des 19. Jahrhunderts durchaus im Bereich der Möglichkeit lag), oder wenn, wie im Fall des Oltener Aktionskomitees (1919), eine grössere Anzahl Nationalräte sich im Anklagezustand befand, war die Beeinträchtigung der parlamentarischen Tätigkeit sehr wohl zu befürchten. Das Verfolgungsprivileg sollte aber auch der Würde des Parlamentes dienen: Es wäre kein erhebender Anblick, wenn Polizeibeamte an der Türe des Ratsaales einen Abgeordneten erwarten, um ihn abzuführen. Während nun in persönlicher Hinsicht die gleiche Personenkategorie das Verfolgungsprivileg geniesst wie beim Ausschluss der Verantwortlichkeit, nämlich die Herren und Damen Parlamentarier, beschlägt in sachlicher Beziehung das Verfolgungsprivileg vorab das Strafrecht. Hier ist, obwohl einige Kan-

Wandteppich an der Stirnseite des Kantonsratssaales in Zürich aus Leinen, handgewebt, mit reicher Stickerei. Vollendet 1945. Entwurf von Willi Dünner und Lissy Funk-Düssel, welche ihn ausführte: Er zeigt das Hoheitszeichen des Standes und die 171 Gemeindewappen.

Freskomalerei im Grossratssaal von Chur. Geschaffen 1959 vom bekannten Bündner Künstler Alois Carigiet. Das Bild hält im Zentrum den Zusammenschluss der drei Bünde im 15. Jahrhundert fest, sowie Motive aus dem seinerzeitigen Volksleben.

tone nur von Verhaftung sprechen, doch das ganze Strafverfahren, inklusive Untersuchung, involviert, wobei kein Unterschied gemacht wird zwischen Delikten, die mit der Amtstätigkeit zusammenhängen und andern. Eine erhebliche Abschwächung erfährt das Prinzip dadurch, dass es auf die flagrante Ertappung eines Missetäters keine Anwendung findet, so in BE, VS, NE. Auch örtlich unterliegt das Verfolgungsprivileg einer wesentlichen Beschränkung, indem es nur die Behörden des Kantons bindet, dessen Parlament der Verfolgte angehört, und natürlich nicht die Strafverfolgungsbehörden des Bundes. Zeitlich darf als erhärtete Praxis angesehen werden, dass die Verfolgung während einer ganzen Sitzungsperiode (und nicht nur am Sitzungstag) ausgesetzt werden muss. Das könnte zu Unsicherheit bei jenen Kantonen führen, welche das Tagessystem haben (wie Thurgau und Neuenburg). Über die Wirkung des Verfolgungsprivilegs brauchen kaum viel Worte verloren zu werden. Es wird die Strafverfolgung des Mitgliedes oder wenigstens seine Verhaftung vom Willen des Parlaments abhängig gemacht, und man ist sich auch über die Rechtsnatur einig: Das Verfolgungsprivileg ist ein Prozesshindernis und die Zustimmung des Parlaments eine Prozessvoraussetzung.

Immunität, Amtsgeheimnis, Zeugnisverweigerungsrecht

Diese Institute stehen in einem gewissen, nicht leicht zu entwirrenden Zusammenhang. Wie weit ist der Beamte, der dem Parlament angehört, durch die Immunität gedeckt, wenn er Dinge vorbringt, die dem Amtsgeheimnis unterliegen? Wie weit reicht die Immunität aus, um das Zeugnis in einem konkreten Straffall zu verweigern? Es kann sich in diesem Rahmen nicht darum handeln, die Überlappungen festzustellen und Abgrenzungen vorzunehmen. Aber zwei Beispiele aus der Praxis des letzten Jahrzehnts sollen doch zeigen, worum es geht.

Neuenburg: In einem Brief vom 22. Mai 1984 an den Staatsrat richtete der Deputierte L. Angriffe auf den kantonalen Polizeichef und nannte dabei ein bestimmtes Dossier der Verwaltung sogar mit der Reg.-Nummer. Da der Staatsrat zur Ansicht kam, dass L. nur durch eine Indiskretion von diesem Dossier Kenntnis habe erhalten können, übergab er die Sache den Strafverfolgungsbehörden, welche eine Untersuchung gegen «Unbekannt» eröffneten und den Deputierten als Zeugen zitierten. Dieser berief sich auf die Immunität und machte diese letztlich auch in einer staatsrechtlichen Beschwerde geltend. Das Bundesgericht gelangte zum Schluss, dass das Zeugnis nicht verweigert werden könne, wenn in einem Strafverfahren untersucht werde, wer aus der Verwaltung, unter Verletzung des Amtsgeheimnisses, das Material geliefert habe. Das sei etwas anderes als der Schutz des Parlamentariers.

Wallis: Auf Begehren eines Untersuchungsrichters befasste sich der Grosse Rat des Kantons Wallis am 25. Juni 1981 mit der Frage der Aufhebung des Amtsgeheimnisses (secret de fonctions) eines früheren und eines jetzigen Mitgliedes in einem Strafverfahren, an dem ein Staatsrat beteiligt war. Unter Tumult kündigte der Präsident die Abstimmung an, mit dem wohl einmaligen Ergebnis, dass (bei 130 Mitgliedern) 2 Stimmen für den Antrag und 0 Stimmen dagegen abgegeben wurden. Darauf kam die Diskussion erneut in Gang, und am Schluss wurde die Abstimmung wiederholt: das Amtsgeheimnis der beiden Herren wurde aufgehoben «à la quasi unanimité et une abstention». Dieser Entscheid bewirkte, dass die Einvernahme eines damaligen und eines frühern Grossrates durchgeführt werden konnte. Niemand berief sich auf die Immunität, aber jedermann wusste offenbar um die politische Brisanz der Angelegenheit.

Fazit

In der Gegenwart und schon in den letzten 40 Jahren hat die Bedeutung der parlamentarischen Immunität in der Schweiz offensichtlich abgenommen. Das hängt mit der Entwicklung der Gesellschaft zusammen, in welcher trotz vieler Divergenzen und Teilaufbrüchen zu «neuen Ufern», ein Grundkonsens über die parlamentarische Demokratie, ergänzt durch Initiativrecht und Referendum, weiter zu bestehen scheint. Die Unantastbarkeit des Abgeordneten wird durch Selbstverständnis im Rat und Akzeptanz von aussen gesichert. Vorkommende Fälle, die sich heute meist auf den Rechtskomplex der Ehrverletzungen beziehen, werden oft parlamentsintern durch Disziplinarmassnahmen oder politische Korrekturen bereinigt. Solche können auch durch die Me-

Öfen und Uhren / Poêles et horloges

Poêle en catelles à Lausanne

Trommelofen in Luzern

Poêle en faïence à Fribourg

Uhren in den Ratshäusern von Stans, Herisau und Schaffhausen

dier erzwungen werden. Gerade weil die Immunität durch Aufhebung im Einzelfall beseitigt werden kann, hat man etwa gesagt, sie sei kein Wall, sondern nur eine Schwelle auf dem Weg der Verfolgung (so Prof. Kurt Eichenberger), freilich ein nicht untaugliches Hindernis, das einen Mandatar doch einigermassen davor schützt, in und wegen seiner Amtsstellung mit Prozessen überzogen zu werden, die oft politisch motiviert sein könnten, um einen Gegner zur Strecke zu bringen, dem man sonst schwer beikommt. Von dieser Funktion der Immunität hat der Miliz-Parlamentarier, besonders der kantonale, aber eigentlich wenig. Denn seine Stellung ist selten so exponiert, dass es sich lohnte, mit Kanonen auf Spatzen zu schiessen. Ganz anders die Magistratspersonen der Exekutive. Für sie bringt die Immunität viel substanziellere Vorteile, wirft aber komplexere Probleme auf, was daher rührt, dass die Regierungstätigkeit unweigerlich grössere Möglichkeiten und Versuchungen des unkorrekten Verhaltens und damit auch breitere Angriffsflächen bietet als die parlamentarische. Überhaupt ist, trotz ihres Rechtscharakters, die Immunität vorab ein Politikum geblieben und wurde vom Bundesgericht als Teil des ordre public erklärt. Auf diesem Fechtboden kann sich ein Abgeordneter auch selbst erledigen, ohne dass ein Delikt vorliegt und der Rat wegen seiner Äusserungen die Immunität aufzuheben bräuchte. Da gibt es immer wieder und bis weit hinauf Anschauungsunterricht, wie sich einer um «Kopf und Kragen» reden kann. So Bundestagspräsident Philipp Jenninger bei der Gedenkstunde zur «Kristallnacht» im November 1988, die von einem Beobachter als «phänomenale rhetorische Fehlleistung eines grundehrlichen Menschen» bezeichnet worden ist. Ihre linguistischen Ursachen (wie falsche Perspektive, falsche Wortwahl, Erweckung des Eindrucks, der Referent wolle sich dem Nationalsozialismus ein wenig anbiedern, etc.) sind von Ernst Leisi scharfsinnig analysiert worden (NZZ, 12.1.1989). Aus nächster Nähe haben wir kürzlich einem weitern Trauerspiel beigewohnt: dem jähen Sturz der ersten und als ausgezeichnet eingeschätzten Bundesrätin Elisabeth Kopp. Auf deren eigenes Begehren ist ihre Immunität von den beiden eidgenössischen Kammern aufgehoben worden. Seien wir uns aber im klaren, dass die politischen und menschlichen Dimensionen des Falles die strafrechtlichen Aspekte weit überragen. Man fühlt sich an den Satz von Talleyrand erinnert: «c'est pire qu'un crime, c'est une faute». Diese Erkenntnisse relativieren den Wert der parlamentarischen Immunität, ohne die ja ein Kanton sehr gut auskommt. Es besteht aber auch kein Grund, die Bestimmungen der 25 andern Stände überstürzt zu beseitigen, denn sie bilden einen Ausdruck der Geschichte und ein Merkmal der kantonalen Autonomie, und die Zeiten könnten sich zudem wieder einmal ändern.

Übersicht: Kantonale Bestimmungen über die Immunität

Zürich
Kantonsratsgesetz 10
Ein Mitglied des Kantonsrates oder des Regierungsrates kann wegen Äusserungen in den Verhandlungen des Rates, des Büros oder einer Kommission weder strafrechtlich verfolgt noch zivilrechtlich belangt werden...,
Kantonsratsgesetz 37, Absatz 1
Wegen Äusserungen in den Verhandlungen des Rates, Büros oder Kommission kann eine Strafuntersuchung, eine Ehrverletzungsklage oder ein Zivilprozess gegen Mitglieder des Kantonsrates und Regierungsrates nur erfolgen, wenn der Kantonsrat mit Mehrheit von $2/3$ der anwesenden Mitglieder die Immunität aufgehoben hat.

Bern
Kantonsverfassung 30, Absatz 3
Kein Mitglied darf für seine Reden in der Versammlung des Grossen Rates gerichtlich belangt werden. Es ist dort nur dem Grossen Rat verantwortlich.
Kantonsverfassung 30, Absatz 4 (Verfolgungsprivileg)
Kein Mitglied darf während der Sitzung verhaftet oder wegen eines Verbrechens in Untersuchung gezogen werden, als mit Bewilligung des Grossen Rates, ausser er sei auf frischer Tat ergriffen.

Luzern
Strafprozessordnung 3
Mitglieder des Grossen Rates können wegen Äusserungen an den Verhandlungen des Rates und seiner Kommissionen strafrechtlich nicht zur Verantwortung gezogen werden.

Uri
Reglement 45
Die Mitglieder des Landrates und des Regierungsrates sind für die Äusserungen an den Ratssitzungen niemandem verantwortlich als dem Landrat selbst. Sie dürfen wegen solcher Äusserungen nur dann gerichtlich verfolgt werden, wenn der Rat die Ermächtigung hiezu erteilt.

Schwyz
Verordnung Strafprozess 4
Gegen die Mitglieder des Kantonsrates und des Regierungsrates ist Strafverfolgung wegen Äusserungen in den Verhandlungen im Kantonsrat nur zulässig, wenn dieser die Ermächtigung erteilt.

Obwalden
Geschäftsordnung 6
Die Mitglieder des Kantonsrates und des Regierungsrates können für die Äusserungen in den Verhandlungen des Kantonsrates weder strafrechtlich noch zivilrechtlich belangt werden.

Nidwalden
Landratsverordnung 5
Ein Mitglied des Landrates oder Regierungsrates kann für seine Äusserungen in den Verhandlungen des Landrates, des Landratsbüros oder einer Kommission des Landrates weder strafrechtlich verfolgt noch zivilrechtlich belangt werden.
Landratsverordnung 6, Absatz 1
Wegen Äusserungen in den Verhandlungen des Landrates, des Landratsbüros oder einer Kommission des Landrates kann eine Strafuntersuchung, eine Ehrverletzungsklage oder ein Zivilprozess gegen Mitglieder des Landrates oder Regierungsrates nur eingeleitet werden, wenn der Landrat mit einer Mehrheit von zwei Dritteln der anwesenden Mitglieder die Immunität aufgehoben hat.

Glarus
Kennt keine Bestimmung.

Zug
Verantwortlichkeitsgesetz 4
Die Mitglieder des Kantonsrates und des Regierungsrates können wegen der in Ausübung ihres Amtes in Rats- und Kommissionssitzungen gemachten mündlichen und schriftlichen Äusserungen vermögensrechtlich und strafrechtlich nur verfolgt werden, wenn der Rat die Ermächtigung erteilt.
Geschäftsordnung 49
Die Mitglieder des Kantonsrates und Regierungsrates dürfen wegen einer im Kantonsrat, einer Kommission oder in einem Bericht gemachten Äusserung nur dann gerichtlich verfolgt werden, wenn der Kantonsrat selbst die Ermächtigung hiezu erteilt.

Fribourg
Constitution cantonale
Aucun député au Grand Conseil ne peut être recherché pour les opinions qu'il a émises dans cette assemblée.

Solothurn
Kantonsverfassung 65
Für Äusserungen im Kantonsrat und in einer Kommission können die Mitglieder des Kantonsrates und Regierungsrates rechtlich nicht verantwortlich gemacht werden. Aufhebung der Immunität mit ²/₃ der anwesenden Mitglieder, wenn sie offensichtlich missbraucht wird.

Basel-Stadt
Gesetz über die Geschäftsordnung 5
Mitglieder des Grossen Rates und des Regierungsrates sind für ihre mündlichen und schriftlichen Äusserungen bei den Beratungen sowohl im Ratsplenum wie in den Ratskommissionen nur dem Grossen Rat verantwortlich.
Sie können für solche Äusserungen nur gerichtlich verfolgt werden, wenn der Grosse Rat mit ²/₃ der Stimmen die Ermächtigung erteilt.

Basel-Land
Geschäftsordnung 8, Absatz 1 und 2
Die Mitglieder sind für ihre Äusserungen in den Sitzungen des Rates und der Kommissionen nur dem Landrat verantwortlich.
Eine strafrechtliche Verfolgung ist nur möglich, wenn der Landrat auf Antrag des Büros mit der Mehrheit von zwei Dritteln der anwesenden Mitglieder die Immunität aufhebt.

Schaffhausen
Geschäftsordnung 6
Die Ratsmitglieder sind für ihre Äusserungen im Grossen Rat und in dessen Kommissionen nur dem Grossen Rat verantwortlich. Sie dürfen für solche Äusserungen nur dann strafrechtlich verfolgt und zivilrechtlich belangt

werden, wenn der Grosse Rat mit zwei Drittelsmehrheit der anwesenden Mitglieder dazu die Bewilligung erteilt.

Appenzell Ausserrhoden
Geschäftsordnung 4
Die Mitglieder des Kantonsrates und des Regierungsrates sind für Äusserungen im Rat und in dessen Kommissionen nur dem Kantonsrat verantwortlich.
Sie dürfen für solche Äusserungen nur dann strafrechtlich verfolgt oder zivilrechtlich belangt werden, wenn zwei Drittel der anwesenden Mitglieder die Ermächtigung erteilen.

Appenzell Innerrhoden
Strafprozessordnung 167
Mitglieder des Grossen Rates und Standeskommission können wegen Äusserungen im Rat nur strafrechtlich verfolgt werden, wenn ²/₃ seiner Mitglieder dazu Ermächtigung erteilen.

St. Gallen
Kantonsverfassung 56
Sie (Mitglieder) sind für ihre in den Beratungen geäusserten Meinungen nur dem Grossen Rat selbst verantwortlich.

Graubünden
Verantwortlichkeitsgesetz 3
Die Mitglieder des Grossen Rates sind für ihre im Rate und in den Kommissionen abgegebenen Voten und ihre Stimmgebung nicht verantwortlich.
Gesetz über Strafrechtspflege 67.1
Die Mitglieder des Grossen Rates sind für ihre Äusserungen im Rat und in den Kommissionen strafrechtlich nicht verfolgbar.

Aargau
Geschäftsordnung 5
Die Mitglieder des Grossen Rates sind für ihre Äusserungen im Rate und in den Kommissionen nur dem Grossen Rat verantwortlich.

Thurgau
Neue Kantonsverfassung 34
Die Mitglieder des Grossen Rates üben das Mandat frei aus. Sie können für Äusserungen im Rat und in dessen Kommissionen nicht belangt werden.
Verantwortlichkeitsgesetz 15
Die Strafverfolgung von Mitgliedern des Grossen Rates, des Regierungsrates und der Kantonsgerichte, gemäss § 12, Abs. 2, wegen strafbaren Handlungen, die sich auf die amtliche Tätigkeit beziehen, bedarf der Ermächtigung des Grossen Rates.
Ohne Bewilligung des Grossen Rates darf aus den Ratssitzungen kein Mitglied verhaftet werden.

Ticino
Legge sul Gran Consiglio e sui rapporti con il Consiglio di Stato 34
Non vi e responsabilità penale e civile del deputato per le espressioni da lui usate durante le deliberazioni del Gran Consiglio, delle sue commissioni e negli atti parlamentari.

Vaud
Constitution cantonale 38
Hors le cas flagrant délit un membre du Grand Conseil ne peut pour quelque cause que se soit être arrêté pendant les sessions sans la permission de l'assemblée.

Valais
Constitution cantonale 48
Hors le cas de flagrant délit, les membres du Grand Conseil ne peuvent être arrêtés ni poursuivis, pendant les sessions, sans l'autorisation de ce corps.

Neuchâtel
Règlement 19
Aucun membre du Grand Conseil ne peut être recherché pour une opinion émise dans l'assemblée. Il n'en est responsable que vis-à-vis du Grand Conseil (Art. 28 de la Constitution).
Règlement 20
Pendant les sessions du Grand Conseil, aucun député ne peut être arrêté ou soumis à une enguête criminelle, hors le cas de flagrant délit, sans l'autorisation du Grand Conseil (art. 29 de la Constitution).

Genève
Loi portant le Règlement 69
Les députés et les conseillers d'Etat ne peuvent être traduits devant les tribunaux à raison des paroles qu'ils prononcent ou des écrits qu'ils produisent devant le Grand Conseil.
A la demande du procureur général cette immunité peut toutefois être levée par une décision du Grand Conseil, une atteinte grave a été portée à l'honneur d'autrui.
La décision du Grand conseil doit être prise à la majorité absolue et sur présentation d'un rapport de la commission législative qui aura

notamment entendu celui qui fait l'objet de la demande de la levée d'immunité.

Jura
Constitution cantonale 88
Les députés ne peuvent être poursuivis pour les propos qui tiennent dans l'exercice de leur mandat. Ils n'ont à répondre que devant le Parlement.

Quellenverzeichnis

Baur Regula
Die parlamentarische Immunität, Dissertation Zürich 1963

Eichenberger Kurt
Aufhebung der Immunität von Bundesräten, NZZ 25. Januar 1989.

Die Staatskanzleien haben Auskünfte und Präjudizien geliefert.

Summary

**Parliamentary Immunity
by Paul Stadlin**

Immunity is to the parliamentarian what the shield is to the knight. Among the Swiss public and even in Swiss cantonal parliamentary circles, however, conceptions about immunity are vague. The practice goes back to the beginnings of parliamentary democracy in England and France. By making individual delegates immune, one wanted to protect the institution and guarantee its ability to function. The Canton of Vaud was the first to grant the members of the Grand Conseil immunity from criminal prosecution (1803). St. Gall followed (1831), and in the 19th century all of the cantons enacted rules on immunity with the exception of Glarus which has always refrained from doing so. The preferential position accorded by immunity is a double concept: it is the exclusion of liability for statements and the privilege of freedom from criminal prosecution. There are many drastic limitations on immunity in the legal formulation and application, however. For example, in 15 (out of 26) cantons immunity is granted on the condition that it is not revoked by a parliamentary plenum. Added to this is the fact that the disciplinary authorities (military) do not have to observe cantonal rules on immunity as they are bound by federal regulations. By far the more important of the two kinds of immunity is the freedom from liability for statements in parliament, which in practice means that the delegates are protected agianst charges of slander. But how is this privilege limited in practical terms and with regard to place? In ten cantons the formula is used "the member is only responsible to Parliament". As a result of the narrow definition in some cantons of, for example, "statements in Parliament" or "in the parliamentary session", there was a controversy at times about whether the privilege applied also for statements made in the antechamber or in petitions, motions, etc. as well as in newspaper articles. Influenced by the example set by the supreme court, it has become accepted that immunity encompasses fulfilment of the parliamentary mandate as a whole. It also applies for statements made in the foyer (Valais) or in a letter to the cantonal government (Neuchâtel). In the standing orders of Jura, the youngest canton, it is also clear: "dans l'exercice de leur mandat". The privilege of freedom from criminal prosecution, which has been maintained only in the cantons of Berne, Thurgau, Vaud, Valais and Neuchâtel, is of little relevance since delegates who find themselves involved in criminal matters generally resign of their own accord. One of the reasons for the small number of disputes concerning immunity lies in the fact that many verbal excesses can be checked by intervention of the Chairman and the use of disciplinary means, such as, for example, reproach, warnings, denial of the right to speak, and expulsion from the chamber. Fortunately it is an extremely rare event indeed when a member of parliament has to be removed from the chamber by the police, upon the order of the president and with consent of parliament, due to a thoroughly disgraceful insult (Basle 1988).

In the area of immunity the questions has arisen as to whether a cantonal parliamentarian can call upon his privilege of immunity if he must testify as a witness in a criminal investigation against an official (who has passed documents on to him thereby violating secrecy laws). No was the answer of the Swiss Supreme Court. On the whole the significance of immunity has been on the decline during the last 40 years. Immunity has been interpreted politically too, as shown by the sudden fall of Elisabeth Kopp, the first woman on the Swiss Federal Government. But the 25 cantons which still offer a certain immunity protection do not have to rush to do away with the privilege since times change and can change again.

Paul Stadlin

Geschäftsordnung, Sitzordnung, Stabsfunktionen

Geschäftsordnung

Das Zusammenleben von Menschen und daher auch das Wirken der Parlamente bedarf der Normen, geschriebener und ungeschriebener. Die Tradition muss aber schon stark, die Disziplin erheblich und die Verhältnisse müssen überschaubar sein, dass ein Parlament auf eine explizite Geschäftsordnung verzichten kann. Das ist so beim Grossen Rat des Standes Appenzell-Innerrhoden, der sich einzig von seinem guten Geist – und von seinem Landammann lenken lässt. Alle übrigen Kantone haben die Geschäftsführung ihrer Parlamente schriftlich und zum Teil sehr einlässlich geregelt: entweder in einem Gesetz (FR, NE, GE) oder in einer von der Verfassung autorisierten Verordnung (UR, GL, ZG, SH, AG, TG, JU etc.), in welche alles aufgenommen ist. Andere verfügen über ein Gesetz mit separatem Reglement (ZH, BE, LU, BS, TI etc.). In rechtlicher Hinsicht ist klar, dass das Gesetz in der üblichen Form beschlossen wird und je nach Kanton dem obligatorischen oder fakultativen Referendum unterliegt. Weniger einheitlich ist das Zustandekommen der Geschäftsordnungen auf niederer Rechtsetzungsstufe. Schwyz und Obwalden unterstellen sie dem fakultativen Referendum, andere Kantone lassen es bei einer autonomen Verordnung, die auf der Verfassung beruht, bewenden (ZG, SG, VS). Ein Referendum kommt da offenbar nicht in Betracht, was die Logik für sich hat, wenn es sich um die Regelung der internen Organisation und des Verfahrensablaufs handelt, wogegen für die Teile mit allgemein verbindlichen Bestimmungen (Verkehr mit der Öffentlichkeit, dem Regierungsrat und der Verwaltung) nach unserem System doch wohl eine referendumspflichtige Lösung die richtige wäre. Die im Gefolge der bekannten Affairen von Bern eingetretene Sensibilisierung für Vorgänge im Parlaments- und Regierungsbereich mag dazu geführt haben, dass das neue Grossratsgesetz in einer Volksabstimmung abgesegnet wurde und dass die darauf beruhende Geschäftsordnung nur 119 Stimmen (von 200) auf sich vereinigte. An andern Plätzen blieb es jedoch durchaus ruhig, und die formelle Seite der Parlamente war kaum Gegenstand des öffentlichen Interesses. Bemerkenswert ist der feine Unterschied, den der Kanton Tessin macht: Neben der «Legge sul Gran Consiglio e sui rapporti con il Consiglio di Stato» sind dem fakultativen Referendum unterworfen: der «Decreto legislativo concernente il finanziamento dei gruppi parlamentari» und der «Decreto legislativo concernente le idemnità dovute ai deputati al Gran Consiglio», nicht aber das Reglement als solches. Übrigens ist das Alter einer Geschäftsordnung noch kein Kriterium für ihre Bewertung. Wenn sie kurz und aus einem Guss war, darf sie sich heute noch sehen lassen, wie in UR, AG, SH. Andere sind durch häufige Revision zu Flickwerken geworden, die ihre Geburtsgebrechen immer noch nicht verleugnen, so in ZG, GR, VS, wobei in letzerem Kanton der Wortlaut durch die Praxis ab und zu überholt worden ist, z.B. bei der Protokollführung. Das gleiche gilt wohl für andere Kantone auch!

Führt man sich die 25 Geschäftsordnungen zu Gemüte, so ergibt sich ein zerklüftetes Bild. Weder in der Systematik noch in der Ausgestaltung lassen sie sich vergleichen. Die eine Regelung ist sehr ausführlich (Genf benötigt 233 Artikel, St. Gallen 162, Bern 180). Andere Kantone kommen mit der Hälfte aus. Das eine Reglement behandelt eine Materie sehr detailliert, während sich das andere darüber ausschweigt oder sie mit einem Satz abtut. Dennoch tritt von den Inhalten her die schweizerische Auffassung von Parlamentarismus sehr klar und einheitlich hervor, so in der Organisation und im Instrumentarium, welches den einzelnen Mitgliedern für Vorstösse zur Verfügung gestellt wird. Man nimmt also die bekannte eidgenössische Schurwolle und webt, strickt, häkelt daraus ein passendes Kleid, knöchellang oder kniefrei… Wo der Text zweisprachig ist, lässt sich zum Beispiel bei Fribourg deutlich erkennen, dass die deutsche Fassung eine allzuwörtliche Übersetzung der französischen darstellt. Es fällt auch auf, dass das Kantonsratsgesetz von Zürich und das dazu erlassene Reglement sehr summarisch sind (wozu freilich ein einlässliches Handbuch geliefert wird), während andere Kantone wie Luzern und Baselstadt sich einer sehr in die Einzelheiten gehenden Ordnung befleissigen. Ein solches Beispiel der Regelungsdichte bietet für einen kleinen Kanton überdies Nidwalden, und man tippt kaum daneben, wenn man darin die Handschrift eines normierungsfreundlichen Landschreibers vermutet. Im ganzen gewinnt man den Eindruck, dass sich bei der Ausarbeitung der Reglemente ein allgemein anerkannter Standard mit Regungen der Eigenständigkeit und mit der Notwendigkeit paarte, massgeschneiderte Lösungen zu schaffen. Diese Erfordernisse wurden von den vorbereitenden Instanzen (Experten, Kommissionen) sehr unterschiedlich umgesetzt und tragen vornehmlich den Stempel der Redaktoren. Die erbrüteten Ausformulierungen pflegten dann wohl vom Plenum nicht mehr grundsätzlich in Frage gestellt zu werden, wobei neueste Revisionen in Bern und Solothurn eine Ausnahme machen. Durch Prägnanz zeichnen sich das Grossratsgesetz von Bern und die dazugehörige Geschäftsordnung aus. Schade, dass der Duktus leidet, weil man meint, bei jeder Erwähnung von Amtsträgern, die weibliche Benamsung einfügen zu müssen, was auch in Basel-Stadt sehr mühsam wirkt. Da und dort erscheint die Sprache noch etwas antiquiert, dagegen aber haben die neuen Texte der Kantone Solothurn und Jura den heutigen Umgangston in sich aufgenommen.

Von der methodischen und staatsrechtlichen Warte aus mag der Dualismus zwischen Gesetz und Reglement gerechtfertigt sein. Für die praktische Anwendbarkeit birgt er nicht zu unterschätzende Komplikationen. Wiederholungen und Überschneidungen häufen sich, die Auslegungsschwierigkeiten nehmen zu. Präsident und Protokollführer sehen sich gezwungen, ständig in zwei Erlassen zu blättern, und das einzelne Ratsmitglied verliert die Orientierung über das Verfahren mehr, als dies nötig und zumutbar wäre. Auch steigert sich die Gefahr, dass die Ausführungsbestimmungen zu ausgedehnt werden. So begeht der Vorsitzende Fehler nicht wegen zuwenig, sondern wegen zuviel Anweisungen des Reglements.

Stände nichts darin, so könnte er vernünftig entscheiden.

Sitzordnung

Was die Sitzordnung betrifft, so lassen sich landesweit drei Arten erkennen: Die Zuweisung der Einzelsitze nach Fraktionen, die am weitesten verbreitet ist, oder die Zuweisung nach Gemeinden (UR, OW, NW, AR, AI), oder die Bestimmung von Sektoren für die einzelnen Fraktionen, wo jeder seinen Platz gewissermassen selbst suchen muss. In Basel regelt sich die Zuteilung der Sitze nicht nur nach Gemeinden, sondern nach Quartieren, wobei innerhalb eines Quartiers eine bestimmte Rangfolge der Parteien beobachtet wird. In einer andern Lage befindet sich der Parlamentarier im Tessin, in Schaffhausen oder in der Waadt. Er geht in seinen Sektor und setzt sich irgendwo nieder. Das ist aber in Lausanne nicht so leicht zu machen. Für die 200 Deputierten sind auf den im Oval angeordneten, grünbezogenen Bänken nur etwa 170 Sitzgelegenheiten vorhanden, weshalb bei annähernder Vollzähligkeit des Rates etwa zwei Dutzend sich mit einem Stehplatz hinten begnügen oder eine nicht unwillkommene Wartestunde in der Buvette verbringen müssen, von wo sie durch Glockenzeichen zur Abstimmung gerufen werden können. Verschieden vollzieht sich auch die Individualisierung der Sitze in den Räten mit fester Zuteilung. Oft nimmt sie das Büro vor oder dann die Fraktionsleitung oder es erfolgt auch mal eine handstreichartige Besitzergreifung an der ersten Sitzung der Legislatur, wie sie früher im Zuger Kantonsrat üblich war. In verschiedenen Kantonen ist jeder Sitz mit einer statistischen Nummer versehen, die für den Verwaltungsbetrieb gewisse Vorteile haben mag, aber wenn sie am Pult prangt, doch etwas zwiespältige Gedanken über die Achtung der individuellen Würde des oder der damit Bedachten aufkommen lässt. In Glarus sind sogar die Haken für die Mäntel numeriert. Eine in allen Parlamenten wiederkehrende Frage ist die: Wo sitzen die Fraktionschefs und die erfahrenen, einflussreichen Mitglieder? In Solothurn und Zug sitzen sie in der ersten Reihe; in den meisten Parlamenten, mit Zürich, Bern, Waadt und St. Gallen, haben die Fraktionsobern ihre Plätze inmitten ihrer Getreuen, und es zeigen sich höchstens hierarchische Nester. Dass die Prominenz eher hinten ange-

Eminenzen im Ratsbetrieb / Personaggi in aule

Kurt Schönenberger, ständiger Sekretär des Grossen Rates des Kantons Schaffhausen

Urs Wallimann, Landschreiber des Kantons Obwalden

Viktor Baumeler, Staatsschreiber des Kantons Luzern

Karl Christen, Landschreiber des Kantons Nidwalden, dem Landrat zugeordnet

Fidel Caviezel, Kanzleidirektor des Kantons Graubünden

Rodolfo Schnyder, Vicecancelliere dello Stato e segretario del Gran Consiglio ticinese

siedelt ist, glaube ich in Luzern beobachtet zu haben. Auch im übrigen bestehen zwischen Sitzordnung, Sitzgepflogenheiten und Sitzmöbeln einige Nuancen. Während in den zentralen und östlichen Gefilden der Schweiz jedes Mitglied seinen Platz als persönliche Domaine hütet, auf welcher sich niemand anders mehr niederlassen darf, kommt im Tessin die lateinische Geschmeidigkeit zur Geltung. Da setzt sich schon mal ein deputato auf den zufällig freien Stuhl des Vicepräsidenten oder eines Staatsrates, zu einem kleinen Schwatz. Ein solches Gebaren käme in den Augen einiger alemannischer Magistraten knapp an eine Majestätsbeleidigung heran. In Basel sind die Sitzgewohnheiten dagegen wieder ziemlich locker. Man stellt gelegentlich die Beine hoch, und es macht nichts aus, dass ein muskulöser Schrebergärtner auf die Stuhllehne einer Kollegin sitzt, die sich sehr schmal machen muss, um noch bleiben zu können. Zu den strengen Ratsbräuchen in Graubünden gehört jedoch, dass ein Abgeordneter seine Stimme nach Reglement nur von seinem Platz aus abgeben darf. Die Sessel weichen in den verschiedenen Parlamenten voneinander ab: Es gibt bequeme, gepolsterte Fauteuils, viele Varianten von noch akzeptablen Bürostühlen in Stahl und Kunstleder sowie einfache Holzkonstruktionen, mit und ohne Lehne, die der Gesundheit förderlich sein sollen. Demgegenüber bedeuten die Bänke und Klappsitze in engen Reihen, wie in Zürich und Luzern einen erheblichen Abfall. Man denkt dort an komfortablere Lösungen. Ob wohl hier bei der seinerzeitigen Einrichtung nicht ein gewollt spartanischer Zug waltete? Die Räte sollen das harte Holz auch etwas zu spüren bekommen, auf dem das Volk sitzt!

Stabsfunktionen

Bis in die Gegenwart hinein besassen und besitzen die kantonalen Parlamente eine höchst bescheidene Infrastruktur. Ihnen genügte die Eigendynamik, musste ihnen genügen, da die politischen und finanziellen Voraussetzungen für die Beschäftigung eines Stabes, der diesen Namen verdient, nicht gegeben waren und vor allem auch weil bei der Beantwortung der Bedürfnisfrage bis heute Zweifel angebracht sind. Seit alters her waren die wichtigsten und oft auch einzigen Hilfspersonen des Parlaments der Ratssekretär für das Protokoll und die schriftlichen Erlasse sowie der Weibel für die persönliche Betreuung des Rates und seiner Repräsentationsbelange. Dazu gesellen sich heute der Operateur des Tonaufnahmegeräts (wenn diese Funktion nicht schon von Ratsschreiber oder Weibel wahrgenommen wird) und einzelne subalterne Kräfte. Aus Tradition steht da und dort noch ein Kantonspolizist in Uniform herum (gendarme huissier VS), dessen wichtigstes Requisit das Handy-talkie darstellt, um bei etwaigen Zwischenfällen von der Hauptwache Verstärkung anzufordern. Dass dies nicht so überflüssig ist, beweisen die neuerdings zahlreichen Demonstrationen in Basel und Zürich sowie letzthin, kurz nach der Präsidentenwahl, in Bellinzona. Ein Auskunfts- und Dokumentationsdienst fehlt in den meisten Kantonen und wird auch kaum als Mangel empfunden, indem gerade bei kleinen Kantonen der einzelne Parlamentarier dem zuständigen Regierungsrat oder einem ihm bekannten Beamten noch direkt auf die «Bude» steigen kann, um sich zu informieren oder zu beschweren.

Die wenigen diskreten und fachkundigen Insider des Ratsbetriebs sind Kammerherren und Kammerdienern eines Fürsten der feudalen Epoche vergleichbar, vor denen die heutigen Volksvertreter gewissermassen nackt dasitzen und deshalb nicht immer eine so gute Figur machen, wie ihre Imagepflege dies anstrebt. Und die versierten Helfer, die gleichzeitig Halbgötter sind, beobachten schnell und genau die Eigenschaften und Verhaltensweisen «ihrer» Damen und Herren, ihr Benehmen, ihre Eigenart, ihre Eigenwilligkeit, ihre Spezialwünsche, ihre Freude, ihren Zorn und ihre Enttäuschung und – nach verlorenen Wahlen – ihr Elend und ihre Armseligkeit. Sie wissen intuitiv zu erfassen, was im Rate vorgeht, sie fühlen die Stimmung und riechen die Entwicklungen, sie eilen herbei, wenn es mottet, sie wiegeln ab, verschwinden, wenn die Luft zu dick wird, tauchen wieder auf, auch ungerufen, aber mit der feinen Nase dessen, der sich unentbehrlich wähnt und es tatsächlich auch ist. Nach dieser allgemeinen Beschreibung ist es nun aber angezeigt, die einzelnen Funktionen und die ihnen zugeordneten Funktionäre etwas näher ins Visier zu nehmen.

Vom Protokoll zum Transcript

Protokollierung heisst die schriftliche Fixierung dessen, was verhandelt und jedenfalls, was beschlossen worden ist. Da erscheint der altehrwürdige Actuarius aus dem Schatten der Geschichte. Ratsprotokolle wurden in unsern Landen seit ungefähr dem 16. Jahrhundert geführt; die Ausgestaltung verbesserte sich im 17. und 18. Jahrhundert, und das 19. und 20. Jahrhundert brachte sie allmählich auf den Stand der 60er Jahre, in welchen die Debatten von Stenographen oder vom Ratsschreiber selbst aufgenommen und in einen Schriftsatz gekleidet wurden, der als Beschluss- oder Verhandlungsprotokoll mit verschiedenen Mischformen bezeichnet wurde. Seit dem Siegeszug des Tonbandes ist dies anders geworden. Die ursprüngliche Protokollführung wird nur noch in wenigen Räten weitergepflegt (z.B. SH), und fast überall werden die Verhandlungen auf Magnetband aufgenommen. Dieses hat aber Hilfsfunktion und ersetzt nicht das Protokoll, schon deshalb nicht, weil die Wiedergabe trotz aller Ausführlichkeit akustisch nicht erfassbare Lücken aufweisen würde. Vielmehr liefert das Band den Redaktoren, die sich zudem eigene Notizen gemacht haben, nur das Rohmaterial, um die Texte herzustellen, die im betreffenden Kanton unter verschiedenen Gesichtspunkten benötigt und brauchbar sind, nämlich
– als Arbeitsinstrument für die Spitzen des Parlaments, den Regierungsrat und die Verwaltung,
– als Gedächtnisstütze für die einzelnen Parlamentarier,
– als Dokument für das Archiv,
– als Mittel für öffentliche Informationen,
– als gedruckte, integrale Wiedergabe der Verhandlungen und der ihnen zugrunde liegenden Berichte für die umfassendste Verwendung.

Wie bedienen sich nun die Kantone dieser Möglichkeiten? Die ganze Entwicklung befindet sich im Fluss und das Transkript stellt nur eine Zwischenstation dar. Es kann daher nur ein Momentbild des gegenwärtigen Zustandes geboten werden, und hier zeichnen sich drei Hauptgruppen von Parlamenten ab.

a) Die Mehrheit der vorwiegend kleinen Kantone begnügt sich mit einem Verhandlungsprotokoll im herkömmlichen Zuschnitt oder sogar mit einem Beschlussprotokoll (UR, wenn der Rat nicht die ausführliche Festhaltung beschliesst) oder mit einer Mischform zwischen beiden (GL, AR, SO). Es erfolgt Auflegung zugunsten der Mitglieder oder Zustellung an sie, aber kein Druck. Vereinzelt werden die Beschlüsse im Amtsblatt publiziert (SZ, NW), oder es erscheint dort ein kurzer Verhandlungsbericht (LU, OW, TG).

b) Eine zweite Gruppe von mittleren bis grossen Kantonen lässt ein Verhandlungsprotokoll errichten, das bis zur wörtlichen Wiedergabe gehen kann und dann gedruckt herausgegeben wird (ZH, SG, AG, TI). In Fribourg ist es das «Bulletin officiel des séances du Grand Conseil/Tagblatt der Sitzungen des Grossen Rates», in dem die Interventionen in der Sprache erscheinen, in der sie vorgetragen wurden, aber nicht übersetzt.

c) Die dritte Gruppe von wenigen Kantonen fährt zweigleisig. Es wird ein Beschlussesprotokoll erstellt und zudem eine wörtliche Widergabe der Ratsverhandlungen samt allen Unterlagen, so in BE (Tagblatt des Grossen Rates), GE (Mémorial), VD (Bulletin du Grand Conseil), VS (Bulletin du Grand Conseil), NE (Journal des Débats), JU (Journal des Débats). In BS bleibt das ausführliche Protokoll im Gegensatz zu den vorerwähnten Kantonen freilich ungedruckt. Möglich, dass noch weitere Parlamente zuhanden des Regierungsrates ein Kurz-Protokoll errichten, aber das ist aus der Geschäftsordnung nicht ersichtlich. Bei zwei Protokollarten mag sich die etwas akademische Frage erheben, welches von diesen das offizielle sei. Ich konnte hierüber bei den Staatskanzleien eine gewisse Unsicherheit beobachten. Im Wallis wurde mit Bestimmtheit erklärt, dass das «transcript intégral» das wahre Protokoll sei. Im Jura dagegen wird angenommen, das Beschlussesprotokoll und die integrale Wiedergabe im «Journal des débats» würden zusammen das offizielle Protokoll bilden, und diese Meinung dürfte auf Bern und die Waadt zutreffen.

Eine gewisse Bedeutung hat für das rechtliche Zustandekommen des Protokolls seine Genehmigung, ausdrücklich oder stillschweigend. Den letzten Weg haben Baselstadt, Fribourg, Tessin und Wallis gewählt, während in den andern Kantonen Genehmigungsinstanzen vorgesehen sind. In einem Teil ist es das Büro (ZH, LU, UR, SZ, OW, GL, AR), in Graubünden ist es die Redaktionskommission und in den restlichen der Rat selbst, der eventuell auch in den übrigen Kantonen aufgerufen wird, wenn es zu einer Reklamation kommen sollte.

Haben wir uns bislang mit dem Institut des Protokolls befasst, so interessieren natürlich vor allem auch die Menschen, die es produzieren. Nach alter Ordnung war es nur einer, der dies besorgte: der Ratsschreiber. Heute ist die Situation differenzierter zu betrachten und weist, je nach Kanton, beträchtliche Unterschiede auf. In den meisten Kantonsparlamenten ist der Staatsschreiber oder sein dem Rat zugeordneter Stellvertreter oder der ständige Parlamentssekretär noch jetzt für die ganze Protokollführung verantwortlich, auch wenn in den wenigsten Fällen er selbst es aufnimmt, wie es noch in Uri oder Schaffhausen der Fall ist. In Luzern ist ein besonderer hauptamtlicher Protokollführer tätig; in Thurgau ist es der Chef des Rechtsdienstes der Staatskanzlei. In Basel erstellt der 1. (beamtete) Sekretär das Langprotokoll und der 2. (ebenfalls beamtete) Sekretär das Beschlussesprotokoll. Im Wallis sind die zwei zu Sekretären bestimmten Deputierten für das Beschlussesprotokoll zuständig, einer für die französische, der zweite für die deutsche Fassung. Eine Singularität bietet Zürich: Es werden für die Protokollierung 4 Mitglieder des Rates als Sekretäre bestimmt, die einem Kollegen (zurzeit ist es eine Frau) die gesamte Redaktion der integralen Wiedergabe der Verhandlungen übertragen. Das absorbiert eine volle Arbeitskraft gegen Remuneration, und es ist – bei allwöchentlichen Sitzungen – ohne Einsatz einer weitern Person (Beamtin) nicht auszukommen. Die übrigen drei Sekretäre nehmen sich der Protokollierung in den Kommissionen an.

Staatskanzlei – Ratssekretariat

In den meisten Kantonen, auch grösseren, wie Waadt, St. Gallen, Luzern und Aargau, ist das Ratssekretariat inklusive Protokollführung noch immer in die Staatskanzlei integriert, die letztlich dem Regierungsrat untersteht. Es zeigt sich aber unverkennbar ein Trend zu vermehrter Unabhängigkeit der Parlamentsdienste von der Staatskanzlei. Nicht nur weil es sich für die einzelnen Funktionäre dann und wann als heikel erweisen könnte, zwei Herren zu gehorchen, sondern weil das Selbstverständnis der Parlamente und ihre Bedürfnisse eine Vermischung der Sphären auf Verwaltungsebene immer weniger als akzeptabel erscheinen lässt. Diese Tendenz dürfte noch zunehmen, wenn, wie in den nächsten Jahren zu erwarten, die Verwaltungskontrolle verstärkt wird. So haben einige Parlamente bereits ihre Stellung dadurch befestigt, dass der stellvertretende Staatsschreiber speziell dem Parlament zugeordnet wird, wie in Zürich und neuerdings in Bern und Solothurn. Im Tessin führt der Vice-Cancelliere nach aussen den Titel «Segretario del Gran Consiglio» und wirkt in der Staatskanzlei nur noch am Rande mit, desgleichen der Vice-Chancelier im Kanton Jura. Eine schon dem Namen nach originelle Lösung trägt die Republik Genf bei, wo der Sekretär des Rates gemäss einer langen Tradition «Monsieur le Sautier» heisst und über die üblichen Tätigkeiten hinaus auch ungewohnte Funktionen ausübt, wie die Zählung der Stimmen bei Abstimmungen im Rat und die Meldung und Verurkundung des ersten Blattes eines bestimmten «Maronnier sur la Treille». Ein von der Staatskanzlei völlig getrenntes Ratssekretariat haben sich die Parlamente von Nidwalden, Schaffhausen und Wallis zugelegt.

Der beamtete Ratssekretär, oft in der Verantwortung für das Protokoll, ist in der Hierarchie der Ratsdienste der oberste. Ist er identisch mit dem Staatsschreiber (LU, UR, SZ, OW, GL, ZG, FR, SO, GR, SG, AR, AI, AG, VD, NE), steigert sich seine Bedeutung. Die Nähe zum Regierungsrat und sein Wissen machen den Kanzleidirektor, wie er in Uri, Schwyz und Graubünden genannt wird, zu einer höchst einflussreichen Persönlichkeit, vielleicht zur einflussreichsten im Ratssaal, die graue Eminenz par excellence. Die Stärke der von der Staatskanzlei unabhängigen Ratssekretäre liegt auf anderem Gebiet. Sie haben zwar weniger Informationen zur Verfügung, brauchen aber im Interesse des Parlamentes auf den Fahrplan der Regierung auch weniger Rücksicht zu nehmen. Von aussen ist nicht leicht zu beurteilen, wie sich die Vor- und Nachteile dieses oder jenes Systems ausnehmen. Am Ende ist es eine Frage der persönlichen Qualitäten, und jeder macht es auf seine Weise gut: Mme Marthe Droz, die kompetente Sekretärin des Grossen Rates des Kantons Wallis, hält sich diskret im Hintergrund; Kurt Schönberger in Schaffhausen jedoch ist im Ratssaal allgegenwärtig, hat einen eigenen Tisch vor dem Präsidium und liest gewisse Akten vor. Christen Karl in Nidwalden nimmt eine Ausnahmestellung ein, indem er, was dem Sekretär sonst kaum je gestattet ist, das Wort auch zu materiellen Geschäften verlangt und erhält. Es kommt dann schon mal vor, dass sogar der

«Eminences grises» dans la salle du Conseil

Marthe Droz, secrétaire permanente du Grand Conseil valaisan

Pierre Stoller, sautier de la République et Canton de Genève

René Aebischer, chancelier d'Etat du Canton de Fribourg

Jean-Marie Reber, chancelier d'Etat de la République et Canton de Neuchâtel

Werner Stern, chancelier d'Etat du Canton de Vaud

Jean-Claude Mantavon, vice-chancelier de la République et Canton du Jura

weit unter ihm sitzende regierungsrätliche Sprecher nicht nur leise korrigiert wird.

Je mehr man in den Staatskanzleien herumhört, umso deutlicher erkennt man das stille Tauziehen zwischen dem Regierungsrat, der den ganzen Verwaltungsapparat im Griff behalten möchte und den Parlamenten, die sich in ihrem Bereich selbständig organisieren wollen. Dabei kommt es zu den mannigfachsten Schachzügen und Verrenkungen. Als beispielsweise der Zürcher Kantonsrat vor Jahren seinen Unabhängigkeitsdrang dadurch manifestierte, dass er eine Bestimmung in das Kantonsratsgesetz aufnahm, die zur Errichtung eines eigenen Ratssekretariates ermächtigt, suchte der Regierungsrat – mit Erfolg – die Sache aufzufangen, indem er flugs einen Sekretär bei der Staatskanzlei anstellte, der sich dem Parlament widmen sollte. In der Folge zeigte sich, dass es nicht leicht war, diesen in den Ratsbetrieb bei seiner fortbestehenden Struktur (siehe Protokoll) einzugliedern, und es blieb dabei, dass der Sekretär nur ausserhalb des Ratssaales, beim Büro, den Kommissionen, in der Dokumentation, tätig ist. Es wurden ihm dann auch andere Bereiche wie EDV angehängt, und er wurde zum stellvertretenden Staatsschreiber aufgewertet. In einem bestimmten, nicht genannt sein wollenden Kanton, tut sich der Regierungsrat viel darauf zu gute, dass er sich nicht in die Parlamentsverwaltung einmischt, obwohl die Staatskanzlei sich damit befasst; es machte ihm aber nichts aus, letzterer gerade die Planstelle zu streichen, welche den Vice-Staatsschreiber befähigt, seinen Pflichtenkreis für das Parlament wahrzunehmen, so dass dieser jahrelang in echter zeitlicher Bedrängnis war. Das Parlament schaute geduldig zu. Neuestens hat der Kantonsrat von Solothurn gegen den hinhaltenden Widerstand des Regierungsrates beschlossen, ein dem Parlament direkt verantwortliches Ratssekretariat zu schaffen. Dies soll immerhin noch administrativ der Staatskanzlei unterstellt sein.

Der Weibel

Eine meist eindrucksvolle und jedenfalls unübersehbare Gestalt in jedem Parlament unseres Landes ist der Weibel (huissier, ucciere). Er ist ein typischer «Mehrzweckflieger» und kann als Mischung zwischen einer kleinen Majestät, einem kurulischen Ädil, einem unentbehrlichen Helfer, einem Faktotum für alles und einem gediegenen Mäpplträger bezeichnet werden. In einem Teil der Räte wirkt er bei der Bedienung des Tonbandgerätes (SZ) oder bei der Aufnahme der Präsenz mit (ZH) und verteilt die Taggelder (GL, NE, AI). Sind noch keine Stimmenzähler bestimmt, so betätigt er sich in dieser Eigenschaft (UR, OW). Die Institution Weibel hat sich in der unterschiedlichen Geschichte der Kantone ziemlich gleichartig entwickelt und bietet ein ziemlich übereinstimmendes, stets farbenfrohes Bild. In früheren Zeiten begleitete der martialisch blickende Mann in Amtstracht die Spitzen der Behörden, die er einführte und beschützte, wozu er damals auch eine Waffe getragen haben mochte, nicht nur einen Stab mit Silberknauf. Natürlich wäre der Ratsbetrieb im äussersten Fall auch ohne den Weibel aufrechtzuerhalten. Aber man ist an ihn gewöhnt und entbehrt ihn ungern.

Das Arbeitstenue der meisten Ratsweibel, die fast in allen Kantonen vom Regierungsrat bzw. der Staatskanzlei gestellt werden, besteht aus einem einfachen schwarzen, grauen oder blauen Anzug mit dunkler Krawatte, wobei als Zeichen der Stellung fast ausnahmslos eine silberne Plakette mit dem Standeswappen an der linken Brust des Trägers baumelt. Da und dort ist das Wappen auch nur auf dem Jackett aufgenäht. In einigen Räten sind während der Sitzungen Blazer mit silbernen oder goldenen Knöpfen üblich. Für gehobene Anlässe (Konstituierung, Vereidigung, Präsidentenwechsel, Kirchgänge, Begräbnisse, Feierlichkeiten aller Art) erscheint der Weibel im Vollornat: zum Beispiel Bratenrock und Zweispitz und einem wallenden Mantel in den Kantonsfarben um die Schultern und in der Hand das kurze Zepter. Unnötig zu betonen, dass eine derartige Tracht auf ein flott aussehendes Mannsbild zugeschnitten ist. Schnauz und Bart sind nicht obligatorische Attribute, kommen aber oft vor. Eine muskulöse Statur und ein kleines Embonpoint stehen den Trägern immer gut an. Es drängt sich dabei der leise Verdacht auf, dass auf das Ideal schon bei der Anstellung Bedacht genommen wurde, obwohl es natürlich bei weitem nicht das einzige Kriterium gewesen sein kann. Und schon tauchen am nicht so weiten Horizont der Parlamente die Umrisse einer "Weibelin" auf. Ich habe solche adrette Assistentinnen im Ausland geortet, die gewiss nicht von einer feministisch angehauchten Kommission erkürt worden sind.

Weibel / Huissiers

in Schwyz

in Basel

à Lausanne

in Zürich

in Appenzell

in Glarus

Im einzelnen weichen die Monturen etwas voneinander ab: So beleben die Huissiers mit langen knallgrünen Fräcken im Grand Conseil vaudois die Szene. Der hochgewachsene Weibel im Kantonsratssaal von Schwyz zieht die Blicke und Aufmerksamkeit durch die leuchtenden bordeau-farbenen Aufschläge an seinem dunklen Rock auf sich. Das graue Revers in Chur erinnert jedoch an den grauen Bund. Im Saal des Gran Consiglio ticinese stellt sich der Weibel in der «divisa di gala» hinter den neugewählten Präsidenten bei seiner Antrittsrede: Er trägt einen elegant geschnittenen Cutaway, silbernen Schlips und weisse Handschuhe. Im Gegensatz scheint auch so etwas wie ein Räuberzivil für Weibel zu existieren: Irgendwo verteilte ein solcher Mann im Pullover Kommissionsberichte. In Glarus jedenfalls stechen die beiden Landweibel durch ihre grell-rote Tracht hervor. Sie sitzen würdevoll neben der Regierung auf der Frontseite des Saales und werden von Schulklassen auf der Tribüne mühelos für Landammann und Statthalter gehalten, in der Annahme, dass es sich nach dem Erscheinungsbild um sehr bedeutende Exponenten des Staates handeln müsse.

Durch diesen Ausflug in die Folklore und ins Showbusiness soll nun die Ernsthaftigkeit des Weibelberufes keineswegs in Zweifel gezogen oder die Leistung pflichtbewusster Beamter herabgesetzt werden. Der Weibel in seinen diversen Tätigkeiten muss im Gegenteil ein beträchtliches Leistungsprofil erfüllen. Zwar hat fast jeder Weibel im Ratssaal seinen Sessel, aber wenig Musse, sich darauf niederzulassen. Oft ist der Platz hervorgehoben, wie derjenige des Landweibels von Obwalden, hinten beim Eingang des Saales, was insofern Tradition hat, als auf einer alten Fotografie aus dem letzten Jahrhundert erkenntlich ist, dass der Weibel auf einer erhöhten Kanzel thronte. Mindestens für einen bescheidenen Stuhl in einer Ecke ist aber gesorgt in Luzern, neben den weissen runden Empireöfen.

Sehen wir jetzt einmal zu, wie sich der Weibel bewegt: Er geht nicht, er schreitet, in besonderen Fällen gravitätisch, wie ich das bei einem ältern Herrn mit Charakterkopf im Grossen Rat von Wallis beobachtet habe. In Appenzell begleitet der Weibel, in genau dieser Haltung und mit dem Zweispitz angetan, den Landammann bis zu seinem Präsidialsitz im Grossen Rat. In Zug wird der Standesweibel um ca. 10 Uhr von den Mitgliedern augenzwinkernd begrüsst, denn er kündet dem Präsidenten durch Zeichen an, dass Kaffee und Gipfeli in der Halle bereitstehen; desgleichen in Uri. Am meisten willkommen ist der Weibel jedoch dann, wenn er das Taggeld austeilt, in Appenzell blanke 50er-Noten, in Neuenburg früher in Couverts, wo der Präsident die Kollegen eigens ermahnt, das Trinkgeld an den treuen Helfer nicht zu vergessen.

Aber auch bei anspruchslosen Verrichtungen, wie der Verteilung von Geschäftsunterlagen, bewahrt der Weibel die seiner Position entsprechende Haltung: keine Hast, kein zu rascher Schritt, kein Schlenkern der Arme, zuweilen ein unbeteiligter oder höchstens amüsierter Blick auf das Rednerpult, gelegentlich eine Explikation mit erhobenem Zeigefinger, ein schalkhaftes Wort gegenüber einem Freund, wobei der Weibel ex officio den Präsidenten zu seinen Freunden zählt. Man fühlt recht eigentlich die vom Weibel gewährte Gunst und gleichzeitig die gezeigte, nicht unterwürfige Beflissenheit, wenn er sich zu einem Prominenten hinunterneigt, um dann die prompte Weiterleitung einer Nachricht, die Bereitstellung eines Taxis, die Suche nach einem Band der Gesetzessammlung zu veranlassen oder die schnelle Anlieferung eines Blumenstrausses, den der Fraktionschef vergessen hat. Und bei einem Essen ist es nicht verwunderlich, dass der Weibel sich unter die corona setzt und sich zuprosten lässt. Einen Bückling, wie ihn eifrige Protokollbeamte der Diplomatie etwa zu applizieren versucht sind, gibt es für den Weibel grundsätzlich nicht, wohl aber pflegt das Weibelcorps die Cameraderie in feinsten Nuancen nicht nur unter sich, sondern generell, indem man subtil erkennen lässt, was man von Vorgängen im Rat und sogar von einzelnen Protagonisten denkt, ohne dass ein einziges Wort darüber verloren wird. Das widerspräche dem Selbstverständnis einer Beamtengilde, die in einer gesamtschweizerischen Vereinigung so organisiert ist, dass darin das Standesbewusstsein und die Geselligkeit eine grosse Rolle spielen. Und dass der Weibel in der gesellschaftlichen Pyramide ein Bindeglied zwischen ganz hoch und ganz tief darstellt, das ihn befähigt, gewisse Signale an die Magistraten weiterzureichen, steigert seinen praktischen Wert, selbst auf der politischen Ebene.

Wichtige Hilfskräfte und elektronische Neuerungen

Der spezielle Operateur für das Tonbandgerät, der, weit den Saal überblickend, an seinem Regiepult wie ein Disc-Jockey wirkt (z.B. VS) oder der bescheidene Stenograph, der vereinzelt und vorsichtshalber doch noch die Verhandlungen aufnimmt (wie in SH), für den Fall, dass die Technik aussteigt, sind zwei Facetten der nämlichen Dienstleistung. In gewissen Räten sind auf Seitenbänken flinke Damen am Werk, die dem Staatsschreiber zuarbeiten. In Bern spielt sich alles hinter den Glaswänden ab, welche die Simultanübersetzung abschirmen. In Freiburg und Wallis ist ebenfalls für Übersetzung gesorgt, nicht aber in Graubünden, wo von jedem Abgeordneten romanischer oder italienischer Zunge nach den Gepflogenheiten im Land der 150 Täler erwartet wird, dass seine Deutschkenntnisse ausreichen, um den Verhandlungen zu folgen. Ob die deutschsprechende Mehrheit Gegenrecht halten kann?

Auch das Back-Office der kantonalen Parlamente wird den Möglichkeiten der Elektronik angepasst und kann daraus Nutzen ziehen. Bald dürfte eine Kombination von Tonaufnahme der Debatten mit Textverarbeitung auf dem Bildschirm für das Protokoll realisationsreif sein, gepaart mit Speicherung und Print. Und wie wäre es mit der Abstimmung durch Knopfdruck? Der Schreibende hatte kürzlich Gelegenheit, in Atlanta einer Sitzung des Repräsentantenhauses des US-Staates Georgia beizuwohnen. Auf beiden Seiten des Saals hing je eine grosse Leuchttafel mit den Namen der Abgeordneten und drei Lämpchen (grün für ja, rot für nein und gelb für Stimmenthaltung). Unten erschien das Gesamtresultat; wenn kein Lämpchen aufblitzte, so bedeutete das die Abwesenheit des betreffenden Mitglieds. Anschliessend wird die Farbtafel kopiert und jeder Repräsentant sowie die Presse erhalten ein Exemplar. Die günstigen Konsequenzen sind offensichtlich: Es braucht keine Stimmenzähler mehr, Abstimmungen mit Namensaufruf sind überflüssig und es wird erheblich Zeit eingespart. Aber wohnt einer solchen Neuerung nicht eine bis dahin kaum bedachte Eigendynamik inne, die der Spontaneität der Mehrheitsbildung Abbruch tut und den Parlamentarier einem bis in die Einzelheiten gehenden ständigen Rechtfertigungsdruck aussetzt? Es werden deshalb dagegen Einwände vorgebracht (vgl. Manfred Kuhn, «Das automatische Parlament», NZZ 17. November 1989). Die Stimmabgabe sei ein gruppendynamischer Prozess, den man nicht abwürgen dürfte, und das Aufstehen von den Sitzen bzw. Handerheben könne überall im Saal erfolgen und nicht nur am Platz (stimmt freilich in GR nicht). Es wird weiter auf die angebliche Versuchung zur Manipulation hingewiesen, indem nicht nur ausnahmsweise der eigene, sondern überdies der Knopf des abwesenden Nachbarn gedrückt würde. Jeder Deputierte müsste also, um dies zu verhindern, mit einem ihm übergebenen Schlüssel votieren, was indessen durchaus machbar wäre. Wie man hört, wurde in Zürich (und sicher auch anderswo) die Einführung eines solchen oder ähnlichen Systems schon eingehend diskutiert. Der Antrag ist in den rot-grünen Vorschlägen zur Straffung des Ratsbetriebs vom Januar 1988 enthalten. Eine Mehrheit scheint aber bis anhin noch zu befürchten, der gediegene Raum würde durch die grossen Tafeln verschandelt. Aber man könnte ja auf die Tafeln im Saal verzichten und dort lediglich durch Leuchtschrift das Gesamtresultat verkünden, derweil der Ausdruck höchstens für das Protokoll und die individuelle Information der Abgeordneten dienen würde. Die Elektronik liesse sich überhaupt auf bestimmte Abstimmungen beschränken (Namensaufruf, Schlussabstimmungen, Begehren einer Anzahl Mitglieder). Das hiesse, dass der Präsident meist nach dem heute oft praktizierten System vorginge und bei offensichtlicher Mehrheit auf eine Auszählung verzichten würde. Den Stimmenzählern käme eine Kontrollstellung und Reservefunktion zu.

Parlamentsdienste

Die Parlamentsdienste der Kantone sind nur rudimentär entwickelt und werden selten benützt. Letzteres Phänomen zeigt sich überraschenderweise auch beim Bund. So wird ein neues Publikationsorgan aus dem Bundeshaus durch eine sda-Meldung durchaus doppelsinnig wie folgt angekündigt:

«Zwei Drittel der eidgenössischen Parlamentarier machen heute vom Angebot der Parlamentsdienste keinen Gebrauch, die übrigen auch nur sporadisch. Mit dem ‹Courrier du Palais›, dessen erste Nummer soeben erschienen ist, soll sich dies bald ändern. Das Informationsblatt der Parlamentsdienste will den Abgeordneten fortan alle zwei bis drei Monate praktische Hinweise aus dem ‹Reich der dienstbaren Geister› vermitteln.»

Es sollen also Anreize geschaffen werden, mit denen die freundlichen Helfer in den Dielen der Bundeskanzlei auch gleich eine gewisse Eigenwerbung verbinden. Ich zweifle indessen, ob das neue Periodikum die Benützungsquote wesentlich zu steigern vermag, weil doch jeder nur das sucht, was er momentan gerade am dringendsten braucht, und weil sich die Volksvertreter bei der Präparierung und der Abwehr von Vorstössen nicht von den Zubringern aus der Kulisse in die Karten gucken lassen wollen. Da stützt man sich lieber auf die Parteizentrale, das Verbandssekretariat oder das interne Archiv von Banken, Gewerkschaften oder Gemeinden. Hingegen könnte ich mir vorstellen, dass der neue Kurier wegen der Zusammenfassungen, die er enthält, und vielleicht auch wegen eines Registers bei den zeitbedrängten National- und Ständeräten auf Interesse stossen dürfte. Für die kantonalen Parlamente sind solche Ausprägungen eine Nummer zu gross, und der Wirkungsgrad dürfte überdies noch kleiner sein als beim Bund. In Zürich zum Beispiel läuft die Information über die Staatskanzlei, und der stellvertretende Staatsschreiber erfüllt die ihm unterbreiteten Wünsche, ohne dass er überfordert würde.

Was aber eher not täte, wäre eine Verstärkung der Kontrolle des Parlaments über Regierung und Verwaltung, und das ruft nach einer andern Art der Dienstleistung, nämlich nach der Einrichtung eines auf das Parlament zugeschnittenen Inspektorates oder Revisorates, wie es der Kanton Bern vorhat. Eine solche Stelle, die den Geschäftsprüfungskommissionen zugeordnet wäre, hätte aber mehr als Zahlenbeigerei zu betreiben. Damit würde der Kontrolleur vom Geheimnisträger auch zum stillen Machtträger. Und da die Wahrheit je nach Gesichtswinkel eine vielseitige Grösse ist, müsste zuerst noch abgewartet werden, wie die Parlamente mit dieser Expertokratie fertig würden und wie sie die Geister, die sie riefen, wieder los werden.

Quellenverzeichnis

Geschäftsordnungen der kantonalen Parlamente; Verschiedene Kommissionsberichte; Auskünfte der Staatskanzleien.

Summary

Rules of Procedure, Seating Arrangement, Staff Functions by Paul Stadlin

Rules of Procedure

Of the 26 cantonal parliaments, 25 have written rules of procedure. Alone the parliament of Appenzell Innerrhoden is guided by tradition and its Landammann. In some cantons it is one law into which all the rules of procedure are incorporated, e.g. Fribourg and Geneva. Other cantons have a law plus a set of regulations (Zurich, Berne, Lucerne, Basel, Ticino, etc.), and for still others an ordinance based on the constitution suffices (Uri, Glarus, Zug, Thurgau, Schaffhausen, Aargau, Jura, etc.). In Schwyz and Obwalden the standing orders are subject to a facultative referendum.

Looking at all these rules of procedure results in a many-faceted picture. They cannot be compared, neither with respect to system nor to form. In some cases the rules are extremely detailed: Geneva needs 233 articles, St. Gall 162, Berne 180 (law plus regulations). Other cantons can make do with half that number. Or: in one canton the set of rules handles a certain item in a very detailed manner while in another the subject is not even treated or is covered with one sentence. Nevertheless from these contents the Swiss concept of democracy comes out very clearly and uniformly, both in the organization and in the means put at the disposal of the individual members of parliament for parliamentary motions.

Seating Arrangement

As far as concerns seating arrangement in the parliaments, three kinds can be discerned throughout the country: assigning of individual seats according to faction, which is the most widespread, then assignment according to municipality (Uri, Obwalden, Nidwalden, Appenzell Ausserrhoden), or the setting up of sections for the individual factions in which each member more or less selects his own seat (Ticino, Schaffhausen, Vaud). In Vaud the situation is precarious in as far as there are only about 170 seats available for 200 delegates so that when there is full attendance or close to it about two dozen members of parliament have to stand or spend a not unwelcome waiting period in the refreshment lounge. Where do the party leaders and the experienced, influential members sit? In the front in Zug, in the back in Lucerne and other parliaments, but in most cases in the midst of those loyal to them: as in Zurich, Berne, St. Gall.

Staff Functions

Up to this very day the parliaments have possessed and still possess an extremely modest infrastructure. Their own dynamic force has sufficed – or has had to suffice – since the political and financial prerequisites for employing a staff which would deserve the name have not been present, and also above all because until today there have been doubts about the question of need. From the beginning the most important and often the only aides of parliament were the secretary (in many cases the same person takes the minutes) plus the "Weibel" (French: "huissier", Italian: "ucciere") who serves the council and its representatives.

From Protocol to Transcript

Until about 20 years ago the council minutes were written based on notes and shorthand records which contained at least the decisions (record of sessions) or the whole debate (minutes). In many cases it was a mixture of these two main forms. The situation has changed since the event of tape recordings. In almost all the parliaments the proceedings are recorded as a whole and serve as raw material for the editors in formulating texts which serve various purposes depending upon the canton and the needs:
– as instrument for the leaders of parliament, the government and the administration; – as a memory aid for the individual members of parliament; – as an document for the archives; – as a summary for publication; – as a printed, integral record of the parliamentary debate including the basis reports for the most comprehensive use.

At present the cantonal parliaments are making use of the various possibilities as follows:

a) A majority of primarily small cantons restrict themselves to minutes of the conventional type or even a record of the decisions (Uri, if the parliament does not decide upon a detailed version) or a mixture of both types (Glarus, Appenzell Ausserrhoden, Solothurn, etc.).

b) A second group of medium-sized to larger cantons have the minutes taken, which can go as far as a complete record of the debates, and then have them printed (Zurich, St. Gall, Aargau, Ticino, Fribourg).

c) The third group of just a few cantons does it both ways. A record is made of the decisions and in addition a word-for-word record of the parliamentary debates including all the supporting documents – as in Berne (parliamentary organ "Tagblatt des Grossen Rates"). Geneva ("Mémorial"), Vaud ("Bulletin du Grand Conseil"), Valais ("Bulletin du Grand Conseil").

State Chancellery – Parliamentary Secretariat

In most cantons, even bigger ones such as Vaud, St. Gall, Lucerne and Aargau, the parliamentary secretariat including minutes taking, is still integrated into the state chancellery, which is subordinate finally to the cantonal government. A trend toward greater independence of the parliamentary services from the state chancellery can be clearly discerned, however. This is not only because loyalty to two masters could prove difficult at times, but also because the parliaments' understanding of its role and its needs is such that a mixing of spheres at the administrative level appears less and less acceptable. Thus some parliaments have already reinforced their position by making the Deputy State Chancellor assigned especially to parliament, as in Zurich and recently in Berne and Solothurn too. For the public the Vice Chancellor in Ticino has the title "Segretario del Gran Consiglio" and works in the state chancellery only peripherally. Geneva has a solution which is original already because of its name. Based on a long tradition, the parliamentary secretary is called "Monsieur le Sautier" and has some unusual functions above and beyond the familiar ones. He counts the ballots when there is a vote in parliament and he announces and authorizes the first leaf of a certain "Maronnier sur la Treille" (Chestnut on the Street named "Treille"). The parliaments of Nidwalden, Schaffhausen and Valais have set up parliamentary secretariats which are completely separate from the chancellery.

The "Weibel"

Usually an impressive figure in every parliament in our country, a figure which definitely cannot be overlooked, is the "Weibel" (called "huissier" in French-speaking Switzerland and "ucciere" in Italian-speaking Switzerland). He is a typical multi-purpose figure, and can be described as a mixture of a little majesty, an ancient Roman public officer of the patrician type (aedilis curulis), an indispensable aide, a factotum serving all functions, and a dignified porter of briefcases and folders. In some of the parliaments he helps to operate the tape recorder (Schwyz) or helps take roll call (Zurich) and distributes the daily allotments paid to parliamentarians during the sessions (Glarus, Neuchâtel, Appenzell Innerrhoden). If no one has been appointed yet to count the votes, he fulfills this function (Uri, Obwalden). The institute of Weibel has developed in a rather similar way despite the different histories of the cantons, and offers quite a consistent and always colourful picture.

On important occasions (convening of parliament, taking oath, change of president, church ceremonies, funerals and celebrations of all kinds) the Weibel appears in full array: for example, a dress coat, double-pointed hat and a flowing cloak in the cantonal colours around his shoulders with a small sceptre in his hand.

Even when performing less demanding duties such as distribution of documents, the Weibel maintains the bearing commensurate with his position: no haste, not too quick a step, no swinging of arms, a detached or at most amused glance at the rostrum every now and then, occasionally an explanation with a raised index finger, a waggish remark to a friend, the president being counted by the Weibel by virtue of his office among his friends.

Important Auxiliary Aids and Electronic Innovations

In the bilingual cantons Berne, Fribourg, and Valais, simultaneous translation is provided – although not in Grisons where each delegate of Rhaeto-roman or Italian mother-tongue, in keeping with the customs in the land of 150 valleys, is expected to have a sufficiently good command of German to follow the debates.

The back office of the cantonal parliaments is being adapted to the possibilities of modern electronics, and can benefit from it. Soon a combination of tape recording of the debates and word processing on the screen may be ready for realization, along with storage and printing. And what about push-button voting? The author of this article recently had the opportunity to attend a session of the House of Representatives in Atlanta, the capital of the U.S. State of Georgia. On each side of the chamber hung a big illuminated board with the names of the delegates and three lights (green for yes, red for no, yellow for abstention). Below the total result was shown. If no light lit up that meant the corresponding member of the house was absent. Afterwards a copy of the board is made, and each representative as well as the press receives a copy. The advantages are obvious: no one is needed to count votes anymore, roll call voting becomes superfluous, and considerable time is saved. As has been rumoured, the introduction of such a system or a similar one is already being thoroughly discussed in Zurich (and certainly elsewhere too). The proposal was also included in the January 1988 proposals by the left and the ecological party ("red-green coalition") for tightening up the running of parliament.

Parliamentary Services

Special documentation services for the deputies do not exist in the cantonal parliaments. Possible requests are met by the chancelleries. This has never been a problem in Zurich, for example, the largest canton. What would be necessary, however, would be a strengthening of parliamentary control over the government and the administration, and special instruments would have to be instituted for this (as is the case now in Berne). One possibility would be auditors or inspectors who are responsible only to parliament.

Philippe Mastronardi

Parlamentarische Verwaltungskontrolle: Aufgabe und Entwicklungsmöglichkeiten in der Schweiz

Zur Kontrollfunktion des Parlamentes

Die parlamentarische Verwaltungskontrolle im politischen System der Schweiz

Aufgabe und Entwicklungsmöglichkeiten der Parlamentsaufsicht hängen wesentlich vom politischen Umfeld ab, in dem die Kontrollfunktion des Parlamentes steht. In der Schweiz sind dafür vor allem die folgenden Regeln des politischen Systems von Bedeutung[1]:

Nach dem Konkordanzprinzip ist unter den einflussreichen Gruppen des politischen Prozesses nach Möglichkeit eine Einigung zu erzielen; Lösungen werden zunächst ausgehandelt und nur in zweiter Linie durch Mehrheitsentscheid durchgesetzt. Diesem Ziel dient auch die sehr weitreichende Pflege des Proportionalitätsprinzips bei der Zusammensetzung von beratenden wie von entscheidenden Gremien; ein realer Pluralismus unter jenen Gruppen, die Leistungen anbieten oder verweigern können, die für das politische System wichtig sind, soll die Stabilität der herzustellenden Konkordanz garantieren. Das Milizprinzip schliesslich verlangt vom Politiker, dass er zugleich in Wirtschaft, Armee, Kultur und Familie verwurzelt sei und durch diese Mehrfachrollen eine Verbindung einer Mehrzahl von gesellschaftlichen Sektoren herstelle; damit soll der politische Prozess möglichst breit abgestützt werden – und zugleich der praktische Realismus der verhandelten politischen Ideen gewährleistet sein.

Im Rahmen der demokratischen Entscheidungsverfahren soll die sich heranbildende Konkordanz schrittweise einer Kontrolle unterzogen werden, indem Lösungsvorschläge, auf die sich einzelne Gruppen geeinigt haben, vor einem grösseren Kreis von Entscheidungsbefugten gerechtfertigt werden müssen: Die an einer bestimmten Lösung interessierten Kreise müssen ihre politischen Partner – zunächst innerhalb von Verwaltung und Regierung, dann in den parlamentarischen Kommissionen und im Plenum der Räte, schliesslich innerhalb der Stimmbürgerschaft – soweit von der Richtigkeit der Lösung überzeugen, dass sich dafür eine tragfähige Mehrheit findet.

In diesem Sinne ist ein Kontrollelement bereits in den demokratischen Entscheidungsprozess eingeflochten. Dies darf jedoch nicht darüber hinwegtäuschen, dass die Kontrollfunktion des Parlaments grundsätzlich in einem Spannungsverhältnis zu seiner Entscheidungsfunktion steht: Dort, wo es selber Entscheide trifft, hat es sich nach andern Maximen zu richten, als dort, wo es die Entscheide anderer Instanzen kontrolliert. Denn die Herstellung politisch verbindlicher Entscheide ist ein Integrationsprozess nach dem Muster der Konkordanz, während die Infragestellung und kritische Begründung solcher Entscheide ein Legitimierungsverfahren nach dem Prinzip der demokratischen Kontrolle bildet – diese stellt somit dem Prozess der Integration des politischen Willens jenen seiner Legitimation gegenüber. Während Konkordanz die Harmonisierung widerstrebender Standpunkte anstrebt, dient Kontrolle der Kritik offengebliebener – oder bloss verdeckter – Differenzen. Eine ausgeprägte Vorherrschaft des Konkordanzdenkens im politischen System erschwert daher die Wahrnehmung der Kontrollfunktion.

Zu beachten ist schliesslich die Eigenart staatlicher Institutionen in der Schweiz, politische Verantwortung kollektiven Organen zuzuweisen, statt sie Einzelpersonen anzuvertrauen. Dies zeigt sich im System der sog. Kollegialregierung, das die Regierungsverantwortung der Gesamtheit der Regierungsmitglieder überträgt; es äussert sich im beliebten Rückgriff auf die konferenzielle Bereinigung von Differenzen in der Verwaltung oder auf dem Weg über Expertenkommissionen; schliesslich wird es im System der parlamentarischen Kommissionen deutlich, das durch kollektive Einbindung der Einzelparlamentarier versucht, Machtpositionen einzelner zu unterbinden. – Kontrolle richtet sich in einem solchen System weniger darauf aus, die Verantwortlichkeit von Amtsträgern geltend zu machen, als die Tauglichkeit der Institutionen zur Erfüllung der Staatsaufgaben zu überprüfen.

Aus all diesen Elementen ergibt sich ein ausgeprägter Gesprächscharakter der Politik im schweizerischen politischen System, der sich auch auf die Kontrollfunktion auswirkt: Ebenso wie die Integration des politischen Willens (unter den Bedingungen einer Pluralität der massgeblichen Gruppen und einer Strategie der Konfrontationsvermeidung zugunsten einer Stabilität der politischen Verhältnisse) ist auch die kritische Legitimation der so geschaffenen staatlichen Entscheide wesentlich auf das Gespräch unter den beteiligten Instanzen angewiesen, in dem die Entscheidungen gegenüber den Kontrollierenden die Gründe für ihre Art der Funktionserfüllung darlegen. Parlamentarische Kontrolle ist innerhalb eines Systems der Konkordanz nicht eine hierarchische Funktion, sondern Koordination zweier Gewalten innerhalb einer gemeinsamen Staatsleitung.

Der Sinn der Kontrollfunktion des Parlamentes

Der Sinn parlamentarischer Verwaltungskontrolle hängt wesentlich vom Verständnis des Staates ab, das zugrunde gelegt wird. In Lehre und Praxis werden in diesem Zusammenhang vor allem zwei Standpunkte vertreten[2]. Idealtypisch charakterisiert, fusst der eine auf einer rechtsstaatlichen, der andere auf einer demokratischen Argumentation.

Nach liberaler Tradition hat der moderne Staat in Abgrenzung zum feudalistischen Ständestaat die Aufgabe, personenbezogene Staatsmacht durch die Herrschaft des Gesetzes zu ersetzen, das heisst Machtausübung durch ihre Bindung an den allgemeinen und abstrakten Rechtssatz zu neutralisieren. Das Parlament ist jene Instanz, die politische Macht durch Rechtsregeln einbinden soll, welche Freiheit und Eigentum in gleicher, optimaler Weise sichern. Die Rechtssetzungsfunktion des Parlaments wird auf diese Weise rechtsstaatlich begründet. Die Legislative vertritt so den Standpunkt des Rechts gegenüber der Exekutive, welche jenen der Politik wahrnimmt. Entsprechend dient die Gewaltenteilung primär der Begrenzung der Regierungsgewalt durch die Gewalten der Rechtsetzung und der Rechtsprechung. Die parlamentarische Verwaltungskontrolle dient nach diesem Bild der Nachprüfung der Frage, ob Regierung und Verwaltung sich an diese Begrenzung gehalten haben.

Dem steht die demokratische Begründung von Parlament, Gewaltenteilung und Verwaltungskontrolle gegenüber: Das Parlament dient hier nicht nur den – letztlich privaten – Rechten der Bürger, die es gegenüber der politischen Macht (des Königs als Souverän) vertritt, sondern es handelt selber als politische Macht und trägt die Verantwortung, das Gemeinwohlinteresse im Namen (und unter Mitwirkung) aller zu formulieren. Das Parlament hat aus dieser Sicht Teil an den Funktionen der Staatsleitung und Regierung. Die Gewaltenteilung dient entsprechend nicht nur der Machtbegrenzung im Dienste der individuellen Freiheit, sondern auch der Herstellung einer demokratisch begründeten Rationalität im Zusammenwirken der Institutionen der Staatsleitung. Parlamentarische Verwaltungskontrolle ist dann eine der Formen des Zusammenwirkens der Gewalten, der die Aufgabe zukommt, das Handeln der Verwaltung demokratisch zu steuern und zu legitimieren.

Je nach der bevorzugten Begründung verschiebt sich das Machtverhältnis zwischen Parlament und Regierung beträchtlich. Die Bedeutung der Argumentationsweise wird durch die moderne Entwicklung der Staatsaufgaben noch erhöht: Während im liberalen Rechtsstaat des 19. Jahrhunderts die staatsleitenden Entscheidungen im wesentlichen in der Form des klassischen, auf Dauer gestellten Gesetzes erlassen werden konnten, muss heute Grundlegendes immer mehr in die Formen der Planung und der Massnahme gekleidet werden, Entscheide also, an denen Regierung und Verwaltung grösseren Anteil nehmen als das Parlament. Dieses muss seine angestammten Hauptfunktionen damit immer mehr mit Regierung und Verwaltung teilen. Hält man trotzdem an der überkommenen Funktion des Parlaments als Legislative fest, so werden Rolle und Stellung des Parlamentes erheblich geschmälert.

Soll das angestammte Machtverhältnis unter den Gewalten bei veränderter Aufgabenstellung wieder hergestellt werden, so muss die klassische Trennung der Gewalten neuen Gehalt bekommen. Regierung und Verwaltung als Funktion dürfen nicht der Regierung und der Verwaltung als Organe vorbehalten bleiben. Das Parlament muss sich an den Regierungs- und Verwaltungsfunktionen im Rahmen seiner Befugnisse beteiligen. Dies hat im Rahmen der verfassungsmässigen Kompetenzordnung zu geschehen, insbesondere in den Formen der parlamentarischen Verwaltungskontrolle. Diese muss daher entsprechend konzipiert und ausgestaltet werden.

Dabei ist gleichermassen Rücksicht zu nehmen auf die Klarheit der Einzelkompetenzen der Staatsorgane einerseits, ihr Zusammenwirken im Staat anderseits. Denn unsere Staatsorganisation kennt im Bund wie in den Kantonen einerseits eine möglichst klare Kompetenzordnung, die den einzelnen Gewalten im Staat konkrete Entscheidungsbefugnisse zuteilt, anderseits eine Zuordnung dieser Funktionen zu einem Ganzen, der Staatsleitung oder Regierung. Diese Staatsleitung besteht aus einem vielfältigen Zusammenspiel von Parlament und Regierung, das von der Planung über die Gesetzgebung und die Führung des Finanzhaushaltes bis zur Verwaltungskontrolle reicht – und überall sowohl ein Miteinander wie ein Gegeneinander der beiden Gewalten einschliesst.

Dies gilt auch für die Verwaltungskontrolle. Sie ist in weiten Teilen eine gemeinsame Aufgabe von Regierung und Parlament, die ja als politische Behörden darüber zu wachen haben, dass das staatliche Handeln den politisch gesetzten Zielen entspricht. Unterschiedlich sind bloss die Ebenen – indem die parlamentarische Verwaltungskontrolle die Regierung ebenfalls erfasst – sowie die Mittel, mit denen die Kontrollergebnisse in die Praxis umgesetzt werden können. Die Regierung verfügt für ihren Anteil an der Verwaltungskontrolle über Weisungskompetenzen im Rahmen der Verwaltungsführung, die dem Parlament abgehen, da es sich bei der Verwaltungskontrolle nicht im eigenen Entscheidungsbereich bewegt, sondern in jenem der Regierung. Parlamentarische Verwaltungskontrolle ist Mitsprache der Volksvertretung beim Gesetzesvollzug – ebenso, wie das Vorverfahren der Gesetzgebung Mitsprache von Regierung und Verwaltung bei der Gesetzgebung ist: je im Entscheidungsbereich der andern Gewalt. Damit diese Mitsprache der politisch höherrangigen Behörde nicht zur Mitentscheidung werde, findet sie in der Regel nachträglich statt und soll nicht den Einzelfall, wohl aber die Praxis insgesamt beeinflussen. Parlamentarische Verwaltungskontrolle ist damit ein Gespräch unter den beiden politischen Gewalten über die Frage, ob Regierung und Verwaltung ihre Aufgabe richtig erfüllen.

Die Ausgestaltung der Kontrollfunktion im Bund

Kompetenzen

Die parlamentarische Verwaltungskontrolle gliedert sich im Bund in Geschäftsprüfung und Finanzaufsicht. Dafür sind je besondere Kommissionen eingesetzt. Darüber hinaus wird Verwaltungskontrolle auch in den übrigen Formen parlamentarischer Tätigkeit ausgeübt, vor allem mit parlamentarischen Vorstössen. Ausnahmsweise tritt die Klärung von Vorkommnissen grosser Tragweite durch parlamentarische Untersuchungskommissionen hinzu.

Die Geschäftsprüfungskommissionen der beiden eidgenössischen Räte haben gestützt auf Artikel 85, Ziffer 11 der Bundesverfassung die «Oberaufsicht über die eidgenössische Verwaltung und Rechtspflege» wahrzunehmen. Sie sollen prüfen, ob Bundesrat, Verwaltung und Justiz ihre verfassungs- und gesetzmässige Aufgabe wahrnehmen. Nach dem Geschäftsverkehrsgesetz besteht diese Aufsicht aus zwei Teilen: Jährlich haben die Kommissionen je für ihren Rat die Geschäftsberichte des Bundesrates und der eidgenössischen Gerichte vorzuberaten; daneben obliegt ihnen die «nähere Prüfung und Überwachung der Geschäftsführung der eidgenössischen Verwaltung und Rechtspflege», die laufende Verwaltungskontrolle. Sachgeschäfte werden ihnen nicht zur Vorberatung zugewiesen. Zur Erfüllung ihrer Aufgabe verfügen die Geschäftsprüfungskommissionen über weitreichende Einsichtsrechte, die sich teils auf das Geschäftsverkehrsgesetz[3], teils auf Weisungen des Bundesrates[4] abstützen. Die Kommissionen und ihre Unterausschüsse (Sektionen) haben danach das Recht, von den Dienststellen der Verwaltung Auskünfte und Akten zu verlangen. Der Anspruch auf Auskunftserteilung gilt dabei unbedingt, das heisst ohne Vorbehalt von Amtsgeheimnissen. Zur Aktenherausgabe hingegen kann der Bundesrat seine Zustimmung verweigern, wenn dies zur Wahrung eines Amtsgeheimnisses, zur Wahrung schutzwürdiger persönlicher Interessen oder aus Rücksicht auf ein noch nicht abgeschlossenes Verfahren unerlässlich ist[5]. Wenn eine Geschäftsprüfungskommission dem Bundesrat die Inspektion einer Dienststelle ankündigt, sind deren Beamte automatisch vom Amtsgeheimnis entbunden und zur Herausgabe von Amtsakten verpflichtet, es sei denn, der Bundesrat ordne ausdrücklich eine Beschränkung der Herausgabepflicht an[6].

Die Finanzkommissionen der beiden Räte haben für ihre Aufgabe, Voranschlag und Rechnung zu prüfen, nicht mehr Einsichtsrechte als alle übrigen Kommissionen. Sie können nach Anhören des Bundesrates Beamte zu ihren Beratungen beiziehen und befragen; die Vertreter des Bundesrates sind berechtigt, dabei anwesend zu sein. Die Beamten können nur vom Bundesrat von ihrer Pflicht zur Amtsverschwiegenheit entbunden und zur Herausgabe von Amtsakten ermächtigt werden. Die starke Stellung der Finanzkommissionen als Antragsteller zum Voranschlag öffnet ihnen jedoch formlos jeden Zugang zu Informationen, die sie für erforderlich erachten. Daher können auch sie in der Praxis stichprobenweise vertiefte Prüfungen oder Inspektionen vornehmen.

Die Finanzdelegation der eidgenössischen Räte ist ein Ausschuss, in den jede Finanzkommission drei Mitglieder entsendet. Ihr obliegt die laufende, nähere Prüfung und Überwachung des gesamten Finanzhaushaltes des Bundes. Hiefür hat sie das unbedingte Recht, jederzeit in die mit dem Finanzhaushalt in Zusammenhang stehenden Akten Einsicht zu nehmen und von allen Dienststellen die zweckdienlichen Auskünfte zu verlangen; überdies hat ihr die Eidgenössische Finanzkontrolle jeden gewünschten Aufschluss zu erteilen und alle Revisionsberichte, Protokolle und Korrespondenzen vorzulegen. Schliesslich sind ihr alle Bundesratsbeschlüsse, die sich auf den Finanzhaushalt beziehen, laufend zur Verfügung zu stellen[7]. Ihre Informationsrechte lassen somit nichts zu wünschen übrig.

Für die Oberaufsicht über die Schweizerischen Bundesbahnen sind die Verkehrskommissionen, für jene über die Alkoholverwaltung die Kommission für Gesundheit und Umwelt zuständig[7a]. Abgesehen von diesen Bereichen umfasst die Kontrolle der Geschäftsprüfungs- und Finanzkommissionen und der Finanzdelegation den gesamten Verantwortungsbereich des Bundesrates.

Reichen die Möglichkeiten der ständigen Kontrollkommissionen nicht aus, um Vorkommnisse von besonderer Tragweite zuhanden der Bundesversammlung zu klären, so kann diese durch einfachen Bundesbeschluss in jedem Rat eine parlamentarische Untersuchungskommission einsetzen. Über die Rechte der Geschäftsprüfungskommissionen hinaus können Untersuchungskommissionen auch Personen ausserhalb der Verwaltung zur Aussage verpflichten, sie nötigenfalls als Zeugen einvernehmen und von ihnen die Herausgabe aller Akten verlangen. Nach Anhörung des Bundesrates können die Untersuchungskommissionen die Beamten selber von der Geheimhaltungspflicht befreien und zur Herausgabe geheimer Akten ermächtigen. Sie haben Anspruch auf die Amtshilfe aller Behörden des Bundes und der Kantone[8]. – Im Skandal- oder Krisenfall hat das Parlament somit Anspruch auf unbedingten Einblick. Voraussetzung ist allerdings, dass der Vorfall, der diesen Anspruch auslöst, auf anderem Weg bekannt geworden ist.

Kriterien

Parlamentarische Verwaltungskontrolle ist politische Tätigkeit. Sie ist zwar an die Gesamtheit der Rechtsnormen auf Verfassungs- und Gesetzesstufe gebunden. Diese enthalten aber eine Vielzahl offener Spannungen und Konflikte unter gegenläufigen Zielen und Grundsätzen, so dass sie oft keine hinreichende Beurteilungsmassstäbe zur Verfügung stellen. Am deutlichsten sind die Prüfungskriterien im Bereich der Finanzkontrolle[9], aber schon die Finanzdelegation ist nicht mehr an sie gebunden. Im Bereich der allgemeinen Geschäftsprüfung stehen Kriterien wie Zielkonformität des Verwaltungshandelns und seiner Wirkungen, Notwendigkeit, Wünschbarkeit und Dringlichkeit der Verwaltungsaufgaben, Rechtmässigkeit, Zweckmässigkeit und Leistungsfähigkeit der Verwaltung zur Diskussion. Darin mischen sich politische, rechtliche und sachliche Kriterien.

Politische Überlegungen überwiegen vor allem dort, wo geprüft wird, ob Aufgaben, Handlungen und Wirkungen der Verwaltung dem Sinn und den Zielsetzungen der Gesetzgebung entsprechen. Hier sollen politische Wertungen des Gesetzgebers nachvollzogen werden, wobei nicht zu vermeiden ist, dass dies aus der heutigen Sicht der beteiligten Parlamentarier geschieht – hier wird der Charakter der Mitsprache des Parlaments im Gesetzesvollzug am deutlichsten sichtbar.

Rechtliche Erwägungen überwiegen dort, wo der Vollzug der Gesetze auf seine Korrektheit hin überprüft wird. Die Wahrung der Kompetenzen, die materielle Gesetzmässigkeit der Verwaltung und die Angemessenheit der Ausübung ihres Ermessens werden unter Beizug juristischer Argumentation, aber letztlich doch nicht ohne politische Gewichtung überprüft.

Am meisten durch sachliche Gründe geprägt wird die Aufsicht über die Organisation und Arbeitsweise der Verwaltung. Zu prüfen ist hier der rationelle Mitteleinsatz zur Erfüllung der gestellten Aufgaben, das heisst, ob die Verwaltung zweckmässig organisiert und wirtschaftlich geführt ist. Hier ergeben sich gewisse Massstäbe aus Grundsätzen der Betriebswirtschaft und der Verwaltungswissenschaften.

In den meisten Fällen sind politische, rechtliche und sachliche Gesichtspunkte gleichzeitig zu berücksichtigen. Oft ist es aber nicht leicht, der Versuchung zu widerstehen, sich auf eine Sichtweise zu beschränken, um das Problem zu vereinfachen. Die Erfahrung zeigt, dass es viel leichter ist, einen kleinen sachlichen oder formellen Fehler zu kritisieren, als die Erfüllung einer Bundesaufgabe zu würdigen.

Arbeitsweise

Im einzelnen ergeben sich aus den unterschiedlichen Zuständigkeiten und Traditionen der verschiedenen Kontrollkommissionen zwar Unterschiede in der Arbeitsweise, aber die Struktur des Vorgehens ist bei allen Finanz- und Geschäftsprüfungskommissionen die gleiche. Daher kann ihre Arbeitsweise am Beispiel der Geschäftsprüfungskommission des Nationalrates dargestellt werden.

Bei der Prüfung des Geschäftsberichtes (wie auch der Rechnung) ist das Hauptproblem die Fülle des Stoffes, die in der Zeit zwischen Frühjahrs- und Sommersession bearbeitet werden soll. Die Kommission[10] gliedert sich daher zunächst in acht Sektionen, die je ein Departement und die PTT-Betriebe zu betreuen haben. Jedes Mitglied arbeitet in zwei Sektionen mit. Nach dem Referentensystem hat jedes Mitglied den Berichtsteil eines grossen oder mehrerer kleinerer Bundesämter vertieft zu studieren und ist aufgerufen, hiefür selbständig Dienststellenbesuche durchzuführen und der Sektion über seine Eindrücke Bericht zu erstatten und sie auf Probleme aufmerksam zu machen. An der Sektionssitzung, an welcher der Berichtsteil eines Departementes zusammen mit dem verantwortlichen Bundesrat, seinem Generalsekretär und den von der Sektion aufgebotenen Amtsdirektoren und Sachbearbeitern durchberaten wird, ist der Referent erster Fragesteller gegenüber der Verwaltung.

Die Fülle des Stoffes zwingt überdies zu einer Konzentration der Aufmerksamkeit der Sektionen. An einer Plenarsitzung im Januar – lange vor Erscheinen des Geschäftsberichtes – beschliesst die Kommission daher, zu welchen Fragen sie ausserhalb des Geschäftsberichts eine schriftliche (oder eine vorbereitete mündliche) Antwort des Bundesrates oder eines Departementes erwartet. Diese Fragen stammen aus Hinweisen auf Probleme, die die Kommissionsmitglieder oder das Sekretariat im Laufe des Jahres sammeln: eigene Beobachtungen am Rande von Inspektionen, Informationen von Bürgern, aus den Medien oder der Verwaltung. Pro Departement werden ein oder zwei dieser Themen zu Schwerpunkten der Prüfung erklärt, denen ein grosser Teil der Sektionssitzung gewidmet werden soll[11]. Zu diesen Themen bereitet das Sekretariat in der Regel ein Arbeitspapier vor, das den Mitgliedern als Grundlage für ihre Fragen dient. Zu den übrigen Themen beschränkt sich die Stabshilfe meist auf Bemerkungen oder Zusatzfragen zu den schriftlichen Antworten. Eine weitere Konzentration bringt das Querschnittsthema, das jedes Jahr von der Kommission neu beschlossen und von allen Sektionen aufgrund von Berichten der Verwaltung behandelt wird[12].

Der Ablauf einer Sektionssitzung folgt einem bewährten Schema. Nach einer kurzen Vorbesprechung der Sektion über die zu stellenden Fragen erhält der Departementsvorsteher Gelegenheit, in Ergänzung zum publizierten Geschäftsbericht des Bundesrates seine Schwerpunkte der Amtstätigkeit des vergangenen Jahres darzulegen und auf hängige Probleme hinzuweisen, bevor der Bericht abschnittsweise durchberaten wird. Dabei können dann Direktoren und Sachbearbeiter – je nach Führungsstil des verantwortlichen Bundesrates oder nach ausdrücklichem Wunsch der Sektion – ihre Kenntnisse und Problemsichten einbringen. Das Gespräch verknüpft Elemente eines Frage- und Antwortspiels mit solchen eines informellen Meinungsaustausches. Nach Abschluss der Aussprache bestimmen die Sektionen, zu welchen Themen der Sektionspräsident in welchem Sinne mündlich vor der Kommission Bericht erstatten soll. Als Unterlagen dienen dazu die schriftlichen Antworten der Verwaltung, das Sitzungsprotokoll und allfällige Zusatzberichte, die die Sektion an ihrer Sitzung angefordert hat.

Die Kommission berät den Geschäftsbericht an einer zweitägigen Sitzung ausserhalb Berns ohne Beisein von Bundesräten und Verwaltungsvertretern auf der Grundlage dieser Berichterstattungen[13]. Sie beschliesst, welche Themen vom Kommissions- und von den Sektionspräsidenten im Rat aufgegriffen werden sollen und welche Kritiken, Anregungen oder parlamentarischen Vorstösse einzubringen sind. Sie stellt Antrag auf Genehmigung des Geschäftsberichtes.

Die laufende Verwaltungskontrolle wird vorwiegend in der Form von Inspektionen durchgeführt. Die Kommission beauftragt eine Sektion oder eine eigens zusammengestellte Arbeitsgruppe mit der Abklärung eines Themenkreises, der im Rahmen der Prüfung des Geschäftsberichtes nicht hinreichend geklärt werden konnte oder der im Laufe des Jahres auftaucht und eine vertiefte Untersuchung erfordert. Die Sektion oder Arbeitsgruppe bestimmt hernach Ziel und Umfang der Abklärungen und beauftragt das Sekretariat mit der Vorbereitung. Dazu gehören die Sammlung von Unterlagen, Vorgespräche mit der Verwaltung, Entwürfe von Sitzungsprogrammen mit Angehörigen, Vorschläge zu Fragen an die Auskunftspersonen und Aktennotizen zu besonderen Themen. Die Anhörungen können gruppenweise oder einzeln durchgeführt werden. Zu Beginn und am Ende einer Inspektion wird der Amtsdirektor angehört, wobei ihm bei Einzelanhörungen nicht mitgeteilt wird, wer wie ausgesagt hat. Anschliessend zieht die Sektion oder Arbeitsgruppe ihre Schlussfolgerungen. Schliesslich bereinigt sie einen Berichtsentwurf, den der Sekretär gestützt auf die von ihr vorgenommenen Wertungen erstellt hat. Bevor der Berichtsentwurf in der Kommission diskutiert und genehmigt wird, geht er in der Regel noch zur schriftlichen und allenfalls mündlichen Stellungnahme an den Vorsteher des zuständigen Departementes.

Bericht und Empfehlungen der Geschäftsprüfungskommission richten sich an den Bundesrat oder an das zuständige Departement, je nachdem, ob mehrere Departemente sachlich betroffen sind oder nur eines. Schon bei der Zustellung des Berichtsentwurfes an das Departement wird dieses jeweils gefragt, ob eine allfällige Veröffentlichung des Berichts die Geheimhaltungsvorschriften des Bundes verletzen würde. Die Kommission wartet sodann in der Regel mit der Veröffentlichung ihres Berichts zu, bis die Stellungnahme des Bundesrates angefügt werden kann. Die meisten Ergebnisse werden im jährlichen Bericht über die Inspektionen und Aufsichtseingaben des Vorjahres ungekürzt bekanntgemacht[14].

Probleme der Praxis

Die skizzierte Ausgestaltung der Kontrollfunktion im Bund eignet sich in weiten Teilen zur Gewährleistung des Kontrollgesprächs, wie es dem herrschenden Konkordanzsystem entsprechend vor allem über die Tauglichkeit der Institutionen zur Erfüllung der Staatsaufgaben geführt werden soll. Die Milizarbeit setzt jedoch die Überschaubarkeit der Verhältnisse und die menschliche Zugänglichkeit aller beteiligten Partner voraus, ein grundsätzliches Vertrauensverhältnis und entsprechend eine Bereitschaft zur Zurückhaltung im Kontrollanspruch. Zum Teil sind diese Voraussetzungen auch heute noch erfüllt: Meist wäre die Verwaltung bereit, sich dem Einblick der Parlamentarier umfassender zu öffnen, als diese es für nötig erachten. Und meist stellt eine Inspektion ein Verhältnis gegenseitiger Anerkennung her, das ein künftiges Zusammenwirken erleichtert. Das Risiko ist dabei das der Oberflächlichkeit der Prüfung, insbesondere, wenn die Parlamentarier nur auf Berichte und Auskünfte der Verwaltung abstellen und auf Originalakten einerseits, Rückmeldungen über die Wirkung der Verwaltung im Aussenverhältnis anderseits verzichten.

Ob die parlamentarische Verwaltungskontrolle im Bund heute genügt oder nicht, hängt weitgehend davon ab, wie die Grundsätze, nach denen sich die parlamentarische Kontrollfunktion heute richtet, bewertet werden. Nach den Erwartungen unseres politischen Systems soll Kontrolle im Prinzip nachträglich sein, um die Kompetenzordnung zu wahren; sie soll mit stufengerechter Zurückhaltung aus-

Charakterköpfe / Visages caractéristiques

im Grossen Rat Thurgau

im Grossen Rat St. Gallen

im Grossen Rat Bern

im Kantonsrat Obwalden

au Parlement jurassien

au Grand Conseil vaudois

geübt werden, um jedem das Ermessen zu belassen, das zur Erfüllung seiner Aufgabe erforderlich ist; und sie soll nicht den Einzelfall korrigieren wollen, wie ein Richter, sondern sich am geprüften Beispiel für die Tendenz der Entwicklung der Verwaltungspraxis interessieren. Diese Eigenart der parlamentarischen Mitsprache im Kompetenzbereich der Regierung schafft verständlicherweise auf Seiten der Parlamentarier – und der Öffentlichkeit – gelegentlich Mühe. Denn diese Grundsätze können, wenn sie einseitig geltend gemacht werden, legitime Bedürfnisse nach Aktualität der Kontrolle, nach Vorrang demokratischer Wertung vor Verwaltungsrationalität oder nach Beseitigung von konkreten Missständen verletzen. Die darin angelegte Spannung verstärkt sich zudem mit der Entwicklung des modernen Leistungsstaates und der Notwendigkeit, gesetzgeberische Mitbestimmung des Parlamentes zunehmend durch parlamentarische Kontrolle der Verwaltung zu ersetzen.

Unter diesen Bedingungen werden vor allem drei Mängel der heutigen Geschäftsprüfung im Bund stärker spürbar: Die faktische Beschränkung ihres Wirkungsbereiches auf die Verwaltung im engeren Sinne, die Schwäche der Nachkontrolle von Empfehlungen und das Fehlen geeigneter Instrumente der Aufgabenüberprüfung und der Kontrolle der Wirksamkeit staatlichen Handelns.

Wirksame Kontrolle setzt die Möglichkeit voller Einsichtnahme voraus. Beschränkungen der Informationsrechte sind damit zugleich Grenzen des Wirkungsbereichs parlamentarischer Kontrolle. Wenn Personen und Institutionen ausserhalb der Bundesverwaltung nicht zur Aussage und Aktenherausgabe verpflichtet werden können, dann lassen sich Spannungen zwischen Bund und Kantonen oder zwischen Verwaltung und Privaten nicht zuverlässig beurteilen. Und wenn der Bundesrat in letzter Zeit den Geschäftsprüfungskommissionen den nachträglichen Einblick in die Akten seiner Willensbildung – insbesondere in die Mitberichte der Departemente im Vorfeld eines Bundesratsbeschlusses – verweigert, dann entzieht er sich selber der parlamentarischen Verwaltungskontrolle; diese wird auf die Verwaltung im engeren Sinne beschränkt. Zugunsten dieser Schranke lassen sich der Schutz der freien Meinungsbildung der Regierung und das Kollegialprinzip anrufen, doch gelten diese Grundsätze nicht gegenüber nachträglicher Funktionskontrolle, solange diese die Rechtfertigung der Kollegialentscheide und nicht der Haltungen der einzelnen Regierungsmitglieder zum Gegenstand hat. Gerade aus demokratischer Sicht dürfen Entscheide nicht nur nach einem (oft fehlenden) Massstab objektiver Richtigkeit gemessen, sondern müssen aufgrund der Rationalität des Entscheidungsablaufs beurteilt werden: Ein Entscheid ist dann vertretbar, wenn einsichtig gemacht werden kann, dass die möglichen Argumente, die gegen ihn vorgebracht werden können, geprüft und in begründeter Weise verworfen worden sind. – Ähnliches gilt für die Verweigerung der Herausgabe von Aktenstücken, die Gegenstand künftiger Bundesratsbeschlüsse werden können: Langdauernde Gestaltungsprozesse, in denen die Verwaltung die Politik des Bundes wesentlich mitbestimmt, werden so von einer wirksamen Kontrolle durch das Parlament ausgeschlossen. Die extensive Nutzung der Vorbehalte zugunsten von Amtsgeheimnissen und hängigen Verfahren durch den Bundesrat verhindert auf diese Weise eine zeitgemässe Fassung des Wirkungsbereichs parlamentarischer Kontrolle über die Geschäftsführung der Regierung[15].

Die Ergebnisse ihrer Abklärungen kleiden die Geschäftsprüfungskommissionen in der Regel in Empfehlungen, denen der Bundesrat Folge leisten soll. Ob er dies tut, wird meist nur anhand der von ihm erbetenen Stellungnahme geprüft. Oft stimmt diese im Grundsatz mit der Empfehlung überein, führt jedoch einschränkende Gegengründe an, so dass der Bundesrat keine klare Verpflichtung eingeht. Oder die Erfüllung einer Forderung wird dargestellt, als verlange sie keine Änderung der bisherigen Praxis. In solchen Fällen ist es besonders schwer, mit den heutigen Mitteln der Geschäftsprüfungskommissionen eine Nachkontrolle der Wirksamkeit ihrer Empfehlungen vorzunehmen. Wollen die Kommissionen sich nicht auf die Selbstbeurteilung der Verwaltung verlassen, müssen sie eine zweite Inspektion zum gleichen Thema vornehmen. Da sich dieser Aufwand nur in Ausnahmefällen rechtfertigt, verzichten die Kommissionen in der Regel auf eine Erfolgskontrolle zu ihrer eigenen Arbeit. Die Wirksamkeit der parlamentarischen Verwaltungskontrolle bleibt damit ungewiss.

Die parlamentarische Verwaltungskontrolle ist schliesslich noch immer weitgehend auf die Formen und Mittel des Vollzugs von Gesetzen ausgerichtet: Geprüft (und allenfalls gekürzt) wird in erster Linie der Einsatz von personellen und finanziellen Mitteln zur Erfüllung der Bundesaufgaben. Die Erkenntnis, dass das rechtsstaatliche Ideal vom gesetzesdeterminierten Vollzug modernes Verwaltungshandeln nicht mehr angemessen erfasst, sondern für weite Bereiche durch das leistungsstaatliche Bild von der bürokratischen Problemlösung unter Nutzung gesetzlicher Instrumente ergänzt werden muss, hat noch nicht zu den erforderlichen Konsequenzen für die Verwaltungskontrolle geführt. Denn an die Stelle der Einsatz- und Aufwand-Kontrolle muss in diesen Bereichen die Erfolgs- und Wirksamkeits-Kontrolle treten, die der Verwaltung zunächst einen Gestaltungsraum gewährt, dessen Nutzung und gesellschaftliche Wirkung aber auf ihre Übereinstimmung mit den gesteckten Zielen prüft. Die Instrumente der parlamentarischen Verwaltungskontrolle sollten daher der Frage nach dem Sinn und der Nützlichkeit der staatlichen Massnahmen angepasst werden. Dies bedingt den Beizug verwaltungswissenschaftlicher Hilfsmittel zur Überprüfung der öffentlichen Aufgaben und der Wirksamkeit staatlichen Handelns[16].

Neue Ausprägungen parlamentarischer Verwaltungskontrolle auf kantonaler Ebene

In der überwiegenden Mehrzahl der Kantone läuft die parlamentarische Verwaltungskontrolle nach traditionellem Muster ab: Milizparlamentarier der (Geschäfts-)Prüfungskommission, der Staatswirtschafts- oder der Finanzkommission bemühen sich weitgehend ohne systematische Stabshilfe, die Rechenschaftsberichte der Kantonsregierungen auf Probleme abzusuchen, indem sie die verantwortlichen Regierungsmitglieder und ihre Chefbeamten dazu befragen und Besuche bei den Dienststellen durchführen. Das Urteil beruht im wesentlichen auf dem unmittelbaren persönlichen Eindruck der Kommissionsmitglieder und teilt die Vorteile und Unzulänglichkeiten des Kontrollgesprächs im Konkordanzsystem unter Milizbedingungen, die hier für den Bund skizziert worden sind.

Innerhalb dieser Gemeinsamkeit gibt es freilich eine grosse Vielfalt der Formen: Während die Mehrzahl der Kommissionen im Rat mündlich Bericht erstattet, verfassen einige einen schriftlichen Bericht über das Ergebnis ihrer Prüfung (so etwa die Geschäftprüfungskommission des Kantons Glarus, die Prüfungskommission des Kantons Basel-Stadt, die staatswirtschaftlichen Kommissionen der Kantone St. Gallen, Zug und Appenzell-Ausserrhoden oder die Finanzkommission des Kantons Genf). Wo sich eine Staatswirtschafts- oder Finanzkommission mit dem Rechenschaftsbericht der Regierung befasst, werden überwiegend Fragen der Staatsrechnung und des Personalbestandes erörtert, zum Teil aber auch Sachfragen. Am weitesten reicht die Berichterstattung im Kanton Waadt, wo die Geschäftsprüfungskommission ihren schriftlichen Bericht mit Beobachtungen in Frageform versieht, auf die der Staatsrat vor der Behandlung des Geschäftsberichts im Grossen Rat (die jeweils erst im Herbst stattfindet) seinerseits schriftlich antwortet.

Der traditionelle Stand der parlamentarischen Kontrolle wird zwar zum Teil als unbefriedigend beurteilt. So möchte beispielsweise die Prüfungskommission des Basler Grossen Rates, dass das tatsächlich Geleistete der jeweiligen Zielsetzung gegenübergestellt wird und vertieft auf die Gründe einer allfälligen Abweichung eingegangen werden kann. Deshalb hat sie bei der Behandlung des Verwaltungsberichts 1988 dem Rat beantragt, die gesetzlichen Grundlagen für die Einführung eines Soll-Ist-Vergleichs in der baselstädtischen Verwaltung zu schaffen[17]. Eine nennenswerte Verstärkung der Kontrollfunktion des Parlaments hat jedoch erst in den Kantonen Bern und Solothurn stattgefunden:

Im Kanton Bern bringt das neue Grossratsgesetz, das im Anschluss an die Finanzaffäre erarbeitet worden ist, neu ein Sekretariat und ein Revisorat des Grossen Rates, ferner die Trennung der früheren Staatswirtschaftskommission in eine Geschäftsprüfungskommission und eine Finanzkommission sowie die Möglichkeit der Einsetzung einer parlamentarischen Untersuchungskommission[18].

Das Ratssekretariat ist im wesentlichen ein Kommissionendienst, da Fragen der Vorbereitung und Durchführung der Sessionen beim Staatsschreiber verbleiben. Für die Verwaltungskontrolle bedeutsam ist, dass die Aufsichtskommissionen ihre Informationsrechte dem ratseigenen Stab übertragen können, was eine wirksame Unterstützung der Milizparlamentarier gestattet[19]. Die gleiche Stellung hat das Grossratsrevisorat im Dienste der Finanzkommission. Das Revisorat prüft die Staatsrechnung, inspiziert Verwaltungsstellen, überwacht die verwaltungsinterne Finanzkontrolle, nimmt im Auftrag der Finanzkommission besondere Prüfungen vor und informiert die Kommission laufend über seine Feststellungen[20]. Das Revisorat hat Anspruch auf Auskunft, Akteneinsicht und Unterstützung durch die Verwaltung; gesetzliche Geheimhaltungsbestimmungen können ihm gegenüber nicht geltend gemacht werden[21].

Jedes Ratsmitglied hat im Rahmen seiner parlamentarischen Arbeit unter Vorbehalt des Amtsgeheimnisses ein Recht auf Auskunft und Akteneinsicht. Im Streitfall kann der Parlamentarier das Ratsbüro anrufen, das nach Anhören des Regierungsrates über die Auskunfterteilung oder die Akteneinsichtnahme entscheidet. Die unterlegene Partei kann gegen den Entscheid des Büros den Grossen Rat anrufen[22]. Der Ratspräsident kann jederzeit in die Verhandlungen des Regierungsrates Einsicht nehmen[23].

Die Kommissionen des Grossen Rates können Sachbearbeiter der Staatsverwaltung nur mit Zustimmung des zuständigen Regierungsmitglieds befragen; der Regierungsrat entscheidet ihnen gegenüber, ob Beamte vom Amtsgeheimnis entbunden und zur Herausgabe von Amtsakten ermächtigt werden. Wenn es zur Wahrung eines Amtsgeheimnisses unerlässlich ist, kann der Regierungsrat daher anstelle der Herausgabe von Amtsakten einen besonderen Bericht erstatten[24]. Erweiterte Rechte haben die Geschäftsprüfungskommission, die Finanzkommission, die Justizkommission und die parlamentarische Untersuchungskommission.

Die Geschäftsprüfungskommission behandelt neben den Direktionsgeschäften[25] den jährlichen Staatsverwaltungsbericht und kontrolliert die Geschäftsführung der Staatsverwaltung. Neu hat sie auch die Wirksamkeit der Staatsverwaltung und deren Massnahmen aufgrund der regierungs- und grossrätlichen Zielsetzungen zu beurteilen[26]. Zur Erfüllung ihrer Aufgabe kann die Geschäftsprüfungskommission ihr Akteneinsichtsrecht auch gegenüber Amtsgeheimnissen durchsetzen, indem sie in Kenntnis der Weigerung des Regierungsrates und seines ersatzweisen Berichtes sowie nach Anhörung seiner Meinung an ihrem Begehren festhält. In diesem Falle kann die Verwaltung der Akteneinsicht das Amtsgeheimnis nicht mehr entgegenhalten[27]. Das gleiche Recht steht der Finanzkommission und der Justizkommission (in bezug auf Akten der Justizverwaltung) zu.

Gegenüber der parlamentarischen Untersuchungskommission hebt das Gesetz das Amtsgeheimnis generell auf[28]. Damit entfällt das Verfahren der Auseinandersetzung zwischen Kommission und Regierung um den Einblick in die Verwaltung.

Im Kanton Solothurn sind, gestützt auf die neue Kantonsverfassung, zum Teil die gleichen Neuerungen zur Stärkung des Kantonsrates eingeführt worden: Das Parlament erhält einen Ratssekretär, den Ratsmitgliedern und den Kommissionen werden erweiterte Informationsrechte zugestanden, die Oberaufsicht durch die Geschäftsprüfungskommission wird erweitert und bei gravierenden Fällen können parlamentarische Untersuchungskommissionen eingesetzt werden[29].

Ohne Vorbehalt von Amtsgeheimnissen kann jedes Ratsmitglied in die Materialien einer Regierungsvorlage an den Rat Einsicht nehmen; inbezug auf Akten des Verwaltungsvollzugs gilt dieses Recht auch, nicht aber für Einzelgeschäfte, sondern nur für generelle Fragen[30]. Zum Schutz der Willensbildung der Kollegialregierung gilt ein Vorbehalt für die Stellungnahmen der einzelnen Departementsvorsteher zu einem bestimmten Geschäft[31]. Im Streitfall entscheidet das Büro des Kantonsrates nach Anhörung des Regierungsrates über das Akteneinsichtnahmerecht[32]. Bei Auskünften an Ratsmitglieder über die Verwaltungstätigkeit ist hingegen das Amtsgeheimnis zu wahren; hier entscheidet der Regierungsrat über Streitfälle[33]. – Für die Akten des Zuständigkeitsbereichs des Parlaments gilt somit uneingeschränktes Einsichtsrecht, während im Zuständigkeitsbereich der Regierung Akteneinsicht und Auskunfterteilung unter dem Vorbehalt des Amtsgeheimnisses stehen[34].

Während das Amtsgeheimnis gegenüber den Einzelmitgliedern des Rates zwingend gilt, muss der Regierungsrat es gegenüber Kommissionen aufheben, wenn daran nicht zur Wahrung überwiegender öffentlicher Interessen, zum Schutz der Persönlichkeit von Privaten oder aus Rücksicht auf ein hängiges Verfahren festgehalten werden muss[35]. Der Regierungsrat hat eine Informationsverweigerung zu begründen und kann an ihrer Stelle einen besonderen Bericht erstatten[36]. Die meisten Kommissionen haben sich damit abzufinden. Wie im Kanton Bern können die Aufsichtskommissionen hingegen an ihrem Akteneinsichtsbegehren festhalten, worauf ihnen die Akten in jedem Fall zu überweisen sind[37]. Gegenüber parlamentarischen Untersuchungskommissionen ist das Amtsgeheimnis ebenfalls generell durch das Kantonsratsgesetz aufgehoben[38].

Im Kanton Zürich ist eine parlamentarische Initiative eingereicht worden, die eine Regelung verlangt, welche im wesentlichen der bernischen Ordnung der Einsichtsrechte nachgebildet ist[39].

Die Entwicklung weist somit in folgende Richtung:

Die Parlamentarische Verwaltungskontrolle wird um die Dimension der Zielkonformität und Wirksamkeit staatlichen Handelns erweitert,

die parlamentseigenen Hilfsinstrumente der Verwaltungskontrolle werden ausgebaut und

die Kompetenz zum Entscheid über die Aufhebung des Amtsgeheimnisses wird von der Regierung auf die Aufsichtskommissionen verschoben.

Möglichkeiten der Verstärkung parlamentarischer Verwaltungskontrolle

Die Entwicklungsmöglichkeiten der parlamentarischen Verwaltungsaufsicht in den Kantonen und im Bund werden gegenwärtig gewiss durch Affären beeinflusst, die sich in letzter Zeit ereignet haben. Das war auf Bundesebene schon nach der Mirage-Affäre so. Das blosse Anliegen der Krisenbewältigung, das Kontrolle aus Misstrauen heraus begründet, würde aber nur eine der beiden Dimensionen abdecken, die heute erkennbar sind: die Vertiefung des parlamentarischen Einblicks in die Verwaltung. Weniger augenscheinlich, aber grundsätzlicher ist der Wandel, der sich aus dem Zwang zur Anpassung an die leistungsstaatliche Entwicklung der modernen Verwaltung ergibt: die Verschiebung des Gegenstandes der Kontrolle von der Verwaltungstätigkeit (gemessen am Aufwand zur Erfüllung der Aufgaben) zur Verwaltungswirkung (beurteilt am Grad der Zielerfüllung). Jene Vertiefung und diese Ausweitung der Parlamentsaufsicht sind in unserem politischen System nur gemeinsam erfolgversprechend. Denn schärfere Kontrolle ist darin nur legitim, wenn sie von höherer Mitverantwortung an der Staatsleitung getragen ist; ein stärkeres Mittragen des Parlaments am staatsleitenden Gespräch ist umgekehrt nur möglich, wenn es über Beurteilungsgrundlagen verfügt, die jener der Regierung ebenbürtig sind.

Die Parlamente der Schweiz müssen daher einerseits ihre politische Richtungskontrolle verstärken, indem sie sich der Überprüfung der Ziele und Aufgaben von Regierung und Verwaltung sowie der Zielkonformität der Wirkungen der öffentlichen Hand zuwenden. Sie müssen dafür ihre Stabsdienste verstärken und insbesondere die Unterstützung der Verwaltungs- und Politikwissenschaften nutzen lernen. Anderseits müssen sie sich jene selbständige Informationsbasis über die Vorgänge in der Verwaltung sichern, die ihnen eine Stellung als gleichwertige Gesprächspartner der Regierung verschafft. Dazu müssen sie zumindest ihren Aufsichtskommissionen den ungehinderten Zugang zu den benötigten Informationen verschaffen[40].

Soll das Kontroll-Gespräch zwischen Parlament und Regierung eine echte demokratische Reflexion über die Staatsaufgaben im Funktionsbereich von Regierung und Verwaltung werden, so bedingt dies freilich eine Abkehr vom bisher meist stillschweigend vorausgesetzten Primat der Entscheidung, mit der das Konkordanzsystem seine Leistung erbringt, vor der Kontrolle, mit der die demokratischen Institutionen diese Leistung legitimieren. Die Gleichwertigkeit von Entscheidungs- und Kontrollfunktion setzt voraus, dass anerkannt wird, dass sich der Leistungsstaat nicht aus sich selbst, sondern nur über das demokratisch gebildete Urteil legitimieren lässt.

Diesen Anspruch formulieren heisst zugeben, wie schwierig seine Erfüllung in der Praxis sein wird. Die Entwicklungsmöglichkeiten werden sich nur beschränkt verwirklichen lassen. Immerhin: Aufgabe und Richtung sind erkennbar.

Anmerkungen

[1] Die folgenden Ausführungen stützen sich im wesentlichen auf eine Arbeit zu den «Kriterien der demokratischen Verwaltungskontrolle», die demnächst erscheint (ausgewählte Hinweise auf weiterführende Literatur finden sich im Literaturverzeichnis).

[2] Vgl. dazu Wilhelm Mössle, Regierungsfunktionen des Parlaments, München (Beck) 1986, S. 93ff., 139.

[3] GVG (SR 171.II), Art. 47^{quater}.

[4] Weisungen über Auskünfte, Akteneinsichtgewährung und Aktenherausgabe an die Mitglieder der eidgenössischen Räte, an die parlamentarischen Kommissionen und an die Parlamentsdienste vom 29. Oktober 1975, BBl 1975 II 2155ff.

[5] Art. 47^{quater}, Abs. 2 GVG.

[6] Vgl. die zitierten Weisungen des Bundesrates, Ziffer 622.

[7] Art. 50 GVG.

[7a] Diese zweite Ausnahme dürfte demnächst durch eine hängige Revision des GVG beseitigt werden (vgl. Amtl. Bull N 1990 S. 3).

[8] Art. 55ff. GVG.

[9] Das Bundesgesetz über die Eidgenössische Finanzkontrolle (SR 614.0) schreibt dieser die Kriterien der richtigen Rechtsanwendung, der Wirtschaftlichkeit und Sparsamkeit sowie der rechnungsmässigen Richtigkeit vor (Art. 5), wozu aber auch die unbestimmten Anforderungen der Sorgfalt und Zweckmässigkeit der Kreditverwendung gehören (Art. 6, Abs. 2).

[10] Die Kommission zählt – wie die Finanzkommission – im Nationalrat 23 Mitglieder, im Ständerat 13.

[11] Die Sitzungen dauern je nach Departement und Thematik zwischen drei und zehn Stunden.

[12] Solche Querschnittsthemen sind etwa die Frage nach der «Vollzugskrise» des Bundesrechts in den Kantonen oder die Information der Öffentlichkeit durch den Bund. Sie werden jeweils im Hauptreferat dargestellt, das der Kommissionspräsident zu Beginn der Geschäftsberichtsdebatte im Rat hält.

[13] In diesem Punkt weicht das Vorgehen der Geschäftsprüfungskommission des Nationalrates von jenem der übrigen Kontrollkommissionen ab, die auch an der Plenarsitzung Bundesräte teilnehmen lassen. Die Geschäftsprüfungskommission des Ständerates behandelt den Geschäftsbericht sogar weitgehend ohne Sektionssitzungen, indem an einer ersten Sitzung nur die Fragen bestimmt werden, deren Beantwortung an einer zweiten Sitzung mit sämtlichen Departementsvorstehern und ihren Mitarbeitern besprochen wird.

[14] Der Bericht erscheint jeweils Ende Mai im Bundesblatt. Er gibt auch summarischen Aufschluss über die Wahrnehmung der Ombudsmann-Funktion durch die Geschäftsprüfungskommissionen, welche Eingaben von Bürgern, die sich gegen die Bundesverwaltung oder das Bundesgericht beschweren, im Rahmen ihrer Möglichkeiten zu prüfen haben.

[15] Das Parlament hat dieses Hindernis erstmals überwunden, als es zur Überprüfung der Geschäftsführung im Eidgenössischen Justiz- und Polizeidepartement nach dem Rücktritt von Bundesrätin Kopp eine parlamentarische Untersuchungskommission eingesetzt hat. Diese hat nun eine parlamentarische Initiative eingereicht, die eine Verstärkung der Rechte der Geschäftsprüfungskommissionen anstrebt. Durch übereinstimmenden Beschluss sollen diese eine gemeinsame Delegation einsetzen können, der – zumindest gegenüber der Verwaltung – im wesentlichen die gleichen Rechte zukommen wie einer parlamentarischen Untersuchungskommission (BBl 1990 I 637ff., 872).

[16] Dem entspricht die parlamentarische Initiative der Geschäftsprüfungskommissionen zur Schaffung einer parlamentarischen Verwaltungskontrollstelle (BBl 1990 I 1065ff.).

[17] Bericht der Prüfungskommission des Grossen Rates des Kantons Basel-Stadt über besondere Wahrnehmungen sowie zum Verwaltungsbericht des Regierungsrates vom 21. September 1989, S. 68f. (zu beziehen bei der Staatskanzlei). Der Grosse Rat hat den Anzug der Prüfungskommission am 19. Oktober 1989 an diese Kommission zur Bearbeitung überwiesen (vgl. die «Basler Zeitung» vom 20. Oktober 1989, S. 39).

[18] Gesetz über den Grossen Rat vom 8. November 1988 (Inkrafttreten: 1. Juni 1990).

[19] A.a.O., Art. 45.

[20] A.a.O., Art. 47.

[21] A.a.O., Art. 48.

[22] A.a.O., Art. 32. Das Ratsbüro stellt dabei auch fest, ob das Amtsgeheimnis zu Recht gegen das Informationsbegehren geltend gemacht wird; es ist offenbar – obwohl der Gesetzestext eine solche Interpretation nicht ausschliesst – nicht zuständig, das Amtsgeheimnis zu lockern oder aufzuheben. Schwierigkeiten sind insbesondere deshalb zu erwarten, weil das Amtsgeheimnis in Artikel 39 des Gesetzes zum Teil nicht generell, sondern mit dem Begriff des «Überwiegens» der Geheimhaltungsinteressen bereits in Relation auf das Informationsinteresse definiert ist: Die Frage, ob ein Amtsgeheimnis vorliegt, fällt damit zusammen mit der Frage, ob ein hinreichendes Informationsinteresse vorliegt, um die Verwaltung vom Amtsgeheimnis zu entbinden.

[23] A.a.O., Art. 33 (vgl. schon Art. 25, Abs. 2 der Staatsverfassung).

[24] A.a.O., Art. 34 in Verbindung mit Art. 40.

[25] Hier geht es um die Wahrnehmung von Verwaltungs- und Budgetkompetenzen des Grossen Rates nach Artikel 26 der Staatsverfassung.

[26] A.a.O., Art. 21. Damit ist ein Element moderner Verwaltungskontrolle, die bei der Zielkonformität der Wirkungen ansetzt, statt beim rationellen Mitteleinsatz, erstmals gesetzlich verankert.

[27] A.a.O., Art. 41. Dies entspricht im wesentlichen dem Verfahren bei parlamentarischen Untersuchungskommissionen im Bund, nur dass dieses sich auch auf mündliche Auskünfte erstreckt und nicht voraussetzt, dass ein Bericht des Bundesrates abgewartet wird.

[28] A.a.O., Art. 42.

[29] Kantonsratsgesetz vom 27. April 1989.

[30] § 29, Absatz 1 Kantonsratsgesetz.

[31] A.a.O., Abs. 2. Dieser Vorbehalt passt allerdings schlecht zu Artikel 63, Absatz 1 der Kantonsverfassung, wonach die Sitzungen des Regierungsrates öffentlich sind, soweit nicht schützenswerte private oder öffentliche Interessen entgegenstehen.

[32] A.a.O., Abs. 3.

[33] § 30 Kantonsratsgesetz.

[34] Der Anschein der Regelung, das Auskunftsrecht reiche weniger weit als die Akteneinsicht, dürfte in der Praxis täuschen, da Auskünfte über Akten, die jedem Ratsmitglied offen stehen, nicht dem Amtsgeheimnis unterstehen können.

[35] § 32, Absatz 2 Kantonsratsgesetz. Dieser Vorbehalt entspricht demjenigen, der gegenüber den Geschäftsprüfungskommissionen im Bund gilt; da er nicht mit der Definition des Amtsgeheimnisses zusammenfällt, dürfte er praktikabel sein.

[36] A.a.O., Abs. 3.

[37] A.a.O., Abs. 4. Dieses Recht, das im Bund nur die parlamentarischen Untersuchungskommissionen haben, gilt für die Geschäftsprüfungskommission, die Finanzkommission und (gegenüber den Gerichten) die Justizkommission.

[38] § 33 Kantonsratsgesetz.

[39] Parlamentarische Initiative Markus Notter betreffend Ausbau der parlamentarischen Oberaufsicht über die Verwaltung vom 5. September 1988 (zu beziehen bei der Staatskanzlei). In der Stadt Bern hat der Stadtrat (Legislative) am 26. Oktober 1989 eine Motion seiner Geschäftsprüfungskommission angenommen, die u.a. das Ziel hat, diese Kommission zur Entbindung der Beamten vom Amtsgeheimnis zu berechtigen (vgl. «Der Bund» vom 27. Oktober 1989, S. 26).

[40] Der Anspruch, die Verwaltung voll auszuleuchten, wird allerdings massvoll genützt werden müssen. Es wird Teil der politischen Kunst sein einzuschätzen, wo weiterhin am wirksamsten Gespräche bei Kerzenlicht geführt werden, wo aber die Halogenlampe oder der Laserstrahl einzusetzen ist.

Quellenverzeichnis

Klöti Ulrich
Einführung zum Handbuch politisches System der Schweiz 2, Strukturen und Prozesse, Bern/Stuttgart (Haupt) 1984, S. 11ff.

Linder Wolf
Abflachendes Wirtschaftswachstum und gesellschaftlicher Wertwandel als Prüfstein helvetischer Konkordanz, in: Schweizerisches Jahrbuch für politische Wissenschaft 23, Bern (Haupt) 1983, 121ff.

Meier Alfred/Riklin Alois
Von der Konkordanz zur Koalition, Überlegungen zur Innovationsfähigkeit des schweizerischen politischen Systems, in: ZSR NF Band 93, I, 1974.

Mössle Wilhelm
Regierungsfunktionen des Parlaments, Münchner Universitätsschriften: Reihe der Juristischen Fakultät; Band 65, München (Beck) 1985.

Rüegg Erwin
Regierbarkeit durch Konkordanz?, Diss. phil. Zürich, Zürich (ADAG) 1985.

Summary

Parliamentary Administrative Controls: The Objective and the Possibilities for Development in Switzerland
by Philippe Mastronardi

The political system of Switzerland, based on the principle of concord, aims at agreement as far as possible among the influential groups. First an attempt is made to find a negotiated solution. Only if this fails, are majority decisions pushed through. A characteristic of state institutions in Switzerland, moreover, is the assigning of political responsibility to collective organs. Politics is characterized by dialogue. This character has an influence on the check-and-balance function of Parliament. The controls of Parliament are intended less as a means of enforcing the responsibility of office-holders than as a means of examining the fitness of institutions to fulfil state tasks. Parliamentary control is not a hierarchical function, but instead serves to coordinate between two powers within a joint leadership.

In the modern service-rendering state, Parliament naturally has to share more and more its original main tasks with the executive government and the administration. So that a balance of power among the branches of government is established, the governing and administrative functions must not remain reserved powers of the executive and administrative organs. Parliament has to participate in governing and administrative tasks, especially in the forms of administrative control.

On the level of the Confederation, there are two standing committees for examination of procedures and practices. They have the task to check whether the Federal Council (executive), the federal administration and the Judiciary fulfill the responsibilities accorded them by law and the Constitution. To do this, these committees have extensive examining rights, especially the right to request information and documents from administrative departments. While the right to information is valid regardless of official secrecy, the Federal Council can refuse to consent to the handing over of documents on certain legal grounds. The financial control delegation of the Swiss Parliament has an unconditional right of examination in controlling the finances of the Confederation, and is aided by the Federal Auditing Office. To clear up grievances, finally, Parliament can set up investigative commissions. These commissions can call persons outside the administration to give evidence or, if necessary, to testify as witnesses. They can also exempt officials from official secrecy and empower them to hand over secret documents.

Parliamentary control applies policy-related, legal and technical criteria. Considerations of policy predominate when there is an examination of whether the tasks, acts and operations of the administration correspond to the spirit of the law and its aims. Legal considerations predominate when the correctness of execution of the law is under examination. Technical criteria set the tone when the organization and the method of working of the administration are being examined. In most cases policy-related, legal and technical criteria all have to be taken into consideration at the same time.

In the annual reports and accounts of the Federal Council, the volume of material forces the control committees to concentrate their attention on examination focal points, on the one hand, and on broad themes, on the other hand. With these as a basis and with a series of prepared questions, the annual reports or accounts are discussed with the heads of departments and with selected bureau directors. The discussion unites elements of a question and answer game with those of an informal exchange of views. In Parliament the committees contribute criticism and suggestions and bring forward a motion for approval of the annual report or the accounts.

Ongoing administrative control is devoted to areas which require in-depth investigation. On the basis of hearings, the standing committees for examination of procedures and practices submit reports with recommendations to the Federal Council, most of which are usually made public.

The discrepancy between theory and practice of parliamentary administrative control has to do with the expectations of our political system, according to which control, in principle, is supposed to be after the event, carried out with a degree of restraint in keeping with the hierarchy. They are not intended to correct the individual case, but should demonstrate by way of example the tendencies of development of administrative practice. Given the highly developed modern state, this restraint becomes questionable above all in view of three shortcomings in the examination of administrative practices today in the Swiss Confederation: the effective limitation of their sphere of activity to administration (defined in the narrow sense, excluding the executive government), the weakness that recommendations are not checked up on later, and the absence of suitable instruments of task control and efficiency control of state action. To overcome these shortcomings, the Federal Assembly today, on the one hand, sets up parliamentary investigative commissions, and, on the other hand, is considering the creation of a specialized office for administrative controls.

The parliamentary administrative controls in the cantons share the characteristics described here of control questioning in the system of concord. The traditional procedure, however, is judged to be in part unsatisfactory. Thus in Canton Berne, for example, the parliament's own auxiliary services of administrative control are being given more personnel. The newly created commission for examination of administrative practices is also supposed to judge the effectiveness of the cantonal administration and its measures. All control committees can assert their right of access to documents also where official secrets are involved if they insist on their intention – even if the excutive government refuses to cooperate. The Law on Official Secrets is generally suspended in the face of the parliamentary investigative commission. In Canton Solothurn some of the same reforms have been introduced as in Berne to strengthen the cantonal parliament. Thus the development is pointing in the following direction:
- parliamentary controls are being extended in a dimension conforming with the aims and effectiveness of government action;
- the parliament's own auxiliary instruments of administrative control are being expanded;
- the power to decide on exemption from official secrets is being passed from the executive government to the examining commissions.

The possibilities for development of parliamentary administrative controls thereby run in two directions. On the one hand, they increase the parliamentary check on the administration. On the other hand, they shift the object of the controls from administrative activities to administrative effectiveness. Both developments should be promoted jointly.

Martin Merki

Die Bedeutung der Berichterstattung aus dem Parlament

Das Parlament ist im demokratischen Staat das wichtigste Instrument der Politik. Das gilt in einem umfassenden Sinn: Im Parlament entwickelt sich ein Teil der politischen Meinungsbildung; soweit das Parlament politischer Entscheidungsträger ist, übt es diese Funktion fast vollständig im Ratsplenum aus; politische Meinungen werden im Parlament in konkrete Postulate oder in gesetzliche Normen umgesetzt. Im Parlament wird entschieden, wird Macht ausgeübt, wird regiert – wie das landläufig vom Volk so empfunden oder auch spöttelnd und schimpfend bezeichnet wird. Schliesslich ist das Parlament das Scharnier zwischen den zwei Gewalten Legislative und Exekutive, von denen die erstere die zweite dirigiert und kontrolliert, während die Exekutive die Legislative administriert, was bisweilen bis «hinter das Licht führen» gehen kann.

Im Gegensatz zur Gemeinde, wo in der Gemeindeversammlung die Demokratie direkt ausgeübt wird, ist das Parlament das klassische Instrument der indirekten Demokratie. Der weitaus grösste Teil des Souveräns kann das Geschehen im Parlament nur indirekt verfolgen. Er ist also darauf angewiesen, dass ihn jemand über dieses Geschehen informiert. Und weil das, was sich im Ratssaal abspielt, manchmal etwas schwer zu durchschauen ist, soll es auch noch erläutert und interpretiert werden. Und schon kommen wir zur Sache: Diese Vermittlungs- und Interpretationsrolle ist den Medien übertragen.

Standort und Blickpunkt des Journalisten
Von oben herab?

Einer der eigenwilligsten und originellsten schweizerischen Publizisten, Johann Baptist Rusch (1886 – 1954), späterer Herausgeber und Redaktor der «Schweizerischen Republikanischen Blätter», schrieb in seiner Gesellenzeit als Redaktor am «Aargauer Volksblatt» seine Berichte aus dem Aargauer Grossen Rat

Pressetisch im Kantonsrat Zug

mit einem spöttischen Unterton «von der Heubühne» herab: «Hoch von der Heubühne ab, wo noch die Presse haust...». Rusch mokierte sich mit seinem bäuerischen Vergleich ebenso über die Verdrängung der nichtsnutzigen Presse in einen abseitigen Winkel wie auch über den damit verbundenen bevorzugten Überblick auf das politische Strohdreschen in der darunterliegenden Tenne des politischen Parketts.

Tatsächlich sind auch heute in fast allen Parlamenten die Presseplätze so angeordnet, dass die Berichterstatter einen guten optischen Überblick über das Plenum haben. Das kann dazu verleiten, über das Geschehen «von oben herab» zu schreiben. Überblick und Überheblichkeit hängen beide sowohl vom Standort als auch vom Blickpunkt ab.

Gemeinwohl und Eigeninteresse

In seiner Schrift «Luzern heute, Land, Leute, Staat» zeigt Paul Rosenkranz die Bedeutung des kantonalen Parlamentes unter dem vielsagenden Titel «Von der Ehre, Grossrat zu sein», mit dem Eid, den ein Grossrat zu leisten hat. Die demokratisch bevorzugte Ratsherrenrolle unterliegt der Verpflichtung dem Volk gegenüber, welcher der Eid eine religiöse Dimension verleiht. Der in seinem Gewissen verpflichtete Parlamentarier wird dagegen vom Journali-

Ecke der Presse
im Landrat Nidwalden

sten vermittelt, gewertet und gewogen, der mit dieser Tätigkeit seinen Lebensunterhalt verdient und sehr oft sein berufliches Selbstwertgefühl und Erfolgsstreben darauf aufbaut.

Irgendwo in der Mitte dieser beiden Standorte treffen Ratsleute und Journalisten aufeinander. Aber nicht zu früh triumphiert! Wenn hier ethisch-moralische, wirtschaftliche und gesellschaftliche Kriterien erwähnt werden, so sind die Positionen auf solchen Skalen zwischen Parlamentarier und Journalist durchaus austauschbar. Parlamentarier sind genau gleich der Versuchung ausgesetzt, aus Eigeninteresse zu handeln, wie anderseits Journalisten berufsethischen Massstäben verpflichtet sind.

Der Stellenwert der Ratsberichterstattung

Ein öffentlicher Dienst?

Das parlamentarische Geschehen ist nur ein Teil der Politik, aber alles, was sich im Parlament ereignet, ist Politik – selbst wenn es manchmal wie ein Kabarett anmutet. Der politischen Bedeutung des Parlamentes entspricht darum die Rolle der Medien in ihrer staatspolitischen Funktion.

In totalitären Staaten üben Journalisten und Redaktoren die Funktionen von qualifizierten Staatsbeamten aus. Ihrer engen Beziehung und Treue zum System entspricht ihr Einfluss innerhalb des Machtapparates. Eine solche Rolle, wie sie im herabwürdigenden Begriff gouvernemental umschrieben wird, weisen Journalisten in freiheitlich-rechtsstaatlichen Demokratien westlichen Zuschnitts weit von sich. Theoretiker und Praktiker aller Zeiten und jeglicher Couleur sind sich aber über die wichtige Funktion der Medien im Verfassungsstaat der Neuzeit bewusst. Der Streit entzündet sich bei Konfliktfällen immer bloss über die Rolle der Medien: Sind sie Urheber solcher Konflikte oder widerspiegeln sie bloss gesellschaftliche und politische Vorgänge?

Statt die Medien als im öffentlichen Dienst stehend zu erklären, gilt es vielmehr, ihre Rolle in der öffentlichen Meinungsbildung hervorzuheben: Nicht öffentlicher Dienst, sondern Dienst für Öffentlichkeit. Damit lässt sich auch die Metapher von der Vierten Gewalt übergehen, die nach Professor Jörg Paul Müller bloss auf die Schwäche einer staatsrechtlichen Tradition zurückgeht. Zutreffender ist es, die Medien unter die drei Grossen der politischen Meinungsbildung einzureihen, als da sind: Parteien, Verbände/Gewerkschaften, Medien.

Vielfalt der Zeitungstitel?

Der Publizist Hans Tschäni formuliert an Parteien und Medien die grundsätzliche Forderung, das gesamte Meinungsspektrum zu vertreten. Dabei sieht er dieses Postulat bei der Presse durch die Vielfalt der Zeitungstitel erfüllt. Das trifft aber gerade bei der Berichterstattung über kantonale Parlamente nur noch bedingt zu. Es gibt verschiedene kantonale Parlamente, über die nur noch eine, höchstens zwei bis drei Zeitungen ausführlich berichten, was kaum mehr Vielfalt darstellt. Daraus muss der Anspruch abgeleitet werden, dass an die Berichterstattung, also das Vermitteln des Ratsgeschehens, besonders hohe Massstäbe angelegt werden müssen.

Nationalrat und Redaktor Kurt Müller unterstrich in einem Essay «Parlament und Presse» die Funktion des öffentlichen Dienstes (also doch?), den die Presse gerade im Bereich der kantonalen Parlamente wahrzunehmen und zu erfüllen habe. Er appellierte gar an die moralische Verpflichtung des Herausgebers, «nicht nur seine kommerziellen Interessen im Auge zu behalten, sondern auch seinen Teil an der Bildung der öffentlichen Meinung zu leisten».

Rechtfertigt der staatspolitische Stellenwert unserer kantonalen Parlamente diese fast dramatisch anmutenden Appelle? So von der

Hand zu weisen ist das jedenfalls nicht. Anders als beim nationalen Parlament, wo auch die elektronischen Medien einen beachtlichen Teil der Information leisten und wo der landesweite Charakter der Themen für entsprechende Medienaufmerksamkeit sorgt, liefert über das Geschehen in den kantonalen Parlamenten nur die regionale Tagespresse eine umfassende Information. Dabei ist das Netz – wie bereits erwähnt – in den letzten Jahrzehnten recht grobmaschig geworden.

Parlamentarier und Journalisten im Vergleich

Begleiter und Beobachter

Das parlamentarische Geschehen widerspiegelt sich in der Presse aus zwei verschiedenen Blickwinkeln; in einer Hinsicht ist der Journalist für den Parlamentarier Begleiter, in der andern ist er für ihn Beobachter und Kritiker. Das eine setzt Nähe, das andere Distanz voraus. Begleiter des Parlamentariers ist der Journalist für die Behandlung politischer Themen; er macht jeden Schritt eines politischen Prozesses parallel mit.

Als Beobachter und Kritiker beurteilt der Journalist die Arbeit des Parlamentariers. Das trifft vor allem auf die Phase der Ratsarbeit zu. Hier hat der Journalist seinen bevorzugten Tribünenplatz im öffentlichen Geschehen. Anderseits ist hier der Parlamentarier ganz besonders auf die Dienstleistung der Medien angewiesen. Aber auch ausserhalb des Ratssaales behält der Journalist die Ratsdamen und -herren im Auge, nur sind da andere Mitspieler (Wähler, Partei, Gemeinde, Verbände) oft noch näher am Ball.

Aus den gleichen Quellen

An amtlicher Information stehen dem Journalisten die gleichen Quellen offen wie dem gewöhnlichen Ratsmitglied. Die Staatskanzlei liefert den Redaktionen meistens gleichzeitig dieselben Unterlagen wie den Parlamentariern. Die Sperrfrist für Veröffentlichungen, die den Journalisten Zeit für eine gründlichere Bearbeitung sichert, schont zugleich empfindliche Parlamentarierseelen: Sie müssen die Neuigkeiten nicht unvorbereitet aus der Presse erfahren, ein Umstand, der neuerdings ein Klimaverderber ersten Ranges in politisch heiklen Fragen ist.

Planungs- und Rechenschaftsberichte, Gesetzesentwürfe und die regierungsrätlichen Begründungen dazu, Voranschläge und Antworten auf persönliche Vorstösse haben also Parlamentarier und Presse gleichzeitig in den Händen. Aber die Presse hat damit einen grossen Vorsprung in der öffentlichen Meinungsbildung. Sie sagt gleich andertags, was davon zu halten ist. Parteien, Fraktionen oder der einzelne Parlamentarier können sich erst nach Wochen oder Monaten dazu Gehör verschaffen. Sie müssen sich mit den von den Medien in den Raum gesetzten Aspekten befassen, ob sie ihnen passen oder nicht. Will der Ratsherr Korrekturen an diesen vorgegebenen Beurteilungen oder Verurteilungen anbringen, ist er erst noch auf das Wohlwollen derjenigen angewiesen, die ihm die Suppe eingebrockt haben.

Profis und Amateure

In der vorparlamentarischen Phase, wenn die Vernehmlassungen laufen und der politische Teig geknetet wird, wenn es darum geht, gesellschaftliche Bedürfnisse aufzuspüren, Probleme aufzuzeigen – in diesen Phasen stehen Journalisten und Kantonsparlamentarier zueinander wie Profis und Amateure. Die Medienleute befinden sich mitten im Informationsfluss, den sie sichten und ordnen. Sie befassen sich berufsmässig mit politischen Themen, haben jederzeit Zugriff zu redaktionellen Dokumentationen oder können sich solche rasch erschliessen. Zu den Berufsaufgaben gehört das Verarbeiten von Berichten, Arbeitspapieren, Planungen und Konzepten. Der Einblick in das politische Geschehen anderer Kantone fällt ihnen leichter; allein schon die journalistische Neugierde durch das tägliche Beobachten ausserkantonaler Zeitungen und Medien gibt ihnen Anregungen und Vergleichsmöglichkeiten. Durch das Recherchieren werden sie auch im Erschliessen amtlicher Informationsquellen gewandter und hemmungsloser. Nicht umsonst gelten Zeitungsberichte als die eigentlichen Fundgruben für persönliche Vorstösse von Parlamentariern.

Der durchschnittliche Grossrat, Kantonsrat oder Landrat gerät da als Feierabendpolitiker ins Hintertreffen. Dokumentationen fehlen ihm, und Quellen, die für ihn nicht von Amtes wegen fliessen, weiss er sich kaum zu er-

Pressetribüne
im Grossen Rat Luzern

schliessen. Seine Meinungsbildung stützt sich darum auf seinen beruflichen Alltag, auf die Umgebung, die gesellschaftlichen Beziehungen – zum Begriff «Volk» hochstilisiert – oder eben auf Informationen, die ihm gezielt und mit Hintergedanken zugeleitet werden.

Es ist wohl nicht ohne Belang für das Verhältnis des Journalisten zum Parlamentarier, dass in der vor- oder ausserparlamentarischen Phase der Parlamentarier sich den Medienleuten gegenüber unterlegen fühlen muss. Er ist zwar in einzelnen Sachbereichen Fachmann, aber die Journalisten bestimmen, was und wie angerichtet wird. Neben dem bereits erwähnten zeitlichen Rückstand der Meinungsäusserung ist das die zweite Ebene der Unterlegenheit. Nimmt man noch die generelle Abhängigkeit der Politiker von den «Schleusenwärtern der Informationen» dazu, so ergibt das ein ansehnliches Potential von Benachteiligungen der Amateure gegenüber den Profis. Da liegt wohl die Quelle des kontroversen Verhaltens von Politikern zu Medienleuten. Entweder wird ihnen «gehöfelt» oder man zeigt den «Schreiberlingen» die amtlich-kalte Schulter.

Notwendige Geheimsphäre

Doch vieles vom Schaum, der vor der parlamentarischen Phase geschlagen wird, fällt in sich zusammen, wenn die Kommissionen und Fraktionen den Stoff in die Hände nehmen. Da gibt das Wir-Gefühl der geschlossenen Formation den Ton an, da werden die sachlichen Argumente der Exekutive mit den politischen Positionen konfrontiert, da schaffen sich die Fachleute der Verwaltung Gehör und da wird das Utopische durch die Sachzwänge zum Machbaren gehobelt.

Vor allem aber geschieht das im geschützten Raum hinter verschlossenen Türen. Das ist für die Meinungsbildung der Parlamentarier von Bedeutung. Die Verhandlungen der Kommissionen und Fraktionen sind vertraulich, die Informationen darüber sind gesteuert und beziehen sich meist nur auf das Ergebnis.

Nicht verwunderlich, dass diese Phase der politischen Abläufe von der Medienwelt am meisten beargwöhnt wird. Mit dem Vorwurf von mangelnder Transparenz und verdeckten Interesseneinflüssen lässt sich in der Demokratie am meisten Zweifel ausstreuen. Anderseits bietet diese Phase den kleveren Journalisten ein grosses Feld der Eigeninitiative und der Recherche: Bei der grossen Zahl von Mitwissern in Verwaltung, Kommissionen und Fraktionen sind Informationen immer zu erschliessen, auch wenn sie mosaikartig zusammengesucht werden müssen. Die politischen Gegensätze innerhalb der Kommissionen, wo sich der Unterlegene gerne Gehör schafft, prägen diese Phase zum Tummelfeld der gezielten Indiskretion – aus höherem Interesse natürlich.

Auch wenn es verwegen anmutet, gegen die Tendenz der absoluten Offenlegung aller politischen Vorgänge eine Nische der Vertraulichkeit in der Meinungsbildung zu verteidigen, so geschieht es hier aus Überzeugung: Unsere kantonalen Parlamentarier sind in den wenigsten Fällen agile und abgebrühte Politmanager. Sie sollen sich ihre Meinung in geschützten Räumen bilden, das heisst, ihre Meinung auch ändern können ohne deswegen als beeinflussbar verdächtigt zu werden. Sie sollen auch einfache Fragen und Überlegungen vorbringen können, ohne öffentlich als naiv oder biedermännisch dazustehen. Wenn das nicht mehr im überparteilichen Kreis der Kommission oder im vertraulichen Kreis der Fraktion möglich ist, dann verlagert sich die Meinungsbildung des Parlamentariers in Grauzonen.

Über die Formen der Parlamentsberichte
«Das liest ja kein Mensch mehr»

Knapper, lesbarer und wesentlicher sind die journalistischen Darstellungsformen in den letzten Jahrzehnten auch in bürgerlichen Blättern geworden. Titel und Vorspann (Lead) sollen den eiligen Leser über das Wichtigste informieren. Die gewaltig angeschwollene Informationsflut, geändertes Leserverhalten mit stark reduzierter Lesebereitschaft und der Modellcharakter der erfolgreichen Boulevardpresse haben die Entwicklung beschleunigt. Sie hat auch vor der ehrwürdigen Ratsberichterstattung nicht halt gemacht.

Bis in die jüngste Zeit hinein hat sich in dieser Sparte ein Relikt des alten deutschen Pressestils erhalten können: Die chronologische Darstellung, also die Ereignisschilderung gemäss ihrem zeitlichen Ablauf, der protokollarische Ratsbericht. Dort, wo es ihn noch gibt, ist er keineswegs zum Relikt, sondern zur wertvollen Dokumentation geworden.

Doch diese auf Vollständigkeit ausgerichtete Darstellung beansprucht kostspieligen Zeitungsplatz und wirkt in der Präsentation unübersichtlich. Chefredaktoren in ihrem Kampf um Seitenbudgets, kollegiale Verteilungskämpfe der Ressorts nach der Methode der Opfersymmetrie, und die eher gedämpfte Lust einer jüngeren Journalistengeneration am institutionalisierten politischen Geschehen (gesellschaftskritische Zustandsbeschreibungen erwecken halt ganz andere journalistische Lustgefühle!) haben dem protokollarischen Ratsbericht den Garaus gemacht. «Das liest doch kein Mensch mehr», lautet das professionelle Urteil.

Zu voreilig ist mit dem ausführlichen Ratsbericht aus den kantonalen Parlamenten ein wichtiges Instrument unseres föderativen Systems und der halbdirekten Demokratie abgeräumt worden. Geblieben ist eine Lücke, nicht des Marktes, sondern der staatspolitischen Bedürfnisse. Der Kreis, der auf eine vollständige (und nicht journalistisch selektive) Berichterstattung aus dem kantonalen Parlament angewiesen ist, ist grösser und vor allem qualifizierter als gemeinhin angenommen wird. Vor allem aber kann der Wähler seinen Vertreter nicht mehr zuverlässig beobachten. Die Fraktionsmeinung überdeckt persönliche Differenzierungen.

Elektrisierende Themen

Schwerpunkte setzen – so lautet der methodische Imperativ der amputierten Ratsberichte. Aus der Traktandenliste werden im voraus die Themen ausgewählt, die eine umfassendere Darstellung erhalten. Dass dabei nach «objektiven Kriterien des öffentlichen Interesses» vorgegangen wird, soll nicht bezweifelt werden, wenn auch dieser «objektive Raster» kaum je begründet werden muss. Also gelten bald «gesellschaftspolitisches Feeling», Konflikterwartungen, Konfrontationspotential, Bezüge zu Aktualitäten oder ganz einfach die Originalität eines Vorstosses oder die Möglichkeiten zur Illustration als Kriterien dafür, ob ein Geschäft ausführlich oder einfach als Registriermeldung im «Überblick» behandelt wird. Waren es früher parteipolitische Präferenzen, nach denen Schwerpunkte gesetzt wurden, so ist es heute öfters die publizistische Vorliebe eines Redaktors. Die Befangenheit liegt nicht mehr im parteipolitischen, sondern im persönlichen Beziehungskreis.

Mit dem Verschwinden der deklarierten Parteiblätter – einige Relikte gibt es noch – hat auch die Emanzipation der Redaktoren von parteipolitischen Bindungen stattgefunden. Es gehört geradezu zum beruflichen Ehrgeiz auch solcher Blätter, die sich einer Partei nahestehend erklären, in der reinen Berichterstattung diese Unabhängigkeit zu demonstrieren. Die modernen journalistischen Stilformen führen überdies dazu, dass beim Schreiben vermehrt an den Leser und seinen geringen Wissensstand gedacht wird.

Desinformation und Starkult

Anderseits darf nicht verschwiegen werden, dass der Drang zur attraktiven Darstellung des Ratsgeschehens der staatspolitischen Aufgabe der Presse in die Quere kommt. Abgesehen von der oft willkürlich anmutenden Auswahl einer selektiven Ratsberichterstattung zeigt sich immer wieder, dass die gesetzten Akzente den tatsächlichen Beschlüssen nicht entsprechen. Ein Beispiel: Der Grosse Rat beschliesst auf Antrag der Regierung zwanzig Millionen Franken für den sozialen Wohnungsbau. Eine rotgrüne Opposition verlangt erfolglos Aufstockung auf 21 Millionen. Die Politdramatik um diese zusätzliche Million prägt die Ratsdebatte und – wen wundert's? – auch die Berichte. Nicht bloss in einer Zeitung mit besonderer Neigung zu progressiven Minderheiten, sondern im Monopolmedium Radio erhalten die Unterlegenen Gelegenheit, die Ratsmehrheit für das mangelnde soziale Gespür abzukanzeln. Der Hörer oder der Leser muss den Eindruck bekommen, es werde überhaupt nichts

Publikumstribüne
im Grossen Rat Schaffhausen

für den sozialen Wohnungsbau getan; den Kredit von zwanzig Millionen registriert er kaum. Aus dem sozialen Ja des Rates wird ein unsoziales Nein. Solche Beispiele liessen sich beliebig vermehren.

«Subjektiv wahrhaftig»

Zwischen den staatspolitischen Bedürfnissen nach einer möglichst umfassenden und untendenziösen Berichterstattung aus den kantonalen Parlamenten einerseits und den Tendenzen eines modernen, attraktiven Journalismus anderseits gibt es durchaus einen Mittelweg. Dieser setzt einen redaktionellen Grundkonsens darüber voraus, dass die Berichterstattung aus den kantonalen Parlamenten einen ureigenen und spezifischen Aufgabenbereich für die regionalen Tageszeitungen darstellt, der verkümmert, wenn diese Medien ihn nicht wahrnehmen. Die faktische Konkurrenzlosigkeit in dieser Aufgabe sollte die Zeitungen nicht zu einem Abbau, sondern zu einer besonderen Motivation aus staatspolitischer Verantwortung veranlassen. Konkret heisst das, dass für die kantonale Politik entsprechender Raum und die besten redaktionellen Kräfte verfügbar gemacht werden sollten.

Nachrichten und Berichterstattung können nie ganz objektiv sein aus dem einfachen Grunde, weil sie von Menschen mit subjektivem Empfinden vermittelt werden. Der Altmeister der deutschsprachigen Publizistikwissenschaft, Professor Emil Dovifat (1890 bis 1969), hat diesem Dilemma die Formel entgegengesetzt, dass die Unmöglichkeit zur absoluten Objektivität nicht vom «subjektiven Bemühen um Wahrhaftigkeit» entbinde. Das gilt doppelt für das politisch heikle Gebiet der Ratsberichterstattung mit ihrer parteilichen Empfindlichkeit.

Neben dem Bemühen um Objektivität ist weiter das Bestreben nach Vollständigkeit von Bedeutung. Natürlich besteht der Zwang zur verkürzten Wiedergabe der Debatten, zur Zusammenfassung, aber das soll möglichst symmetrisch geschehen. Um schliesslich auch dem Postulat einer lesernahen, attraktiven Form zu genügen, empfiehlt es sich, das Ratsgeschehen thematisch aufzugliedern, versehen mit erläuternden Elementen, Interviews, Statements, Illustrationen und einer Kurzfassung als Überblick.

Kompetenz im Kommentar

Die Appelle zu möglichst sachlichen und sachgerechten Ratsberichten sind allerdings nicht als Ruf nach publizistischer Sterilität oder gar Langeweile zu missdeuten. Anspruchsvoller Journalismus ist als berufliche Herausforderung gemeint und die Möglichkeiten zur attraktiven Aufmachung sind vielfältig. Wenn hier auf das Bemühen um objektive Wiedergabe des Ratsgeschehens besonderer Wert gelegt wird, so aus der Einsicht heraus, dass die Wählerin und der Wähler ihren Landrat, Grossrat oder Kantonsrat besonders eng beobachten wollen. Weil das nur über die Zeitung möglich ist, müssen sie sich auf diese verlassen können.

Fühlt sich der Journalist oder Redaktor dieser grossen Aufgabe verpflichtet und nimmt er sie gewissenhaft wahr, steht ihm anderseits ein attraktives und einflussreiches Feld der Kommentierung offen. Dazu soll er – im übertragenen Sinne – auch seine bevorzugte Position im Ratssaal ausnutzen, um Überblick zu beweisen. Der kompetente Ratskommentar setzt die oft oberflächliche und kurzlebige Debatte in Beziehung zu tieferen politischen Postulaten, misst sie an den Grundsätzen der Parteien, letztlich aber am Gemeinwohl. Da soll der erwähnte professionelle Vorsprung des Journalisten gegenüber dem Parlamentarier als Sachkenntnis und Kompetenz aufscheinen.

Schönste politisch-publizistische Aufgabe

Die journalistische Begleitung eines schweizerischen Kantonsparlamentes darf füglich als anspruchsvolle, aber auch schönste politisch-publizistische Aufgabe bezeichnet werden. Das Spektrum der Themen ist weitgesteckt, das Feld aber überblickbar. Wie ein Fussballjournalist Spieler und Mannschaften der höchsten Liga mit ihren Fähigkeiten und Spielweisen kennt, kann sich auch der politische Redaktor ein Urteil über die Fraktionen und die meisten Mitglieder eines kantonalen Parlamentes aneignen. Allerdings sind Urteile gefragt, die auf Fakten beruhen; Vorurteile – «der sagt ja immer das gleiche...» – sind verhängnisvoll, doch leider häufig. Zuhören können, sich Sachkenntnisse aneignen, dokumentiert sein, das gehört zu den handwerklichen Fähigkeiten. Charakter hat ein politischer Publizist, wenn er sich weder blenden noch vereinnahmen lässt, wenn er den Mut zu einem unangenehmen Urteil auch dann aufbringt, wenn dieses den politischen Sympathien zuwiderläuft.

Trotz der Flüchtigkeit des politischen Geschehens machen sich integre, fähige Ratsleute rasch einen Namen. Der politische Redaktor, der die gleichen Fähigkeiten aufweist, schafft sich nicht nur bei den Lesern Vertrauen, er findet auch bei den Politikern Gehör. Er wird ernstgenommen und kann bisweilen etwas bewegen.

Quellenverzeichnis

Politik und Publizistik
Festschrift für Oskar Reck, herausgegeben von A. Walpen und F. A. Zölch; Aarau 1981; insbesondere die Beiträge von Andreas Blum, Hans W. Kopp, Jörg Paul Müller, Kurt Müller und Peter Studer.

Tobler Jürg
Die Wortmischer, Presse zwischen Anpassung und Anmassung; Bern 1982

Tschäni Hans
Parteien, Programme, Parolen; Aarau 1979

Egli Anton
Die Kontrollfunktion kantonaler Parlamente; Bern 1974

Rosenkranz Paul
Luzern heute, Land, Leute, Staat; Luzern 1982

Brendel/Grobe
Journalistisches Grundwissen; München 1976

v. La Roche W.
Einführung in den praktischen Journalismus; München 1975

Schönbach K.
Trennung von Nachricht und Meinung; Freiburg 1977

Summary

The Significance of the Parliamentary Journalist
by Martin Merki

Parliament, as the classical instrument of indirect democracy, requires in a special way the mediating and interpreting role of the media. Only the regional daily newspapers can fulfil this task completely for the cantonal parliaments since television and radio measure these parliaments against the national standard, rating them thereby only marginally.

The regional daily newspaper has a first-rank political function since it is the only instrument with which the voter can follow the work of the cantonal parliament, the individual parties (factions) and even the individual members of the cantonal parliament. This function is so comprehensive, moreover, that editorial generosity and above-average journalistic quality are called for. Reporting on a cantonal parliament is demanding but also fascinating political-journalistic work. On the scale of ethic-moral, economic and social values, the positions of the parliamentarians and of the journalists must coincide; in the area of competing interests between political self-interest here and acquiring professional status there, both are equally confronted with the demands of the public.

The politicians sitting in the cantonal parliaments are hardly professionals, but rather local and professionally motivated amateurs. The journalist is their constant companion, observer and critic. The political niveau is a rather simple, popular one. Because the voters want to get an idea about things themselves and can form an opinion of their own, the journalist is expected to play the role of the incorruptible mediator of facts.

As hobby politicians, cantonal parliamentarians possess a rather modest supply of information. Most of them hardly read any newspapers beyond their regional ones. The journalists are better socio-politically informed. They preoccupy themselves professionally with political subjects. The parliamentarians, on the other hand, can rely more on information from the administration and from politically interested circles.

These differing levels of information and interests set the tone of the relationship between journalists and members of the cantonal parliament. Prior to and outside the parliamentary sessions, the parliamentarians feel inferior to the representatives of the media. In their political role, however, they set the priorities. But the politicians depend on the journalists to convey these priorities to the voters, with the intended effects and justifications. At the same time they ask themselves whether the journalists are well disposed toward them or condemn them. They have trouble believing in the competence and unprejudiced judgment of the representatives of the media. Thus no (mutual) trust can be built up. In keeping with this is the behaviour of local politicians to the media: Either they do anything to get on the good side of the journalist, or they give him the cold shoulder.

The journalistic modes and methods with their tendency toward sensational lifting out of individual facts do not do justice to the demand for reporting on the cantonal parliaments. The monopolistic character of the regional daily newspapers in this field calls for almost documentary objectivity and completeness. Journalistic predilection for attraction, for conflicts, scoops, and the extraordinary must be put aside here; the political task requires a different weighing of events. Reporting on the cantonal parliament does not have to be boring, however. The arrangement of themes, references to the situation of the readers and competently critical comments provide liveliness and generate reader interest.

Françoise Buffat

Le Grand Conseil genevois sous l'œil de la presse

«Plus indiscipliné tu meurs!» Ceux qui s'y rendent pour la première fois croient souvent s'être trompés d'adresse. Car au premier abord, et malgré la solennité de l'exortation d'ouverture, le Grand Conseil ressemble à une classe d'élèves très dissipés. «Qu'ils se tiennent mal», constatent les écoliers genevois menés à la tribune du public par leur professeur d'instruction civique. Ces députés, qu'ils s'attendaient à vois drapés dans la dignité de leur fonction, sont bruyants, bavards et chahuteurs. Quand pas totalement indifférents à ce qui se passe autour d'eux. Le public ne sait pas que le travail sérieux se fait dans les commissions parlementaires.

Autre caractéristique du parlement genevois: un sens de la famille qui se joue des familles politiques. Journaliste novice, j'avais été troublée de voir qu'après d'épiques bagarres politiques, les plus chauds adversaires se retrouvaient à la buvette des députés pour boire des verres, se tutoyant et s'appelant par leur prénom. Tels les célèbres frères ennemis de Carouge, le conseiller d'état radical Robert Ducret et le député communiste Armand Magnin. Depuis 25 ans pas une séance plénière où ils ne se soient engueulés copieusement – le premier envoyant l'autre «voir à Moscou si c'est mieux», le second renvoyant le premier à ses «affairistes». Depuis 25 ans, pas une interruption de séance où ils ne se soient réconciliés au Perlan de la République.

Une grande famille, le Grand Conseil genevois l'est aussi par tradition. De nombreux députés portent des patronymes qui figurent dans les livres d'histoires. Parfois, les générations se rencontrent : tels les Jacquiard mère et fils, Jacqueline et Pierre, qui siègent ensemble sur les bancs vigilants, les Dubois père et fils, Claude et Cédric, l'un libéral, l'autre vigilant. La famille s'élargit parfois au fermier : le Député démocrate-chrétien Alfred Barthassat est le métayer du député libéral Dominique Micheli, comme l'était le libéral Roland Felix de son voisin de banc, le libéral Maurice Aubert.

Un groupe animé de députés à Genève

Incontinence verbale

Vrai calvaire pour les chroniqueurs parlementaires, le Grand Conseil genevois est incroyablement bavard. De nombreux députés ont tant de plaisir à parler, et si peu l'esprit de synthèse, qu'il a déjà fallu limiter le temps de parole à 20 minutes. Et encore cette logorrhée n'est-elle rien en comparaison de celle des conseillers d'Etats, qui se croient obligés de refaire le monde à chacune de leurs interventions. Pour racourcir les séances, le bureau du Grand Conseil va proposer, en 1989, la suppression des débats de pré-consultation. Comme aux Chambres Fédérales, sauf exception, les projets de loi iront directement en commission.

Cette incontinence verbale serait délectable si l'art du beau parler ne se perdait à Genève. Les anciens journalistes parlementaires évoquent avec nostalgie la grande époque où des orateurs comme Jean Vincent, communiste, Jean Brolliet et Jacques Vernet, libéraux, Robert Ducret, radical, savaient pimenter les débats. Aujourd'hui, il n'y a plus guère que la voix de violoncelle du libéral Michel Halpérin qui fasse vibrer les travées.

Année après année donc, le mémorial s'épaissit, les séances se multiplient, journalistes et députés s'y morfondent de plus en plus souvent. Les partis politiques ont toujours plus de difficulté à recruter des candidats engagés dans la vie économique. Médecins, avocats, banquiers, hommes d'affaires, commerçants craignent d'y perdre trop de temps. A ce train, il n'y aura bientôt plus au Grand Conseil que des fonctionnaires, des mères de famille et des paysans! Ou des gens qui espèrent en tirer profit pour leurs affaires personnelles, ce qui n'est pas souhaitable non plus.

Il faut d'autant plus admirer ceux qui se lancent encore dans pareille aventure que depuis 1961, moins de la moitié du corps électoral se déplace pour les élire. En 1981 et 1985, la participation électorale à l'élection de Grand Conseil est même tombée à Genève au-dessous de 40 %.

Ingouvernable

Plus grave politiquement, depuis 1985 le Grand Conseil Genevois est devenu ingouvernable. A cause de l'entrée du groupe écologiste (8 députés d'un coup) et d'une spectaculaire poussée des vigilants (19 députés pour la droite nationaliste genevoise), l'entente bourgeoise libérale, radicale et démocrate-chrétienne a perdu la majorité qu'elle détenait depuis la deuxième guerre mondiale. Sept groupes politiques se partagent désormais les 100 sièges du Grand Conseil : les 4 partis gouvernementaux (libéral, radical, démocrate-chrétien et socialiste) et 3 partis d'opposition : Vigilance, le Parti du Travail et le Parti Ecologiste Genevois (tendance modérée).

Si les écologistes ont amené un bol d'air frais, les Vigilants, en revanche sont en déclin, pour ne pas dire inexistants. Mais à cause de ces 2 groupes politiquement inclassable, les majorités sont imprévisibles et varient selon les sujets. Ainsi la suppression de la progression à froid des impôts a été exigée en 1988 par une majorité libérale – communiste – écologiste et vigilante. La politique sociale du logement, s'accompagnant souvent d'une étatisation voilée du sol, est le fait d'une majorité communiste – socialiste – écologiste et démocrate-chrétienne. Les grands travaux d'investissements sont presque toujours combattus par les Vigilants et les Ecologistes, auxquels se joignent d'autres groupes lorsque la facture dépasse les bornes.

Cette absence de majorité rend le Parlement genevois inapte à définir des grandes options pour l'avenir de Genève. Par exemple, le concept d'aménagement du territoire, voté en 1988, est d'une remarquable frilosité : presque le statu quo jusqu'en l'an 2000. Le Grand Conseil genevois n'a même pas réussi à choisir entre le tram ou le métro pour son futur réseau de transports publics. A cause de l'éternelle bagarre entre autophiles et autophobes.

Politiquement paralysé, le Grand Conseil ressemble de plus en plus à une chambre d'enregistrement, tout juste capable de gérer les affaires courantes. Ce qui devrait logiquement, renforcer le poids politique du Conseil d'Etat (exécutif cantonal), s'il n'était atteint, lui aussi, du syndrome de non-décision. D'où l'importance prise par la hiérarchie de l'administration cantonale. Et l'exaspération des citoyens, qui forcent désormais le Grand Conseil à agir ou à légiférer à coups d'initiatives populaires. Elles sont révélatrices de la paralysie de l'Etat, car elles réclament de plus en plus des aménagements concrets, comme des parkings, la construction d'une traversée routière de la Rade, etc....)

Trop dépensier

Au moins le Grand Conseil genevois pourrait-il manifester ses choix politiques en votant ses budgets. Hélas, plus qu'en aucun autre domaine il s'y montre impuissant à maîtriser le cours de ses dépenses, tant sa marge de manœuvres est réduite. Les comparaisons fédérales le révèle crûment : Genève est le canton suisse qui dépense le plus, et de loin, pour l'enseignement, pour la Santé, le logement social, la police, les pompiers, le sport, l'administration. Tout semble coûter plus cher au bout du Lac Léman. Les autorités s'en félicitent, louant les «exceptionnelles prestations» du canton et des communes genevoises. A croire que le reste de la Suisse est sous-développé...

Il a fallu qu'écrasés d'impôts, les citoyens se rebiffent pour que le Grand Conseil vote des motions pour comprimer ses dépenses à un ou deux pourcent au-dessus du coût de la vie. Ces efforts sont restés vains, chaque parti, chaque groupe de pression continuant à se battre pour ses protégés. Le Grand Conseil a fini par serrer le robinet des impôts, en renonçant délibérément aux bénéfices de la progression à froid. L'avenir dira si la tentation dépensière ne le conduira pas à s'endetter de plus en plus...

Auto-critique

Croulant sous la matière, souffrant d'incontinence verbale, de plus en plus déconnecté des réalités économiques, le Grand Conseil donne parfois l'impression d'une lourde machine qui tourne à vide. Les citoyens s'en rendent-ils vraiment compte? Ce devrait être aux chroniqueurs politiques de le dire haut et fort. Hélas, attelés à leurs comptes-rendus quotidiens, pressés par les délais d'impression, souvent plus portés sur le détail croustillant qu'à éclairer un débat de fond, les journalistes font rarement preuve d'esprit critique. C'est dommage, car seule la presse a suffisamment de recul pour mettre le doigt sur les disfonctionnements de la machine, pour déceler les grandes évolutions. Car les députés et les groupes politiques restent étonnamment prisonniers de leurs réflexes partisans, et les conseillers d'Etats, de leurs dossiers. Des journalistes ils n'attendent d'ailleurs, ni des critiques, ni des appréciations, mais des sortes de sténogrammes où toutes leurs interventions seraient fidèlement citées. Dur métier!!! Le chroniqueur parlementaire doit arriver à «vendre» à son journal et à ses lecteurs une matière souvent indigeste, sans se mettre à dos la classe politique. Il faut avoir une «sale tronche» et une peau d'éléphant. Est-ce pour cela qu'à Genève la chronique parlementaire est pratiquement devenue un fief féminin?

Madame la 8ème

Consœurs et confrères se lassant rapidement, je suis, depuis quelques années, la doyenne de la presse parlementaire genevoise. A la fois crainte et respectée, comme se doit d'être le journaliste d'un journal de référence, apprécié pour le sérieux de ses informations et la perspicacité de ses commentaires.

Comme la NZZ, le Journal de Genève est lu par les milieux d'affaire, les universitaires, enseignants et étudiants, et les professions libérales. Sa politique d'information est très anglo-saxonne: aller à l'essentiel, séparer rigoureusement l'information du commentaire. Le compte-rendu d'une séance parlementaire est donc focalisé sur le ou les sujets importants du jour, l'accent étant mis sur l'enjeu politique et la position des principaux acteurs. Le cas échéant, il est assorti d'un commentaire, pour donner une opinion personnelle, ou un éclaira-

Le banc des députés radicaux et vigilants

ge particulier. Nous avons visé notre but quand des députés disent avoir compris le sens d'un débat… en lisant leur journal du lendemain. De même qu'ils comptent sur nos avant-papiers pour préparer leurs séances.

Il nous arrive ainsi de bousculer des idées préconçues, de modifier l'opinion d'un groupe politique, voire celle du Conseil d'Etat sur un dossier précis. Récemment, l'on m'a baptisée «Mme la 8ème conseillère d'Etat», après que le conseiller d'Etat socialiste Christian Grobet ait déclaré au Grand Conseil que «le Journal de Genève était si bien informé qu'il se demandait si sa journaliste n'assistait pas aux séances du Conseil d'Etat».

Le monde politique est un condensé de l'humaine comédie. Ses acteurs me fascinent. Indépendamment des liens d'amitié qui se sont tissés entre nous au fil des ans, j'aime à les épingler pour mes lecteurs, avec la tendre précision de l'entomologiste. Les lecteurs apprécient ce genre de chroniques très personnalisés, les victimes un peu moins. Mais l'essentiel, pour un politicien, n'est-il pas qu'on parle de lui?

Les folies du Parlement

Il arrive que pour échapper au spleen le Grand Conseil s'offre une folie. Telle cette revue qu'il s'est jouée à lui-même un fameux 27 septembre 1985. Le résultat fût désopilant. Grâce à une troupe de 15 députés, écrivains chanteurs, paroliers, comédiens, musiciens, les invités du Grand Conseil ont vu un spectacle digne des meilleurs cabarets de Montmartre. Sur le thème de la dérision. Une façon de dire, à la veille des élections cantonales de 1985, que mieux vaut en rire qu'en pleurer!

Notice

Cet article est une photographie du Grand Conseil genevois, à un moment donné de son histoire: il a été rédigé au début de l'année 1989. Depuis, les élections cantonales d'octobre 1989 ont légèrement retouché le portrait: Vigilance, la droite nationaliste, a perdu 10 députés sur 19, tandis que le Parti écologiste en gagnait 5. Bien qu'ayant augmenté leurs députations, les trois partis bourgeois (libéral, radical et PDC) n'ont pas retrouvé leur majorité d'antan.

Mais le renouvellement d'un bon tiers des députés a quelque peu modifié le ton du débat politique: la nouvelle génération paraît moins doctrinaire et plus ouverte au compromis politique que ne l'étaient leurs prédécesseurs. Revitaminé par l'arrivée de trois jeunes magistrats, le Conseil d'Etat paraît, lui aussi, déterminé à sortir de l'indécision maladive qui le paralysait. Mais pour l'heure, Genève doit encore se satisfaire d'intentions.

Summary

The Geneva Parliament in the Eye of the Press
by Françoise Buffat

The first impression of the speaker's platform may lead one to believe that it must be the wrong address. Despite the festive exhortation at the beginning of the session, one has the feeling of having been transferred to an undisciplined, garrulous class. But then the friendly atmosphere becomes apparent. The biggest opponents, in fierce confrontation just moments earlier, such as Robert Ducret (Radical Democrat) and Armand Magnin (Communist), now on an intimate first-name basis, have joined each other for a drink in the refreshment lounge. The parliament of Geneva is by tradition a big family, where the generations meet. This applies both generally speaking and in concrete terms in certain individual cases, for example when Dubois father and son or Jacquiard mother and son meet during the plenary session.

But for me parliament is like the stations of the Cross. The statements of the delegates as well as those of representatives of the government are often so long-winded and incoherent that the broad outlines of a dispute are hardly discernible in the flow of speech. They just love speaking. This trait does not contribute toward an efficient way of working, however, the best possible result being when it is quickly decided that the committee should take action again. The inadequacy comes to light clearly in financial policy and most of all in the budget. Trying to keep expenditures within the limits is a futile effort, and consequently the Canton of Geneva, under pressure from all the interest groups, spends more than it is actually allowed to spend, despite its large tax revenues.

Generally speaking, parliament is occasionally very removed from economic realities, and it operates like a heavy machine running on empty. The participants refuse to believe this. The delegates thus remain all too often captives of their own ideologies and pressure groups, while the members of the executive government, on the other hand, stay prisoners of their dossiers. The parliamentary journalists are also frequently critical in a one-sided way: what is welcome is what comes in handy and makes a story. Other things fall flat. Of course a reporter has to report in such a way that his newspaper can be sold, and he does not want to spoil it entirely with "class politics".

All the same, these points of view do not exclude a serious and objective – although personal – presentation of what takes place in parliament, and as the doyenne of the parliamentary reporters for years now I have made an effort to offer my readers what they are interested in. My newspaper is the liberal *Journal de Genève,* read by businessmen, educated circles, teachers and students as well as entrepreneurs and professionals. Here application of the Anglo-Saxon principle has moreover proved successful: information is kept strictly separate from commentary. The latter can be supplied later in a column while the report on the session concentrates on giving the facts and points of emphasis of the political interplay. It is a real compliment when a delegate tells me the next day that he finally understood the essence of the debate from my article. As a woman who attempts this kind of reporting, political life is seen as a segment taken from the human comedy as a whole, the observation of which I am keenly interested in.

In closing: To escape from boredom, it may be permissible to take refuge in a little craziness. This is what happened on the 27th of September 1985. Thanks to a group of 15 delegates – writers, singers, witty entertainers, comedians, musicians – the guests of parliament were able to watch a cabaret which could be compared with the best of Paris. In Geneva laughing about the situation is considered better than crying about it.

Andreas Blum

Parlament und Medien

Parlament und Medien haben einen öffentlichen Auftrag, sie erfüllen einen «service public»; und gleichzeitig stellen Parlament und Medien Öffentlichkeit her. Das Parlament als Ort der politischen Entscheidfindung macht den politischen Prozess öffentlich. Hier wird, durch differenziertes Austarieren der verschiedensten Interessen, um den grösstmöglichen gemeinsamen Nenner gekämpft. Im Parlament werden Meinungen artikuliert, Optionen begründet, Kompromisse zum Beschluss erhoben. Aufgabe des Parlaments ist es, gegenüber der Öffentlichkeit als Legitimationsinstanz des politischen Prozesses zu fungieren. Nur wenn das Parlament die in der Bevölkerung relevanten Meinungen spiegelt und thematisiert, darf es die Qualität der Repräsentativität für sich in Anspruch nehmen.

Es wäre reizvoll, der Frage nachzugehen, ob und inwieweit das Parlament dieser Rolle heute noch gerecht wird. Hier nur soviel: Idee und Wirklichkeit klaffen weit auseinander. Die wachsende Tendenz zur externen Delegation von Kompetenzen, die offensichtliche Überforderung des Milizsystems, die immer markantere Dominanz des partikularen Egoismus haben das idealtypische Modell ausgehöhlt. Auf Stufe Gemeinde und Kanton verengt sich – als Folge der totalen Durchnormierung des politischen Lebens – der Spielraum kreativ-politischer Gestaltungsmöglichkeit immer mehr; und auf Stufe Bund erodiert die Position des Parlaments, weil es, dem erhöhten Problemlösungsdruck nicht mehr gewachsen, vor der übermächtigen Verwaltung längst kapituliert hat: das Parlament als Akklamations-Instanz faktisch bereits gefallener Entscheidungen.

Funktion und Auftrag der Medien

Unbestritten ist, dass den elektronischen Medien mit Blick auf die Vermittlung und kritische Kommentierung des Zeitgeschehens eine hohe Bedeutung zukommt. Die Medien sind

La televisione nell'aula del Gran Consiglio ticinese

ein unverzichtbares Ferment des demokratischen Prozesses.

Was können Radio und Fernsehen im Bereich der politischen Information leisten?

Sehr summarisch:
- Vermittlung von Daten: als primäre Informationsleistung, verbunden mit der Notwendigkeit der Selektion und damit der Reduktion von Wirklichkeit, was «Manipulation» objektiv unausweichlich macht.
- Herstellung von Transparenz: als Versuch, Politik in einen Zusammenhang zu stellen und sie so für den Bürger erfahrbar zu machen.
- Übersetzungstätigkeit: als Herausforderung, durch umfassende und differenzierte Darstellung komplexer Sachverhalte den Rezipienten in die Lage zu versetzen, Politik zu begreifen.
- Korrektiv-Information: als Pendant zur «offiziellen», interessen-fixierten Information von Behörden, Parteien und Organisationen.
- Impuls-Funktion: als aktive «Anstiftung» zum Dialog zwischen Handelnden und Betroffenen, Repräsentanten und Repräsentierten.

Die Erfüllung dieses Auftrags wird durch die spezifischen Umwelt- und Arbeitsbedingungen der Medien stark beeinflusst. Zu denken ist hier an das Überangebot medialer Kommunikationsmöglichkeiten; an die Schwierigkeit, einen Dialog überhaupt herzustellen (Radio und Fernsehen als klassische Träger von Einweg-Kommunikation); an jene «objektive»

Grenze schliesslich, weil die Medien – überspitzt formuliert – statisch-lethargische Wirklichkeit nicht dynamisch und damit attraktiv vermitteln können. Das gilt auch für die Brückenfunktion der Medien zwischen Parlament und Öffentlichkeit.

Wahrscheinlich ist, dass die Rolle der Medien als Informationsvermittlungs-Agenturen allgemein überbewertet wird. Die Bedeutung der Medien als Katalysator existentiellen Unbehagens dürfte wesentlicher sein als die Macht, die ihnen zugeschrieben wird. Die These von den Medien als der «Vierten Gewalt» ist nicht nur rechtlich eine unhaltbare Konstruktion; sie ist in ihrem Kern Ausdruck der Unfähigkeit, Funktion und Auftrag der Medien in einer demokratischen Gesellschaft als Bestandteil und Korrektiv eben dieser Gesellschaft zu sehen und entsprechend einzuordnen. Das Resultat: Die Medien werden zur Projektion der Ratlosigkeit, zum Sündenbock individuellen oder gesellschaftlichen Versagens.

Möglichkeiten und Grenzen

Dennoch gilt: Die Medien sind zu einem Machtfaktor auch in unserem Staat geworden. Mit ihrer Omnipräsenz, der totalen Durchdringung unseres täglichen Lebens und - nicht zuletzt – wegen ihrer suggestiven Einwirkung auf das gesellschaftliche Klima (und damit auf die Politik) sind die Medien ein Phänomen der modernen Massenkultur von determinierender Kraft. Ohne Medien verändert sich nichts, mit der Macht der Medien im Rücken lässt sich Wirklichkeit auch manipulieren.

Die Möglichkeiten der Medien im Rahmen der politischen Willensbildung dürfen aber nicht überschätzt werden. Sicher stellt sich die Frage, ob durch eine andere, das heisst direktere, verständlichere, an der emotionalen Betroffenheit anknüpfende Form der politischen Information ein konstruktiver Beitrag zur Sensibilisierung des Bürgers für die «res publica» geleistet werden könnte (statt die Apathie noch zu vergrössern). Da haben die Medien ihr Potential sicher noch nicht ausgeschöpft. Problematisch wird es aber, wenn in Verkennung der effektiven Ursachen der allgemeinen Staatsverdrossenheit, der «politischen Dienstverweigerung» weiter Kreise den Medien eine entscheidende Funktion bei der Überwindung dieses Malaise zugewiesen wird. Und völlig unhaltbar wird die Gedankenführung dort, wo mit einer ausgebauten Selbstdarstellung von Politikern, Parteien und Interessenverbänden dem Übel zu Leibe gerückt werden soll; als könnte «das Heil» ausgerechnet von jenen erwartet werden, die für die Glaubwürdigkeits-Krise des demokratischen Systems die Hauptverantwortung tragen.

Der Auftrag der Medien stösst aber auch mit Blick auf die parlamentarische Realität an relativ eng definierte Grenzen:
– Die Komplexität der meisten parlamentarischen Geschäfte macht es für den Journalisten immer schwieriger, die Materie in ihrer Vielschichtigkeit zu begreifen. Es fehlt an Kompetenz, es fehlt an Zeit, es fehlt – leider – auch immer mehr am Willen, sich der mühsamen Geschäfte mit Sorgfalt anzunehmen.
– Viele parlamentarische Dossiers sind reine Routine-Geschäfte, ohne nachvollziehbare Relevanz für die Informations-Empfänger. Was aber nicht als relevant im Sinne der persönlichen Betroffenheit begriffen wird, lässt sich nur schwer vermitteln – die «Botschaft» fällt ins Leere.
– Das vor- und ausserparlamentarische Verfahren ist im politischen Prozess entscheidend geworden. Weil aber diese Phase im Dunstkreis von Expertokratie, Lobbyismus und Machtkooptation «spielt», entzieht sie sich weitgehend demokratischer Kontrolle. Eine journalistische Verifizierung in der Phase des parlamentarischen Verfahrens ist häufig nicht mehr möglich oder kommt zu spät.
– Das Parlament ist nicht (mehr) der Ort, von dem eine faszinierende Ausstrahlung ausgeht. Im Gegenteil: Auf den Bürger wirkt der parlamentarische Betrieb zunehmend wie eine Tinguely-Maschine zur Befriedigung egoistischer Interessen, die «classe politica» als narzisstische Gruppierung von zwar markantem Selbstbewusstsein, aber ohne glaubwürdiges Engagement für das Gemeinwohl. Die Distanz des Volkes zu «seinen» Vertretern in den Parlamenten ist sehr gross geworden; der Journalist kann sie nicht überbrücken.

Daneben gibt es aber auch Grenzen, die in den Medien selbst begründet sind.
– Wir leben in einer Zeit der Informations-Flut. Wir sind nicht mehr in der Lage, die Fülle von Fakten, Informationen und Ereignissen auch nur halbwegs vernünftig zu selektieren und zu konsumieren. Die Schere zwischen der Quantität an Informationen und der Möglichkeit, diese Informationen kritisch zu verar-

beiten, klafft immer mehr auseinander: «We are overnewsed but underinformed...»
– Radio und Fernsehen sind Medien der Eitelkeit. Das Ringen um den politisch akzeptablen Kompromiss verläuft nach einem grundlegend verschiedenen Drehbuch, je nachdem ob in den Parlamenten die Medien präsent sind oder nicht. Am grössten sind die Chancen für eine sachbezogene Lösung dann, wenn die Parlamente ohne Medien-Vertreter tagen; schwierig wird die Meinungsbildung dann, wenn die Präsenz der Medien für die Multiplikatorwirkung auch fragwürdigster Voten sorgt. Schamloser Populismus, aggressive Pointiertheit oder abstruseste Pseudo-Originalität sind allemal medienwirksamer als unspektakuläre Sachbezogenheit.

Von der Aufgabe des Journalisten

Journalismus ist auf den Zweifel hin angelegt, auf das skeptisch-kritische Befragen der Wirklichkeit. Aufgabe des Journalisten ist es, durch umfassendes, sachbezogenes und vorurteilsloses Ausleuchten der «Innenwelt der Aussenwelt» den Rezipienten in die Lage zu versetzen, sich ein eigenes, kompetentes Urteil zu bilden.

Diese Aufgabe der Realitäts-Entschlüsselung hat der Journalist wahrzunehmen in einer Grundhaltung der Redlichkeit und des fairen Umgangs mit Fakten und Personen. Nur wenn der Journalist seine Arbeit so begreift, wird er seinem Auftrag gerecht: Treuhänder der Gesellschaft und damit Diener des demokratischen Prozesses zu sein. Vom Journalisten verlangt werden müssen Sachlichkeit in der Analyse, Einbettung von Sachverhalten in einen Gesamtzusammenhang, Verhältnismässigkeit in der Beurteilung, Unparteilichkeit in Methode und Stil. Er muss offen sein auch für Argumente, die seine eigene Position in Frage stellen. Der Journalist muss seine Arbeit auf breiter Basis angehen, er darf das Ziel beim Start nicht kennen. Wer die Wirklichkeit nur selektiv wahrnimmt und nach vorgefasster Meinung das eine gewichtet und das andere ausblendet, nur um die eigene «Beweisführung» nicht zu gefährden, ist nicht Journalist, sondern Propagandist. Der kritische Journalist ist kritisch nach allen Seiten.

Schliesslich: Der Journalist muss akzeptieren, dass der Anspruch an ihn selbst hoch ist, sowohl mit Blick auf seine Integrität als auch auf seine Kompetenz in der Sache. Wer strenge Massstäbe anlegt, muss selbst an strengen Massstäben gemessen werden. Gefordert ist argumentatives Differenzieren, nicht ideologische Indoktrination oder missionarische Erkenntnisvermittlung.

Parlament und Medien befinden sich in einem Spannungsverhältnis von ambivalentem Zuschnitt: das bedingt gleichzeitig Nähe und Distanz, Vertrauen und Skepsis – und zwar auf beiden Seiten. Der gute Journalist kennt seine Grenzen und hat gelernt, damit umzugehen. Auf Seiten der Politiker wäre viel gewonnen, wenn die schwierige Aufgabe des Journalisten nicht durch unrealistische Erwartungen zusätzlich erschwert würde. Die Wirkungsforschung – soviel zumindest wissen wir von ihr – bestätigt, dass auch durch differenzierteste Informationsarbeit bestehende Meinungen kaum verändert werden. Die Medien festigen vor allem bestehende Denk-Kategorien und Beurteilungsmuster, weil bekanntlich – Stichwort «selektive Wahrnehmung» – leicht akzeptiert wird, was uns bestätigt, abgelehnt dagegen, was uns irritiert. Es ist schwierig, ja fast unmöglich, mit dem Instrument der Information Verkrustungen des Denkens im Interesse einer emanzipatorischen politischen Entwicklung aufzubrechen. Da bleibt noch viel Arbeit zu leisten. Diese kann und darf aber nicht einseitig den Medien zugemutet werden.

Un giornalista nell'aula del Gran Consiglio ticinese

Der gefährdete Auftrag

Im Spannungsfeld zwischen Auftrag, Rahmenbedingungen und realen Möglichkeiten hat es der Medien-Vertreter heute schwer, seinen Auftrag zu erfüllen: Je mehr das Parlament zum selbstregulierenden System degeneriert, das dem Bürger nur noch bedingt den Eindruck vermittelt, dass dort auch «seine Sache» verhandelt wird, desto aussichtsloser wird das Bemühen des Journalisten, dieses Geschehen so zu reflektieren und weiterzugeben, dass es überhaupt noch wahrgenommen wird.

Zusätzlich erschwert wird seine Aufgabe dadurch, dass der Journalist in seinem kritischen Selbstverständnis keineswegs unbestritten ist. Im Gegenteil: Die Tendenz, dem Journalisten die Funktion des «Hofberichterstatters» zuzumuten, hat sich in den letzten Jahren verstärkt.

Gerade in Kantonen und Gemeinden, wo die Dinge trotz ihrer Verwirrlichkeit noch einigermassen überschaubar sind, besteht die Gefahr, dass der Journalist an die Kandare eines problematischen Journalismus-Verständnisses gelegt wird. Eingebunden in ein System auch gesellschaftlich wirksamer Abhängigkeiten, wird er domestiziert. Das Resultat: der Verlust an Unabhängigkeit und, als Konsequenz, ein Akklamations-Journalismus, der sich damit begnügt, die Oberfläche der Dinge als Wirklichkeit auszugeben. Dabei ist gar nicht immer böse Absicht im Spiel. Es ist vielmehr das Resultat eines «Konvergenz-Verhaltens» zwischen Politik und Medien, das grundsätzlich problematisch ist. Distanz ist für den Journalisten aber unverzichtbar, Nähe im Kontext journalistischer Arbeit nur bedingt eine «vertrauensbildende Massnahme».

Wo der Journalist auf dem Weg der sanften Beziehungs-Korruption zum ungefährlichen Informations-Beamten wird, haben jene Kreise leichtes Spiel, die von den Medien Fassaden-Berichterstattung, aber nur ja nicht Transparenz erwarten. Jener Journalist dagegen, der sich auch als «Unruhestifter im Interesse der Demokratie» versteht und sich der Vereinnahmung konsequent entzieht, gerät schnell in Gefahr, als patriotisch unzuverlässig ins Abseits manövriert zu werden. Da haben es jene einfacher, die sich damit begnügen, das Spiel der Status quo-Legitimation zu spielen.

Das Bekenntnis zu einem unabhängigen, kritischen Selbstverständnis darf aber nicht als Plädoyer für einen parteilichen Journalismus missverstanden werden.

Der anwaltschaftliche Journalismus versteht sich als anwaltschaftlich, indem er Fakten, Mechanismen und Zusammenhänge thematisiert, die der öffentlichen Diskussion teilweise entzogen sind, und dabei Partei ergreift. Dieser Journalismus versteht sich darüber hinaus als kompensatorisch, indem er Bevölkerungsgruppen «eine Stimme gibt», die nicht in gleicher Weise wie politisch organisierte Interessengruppen zur Durchsetzung ihrer Anliegen fähig sind. Dieser Journalismus ist insoweit unproblematisch, ja sogar im Interesse des öffentlichen Diskurses erwünscht, als er dazu beiträgt, das gesamte Spektrum der Wirklichkeit auszuleuchten; er ist auch dort unbedenklich, wo er Bevölkerungsgruppen eine Plattform bietet, die von der Mehrheit tendenziell als «quantite négligeable» behandelt werden.

Anwaltschaftlicher Journalismus wird aber dann problematisch, wenn er sich selber unkritisch mit einem Anliegen identifiziert, Quellen und Gesprächspartner tendenziös selektioniert und gewichtet, ohne die Gegenpositionen deutlich zu machen und sich mit ihnen auseinanderzusetzen. So verstandener anwaltschaftlicher Journalismus tendiert zur Verabsolutierung des eigenen Standpunktes und beeinträchtigt die Wahrheitsfindung. Er verzerrt die Wirklichkeit und ist deshalb abzulehnen.

Die Chance der Medien

Die Medien vermitteln kein Zerrbild der Wirklichkeit – sie vermitteln das Bild einer Wirklichkeit, die in vielem selbst zum Zerrbild geworden ist.

Das von den Medien vermittelte Bild der Wirklichkeit ist jedoch insofern deformiert, als durch die Anhäufung von Katastrophenmeldungen bei gleichzeitiger Aussparung der Normalität (nach dem Motto: «good news are no news» oder – zynisch zugespitzt – «bad news are good news») dem Rezipienten das Bild einer total kaputten Welt vermittelt wird. Das begünstigt Apathie und Resignation und kann zu «kollektiver Depression» führen. Die Folgen des durch die Medien vermittelten Übermasses an «destruktiver Information» dürfen deshalb nicht bagatellisiert werden. Gleichzeitig eröffnet sich den Medien aber auch eine Chance – die Chance, neben aller Zerrissenheit, Fragwürdigkeit und Brutalität (die sie nicht verharmlosen dürfen) vermehrt auch das Positive, das Verbindende zu zeigen.

Die Chance der Medien besteht darin, das gesellschaftliche Klima so abzustützen, dass der Konsens, der Kompromiss im Sinne des grössten gemeinsamen Nenners immer wieder neu möglich wird. Indem die Medien vermehrt als Forum des Dialogs zur Verfügung stehen und sich als Instrument der Orientierung begreifen, schaffen sie die Voraussetzung für verständigungsorientiertes Handeln.

Summary

Parliament and the Media
by Andreas Blum

Parliament and the media have a public task, and at the same time parliament and the media make publicity. Nevertheless we know that parliament today is only to a limited extent in a position to act as the legitimizing authority of the political process. The media, in turn, are indisputably a power factor in an open society as the agents of information mediation; their possibilities in the context of formation of the political will must not be overestimated, however. That applies to the parliamentary reality too: the increasing complexity of the affairs, the routine business which is often of very modest relevance for the individual citizen, the entanglement of the political system and the increase of special interests have led to the situation where parliament has lost a lot of its once great aura for the public. The distance of the people to "their" parliament has become rather big.

The limitations lie in the media themselves, however. Amidst the flood of information the media are hardly able to do justice to their task of selecting, assessing, and commenting upon facts and events. And since the electronic media, as a rule, give preference to the spectacular (instead of encouraging unspectacular sticking to the facts), they are co-responsible for the superficiality and the narcissistic rituals of the political scene noticeable today.

Parliament and the media find themselves in a tense relationship. Closeness and distance, trust and skepticism are being demanded at the same time – and on both sides. The journalist is therefore finding it more and more difficult to fulfill his task: the more parliament degenerates into a self-regulating system, the more futile the efforts of the journalist to reflect what is happening in parliament in such a way that the citizen will pay attention to it. The situation of the journalist becomes totally indefensible if he is expected, via a roundabout route of gentle unification with the powerful, to play the role of court reporter. The result: loss of independence, and as a consequence an applauding journalism which contents itself with presenting the surface of things as reality. Democracy as the form of state of open debate suffers as a result of this development.

The picture of reality given by the media is deformed in as far as the image of a totally destroyed world is conveyed through the accumulation of reports of catastrophes and the omission of normality. That paves the way for apathy and resignation, and can lead to "collective depression". The media should therefore – and this also applies for the depiction of parliamentary reality – show increasingly what is positive and what unites people. The media's chance consists in the possibility to support the social climate so that consensus, compromise in the sense of the largest common denominator can be found anew again and again.

Markus Kündig

Wirtschafts- und Sozialinteressen in den kantonalen Parlamenten

Es ist wohl eine sehr schwierige, wenn nicht sogar eine unmögliche Aufgabe, die Tätigkeit von 26 Kantonsparlamenten auf einen Nenner zu bringen. Denn die unterschiedliche Grösse der Kantone, die regionale Gliederung, die wirtschaftliche Ausgangslage bringen stark abweichende Aufgaben mit sich. Die sprachliche Aufteilung und bevölkerungsmässige Schichtung muss vom Parlament verkörpert werden, wenn es der Aufgabe als Vertreter der Kantonsbevölkerung gerecht werden will. Dazu kommt noch die ungewollte Aufgabe jedes kantonalen Parlamentariers, dass er eigentlich Vertreter seiner Gemeinde ist und im Parlament deren Interessen in den Vordergrund stellt, da er ja immer wieder von den Einwohnern dieser Gemeinde ins kantonale Parlament abgeordnet werden möchte. In ganz wenigen Fällen tritt somit der kantonale Parlamentarier als Kantonsvertreter auf, meist nur dann, wenn es um interkantonale oder gesamtschweizerische Fragen geht, also in der «kantonalen Aussenpolitik».

In zweiter Hinsicht ist der Parlamentarier Interessenvertreter. Dem Ton nach ist, besonders durch Medien angeheizt, diese Aufgabe zunehmend in Verruf geraten. Dies ist jedoch ein übereiltes Verkennen der tatsächlichen Gegebenheiten. Neben den Wählern einer Gemeinde entscheiden ganz bestimmte Gruppierungen über die Wahl oder Nichtwahl «ihres» Kandidaten. Besonders im System der Proporzwahl ist ja auch das Geheimnis verankert, dank dem die Vielfalt der Meinungen der Bevölkerung und der Parteien im Parlament zum Ausdruck kommt. So gesehen ist Interessenvertretung nicht nur legitim, sondern ausdrücklicher Auftrag der Wähler an ihren Beauftragten, den «Abgeordneten». Wichtig für die Klarheit im parlamentarischen Leben ist daher die Offenlegung dieser Interessenverbindungen. Ein Parlament, besetzt durch «Nichtinteressenvertreter», wäre niemals in der Lage, die Volksmeinung zu vertreten, über sie zu beraten und auch in Erwägung aller Meinungen verantwortungsbewusst zu entscheiden. – Es erstaunt in diesem Zusammenhang immer wieder, dass zuvor die Interessenvertreter der Wirtschaft als Ausüber einer «Machtposition» an den Pranger gestellt werden, während Gewerkschaftsvertreter oder Konsumentenvertreter zum vornherein, nach Meinung der Medien, die «gerechte Seite» aufzeigen.

Sozialinteressen im kantonalen Parlament

Auf den ersten Blick ist man versucht die Aussage zu wagen, dass der Sozialbereich Sache des Bundes sei und somit die Kantone nichts damit zu tun hätten. Dies mag in Teilbereichen wohl richtig sein, wie zum Beispiel bei der AHV oder bei der heute obligatorischen Unfallversicherung. In den meisten Aufgabengebieten ist aber die Bundesaufgabe aus einer kantonalen Entwicklung entstanden oder zumindest eine enge Zusammenarbeit zwischen Bund und Kantonen erforderlich, um die gestellten Aufgaben zu lösen, wobei den Kantonen vielfach nur der Vollzug der Bundesvorschriften zukommt. So wurde beispielsweise die Arbeitslosenversicherung nach zaghaften freiwilligen Versicherungsverhältnissen in einigen Kantonen in eine kantonale Institution ausgebaut, lange bevor der Bund diese lohnprozentuale obligatorische Lohnausfallversicherung einführte. Und es obliegt den Kantonen, ausgesteuerte Versicherte der ALV im Anschluss wieder in ihren sozialen Institutionen zu betreuen, sofern diese Aufgabe nicht sogar an die Gemeinden delegiert wurde.

Im kantonalen Spannungsfeld stehen vorab die Bereiche des Krankenwesens. Spitäler sind in drei Kategorien zu gliedern, kantonale Spitäler, gemeindliche oder regionale Spitäler und private Krankenanstalten. Und damit stehen wir mitten in der in jedem Kanton stattfindenden parlamentarischen Auseinandersetzung, in der sich fast alle Interessierten in irgendein Lager eingliedern lassen, angefangen mit den

Ärzten, die sich um den kantonalen Versorgungsauftrag bemühen, bis zu denjenigen, die dem Spital mit freier Arztwahl das Wort reden. Denken wir ans Pflegepersonal, das sich entscheidet zwischen einer staatlichen und einer privatrechtlichen Anstellung, die Ausbildungsstätten für Pflegepersonal, die sich je nach «Geburtsschein» zum einen oder anderen System hingezogen fühlen, die Gemeinden, die auch sich als Standort für ein regionales Krankenhaus sehen oder die Institutionen, die ihre privatwirtschaftlichen Anstalten keinesfalls dem staatlichen Diktat unterstellen wollen. Wohl am wenigsten zu sagen haben in dieser bedeutungsvollen sozialen Aufgabe die Bürger, denn sie ahnen ja nicht, dass sie als Patienten dereinst Nutzer oder Betroffene sein werden, und die Qualität der Leistung kann meist erst nachträglich gemessen werden. Das Parlament, das in diesem Spannungsfeld steht, hat jedoch noch weitere Fragen in den Vordergrund zu stellen, die mindestens teilweise entscheidend sein sollten für die Beschlüsse. Beurteilung der Gesamtkonzepte der medizinischen Versorgung mit sinnvoller Zentralisation oder Dezentralisation, Spezialisierung der Spitäler, Wahl der einrichtungsmässigen Infrastruktur und Bestimmung des Bereitschaftsgrades der verlangten Dienstleistungen. Es spielen Fragen der Regionalplanung, der Rekrutierung und Unterbringung des Personals, der Zufahrtswege und des Einzugsgebietes mit. Und meist ganz zuletzt stellt sich dann noch mindestens für den verantwortungsbewussten Parlamentarier die Frage der Investitionsmittel, besonders aber der wiederkehrenden Betriebskosten, denn diese können die Finanzlage eines Kantons ganz wesentlich beeinflussen.

Mit allen diesen Entscheiden verändern sich, ohne dass man noch darauf Einfluss nehmen könnte, die kantonalen Beiträge an die Krankenkassen, aber auch die Festsetzung der Behandlungstaxen für die Versorgung und den Aufenthalt in Krankenanstalten.

Zu den Sozialinteressen in den Kantonen gehören die Kinderzulagen für Kinder von Arbeitnehmern, ausgenommen sind die landwirtschaftlichen Berufe, die durch Bundesrecht geregelt sind. Im Bereich der Altersvorsorge haben die Kantone vom Bund weitgehend ausführende Aufgaben zugewiesen erhalten oder solche wie bei den Ergänzungsleistungen zur AHV, wo der Bund Mindestvorschriften erlässt, die durch kantonales Recht ergänzt werden können und durch sie zu finanzieren sind. Von grösserer politischer Tragweite in den Kantonen und in den kantonalen Parlamenten sind die Besoldungsfragen der Beamten und Lehrpersonen. In diesen Interessenbereich fallen auch die Arbeitszeitregelungen und Pflichtstundenzahlen sowie die Regelungen der Altersvorsorge. Gerade in solchen Fragen zeigen sich Probleme verschiedenster kantonaler Parlamente, in denen auch kantonale Beamte und Lehrer Einsitz nehmen dürfen. «Pro domo» vorgetragene Interessen können zu sehr negativen Entscheiden führen. So wurde bisher eine angemessene Lösung der Altersvorsorge für Regierungsräte im Kanton Schwyz durch Volksentscheid mehrmals abgelehnt, oder die Auswirkungen können auch soweit gehen, wie sie in den Wahlresultaten der Kantonsratswahlen vom Kanton Zug in den 50er-Jahren sichtbar wurden, als in Zug kein einziger Lehrer mehr ins Parlament gewählt wurde, ausgenommen derjenige, der mit einer anderen Berufsbezeichnung auf der Liste stand. Dies sind Volksreaktionen, die dem Parlament Fingerzeig sein müssen.

Wirtschaftsinteressen im kantonalen Parlament

Nicht anders als bei den sozialpolitischen Entscheiden ist man geneigt, den wirtschaftspolitischen Einfluss fast ausschliesslich beim Bund zu suchen. Doch auch in diesem Bereich ist der Betätigung des kantonalen Parlamentes viel Spielraum gegeben. Was im wirtschaftlichen Bereich jedoch besonders stark zum Vorschein kommt, ist der Versuch kantonaler Parlamente, auf die Verfassungsgebung des Bundes Einfluss zu nehmen und damit eigentliche Kompetenzstreite auszulösen. Viele Fragen, die aus kantonalem Ursprung stammen, wurden durch Verfassungsauftrag dem Bund als Aufgabe übertragen. Man hat jedoch die Konsequenz daraus nicht akzeptiert, dass zukünftig die zuständige demokratische Plattform, nämlich das eidgenössische Parlament, für die Kritik der Entscheide zuständig sein müsste. So liegen zum Beispiel die Kompetenzen für die Bewilligung der Kernkrafterzeugung beim Bund, und trotzdem haben Kantone für ihr Hoheitsgebiet eigentliche Verbote ausgesprochen oder sogar ihre Regierungen verpflichtet, alles zu unternehmen, um den Bau von Kernkraftanlagen in angrenzenden Gebieten zu verhin-

Charakterköpfe / Visages caractéristiques / Volti

au Parlement jurassien

al Gran Consiglio ticinese

au Gran Conseil vaudois

im Kantonsrat Zug

im Grossen Rat Schaffhausen

im Grossen Rat Bern

dern. In diesem Zusammenhang stellen wir auch eine andere Form der Beeinflussung der Parlamente fest, die in der Folge sehr oft unter dem Druck der «Strasse» entscheiden müssen. Demonstrationen mit internationaler Beteiligung, gefördert durch fragwürdiges Sponsorentum, gelingt es, bedachte Bürger zu verängstigen und zu mobilisieren. Die Angst als politisches Motiv hat zunehmend Einfluss gewonnen, und der Einfluss auf kantonale Parlamente im besonderen ist beachtlich. Anhand noch nicht gebauter Autobahnen lässt sich das Phänomen der Einmischung kantonaler Parlamente in die Bundeshoheit zusätzlich aufzeigen. So ist es dem Zürcher Kantonsrat gelungen, den Ausbau der N4 durchs Knonaueramt, der durch den Bundesrat schon vor einiger Zeit ausgelöst wurde, immer wieder zu blockieren. Dieser Fall zeigt, mit welchen Mitteln nationale Aufgaben von einzelnen Kantonen behindert und verzögert werden können. Aber auch der Ausbau unserer Bundesbahnen wird durch kantonale Parlamente zunehmend beeinflusst. Die bernische Kritik gegenüber der Bahn 2000, die durch Referendum dem Volk zum Entscheid vorgelegt wurde, zeigt diese Diskrepanz deutlich auf. Obwohl sich das Schweizervolk grossmehrheitlich für den Ausbau ausgesprochen hat, gibt die Opposition noch keine Ruhe.

Im ureigensten Bereich der kantonalen Wirtschaftspolitik stehen je nach Standort des Betrachters ganz andere Problemkreise im Vordergrund. So interessiert sich der Unternehmer vorab für die berufliche Weiterbildung und die Vergebungspraxis der Verwaltung, der Werbefachmann interessiert sich für kantonale Werbeverbote, die Gewerkschaften suchen nach besseren Entlöhnungen und längeren Ferien für Beamte, um später in allen Arbeitsbereichen nachziehen zu können, die Automobilisten wollen bessere Verkehrswege und geringere Motorfahrzeugsteuern und Gebühren, die Umweltschützer genau das Gegenteil, der Bauwillige wünscht die Öffnung kantonaler Baurichtlinien und die Vereinfachung der Bauvorschriften, den Denkmalpfleger interessieren die baulichen «Antiquitäten» mehr als deren wirtschaftliche Renovation und optimale Nutzung, die Arbeitnehmer wünschen bei Betriebsschliessungen Erhaltung der Arbeitsplätze, während der Konkurrent froh ist, dass er endlich «Luft» bekommt. Das sind Gegensätze, die im täglichen Leben vorkommen und die sich natürlicherweise direkt auf die parlamentarische Arbeit des Kantons auswirken müssen.

Gerade diese Gegensätze zeigen auf, wie wichtig in der Entscheidfindung die parlamentarische Funktion ist. Im Bund haben die bedeutenden schweizerischen Organisationen und damit die Interessierten aller Schattierungen die Möglichkeit, in den Expertenkommissionen an der Erarbeitung von Gesetzesgrundlagen mitzuwirken. Die gleichen Organisationen sind aufgerufen, im Vernehmlassungsverfahren ihre Meinung zuhanden der Regierung kund zu tun. Und in der parlamentarischen Behandlung ist das Einbringen der Meinungen zuhanden der Parlamentarier für diese Organisationen eine Notwendigkeit, denn ohne die Kenntnisse über die Grundzüge der differenzierten Betrachtungsweise wären Entscheide nur schwer zu fällen.

In den Kantonen, und dies besonders in den kleinen Kantonen, ist diese Einflussmöglichkeit in der Vorphase sehr beschränkt. Die erste mögliche Einflussnahme bietet sich meist erst nach Veröffentlichung einer regierungsrätlichen Vorlage zuhanden des Rates und dessen vorberatender Kommission, wenn dazu überhaupt die Zeit ausreicht. Meist jedoch erfolgt die Diskussion über diese Vorlagen erst im Parlament selbst. Dies führt zu einem oft eklatanten Wissensvorsprung der Verwaltung und der Regierung, und es braucht für einen Parlamentarier, der ja selten auf organisierte Meinungsgruppen abstellen kann, äusserst grosse Anstrengungen, wenn seine Vorstösse Erfolg haben sollen. Natürlich kennen wir auch in den Kantonen ausgesprochene Lobby-Situationen, wenn zum Beispiel eine Motorfahrzeugsteuer erhöht oder wenn eine kaufmännische Schule kantonalisiert werden soll, wenn ein neues Gebiet für den Kiesabbau freigegeben wird, oder kantonale Steuern erhöht oder – man glaubt es kaum – gesenkt werden sollen. In solchen Fällen sind dem Parlament meist auch schon die Referendumsdrohungen bekannt, die, so meinen die Warner, den Entscheid beeinflussen sollen. In der Regel lassen sich kantonale Parlamente wie auch die eidgenössischen Räte wenig beeinflussen durch Referendumsdrohungen, die Parlamentarier sind in der Regel davon überzeugt, dass das Volk eigentlich recht vernünftig entscheidet.

Es ist heute viel von Verfilzung der Interessen die Rede, wobei man vorab an die wirtschaftlichen denkt und hier wieder an diejenigen Parlamentarier, die in Banken, Handel und

Industrie leitend oder beratend tätig sind. Obwohl sich dieser Vorwurf besonders gegen Mitglieder des National- und Ständerates richtet, weil die Wirtschaftsbelange hauptsächlich in den Bereich des Bundes fallen, mögen auch einige Worte hinsichtlich der kantonalen Volksvertreter am Platz sein. Hier sei besonders bemerkt, dass es doch ganz natürlich ist, wenn ein so wichtiger Teil unseres Staatsverbandes – die Wirtschaft – sich auch in den Behörden artikuliert. Aber man nimmt ihr übel, wenn sie das mit einer gewissen Konsequenz und Geschicklichkeit tut. Damit rede ich keinesfalls unangemessenen Druckversuchen das Wort, aber da die Vertreter dieser Sparte nicht auf Massenorganisationen zählen können, müssen sie diejenigen Trümpfe ausspielen, die sie haben: Sachwissen, Überzeugungskraft, starke Persönlichkeiten. Übrigens ist Einflussnahme keine Einbahnstrasse: Der wirtschaftsnahe Politiker setzt sich zwar gegenüber den staatlichen Amtsstellen für die Belange seiner Seite ein, wie das jeder Politiker tut, aber er versucht auch, bei den Unternehmern und Verbänden, die er berät, die Politik und die Möglichkeiten von Regierung und Parlament darzustellen und übertriebene Ansprüche rechtzeitig zu bremsen. Diese ausgleichende Funktion wird oft zu wenig beachtet. Gäbe es diese Art von Verbindungen und Vermittlungen nicht, so wäre der Grad der Polarisation sicher viel höher, und die in unserem Land mit Recht geschätzte Konkordanz würde darunter leiden. Damit es jedoch in dieser Verflechtung nicht zu Missbräuchen kommt, sind Verantwortungsbewusstsein und gegenseitiges Vertrauen nötig. Wir haben also allen Anlass, diese Elemente zu stärken. Wir sollten nicht den Fehler machen, wegen einzelner Pannen das ganze System zu verdammen.

Interessengemeinschaften von Kantonen und Gemeinden

Eine andere Art von Interessengemeinschaften, die meist gar nicht richtig sichtbar wird, macht verschiedenen kantonalen, aber auch den eidgenössischen Parlamenten zu schaffen. Es sind dies die Interessenzusammenschlüsse von Kantonen und Gemeinden, die sich formieren, um den wirtschaftlich stärkeren besser «anzapfen» zu können. Im Bund sind die «Alpen-Opec» oder die Finanzschwachen und «Halbstarken» solche Gebilde, in den Kantonen sehr oft die Landgemeinden gegen die Stadtgemeinden. Das wohl bedauerlichste an dieser Entwicklung ist der umwerfende Erfolg dieses Tuns bei den nächsten Wahlen; denn verlieren kann der Volksvertreter nichts, er hat ja für die Gesamtheit seiner Wähler gewirkt und wenn das Ergebnis auch noch so bescheiden ist, so ist die Wirkung zugunsten seines «Wahlkollektivs» doch gross. Bedauerlich an dieser Entwicklung ist aber besonders, dass wir den Sinn für eine kollektive schweizerische oder kantonale Gemeinschaft als verstaubt auf die Seite schieben und langsam von einer «Eidgenossenschaft» in eine «Neidgenossenschaft» umsiedeln. Die ungünstigste politische Ausgangslage erarbeitet sich immer jener Parlamentarier, der als sogenannter Bremser vor der Ausdehnung der Staatsaufgaben warnt; derjenige, der die Freiheit der Wirtschaftsordnung gegenüber dem Staatseingriff verteidigt; derjenige, der nicht jeder «Novität» nachrennt; derjenige, der auf die Sicherheit technischer Anlagen vertraut; derjenige, der sich gegen den Bürokratismus zur Wehr setzt; derjenige, dem die Selbstverantwortung hohes Gebot ist. Er muss immer wieder mit aller Kraft gegen Veränderung anrennen und versuchen, den Freiraum zu wahren. Dass sein Verhalten ihm keine Lorbeeren bringt, sieht man aus der Aussage eines grossen Schweizers: «Mein Leben wird an dem gemessen, was ich realisiert habe, aber ebenso wichtig wäre, wenn man das messen würde, was ich verhindern konnte.»

Summary

Economic and Social Interests in the Cantonal Parliaments by Markus Kündig

The activities of the 26 cantonal parliaments may follow a common pattern, but are effectively very different. So are the tasks and the duties of their members.

In principle the cantonal parliamentarian is a representative of the whole people, but at the same time he is also a representative of interests. It is astonishing that only the representatives of economic interests are publicly exposed as such whereas the representatives of trade unions, consumer interests or tenants are easily accepted.

Social Interests in the Cantonal Parliament

The assertion has been made that the social sphere is the responsibility of the Confederation, and that the cantons therefore have nothing to do with it. This may be true in certain subareas, such as old age insurance or compulsory accident insurance. Usually the federal responsibility has evolved from a cantonal development. For example, unemployment insurance was developed in some cantons before the Confederation introduced it.

Among cantonal activities in the field of social interests, health service, hospitals and schools (universities included) are important topics. In the parliamentary disputes every interested party may be heard. The physicians, the nurses, the teachers and professors, the experts, the municipalities etc. Supporters, opponents, lobbyists are everywhere, and one may only ask where the citizens are, who are directly affected. They need the man or woman they have specially chosen to present their case. Of greater political consequence in the cantons are issues of salaries paid to officials and lecturers as well as the provisions for their old age insurance. In various cantonal parliaments problems become apparent with such issues since cantonal officials and lecturers are often able to hold a seat in parliament where they then represent their own interests.

Economic Interests in the Cantonal Parliament

When it comes to economic influence one thinks almost exclusively of the Confederation. But here, too, the cantonal parliaments have been accorded a lot of free play, and they can act as pressure-groups to influence the decisions of Federal Authorities. Although the competence to approve nuclear power generation belongs to the Confederation, some cantons have declared an actual ban or have obligated their governments to prevent the construction of nuclear facilities in neighbouring areas. Today we note another form of influencing parliaments. Demonstrators, promoted by questionable sponsors, succeed in frightening and mobilizing citizens. In the case of highways and railways, which have not yet been built, the interference of cantonal parliaments has shown itself too. For example, the Zurich cantonal parliament succeeded in blocking extension of highway N4.

Depending upon the point of view of the observer, completely different problem areas are in the foreground in cantonal economic policy. For example, the entrepreneur is interested in a high standard of schooling and in practices applied in awarding contracts. The unions are seeking better salaries for workers. Motorists want better roads. Environmentalists want the opposite. Employees want to keep their jobs. Precisely these opposite poles show how important the decision-making process is.

The federal state has introduced a system of preliminary consultation of the main economical organizations when a project of law is under way. In the cantons this kind of presenting of particular views is very limited. Usually the discussions begin in a committee of parliament, and will continue in the assembly. In both cases the members of Government and the Administration are strikingly better informed. Furthermore cantonal parliaments face a steady challenge: The Referendum. They always keep this possibility in mind, although they are not too impressed by it because they believe that citizens at a ballot will make sensible decisions.

Municipalities also have started to form pressure groups. On the federal level we see in operation the "Alpine Opec" or those who claim to be "have-nots". Rural interests are fitted against the urban communities, etc. Most regrettable in this game is the fact that whoever succeeds may win the edge in the next election. On the other hand, a solid and clever parliamentarian, who recognizes the limits of state, may be considered to be a brakeman. When he opposes growing bureaucracy and supports more self-reliance of the people, his call is by far not always understood and appreciated.

Christian Moser

Neue politische Gruppierungen ziehen in die Parlamente ein.

1 Neue politische Kräfte in kantonalen Parlamenten: seit rund 25 Jahren

Den Auftakt machten die Genfer Vigilants (gegründet 1964) im Jahre 1965, als sie überraschend mit zehn Vertretern in den Grossen Rat einzogen. Seither hat der Zustrom von Repräsentanten neuer politischer Gruppierungen in die kantonalen Parlamente, unterbrochen von einer kurzen Zwischenphase in den siebziger Jahren (vgl. Abb.) nicht mehr nachgelassen. Seit rund einem Vierteljahrhundert sehen wir uns mit dem Phänomen der Geburt, des Wachsens und teilweise auch wieder des Verschwindens von politischen Parteien und Gruppierungen konfrontiert, welches in dieser Dichte ungewöhnlich und nur auf dem Hintergrund eines tiefgreifenden ökonomischen und gesellschaftlichen Wandels zu verstehen ist. Zwar boten die Kantone schon immer die Bühne für Aussenseiter und nonkonformistische Gruppierungen, aber auch für Exponenten lokaler Politik. Gesamthaft betrachtet waren dies jedoch höchst ephemere und personenbezogene Erscheinungen, die sich kaum in den Kontext einer allgemeineren politischen Grundströmung einschreiben liessen. Auch zum heutigen Zeitpunkt werden in etlichen Kantonen vereinzelt Sitze durch solche Spezialformationen eingenommen, was namentlich auch durch die Besonderheiten der kantonalen Wahlkreisgestaltung ermöglicht wird. Neben Wahlkreisen mit einer hohen Mandatszahl und damit einem geringen notwendigen Stimmenprozentsatz für einen Sitz, vor allem in städtischen Gebieten, gibt es solche, die von Gemeinden gebildet werden, wo die Parteipolitik weniger dominant ist und wo damit auch das personenbezogene Lokalkolorit gelegentlich durchbrechen kann. Unser Interesse soll jedoch nicht diesen Spezialfällen gelten, sondern denjenigen Parteien und Gruppierungen, die sich als eigentliche neue politische Strömungen verstehen lassen, welche eine längere Phase der relativen Ruhe bezüglich des Auftretens neuer Parteien abgelöst haben.

Im Rahmen des vorliegenden Beitrags wird es allerdings nicht möglich sein, auf sämtliche politologischen Aspekte einzutreten. Insbesondere kann eine historische Interpretation der einzelnen Strömungen an dieser Stelle nicht geleistet werden. Es sollen deshalb vielmehr die in erster Linie auch empirischen Gesichtspunkte im Vordergrund stehen, welche einen Bezug zum parlamentarischen Prozess in den Kantonen haben. Dabei konnten die Entwicklungen bis August 1989 berücksichtigt werden.

2 Die Hauptströmungen

Im wesentlichen sind es vier Strömungen, die sich im erwähnten Zeitraum der letzten rund 25 Jahre beobachten lassen.

a) Die nationalistische Rechte

Die nationalistische Rechte als älteste der vier Gruppierungen hatte ihre Geburtsstunde in den sechziger Jahren. Sie zog in diesem Jahrzehnt bereits in zwei kantonale Parlamente ein (Genf, Basel-Stadt) und wird heute vor allem durch die Nationale Aktion (NA) repräsentiert; die Republikanische Partei hat in den achtziger Jahren weitgehend ihre Bedeutung verloren und löste sich 1989 wieder auf. Die Eidgenössisch-Demokratische Union (EDU) ist nur in einem Kanton vertreten (Bern). Der nationalistischen Rechten sind auch die Genfer Vigilants zuzuordnen, welche bei den Grossratswahlen von 1985 zur stärksten Partei im Kanton avancierten. Eine einheitliche Gesamtbezeichnung für diese politische Strömung hat sich nie durchsetzen können; je nach Begriffskonjunktur wurden ihr die Bezeichnungen «rechtsextreme Parteien», «xenophobe Parteien», «Überfremdungsparteien» etc. zugeordnet.

b) Die Neue Linke

Die Neue oder nichtsozialdemokratische Linke betrat die Szene der kantonalen Politik erstmals in den frühen siebziger Jahren im Tessin und in Basel-Stadt. Anders als die nationalistische Rechte griff sie anfänglich auf die gleichen ideologischen Grundlagen wie eine bereits bestehende Partei zurück (PdA), die sie allerdings verschieden und zunehmend offener interpretierte. Aus diesem Grund wird die PdA als bereits vor dem untersuchten Zeitraum bestehende Partei hier nicht als Teil der neuen politischen Gruppierungen betrachtet. Die Neue Linke wird vornehmlich durch die Progressiven Organisationen der Schweiz (POCH) repräsentiert, im Kanton Tessin durch den Partito socialista autonomo (PSA). Eine weitere ebenso aktive, aber weitgehend erfolglose Gruppierung stellt die Sozialistische Arbeiterpartei (SAP) dar, welche in den siebziger Jahren noch unter der Bezeichnung Revolutionäre Marxistische Liga (RML) auftrat. Im Zuge des Aufkommens von grünen Parteien, welche sie zum Teil selbst mitinitiiert hatten, lösten sich gegen Ende der achtziger Jahre kantonale Sektionen von POCH und SAP zugunsten entsprechender grüner Bündnisse auf.

c) Die grünen Gruppierungen

Die dritte Haupttendenz stellen die grünen Gruppierungen dar, welche zwar schon in den siebziger Jahren einige vereinzelte Vorläufer hatten (erste Sitzgewinne in den Kantonen Waadt und Bern), sich aber erst in den achtziger Jahren breit entfalteten.

Es zählt zu den Charakteristiken dieser Bewegung, dass sie sich begrifflich nicht, oder noch nicht, eindeutig fassen lässt. Im täglichen Sprachgebrauch hat sich die Gesamtbezeichnung «die Grünen» eingebürgert, wobei dieser Begriff jedoch zu unscharf ist, um all die verschiedenen Strömungen zu erfassen. Seit 1983 besteht zwar eine Grüne Partei der Schweiz (GPS), und die eher linksalternativen Grünen formierten sich 1988 als Grünes Bündnis Schweiz (GBS), nachdem sie schon 1987 bei den Nationalratswahlen unter dieser Bezeichnung aufgetreten waren. Viele kantonale Sektionen haben jedoch eine eigene Bezeichnung.

d) Die Auto-Partei

Neben den drei erwähnten Hauptströmungen macht im weitern seit den Nationalratswahlen von 1987 die 1985 erstmals aufgetauchte Auto-Partei mit aufsehenerregenden Wahlerfolgen in einigen Kantonen von sich reden. Obwohl der Zeitraum für eine politologische Interpretation dieses Phänomens vielleicht noch zu kurz ist, sollen doch im Sinne einer ersten Annäherung auch von dieser Richtung einige Grundelemente festgehalten werden.

3 Auftauchen und Entwicklung neuer Gruppierungen in den kantonalen Parlamenten

Das Auftreten und die Entwicklung der Stärkeverhältnisse der neuen Gruppierungen in den kantonalen Parlamenten erfolgte sehr ungleichmässig. Damit eine chronologische Betrachtung Sinn ergibt, stützen wir uns auf Vierjahresperioden, die zeitlich entsprechend den Legislaturperioden des eidgenössischen Parlaments konzipiert sind. 22 Kantone weisen ebenfalls eine Legislaturperiode von vier Jahren auf, wobei die abweichenden vier Fälle (beide Appenzell, Graubünden, Freiburg) unsere Untersuchung insofern nicht stören, weil sich neue Gruppierungen bei kantonalen Wahlen in diesen Ständen bisher kaum manifestiert haben. Eine jahrweise Analyse würde zufällige Ergebnisse geben, weil einmal mehr städtische und dann wieder eher ländliche Kantone dominierend wären. Aus diesem Grund erfasst der untersuchte Zeitraum die Jahre 1964 bis 1987; die Wahlen der Jahre 1988 und 1989 (1. Halbjahr) sind in den folgenden Berechnungen einbezogen, insoweit sie Aufschluss über die neuesten Tendenzen vermitteln. Für die Auto-Partei konnte nur auf diese beiden Jahre Bezug genommen werden, weil sie vorher in Kantonsparlamenten nicht präsent war.

a) Die nationalistische Rechte

Die nationalistische Rechte trat mit Nationaler Aktion und Vigilants erstmals in den sechziger Jahren auf (Basel-Stadt, Basel-Land, Genf) und erlebte ums Kap der siebziger Jahre sowie bis Mitte des Jahrzehnts einen steilen Aufstieg. In der Periode 72–75 erreichte sie ihre bisher grösste Stärke und Verbreitung. In 13 Kantonen kandidierend, erreichte sie in dieser Phase in 12 Kantonen insgesamt 68 Parlamentssitze. Es war dies die Zeit der Überfremdungsdiskussion, der Schwarzenbach-Initiative und der einsetzenden wirtschaftlichen Rezession. Neben der Nationalen Aktion konnten in dieser Periode auch die Republikaner eine starke Position innerhalb der nationalistischen Rechten einnehmen: In den Kantonen Aargau, St. Gallen und Thurgau waren sie stärker vertreten als die Nationale Aktion. Beeindruckend an den Erfolgen der nationalistischen Rechten war insbesondere, dass sie, von Ausnahmen abgesehen (Basel-Land 1967, Tessin 1975) stets auf Anhieb den Sprung ins Parlament schaffte, zum Teil gleich in Fraktionsstärke und mit beachtlichen Sitzzahlen (NA in Zürich mit 10, Bern und Waadt mit je 5 Sitzen; Republikaner in St. Gallen mit 7 Sitzen; NA und Republikaner zusammen im Aargau mit 10 Sitzen; Vigilants in Genf 1965 und 1973 jeweils mit 10 Sitzen). Die höchsten prozentualen Wähleranteile wurden von den Vigilants 1965 in Genf mit 10,1% und von der NA 1972 in Basel-Stadt mit 7,9% sowie 1973 in Zürich mit 7,3% erreicht. Dieser Phase der frühen und schnellen Gewinne folgten zwei Wahlperioden (Zeitraum 76–83) mit sukzessiven Verlusten. Aus vielen Parlamenten wurde die nationalistische Rechte wieder verdrängt und die Fraktionsstärke ging mit Ausnahme von Genf wieder verloren. Die Ausländerpolitik des Bundesrates und die Auswirkungen der wirtschaftlichen Rezession auf den Arbeitsmarkt und die ausländischen Arbeitskräfte beraubte die Rechte ihrer bevorzugten Thematik. In der Wahlperiode 80–83 trat sie gerade noch in 7 Kantonen an und erreichte bloss in 5 Ständen insgesamt noch 19 Sitze. Während sich die Vigilants in Genf einigermassen halten konnten, verschwanden in der Deutschschweiz die Republikaner von den kantonalen Parlamentssesseln. Die stärksten Positionen der Nationalen Aktion blieben in Basel-Stadt (1988: 7,8%), Bern und Zürich. Neu trat die Eidgenössisch-Demokratische Union (EDU) mit einem Sitzgewinn in Bern in Erscheinung. Eine Renaissance erlebte die nationalistische Rechte im Zeitraum 84–87. In einer Zeit mit wachsender wirtschaftlicher Prosperität, einer zunehmenden Ausländerzahl und namentlich eines schwierig zu meisternden Zuflusses von aussereuropäischen Flüchtlingen fand sie wieder vermehrten Zulauf, ohne allerdings ihre ganze Stärke und Breite wie anfangs der siebziger Jahre wieder erreichen zu können. Immerhin trat sie wieder in 12 Kantonen an, konnte dabei in deren 9 Sitze gewinnen und erreichte insgesamt 53 Mandate. Mit der vom ehemaligen NA-Nationalrat Valentin Oehen gegründeten Ökologischen Freiheitlichen Partei (ÖFP) war sie zum ersten Mal auch im Kanton Tessin vertreten. Aufsehen erregten daneben namentlich die Wahlerfolge der Vigilants in Genf 1985 und der NA im Kanton Waadt 1986. Neben diesen beiden Kantonen ist die NA noch in Basel-Stadt, Bern und Zürich in Fraktionsstärke vertreten.

b) **Die Neue Linke**

Einen andern Verlauf nahm die Entwicklung der Neuen Linken, bei der der Tessiner Partito socialista autonomo (PSA) einen Sonderfall darstellt. Gegründet Ende der sechziger Jahre als Linksabspaltung von der SP, benutzte der PSA lange Zeit eine der POCH verwandte Rhetorik und Politik, bevor er in den achtziger Jahren sukzessive zu einer pragmatischen Politik konvertierte und schliesslich 1988 mit einer weiteren dissidenten SP-Gruppierung zu Partito socialista unitario (PSU) fusionierte, welcher assoziiertes Passivmitglied der SP Schweiz ist. Die PSA konnte in den Wahlgängen von 1971 bis 1987 mit jeweils 6 bis 8 Sitzen und Wähleranteilen zwischen 6,2 und 8,7% eine stabile Position in Fraktionsstärke erreichen. Insgesamt erlebte die Neue Linke bis zur Wahlperiode 80–83 einen stetigen, wenn auch nicht allzu spektakulären Zuwachs. In der Deutschschweiz trat die POCH erstmals in den Jahren 72–75 auf und erreichte in allen 6 Kantonen, wo sie kandidierte, gleich auch Sitze, wenn auch nur im Fall von Basel-Stadt in Fraktionsstärke. Bemerkenswert ist das Auseinanderfallen der Anzahl Kantone mit Kandidaturen der Neuen Linken, die im Zeitraum 80–83 mit 14 Kantonen kulminierte, und der Zahl der Kantone, wo tatsächlich Sitze erreicht wurden. Dieses Phänomen ist dadurch zu erklären, dass die POCH ihr Aktivitätsgebiet auf die Deutschschweiz beschränkte und dieses kaum ausdehnte, während sich die Sozialistische Arbeiterpartei (SAP) zu Beginn der achtziger Jahre zunächst erfolglos um Parlamentssitze bemühte, namentlich auch in der Westschweiz. Während die Zahl der Kantone mit Sitzen der Neuen Linken stagnierte, nahm die

Gesamtzahl der Mandate sukzessive bis auf 44 im Zeitraum 80–83 zu. Die stärksten Positionen und Fraktionsstärke erreichte die POCH mit 13 bzw. 11 Sitzen in den Kantonen Basel-Stadt und Luzern, während sie in Bern, obwohl nur mit einem Sitz, zusammen mit andern vorwiegend separatistischen Gruppierungen, an einer Freien Fraktion partizipierte. 1986 schloss sich auch die POCH Schaffhausen mit den Gewählten des Landesrings und der Jungliberalen Bewegung zu einer ad-hoc-Fraktion zusammen. Bezüglich der Wähleranteile war die POCH in den Kantonen Basel-Stadt mit 9,1% und Basel-Land mit 6,9% am stärksten präsent. Erst im Zeitraum 84–87 konnte die SAP in den Kantonen Bern und Tessin mit je einem Mandat die ersten Sitze in kantonalen Parlamenten überhaupt erreichen. Erfolge in andern Kantonen im gleichen Zeitraum (Aargau, Zug) erfolgten unter anderer, d.h. grüner Bezeichnung. Der Neuen Linken sind ebenfalls der separatistische Parti socialiste autonome du sud du Jura (PSASJ) im Kanton Bern sowie der Combat socialiste im Kanton Jura zuzurechnen, welche seit 1978 bzw. 1982 mit je einem Sitz im jeweiligen Kantonsparlament vertreten sind.

Die weitere Entwicklung von POCH und SAP ging einher mit der neuen Unübersichtlichkeit, die mit dem Aufkommen von grünen Gruppierungen entstanden ist. Die Neue Linke erlebte ihren elektoralen Höhepunkt zu Beginn der achtziger Jahre. Für die folgende Wahlperiode zeigen ihre Kurven abwärts. Dies ist allerdings nicht unbedingt gleichbedeutend mit dem Umstand, dass sie an Bedeutung verloren hätte. Sie steckt vielmehr in einer Umbruchphase, in welcher sie sich selber stark in Richtung grüner Postulate öffnete, bei kantonalen Parlamentswahlen (z.B. Zürich 1987) zusammen mit andern Formationen auf einer Liste kandidierte, selber zu einer grünen Partei mutierte oder sich auflöste und zusammen mit andern Gruppierungen eine grüne Partei gründete. Diese Entwicklung äusserte sich bei kantonalen Wahlen zuerst in Solothurn und dann vor allem in den beiden Kantonen Basel-Land und Luzern, wo die neuformierten linksgrünen Bündnisse im Zeitraum 84–87 weiterhin beachtliche Sitzgewinne erzielten. In den grünen Sitz- und Stimmengewinnen ist ein erheblicher elektoraler Beitrag enthalten, der zuvor der Neuen Linken gutgeschrieben werden konnte. Letztlich bedeutet diese Entwicklung aber dennoch einen Verlust für die Substanz dessen, was zuvor, insbesondere in der Anfangszeit der siebziger Jahre, die Neue Linke bedeutete.

c) Grüne Gruppierungen

Die stärkste Verbreitung, die höchsten Mandatszahlen und die kräftigste und noch andauernde Aufwärtsbewegung der vier untersuchten Gruppierungen haben die Grünen zu verzeichnen. Ihre Präsenz in den siebziger Jahren war noch unbedeutend. Zwei erfolglosen Versuchen in der Westschweiz vor 1975 (Neuenburg, Waadt) folgten bis Ende des Jahrzehnts Sitzgewinne in den beiden Kantonen Bern und Waadt. Dabei ist allerdings anzumerken, dass sich nicht alle Gruppierungen, die heute mit dem grünen Etikett daherkommen, in ihrer Ursprungsphase als grün im eigentlichen Sinne verstanden haben. Gerade die Innerschweizer Gruppierungen, aber auch die Demokratische Alternative Bern konstituierten sich ursprünglich als generelle alternative Opposition, die nicht der Neuen Linken zugerechnet werden wollte, sondern sich auch als Alternative zur hergebrachten Opposition verstand. Auf eine Parlamentstradition von mehr als zwei Legislaturperioden blicken einzig das Groupement pour la protection de l'environnement (GPE) im Kanton Waadt, die Demokratische Alternative (DA) Bern und das Kritische Forum Schwyz (kfs) zurück. Nach einem mässigen Wachstum in den Jahren 80–83 legten die grünen Gruppierungen im Zeitraum 84–87 massiv zu. Sie traten dabei in 19 Kantonen mit Urnenwahlen und Proporzwahlsystem (oder 21 bei Einbezug von Majorzkantonen) zu kantonalen Parlamentswahlen an und erreichten in 15 Kantonen insgesamt 104 Mandate. Am aufsehenerregendsten war dabei der Vormarsch im Kanton Zürich von 4 auf 22 Sitze bei einem Wähleranteil von 10,9%. Ebenfalls in Fraktionsstärke sind die Grünen heute (1989) in den Parlamenten der Kantone Aargau, Basel-Land, Bern, Genf, Luzern, Neuenburg, Nidwalden, Thurgau und Waadt vertreten. Neben Zürich realisierten sie die höchsten Wähleranteile in Basel-Land (12,4%), Thurgau (9,0%), Luzern (8,7%), Genf (8,2%), Bern (7,8%), Nidwalden (7,4%) und Schwyz (6,1%).

Die nachstehend aufgeführten grünen Gruppierungen waren in der Wahlperiode 84–87 in den erwähnten 15 Kantonen vertreten, wobei nicht alle Bezeichnungen heute noch Gültigkeit haben:

Kanton	Name der Gruppierung	Mandate
Aargau	Grüne Aargau	5
	Alternative Liste für Umweltschutz und Arbeitsplätze (ALU)	1
Basel-Land	Grüne Basel-Land (POCH, Grüne Liste, Grüne Partei, parteilose Grüne)	10
Bern	Freie Liste (FL)	11
	Demokratische Alternative (DA)	3
Genf	Parti écologiste genevois (PEG)	8
Glarus	Überparteiliche Liste für Umweltschutz Netstal	1
Luzern	Grünes Bündnis	16
Nidwalden	Demokratisches Nidwalden (DN)	3
St. Gallen	GRAS	1
Schwyz	Kritisches Forum Schwyz (kfs)	2
Solothurn	Grüne Listen	4
Tessin	Movimento ecologista ticinese (MET)	2
Thurgau	Grüne Partei	6
Waadt	Groupement pour la protection de l'environnement (GPE)	5
	Alternative socialiste verte (ASV)	1
Zug	Sozialistisch-Grüne Alternative (SGA)	2
	Bunte Liste Zug	1
Zürich	Grüne Partei	21
	«Grüeni mitenand»	1

d) Die Auto-Partei

Bevor sie sich erstmals bei kantonalen Wahlen beteiligt hatte, nahm die Auto-Partei an den Nationalratswahlen von 1987 in zehn Kantonen teil und erreichte dabei überraschende Resultate mit je einem Mandat in den Kantonen Bern und Zürich. Nachdem sie bei den Wahlen in Basel-Stadt (Januar 1988) noch pausierte, nahm sie in den folgenden Monaten verschiedene Kantone im Sturm und zog gleich in Fraktionsstärke in die Parlamente ein, bedingt durch die Zufälligkeiten des Wahlkalenders zuerst in Ostschweizer Kantonen (1988: St. Gallen 7 Sitze – 3,7 Wählerprozente; Thurgau 10 – 8,9%; Schaffhausen 8 – 11,4%; 1989: Aargau 12 – 7,6%; Solothurn 7 – 5,0%). Diese Resultate kamen zum Teil noch vor der Gründung einer kantonalen Sektion zustande (Schaffhausen). Einzig in Schwyz und Graubünden blieb ihr der Erfolg versagt, was einerseits auf das Wahlsystem (Majorz in GR) und andererseits darauf zurückzuführen ist, dass in Schwyz die Gemeinden die Wahlkreise bilden und damit das lokale Element verstärken. Insgesamt verfügte die Auto-Partei Mitte 1989 über 44 Sitze in fünf Kantonen.

e) Die Stellung der neuen politischen Gruppierungen in den kantonalen Parlamenten, Gesamtbetrachtung

Die neuen politischen Gruppierungen sind heute (1989) bereits in insgesamt 19 kantonalen Parlamenten vertreten. In sieben Kantonen haben sie demnach noch keine Sitze erreichen können. Es erstaunt nicht, dass sich darunter die vier Kantone mit Majorzwahlverfahren befinden (beide Appenzell, Graubünden, Uri). Keine Mandate haben neue Gruppierungen im weitern im Wallis und Freiburg, also in Kantonen mit einem Quorum, d.h. mit einem erforderlichen Mindestwähleranteil pro Wahlkreis zwischen 7,5 und 8 Prozent der Stimmen. Unklar bezüglich der Zuweisung ist die Situation im Kanton Obwalden, wo sich Vertreter kommunaler Gruppierungen zu einer Freien Fraktion zusammengefunden haben, welche bezüglich Umweltfragen sensibilisiert ist.

Die neuen Gruppierungen wiesen für die Periode 1984–87 zusammen 190 Mandate in kantonalen Parlamenten auf; dies sind 6,3% aller kantonalen Parlamentssitze (2998) oder 8,4% derjenigen Parlamente, wo sie tatsächlich vertreten sind (Stand Mitte 1989: 263 Mandate – 8,8% aller Mandate oder 11,0% der Mandate von Kantonen mit einer Vertretung). Dabei ist zu berücksichtigen, dass die Verhältnisse von Kanton zu Kanton verschieden sind. Immerhin haben die neuen politischen Gruppierungen mit 11% nicht mehr nur eine Aussenseiterrolle inne und stellen einen ernstzunehmenden politischen Faktor dar; auf der andern Seite sind jedoch ihre Mandatsanteile zu gering, um über Einzelfälle hinaus den politischen Entscheidungsprozess nachhaltig in ihrem Sinne beeinflussen zu können.

Eine bedeutende Rolle nehmen die neuen politischen Gruppierungen jedoch innerhalb der Gruppe der Nichtregierungsparteien ein. Bezüglich der Wähleranteile weisen sie innerhalb dieses Blocks, von Ausnahmen abgesehen, eine zunehmend stärkere Position auf. In zwölf Kantonen können die neuen politischen Gruppierungen mehr als die Hälfte der Wähleranteile der Nichtregierungsparteien für sich verbuchen; in mehr als der Hälfte der Kantone weist ihre Kurve aufwärts. Im übrigen gelang der Freien Liste im Kanton Bern im Rahmen einer besonderen politischen Konstellation im Jahre 1986 der Einzug in die kantonale Exekutive (mit gleich zwei Sitzen), und im Kanton Tessin doppelte ein Jahr darauf der PSA nach (ein Sitz), allerdings zu einem Zeitpunkt, wo er sich schon der SP wieder angenähert hatte.

Bei der Entwicklung der vier Strömungen innerhalb der neuen politischen Gruppierungen darf der Faktor Zeit nicht ausser acht gelassen werden. Obwohl ihre Sitz- und Stimmengewinne gelegentlich für schweizerische

Verhältnisse recht spektakulär waren, zeigt die politische Geschichte gerade auch der Kantone, dass solche Aufwärtsbewegungen nicht ungebrochen verlaufen und häufig nach nicht allzu langer Zeit ins Stocken geraten. Bezüglich unseres Untersuchungsgegenstandes lässt sich feststellen, dass die «älteste» Gruppierung, diejenige der nationalistischen Rechten, bereits drei Phasen durchlaufen hat: eine initiale Aufschwungphase, abgelöst von einem jähen Absturz und einer moderaten Renaissance. Die Neue Linke weist eine zweistufige Entwicklung auf: Einer Periode des sukzessiven Aufbaus und Wachstums folgt eine solche der Stagnation und des Schwächerwerdens, verfälscht durch ein teilweises Hinüberfliessen in die grüne Bewegung. Diese hat, wie die Auto-Partei, bisher nur den Aufwärtstrend gekannt. Aber auch sie werden sich eines Tages mit dem Umstand konfrontiert sehen, dass ihre grünen Bäume nicht in den Himmel wachsen bzw. das Gaspedal einmal durchgetreten ist.

4 Die regionale Verankerung der neuen politischen Gruppierungen

a) Allgemeine Feststellungen

Eine eindeutige Aussage, ob sich die neuen politischen Gruppierungen von unten herauf, also über die kommunale, dann die kantonale und schliesslich die nationale Ebene entwickelt haben oder umgekehrt, ist nicht möglich. Auffallend ist vielmehr, dass alle vier Gruppierungen jeweils, von Ausnahmen abgesehen, bei ihrer ersten Kandidatur auf kantonaler Ebene in die Parlamente einziehen konnten. Häufig entsprach es der Zufälligkeit der Verteilung der kantonalen Wahltermine, ob eine Gruppierung zuerst auf kommunaler oder kantonaler Ebene auftrat. Immerhin lässt sich eine gewisse Tendenz beobachten in dem Sinne, dass die grünen Gruppierungen sich eher zuerst mit lokalen Problemen befassten und dann auch auf kantonaler Ebene auftraten, während bei der nationalistischen Rechten und der Auto-Partei (beide hatten ihren ersten Nationalratssitz, bevor sie in kantonalen Parlamenten vertreten waren), aber auch bei der Neuen Linken die Entwicklung eher umgekehrt verlief.

Bei der Verankerung in städtischen bzw. Agglomerationsgebieten sowie in ländlichen Regionen ist zuerst einmal in Rechnung zu stellen, dass städtische und Agglomerationswahlkreise in der Regel die höchsten Mandatszahlen aufweisen und es damit kleineren Parteien leichter machen, gerade dort zu reüssieren. Wenige Kantone (z.B. Luzern, Solothurn) haben ländliche Wahlkreise mit Mandatszahlen, die den städtischen einigermassen vergleichbar sind. Es ist daher verständlich, dass kleine Parteien in erster Linie ihr Wahlglück dort versuchen, wo Erfolge eher möglich sind. Dennoch unterscheiden sich die Formationen der neuen politischen Gruppierungen gerade in dieser Frage wesentlich.

b) Die nationalistische Rechte

Die nationalistische Rechte ist trotz der von ihr beanspruchten Bodenständigkeit und Traditionsgebundenheit eine Gruppierung der Städte und Agglomerationen, wo sie den konservativen und rückwärtsgewandten Protest gegen die neuen Entwicklungen verkörpert. Dies war vielleicht in ihrer ersten Aufschwungphase zu Beginn der siebziger Jahre etwas weniger der Fall als später, als sie zum Beispiel in den Kantonen Aargau, Thurgau und St. Gallen recht breit in vielen Wahlkreisen verankert und auch in Kantonen wie Luzern, Schaffhausen und Zug im Parlament vertreten war. Aber schon damals war sie in Basel-Stadt am stärksten und von den zehn im Jahr 1971 im Kanton Zürich gewonnenen Sitze entstammten deren acht städtischen Wahlkreisen in Zürich und Winterthur. Durch den Einbruch während zwei Wahlperioden wurde diese Gruppierung vollkommen auf den städtischen und Agglomerationsbereich reduziert, was sich auch in der Phase des Wiederaufschwungs in der Mitte der achtziger Jahre kaum wesentlich geändert hat. Kennzeichnend dafür ist auch der Umstand, dass die nationalistische Rechte heute in weit weniger Kantonen im Parlament vertreten ist als noch zu Beginn der siebziger Jahre, eine Tendenz, die auch in den kantonalen Wahlen von 1988 mit dem Verlust des einzigen NA-Sitzes im Kanton Thurgau bestätigt wurde. Wie in manchen anderen Punkten liegt auch hier bezüglich der Stellung der Genfer Vigilants eine etwas andere Situation vor. Diese Partei wies z.B. bei den kantonalen Wahlen von 1985 eine etwa gleich grosse Verankerung in Stadt und Land auf, wobei allerdings der Agglomerationsbereich der Rhonestadt fast das gesamte Kantonsgebiet abdeckt. Mit Ausnahme von Genf und sporadischen Erfolgen im Kanton Waadt hat die nationalistische Rechte in der französischen Schweiz nie für den Einzug in kantonale Parlamente kandidiert. Im Tessin versuchte es die NA zweimal vergebens und erst Valentin Oehen konnte hier mit seiner neugegründeten Ökologischen Freiheitlichen Partei einen vorübergehenden Sitzgewinn erzielen.

c) **Die Neue Linke**

Noch ausgeprägter als die nationalistische Rechte ist die Neue Linke eine Agglomerationsgruppierung. Dies gilt nicht unbedingt auch für den Tessiner PSA, der in vielen Gemeinden des Südkantons breit verankert ist. Ausgesprochen ist dagegen der Charakter der POCH als Deutschschweizer Agglomerationspartei. Gegründet wurde sie 1969 in Basel, von wo aus auch die Gründung weiterer Sektionen initiiert wurde. Ihre Hochburgen stellen die Hauptstädte oder Agglomerationsregionen der Kantone Basel-Stadt, Basel-Land, Bern, Luzern, Schaffhausen, Solothurn und Zürich dar. In diesen sieben Kantonen trat die POCH im Zeitraum 72–83 zu kantonalen Wahlen an. Einzig im Aargau versuchte sie 1985 mit einer Liste im Fricktal diesen engen Rahmen zu sprengen. Bezüglich Sitzgewinnen kam sie nie über den städtisch-agglomerativen Raum hinaus. Einzig im Kanton Luzern vermochte sie 1983 einen Sitz im 27-Mandate-Wahlkreis Hochdorf zu erreichen. Erst 1987 konnte sich die POCH, aufgegangen im Grünen Bündnis, breiter auf dem Luzerner Land verankern. Dieselben Feststellungen gelten auch für die kommunale Politik, wo die POCH namentlich in den Kantonen Basel-Land, Solothurn und Luzern in mehreren Gemeinden vertreten ist. In der Regel hat die POCH auch gar nie versucht, in ländlichen Gegenden Fuss zu fassen, was sich namentlich im Zuge des Aufkommens der grünen Gruppierungen als Handicap erweisen sollte. Denselben Charakter wie die POCH hat auch die SAP, wobei diese Gruppierung auch in der Westschweiz aktiv, aber nicht erfolgreich ist. Im bernischen Wahlkreis Biel sowie im Kanton Tessin (ein einziger Wahlkreis mit 90 Sitzen) vermochte sie ihre bisher einzigen kantonalen Parlamentsmadate zu erringen.

d) **Grüne Gruppierungen**

Grundsätzlich anders stellt sich die Situation bei den Gruppierungen der Grünen dar. Schon nur die Tatsache, dass sie sich bisher in 19 Kantonen an den Wahlen beteiligt haben und in 15 Kantonen im Parlament vertreten sind, zeigt ihre breite Abstützung. Tatsächlich ist den grünen Gruppierungen der Sprung über die Agglomerationen aufs Land hinaus gelungen. Im Kanton Zürich vermochte die Grüne Partei in 17 der 19 Wahlkreise Sitze zu erringen. Sie erzielte 1987 ihre höchsten prozentualen Wähleranteile gerade in den nicht zentralstädtischen Wahlkreisen wie Andelfingen (17,1%), Pfäffikon (15,1%), Uster (14,4%), Dielsdorf (14,2%) und Winterthur-Land (13,8%), die zum Teil traditionelle SVP-Hochburgen sind. Eine vergleichbare Tendenz hatte sich schon ein Jahr zuvor im Kanton Bern abgezeichnet, wo die Freie Liste in den Wahlkreisverbänden Mittelland-Süd und Seeland Wähleranteile erreichte (12,4 bzw. 11,7%), welche denjenigen in Bern-Stadt und -Land ebenbürtig waren (12,7 bzw. 10,9%). Die Tendenz zur Verankerung auch in ländlichen Wahlkreisen ist generell feststellbar, und es scheint, dass diese Bewegung etliche Hürden, welche durch die zum Teil recht geringen Mandatszahlen und damit hohen notwendigen Wähleranteile für einen Sitzgewinn gestellt werden, zu überspringen vermögen. Bemerkenswert ist insbesondere, dass es den grünen Gruppierungen auch in der konservativen Innerschweiz gelungen ist, Fuss zu fassen. In den Kantonen Luzern und Nidwalden haben sie dabei die Sozialdemokratische Partei überholen und in Nidwalden sogar aus dem Parlament verdrängen können. Auch bezüglich der Verankerung in den verschiedenen Landesteilen stehen die grünen Gruppierungen nicht schlecht da. In den Kantonen Waadt, Genf und Neuenburg sind sie in Fraktionsstärke vertreten. Im weitern haben sie auch zwei Sitze im Tessiner Grossen Rat.

e) **Die Auto-Partei**

Die Auto-Partei beteiligte sich bis Mitte 1989 an 7 von 11 möglichen kantonalen Wahlgängen. Ähnlich wie die grünen Gruppierungen war sie nicht nur in städtischen, sondern auch in ländlichen Wahlkreisen präsent und erfolgreich. So konnte sie zum Beispiel im Kanton Thurgau Sitze in 7 von 8 Wahlkreisen erreichen. Erste Interpretationen ihrer Erfolge wiesen darauf hin, dass sie namentlich dort Erfolg hatte, wo noch ungelöste Verkehrsprobleme vorhanden sind. Dazu kommt, dass in den Kantonen, wo sie nun im Parlament vertreten ist, der Einzugsbereich der Pendlerströme sehr weit gezogen ist. Obwohl in verschiedenen Westschweizer Kantonen Parteigründungen stattfanden, hat die Auto-Partei in diesem Landesteil vorläufig (Mitte 1989) noch nicht kandidiert.

5 Mitglieder, Wählerinnen und Wähler

Die Parteien der nationalistischen Rechten weisen einen unterdurchschnittlichen Anteil von Frauen in ihrer Wählerschaft auf. Dafür sind ältere Wähler bei ihnen, auch auf Wahllisten, gut vertreten. Eine Ausnahme machen hier wiederum die Genfer Vigilants, die einen regen Zuzug von jungen Mitgliedern zu verzeichnen haben. Dieser Partei ist es von allen nationalistischen Rechtsparteien am besten gelungen, sowohl ins Elektorat des Kleinbürgertums wie auch in dasjenige der Linken einzubrechen. Diese Entwicklung der Vigilants ist allerdings eher jüngeren Datums. Auch sie stützte sich vorher vor allem auf Mittelschichten und ältere Wähler. Gemessen an den Ergebnissen ihrer Politik auf kantonaler Ebene können sich die nationalistischen Rechtsparteien auf einen recht beträchtlichen Grundstock von Mitgliedern stützen, der vermutlich primär aufgrund der nationalen Fragestellung im Ausländerbereich organisiert werden kann.

Die POCH war seit ihrer Entstehung eine junge Partei und ist es auch geblieben. In ihrer Aufbauzeit setzte sie sich in erster Linie aus Studenten, Lehrlingen und Mittelschülern zusammen, aber auch später gelang es dieser Gruppierung immer wieder, junge Mitglieder und Sympathisanten zu organisieren. Bemerkenswert im Vergleich mit andern Parteien ist das tiefe Durchschnittsalter der Kader. Frauenanliegen stellen einen traditionellen Schwerpunkt in dieser Partei dar, und Frauen sind bei der POCH auf Wahllisten und Parlamentssesseln tatsächlich besser vertreten als bei den etablierten Parteien. Im Gegensatz zu den andern Strömungen der neuen politischen Gruppierungen flogen den Parteien der Neuen Linken die Mitglieder nicht zu. Vielmehr vermochten sie mit einem vergleichsweise niedrigen Mitgliederbestand politisch recht viel in Bewegung zu setzen. Ähnliches gilt für die 1969 als Linksabspaltung von der PdA formierte Sozialistische Arbeiterpartei (SAP). Das Journal de Genève beschrieb 1981 ihre Wähler als «travailleurs intellectuels du secteur privé et public, en majorité entre 20 et 40 ans, principalement dans les quartiers ouvriers».

Bei den grünen Gruppierungen fällt vor allem auf, wie schnell ihr Mitglieder- und Sympathisantenbestand, wohl auch angesichts der jüngsten spektakulären Erfolge, angewachsen ist, obwohl zum Teil nicht einmal formelle Parteistrukturen bestehen. Gleichzeitig bedeutet dies eine aussergewöhnliche Heterogenität und damit ein breites Spektrum von Erwartungen, dem diese Gruppierungen werden genügen müssen. Im weitern sticht hervor, dass eine bestimmte intellektuelle und kulturelle Elite namentlich auf den Kandidatenlisten recht prominent vertreten ist. Wie bei der Neuen Linken sind bei den Grünen die jungen Wählerinnen und Wähler überdurchschnittlich vertreten. Zudem ist die grüne Partei die einzige Partei mit einer Mehrheit von Frauen in der Wählerschaft. Durch die Formierung von grünen Gruppierungen zuerst im lokalen Bereich mit Konzentration auf lokale Problemstellungen standen bei ihnen Ideologiedebatten bei der Meinungsbildung im Gegensatz etwa zu den Parteien der Neuen Linken nie im Vordergrund, sondern Fragen des menschlichen und ökologischen Verhaltens und Masses.

Auch die Auto-Partei verblüffte durch einen ausserordentlich raschen Zuwachs ihrer Anhängerschaft. Wie bei den Grünen erfolgte diese Entwicklung zunächst bei kaum vorhandenen Parteistrukturen. Erste Analysen ihrer Wählerschaft weisen einen überdurchschnittlich hohen Anteil von Männern, hauptsächlich aus der Deutschschweiz und im Alterssegment zwischen 20 und 40 Jahren auf. Profitierend von einem generell wachsenden Anteil ungebundener Wählerschichten gehen ihre Erfolge einher mit beträchtlichen Verlusten von bürgerlichen Parteien. Es zählt zur Politik der Auto-Partei, nicht nur gegen Grüne und Linke, sondern auch gegen Bürgerliche Stimmung zu machen und sich selbst als einzige echte Bürgerpartei darzustellen. Die Wahlresultate zeigen, dass namentlich bürgerliche Wähler (vorübergehend?) zur Auto-Partei gewechselt haben.

Die obligate Zeitungslektüre / Lecture obligée des journaux

in St. Gallen

à Delémont

in Aarau

in Bern

in Schaffhausen

à Lausanne

6 Das Selbstverständnis der neuen politischen Gruppierungen

Bei der nationalistischen Rechten stehen Werte wie Ordnung, Autorität und Sicherheit im Vordergrund. Sie sieht sich gerne als Vertreterin des sogenannten kleinen Mannes. Die politische Thematik ist auch auf kantonaler Ebene auf die Überfremdungsfrage ausgerichtet, obwohl hier eigentlich nur wenige Ansatzpunkte bestehen (Einbürgerungen, Grundstückverkäufe an Ausländer). Andere Zielsetzungen, vor allem ökologischer Art, sind zwar durchaus vorhanden, aber die Konkurrenz auf diesem Gebiet ist sehr gross und die NA hat sich kaum in der breiten Öffentlichkeit in dieser Frage profilieren können, nicht zuletzt auch deshalb, weil sie parteiintern in dieser Hinsicht nicht ganz einig ist. Ihre Wahlerfolge sind fast ausschliesslich an die nationale Ausländer- bzw. Flüchtlingsfrage gebunden.

Die POCH startete als marxistisch-leninistische Kaderpartei, die als Teil der kommunistischen Weltbewegung den revolutionären Prozess anleiten wollte. Im 78er Parteiprogramm bekannte sie sich zu den demokratischen Traditionen und Institutionen der Schweiz, zum politischen Pluralismus und zur kulturellen Vielfalt; sie strich später den Marxismus und definierte sich als neue soziale Bewegung mit Verbindung zur alten sozialistischen Bewegung. Im Rahmen dieses Wandels öffnete sie sich auch organisatorisch gegenüber grünen Gruppierungen und versteht sich heute als radikal-ökologisch. Die POCH stellte schon früh wesentliche Gegenwartsfragen (Umwelt, Verkehr, Frauen, Alter) in innovativer und radikaler Form zur Diskussion.

Kennzeichnend für viele grüne Gruppierungen ist, dass sie sich ihr Programm zuerst noch erarbeiten müssen. Dabei gestehen sie zuweilen durchaus ein, das sie für bestimmte Fragen noch keine verbindliche Meinung haben, oder dass sie unter sich überhaupt nicht einig sind (z.B. Grünes Bündnis Luzern 1987 zu Fragen im sozialen Bereich). Gerade die grünen Gruppierungen, die allesamt zuerst auf kantonaler Ebene entstanden sind, taten sich zuweilen mit dem programmatischen Teil ihrer Politik recht schwer. So legte zwar im Jahre 1986 die Demokratische Alternative Bern eine Broschüre vor als Grundlage für ihre Politik, angeblich basierend auf modernen wissenschaftlichen Erkenntnissen. Sie gab aber zu verstehen, dass diese nicht die Funktion eines DA-Parteiprogramms haben könne, weil die DA keine Partei und die Broschüre von keinem Plenum abgesegnet und damit ihre Thesen nicht für die Gesamtgruppierung verpflichtend seien. Erst mit der Bildung der Grünen Partei der Schweiz im Jahre 1983 wurden fünf Kriterien für eine grüne Politik, zumindest auf nationaler Ebene, postuliert: langfristige Perspektive, Lebensqualität, Humanismus, Anti-Technokratie und Dezentralisation. Die konkrete Umsetzung dieser Postulate gibt aber stets zu Diskussionen Anlass, und es entspricht nicht dem Anspruch der Grünen Partei, auf alles eine automatische Antwort bereit zu haben. Erschwerend tritt die aussergewöhnliche Heterogenität ihrer personellen Zusammensetzung dazu, d.h. die Spannung zwischen Vertretern einer mehr pragmatischen und solchen einer strikt fundamentalistischen Richtung. Die grünen Gruppierungen wollen gemäss ihren eigenen Aussagen weder die Herrschaft übernehmen noch bestehende staatliche Einrichtungen auf den Kopf stellen; Sie wollen vielmehr die Anpassung von Gesetzen und Verhaltensweisen beschleunigen und grüne Werte und Kriterien in bestehende Machtstrukturen einbringen.

Die Auto-Partei verfügt über kein umfassendes politisches Programm, sondern engagiert sich zugunsten von einigen wenigen aktuellen Forderungen. Sie setzt sich hauptsächlich ein für einen durch weniger Vorschriften, Steuern und Abgaben belasteten motorisierten Individualverkehr («Freie Fahrt für freie Bürger») und in diesem Kontext gegen ein aktives Handeln des Staates im Umwelt- und Verkehrsbereich. Im weitern ist ihre Politik charakterisiert durch Forderungen nach einem Staat, welcher eine möglichst unbehinderte persönliche Freiheit garantiert, mit entsprechender Distanz zum Sozialstaat, sowie durch eine Bekämpfung der offiziellen Asylpolitik.

7 Auswirkungen auf den politischen Stil ausserhalb des Parlaments

Entsprechend ihrem Selbstverständnis hatte die Politik der nationalistischen Rechten kaum Auswirkungen auf den politischen Stil. Im Zuge einer allgemeinen Aufweichung der politischen Fronten konnten jedoch auch sie von diesem Phänomen profitieren, wie zum Beispiel in einzelnen Wahlkreisen durch Listenverbindungen mit der SVP.

Im Laufe der Jahre reifte auch die POCH zu einem salonfähigen Bündnispartner heran, der für andere Gruppierungen der Linken und der Grünen bei der Aufnahme in überparteiliche Komitees oder für Listenverbindungen attraktiv wurde. Von politischer Bedeutung sind dabei namentlich die Listenverbindungen mit der SP, welche ihre jahrzehntelange Abneigung gegen eine Zusammenarbeit mit der POCH aufgab, wobei wohl nicht zuletzt auch die Limitierung eigener Verluste im Proporzwahlverfahren mitgewirkt haben dürfte; solche Listenverbindungen wurden erstmals 1985 bei Richterwahlen in Basel-Stadt beschlossen und fanden später bei kantonalen Parlamentswahlen verschiedentlich eine Wiederholung.

Entsprechend ihrer Absicht, sich nicht ausschliesslich auf bestimmte Allianzen einzulassen, zeigte sich die Listenverbindungspraxis der grünen Gruppierungen bisher als sehr flexibel. Im Kanton Zürich zum Beispiel schloss die Grüne Partei je nach Wahlkreis Allianzen mit SP, POCH, PdA, SAP, EVP und Landesring.

In ihrer bisher kurzen Existenz entwickelte die Auto-Partei einen kompromisslosen und aggressiven Stil, der bezüglich des Sprachgebrauchs in ihren Publikationen durch ein für schweizerische Verhältnisse völlig ungewöhnliches, unflätiges Vokabular gekennzeichnet ist, aber auch durch Unanständigkeiten anderer Art, wie Aufruf zu Kopfjägerei oder Bekanntgabe der Telephonnummern von missliebigen Politikern zwecks Belästigung.

Aufschluss über die politische Aktivität von Parteien und Gruppierungen gibt auch die Benutzung des Instruments der Volksinitiative. Eine Untersuchung über die Erfolge kantonaler Volksinitiativen in den Jahren 1980–86 zeigt deutlich, dass namentlich die Neue Linke von dieser Möglichkeit Gebrauch machte, aber auch grüne Gruppierungen scheinen dieses Instrument entdeckt zu haben (vgl. Tab. 1). Dagegen erwies sich die nationalistische Rechte auch hier als sehr passiv. Die zitierte Untersuchung unterscheidet zwischen 21 Kantonen mit Urnenabstimmung und dem Kanton Basel-Stadt, wo auch kommunale Belange Gegenstand einer kantonalen Volksinitiative sein können. Von Interesse ist auch, dass der prozentuale Anteil der jeweiligen Gruppierungen bezüglich des Totals sämtlicher Initiativen auch bei der Neuen Linken weit geringer ist, als interessierte Kreise, die von einer Überbeanspruchung oder gar einem Missbrauch dieses Instruments reden, gelegentlich weismachen wollen.

Tabelle 1
Neue politische Gruppierungen und kantonale Volksinitiativen 1980–1986: Initianten und Anzahl Initiativen

Initianten   Anzahl Initiativen
               1 allein
               2 in Komitee
               3 Total
               4 Total in % aller Initiativen

	21 Kantone				Basel-Stadt			
	1	2	3	4	1	2	3	4
NA, EDU, Rep.	4	0	4	2,5	1	0	1	2,4
POCH	12	6	18	11,2	9	3	12	29,3
SAP	6	5	11	6,8	1	2	3	7,3
Grüne	3	6	9	5,6	2	1	3	7,3

Quelle: C. Moser, Erfolge kantonaler Volksinitiativen nach formalen und inhaltlichen Gesichtspunkten, in: Schweizerisches Jahrbuch für Politische Wissenschaft, 1987, S. 159 ff.

Beim Charakter der von den Initiativen angestrebten Neuerungen standen (in den untersuchten 21 Kantonen) bei der POCH die traditionellen Sozialstaatsforderungen der Linken im Vordergrund, während diese bei der SAP ungefähr den gleichen Stellenwert hatten wie emanzipatorische Forderungen im Bildungsbereich. Die grünen Gruppierungen konzentrierten sich naturgemäss auf «grüne» Forderungen, während bei den wenigen Initiativen der nationalistischen Rechten kein besonderer Forderungstypus auszumachen war.

8 Auswirkungen im Parlament

Die Debattierlust vieler Gruppierungen, namentlich auch der POCH, veranlasste etliche Parlamente zur Reduktion der Redezeit, entweder generell oder doch zumindest bei der Diskussion von parlamentarischen Vorstössen oder zur Beschränkung ihrer Anzahl pro Ratsmitglied und Sitzung, eine Massnahme, die in erster Linie auf fraktionslose Mitglieder des Rates bezogen war. Immerhin muss darauf hingewiesen werden, dass das Anwachsen der Zahl der parlamentarischen Vorstösse kein unilinearer exponentieller Prozess ist. In etlichen Kantonen konnte nämlich in den letzten Jahren durchaus auch das Gegenteil festgestellt werden, indem die Zahl der Vorstösse wieder abnahm (z.B. Jura, Basel-Land, Aargau). So stellte der scheidende Parlamentspräsident des Aargauer Grossen Rates beim Rückblick auf sein Präsidialjahr 87/88 fest, dass nur etwas mehr als die Hälfte der Vorstösse des Vorjahres eingereicht worden war. Auch innerhalb der Legislaturperioden gibt es verschiedene Vorstosskonjunkturen. Wenn Vertreter einer neuen Gruppierung in grösserer Zahl neu ins Parlament gewählt werden, ist es unausweichlich, dass sich dies vorerst auch in einer Zunahme der Vorstösse niederschlägt, wobei sich die Situation später, gegen Ende der Legislaturperiode, wieder normalisiert. Generell lässt sich feststellen, dass die Zahl der parlamentarischen Vorstösse gegen Ende der Legislatur zurückgeht, was auch schon als Zeichen der Ermüdung interpretiert wurde. Tatsächlich wäre angesichts bevorstehender Wahlen eigentlich das Gegenteil zu erwarten. Bei der Diskussion bezüglich der vielzitierten Vorstossflut darf nicht ausser acht gelassen werden, dass Parlamentsmitglieder von etablierten Parteien andere Wege kennen, um ihre Ziele zu erreichen. Immerhin bestreiten die grossen Parteien noch immer mehr als die Hälfte der parlamentarischen Vorstösse. Auffallend ist im übrigen auch hier, dass die Vertreter der nationalistischen Rechten von dieser Möglichkeit recht wenig Gebrauch machen, wie das Beispiel des Kantons Basel-Land illustriert.

Tabelle 2
Basel-Land: Persönliche Vorstösse nach Parteien

Fraktion/Gruppe	83/84	84/85	85/86
FDP	15	18	16
SP	51	37	29
CVP	18	16	20
SVP/EVP	9	10	7
LdU/LP	21	15	2
POCH	71	53	50
NA	5	3	2
Kommissionen	3	2	4
Total	193	154	130
ohne Budgetpostulate	179	122	112

Quelle: Basler Zeitung, Nr. 183, 8. August 1986, S. 36

Die Zunahme der parlamentarischen Vorstösse und der Diskussionsfreudigkeit ist aber keineswegs nur ein Privileg derjenigen Parlamente, wo oppositionelle Kleinparteien, namentlich solche der neuen politischen Gruppierungen, am Werke sind; vielmehr lässt sich dieses Phänomen generell feststellen, so dass sich zum Beispiel auch der Grosse Rat des Kantons Graubünden im Jahre 1987 zu einer massiven Reduktion der Redezeit veranlasst sah.

Vorstosseifer und Debattierlust haben tatsächlich in den letzten Jahrzehnten nicht nur wegen des Einzugs neuer politischer Gruppierungen zugenommen, sondern erwiesen sich als eine Erscheinung, von der auch die etablierten Parteien nicht verschont blieben, obwohl diese ihre Vorschläge bereits auf Kommissionsebene einbringen können. Das breite politische Spektrum der Volksparteien führt dazu, dass sich bei den stets zahlreicher werdenden umstrittenen Vorlagen die Exponenten der verschiedenen Lager innerhalb der Fraktionen auch im Ratsplenum zu Worte melden. So stellte die Luzerner Tageszeitung «Vaterland» fest, dass die Fraktionssprecher schon bei den Eintretensdebatten geradezu von weiteren Meinungsäusserungen aus der gleichen Fraktion überflutet werden. Einseitige Sündenbock-Erklärungen seien deshalb zu vermeiden und den geänderten politischen Realitäten mit ihren vermehrt grundsätzlicheren Problemstellungen ins Auge zu schauen. Ein Luzerner Regierungsrat stellte fest, dass die zunehmende Redeflut ein weltweites Charakteristikum sei. Dazu leisten auch die Medien ihren Beitrag, indem sie sich immer mehr einer personenorientierten Darstellung von Sachverhalten befleissigen.

Änderungen gab es auch im äusseren Erscheinungsbild der Parlamente. Dieses hatte schon mit dem sukzessiven Einzug von Frauen in die kantonalen Volksvertretungen eine Auflockerung des bislang eher dunklen äusseren Habitus erfahren. Dem Einzug von jungen Vertretern, namentlich der Neuen Linken und der grünen Gruppierungen, aber auch der SP, fielen etliche Kleidertabus zum Opfer, und der Ermessensspielraum, was für das Parlament schicklich sei, wurde allmählich grösser. Dabei war die Entwicklung durchaus nicht einheitlich. Das Waadtländer Groupement pour la protection de l'environnement pflegte zwar einen jungen und dynamischen Stil und markierte eine gemässigte Opposition, aber es tat dies mit Krawatte. Dagegen wurde auch auf bürgerlicher Seite der Tenuefrage weniger Gewicht zugemessen und ein freisinniger Politiker präsidierte den Schaffhauser Grossen Rat Mitte der achtziger Jahre konsequent ohne Krawatte. Nicht zuletzt ist dies auch ein Ausdruck eines zunehmenden Individualismus, der die Gesellschaft als ganzes erfasst.

Eine weitere Konsequenz des unkonventionelleren Stils ist der vermehrte Gebrauch der Mundart im Parlament. Aber auch Formen, die dem Parlamentsbetrieb bis anhin fremd waren, wurden namentlich von der POCH gelegentlich gepflegt: demonstratives Verlassen der Parlamentssitzung, Entfaltung von Transparenten im Parlament, Anziehen von Maulkörben oder Orchestrierung von Zuschauerprotesten während eines Votums eines ihrer Vertreter.

Während sich die nationalistische Rechte bezüglich des Altersdurchschnitts ihrer Parlamentsmitglieder kaum von den etablierten Parteien unterscheidet, sind die Vertreterinnen und Vertreter der Neuen Linken und der grünen Gruppierungen eher den jüngeren Jahrgängen zuzuordnen. Ein massiver Einzug von Repräsentanten dieser Formation kann zu einer spürbaren Verjüngung des Gesamtparlaments führen, wie zum Beispiel im Kanton Zürich 1987 durch die Grüne Partei, deren Fraktion mit einem Durchschnittsalter von 37 Jahren bei weitem die jüngste ist.

9 Kohärenz der Politik der neuen politischen Gruppierungen

Die nationalistische Rechte zeigte sich bei Abstimmungen im Parlament, die nicht Ausländer- oder Umweltfragen zum Gegenstand hatten, häufig gespalten. Aber selbst in Umweltfragen waren sich die Vertreter dieser Richtung nicht immer einig: Die Nationale Aktion des Kantons Zürich zum Beispiel war in Umweltfragen in der Legislatur 83–87 oft unterschiedlicher Meinung. Es erstaunt deshalb nicht, dass dieses wenig kohärente Auftreten dem Image der Partei nicht gerade förderlich war und ihre Parlamentsarbeit vielfach wirkungslos machte. Dies wurde verstärkt durch den Umstand, dass die Parteien der nationalistischen Rechten in vielen Kantonen in zum Teil tiefgehende und langdauernde Streitigkeiten unter einzelnen führenden Mitgliedern und damit auch mehr oder weniger radikalen innerparteilichen Tendenzen verwickelt waren. Auffallend war vielfach auch die Abhängigkeit dieser Gruppierungen von einer einzelnen Führungspersönlichkeit.

Kennzeichnend für die Politik der Neuen Linken war insbesondere, dass diese stets von einem grundsätzlichen Standpunkt aus konzipiert wurde, was nicht allenthalben geschätzt war. So stellte ein Luzerner Grossrat fest, dass die POCH an einem wenig effizienten Ratsbetrieb mitschuldig sei, weil «bei jedem Votum die ganze Philosophie und weltpolitische Betrachtung mitgeliefert werde». Jedenfalls war die innere Geschlossenheit der Parteien der Neuen Linken immer sehr hoch. Wenn auch nicht unbedingt immer in ihrem Verhalten und Vorgehen, so doch zumindest in ihren Stellungnahmen war sie für die politischen Kontrahenten, aber auch für ihre Wählerinnen und Wähler, sehr berechenbar, weil sie durchwegs eine konsequente Linie verfolgte. Mit der Annäherung an grüne Positionen und der damit einhergehenden organisatorischen Aufweichung waren jedoch auch die Gruppierungen der Neuen Linken zuweilen für eine Überraschung gut. Nicht alles steht heute zum vornherein für sie eindeutig fest. Diese neue Offenheit und Flexibilität hat jedoch auch zur Konsequenz, dass ihre Anliegen im Parlament eher Chancen haben, akzeptiert zu werden, als früher, wo viele an sich unbestrittene Vorstösse abgelehnt wurden, nur weil sie aus der falschen Ecke kamen.

Die grünen Gruppierungen verfolgen wohl nicht überraschend in Umweltfragen eine konsequente und kohärente Politik; in andern Fragen sind sie jedoch nicht zum vornherein einem bestimmten politischen Lager zuzuordnen, so dass sich vermehrt wechselnde politische Allianzen in den einzelnen Sachfragen ergeben.

Durch die Konzentration ihrer Politik aufs Auto hatte die Auto-Partei bislang keine Mühe, eine konsequente Linie vorzuweisen. Sehr schnell sind jedoch, ähnlich wie bei der nationalistischen Rechten, parteiinterne personenbezogene Streitigkeiten und Auseinandersetzungen ausgebrochen, welche in einem Falle (Schwyz) bereits zu einer Abspaltung geführt haben (Gründung einer «Demokratischen Auto-Partei»).

10 Aspekte der Integration ins politische System

Die nationalistische Rechte ist von ihrem Selbstverständnis her vollkommen ins politische System integriert, in vielem vielleicht sogar überintegriert, steht aber im Dilemma, in einzelnen Fragen in der Opposition zu stehen. Sie leidet am Problem, Opposition spielen zu müssen, ohne es eigentlich zu wollen, was ihr Nichtpräsentsein in vielen Fragen, ihre Kritiklosigkeit, ihr Schweigen und ihre fehlende Spritzigkeit erklärt. Die Parteien der nationalistischen Rechten wollen nicht neue Vorstellungen in den politischen Prozess einbringen und die Insititutionen nicht verändern; ihr Anliegen bleibt die Konservierung von Zuständen, häufig von solchen des Status quo ante.

Auch wenn ihr von ihren politischen Kontrahenten zuweilen das Gegenteil unterschoben wurde, haben die Gruppierungen der Neuen Linken zum Teil verzweifelt versucht, sich zu integrieren und von den andern politischen Kräften akzeptiert zu werden. Die eifrige Benutzung direktdemokratischer Möglichkeiten interpretierte sie selbst als Ausdruck ihres Integrationsbemühens. Sie wollte verändern, erneuern und gelegentlich die politischen Vorzeichen etwas anders setzen, aber dies letztlich von einer starken Stellung innerhalb des Systems aus. Diese Integration wurde ihr lange Zeit verwehrt. Auch dort, wo sie sich einigermassen als etablierte Kraft konsolidieren konnte (POCH Basel-Stadt), ist sie immer noch nicht voll akzeptiert. Für viele bürgerliche Politiker blieb der Wandel der Gruppierungen der Neuen Linken zu einer offeneren, pluralistischen und namentlich radikal-ökologischen Politik mit Zweifeln an ihrer Distanzierung vom marxistischen Erbe verbunden, nicht zuletzt auch deshalb, weil letzteres in Wahlkämpfen ein stets willkommenes Argument darstellen konnte. Bestehende Reserven von bürgerlicher Seite gegenüber der Vergangenheit der POCH waren auch dafür verantwortlich, dass diese Partei im Kanton Basel-Stadt, trotz ausgewiesenem Anspruch (gleich viele Sitze wie CVP und LP, mehr Sitze als DSP), sich zweimal vergeblich um das Amt des Statthalters (Parlamentsvizepräsident, der im folgenden Jahr den Rat präsidiert) bewarb, weil nach Ansicht der Liberalen Partei weiterhin «Vorbehalte gegenüber der demokratischen Verlässlichkeit» der POCH bestehen.

Die grünen Gruppierungen verhalten sich auch in dieser Hinsicht sehr unterschiedlich. Viele von ihnen wollen sich, zumindest vorderhand, nicht integrieren und sich von den herrschenden politischen Mechanismen nicht vereinnahmen lassen. Diese Haltung schlägt durch auf die eigenen Organisationsstrukturen, welche viele nicht in Parteiform konzipieren, sondern in der lockeren Form einer jeweils ad hoc entscheidenden Bewegung weiterbestehen lassen wollen.

Die Auto-Partei tritt in ihren Publikationen für mehr Anstand und Moral in der Politik ein und denkt dabei vor allem an das Operieren mit umstrittenen statistischen Daten, welche den Motorfahrzeugverkehr in einem ungünstigen Licht erscheinen lassen. Sie verfügt über ein traditionelles bürgerliches Staatsverständnis (Staat als Garant der individuellen Freiheit, gegen Bürokratie, zuviele Steuern etc.) und lässt zuweilen auch nationalistische Töne, etwa in der Asylpolitik, vernehmen. Abgesehen vom Umstand, dass sie die Konkordanzpolitik der bürgerlichen Politiker kritisiert, bekennt sie sich vollumfänglich zum herrschenden politischen System und bezieht ihre Attraktivität einzig durch die Radikalität ihrer Forderungen für eine Entschlackung des freiheitsbehinderten Vorschriften- und Sozialstaats.

11 Neue Erscheinungen bezüglich Erringung und Ausübung von Mandaten

Bemerkenswert vor allem bei den grünen Gruppierungen, aber auch bei solchen der nationalistischen Rechten und der Auto-Partei ist der Umstand, dass die zur Wahl vorgeschlagenen Kandidatinnen und Kandidaten häufig völlig unbekannt sind. Die meisten von ihnen haben nicht den traditionellen Werdegang vieler Politiker zuerst über die Stufe der Gemeindepolitik oder in Vereins- und Parteichargen gemacht, sondern sind absolute Neulinge im politischen Leben. Wo dies einhergeht mit jüngerem Alter (v.a. bei den Grünen und der Neuen Linken) resultiert daraus ein frischerer und unkonventioneller Stil, der viele eingefahrene Mechanismen des parlamentarischen Ablaufs in Frage stellt, so zum Beispiel etwa das Verhalten der Grünen Partei des Kantons Zürich, die einen ihr aufgrund des Parteienproporzes zustehenden Kommissionssitz an einen POCH-Vertreter abtrat, womit diese Partei erstmals in einer Kommission Einsitz nehmen konnte.

Auffallend bei den meisten neuen Gruppierungen ist die hohe Rotationsquote in den Parlamenten; viele Mitglieder treten schon vor Ablauf der ersten Legislaturperiode wieder aus dem Rat zurück. Einige grüne Gruppierungen neigen gerade dazu, aus der Rotation eine prinzipielle Frage zu machen (z.B. St. Gallen). Inwieweit diese überhaupt rechtlich zulässig wäre, ist noch nicht ganz geklärt, und auch die Grünen sind sich in dieser Frage intern uneinig. Zu Aufsehen Anlass gaben und geben insbesondere Rücktritte von neugewählten Parlamentsmitgliedern kurz nach Beginn oder sogar schon vor der ersten Sitzung der neuen Legislaturperiode. Wurden solche Manöver, praktiziert etwa von der POCH, vor zehn Jahren von bürgerlicher Seite vehement mit Hinweis auf eine Verhöhnung des Wählerwillens verurteilt, so sind sie angesichts der häufiger werdenden Fälle der letzten Jahre, zum Beispiel bei der NA und der Auto-Partei, aber auch bei der SVP, zum nun weitgehend tolerierten Phänomen geworden.

Nationalistische und grüne Gruppierungen sahen sich zuweilen gleichermassen von ihren eigenen Erfolgen bzw. entsprechenden Aussichten überrumpelt. Ohne organisatorische Strukturierung und Tradition suchten sie nach dem Spontanitätsprinzip Kandidatinnen und Kandidaten für ihre Wahllisten, wobei dies zum Teil sogar auf dem Inseratenwege vor sich ging (z.B. Grüne Glarus 1986). Wer sich meldete, hatte grosse Chancen, tatsächlich auch aufgestellt zu werden. Aber auch das Finden der notwendigen Zahl von Unterzeichnern eines Wahlvorschlags bereitete zuweilen Mühe. So musste die NA des Kantons Waadt trotz vorangegangenen Triumph in den Gemeindewahlen für die Unterzeichner der Grossrats-Wahlliste 1986 ein porte-à-porte durchführen.

12 Neue politische Gruppierungen – was haben sie bewirkt?

Eindeutig ist das Urteil des Publizisten Oskar Reck über die Nationale Aktion. Diese habe in den kantonalen Parlamenten keine konstruktive Rolle spielen können; ihre Politik habe zwar ökologische Momente enthalten, sei aber trotz allem viel zu eingleisig gewesen. Die NA sei eine marginale Episode, welche für die weitere Zukunft wegen ihrer Substanz- und Perspektivelosigkeit vollkommen belanglos sei. Tatsächlich vermochte sich die nationalistische Rechte mit einer eigenen Thematik in den Kantonen kaum zu etablieren. Mit der Ausländerfrage konnte sie zwar auf nationaler Ebene einiges in Bewegung setzen; in den Kantonen gab diese Problemstellung jedoch nicht viel her. Die Ergebnisarmut nationalistischer Politik in den Kantonen konnte auch die NZZ in einem Rückblick über die Leistungen der 10köpfigen Fraktionsgemeinschaft der Republikaner und Nationalen Aktion im Aargauer Grossen Rat Ende der siebziger Jahre konstatieren: «Mit gelegentlicher Opposition bei Einbürgerungsgeschäften des Grossen Rats lässt sich kein Staat machen; auch trug der Versuch der beiden Parteien, sich im Umweltschutzbereich zu profilieren, nicht übermässig Früchte, weil dieses Feld von verschiedenen Parteien beackert wird. Weitere Leistungsausweise der Republikaner und der Nationalen Aktion liegen nicht vor». Es erstaunte denn auch nicht, dass bei den Wahlen von 1981 sämtliche 10 Sitze verloren gingen.

Trotz aller anderer Beteuerungen blieb die Überfremdungsfrage Thema Nr. 1 der nationalistischen Politik, so dass das Journal de Genève feststellen konnte: «La propagande électorale de Vigilance a rarement paru si simpliste: les étrangers y sont présentées comme les bouc émissaires de tous les problèmes genevois».

Gering sind die direkten Erfolge, welche den Parteien der Neuen Linken zugeschrieben werden können. Die rege Benutzung des Initiativ- und Referendumsrechts wie auch der Möglichkeiten parlamentarischer Vorstösse war eigentlich nur in Einzelfällen von einem Erfolgserlebnis gekrönt. Die radikale und grundsätzliche Politik, welche diese Parteien betreiben, hat deren politische Kontrahenten gelegentlich zur Vermutung veranlasst, sie hätten geradezu Lust auf den Misserfolg. Dennoch darf ihre Wirkung nicht als gering eingeschätzt werden. Sie stellten einen katalytischen Faktor für viele Entwicklungen der letzten beiden Jahrzehnte dar und haben mit ihren argumentativen Beiträgen letztlich doch auch zu einem Meinungsumschwung in vielen Bereichen, namentlich bezüglich der Umweltfragen, mitgeholfen. Und letztlich stellten sie einen ganz erheblichen Integrationsfaktor für einen grossen Teil einer radikalen jüngeren Generation dar, eine Leistung, die sie vielleicht so nicht unbedingt gewollt haben und die gerade von bürgerlicher Seite immer noch viel zu wenig Beachtung findet.

Eine Einschätzung der Wirkungen der grünen Gruppierungen ist zufolge ihrer zu kurzen Präsenz in kantonalen Parlamenten zum gegenwärtigen Zeitpunkt noch kaum möglich. Sie sehen sich jedenfalls mit zum Teil hohen Erwartungen konfrontiert, die sie schon deshalb nicht unmittelbar werden einlösen können, weil sie zumindest vorderhand trotz spektakulären Wahlerfolgen an den Mehrheitsverhältnissen, von einzelnen Abstimmungen abgesehen, nicht rütteln können. Über ihre parlamentarische Tätigkeit hinaus stellen sie den Anspruch auf eine offene und unverfilzte Politik und haben damit auch schon Erfolge erzielt. So konnte die Demokratische Alternative Bern mit Beschwerden ans Bundesgericht erreichen, dass die Berner Regierung die bisherige Handhabung des Referendumsrechts bei Kreditvorlagen (Aufspaltung der Kredite, Deklaration als gebundene Ausgaben) revidieren musste.

Noch weniger als bei den grünen Gruppierungen lassen sich auf kantonaler Ebene die Resultate der Politik der Auto-Partei bewerten. Zumindest hat sie eine Polarisierung der Parteipolitik, vor allem im Bereich Umwelt, und eine Serie von beachtlichen Wahlniederlagen von bürgerlichen Parteien gebracht. Wie diese darauf reagieren, wird die weitere Zukunft der Auto-Partei wesentlich beeinflussen.

Quellenverzeichnis

(Die vorliegende Arbeit wurde aufgrund der verschiedenen Dokumentationen des Forschungszentrums für schweizerische Politik erstellt. Die nachfolgend aufgeführten Arbeiten führen einzelne Aspekte weiter aus).

Blum Roger
Wandel und Konstanten bei den Progressiven Organisationen (POCH) 1971–1986, in: Schweizerisches Jahrbuch für Politische Wissenschaft, 1986, S. 119–150

Gilg Peter
Der Erfolg der neuen Rechtsgruppen in den Nationalratswahlen von 1971, in: Schweiz. Zeitschrift für Volkswirtschaft und Statistik, Heft 4/1972, S. 591–622

Gruner Erich
Die Parteien in der Schweiz, Bern 1977

Kriesi Hanspeter
Neue soziale Bewegungen – der Protest einer Generation?, in: Neue soziale Bewegungen – und ihre gesellschaftlichen Wirkungen, Zürich 1987, S. 25–42

Linder Wolf
Vom Einfluss neuer Bewegungen auf die institutionelle Politik, in: Neue soziale Bewegungen – und ihre gesellschaftlichen Wirkungen, Zürich 1987, S. 7–23

Longchamp Claude
«Linke und Grüne an die Wand nageln und mit dem Flammenwerfer drüber!» Die Autopartei unter der sozialwissenschaftlichen Lupe, in: Rechtspopulismus in Europa. Erscheinungen, Ursachen und Folgen, Wien 1989

Rebeaud Laurent
Die Grünen in der Schweiz, Bern 1987

Summary

New Political Groups Move into the Parliaments
by Christian Moser

For about 25 years, that is since the mid '60s, there has been an influx of new political groups in the cantonal parliaments, reflecting a deep economic and social change. Four different main streams are represented today in 19 out of 26 cantonal parliaments (and in two cases in the cantonal government). With 11 % of the seats of the 19 parliaments, the new groups represent a political factor to be taken seriously. They are able to influence the formation of a majority only in individual cases, however. The new political groups have brought a younger representation, a more unconventional style – in personal appearance too – and, in general, new vitality by raising more issues and by an eagerness to discuss. They have opened up more fields of activity for newly elected delegates who, contrary to the traditional career models, had not become politically active before.

The Nationalistic Right, as the oldest of the four groups, has been represented since the '60s. Championed today above all by the Action Nationale ("National Action" or NA), the Nationalistic Right reached a high point in the '70s, then suffered a serious setback as a result of economic recession and the changed Swiss policy concerning foreigners. It experienced a renaissance in the mid '80s. The representatives of this group are the NA, the Vigilants (in Canton Geneva only), the Republikaner ("Republicans") and the Ökologische Freiheitliche Partei ("Ecological Freedom Party" or ÖFP) plus the Eidgenössisch-Demokratische Union ("Federal Democratic Union" or EDU). The Republikaner and the ÖFP are now dissolved. Originating in the cities and metropolitan areas, the Nationalistic Right had strongholds in rural areas only at the beginning of the '70s. With the exceptions of Geneva and Vaud, it has never put up candidates in French-speaking Switzerland. The proportion of female adherents is below average. Among its voters and candidates are many senior citizens. The nationalistic right is for order, authority and security. It focuses on the issue of too many foreigners in Switzerland. It follows a political line which is not very coherent and has little substance. The group feels completely integrated, but has not been able to play any constructive role in the cantonal parliaments.

The New Left appeared at the start of the '70s, experienced slow growth till the beginning of the '80s, has been in a period of upheaval since then, and has disintegrated increasingly. The disintegration has taken place not least of all because the New Left has been swallowed up in part by the new organizations of the environmentalists ("Greens"). Originally the New Left was ideologically committed to Marxism. The representatives are: Progressive Organisationen der Schweiz ("Progressive Organizations of Switzerland" or POCH – in German-speaking Switzerland only), Partito socialista autonomo ("Autonomous Socialist Party" or PSA – in Canton Ticino only), Sozialistische Arbeiterpartei ("Socialistic Workers' Party" or SAP), in addition to cantonal groups. POCH, the most important of these formations, is a purely suburban party with a young membership and young leaders. It has departed from Marxism in the meantime, and portrays itself as radically ecological. In addition, women's rights issues form a traditional focal point. The New Left has often taken standpoints which are of a basically theoretical nature. It has been completely unsuccessful in the cantonal parliaments, but has acted as a catalyst for many developments. For a large, radical part of the younger generation it has been an important integrating factor.

The Greens had their beginnings in the '70s, and experienced a spectacular breakthrough starting in the mid '80s. Various formations, under a different name in each canton as a rule, achieved fast and sensational triumphs. They acquired a broad base of support, extending from the metropolitan areas to the rural constituencies. They have gained a foothold in conservative central Switzerland as well, and are represented in all the language regions. They have an overproportionally young votership, and among these voters the majority are women. The theme of environmental problems stands in the foreground. They advocate quality of life, humanism, and decentralization, and oppose technocracy. A lot is in flux. Aside from the environmental issue, they cannot be put into any definite political camp, and follow a policy of changing alliances. Their organization is not fully structured. In some respects they do not want to integrate, and prefer to remain a movement rather than become a party.

The Auto Party, a reaction to environmental criticism, has been represented in cantonal parliaments since 1988. With hardly any party structure by Swiss standards, it has had spectacular successes. The Auto Party's political line is aggressive and uncompromising, advocating the freedom of individual motorists. In addition, it opposes regulations, bureaucracy and taxes as well as the official policy on asylum. In general it demands more personal freedom. The Auto Party has been successful in rural constituencies too, and has a stronghold in French-speaking Switzerland without having put up any candidates there so far. It has enjoyed an extraordinarily fast growth in membership, especially among young German-speaking Swiss men.

C. Christian von Weizsäcker

Ein Blick von ausserhalb der Schweiz auf die Kantonsparlamente

Geschichtliche Gegebenheiten

Die politischen Institutionen der schweizerischen Kantone und Gemeinden haben eine ungebrochene Tradition von Jahrhunderten. Dieses historische Erbe erfüllt auch die heutigen Bürger mit Stolz und letztlich auch mit Zuversicht für die Zukunft. Das Bundeshaus, in dem in Bern Ständerat und Nationalrat tagen, entstammt der liberalen Epoche des 19. Jahrhunderts. Es ist sichtbarer Ausdruck des 1848 geschaffenen Bundesstaates. Die Kantonsparlamente in Zürich, Bern, Luzern, Basel, Genf und vielen anderen Kantonshauptstädten versammeln sich in Rathäusern, die meist schon im Mittelalter gebaut wurden. Und ihre Bezeichnung als Rathaus erinnert daran, dass diese Kantone vielfach aus den im Mittelalter entstandenen Stadtherrschaften erwachsen sind. Diese Stadtrepubliken mit einem sie umgebenden Herrschaftsgebiet hat es auch anderswo gegeben. Beispiele sind Lübeck, Hamburg, Bremen, Frankfurt, Nürnberg, Augsburg, Strassburg, Venedig, Genua, Florenz, Siena.

Als Staaten sind diese anderen Städte, von Hamburg und Bremen abgesehen, nicht mehr vorhanden. Nur in der Schweiz ist die Kontinuität gewahrt. Die heutigen Kantonsgrenzen sind vielfach noch identisch mit den Grenzen der Herrschaftsgebiete der Städte im späten Mittelalter oder in der frühen Neuzeit. Die Elimination der Stadtstaaten in Deutschland oder Italien geschah im Namen der militärischen, politischen und wirtschaftlichen Rationalität. In Frankreich, in England, Spanien, im Reich der Habsburger, in Russland, in Italien, in Deutschland wurde die politische Macht sehr weitgehend zentralisiert, um im Kampf der europäischen Mächte militärisch und wirtschaftlich bestehen zu können. Den Höhepunkt dieses Kampfes hat dann die erste Hälfte dieses Jahrhunderts gebracht mit der historischen Tragödie der beiden Weltkriege. Diesen folgte die Bewegung für die europäische Einigung.

Sie steht heute nicht zuletzt unter dem Dampf noch grossräumigeren, zum Glück vorwiegend wirtschaftlichen Wettbewerbs zwischen den Kontinenten. Der vor unseren Augen stattfindende rasante Umbau Osteuropas ist nicht zuletzt auch durch diesen grossräumigen Wettbewerb ausgelöst.

Ist in der Zeit der weltweiten Interdependenz, der computergestützten Telekommunikation und der hohen Leistungsfähigkeit der Transporttechnik die aus dem Mittelalter ererbte politische Struktur der Kantone und ihrer Parlamente noch zeitgemäss? Niemand würde bezweifeln, dass die Kantone als staatliche Einheiten aufgerieben worden wären, wenn sie sich nicht in der Zeit der Industrialisierung zur Schaffung eines Bundesstaates durchgerungen hätten. Schon im 19. Jahrhundert zog der Bund zahlreiche Kompetenzen an sich. Er verschaffte damit einerseits der Schweiz nach aussen die notwendige politische und militärische Stärke und andererseits dem Wirtschaftsleben die Voraussetzung für einen grösseren, einen nationalen Markt.

Aber heute ist die durch die Technik ermöglichte und durch die politisch-wirtschaftlichen Institutionen der Nachkriegszeit bewirkte weltwirtschaftliche Interdependenz so gross, dass wahrscheinlich die ganze Schweiz im Verhältnis zu ihrem Sozialprodukt mehr Aussenhandel betreibt als je zuvor. Gemessen am Grad der weltwirtschaftlichen Interdependenz ist heute die Schweiz kleiner als es etwa der Kanton Zug vor hundertfünfzig Jahren gewesen ist. So ist die Frage nach dem Sinn und der Existenzberechtigung der Kantone und ihrer Parlamente mit vollem Ernst zu stellen.

Zur Finanzautonomie der Kantone

Der Bundesstaat ist, wie Professor Fleiner in seinem Beitrag zu diesem Band ausführt, eine politische Innovation, die wir den Gründungsvätern der amerikanischen Verfassung verdanken. So war es insbesondere das grosse historisch-philosophische Wissen und die Weitsicht von James Madison, dank denen das Werk damals gelingen konnte. Im «Federalist» sind die Gedanken zur Begründung dieses Verfassungsentwurfs niedergelegt. Sie konnten nur entstehen auf der Basis einer Staatstheorie, wie sie im siebzehnten und dann insbesondere im achtzehnten Jahrhundert in England und Frankreich durch Hobbes, Locke, Hume, Montesquieu und andere entwickelt wurde. Insbesondere der Gedanke der geeigneten funktionellen Gliederung, der Gewaltenteilung, war wichtig, um das von Hobbes entwickelte Prinzip des Gewaltmonopols des Staates mit der Idee der Freiheit des Bürgers zu verbinden. Dass die Freiheit des Bürgers nach Adam Smith die beste Voraussetzung für den Wohlstand der Nation darstellt, gab der liberalen Verfassungsbewegung dann die entscheidende ökonomische Grundlage.

Der innovative Gedanke des Bundesstaates besteht in der Verbindung des Prinzips der Bürgerpartizipation in der überschaubaren Gemeinschaft mit dem Prinzip der militärischen Machtkonzentration und dem der individuellen Freizügigkeit im grossen Raum. Der Gegensatz zwischen Zentralisation und Partizipation wird in der Idee des Bundesstaates im Hegelschen Sinne aufgehoben. Aus einem Antagonismus des Entweder-Oder wird ein Prinzip der fruchtbaren Spannung des Sowohl-alsauch gemacht. Die moralische Stärke, aus der Partizipation gewonnen, wird mit der materiellen Stärke verbunden, die aus der Zentralisation oder Konzentration resultiert.

Der Gedanke des Bundesstaats ist im demokratischen Europa heut nur in einem Fall verwirklicht, nämlich in der Schweiz. Weder die Bundesrepublik Deutschland noch Österreich noch andere Staaten, die sich föderalistisch nennen, verdienen diese Bezeichnung. Die Bundesrepublik Deutschland und auch Österreich sind vom Zentralstaat her gedacht. In der Bundesrepublik sind die Bundesländer meist künstlich geschaffene Provinzeinteilungen der Republik mit gewissen Kompetenzen, die man ihnen einigermassen gefahrlos überlassen kann, ohne dass dadurch die Politik des Zentralstaats durchkreuzt wird. Die wichtigste Funktion der Landesregierungen ist ihre Mitwirkung an der Bundesgesetzgebung im Rahmen des Bundesrates. Deshalb werden Landtagswahlkämpfe auch vor allem unter dem Aspekt geführt, welchen Einfluss das Wahlergebnis auf die Bundesratsmehrheit und die Stabilität der jeweiligen Bundesregierung hat. Die obrigkeitsstaatliche Tradition der deutschen und österreichischen Verwaltungen und der Staatslehre bringt kein wirkliches Verständnis für föderative Strukturen auf.

Der entscheidende Kompetenzunterschied zwischen den deutschen und österreichischen Bundesländern einerseits und den schweizerischen Kantonen anderseits betrifft den nervus rerum: das Geld. Die Kantone in der Schweiz und dort sogar die Gemeinden besitzen weitgehende Steuerautonomie. Demgegenüber sind die Einkommenssteuern und die indirekten Steuern in der Bundesrepublik und in Österreich bundeseinheitlich festgelegt. Einzig bei der Gewerbesteuer und bei Grundsteuern gibt es eine gewisse Steuerautonomie der Gemeinden. Zwar sind die Bundesländer und die Gemeinden am Aufkommen der Einkommenssteuern und der Umsatzsteuer anteilmässig beteiligt, aber der Steuersatz wird zentral festgesetzt. Der Verteilungsschlüssel für das Steueraufkommen zwischen Bund, Ländern und Gemeinden richtet sich einerseits nach der Tradition, anderseits nach dem politisch festzulegenden «Bedarf» der Gebietskörperschaften.

Das hat in der Bundesrepublik Deutschland und, so vermute ich, auch in Österreich kuriose und ganz und gar unföderalistische Konsequenzen. Ein Politiker, der in einem Bundesland an der Regierung ist, kann zwar mit publikumswirksamen Ausgabenprogrammen Wählersympathien gewinnen, aber es ist ihm konstitutionell verschlossen, durch wirksame Sparsamkeit und dadurch ermöglichte Steuersenkungen für sich zu werben. Die Folge ist, dass die jeweils im Land regierende Partei keinen Anreiz hat, darüber nachzudenken, welche Aufgaben samt Finanzierung sie den Bürgern überlassen will, und jeden Anreiz hat, sich zu überlegen, welche ursprünglich privaten Aktivitäten sie den Bürgern abnehmen kann, um sie damit zu «beglücken». Auch bei dem Kampf der Bundesländer mit dem Bund um die Zuteilungsquoten des Steuerkuchens macht es sich gut, wenn die Bürde der Staatsausgaben möglichst gross ist. Überschüsse im Staatshaushalt tragen die Gefahr in sich, dass die Zuteilungsquoten gekürzt werden. Der deutsche und österreichische Pseudoföderalismus hat somit genau den entgegengesetzten Effekt dessen, was man sich aus der Sicht der föderalistischen Philosophie eigentlich erhofft:

Aufmerksame Zuhörer der Verhandlungen / Attentifs aux délibérations

in Altdorf

à Neuchâtel

in Bern

in Liestal

in Zug

in Basel

so wenig Staat wie nötig und soviel Bürgerautonomie wie möglich. Der Pseudoföderalismus führt zu mehr Staat als nötig und zu weit weniger Bürgerautonomie als möglich.

Im Sinne einer Beschränkung des Leviathan hebt sich dagegen die Steuerautonomie der schweizerischen Kantone und Gemeinden wohltuend von den deutschen und österreichischen Zuständen ab. Der durch sie induzierte Wettbewerb der Steuerfüsse erzwingt von der Exekutive und der Legislative haushälterische Sparsamkeit im Umgang mit öffentlichen Mitteln. Stärker als in Deutschland kommt man in der Schweiz dem Ideal nahe, dass die Politiker das Geld der Steuerzahler so sorgfältig verwenden, wie sie es täten, wenn es ihr eigenes wäre. Nirgendwo in der Welt etwa sind die Einnahmevorausschätzungen der staatlichen Stellen so vorsichtig wie in der Schweiz. In aller Regel übertreffen die nachträglichen Staatsrechnungen die veranschlagten Budgets auf der Einnahmeseite erheblich – ein Phänomen, das im staatlichen Bereich wohl auf der Welt einzigartig ist, das aber im privaten Bereich etwa der Wirtschaft weltweit gang und gäbe ist.

Der föderalistische Wettbewerb

Mit dem Vergleich zwischen der Schweiz, Deutschland und Österreich sind wir an sich schon mitten in der Frage nach der Rolle des föderalen Staatsaufbaus aus der heutigen Sicht. Das nunmehr offensichtliche Scheitern der marxistisch-leninistischen Staatskonzeption eines sogenannten demokratischen Zentralismus und einer staatlichen Planwirtschaft bedeutet zweierlei: Es bedeutet den Sieg der Marktwirtschaft über die zentrale Planwirtschaft im wirtschaftlichen Bereich, und es bedeutet zugleich den Sieg des demokratischen Pluralismus über das Einparteiensystem im politischen Bereich. Den beiden im wirtschaftlichen und politischen Bereich siegreichen Systemen ist ein Prinzip gemeinsam: das Prinzip des Wettbewerbs. So wie mit Hilfe des wirtschaftlichen Wettbewerbs in der Marktwirtschaft ein regulierender Faktor die Konzentration von dauerhafter Macht verhindert, so beschränkt der Parteienpluralismus und der Wettbewerb der Parteien um die Macht die Möglichkeit dauerhaften Machtbesitzes in der politischen Sphäre.

Dennoch müssen wir uns bewusst bleiben, dass im Verlauf der letzten hundertfünfzig Jahre sich die Staatsfunktionen ganz wesentlich erhöht haben. Die Staatsquote am Sozialprodukt liegt in westlichen Industrieländern überall über 25 Prozent und vielfach sogar über 50 Prozent. Das sind Zahlen, die vor hundert Jahren noch als völlig absurd angesehen worden wären. Der moderne Wohlfahrtsstaat und nicht zuletzt der Wählerwille selbst haben zu einer enormen Ausdehnung des Leviathan geführt. Das Problem der Freiheit des Individuums bleibt auf der Tagesordnung, wenn der durchschnittliche Westeuropäer jedes Jahr von Januar bis Mai oder Juni oder gar Juli für den Leviathan arbeitet, ehe er im Rest des Jahres für sich selbst Einkommen erwerben kann.

Das föderale Prinzip erhält unter diesem Aspekt eine zusätzliche Aufgabe, die in der Ökonomie unter der Bezeichnung «Fiscal Federalism» bekannt ist. Während die traditionelle Vorstellung vom föderativen Prinzip von einer örtlich wenig mobilen Bevölkerung ausgeht, ist es im «Fiscal Federalism» gerade die Mobilität der Bevölkerung, die ihn zum Funktionieren bringt. Die Wahl des Wohnorts oder des Produktestandorts erfolgt in dieser Vorstellung als eine echte Wahl analog der Auswahl eines Menus im Restaurant. Dabei werden die angebotenen Leistungen der Gemeinde oder des Kantons mit ihrem «Preis», d.h. den zu zahlenden Steuern, verglichen, und man wählt dann die einem am günstigsten erscheinende Kombination. So stehen dann in einem föderalen System die einzelnen Gemeinden und Kantone in einem Wettbewerb um Bürger und Unternehmen (= Arbeitsplätze), analog dem Wettbewerb der privaten Unternehmen um die Kunden im Markt. Wenn der privatwirtschaftliche Wettbewerb offenkundig fruchtbare gesamtwirtschaftliche Ergebnisse zeitigt, so müsste per Analogieschluss auch der Wettbewerb der Gebietskörperschaften gesamtstaatlich fruchtbar sein.

Das Modell des Fiscal Federalism ist eine Stilisierung der Realität, die ihre amerikanische Provenienz nicht verstecken kann. Aber es wird nicht deshalb irrelevant, weil in der Wirklichkeit die im Modell vorausgesetzte absolute Mobilität, selbst in Amerika, nicht gefunden werden kann. Es ist in dem Masse relevant, in dem Mobilität vorhanden ist. Und den entgegengesetzten Fall absoluter Immobilität gibt es eben auch nicht. Die heute in der Welt beobachtbaren Wanderungen sind eine eindrucksvolle Abstimmung mit den Füssen. Die Asylsuchenden und Flüchtlinge, die in die Schweiz oder nach Westdeutschland drängen, machen den Systemen und Institutionen dieser Länder doch ein grosses Kompliment. Es wird ob der Probleme, die sie mit sich bringen, oft überhört. Fiscal Federalism ist sozusagen die systematische Nutzung der menschlichen Eigenschaft, mit den Füssen abzustimmen, zum Zweck der Gesamtverbesserung des Systems.

Der föderalistische Wettbewerb staatlicher Leistungen und Steuern kann von mobilen Bürgern und Unternehmen besser genutzt werden als von den wenig mobilen. Aber die mobilen Bürger und Unternehmen sind häufig gerade die attraktivsten, weil sie in der Regel die leistungsfähigsten sind. Örtliche Mobilität ist häufig selbst ein Symptom für Leistungsbereitschaft und Dynamik, die sich auf die jeweilige Umgebung positiv auswirkt. Indem die mobilen Menschen und Unternehmen auf die Staaten und Gemeinden einen über ihre Zahl hinausgehenden Wettbewerbsdruck ausüben, leisten sie durch die so bewirkte Verbesserung der staatlichen oder kommunalen Leistungen einen Dienst, der auch der immobilen Bevölkerung zugute kommt. Das entspricht dem Dienst, den preisbewusste und preisvergleichende Konsumenten den anderen leisten, die ohne Preisvergleich einkaufen, aber von dem Preiswettbewerb profitieren, den die preisvergleichenden Kunden auslösen.

Aber der Wettbewerb der Kantone und Gemeinden wird nicht nur durch Mobilität bestimmt. Daneben gibt es einen äusserst wichtigen Idealwettbewerb, der allein schon durch den Vergleich und die diesen veranstaltenden Informationsmedien bewirkt wird. Gäbe es nicht die kapitalistische Welt mit ihren überlegenen Problemlösungen, so wären die Institutionen des demokratischen Zentralismus im Ostblock wohl kaum so vehement in Frage gestellt worden. Die Hoffnung der früheren DDR-Regierung, das System durch den Bau der Mauer zu stabilisieren, konnte langfristig nicht aufgehen, weil es das Westfernsehen gab. Analog ermöglicht das föderalistische System den Vergleich mit anderen in ähnlicher Situation. Der konkrete Vergleichsmassstab ist aber entscheidend dafür, dass man die Leistung der eigenen Regierung und des eigenen Parlaments beurteilen kann.

Das föderative Prinzip wurde im 19. Jahrhundert als Gegensatz zum liberalen Zentralismus gesehen, der zwar nicht die Rolle des Staates an sich ausdehnen wollte, der aber durch die Stärke der Zentralgewalt Mobilitätshemmnisse für Waren, Menschen und Kapital aus dem Wege räumen wollte. Durch das abnorme Anwachsen des Staats und seiner Funktion ist aber das Leviathan-Problem seither so gravierend auch in der demokratisch-pluralistischen Gesellschaft geworden, dass das föderative Prinzip geradezu zum Bundesgenossen derjenigen wird, die den Gesellschaftsaufbau nach der Idee des Wettbewerbs verwirklicht sehen wollen.

Milizcharakter der kantonalen Parlamente

Mit der technischen und wirtschaftlichen Entwicklung, mit der gestiegenen Interdependenz und mit dem gewachsenen Lebensstandard ist auch die politische Entscheidungsfindung komplizierter geworden. Das gilt nicht nur auf nationalstaatlicher und internationaler Ebene, sondern es gilt ebenso auf kantonaler und kommunaler Ebene. Die Ansprüche an die gewählten Volksvertreter der Kantonsparlamente steigen. Die Sachkunde zur Entscheidungsvorbereitung muss mehr und mehr von ausserhalb, und sei es von Vertretern der Exekutive und ihren Beamten, herangeholt werden. Mehr und mehr steigt der Druck, den Zeiteinsatz für die parlamentarische Arbeit so zu erhöhen, dass es nicht mehr möglich ist, der angestammten beruflichen Tätigkeit noch nachzugehen. Von all diesen Entwicklungen sind auch die schweizerischen Kantonsparlamente nicht ausgenommen. Ist der Status des ehrenamtlichen Politikers, wie er auch für die schweizerische Demokratie charakteristisch ist, noch aufrecht zu erhalten?

Die Entwicklung zu Parlamenten mit Berufspolitikern im benachbarten Ausland sollte abschreckend wirken. Hier hat sich eine politische Klasse gebildet, die stark abgehoben vom wirtschaftlichen Geschehen das Land regiert, weniger bestimmt durch einen eigenen beruflichen Erfahrungsbereich als vielmehr durch die Welt der Medien und der Parteigremien, weil dieses die Welt ist, von der man abhängt. Diese Politikerklasse rekrutiert sich zunehmend aus dem öffentlichen Dienst, an dessen Ausdehnung sie meist interessiert ist. Es ist zeitlich immer weniger möglich, zugleich den Wettbewerb auf den Märkten und den Wettbewerb um politische Ämter zu bestehen. So fallen die politischen Ämter zunehmend denen anheim, die eine gesicherte wirtschaftliche, vom Steuerzahler finanzierte Position haben, um die sie nicht mehr kämpfen müssen und die ihnen genügend Zeit lässt, sich dem politischen Wettkampf zu stellen.

Es kann nicht Aufgabe dieser Betrachtung sein, Detailvorschläge zur Reform der kantonalen Parlamente zu machen. Wichtig ist nur der Hinweis, dass das Milizsystem angesichts der Alternative der Parlamente von Berufspolitikern erhaltenswert und ausbauenswert ist. Es ist insbesondere das bessere Bindeglied zwischen dem Bürger und der Politik. Die Wahl der Bürger sollte, wie dies der Tendenz nach im Milizsystem der Fall ist, auf Männer und Frauen fallen, die sich gerade auch in ihrer bisherigen, nicht politischen Welt bewährt haben. Wer Erfahrung hat in der Übernahme von Verantwortung für andere, sei es im kirchlichen oder sozialen Bereich, sei es in der Familie, der bringt in die Parlamente den Common Sense, den gesunden Menschenverstand und die Unabhängigkeit des Urteils ein, die so manchem Berufspolitiker im Verlauf seiner politischen Tretmühle abhanden gekommen sind. Auch ist es wichtig, dass der Wähler, wie in der Schweiz üblich, nicht einfach Parteilisten vorgesetzt bekommt, sondern Persönlichkeiten auf diesen Listen auswählen kann. So wird, insbesondere ausserhalb der Grossstädte die Wahl zu einer Wahl von Personen, die man persönlich kennt und aus eigener Anschauung beurteilen kann. Dieses ursprüngliche Prinzip der Repräsentationsdemokratie sollte kombinierbar sein mit einer hinreichenden Ansammlung von relevantem fachlichem Wissen in den Parlamenten.

Europäische Dimension

Europa schickt sich an, über die wirtschaftliche Integration auch einen politischen Einigungsprozess in Gang zu setzen. Aber bei allen Meinungsverschiedenheiten im Detail besteht Einigkeit darüber, dass es sich um ein föderalistisch geordnetes Europa handeln sollte. Nicht zuletzt die dramatischen Veränderungen in der DDR, in Polen, in der Tschechoslowakei, in Ungarn, in Bulgarien und in Rumänien öffnen die Perspektive auf ein Gesamteuropa. Schon angesichts der kulturellen und wirtschaftlichen Vielgestalt Europas kommt politisch nur ein föderalistisches Europa der Vielfalt in Frage.

Da, wie gesagt, das einzige echt föderalistische Beispiel Europas die Schweiz ist, sollte diese zunehmend zu einem Lehrfall für Europa werden, an dem man sich häufig wird orientieren können. Der historische Sonderweg der Schweiz und ihrer politischen Institutionen wird damit bedeutsam für die übernationale Föderalisierung Europas. Diese Föderalisierung wird im übrigen auch nach unten weitergehen. In vielen europäischen Ländern, so auch in Deutschland, Spanien, Jugoslawien, in der Tschechoslowakei wird die Tendenz der Kompetenzverlagerung von der nationalen Zentralregierung zu regionalen Landesregierungen sich verstärken. Auch für diese Länder wird der Lehrfall der Schweiz bereitstehen. Es ist zu hoffen, dass zum Nutzen Europas hiervon Gebrauch gemacht wird.

Summary

A view of the Cantonal Parliaments from outside Switzerland by C. Christian von Weizsäcker

Swiss federalism is rooted in a tradition which goes back to the Middle Ages. Switzerland is today the only genuinely federalistic country of Europe because of the financial autonomy of the cantons. In the twentieth century, in a time of heightened mobility, this federalism is accorded a new significance. It serves as an instrument of competition in the state sphere, to improve state performance and to check the too-powerful leviathan. Swiss cantons have militia like nonprofessional parliaments and are expected to stick to this system. Thus the special case of Switzerland attains significance as a model for a future federalistic Europe.

Wolf Linder und Diego Hättenschwiler

Kantonale Parlamentsreformen 1973–1988

Einleitung

Weitverbreitet ist die These, wonach das Parlament auf Bundesebene seit dem 19. Jahrhundert laufend an Bedeutung eingebüsst habe. Die Tatsachen und Tendenzen, die eine solche These stützen, sind in der Tat eindrücklich. Im Zuge der Entwicklung des Wirtschafts- und Sozialstaates hat sich die Verwaltung ausgedehnt und professionalisiert. Die Regierung stützt sich auf den Sachverstand von Hunderten von Experten. Es ist ein vorparlamentarisches Verfahren entstanden, das die organisierten Interessen von Verbänden ausserhalb der parlamentarischen Diskussion anmelden und umsetzen lässt. Diesem Strukturwandel des modernen Staates steht ein eigenartiges Beharrungsvermögen des Parlamentes gegenüber: Seine Arbeitsweise, seine Organisation, sein Milizcharakter haben sich wenig verändert. Jedermann ist sich allerdings auch einig, dass der Führungsanspruch des Parlaments im schweizerischen Staat – das Parlament als «Oberste Gewalt» nach Art. 71 BV – vor der Realität nicht zu bestehen vermag. Alois Riklin spricht in diesem Zusammenhang von einer «Umkehrung der Führungsfunktionen», nämlich einer Entwicklung «von der reaktiven zur aktiven Exekutive» und «vom aktiven zum reaktiven Parlament»[1]. Neuere Untersuchungen[2] belegen immerhin, dass das Parlament noch mehr als eine formale Genehmigungsbehörde für den vorparlamentarisch ausgehandelten Gesetzeskompromiss darstellt: Die eidgenössischen Räte scheinen ein gutes Gespür für die Auswahl jener wichtigen Geschäfte zu haben, in denen sie eigene Akzente und Entscheidungen treffen. Aber es kommt selten vor, dass die eidgenössischen Räte eine Vorlage von Kopf bis Fuss umgestalten, und es wäre falsch, im Parlament heute das eigentliche Hauptzentrum der Gesetzgebung zu sehen.

Ob die These des Bedeutungsschwundes auch für die kantonalen Parlamente zutrifft, ist schwer auszumachen. Ein entscheidender Unterschied zeigt sich allerdings aus institutioneller Perspektive: für ein Pathos der «obersten Gewalt» des Parlaments liessen schon die Verfassungen des 19. Jahrhunderts wenig Raum. Denn die Volksrechte der Initiative und des Referendums wurden auf der Ebene der kantonalen Staatlichkeit und gegen das «Repräsentativsystem» erkämpft. Das Parlament hatte dabei nicht nur die Verfassungs- und Gesetzgebung, sondern auch die wichtigen Finanzbeschlüsse der Nachkontrolle des Volkes zu unterstellen. Im Gegensatz zum Bund finden wir also in den Kantonen eine durchgängige Tradition des Verwaltungsreferendums, die in den letzten 10 Jahren mit der Genehmigung von Planungs- und Infrastrukturentscheiden[3] und mit der Mitsprache bei der Stellungnahme zu eidgenössischen Vernehmlassungen erweitert wurde[4]. Die Volkswahl der Regierung, das obligatorische Gesetzesreferendum vieler Kantone, die Offenheit der Volksinitiative für Gesetze und Einzelentscheide sind zusätzliche Faktoren, welche die Stellung der kantonalen Parlamente relativieren und ihre Führungsverantwortlichkeit im Staat seit je begrenzen. Sofort ist aber auf grosse Unterschiede zwischen den einzelnen Kantonen hinzuweisen. In den neuen Kantonen des 19. Jahrhunderts und den Stadtkantonen bildete sich nach der Zeit der demokratischen Bewegung ein institutionelles Gleichgewicht zwischen Regierung, Parlament und Volk heraus. In den verbliebenen Landsgemeindekantonen dagegen konnte sich, so Blum[5], das Parlament in der «Balance zwischen Volk und (starker) Regierung (...) als zusätzliches Gremium gar nie richtig etablieren». Die Arbeitsbelastung kantonaler Parlamentarier ist höchst unterschiedlich: sie reicht von rund 3 Plenumssitzungen pro Jahr (AI) bis zu 40 – 45 Sitzungstagen des Rats (BE, ZH)[6]. Dass die Gesetzgebungstätigkeit der Parlamente zumindest in grösseren Kantonen beachtlich sein kann, belegt der Kanton Waadt: Der Umfang seiner Organisationsnormen (Verfassung, Behörden, politische Rechte, Finanzen und

Steuern) erreicht gut 90 % der entsprechenden Bundesgesetze[7]. Völlig unterschiedlich bewerten nun indessen die Medien die Bedeutung kantonaler Parlamente. Während im Kanton Zürich sowohl Tages-Anzeiger wie NZZ der Parlamentsberichterstattung einen privilegierten Platz einräumen, ist es im eben zitierten Kanton Waadt unmöglich, sich anhand der dortigen Zeitungen ein einigermassen zuverlässiges Bild über die Vorgänge im Parlament zu verschaffen.

Angesichts solch widersprüchlicher Befunde mag es sinnvoll sein, sich anhand der Revisionsbestrebungen der Kantone ein Bild über die aktuellen Probleme des kantonalen Parlamentarismus zu verschaffen. Die Übersicht über diese Bestrebungen findet sich in tabellarischer Form auf Seiten 206. Unsere kleine Untersuchung, welche den Zeitraum von 1973 bis 1988 berücksichtigt, stützt sich auf die Vorarbeit Kleys aus dem Jahre 1978, auf erhaltene offizielle Quellen und die Zeitungsdokumentation des Forschungszentrums für schweizerische Politik. Den Staatskanzleien, die uns mit zusätzlichen Auskünften dienten, sei an dieser Stelle freundlich gedankt.

Parlamentsreform zwischen Maximal- und Minimalzielen

Parlamente sind Organe, die eine Vielzahl von Aufgaben zu erfüllen haben. Die Gesetzgebungsfunktion ist davon nur eine. Hinzu kommen, je nach Kompetenzabgrenzung zur Regierung, die Behandlung vieler Finanzbeschlüsse, dann die Oberaufsicht und Kontrolle über die Verwaltungstätigkeit, weiter die Mitwirkung bei Budget und Rechnung, und schliesslich die Wahl wichtiger Behördemitglieder (z.B. oberste Richter, Staatsschreiber etc.) Nicht zu unterschätzen ist die Artikulationsfunktion: Aus vielen Wortmeldungen und Vorstössen zu aktuellen, kurzfristigen oder längerfristigen Tagesproblemen resultieren erst jene Aufträge, die sich zur eigentlichen Gesetzgebungsarbeit verdichten können. Die scheinbar ineffiziente Plenumsdiskussion des Parlaments erfüllt wichtige Funktionen, die aus der demokratischen Politik nicht wegzudenken sind: die Repräsentation der verschiedenen gesellschaftlichen Gruppen und Kantonsteile, das öffentlich-sichtbare Darstellen von Interessen, ihr argumentatives Abwägen und das Austragen von Konflikten durch Mehrheitsbildung und schliesslich die Information der politischen Öffentlichkeit.

Welches waren nun die Probleme, die zur Parlamentsreform führten?

Laut Max Affolter, Präsident der Kantonsrats-Kommission für die solothurnische Parlamentsreform, war es die Wissenschaft, welche zuerst auf die schleichende Abwertung der Parlamente aufmerksam machte[8] und damit wichtige Impulse vermittelte. Insbesondere die Diagnose von Kurt Eichenberger aus dem Jahre 1965 wurde in den Diskussionen verschiedenster Kantone immer und immer wieder genannt. Er hatte die wachsenden und vielfältigen Probleme des Parlamentsbetriebs in der Nachkriegszeit auf eine einprägsame Formel gebracht. Das Parlament leide, so Eichenberger, an «Zeitnot, Sachkundenot und Bewertungsnot»[9]. Als besondere Schwäche diagnostizierte er eine «auffallende Handlungsunfähigkeit im Bereich parlamentarischer Kontrolle»[10]. Eichenberger betonte die Wichtigkeit einer breit verstandenen Kontrollfunktion des Parlaments, gerade in der Epoche des Wirtschafts- und Leistungsstaats, in dem sich die Gewichte zur Exekutive und ihrer Verwaltung hin verschoben hätten.

René A. Rhinow ergänzte in den siebziger Jahren Eichenbergers Kritik. Er wies auf die fehlende Effizienz der parlamentarischen Arbeit und den Bruch zwischen dem Volk und seinen Repräsentanten hin[11]. Mehr Leistungsfähigkeit könne erreicht werden durch den Abbau nebensächlicher Kompetenzen, der Konzentration auf die Rahmengesetzgebung sowie mit organisatorischen Massnahmen, wie die Verbesserung der Hilfsdienste oder die Stärkung der Fraktionen. Um die Parlamentsarbeit durchschaubarer zu gestalten, müsse die Öffentlichkeitsarbeit verstärkt und das Plenum aufgewertet werden, z.B. mit Grundsatzdebatten. Die Besserstellung des Parlaments schliesslich sei vor allem über einen Ausbau der Verwaltungskontrolle und die Mitsprache bei der Planung zu erreichen.

Die Diagnose der Basler Staatsrechtler aus reformfreundlicher Zeit deckte das ganze Spektrum von der grundsätzlichen Stärkung bis zu Einzelfragen einer besseren Arbeitsorganisation des Parlaments ab. Was die Kantone davon in ihren praktischen Reformbemühungen selbst gesehen oder übernommen haben, ist recht unterschiedlich. Die wohl umfassendste und gründlichste Parlamentsreform, diejenige von Basselland, stützte sich ausdrücklich auf Rhinows Befunde[12]. Sie kam 1972 aufgrund eines Antrags der CVP-Fraktion ins Rollen. Eine Landratskommission setzte sich – selbständig und ohne Mithilfe der Regierung – in umfassendster Weise mit der Institution «Parlament» auseinander. Aufwertung des Parlaments, Verstärkung der Kontrollfunktion, mehr Effizienz, Straffung des Parlamentsbetriebs und bessere Information für Öffentlichkeit und Parlamentarier waren wichtige Stichworte des umfassenden Reformvorhabens, wie es vereinzelt auch in andern Kantonen angestrebt wurde. 1975 stimmte der Landrat einer Reihe von Grundsatzbeschlüssen und Sofortmassnahmen zu. In einer Versuchsperiode konnte von bestehenden Regeln der Geschäftsordnung abgewichen werden. Eine totalrevidierte Geschäftsordnung wurde 1977 verabschiedet, wobei der Schwung nach so vielen Jahren nicht mehr ausreichte, die Materie in einem – an sich gewünschten – Parlamentsgesetz zu regeln[13].

Diese umfassende Neuorientierung und Neuorganisation des Ratsbetriebes in Baselland hat freilich keine Grundwelle ausgelöst und blieb Ausnahme. «Was im Bund und in manchem Kanton aktuell sein mag, braucht in einem kleinen Kanton wie Appenzell A.Rh. noch kein Poblem zu sein»[14] meinte der Ausserrhoder Ratsschreiber, und ähnlich wie in Appenzell wurden Rahmen und Ziele der Parlamentsreform in den meisten Kantonen sehr viel bescheidener abgesteckt. Häufigster Anlass zu Revisionen der Geschäftsordnungen bildeten denn Anpassungen an eine bereits eingeübte Praxis oder kleine Mängelbehebungen und Retouchen des Ratsbetriebes.

Nicht immer war es einfach, sich überhaupt auf Absichten und Probleme einer Ratsreform zu einigen. Im gleichen Parlament konnten die Zielsetzungen ganz unterschiedlich tönen: 1978 wurde im Zürcher Kantonsrat eine parlamentarische Initiative des SVP-Kantonsrates C. Blocher überwiesen, welche unter anderem die Verbesserung der staatsleitenden Funktionen, der Leistungsfähigkeit und Durchschaubarkeit kantonsrätlicher Tätigkeit und eine generelle Stärkung der Stellung des Parlaments forderte[15]. Das Büro des Kantonsrats präsentierte zwei Jahre später seine Vorschläge. Etwas bescheidener und pragmatischer als der Initiant stellte es die Straffung des Ratsbetriebs in den Mittelpunkt der Revision[16]. Die SVP-Fraktion lehnte darauf die Vorlage als «völlig überflüssige Mini-Reform» ab[17]. Hier wie in anderen Kantonen waren strittige Fragen um die Parlamentsreform oft weniger von einem Links-Rechts-Gegensatz bestimmt als von einer Konfliktlinie zwischen kleinen und grossen Fraktionen. Einen der strittigsten Gegenstände zwischen «Grossen» und «Kleinen» bildete dabei die Verteilung der Kommissionssitze.

Insgesamt überwogen pragmatische, punktuelle Einzelverbesserungen die Bestrebungen zur umfassenden Reform. Typisch für das Problembewusstsein und die Absichten kantonaler Revisionen dürfte darum die Äusserung des Rechtskonsulenten der Luzerner Regierung sein: «Von einer Parlamentsreform dürfen (…) keine strukturellen Änderungen des Regierungssystems erwartet werden; ihr Ziel ist vielmehr ein Ausbau und die Weiterentwicklung der Parlamentsfunktionen im Rahmen des bestehenden Regierungssystems.»[18]

Wie diese Weiterentwicklungen des Ratsbetriebs in Gang gesetzt wurden und welche Massnahmen im einzelnen verwirklicht wurden, möchten wir im folgenden beschreiben.

Ziele und Massnahmen im einzelnen

Die Übersichtstabelle zeigt eine überaus grosse Zahl von Einzelmassnahmen. Nicht ohne weiteres ist dabei ersichtlich, ob sie sich in der Praxis als wichtig erweisen oder eher kosmetischer Art sind. Auch die Vertiefung in die Materialien zeigt, dass einerseits die Ziele der Reglementsrevision oft nur vage bestimmt, andererseits aber auch die einzelnen Massnahmen keineswegs immer ein bestimmtes Ziel avisierten.

Im folgenden versuchen wir trotzdem, die wichtigsten Einzelmassnahmen im Kontext umfassender Zielvorstellungen zu gruppieren.

Die Straffung des Parlamentsbetriebes

Die Überlastung des Ratsbetriebes durch zu viele Geschäfte und Vorstösse gilt als eine der grössten Tagessorgen aller Parlamente und mag viele Ursachen haben: die wachsende Zahl, Technizität und Komplexität der Sachgeschäfte werden oft genannt. Aber auch die neuen Kleinparteien und Oppositionsgruppen[19], die schwindende Fraktionsdisziplin oder der geringe Konsens unter Regierungsparteien können dazu führen, dass Tagesordnung und Diskussionen länger werden. Unproblematisch dürfte es sein, für mündlich vorgetragene und beantwortete Vorstösse (Anfragen und Postulate) vermehrt die Schriftform zu wählen. Von dieser Massnahme machen heute die meisten Kantone vermehrt Gebrauch. Acht Parlamente vereinfachen umständliche Verfahren, wie z.B. Wahlprozedere oder das Vorlesen verabschiedeter Gesetzestexte.

Problematischer dürfte die Beschränkung der Redezeit sein, die in sechs Kantonen verschärft wurde. Zur Begründung wird nicht selten vorgebracht, die neuen, kleinen Parteien missbrauchten die parlamentarischen Rechte. Ein praktisches Problem liegt aber darin, dass sie oft nicht in den vorberatenden Kommissionen vertreten sind und deshalb ihre Anträge im Plenum stellen. Eine grosszügige Regelung der Fraktionsbildung und entsprechende Zulassung zu den Kommissionen dürfte dieses Problem entschärfen und gleichzeitig dem Grundsatz des Minderheitenschutzes Rechnung tragen.

Milizcharakter, Rats-Infrastruktur und Öffentlichkeitsarbeit

Am Milizcharakter der kantonalen Parlamente ist nicht gerüttelt worden. Trotzdem stellen sich gerade hier Probleme, wenn man sich vorstellt, dass die Belastung eines Ratsmitglieds z.B. im Kanton Zürich allein mit Plenumssitzungen einen Tag pro Woche annimmt. Milizarbeit heisst in der Regel einkommenslose Arbeit, und diese bedingt arbeitsloses Einkommen oder Einkommensverzicht. Sitzungsgelder und sonstige Entgelte sind in den meisten Kantonen überaus bescheiden (1985 zwischen Fr. 40.– und Fr. 200.– für einen ganzen Tag)[20] und haben den Charakter blosser Unkostenentgelte. Trotzdem ist ihre Teuerungsanpassung oder gar ihre Erhöhung ein besonders heikles Thema: das Parlament befindet in eigener Sache. Medien und auch Bevölkerung beobachten solche Vorlagen mit grosser Aufmerksamkeit, oft auch mit offenem Argwohn. Die Taggelderhöhungen fielen in der Volksabstimmung mehrmals durch (z.B. im Kanton Aargau). Die Heftigkeit der Diskussionen stand dabei in keinem Verhältnis zur Bedeutung der Ausgaben im Staatshaushalt. So kostete das Aargauer Parlament 1985 bloss Fr. 1.30 pro Kopf der Bevölkerung[21].

Eine interessante Neuerung kennt Basel-Stadt. Kann ein Ratsmitglied wegen seines Mandats unbezahlte Betreuungsaufgaben nicht wahrnehmen, so werden die daraus anfallenden Kosten ganz oder teilweise ersetzt. Dies bedeutet eine Anerkennung nicht-geldwerter Erziehungs- oder Betreuungsarbeit im Rahmen der Miliz-Entschädigung.

Trotz solcher punktueller Verbesserungen kann die Ehrenamtlichkeit des Mandats einige negative Seiten des Milizsystems nicht ausschliessen. Für Angehörige bestimmter Berufsgruppen oder Schichten ist die Wahrnehmung des Amtes mit derartigen wirtschaftlichen Opfern verbunden, dass sie es nicht oder nur für kürzere Zeit auszuüben vermögen. Zugleich steigen mit der Quasi-Unentgeltlichkeit zeitraubender Grossratstätigkeit auch die Verlockungen indirekter Kompensation, etwa dass das Parlament als Wahlbehörde die einträglicheren Ämter (Richter, Kantonalbank oder sonstige Verwaltung öffentlicher Unternehmen) nach dem Prinzip «langjähriger Verdienste» vergibt.

Bleiben somit individuelle Probleme des Miliz-Parlamentariers vielfach ungelöst, so haben verschiedene Parlamente Anstrengungen unternommen, die kollektiven Bedingungen durch den Ausbau der Rats-Infrastruktur zu verbessern. Die bedeutendste und zugleich umstrittenste Frage in diesem Bereich ist diejenige eines eigenen Ratssekretariates. Das Prinzip der Gewaltentrennung verlangte eigentlich, dass ein solches unabhängig von der Verwaltung und nach alleiniger Weisung des Parlaments arbeitete. Praktische Gründe führen indessen zumeist zu einer Unterstellung unter die Staatskanzlei. Staatsschreiber können im übrigen als eine wichtige Scharnierstelle zwischen Regierung und Parlament fungieren.

Mit der Einrichtung eigener Ratssekretariate versprechen sich Milizparlamente ein Stück eigener professioneller Hilfe in vielen Bereichen: Der Rechts- und Dokumentationsdienst, die Einholung von Direktinformationen bei der Verwaltung, die Begleitung und administrativen Dienste für die vorberatenden Kommissionen werden häufig genannt.

Nur selten stehen den Abgeordneten Schreibkräfte oder eigene Arbeitsplätze zur Verfügung. Hingegen haben einige Kantone

Schnappschüsse / «Flashes»

in Frauenfeld

à Genève

in Luzern

in Basel

in Liestal

in Bern

(BE, BL, LU, SG und SO) die Möglichkeiten der Direktinformation von Parlamentariern in der Verwaltung erleichtert und durch Akteneinsichts- und Befragungsrechte erweitert. Damit die Kommissionen und auch das Plenum die Erteilung von externen Aufträgen flexibel handhaben können, sind mancherorts (z.B. BL und SO) Ratskredite geschaffen worden.

Ähnlich wie beim Bund werden in vielen Kantonen die Fraktionen bescheiden unterstützt. Prekär bleibt aber nach wie vor die Finanzierung der Öffentlichkeits- und Propaganda-Arbeit, welche von Fraktionen und Parteien als ein selbstverständlicher Dienst an der Demokratie erwartet wird.

Für eine bessere Wahrnehmung des Informationsauftrags gegenüber der politischen Öffentlichkeit sind eher wenig Massnahmen realisiert worden. Zwar ist der ehemals vertraulich-zugeknöpfte Arbeitsstil vorberatender Kommissionen ähnlich wie beim Bund einer offeneren Informationspolitik gewichen: Die Medien werden meistenorts über wichtige Vorentscheide von Kommissionen orientiert. Auch kann der Bürger etwa in den Kantonen TG und NW die Botschaften und Beschlussesentwürfe, welche die Parlamentarier erhalten, im Abonnement beziehen. Ansonsten betreibt der Grosse Rat als Organ wenig eigene, aktive Öffentlichkeitsarbeit. Kantonale Parlamente scheinen sich auf drei andere Partner zu verlassen: auf die getreue Berichterstattung durch die Medien, auf die Informationstätigkeit der Regierung und ihrer Verwaltung, sowie auf das individuelle Engagement der Ratsmitglieder bei Parteien oder beim sonstwie politisch interessierten Publikum.

Verbesserung parlamentarischer Oberaufsicht und Kontrolle

Die Oberaufsicht über die Geschäfte von Regierung und Verwaltung sowie die Kontrolle (insbesondere die Finanzkontrolle) stellen eine wichtige, zweifelsohne die anspruchsvollste Aufgabe des Parlaments dar. Mitglieder von parlamentarischen Kontrollorganen stellen denn auch regelmässig fest, dass gerade hier die Kräfte eines Milizgremiums nicht ausreichten, um die Vorgänge einer grossen, spezialisierten und professionellen Verwaltung zu überprüfen. Hinzu kommt, dass parlamentarische Kontrollgremien auf die Informationen und Auskünfte der Kontrollierten angewiesen sind. Das Parlament gehe «in seiner Bewertungsnot auch bei der so wichtigen Kontrollfunktion an der Krücke von Regierung und Administration» stellte der Solothurner Kantonsrat 1975 fest[22].

Der gängige Weg zur Verbesserung wird über die Verstärkung entsprechender Kommissionen gesucht. Einige Kantone haben neue ständige Kommissionen geschaffen, andere die Kommissionen personell vergrössert oder die Kontrollaufgaben innerhalb der Kommissionen neu verteilt.

Um der Verwaltung besser auf die Finger schauen zu können, wurden die Rechte zur Akteneinsicht und zur Beamtenbefragung verschiedentlich erweitert. Wenn an der Befragung eines Beamten auch der jeweilige Departementsvorsteher oder direkte Vorgesetzte beiwohnen kann, so fragt sich allerdings, wie offen die Antworten noch ausfallen.

Ein besonders heikles Gebiet ist die Finanzkontrolle, wie sich etwa in der bernischen Finanzaffäre gezeigt hat. Interessant ist an diesem Fall aber, zu sehen, wie sehr hier alle Beteiligten aus unerfreulichen Vorkommnissen Anlauf für institutionelle Neuerungen genommen haben, welche das kantonale Mittelmass bei weitem sprengen. So will das bernische Parlament in seiner jüngsten Vorlage von 1988 die Finanzkontrolle mit einem zusätzlichen, externen, dem Parlament direkt verantwortlichen Revisorat sicherstellen. Diese Lösung lehnt sich an Muster der Privatwirtschaft, insbesondere von Banken, an. Weniger weit gehen Baselland, St. Gallen und Jura. Hier ist den Parlamenten die Beanspruchung der Instrumente der verwaltungseigenen Finanzkontrolle erlaubt.

Ein grundsätzliches Problem der Verwaltungskontrolle liegt allerdings nicht im technisch-organisatorischen Bereich, sondern in den politischen Verhältnissen des Konkordanzsystems begründet, das keinen Wechsel zwischen Regierungs- und Oppositionsrollen kennt: Die regierenden Parteien zeigen zumeist kein grosses Interesse am Aufdecken von Misswirtschaft «ihrer» Regierung und haben es regelmässig in der Hand, das Untersuchungsverfahren über kritische Vorkommnisse durch Mehrheitsbeschlüsse auf das politisch Opportune zu beschränken. Daran ändert auch die reglementarische Erleichterung der Einsetzung von speziellen Untersuchungskommissionen wenig. Umgekehrt sind Minderheitsparteien oft nicht in der Lage, sich die notwendigen Informationen zu beschaffen oder genügend Druck für eine effektive Kontrolle auszuüben, weil sie in den Kommissionen gar nicht vertreten sind oder weil sie keinen Mehrheitsbeschluss herbeiführen können[23].

Davon gibt es freilich Ausnahmen, und ausserordentliche Situationen können auch zu einem unkonventionellen Vorgehen führen. So wurde z.B. die besondere Untersuchungskommission des bernischen Grossen Rates, welche die Finanzaffäre zu entwirren hatte, mit Erfolg vom Mitglied einer kleinen Partei präsidiert. Damit war gerade die Leitung des Untersuchungsausschusses nicht mit dem Etikett der Befangenheit behaftet. Nach den guten Erfahrungen mit den «Oppositionsparteien» schlug die Kommission vor, den Nichtregierungsparteien eine Mindestvertretung in den wichtigsten Kommissionen zuzusichern. Der Grosse Rat hielt aber an einer rein proportionalen Verteilung der Sitze fest[24].

Trotz Verbesserung ihrer Reichweite, wie sie in manchen Kantonen angestrebt wurde, bleibt die Verwaltungskontrolle für viele Parlamentarier wenig attraktiv. Die Aufgabe erfordert viel Zeit und Sachverstand, Unabhängigkeit, Hartnäckigkeit und Zivilcourage – und Popularität kann damit nur ausnahmsweise gewonnen werden. Hinzu kommt, dass die Kontrollierenden oft durch das Amtsgeheimnis zu Verschwiegenheit verpflichtet sind und damit in Loyalitätskonflikte zwischen Verwaltungs- und weiterem öffentlichem Interesse geraten können.

Die Aufwertung des Parlaments

Die Aufwertung des Parlaments geniesst als politische Forderung zwar weit herum Anerkennung. Ihre praktische Einlösung scheint dagegen schwieriger zu sein. Immerhin lassen sich eine Reihe verschiedener Strategien finden, die wir kurz durchgehen wollen:

Verstärkung der «Stammfunktion» der Gesetzgebung

Hier bemühen sich zahlreiche Vorschläge um die effizientere Ausgestaltung der Anregungsmittel von Postulat und Motion, um Fristen für die Antworterteilung durch die Regierung, aber auch um selbstbindende Fristen für das Parlament und seine Kommissionen in der Gesetzgebungsarbeit. Nicht zu übersehen ist auch der Wille einzelner Parlamente, sich – über das Mittel parlamentarischer Initiative – selbst direkte Anstösse zu verwaltungsunabhängiger Gesetzgebung zu geben. Über die Wirkung dieser eher arbeitstechnisch-organisatorischen Verbesserungen ist, mit Ausnahme der parlamentarischen Initiative[25], wenig in Erfahrung zu bringen.

Verstärkung der staatsleitenden Funktionen

Planung, Finanzplanung und Richtlinien der Regierungstätigkeit haben sich zu wichtigen Instrumenten der exekutiven Staatsleitung entwickelt. Darin werden, über die Tagesgeschäfte hinaus, mittel- und langfristige Vorentscheide getroffen. Die stärkere Beteiligung des Parlaments an diesen staatsleitenden Funktionen wird keineswegs überall als dringlich angesehen. Ihre Realisierung dagegen ist oft ausserhalb der engeren Parlamentsreform an die Hand genommen worden, z.B. im Zuge von Verfassungsreformen oder über Bestrebungen der Staatsschreiberkonferenz. Weiter wurde den Parlamentariern mit neuen Formen persönlicher Vorstösse ein verbessertes Instrumentarium in die Hand gegeben.

Kontrolle der Verordnungstätigkeit

Kürze und die Konzentration auf das Wesentliche gelten als Tugenden der Gesetzgebung, mit denen ein Milizparlament zugleich der «Zeit-, Sachkunde- und Bewertungsnot» ein Stück weit Herr werden kann. In der Regel wird damit aber der Handlungsspielraum des konkretisierenden Verordnungsrechts grösser. Befremden und Klage darüber, was «die Regierung» nun wieder aus «ihrem Gesetz» gemacht habe, sind von Parlamentariern oft zu hören.

Mit dem Verordnungsveto nun wird in der neuen Verfassung des Kantons Solothurn eine bedeutend stärkere Rückbindung und Kontrolle des Verordnungsrechtes angestrebt: 25 Kantonsräte können ein Referendum gegen eine regierungsrätliche Verordnung ergreifen; wenn sich dann eine Mehrheit gegen diese Verordnung ausspricht, gilt sie als zurückgewiesen. Der Kantonsrat erhält so die Möglichkeit, Einhalt zu gebieten, wenn die Verordnung nicht den Absichten des Gesetzgebers entspricht. Die Erfahrungen einer solchen Regelung bleiben sicher noch abzuwarten. Bei zu regem Gebrauch dürfte die Waffe des parlamentarischen «Vetos» stumpf werden, indem die Regierung gerade die konfliktträchtigen

Fragen aus dem Verordnungsrecht ausklammert und eher ermessensweise entscheidet.

Verstärkung der Verwaltungskontrolle
Vgl. oben, «Verbesserung parlamentarischer Oberaufsicht und Kontrolle»

Entwicklung einer modernen Ratskultur
Unser tour d'horizon über die Parlamentsreform wäre unvollständig ohne das Stichwort der politischen Kultur. Parlamente sind keine blossen Arbeitsmaschinen. Sie leben von Traditionen, Bräuchen, Sitten, Ritual und Symbolik, die über die Selbstdarstellung hinaus der Inszenierung von Politik in der Öffentlichkeit dienen. Veränderungen parlamentarischer Traditionen entgehen zum grossen Teil der Revision des Reglements. Wo formale Änderungen Symbolisches berühren – etwa bei der Lockerung von Kleidervorschriften – können sich Konflikte entladen, die dem Aussenstehenden disproportioniert erscheinen oder unverständlich bleiben. Auf die Verletzung ungeschriebener Regeln können Parlamente unterschiedlich reagieren. Eine neue Generation von Volksvertretern hält sich nicht mehr an den Brauch, das Wort erst nach einer Session oder gar einem ersten Ratsjahr zu ergreifen, und das Ansehen der Parlamente scheint daran nicht gelitten zu haben. Auf der andern Seite reglementierte z.B. der Zürcher Kantonsrat die Möglichkeit zu persönlichen Erklärungen genau, weil dieses Instrument immer häufiger für allgemein-politische Erklärungen benutzt wurde, was die Ratsmehrheit als Missbrauch einschätzte.

Fazit

Das Wort «Parlamentsreform» erweckt grosse Erwartungen. Die Durchsicht realisierter Reformen in den Kantonen ist eher ernüchternd: Es überwiegen kleine, technische, oft zaghafte Einzelmassnahmen, deren Zweck vielfach wenig klar wird. Die ernste Situation eines überforderten Parlaments, wie es wissenschaftliche Stimmen vor zwanzig Jahren schilderten, scheint von den politischen Akteuren selbst weit weniger dramatisch empfunden zu werden. Nun gilt für eine institutionelle Reform das Wort Max Webers wohl besonders, wonach die Politik das Geschäft geduldigen Bohrens an dicken Brettern sei. Dass Parlamente sich selbst den Anstoss geben, selbst reglementieren müssen und vom Ergebnis selbst direkt betroffen sind, erleichtert die Aufgabe der Reform nicht. Grosse Würfe sind die Ausnahme, brauchen vielleicht sogar Anstösse wie eine Verfassungsreform (AG oder SO erarbeiten zur Zeit Geschäftsverkehrsgesetze) oder eine Regierungskrise (Wallis oder Bern). Parlamentsreform wird in der Regel Daueraufgabe bleiben und aus kleinen, pragmatischen Verbesserungen bestehen müssen. Günstige Voraussetzungen für eine permanente Reform hat der Kanton St. Gallen geschaffen, wo das Ratspräsidium alle vier Jahre Bericht über die Tätigkeit des Parlaments zu erstatten hat und eventuelle Verbesserungsvorschläge vorbringen soll.

Zwei Schwergewichte der Parlamentsreform fallen uns immerhin auf: die Bestrebungen nach Verbesserungen der Verwaltungskontrolle und die Beteiligung des Parlaments an den staatlichen Führungsfunktionen. Hier haben einzelne Kantone Massstäbe gesetzt, wobei künftig sicher nicht nur die Nachkontrolle, sondern vermehrt auch die begleitende oder präventive Aufsicht über laufende Verwaltungsvorhaben von Bedeutung sein werden.

Eher kosmetisch sind die Massnahmen zur Verbesserung der Öffentlichkeitsarbeit einzustufen. Ob nämlich die Berichterstattung der Medien den Parlamenten im nächsten Jahrzehnt noch die gleiche privilegierte Behandlung angedeihen lässt, ist keineswegs sicher. Nach wie vor ungelöst sind Fragen des Milizsystems. Kann der Sinn dieser Tradition fortgeführt werden, dies unter Beanspruchung notwendiger professioneller Dienste und unter Beseitigung individueller Benachteiligungen?

Bleibt, als merkwürdig wenig abgegoltenes Hauptanliegen, der Gesetzgebungsauftrag des Parlaments. Praktiker äussern unterschiedliche Ansichten dazu, ob eine stärkere Beteiligung des Parlaments an der eigentlichen Gesetzgebungsarbeit wünschbar und möglich sei. Die einen schätzen sich durchaus glücklich mit der heutigen Arbeitsteilung, nach der Verwaltung und Regierung solide Entwürfe vorbereiten, welche die parlamentarischen Kommissionen und das Plenum überarbeiten. Andere wünschen sich mehr, als hinter der Musik her zu marschieren. Diskussionswürdig ist der Vorschlag der Staatsrechtler Alfred Kölz und Jörg Paul Müller, begleitende Ratskommissionen einzuführen, wenn die Regierung Gesetzesentwürfe im Auftrag des Parlaments ausarbeitet[26]. Vielleicht müsste die Diskussion auch weiter geführt werden. Zunehmend wird nämlich die Bedeutung der sogenannten Gesetzesevaluation für die Rechtsetzung erkannt: Für den Erlass neuer Gesetze oder die Revision bestehender Gesetze sollen die Erfahrungen über die Folgen bisheriger Regelungen systematisch ausgewertet werden[27]. Dies verspricht qualitative Verbesserungen der Gesetzgebung – aber nur, wenn das Parlament, im Rahmen seiner Sachkunde, seiner Bewertungsfähigkeit und im Rahmen des zeitlich Möglichen zum Zuge kommt.

Anmerkungen

[1] Riklin Alois
S. 385

[2] Ochsner Alois
Die schweizerische Bundesversammlung als Arbeitsparlament, Diss. St. Gallen, Entlebuch 1987

[3] z.B. für Hochleistungsstrassen im Kanton Zürich

[4] Zusammenstellungen bei: Moser 1985
S. 21 und 29

[5] Blum
S. 15

[6] Mose 1985
S. 88 f.

[7] Linder/Schwager/Commandini
S. 44

[8] Affolter
S. 116 f.

[9] Eichenberger
S. 285 ff.

[10] ebenda

[11] Rhinow René
«Ein Leitbild als Voraussetzung»,
NZZ 23. 7. 1975 und «Parlamentsreform», in: Verwaltungspraxis, S. 6 ff.

[12] Rhinow wirkte als staatsrechtlicher Experte in der landrätlichen Kommission betreffend Parlamentsreform; weitere Literatur: Blum, Roger: «Das Beispiel Baselland – ein Testfall», NZZ 23. 7. 1975 und Blum 1978, S. 30 f.

[13] Basler Zeitung 25. 5. 1977

[14] Ratsschreiber H. J. Schär, in: Staatsbürger 1/78, S. 25

[15] Landbote 28. 2. 78

[16] NZZ 3. 4. 80

[17] Tages-Anzeiger 21. 10. 80

[18] W. Stutz,
Rechtskonsulent der Luzerner Regierung, zuständig für Parlamentsreform, in: Staatsbürger, S. 17

[19] vgl. dazu den Beitrag von Christian Moser in diesem Band

[20] Eine Tabelle mit allen Kantonen findet sich in der Zeitschrift Traktandum Nr. 2/85

[21] Tages-Anzeiger vom 26. 2. 1985

[22] Aus der Begründung der Motion, welche den Anstoss für eine grundlegende Reform gab; zit. nach Affolter, S. 119

[23] Schmid
S. 28

[24] Tages-Anzeiger vom 12. 11. 1985, Bund 3. 6. 1988

[25] Peter Kottusch äussert sich aufgrund einer systematischen Untersuchung skeptisch zur parlamentarischen Initiative; die Erfolgsquote sei im Verhältnis zum Arbeitsaufwand zu klein.
Kottusch, S. 154 und 158 f.

[26] in: Entwurf für eine neue Berner Verfassung, Art. 52

[27] Grundlegend: Mader, Luzius, Evaluation législative, Lausanne 1986

Quellenverzeichnis

Affolter Max
Rechtliche Aspekte der solothurnischen Parlamentsreform, in: Festschrift 500 Jahre Solothurn im Bund, Solothurn 1981, Seite 115 ff.

Blum Roger
Rolle, Schwierigkeiten und Reform der kantonalen Parlamente, in: Schweiz. Jahrbuch für Polit. Wiss. 18/1978, S. 11 ff.

Eichenberger Kurt
Die Problematik parlamentarischer Kontrolle im Verwaltungsstaat, in: Schweiz. Juristen-Zeitung, Heft Nr. 18 u. 19, 1965, S. 269 ff. u. 285 ff.

Egli Anton
Die Kontrollfunktion kantonaler Parlamente, Veranschaulicht an den Beispielen aus den Kantonen Luzern, Aargau und Freiburg, Res publica helvetica Band 5, Bern/Stuttgart 1974

Entwurf für eine neue Berner Verfassung, Freie Liste des Kantons Bern, Rechtliche Beratung durch A. Kölz und J. P. Müller, Bern (1987)

Kölz Alfred
Probleme des kantonalen Wahlrechts, in: Schweiz. Zentralblatt für Staats- und Gemeindeverwaltung, 1987, Nr. 1 u. 2

Kottusch Peter
Zur Tragweite der parlamentarischen Initiative nach zürcherischem Staatsrecht, in: Zentralblatt für Staats- und Gemeindeverwaltung, 1986, S. 145 ff.

Kley Roland
Verfahren und Inhalte kantonaler Parlamentsreformen im Vergleich, in: Schweiz. Jahrbuch für Polit. Wiss. 18/1978, S. 33 ff.

Linder Wolf, Schwager Stefan, Commandini Fabbrizio
Inflation législative? Lausanne 1985

Mader Luzius
Evaluation législative, Lausanne 1986

Moser Christian
Institutionen und Verfahren der Rechtsetzung in den Kantonen, Bulletin d'information de la direction du programme national no 6, bulletin no 13, mai 1985

Moser Christian
Aspekte des Wahlrechts in den Kantonen, Materialien zur schweiz. Politik, Nr. 1, Bern 1987

Ochsner Alois
Die schweizerische Bundesversammlung als Arbeitsparlament, Diss. St. Gallen, Entlebuch 1987

Parlamentsreform? Bericht zur Totalrevision des Reglementes des Grossen Rates, Der Kanton St. Gallen heute und morgen Nr. 6, Schriftenreihe Staatskanzlei St. Gallen 1977

Rhinow René A.
Parlamentsreform, in: Verwaltungspraxis, 31. Jg., Nr. 6, 18. Juli 1977, S. 6 ff.

Riklin Alois
Die Funktion des schweizerischen Parlaments im internationalen Vergleich, in: Zeitschrift für Parlamentsfragen, Heft 3, Oktober 1977, S. 368 – 385

Schmid Gerhard
Das Verhältnis von Parlament und Regierung im Zusammenspiel der staatlichen Machtverteilung, Basler Studien zur Rechtswissenschaft Heft 99, Basel/Stuttgart 1971

Schweizerische Politik im Jahre..., hg. vom Forschungszentrum für schweiz. Politik der Universität Bern, Jahrgänge 1973 – 1987

Der Staatsbürger, Zeitschr. für polit. Bildung, Thema Parlamentsreform, Nr. 1, Jan/Feb 1978

**Reformen kantonaler Parlamente 1973 – 88:
Übersicht über wichtige Einzelmassnahmen**
(Zur Beachtung: Die Tabelle listet nicht den Bestand, sondern die Veränderungen auf)

Plenum:
Neu eingeführte parlamentarische Vorstösse und Beratungsformen:

Resolutionen	BL, GE[1], JU
Parlamentarische Initiative	BE
Kleine Anfrage (schriftlich)	AR, SH, ZG
Postulat	AR, SG
Volksmotion	SO
Verfahrenspostulat/motion interne	BL, JU[2]
Vorstösse im Namen einer Fraktion	AG[7], SG, SO
Fragestunde	AG[3], BE, BL, GR, JU[2], SG, SO, SZ
Konsultativabstimmungen	SO
Grundsatzdebatten	BL, SO
Regierungserklärungen	BL
Vetorecht gegen Regierungsverordnungen	SO
Mitsprache bei eidgenössischen Vernehmlassungen	JU, NW, SO

Verfahrensänderungen:

Redezeitbeschränkungen	BE, BS, GR, LU, TI, VS[1]
Vermehrt schriftliche Verfahren	AR, BE, BL, GR, LU, NE, NW, SG, SZ, TG, TI, ZG, ZH
Fristen für Beantwortung von Vorstössen	BE, SG, SZ, ZH
Entscheid Abschreiben/Überweisen neu allein durch Parlament	BE, FR
Vereinfachung von Wahl- und Einbürgerungsverfahren	GR, NE, SH
Weiteres (z.B. keine Diskussion, wenn keine Anträge oder kein Vorlesen der Gesetzestexte mehr)	FR, GR, LU, NE, SG, VS

Weiteres:

Zwischenrufe erlaubt	NW
Ausstandsregelung	AG, BL, GR
Regelung für Petitionen	BS, LU, NE, TI
Frühzeitigere Zustellung der Unterlagen	FR, GL, GR, NE, SO[4], SZ
Traktandenliste an vorangehender Sitzung beschliessen	BL
Abschaffung namentlicher Abstimmungen	GR
Bedenkfrist zwischen zwei Beratungen	NE, ZH

Kommissionen
Stärkung Kommissionen:

Erweitern ständiger Kommissionen	AG, BE, BS, SZ, ZG, ZH
Neue Aufteilung der Aufgabenbereiche der Kommissionen	AG, BL, OW, SG, SO
Einführen departementsbegleitender Kommissionen	SO
Begrenzte Kompetenzerteilung zur selbständigen Entscheidung	AG, BL, SG
Verbessern des Auskunfts- und Einsichtsrechts bei Regierung und Verwaltung	BE, BL, JU[2], LU, SG, SO
Verbesserte Möglichkeit zu Befragungen	AG, BL, BS, LU, SG, SZ
Eigene Gutachten können in Auftrag gegeben werden	BL, SG, SO
Mehr Kompetenzen für Geschäftsprüfungs- (und Finanz)kommission	GE, JU[2], VD
Erweiterte Möglichkeit zur Schaffung von Untersuchungskommissionen	AG[7], BE, BL, SZ[5]
Regelmässige Orientierung der Regierung über ihre Vorhaben	BL, SO
Externes dem Parlament verantwortliches Finanzrevisorat	BE
Beanspruchen der Finanzkontrolle	BL, JU[2], SG

Weiteres:

Neue ständige Kommissionen	AG, BE, BL, GE, JU, LU, OW, SZ, TG, VS, ZH
Öffentliche Orientierung über Kommissionsarbeit	BL, GR, JU[1], NE, NW, OW, SG, ZH
Schriftliche Berichterstattung der Kommissionen	NW, SG, SZ
Stellvertreter für Kommissionen	AG, BL, GL, SO, SZ, VS

Fraktionen:

Einführung/Erhöhung Fraktionsentschädigung	AG, BE, BL, GE1, GR, JU[2], LU, SG, SO, VS, ZG, ZH
Quorum für Fraktionsbildung reduziert	GL, OW
Regelung Verteilung Kommissionssitze	BE, BS, GL, NE, SH
Fraktionslose/Mitglieder kleiner Fraktionen können in Kommissionen gewählt werden	GR[4], JU[2], TI, ZG

Parlamentsleitung:

Präsidium muss alle vier Jahre Bericht erstatten und Verbesserungen vorschlagen	SG
Koordination der Kommissionen	AR, SG, SO
Aufwertung der Fraktionspräsidentenkonferenz und anderer Leitungsorgane	AG, BE, BL, GR, JU, LU, NE, NW, SH, TG, VS, ZG

Infrastruktur:

Unabhängiges Ratssekretariat	AG[7], BE, SH, VS
Parlamentsdienst in Staatskanzlei	AG, BE, SO[7]
Vermehrte Unterstützung durch Staatskanzlei oder Rechtsdienst	BL, GR, LU, SG, SO

Dokumentationsdienst BL, LU, VS

Grosszügigere Praxis bei Dokumentation und Erteilung von Auskünften	AG, LU, SG, SO
Schreibkräfte	SO
Arbeitsplätze	SG, SO

Weiteres:

Erhöhung Sitzungsgelder	AG, BE, BL, FR, LU, NE, SG, SH, TG, VS, ZH
Erwerbsersatz	BS, SG[6]
Offenlegung Interessenbindungen	BE, BL, SO
Ausdrückliche Mitbeteiligung bei Planung	BL, LU, SO
Lockerung Kleidervorschriften	BE, FR, LU, SG, VS[1]
Beratungsunterlagen können von Kantonseinwohnern bezogen werden	BL, NW, TG

Anmerkungen:
[1] GE: Kommissionsentwurf; VS und JU: in 1. Lesung verabschiedet
[2] JU: erste Verfassung und Reglement
[3] AG: 1974 eingeführt, 1982 wieder abgeschafft
[4] GR und SO: ohne Reglementsänderung beschlossen
[5] SZ: genaue Regelung der Fälle
[6] SG: nur in «Härtefällen»
[7] SO und AG: Entwurf für neues Gesetz

Summary

Cantonal Parliamentary Reforms 1973–1988
by Wolf Linder und Diego Hättenschwiler

This contribution is supposed to give an overview of the cantonal parliamentary reforms of the past 15 years, and evaluate them from a politico-scientific viewpoint.

The diverse character of the Swiss cantons once again shows itself very clearly: in the variety of reform impulses, aims, procedures as well as in the range of changes. All the reform efforts, however, are under the shadow of a chronic devaluation of the militia-like (non-professional) parliament compared to the government and the administration. This scientific diagnosis by Kurt Eichenberger, specialist on constitutional law, reduced to the easily remembered formula "lack of time, lack of expertise, lack of judgement" has influenced discussion in many cantons.

Overview of the Reform Efforts

In practice hardly any comprehensive reforms are being realized. On the whole pragmatic, single measures have predominated aimed at certain points of partial problems which could be clearly defined (see Table).

Tightening up the running of parliaments: the overload of council business is considered one of the biggest everyday concerns of all parliaments. As unproblematic countermeasures, motions and questions are being answered more often in writing and complicated procedures are being simplified. Shortening the speaking time, however, encroaches upon the rights of the individual members of parliament. Nevertheless it remains open whether discussion of important issues suffers as a result of this development.

Militia-like Character

Militia-like work means as a rule work which does not provide any income, and this in turn presupposes incomes from sources other than employment or foregoing an income. This can hardly be afforded by the members of particular professional groups or classes. The money paid for participating in parliamentary sessions in most cantons is exceedingly modest, and takes the form of mere compensation of expenses. Nevertheless inflation adjustment or even increase of these sums is a delicate subject: The parliament is making decisions in its own interests. Thus the question of compensation often leads to vehement discussions among the public and in part to plebiscites which reject the change. The actual inequality of the chances of participating in the militia-like system has not been reduced in this way.

Council Infrastructure

As a means of support for the non-professional parliamentarians, professional council services have been improved in various cantons. The most determined parliaments have created their own council secretariat, which aids them in many areas: as a legal and documentation service, as a means of acquiring information directly from the administration and in attending the parliamentary commissions responsible for a preliminary discussion of subjects.

Improvement of parliamentary superintendence and supervision

The most frequently sought way of improvement is through reinforcement of the corresponding commissions. Some cantons have set up new standing committees, others have increased the number of members or have redistributed the supervisiory tasks within the commissions. Fundamental problems of superintendance are rooted in the system of polity which knows no switching of government and opposition roles: the governing parties usually do not show a lot of interest in uncovering mistakes made by "their" government. Furthermore, for many members of parliament, supervisory tasks are not very attractive.

Upgrading the Parliament

The principal legislative function is supposed to be reinforced in many cantons through new forms of parliamentary intervention (e.g. parliamentary initiative) or through more efficient use of the existing possibilities. On the other hand, some new functions of parliament – for example, the participation of parliament in task and financial planning as well as in forming the guidelines of government activity – have been judged differently in the cantons. Consequently very different solutions have been implemented, leading to differing levels of participation of parliament in state leadership.

Council Culture

Changes in the political culture and parliamentary traditions are to a large extent outside the scope of revision of the regulations. Thus, for example, rules on dress – a subject often under passionate discussion – have become more relaxed. Much more important changes in the political culture – manner and type of negotiations, how "new" groups are handled such as women or "alternative thinkers", etc. – are difficult to grasp except from reports of individual experiences.

Evaluation from a Politico-scientific Viewpoint

The words "parliamentary reform" raise high hopes. The reforms realized in the cantons on the average are rather disillusioning: tiny, technical often timid single measures predominate, the purpose of which is frequently not very clear. The serious predicament of the overloaded parliament, as portrayed by specialists twenty years ago, seems to have been felt far less dramatically by the political actors themselves. The comment by sociologist Max Weber probably applies particularly to institutional reform: politics is like patient drilling on thick boards. Great achievements are the exception, and require perhaps impetuses such as a revision of the constitution or a government crisis. As a rule parliamentary reform will remain an ever ongoing task, and will have to be composed of small, pragmatic improvements.

Nevertheless two focal points of parliamentary reform stand out: the efforts to improve administrative controls, and the participation of parliament in tasks of state leadership. Here some cantons have set standards according to which accompanying or preventive supervision of current administrative projects will become increasingly important in the future rather than simply checks made afterwards.

The measures to improve public relations, however, can be considered rather of a cosmetic nature. It is not at all certain that the reporting of the media in the next decade will still confer the same privileged treatment to the parliaments. Still unresolved are questions relating to the militia-like (unprofessional) system. Can the sense of this tradition be carried on using the necessary professional services and can individual handicaps be overcome? The legislative task of parliament remains as a remarkably unsettled main concern. Practicians express differing views as to whether a greater participation of parliament in the actual legislative work is desirable and possible. Some consider themselves completely satisfied with the present day division of tasks, whereby the administration and the government prepare proposals which reflect as close as possible a consensus of opinion and which the parliamentary commissions and the plenary assembly revise. Others want more than just having to march behind the band. Mayby the discussion should be carried further. The increasing importance of evaluating in advance the possible effects of new laws is being recognized. For the passing of new laws or the revision of existing laws, the experience with the consequences of previous regulations should be assessed systematically.

Eine Folge von Begebenheiten, Wortwechseln und Pressemeldungen aus kantonalen Parlamenten, zusammengestellt von Paul Stadlin unter Mitwirkung von Mme Hélène Braun-Roth, Fidel Caviezel, Rolf Eberenz, François Geyer, Rodolfo Schnyder, Wilhelm Schnyder, Kurt Schönberger

Ein Strauss von Redeblüten

Präsidentin: Ausnahmsweise erteile ich Ihnen nochmals das Wort, wenn kein Einspruch erhoben wird.
Deputierter (als redefreudig bekannt): Ausnahmsweise bin ich Ihnen dankbar dafür, bis zu dem Punkt, da Sie mich wieder abläuten. Aber Ihre Glocke tönt so schrill. Da ist mir Ihre Stimme viel angenehmer.

* * *

Le pasteur Jean-Paul Perrin: Si Ponce-Pilate avait été Conseiller d'Etat du Canton de Vaud, et si le Sanhédrin de Jérusalem avait été notre Grand Conseil, les choses se seraient-elles passées autrement? Et si Jésus était né à Bettens plutôt qu'à Bethléhem, et s'il avait fait son apprentissage à Naz plutôt qu'à Nazareth, l'affaire aurait-elle fini autrement? Peut-être bien… on aurait pu trouver un arrangement, couper la poire en deux, déposer une motion, lancer une initiative, faire traîner l'affaire en longueur, et Jésus aurait ainsi sûrement touché l'AVS de longues années, en Terre sainte, évidemment!
(Installation du Conseil d'Etat et du Grand Conseil, cathédrale de Lausanne, mardi 10 avril 1990)

* * *

In der Debatte: Zu dieser Sache (12 autofreie Sonntage) ist Kollege X der falsche Prophet; er, der mit seinem Wagen oft bis zum Rathaus vorfährt und ihn wenn möglich noch auf dem Parkplatz der Polizei abstellt.

* * *

Präsident: Ihre Redezeit ist abgelaufen.
Votant: Das stimmt, aber Kollege Y, der heiser ist, hat mir 5 Minuten geliehen.
Präsident: Tut mir leid, hier wird nicht auf Pump gesprochen.

Aus einem Referat: Die Kautschukbestimmungen, welche die Kommission in ihrem Sirupbericht vorschlägt, sind völlig unannehmbar. Dabei wäre es höchste Zeit, ein Zeichen zu setzen. Aber was wollen Sie, wenn man im Text schon die Anführungs- und Ausrufezeichen vergessen hat…

* * *

Departementsvorsteher (zu einer Motion): Darauf möchte ich mit einem Zitat von a. Bundesrat Schaffner antworten: die Ansicht des Motionärs ist so falsch, dass nicht einmal das Gegenteil richtig wäre.
Motionär: Der Spruch geht wirklich daneben, denn in Ihrem Departement gibt es keinen Schaffner, sogar die Schaffer sind eher selten.

* * *

In der Diskussion über eine Bauabrechnung: Der Herr Baudirektor ist ja sonst um massive oder spritzige Antworten nicht verlegen. Er sollte schweigen, denn die grosse Kreditüberschreitung ist Antwort genug. Man sagt uns, wir mögen uns an dem schönen Werk freuen, schon gut, in dreissig Jahren; aber jetzt sehen wir vor allem das Loch in der Staatskasse und das hinterlässt einen bitteren Vorgeschmack auf die Wahlen.

* * *

VNPR: Dans le courant de la législature 1986–1990, le Conseil d'Etat provoqua une tempête dans un verre… de blanc en informant le Grand Conseil qu'à l'avenir, il ne revêtirait plus le «VNPR» (veston noir, pantalon rayé) lors des séances ordinaires du Parlement. Dominant un hémicycle où cette «bombe» provoquait les réactions les plus outrées, le président Jean-Pierre Schmidely eut ce mot: «Pour ce qui est de votre président, il n'a encore rien décidé. Mais en tout cas il ne viendra pas en costume de bain lors de la session de mai.»

* * *

Die Sitzung der Kommission hat um 14.00 Uhr begonnen; es ist jetzt 15.55 Uhr.
Präsident: Wir wären nun eigentlich fertig, aber es hat sich noch Herr L. gemeldet, ich erteile ihm gerne das Wort. Allgemeines Schmunzeln. (Dies, obwohl L. als langatmiger Redner gilt. Das Paradoxon löst sich auf, wenn man erfährt, dass für eine Sitzung, die mehr als zwei Stunden dauert, ein Zuschlag zum Taggeld bezahlt wird.)

* * *

Knorriger Einzelgänger: Man wirft mir vor, ich hätte die Begründung meines Vorstosses an den Haaren herbeigezogen. Sicher an den eigenen nicht, denn mein Kopf ist abgeräumt. Und abgeräumt hat leider die Finanzkommission auch die Hoffnung, dass in dieser Angelegenheit noch etwas Vernünftiges geht (Gelächter). Ja, lachen Sie nur, das tut man immer, wenn man eine Idee gebodigt hat…

* * *

Ein Votant bei der Anrede: Herren Regierungskollegen (anstelle von Regierungsräte!), meine Damen und Herren (Gelächter).
Votant weiter: Endlich ist es mir einmal gelungen, Sie zum Lachen zu bringen.

* * *

Emphatischer Seufzer: Ich komme direkt von Brasilien und sah dort das Kreuz des Südens am Himmel, aber hier erlebe ich wieder das Kreuz des Nordens, und das sind Sie, Herr Kollege, mit Ihrem Vorstoss.
Antwort des Betroffenen: Wenn es nichts Schlimmeres gibt, dann sind Sie zu beneiden.

* * *

Redner: Sie können sich vorstellen, dass ich an Ihrer Motion gar keinen Spass hatte.
Motionär: Das war auch nicht bezweckt, Sie Tugendbold!
Redner: Ich protestiere gegen diesen Ausdruck.
Präsident: Sachte, sachte, Tugend ist kein Vorwurf, und der Mangel an Humor leider auch keine Sünde…

Präsident: Sie haben jetzt exakt noch 30 Sekunden, um Schluss zu machen.
Redner: Ich bitte um Nachsicht…
Präsident: Die habe ich durchaus für Sie, aber nicht für Ihre Zunge.

* * *

Alerte au Grand Conseil: La présidente du Grand Conseil avait été secrètement informée qu'un exercice d'alerte serait organisé au cours d'une séance du Grand Conseil, les députés devant évacuer promptement la salle et se retrouver dehors en face de l'Hôtel-de-Ville.
Prête à faire face à la crise, la présidente reçoit un contre-ordre du chef du Département de l'Intérieur et de l'Agriculture qui s'exclame hors de lui: «Quel est le c… qui a donné un ordre pareil?» Personne ne le saura jamais…

* * *

Monsieur A. R.: Sur ce sujet je suis surpris de l'intervention de notre collègue. En fait je ne suis pas vraiment surpris puisqu'il vient finalement souvent à contretemps. Quand nous disons «Faisons les choses normalement», il nous dit «accélérons» et quand nous disons «allons plus vite», alors il répond «non, ralentissons, faisons autrement». (Mémorial Grand Conseil, Genève)

* * *

Le député B: Nous savons qu'il n'y a jamais rien d'inutile dans les textes proposés par le Conseil d'Etat et que rien n'est jamais dû au hasard. Dès lors, nous aimerions poser une question sur l'article 8 de la loi sur les archives de l'Etat.
(Procès Verbal du Grand Conseil, Neuchâtel)

* * *

Votant: (nach weitschweifenden Ausführungen). Ich komme nun zum Schluss.
Präsident: Das haben Sie jetzt schon dreimal gesagt.
Votant: Ich gebe zu, dass ich eben mehrere Schlüsse habe.

* * *

Berichterstatter der Kommission: Die wichtigste parlamentarische Bremse ist neben der Beschränkung der Redezeit die Ausgabenbremse…
Zwischenruf: Aber Sie haben die 15 Minuten doch auch bereits überschritten.
Berichterstatter (resigniert): Daran erkennen

Bekleidungssitten / Vive la différence dans la tenue

Tracht im Thurgau

feierlich in Appenzell

Pullover in Basel

dunkel in Graubünden

légère pour la gauche à Fribourg

Leibchen in Luzern

Sie die Relativität der menschlichen Bemühungen, woraus ich leider schliessen muss, dass der Ausgabenplafond ebenfalls durchlöchert wird.

* * *

Président: Je regrette infiniment de vous communiquer que M. Z. a déclaré sa démission. Il était une sorte d'animal politique, un membre actif et interessé d'un niveau intellectuel et culturel considérable. Mais il était dans ce Conseil surtout le fournisseur préféré de «bon-mots», dont la qualité nous a toujours fait énormément plaisir… Merci beaucoup!

* * *

Votant: Wir haben uns einige überzogene und nichtssagende Diskussionsbeiträge angehört. Die Argumente sind offensichtlich erschöpft, und ich stelle den Antrag auf Schliessung der Rednerliste.
Präsident: Das erstaunt mich, denn Sie sind ja selbst noch zum Wort eingeschrieben.
Votant: Eben deshalb, denn wenn Sie mich vernommen haben, werden Sie endgültig genug haben, und wir können dann zum Mittagessen gehen.

* * *

L'intruso: Nell'ambito di una discussione concernente l'ordinamento dell'insegnamento della religione nella scuola pubblica, l'intervento pieno di fervore di un deputato, a difesa della laicità dello Stato, venne seguito dal Parlamento intero con insolita attenzione e in un silenzio che pareva dovesse non più finire, tanto le parole avevano colpito. Tuttavia, proprio sul finale, un individuo presentatosi improvvisamente in aula, dopo aver applaudito e ringraziato l'oratore, se ne ripartì facendosi il segno della croce, il che sdrammatizzando, d'un colpo il clima che si era fatto ormai teso.

* * *

Votant bei der Debatte über streunende Haustiere: Es zeigt sich auch hier, dass so mancher auf den Hund gekommen ist, bzw. auf die Katze.
Weiblicher Zwischenruf: Schämen Sie sich!
Votant: Für was, für den Hund oder die Katze? Übrigens sehe ich, Frau Kollegin, dass Sie dem Begriff «Katze» eine Bedeutung beimessen, auf die ich nicht verfallen wäre (Heiterkeit).

* * *

Votant: Es ist geradezu rührend, was Sie uns alles gewähren wollen, nur nicht das, was wir wollen und brauchen.
Replik: So ist, Herr Kollege, das Leben eben strukturiert. Man bekommt seine Wünsche selten erfüllt, und das wäre auch nicht gut. Übrigens vermag der Aussenstehende oft besser zu beurteilen, was zuträglich ist und was nicht.
Duplik: Wenn Ihre Aussage zutrifft, Herr Kollege, dann möchte ich bemerken, dass Ihre Gruppe eine Steuersenkung am wenigsten braucht, und ich das als Aussenstehender am besten beurteilen kann, weshalb wir dagegen stimmen werden.

* * *

Figure pittoresque du Grand Conseil d'après la seconde guerre mondiale, feu Paul-Abram Meylan, un ouvrier horloger socialiste de la Vallée de Joux, est resté fameux pour un trait d'esprit. Succédant à la tribune à un éminent avocat radical, il s'était borné à lancer: «Pour dire que Me*** a été brillant, ça, oui, on peut le dire. Mais pour dire qu'il a éclairé le Grand Conseil, ça non, on ne peut pas…» Et de regagner sa place, de son pas lent de montagnard…

* * *

Motion urgente; le député B: Dans le dictionnaire Larousse, on définit l'urgence de la manière suivante: «Situation particulière impliquant une procédure accélérée.» Ma motion a été déposée en novembre 1987 et on me demande de la développer 19 mois plus tard. La première question que l'on peut se poser est de savoir si, après tant de mois, il y a encore urgence!
(Bulletin des Séances du Grand Conseil, Valais)

* * *

Bemerkunq eines Staatsschreibers über den Werdegang der Politiker:
Besonders aufsässige Kritiker im Grossen Rat sind solche, die in die Regierung gewählt werden wollen. Haben sie es dann erreicht, und werden sie an ihre früheren Taten erinnert, so entgegnen sie: Früher war ich im Schützenstand und jetzt bin ich im Scheibenstand, das ist doch etwas ganz anderes.

* * *

Constataziun finala d'in president d'ina cumissiun: «Decidi ussa sco Vus leis, endretg eis ei en scadin cass».

Redner: Es fällt mir auf, dass es Leute hier im Saal gibt, die alles in Frage stellen, nur sich selber nicht. Andere sind mit der Welt eher zufrieden, am meisten mit sich selbst. Das versöhnt mich mit den scharfen Kritikern, von denen doch wohl der Fortschritt abhängt, wenn sie ihn nicht prompt wieder zerstören...
Präsident (unterbricht): Die Analyse scheint Ihnen gelungen, aber zu welcher Gruppe gehören Sie nun eigentlich?

* * *

Votant (erbost): Sie kommen offenbar nur hierher, um Porzellan zu zerschlagen. Dabei haben Sie zuhause einen so schönen Laden. Aber dort ist Ihre Frau und lässt es nicht zu, dass Sie wirken wie ein Elefant.
Präsident: Bitte keine Titel aus dem Tierbuch.
Votant: Verzeihung, Herr Vorsitzender, der Vergleich scheint mir nicht beleidigend, am wenigsten für den Elefanten.

* * *

Redner (falstaffhaft): Ich mache Schluss, denn ich lege Wert darauf, dass um 12.00 Uhr pünktlich abgebrochen wird, nicht nur weil es das Reglement vorsieht und ich Gewerkschafter bin, sondern weil meine Mutter ein gutes Mittagessen gekocht hat, um mein geistiges und körperliches Wohlbefinden für die Nachmittagssitzung sicherzustellen.

* * *

Votantin: Jetzt denken Sie vielleicht, die steht auf verlorenem Posten wie ein verlorenes Ei, kurz bevor es verschlungen wird. Aber ich sage Ihnen, dieses Frühstück wird Ihnen noch Magenkrämpfe verursachen.
Stimme aus dem Hintergrund: Freilich, wenn Sie so faule Eier legen.
Votantin: Ich verwahre mich gegen diese Unterstellung.
Stimme: (gutartig) Huhn oder Nichthuhn, das ist Ihr Problem, nicht meines.

* * *

Regierungsrat in der Debatte: Wenn Sie schon um alles in der Welt mehr Geld ausgeben wollen, dann heben Sie die Gehälter der Regierungsräte an; dann sind Sie wenigstens sicher, dass das Geld nutzbringend verwendet wird.

* * *

Votant: Ich erlaube mir ein paar einfältige Gedanken als Familienvater mit heranwachsenden Kindern...
Departementsvorsteher: Ihre Einfalt ehrt Sie, aber ich habe die Fragen nicht verstanden.

* * *

Anfrage: Wenn man uns Päcklipolitik vorwirft, so bitte ich um Definition, was darunter gemeint ist. Sie werden doch nicht behaupten, dass sich der Departementschef in dieser Sache einpacken lässt.
Zuruf: Das schon, aber Sie selbst sollten einpacken, nicht auspacken.

* * *

Baudirektor: Entschuldigen Sie, ich habe meine Dokumentation noch nicht hier, ich meinte, zu den Vorgeschäften werde viel länger gesprochen.
Zwischenruf: Das macht nichts, es wird ja sowieso aus dem Handgelenk gebaut.

* * *

Votant: Der Herr Baudirektor hat gesagt, er sei über die Vorlage glücklich, was wir ihm gönnen, aber darauf kommt es nicht an, denn unsere Gemeinde und ein wesentlicher Teil der Bevölkerung sind unglücklich damit.

* * *

Votant: Ich habe keinen Antrag gestellt, wie man mir andichtet, aber um meinem Ruf gerecht zu werden, stelle ich ihn jetzt.

* * *

Le cri du coeur: Au cours d'un débat sur les transports publics, le conseiller d'Etat B.Z. fait une déclaration touchante à un député: «Tout à l'heure, j'ai écouté vos âneries, vous pouvez bien écouter les miennes maintenant!».

* * *

Entendu au Grand Conseil: Lors de l'intervention d'une députée sur le budget, l'oratrice a entendu une voix susurrant: «On va voter 4 milliards et ce sont presque uniquement des femmes qui interviennent...» Que voulez-vous Monsieur le Député, elles ont tellement de temps à rattraper!».

* * *

Versprecher des P: Dringliche Munition (statt dringliche Motion)

Gewerbevertreter: Ist die Initiative im Paradies der politischen Unschuld gewachsen oder entstammt sie nicht vielmehr dem Lotterbett der Ämterkumulation?

***

Handwerker: Ich war in der Feuerwehr, und da hat man die heissen Eisen bekämpft, aber nicht mit Gegenvorschlägen.

***

Weinbauer: Diese Initiative ist ein unausgegorenes Ding; auch der unausgegorene Most hat aber offenbar seine Anhänger, doch bekommt man davon meist den Durchfall.

***

Frage: Ist der Sinn der Verordnung so, dass die Bauern bei jedem Hag noch ein Netz gegen die Hunde der Unterländer haben müssen?
Antwort: Das ist eine Detailfrage, die sich auch in der Altstadt von Zürich stellt.

***

Säckelmeister (Finanzdirektor): Leider sind wir in der Angelegenheit heute auch nicht schlauer als zuvor.
Zuruf: Mehr braucht's nicht. Sie sind uns schon jetzt schlau genug.

***

Referent (traurig): Verschiedenen Kollegen wird wohl erst ein Licht aufgehen, wenn das Licht erloschen ist. Diese künstliche Beleuchtung im Hirnkasten wird dann auch nichts mehr nützen.

***

Aus einem Bericht: Es handelt sich um eine befrustete (statt befristete) Lösung.

***

Im Kantonsrat von Z: Es geht hier zu, wie wenn wir uns im Gemeinderat befinden würden…
Zwischenruf: Sie müssen es wissen, Sie sind ja auch dort!

***

Präsidialer Seufzer: Selig, die nichts zu sagen haben und trotzdem schweigen…

***

Aus einem Kommissionsreferat: Die Dreierdelegation des Regierungsrates, bestehend aus dem Finanz-, Bau- und Volkswirtschaftsdirektor, besprach sich zunächst unter vier Augen.

***

Präsident: Sie wollen doch nicht schon wieder das Wort, Herr Lustenberger?
Antwort: Eigentlich schon!
Präsident: Gut, dann gebe ich es Ihnen, aber passen Sie auf, dass der Rat die Lust am Lustenberger nicht verliert.

***

Besorgtes Ratsmitglied: Sie spielen, Herr Erziehungsdirektor, auf so vielen Klavieren, und trotzdem haben Sie kein Musikgehör, speziell nicht in diesem Fall, wo unbescholtene Seminaristinnen an Leib und Seele gefährdet werden.
Eine Stimme: Aber, aber…
Antwort: Da gibt es kein wenn und aber, oder wollen Sie etwa warten, bis sich im Internat die Böden der Zimmer biegen und die Türen aus den Angeln fallen? Denken Sie auch an die Nacht…

***

An einer Kommissionssitzung: Wir wissen ja, dass in diesem Raum der alte Tisch schief steht und die Stühle wacklig sind. Noch schiefer scheinen mir die Ansichten, die Kollege X soeben geäussert hat. Davon wackelt mir mindestens das linke Ohr, nicht nur der Sitz…

***

Referent: Im Bericht des Regierungsrates befinden sich gleich zwei bedauerliche Druckfehler: Statt «Mediation» heisst es «Meditation» und statt «Halbkantone» liest man «Halbkantine». Das erinnert mich daran, dass wir leider immer noch ein Halbkanton sind und auch unser Getränkeautomat erweckt den Eindruck einer Halbkantine.

***

Präsident: Es wurde mir vom Weibel eine dunkelgrüne Füllfeder gebracht. Wer vermisst sie?… Ah, Herr Z, Sie wären uns auch ohne dieses Requisit schon grün genug. Nur die Vergoldung scheint mir nicht so recht zu passen.
Herr Z: Danke, mir auch nicht, aber was wollen Sie bei einem Kundengeschenk!

***

Grossrat L: ... In der Geschäftsprüfungskommission werden künftig die Politrosse und in der Finanzkommission die Sparschweine sitzen, wobei letztere den blöden Politrossen nachrennen und versuchen werden, sie einzuholen. Weil aber Schweine von Natur aus langsamer sind als Pferde, gibt man den Schweinen einen gewaltigen Vorsprung, lässt sie hinter einer Hecke warten, und immer dann, wenn ein Pferd vorbeiflitzt, sagt das Schwein: So nicht! Was wir nun hier auf dem Papier haben, verunmöglicht genau die Vorteile, die eine (einzige) Kommission hätte, nämlich die angenehme Mischung zwischen einem Schwein, gegen das ich gar nichts habe, und einem Pferd; von dieser Mischung wäre sehr viel Effizienz zu erwarten. Vor allem aber hätte dann der Regierungsrat nichts mehr zu lachen.
(Tagblatt des Grossen Rates Bern)

* * *

Un des plus redoutables orateurs du Grand Conseil des années 1945–1980 a indiscutablement été le communiste (en vaudois: le popiste) André Muret, authentique descendant par ailleurs d'un «père de la patrie», le landamann Muret. Au plus fort de la «guerre froide», une de ses interventions fut saluée d'un sonore «A Moscou!», de la part d'un député mal avisé. Car la réplique fut cinglante: «A l'Hôpital cantonal!» cria Muret au perturbateur... directeur, à d'autres heures, de ce grand établissement hospitalier.

* * *

Kommentar eines Reporters: Nach dem Verhandlungsmarathon schaltete der Präsident eine Pause ein, die er als verdient bezeichnete. Hier ist eine Differenzierung am Platz: Den strapazierten Zuhörern war der Unterbruch sehr zu gönnen. Ob auch den Rednern? Diese produzierten sich offensichtlich gern, lange, streitbar, ja lustbetont. Sie hätten sicher noch weitergemacht, wenn nicht ein Ordnungsantrag auf Beendigung der Diskussion durchgedrungen wäre.

* * *

Der Finanzphilosoph: Sparst du in der Zeit, so hast du in der Not nicht mehr viel, wegen der Inflation. Machst du aber rechtzeitig Schulden, so kannst Du sie mit entwertetem Geld leichter zurückzahlen. Das ist die Erfahrung, und da will man uns noch beibringen, dass Staatsüberschüsse wünschbar seien. Nein, Defizite wären es, wenn sie nicht eine so korrumpierende und ansteckende Wirkung hätten. Also nehmen wir doch lieber den Weg zurück zur Tugend, die wie alle Tugenden wenig Anziehendes an sich hat, aber für unsere Nachkommen eine solide Basis ist. Ob diese dann selbst wieder von der Tugend abweichen, na, das bleibe offen. Jede Generation hat ihre eigenen Versuchungen.

* * *

Kommissionsreferent (nachdem er 35 Minuten gesprochen hat): Das sind in kurzen Zügen die Umrisse der Vorlage...
Votant: Wenn Sie das kurz nennen, so ist das eine lange Kürze ohne Würze. Indessen kennen wir nun wenigstens die Umrisse, aber was ist eigentlich der Kern des Kommissionsbefundes?

* * *

Präsident: Der Motionär hat das Wort zur Begründung seines Vorstosses. (Niemand regt sich, bis die Türe aufgeht). P: Ah, da kommt er ja, lassen wir ihn noch schnell die Präsenzliste unterschreiben, bevor er uns seine Vorschläge über die rationelle Gestaltung des Ratsbetriebs erläutert.

* * *

Le futur président du Conseil national, Victor Ruffy, élu à Berne, eut à donner sa démission du Grand Conseil. Sa lettre évoqua entre autres ces députés qui émergent en hâte de la buvette, à l'annonce d'un appel nominal, et «tels des grèbes, tournent la tête en tous sens pour voir comment ils doivent voter.»

* * *

Votant: Wir sind ja sonst ein friedliches Volk, aber angesichts dieser Überreaktion und schikanösen Klauberei meine ich doch, die Verwaltung habe das Blut des Perfektionismus geleckt und begebe sich mit ihren Computern auf einen Feldzug gegen den gesunden Menschenverstand. Können Sie, Herr Regierungsrat, diesen Unfug nicht abstellen, sonst wäre es vielleicht an der Zeit, dass einige Hacker ihrer EDV beikommen.
Dep.-chef: Zunächst stelle ich fest, dass es sich bei der kritisierten Massnahme um einen juristisch einwandfreien Fug, nicht um einen Unfug handelt. Aber ich gebe zu, dass das Salz der Erde vielleicht nicht dasjenige ist, das man dem Bürger in seine Wunden reiben muss...

Der Volksvertreter Lussi stellt die Wiedereinsetzung des Luchses zur Diskussion.
Ein Kollege (sich ereifernd): Der Herr Luchsi, der in der Stadt wohnt, hat gut reden (Heiterkeit). Habe ich Luchsi gesagt? Dann pardon Lussi, aber wir Bauern haben trotzdem nichts zu lachen...

* * *

Stachelbeeri usem Landroot (BL):
Sprachsitten: Keine Sorgen bereitete dem Vorsitzenden die Begrüssung der Delegation des Baden-Württembergischen Landtages. Er bediente sich dabei der urchigen Oberbaselbieter Mundart. Als er dann wenig später zwei Gäste aus den USA speziell willkommen hiess, schaltete er auf Hochdeutsch um.

* * *

In der Fragestunde wurde auch um die Bewilligungspflicht beim Bau von Garten-Biotopen diskutiert. J.A. schien daran keinen Gefallen zu haben. Seine Zusatzfrage dazu: «Brauchen die Frösche, die sich zukünftig in solchen Biotopen anzusiedeln gedenken, auch eine Niederlassungsbewilligung?»

* * *

Applaus erntete W. L., der sein Votum zu einem Postulat betreffend Fasnacht und Gemeindeautonomie in Versform abgab. Der Polizeidirektor, der zu diesem fasnächtlich-ernsten Thema erschöpfend Stellung nahm, tat das in Prosa: «Ich cha keine Värsli brünzle», erklärte er sinngemäss, »ich wird schu agschosse, wenn ich normal due rede».

* * *

Der «Walliser Bote» berichtet:
Der Grosse Rat ist sich manchmal seiner Sache nicht mehr ganz so sicher. Auf jeden Fall weiss niemand so genau, ob man nun in der Frühjahrssession steckt oder noch in der verlängerten Herbstsession. Persönlich erinnert mich die ganze Sache eher an ein Fussballspiel mit vorbestimmtem Resultat und nicht endenwollenden Verlängerungen...
Die Damen und Herren Abgeordneten beziehen ihre politischen Eingebungen ja auch nicht direkt vom Himmel. B. G. ist einer jener lauteren Parlamentarier, die sich nicht scheuen, zu sagen, woher sie ihren Mist haben. So geschehen gestern, als er anregte, Böschungen und Böden unterhalb von Brücken für verkehrsdienliche Betriebe zu nützen. Das habe er aus einer Broschüre des Bundesamtes für Raumplanung...

* * *

Grossrat C. J. hatte gestern die Güte, dem Chronisten den Titel des Hofberichterstatters anzuhängen, dem man Glauben schenken dürfe. Das höfische Tableau entbehrt nicht des Reizes. Der Saal ist voller kleiner Könige und Kaiser, die sich als mutige Ritter und untadelige Knappen fühlen. Nur die Schlossdamen sind zahlenmässig ausgesprochen schwach vertreten. Die edlen Frouwen machen am Walliser Hof von König Volksherrschaft immer noch keine zehn Prozent aus...

Kruzifixe und Blumen / Crucifix et décoration florale

in Sarnen

à Fribourg

à Sion

in Chur

in St. Gallen

in Weinfelden

Robert Hux

Der Kantonsrat von Zürich

Einleitung

Wir wissen, wie wichtig es für uns Menschen ist, eine Heimat zu haben. Dazu gehören eine innere Verankerung und äusseres Wohlbefinden. Dieses Wohlbefinden wird heute deutlicher als in vergangenen Zeiten durch unsere Umwelt und die Öffentlichkeit mitgeprägt. In einem demokratischen Staatswesen – also auch in unserm Kanton Zürich – kommt dem Parlament eine hohe Bedeutung und Verantwortung zu hinsichtlich der Ausgestaltung dieser Gemeinschaft. Darum ist es angezeigt, dieses gesetzgebende Gremium näher kennenzulernen. Weil zweckmässige Verankerung erhöhte Standfestigkeit schafft, ist es sinnvoll, vorerst der Geschichte unseres Parlamentes einige Aufmerksamkeit zu schenken. Wer die Vergangenheit kennt, versteht die Gegenwart besser, gewinnt sie vielleicht gar lieb und weiss die Zukunft eher zu meistern.

Hauptzweck des nachfolgenden Aufsatzes ist es, ein Stimmungsbild unseres Parlamentes in der Gegenwart zu entwerfen. Als eine Art Verbindung der Vergangenheit mit der Gegenwart dienen einige Bemerkungen über den Ort der Handlung – das historisch bedeutsame und architektonisch gefällige Zürcher Rathaus.

1798–1830: Erste kantonale Parlamente

Helvetik und Mediation (1798–1814)

In der zweiten Hälfte des 18. Jahrhunderts begannen auch bei uns die Gedanken und Anschauungen der Aufklärung einen breiteren Raum einzunehmen. Die langsam sich bessernde materielle Situation der Bevölkerung ermöglichte die Beschäftigung mit Fragen ausserhalb der blossen Existenzsicherung. Die Ereignisse in Frankreich mehrten und nährten die Zweifel, ob man selber wirklich in der besten aller möglichen Welten lebe. So wurde zunehmend fragwürdig, was vielen Generationen gottgewollte Ordnung gewesen war.

Das Rathaus an der Limmat in Zürich im Renaissancestil, Sitz des Kantonsrates

Bis 1798 wurden die in zahlreiche Vogteien unterteilten Landgebiete der Stadt Zürich – hauptsächlich erworben durch Kauf und Pfandschaften – massgebend von den «Räth und Burger» der Stadt und den von diesen abgeordneten Landvögten und Pfarrherren bestimmt. Das Bürgerrecht der Stadt war den Bewohnern der Landschaft seit der Mitte des 17. Jahrhunderts verschlossen. Den etwa 10 000 Stadtbürgern standen um die 180 000 Landbewohner gegenüber.

Im Gefolge der Französischen Revolution sah man sich auf einmal nicht nur am Rande eines Bürgerkrieges zwischen Stadt und Land, sondern fühlte die Existenz des Gesamtvaterlandes sichtlich bedroht. Die dramatische Zuspitzung der Ereignisse zu Beginn des Jahres 1798 bewog den Rat und die Zünfte, dem Grundsatz der Gleichheit von Stadt und Land zuzustimmen. Eine besondere Kommission unter Mitwirkung der Landschaft sollte eine entsprechende Verfassung ausarbeiten.

Stadt und Land durchlebten Tage und Wochen fieberhafter Spannung. Sollte die Stadt durchgreifen und zu beharren versuchen oder in pragmatischer Haltung sich dem Neuen öffnen?

In dieser Zeit wurden überall Freiheitsbäume errichtet, Symbole eines anbrechenden neuen Zeitalters. In Ellikon an der Thur steht heute noch ein einsamer Zeuge dieser Freiheitsbäume – eine Platane mit drei Hauptästen; sie sollen die drei Losungsworte der Französischen Revolution – Freiheit, Gleichheit, Brüderlichkeit – versinnbildlichen. 1898 und 1948 hat das Dorf in würdigen Feiern dieses Ereignisses gedacht.

Als die Kunde von der Kapitulation Berns gegenüber den Franzosen nach Zürich drang, kapitulierte das alte Zürcher Regime. «Künftig soll Stadt und Land nur eine Gemeinde ausmachen und alle Schicksale gemeinsam tragen» hiess es in einem zwischen Stadt und Land am 10. März ausgehandelten Vertrag. Die sprachlich nicht gerade ausgefeilte Formulierung mag der Hektik jener Tage zuzuschreiben sein. Am 13. März 1798 versammelten sich «Räth und Burger» zum letzten Mal; viele schieden unter Tränen.

Bereits zwei Tage später trat eine noch unter dem alten Regime im Februar proklamierte vielköpfige Landeskommission im Zürcher Rathaus zusammen. Zur Ausarbeitung einer neuen Verfassung blieb indes keine Zeit. Wiederum unter dem Druck der Tatsachen musste Zürich der vom Basler Peter Ochs entworfenen Einheitsverfassung zustimmen. Zürich wurde zu einem Glied der «Einen und Untheilbaren Helvetischen Republik». Verständlicherweise beneiden heute die Zürcher ihre Basler Miteidgenossen mehr um ihre geistreichen Fasnacht-Schnitzelbänke als um das berüchtigte Ochsenbüchlein.

«In Erwägung des Verhältnisses, in welchem der Stand Zürich gegen die fränkische Nation sich befindet» gab die nun Landesversammlung genannte frühere Landeskommission ihr Einverständnis zur neuen Verfassung. Diese Landesversammlung war vorübergehend die einzige Behörde im Kanton; bereits am 14. April trat indes dieser erstmals vom Volk gewählte Rat zurück und musste einer neu geschaffenen Verwaltungskammer weichen, die von da an für das zürcherische Departement des Einheitsstaates zuständig war. Über wesentlich mehr Macht verfügte allerdings der vom Direktorium abhängige und ihm daher auch gefügige Statthalter.

Anfängliche revolutionäre Begeisterung wandelte sich vielerorts in kurzer Zeit in wachsende Unzufriedenheit. Die Einquartierung französischer Truppen, hohe Kontributionen an den Besetzer, kriegerische Ereignisse, administrative Zerrüttung, Scharmützel zwischen Unitariern und Föderalisten waren schuld daran. Das Chaos herrschte. Die erneute «Vermittlung» Napoleons wurde unvermeidlich.

Am 19. Februar 1803 erhielten die schweizerischen Delegierten in Paris die Mediationsakte ausgehändigt. Sie gab den Kantonen ihre Selbständigkeit weitgehend zurück. Militärwesen, Münz-, Zoll- und Postregal wurden wieder Sache der Kantone. Die territorialen Grenzen unseres Kantons sind von da an unverändert geblieben. Die Stimmberechtigung blieb allerdings an die Kantonsbürgerschaft gebunden und war mit einem vergleichsweise hohen Zensus gekoppelt. Der Grosse Rat, gebildet aus 195 Mitgliedern, war die oberste souveräne Gewalt. Er hielt seine Sitzungen halbjährlich ab; aus seiner Mitte wählte er einen Kleinen Rat von 25 Mitgliedern und zwei Bürgermeister, die je ein Jahr jeden der Räte präsidierten. Die Furcht vor dem allmächtigen Konsul und der Glaube, dass Ruhe und Ordnung am ehesten wieder einkehrten, wenn man politisch erfahrenen Männern sein Vertrauen schenke, bewirkten, dass die Stadt Zürich wieder zu massgebendem Einfluss gelangte. Von den 25 Mitgliedern des Kleinen Rates stammten 15 aus der Hauptstadt.

Restauration (1814–1830)

Noch Ende 1813, nach der Niederlage Napoleons bei Leipzig, erklärte die eidgenössische Tagsatzung die Mediationsakte für nichtig. Eine vom Kleinen Rat ernannte Kommission arbeitete für Zürich eine neue, den Zuständen vor 1798 angenäherte Verfassung aus. Sie wurde am 11. Juni 1814 vom Grossen Rat mit 105:62 Stimmen gutgeheissen. Die Jahre der durch wieder vermehrten stadtzürcherischen Einfluss geprägten Restauration begannen.

Souveränitätsrechte und Gesetzgebung standen nun einem Rat von 212 Mitgliedern zu; 130 von ihnen wurden aber durch Kooptation, also Berufung durch den Rat selbst, in die Behörde geholt. Der Zensus wurde gemildert, blieb aber bestehen, ebenso die Bedingung der Zunftzugehörigkeit und des Mindestalters von 30 Jahren für das passive Wahlrecht. Der Begriff der Zunft hatte sich inzwischen zu einer Bezeichnung geographischer Art gewandelt.

Wahlart und Mitgliederzahl des Kleinen Rates blieben bestehen; sein Einfluss aber nahm zu, da über den Oberamtmann sein Arm jetzt auch deutlicher in die Bezirke hinaus reichte.

1830–1869: Etappen auf dem Weg zum demokratischen Parlament

1831: Eine neue Verfassung – Regeneration

Wachsende Unzufriedenheit auf der Landschaft und einzelne Vorkommnisse innerhalb der Regierung liessen einen nahenden politischen Wandel ahnen. Die französische Juli-Revolution liess den zündenden Funken auf unser Land überspringen. Denkschriften zur politischen Situation, vor allem das Memorial von Küsnacht, taten ihre Wirkung. In Stäfa ertönte unüberhörbar der Ruf nach einer Landsgemeinde: Auf den 22. November 1830 wurde daher zu einer Volksversammlung in Uster aufgerufen. Dort wurden die Begehren des Volkes zusammengefasst und hernach dem Bürgermeister überbracht. Hierauf beschloss die Regierung auf den 6. Dezember Neuwahlen auszuschreiben; sie brachten der Landschaft im neuen Rat eine Zweidrittelmehrheit. Ein Ausschuss erarbeitete in kürzester Zeit eine neue Verfassung, der Grosse Rat stimmte zu, und bereits am 20. März 1831 entschieden die Stimmbürger in gleichem Sinne. Ein bedeutsamer Wandel hatte sich damit vollzogen; zürcherischer Realitätssinn hatte einen schwierigen Übergang ohne Blutvergiessen meistern helfen.

Der Grundsatz der Volkssouveränität war Tatsache geworden, auch wenn das Volk nur über die Verfassung entscheiden und die Mitglieder des Grossen Rates wählen konnte. Der bisherige Kleine Rat hiess von nun an Regierungsrat; seine 19 Mitglieder wurden vom Grossen Rat gewählt und hatten darin Sitz und Stimme.

Für die Wahl in den Grossen Rat galt nach 1838 die Einwohnerzahl der einzelnen Wahlkreise. Der Begriff der Zunft wich dem des Wahlkreises. Die Bezirkseinteilung des Kantons blieb so, wie sie 1814 geschaffen worden war, lediglich einzelne Namen von Bezirken änderten sich im Laufe der Jahre. Nach über 150 Jahren erst ist zu den 11 bestehenden Bezirken mit dem Bezirk Dietikon ein zwölfter hinzugekommen.

Die Zürcher Legislative hat in der Geschichte nie über eine derartige Macht verfügt, wie das zwischen 1831 und 1869 der Fall gewesen ist. Höchst eindrücklich war auch die Leistungsfähigkeit dieses Rates. Im ersten Jahr seiner Tätigkeit verabschiedete er nicht weniger als 55 Gesetze! Darunter befand sich ein erstes Staatssteuergesetz, in welchem allerdings von Progression noch nicht die Rede war! In diese Zeit der Erneuerung, der Regeneration, fällt auch die Eröffnung der Universität Zürich am 29. April 1833: 139 Studenten – (heute sind es über 20000) – und 46 Dozenten zählte man!

Das demokratische Grundgesetz von 1869 und seine Verfeinerung

Die Verflechtung wirtschaftlicher und politischer Macht, die in den fünfziger Jahren spürbar wurde, weckte eine Opposition gegen derartige Zustände. Sie setzte sich das Mitspracherecht des Volkes in Sachentscheiden zum Ziel. Das Zentrum solch demokratischer Opposition war Winterthur.

Die Frage, ob dieser Opposition mit einer Total- oder einer Teilrevision Rechnung zu tragen sei, entschied der Grosse Rat 1865 zugunsten einer Teilrevision, die als wichtigste Neuerung dem Volke das Initiativrecht für Verfassungsänderungen brachte. Recht bald machten die Bürger von dieser Möglichkeit Gebrauch: Im Januar 1868 entschied das Volk, dass eine Totalrevision durchzuführen und die Beratung einem besonderen Verfassungsrat zu übertragen sei. Von den 222 Verfassungsräten waren 147 Demokraten. Beim Verfassungsrat gingen nicht weniger als 415 Petitionen ein, die alle verarbeitet wurden.

Am 18. April 1869 fand die neue Verfassung mit 60% Jastimmen Annahme beim Volk. Sie ist 1989 noch immer in Kraft. Die Staatsgewalt wird nun seit 120 Jahren unmittelbar durch die Aktivbürger und mittelbar durch Behörden und Beamte ausgeübt. Das obligatorische Gesetzesreferendum und die Volkswahl auch der Exekutiven waren neu in der Verfassung verankert worden.

Seit 1869 trägt unsere kantonale Legislative die Bezeichnung Kantonsrat. Die sieben Regierungsräte dürfen nur mit beratender Stimme im Parlament mitwirken.

Der Wandel von Werten und Anschauungen hat auch in der Verfassung seine Spuren hinterlassen. Zwei besonders bedeutsame Revisionen seien stellvertretend für das stete Bemühen um den Ausbau unseres demokratischen Rechtsstaates erwähnt. Am 10. Dezember 1916 hat der Souverän das Proporzwahlverfahren für den Kantonsrat eingeführt und so die Grundlage für eine Parteienvielfalt geschaffen, welche von den einen begrüsst, von den andern bedauert wurde[1].

In einer nicht weniger denkwürdigen Abstimmung ist am 15. November 1970 den Frauen das aktive und passive Wahlrecht zuerkannt worden; seit den Neuwahlen von 1971 gehören daher die Frauen mit ins Bild des Zürcher Kantonsrates. 1985/6 war erstmals eine Frau Vorsitzende des Rates.

Eine Totalrevision unserer Verfassung gilt nach wie vor nicht als ein Anliegen von hoher Dringlichkeit. Viele finden aber, ein sprachliches und inhaltliches Durchkämmen unseres kantonalen Grundgesetzes käme ihm durchaus zustatten.

Ort der Handlung: das Zürcher Rathaus

Das Rathaus ist wohl der schönste Profanbau aus dem alten Zürich. Zur Hälfte in die Limmat hinausgebaut, verbindet er – auf allen Seiten frei dastehend – die beiden Limmatufer.

Der heutige Bau entstand 1694 – 1698, ist aber keineswegs der erste. Schon Mitte des 13. Jh. ist von einem «ratis hus» an der untern Brücke die Rede. Ende des 14. Jh. wurde ein neues Rathaus erstellt, verschiedene Male umgebaut und 1694 wegen Baufälligkeit abgebrochen. Kleiner und Grosser Rat einigten sich damals darauf, eine Baukommission abklären zu lassen, «wie ein zwahren nicht prächtiges, jedoch ansehnliches und gemeinsamer Statt und Stand reputierendes Gebäuw zu formieren sein werde». Kennzeichnet nicht heute noch solche Gesinnung die Politik unseres Kantons? Protziges ist dem Zürcher zuwider, aber ansehnlich und reputierend darf es durchaus sein!

Mit Ausnahme der im 19. Jh. ins Portal zurückversetzten Freitreppe hat der im Renaissance-Stil errichtete, mit barocken Elementen verzierte Bau in seinem Äussern wenig Veränderungen erfahren.

Ganz anders verhält es sich mit dem Innern des Gebäudes: In den drei Jahrhunderten seines Bestehens sind hier immer wieder Handwerker an der Arbeit gewesen. Manchmal hat politischer Wandel auch seine baulichen Auswirkungen gehabt. Als man 1803 städtisches und kantonales Eigentum ausschied, wurde das Rathaus kantonaler Besitz und Regierungsort, daher waren einige Amtsräume einzurichten. Als die Verfassung von 1831 Öffentlichkeit der Ratsverhandlungen festlegte, wurde die Decke des Ratsaales um ein Stockwerk angehoben und so eine Tribüne für die Besucher geschaffen. Und da seit 1971 im Ratsaal nicht mehr nur kräftige Männerstimmen ertönen, hat man eine Lautsprecheranlage eingebaut, die indes nicht ganz befriedigt und der Aufmerksamkeit der Ratsmitglieder nicht förderlich ist.

An der östlichen Wand des Ratsaals hängt seit 1945 ein mächtiger Wandteppich, auf dem die Wappen der 171 Zürcher Gemeinden – nach den damaligen 11 Bezirken geordnet – eingestickt sind. Seit der Schaffung des Bezirks Dietikon entspricht die Darstellung zwar nicht mehr ganz der politischen Wirklichkeit; der Teppich wird aber – nun zum historischen Dokument geworden – wohl noch auf Jahre hinaus seinen Standort behalten. Wer über Jahre hin im Ratsaal ein- und ausgegangen ist, möchte ihn auf alle Fälle nicht missen. Ein anderes Kleinod des Ratsaales ist heute auch so etwas wie unvollkommen geworden; es ist die Sammlung der Standeswappen-Scheiben, ein Geschenk aller Kantone an die Zürcher anlässlich der 600-Jahrfeier des Beitritts Zürichs zum Bund der Eidgenossen – es fehlt heute (noch) die Standeswappenscheibe des Kantons Jura.

Ein barockes Prunkstück hohen Ranges ist der Festsaal im Erdgeschoss des Rathauses; die mit allegorischen Medaillonbildern geschmückte Stuckdecke nimmt den Blick eines jeden Besuchers gefangen. Im darüber liegenden Sitzungszimmer des Regierungsrates machen eine Holzdecke und ein mit Intarsien geschmücktes Wandtäfer die Schönheit des Raumes aus.

Bauliche Eingriffe im Innern werden heute besonders sorgsam bedacht; Wünsche nach baulichen Neuerungen, deren Dringlichkeit nicht allgemein anerkannt wird, haben es daher schwer, die hohe Hürde der Ehrfurcht gegenüber der Vergangenheit zu nehmen[2].

Ein Stimmungsbild aus der Gegenwart

Der Rat an der Arbeit

Niemand wird das Rathaus übersehen, wenn er vom Hauptbahnhof über das Limmatquai zum Bellevue unterwegs ist. Weht vor den Fenstern im ersten Stock die blau-weisse Flagge des Standes Zürich, so weiss der Eingeweihte, dass der Kantonsrat tagt. 180 Damen und Herren streben fast jeden Montag-Vormittag aus allen Himmelsrichtungen ans Limmatquai 55. Dort beginnt eine Viertelstunde nach acht Uhr die Ratssitzung. Gegenüber Termingeplagten oder Spätaufstehern lässt man Nachsicht walten, solange diese nicht ungebührlich strapaziert wird. Wer aber länger als eine Stunde auf sich warten lässt, geht des Sitzungsgeldes verlustig. Wer gar unentschuldigt fernbleibt, wird gebüsst.

Der Rat ist nur verhandlungsfähig, wenn von seinen Mitgliedern wenigstens 91 – die absolute Mehrheit – im Saale sind. Wenn Ganztagessitzungen stattfinden – im Falle dringender Geschäfte oder besonders hoher Geschäftslast – kann es gegen Sitzungsende durchaus vorkommen, dass es mit der Präsenz zu hapern beginnt; vermag dann weder die mahnende Glocke des Ratspräsidenten noch der in andern Räumen des Hauses nach Ratsmitgliedern Ausschau haltende Weibel ein weiteres Absinken der Zahl ausharrender Räte zu verhindern, so muss der Präsident die Sitzung wohl oder übel abbrechen. Nicht alle Ratsgeschäfte finden ungeteilte Aufmerksamkeit. Viele Mitglieder nehmen sich die Freiheit, im Foyer – der früheren Ratslaube – parteiinterne oder zwischenparteiliche Gespräche zu führen. Alle verlassen sich darauf: Wenn Abstimmungen nahen, wird die Glocke des Vorsitzenden sie in den Saal zurückrufen. Heiklere Situationen können entstehen, wenn Gespräche zwischen Ratsmitgliedern in ein nahe gelegenes Zunfthaus verlegt werden. Wenn gar ein unerwarteter Namensaufruf stattfindet, gehen abwesende Ratsmitglieder ihres Sitzungsgeldes verlustig.

Wenn ein Ratsmitglied einen Entscheid für besonders bedeutungsvoll hält, kann es einen Namensaufruf beantragen. Er ist durchzuführen, wenn mindestens dreissig Ratsmitglieder den Antrag unterstützen. In jüngerer Zeit hat die Zahl solcher Anträge zugenommen; nicht alle Ratsmitglieder folgern daraus, dass die Zahl bedeutungsvoller Abstimmungen angestiegen sei. Der Namensaufruf ist zu einem Mittel politischer Auseinandersetzung geworden. Der Bürger soll sehen können, wer wann wie gestimmt hat.

In diesen Zusammenhang sind auch verschiedene Vorschläge zur Einführung eines elektronischen Abstimmungsverfahrens einzureihen. Keiner dieser Vorschläge ist bis heute in die Tat umgesetzt worden – man fürchtet, Würde und Schönheit des Ratsaales könnten verloren gehen.

Die Verhandlungssprache im Ratsaal ist das Schriftdeutsch. Das ist allerdings nirgendwo ausdrücklich festgehalten; so hört man gelegentlich auch schweizerdeutsche Voten, die aber weder besser verständlich noch inhaltlich gewichtiger sind, wohl aber die Protokollierung erschweren. Die gewissenhafte Vorbereitung der Diskussionsvoten hat dann und wann die nachteilige Wirkung, dass ein Redner von seinen schriftlichen Unterlagen nicht loskommt. Das ist bedauerlich. Im Geschäftsreglement von 1831 und 1879 war das Ablesen von Diskussionsvoten noch ausdrücklich verboten. Sogar 1933 hiess es noch, nur Referate dürften schriftlich abgefasst werden, Diskussionsvoten abzulesen, sei verboten; der Rat könne allerdings von dieser Bestimmung Ausnahmen erlauben. Im heute gültigen Geschäftsreglement finden wir keine diesbezüglichen Regelungen mehr.

Einschränkender als früher sind die Redezeiten geordnet. In den frühesten Reglementen finden sich keine diesbezüglichen Bemerkungen. 1933 hiess es, ein Redner dürfe nicht länger als 30 Minuten sprechen; heute beträgt die Redezeit für Diskussionsredner noch 10 Minuten; dann und wann beschliesst der Rat sogar eine noch kürzere Redezeit, um die Verhandlungen voranzutreiben. Leider lässt sich die Dauer der Redezeit nicht nach der Qualität der Voten festlegen.

Ein kurzer Blick auf eine Traktandenliste macht das Bemühen um erhöhte Effizienz in der Abwicklung der Ratsgeschäfte verständlich. Wenn der Präsident eine Sitzung eröffnet, stehen gegen 100 oder mehr Geschäfte auf der Tagliste; knapp die Hälfte davon dürfte verhandlungsreif sein. Eine anspruchsvolle Gesetzesvorlage wird eine ganze Sitzung oder gar mehrere in Anspruch nehmen. Bei leichterer Kost – meist sind es persönliche Vorstösse – können 20 und mehr Geschäfte verabschiedet werden. Leider muss der Rat nie eine Sitzung mangels Geschäften ausfallen lassen; er sorgt selber für steten «Bestellungseingang». Wir wissen zwar alle, dass nicht die Zahl, sondern die Qualität parlamentarischer Vorstösse massgebend ist. Unsere schnellebige Zeit hat indes Zahlen oft viel rascher zur Hand als Argumente. Diese aber machen das Gewicht eines Vorschlags aus, sie müssten gewertet werden. Die Zunahme der Zahl persönlicher Vorstösse ist damit aber nicht genügend erhellt.

Die hohe Präsenz des Staates in vielen Bereichen unseres Lebens hat nicht nur die Zahl der Sachgeschäfte – Gesetze, Verordnungen,

224

Kreditbeschlüsse – ansteigen lassen, sondern hat auch Kritik und Forderungen auf Seiten der Bürger hinsichtlich dieser Vielfalt staatlicher Einflussnahme geweckt. Auch der dank guter Konjunktur möglich gewordene hohe Grad individueller Gestaltungsmöglichkeiten hat nicht Zufriedenheit, sondern erhöhte Begehrlichkeit erzeugt. Weil viele Bürger im weitern der Überzeugung waren, dass die herkömmlichen Parteien hinsichtlich der Auswirkungen unseres Lebensstils auf die Umwelt zu wenig, falsch oder zu spät reagierten, organisierten sie sich in neuen politischen Gruppierungen; die Zahl ihrer Vorstösse wird gleichsam als Beweis ihrer Notwendigkeit gesehen.

Für die Ratssitzung vom 26. März 1979 erhielten die Ratsmitglieder erstmals eine Traktandenliste, auf der volle 100 Geschäfte aufgeführt waren. Die Neigung des Menschen, besondere Ereignisse besonders zu begehen, blieb auch da nicht unterdrückt. Zur Erinnerung an dieses Ereignis durfte der Ratspräsident eine vergoldete Traktandenliste in Empfang nehmen. Spätere Ratspräsidenten sind dieses Privilegs nicht mehr teilhaftig geworden: Das Ereignis vom 26. März 1979 ist bereits so etwas wie politischer Alltag.

Mit nicht geringem Erstaunen hören wir, dass in andern Kantonen die laufenden Geschäfte in wenigen Sessionen im Jahr gemeistert werden; wir Zürcher treten fünfzig bis sechzig Mal im Jahr zusammen. In der Beziehung gab es allerdings auch in Zürich einmal bessere Zeiten. Im Reglement für den Grossen Rat des Standes Zürich vom 18. Hornung 1830 heisst es noch, der Rat werde zweimal – im Brachmonat und Christmonat (Juni und Dezember) – ordentlicherweise einberufen. Bereits ab 1831 kamen zwei weitere Versammlungen im März und Herbstmonat (September) hinzu. Heute fallen Sitzungen nur noch im Juli und je einmal im Oktober und Februar aus. Dafür kann es ausnahmsweise auch einmal eine Dienstag-Abendsitzung geben.

Das Geschehen am Rande der Sitzung

Eine gute halbe Stunde vor Sitzungsbeginn steht in der Eingangshalle des Rathauses ein junger Kantonspolizist Wache – symbolhafter Garant äusserer Ordnung des Ratsbetriebes. Viele Ratsmitglieder grüssen ihn, wenn sie die Treppe zum Ratsaal hinaufschreiten. Bis heute haben nur Männer diesen Dienst versehen.

Ganz selten kommt es vor, dass Besucher der Tribüne den Ratsbetrieb stören; eine präsidiale Ermahnung zeigt meistens die erwünschte Wirkung. Die Vorkehren zur Erhaltung der Ordnung auf der Tribüne scheinen früher mindestens so notwendig gewesen zu sein wie heute. Als nämlich nach 1831 die Sitzungen öffentlich geworden waren, bestimmte das Geschäftsreglement, dass der Grosse Rat aus seiner Mitte vier Saal-Inspektoren zu wählen habe, welche über die Beobachtung der Ordnung von Seiten der Zuhörer zu wachen hatten; sie besassen das Wegweisungsrecht und konnten nötigenfalls Zuhörer fortführen lassen. Im Reglement von 1856 war aber bereits nichts mehr von Saal-Inspektoren zu lesen.

Wenn umstrittene oder für irgend eine Gruppe von Bürgern wichtige Geschäfte entschieden werden, finden sich vor dem Rathaus oft kleinere Demonstrationsgruppen ein; es werden dann Transparente aufgehängt und kämpferische Pamphlete verteilt. Aufwand und Erfolg stehen indes eher selten im Einklang miteinander; solche Aktionen sind als Ausdrucksform lebendiger Demokratie zu verstehen. Dann und wann tauchen auch Einzelpersonen auf, die sich um ein Recht geprellt oder sonstwie missverstanden fühlen. Mit meist ähnlich gelagerten Beschwerdefällen hat sich immer wieder auch das Ratsbüro zu beschäftigen. Meist sind jedoch nicht rechtsstaatliche Unzulänglichkeiten Ursache der Beschwerden, vielmehr verbirgt sich menschliche Tragik verschiedenster Form hinter diesen Fällen.

Das ausgeprägte Informationsbedürfnis der Ratsmitglieder ist an Sitzungstagen besonders erkennbar. Darum sorgen Zeitungsverlage dafür, dass im Foyer des Ratsaals mächtige Stapel der neuesten Ausgaben zur Lektüre bereitliegen. Die Bewilligung zur Auflage weiterer Informationen ist Sache des Ratspräsidenten oder des Ratsbüros.

Im Zusammenhang mit dem Ratsgeschehen ergeben sich viele soziale Kontakte. Willkommene Begegnung von Mensch zu Mensch steht dabei an erster Stelle, auch wenn hier nicht weiter davon die Rede sein kann. Jedes Jahr trifft sich der Rat zu einem gesellschaftlichen Anlass, dessen Gestaltung sich weitgehend nach den Vorstellungen des jeweiligen Ratspräsidenten richtet. Es ist Brauch, dass der Präsident seinen Ratskollegen und ihren Ehegatten seine engere Heimat näherzubringen versucht. Die Stadtzürcher haben es hier wohl am schwersten, mit Neuem aufzuwarten, denn etwa jeder dritte Erkorene stammt aus der Hauptstadt.

Bereits zum 25. Mal ist 1989 zwischen den Kantonen St. Gallen, Glarus und Zürich ein Parlamentarier-Skirennen durchgeführt worden. Das Absenden ist da jeweils mindestens so unterhaltend wie das Rennen selber. In bezug auf Rang und Beteiligung lassen die Zürcher bei diesem Anlass ihren Miteidgenossen meist den Vorrang.

Seit etlichen Jahren finden im Laufe einer Amtszeit von vier Jahren jeweils auch zwei Ratsherrenschiessen statt. Die hohe Beteiligung ist untrüglicher Beweis der nach wie vor beliebten Sportart. Regierungs- und Kantonsräte und die verschiedenen Mannschaften der Fraktionen liefern sich da mindestens so harte Duelle wie im Rat.

Sportliche Betätigung spielt bei vielen Ratsmitgliedern tatsächlich eine gewisse Rolle. Es gibt ein Fussballteam, aus dem sich aber wohl kaum je eine spürbare Verstärkung unserer Nationalmannschaft rekrutieren lässt. Es wird seit kurzem Tennis gespielt; hier stehen einzelne Wettkämpfe auf beachtlichem Niveau. Und schliesslich finden sich auch die Anhänger des bedeutsamsten Nationalsportes, des Jassens, zu jährlichen Meisterschaften. Sicher werden Wanderpreise im Schiessen, Tennis und Jassen dereinst zu begehrten Sammlerstücken!

In einem Zeitalter höchster Mobilität überrascht es kaum, dass die Fraktionen einen jährlichen Ausflug durchführen, der nicht nur weitere Informationen, sondern ebenso landschaftliche und kulturelle Erlebnisse vermitteln soll. Die Mitglieder des Ratsbüros suchen jedes Jahr nicht nur Kontakte mit einem andern kantonalen Ratsbüro; sie laden auch die früheren Ratspräsidenten jedes Jahr zu einem gemütlichen Zusammensein nach Zürich[3].

Dass das Geschehen am Rande der Sitzungen einen hohen Stellenwert hat, sollen noch zwei weitere Hinweise glaubhaft machen. Da sind die engere Staatskanzlei, der Weibeldienst und die Drucksachenzentrale, ohne deren unermüdliche Dienstbereitschaft der Rat in gewaltige organisatorische Schwierigkeiten geriete. Da sind aber auch die Presseleute, Radio- und Fernsehkommentatoren, die alle auf ihre Weise das Geschehen in und um das kantonale Parlament in ihre Berichterstattung einschliessen. Ein jährliches Presse-Essen des Ratsbüros mit diesen wichtigen

Funktionären ist als Ausdruck des Dankes der Öffentlichkeit für diese Arbeit zu werten. Diese Einladung ist aber ebenso eine günstige Gelegenheit, um Wünsche oder Kritik in akzeptabler Verpackung anzubringen. Darüber hinaus laden Ratspräsidenten die Presse zu einem Pausenkaffee ein, wenn besondere Anliegen von der einen oder andern Seite vorgebracht werden möchten.

Äussere Formen und Würde parlamentarischer Arbeit; Engagement und Abstinenz

Das Gesicht eines Parlamentes ist wie andere Erscheinungen menschlichen Zusammenlebens einem steten Wandel unterworfen. Das zeigt sich sowohl in seinen äusseren Formen als auch in seiner innern Substanz.

Die einfache schwarze Kleidung wurde noch um die Mitte des vergangenen Jahrhunderts als die Amtskleidung des Grossen Rates im Geschäftsreglement erwähnt. Bis in die siebziger Jahre unseres Jahrhunderts blieb der Männerrock tabu; nicht zuletzt unter dem Einfluss der anders gearteten Damenmode wandelte sich auch die Kleidung der männlichen Ratsmitglieder. Ratsmitglieder kleiden sich heute nach persönlichem Gutdünken. Wie weit dieser äussere Wandel den Stil der Verhandlungen mitprägt, muss eine offene Frage bleiben.

Eine Art Säkularisation, Verweltlichung hat auch der äussere Sitzungsablauf erfahren. Einst wurde jede Sitzung mit dem Verlesen des Gebetes angehoben. Man bat Gott um Weisheit, denn – so steht es im Geschäftsreglement von 1831 – «was hilft ohne dein Licht alle Menschenklugheit? Wir bitten um ein unerschrokkenes Herz, das nur vor deiner Ungnade und sonst vor nichts sich fürchtet... Wo dann aber auch Menschendank und Beifall ausbleibt, da folge doch jedem von uns, so oft wir auseinander gehen, das Zeugnis eines reinen und unbeschwerten Gewissens nach...»

Nach 1879 verlas man ein neu formuliertes Gebet nur noch in der ersten Sitzung einer Session und 1910 ist das Gebet nicht mehr erwähnt. Mit dem Verzicht auf das Gebet ist den Sitzungen sicher etwas von ernster Feierlichkeit abhanden gekommen. Seit wenigen Jahren findet nun wenigstens zu Beginn eines Amtsjahres ein ökumenischer Gottesdienst in der nahen Wasserkirche statt.

Man mag einwenden, die Würde parlamentarischer Arbeit sei an deren Inhalt, nicht an den Formen zu messen. Es kommt in der Tat gelegentlich vor, dass eine auf hohem Niveau geführte Debatte über ein Thema feierliche Aufmerksamkeit weckt; solche Stunden aber sind selten. Es bleibt doch wohl unbestreitbar, dass der Formenwandel, wie er hier nur andeutungsweise aufgezeigt worden ist, der Würde parlamentarischer Arbeit nicht förderlich gewesen ist.

Nun kommt dazu, dass seit der Einführung eines Proporzwahlsystems und der damit sich entwickelnden Parteienvielfalt die Debatten allzuoft punktuell und nicht mehr in einer Gesamtschau geführt werden. Das zeigt sich in den Eintrittsdebatten zu Vorlagen am deutlichsten. Die an sich lobenswerte Präsenz der Medien trägt dazu bei, dass ein Parlamentarier heute kaum mehr sagen darf «Sie haben mich überzeugt, ich revidiere meine Meinung», ohne das Gesicht zu verlieren und der Schwäche bezichtigt zu werden. Die Unmittelbarkeit des Gesprächs ist ein gutes Stück weit verloren gegangen; man markiert nur noch Positionen und sagt dem politischen Gegner, wie falsch die seine sei. Das Proporzwahlverfahren erzeugt im einzelnen Vertreter einen verstärkten Druck, in wichtigen Fragen ja nicht die Interessen seiner Gruppe oder Partei zu «verraten».

Es ist wiederum dieses Wahlverfahren – seine grossen Vorteile sollen uns gegenüber Nachteilen nicht blind werden lassen –, das zu zahlreicheren Vorstössen im Parlament führt. Jede Gruppe will doch ihre Notwendigkeit glaubhaft machen. Weil aber gleichzeitig die vermehrten Aufgaben des Staates die parlamentarische Arbeit anwachsen lassen, droht das zeitliche Engagement des einzelnen ein nicht mehr zumutbares Ausmass anzunehmen. Der Milizparlamentarier ist dauernd überfordert – zeitlich und nur allzu oft auch sachlich. Er fühlt sich der Verwaltung, die hauptberuflich und erst noch spezialisiert tätig ist, ausgeliefert.

Gibt es einen Ausweg? Die einen suchen ihn ihrerseits in einer Spezialisierung, andere suchen das Heil in der getreuen Befolgung von Parteiparolen – wie immer sie zustandekommen mögen –, und wieder andere verzichten darauf, allzusehr in die Tiefe einzelner Probleme vorzudringen. Alle diese Auswege bleiben unbefriedigend. Eine bedauernswerte Konsequenz solcher Analyse kann aber auch sein, dass sich Bürger scheuen, nebst ihrer beruflichen Belastung ein politisches Amt – es braucht nicht unbedingt das eines Kantonsrates zu sein – zu übernehmen. Sie beginnen politische Abstinenz zu üben. Wir dürfen das nicht mit politischer Drückebergerei gleichsetzen. Der Ausdruck Resignation könnte eher am Platze sein, Resignation vor einem demokratischen System, das durch «demokratistische» Entartung und Formlosigkeit sich selber aus den Angeln zu heben droht. Wir können uns der Einsicht nicht verschliessen, dass der grosse Feind der Demokratie das Zuviel an Demokratie, überbordende Demokratie ist. Wir könnten für dieses Krankheitssyndrom den Begriff Demokratismus gebrauchen. Auch das Zürcher Parlament muss sich der Aufgabe stellen und darüber nachdenken, welcher gangbare Weg zur oft genannten Verwesentlichung und gesunden Erneuerung der Demokratie sich öffnen könnte.

Quellenverzeichnis

Gesamtdarstellungen

Largiadèr Anton:
Geschichte von Stadt und Landschaft Zürich; 2 Bde., Erlenbach-Zürich 1945

Widmer Sigmund:
Zürich: eine Kulturgeschichte; 12 Bde., Zürich 1975 – 1984; Registerband Zürich 1985

Dändliker Karl:
Geschichte der Stadt und des Kantons Zürich; 3 Bde., Zürich 1908 – 1912

Einzeldarstellungen

Hunziker Otto
Die Staatsumwälzung des Jahres 1798 im Kanton Zürich; Separatdruck aus der «Zürcher Post»; Zürich 1892

Rütsche Paul
Der Kanton Zürich und seine Verwaltung zur Zeit der Helvetik; Diss., Zürich 1900

Weber Hans
Die zürcherischen Landgemeinden in der Helvetik; Diss., Zürich 1971

Brunner Emil
Der Kanton Zürich in der Mediationszeit; Diss., Zürich 1908

Bernlocher August
Der Kanton Zürich in der Restaurationszeit; Diss., Zürich 1937

Wettstein Walter
Die Regeneration des Kantons Zürich; die liberale Umwälzung der dreissiger Jahre 1830 – 1839; Zürich 1907

Zimmermann Walter
Geschichte des Kantons Zürich vom 6. September 1839 bis 3. April 1845; Zürich 1916

Largiadèr Anton
Die zürcherische Kantonsverfassung von 1869; im Zürcher Taschenbuch auf das Jahr 1945

Kummer Peter
Der zürcherische Proporzkampf – die Ausarbeitung des Systems 1851 – 1891; Diss., Zürich 1969

Bütikofer Kurt
Die Initiative im Kanton Zürich 1869 – 1969; Diss., Bern 1982

Kuhn Manfred
Zerfall des Parlamentarismus; Zürich 1959

Witzig Oskar
Die Kompetenzen des zürcherischen Kantonsrates; Diss., Zürich 1912

«Bibliographie der Geschichte, Landes- und Volkskunde von Stadt und Kanton Zürich» für alle Neuerscheinungen jedes Jahr neu im «Zürcher Taschenbuch»

Anmerkungen

[1] Die 18 Wahlkreise sind heute wegen der unterschiedlichen Bevölkerungs- und Siedlungsentwicklung recht verschieden gross: Die Mandatszahlen variieren zwischen 4 für den Wahlkreis Andelfingen und 16 für den Wahlkreis Horgen.
Auffallend ist auch die Verminderung der Stadtzürcher Kantonsratssitze. Von den 180 Ratsmitgliedern wurden 1967 nicht weniger als 86 in der Stadt Zürich erkoren; 1987 waren es nur noch 58.

[2] In jüngster Zeit ist da und dort die Rede von einem neuen, grösseren Rathaus die Rede gewesen. Wenn aber keine ausserordentlichen Ereignisse eintreten, dürfte noch viel Wasser die Limmat hinunterfliessen, bis solche Gedanken konkretere Form annehmen.

[3] Einmal im Jahr reist das Büro, auf eigene Kosten, ins Ausland und nützt die Gelegenheit zu internationalen Kontakten.

Kanton Zürich
Mitglieder des Kantonsrates
Stand 1. Januar 1990

Präsidentin: Leemann Ursula, Egg, SP

Aeppli Regine, Zürich, SP
Angst Paul, Winterthur, FDP
Bachmann Elisabeth, Hinwil, SP
Bachmann Oskar, Stäfa, SVP
Bäumle Martin, Dübendorf, GEU/GP
Baltensperger Hans, Brütten, SVP
Bartholet Alfred, Zürich, SP
Bernet Erhard, Zürich, NA
Berset René, Bülach, CVP
Bertschinger Carl, Pfäffikon, SVP
Bisig Richard, Dielsdorf, GP
Bloch Heini, Schlieren, SP
Boesch Christian, Thalwil, SP
Bohren Alfred, Zürich, FDP
Bolli Rudolf, Fällanden, FDP
Bortoluzzi Toni, Affoltern a. A., SVP
Bosshard Emil, Stäfa, SP
Bosshard Werner, Zürich, SP
Büchi Ernst E., Zürich, SVP
Büchi Thomas W., Zürich, GP
Camenisch Gion, Freienstein, GP
Cavegn Albert, Zürich, FDP
Chanson Robert, Zürich, FDP
Diethelm Michael, Zürich, NA
Dörig Werner Albert, Uitikon, CVP
Eisenlohr Markus, Neftenbach, GP
Elmer Albrecht, Gossau, CVP
Ern Bruno, Wädenswil, LdU
Farner Hans, Oberstammheim, SVP
Favre Aurelia, Winterthur, SP
Fehr Lisbeth, Humlikon, SVP
von Felten Peter, Zürich, CVP
Fischer Walter, Zürich, FDP
Forster Martin, Winterthur, LdU
Fosco Leo Lorenzo, Zürich, CVP
Frech Theres, Dietikon, LdU
Frei Hans, Regensdorf, SVP
Frei Hansjörg, Mönchaltorf, SVP
Frei-Huber Hans-Ulrich, Zürich, LdU
Frischknecht Ernst, Dürnten, SVP
Fuchs Ludi, Uster, SP
Gadola Ernst, Männedorf, SVP
Ganz Andreas, Wädenswil, SVP
Genner Ruth, Zürich, GP
Gerster Richard, Richterswil, GP
Goll Christine, Zürich, FraP
Grob Heinrich, Uster, SVP
Grünenfelder Max, Winterthur, CVP
Guler-Balzer Agnes, Zürich, SP
Gunsch Josef, Russikon, GP
Günthardt Kaspar, Dällikon, GP
Haas Martin, Winterthur, FDP
Haegi Hans Rudolf, Affoltern a. A., EVP
Haegi Walter, Bachenbülach, SVP
Hauser Hermann, Zürich, GP
Heberlein Trix, Zumikon, FDP
Hedinger Ulrich, Zürich, SP
Hegetschweiler Rolf, Ottenbach, FDP
Hegetschweiler Werner Otto, Langnau a. A., FDP
Hegg Jean-Jacques, Dübendorf, NA
Heinimann Armin, Illnau-Effretikon, FDP
Henauer Robert, Thalwil, FDP
Heussler Fatima, Zürich, parteilos
Hirt Richard, Fällanden, CVP
Hofmann Heidi, Zürich, SP
Hohermuth Susanne, Zürich, LdU
Homberger Ernst, Bäretswil, FDP
Honegger Andreas, Zürich, FDP
Hornung Diana, Zürich, GP
Huber-Berninger Margrit, Wettswil a. A., FDP
Hug Paul, Niederhasli, FDP
Huggel-Neuenschwander Susanne, Hombrechtikon, EVP
Hünig Markus, Dietikon, FDP
Hunziker Erhard, Wiesendangen, FDP
Huonker Renata, Zürich, GP-Fraktion
Isler Thomas, Rüschlikon, FDP
Jauch Fritz, Dübendorf, EVP
Jeker Rudolf, Regensdorf, FDP
Kägi Eugen, Zürich, SVP
Kaltenrieder Urs Daniel, Dielsdorf, SP
Keiser Andreas, Zürich, SP
Keller Max, Richterswil, FDP
Keller Rodolfo, Illnau-Effretikon, SP
Keller Ruedi, Hochfelden, SP
Kessler Thomas, Weisslingen, GP
Killias Anton G., Zürich, CVP
Kohler-Wernli Esther, Uster, FDP
Krämer Rolf, Zürich, SP
Kramer Walter, Wil, EVP
Kübler Eduard, Winterthur, FDP
Kuhn Hans, Illnau-Effretikon, SVP
Kundert Fridolin, Elgg, LdU
Kunz Helen, Opfikon, LdU
Kupper Erwin, Glattfelden, NA
Kuster Norbert, Wädenswil, CVP
Lattmann Hans, Zürich, SP
Lauffer Peter, Zürich, FDP
Leemann Ursula, Egg, SP
Leuthold Theo, Volketswil, SVP
Linsi Walter, Thalwil, SP
Löhrer Alfred, Zürich, FDP
Mägli Ueli, Zürich, SP
Maurer Ueli, Hinwil, SVP
Maurer Yvonne, Adliswil, FDP
Meier Fritz, Ellikon a. d. Thur, NA
Meier Irène, Küsnacht, GP
Meili-Bernet Marianne, Hinwil, EVP
Mona Marco, Grüningen, SP
Moser Max, Meilen, FDP
Müller Felix, Winterthur, GP
Müller-Hemmi Vreni, Adliswil, SP
Müller Werner, Seuzach, SVP
Niederhauser Peter H., Wallisellen, FDP
Nipkow Jürg, Zürich, GP-Fraktion
Notter Markus P., Dietikon, SP
Nufer Albert, Kloten, SVP
Ott Martin, Bäretswil, GrMi
Pestalozzi Marianne, Zürich, EVP
Pfister-Esslinger Regula, Zürich, FDP
Püntener-Bugmann Vreni, Wallisellen, GP
Quinter Theo, Geroldswil, FDP
Rappold Jörg, Küsnacht, FDP
Reber Klara, Winterthur, FDP
Reumund Paul, Wallisellen, FDP
Renz Hugo, Zürich, CVP
Rissi Alfred, Zürich, FDP
Roth Peter, Zürich, SP
Roth Richard, Zürich, CVP
Rutschmann Hans, Rafz, SVP
Sägesser Rolf, Greifensee, FDP
Schaffner Hans Beat, Fällanden, GP
Schäpper Ulrich, Zürich, SP
Schärer Karl M., Wetzikon, EVP
Schaub Theo, Zürich, FDP
Schellenberg Kurt, Wetzikon, FDP
Schibli François, Stäfa, FDP
Schneebeli Hanspeter, Zürich, FDP
Schreiber Kurt, Au, EVP
Schüepp-Fischer Annelies, Wädenswil, CVP
Sigg Hans, Winterthur, GP
Signer Franz, Zürich, SP
Singer Otto, Zürich, CVP
Sintzel Kurt, Zollikon, CVP
Spühler Eugen, Rafz, SP
Stadler Xaver, Zürich, CVP
Stampfli Dagobert, Rümlang, SVP
Steiger Hans, Obfelden, SP
Stocker Ernst, Wädenswil, SVP
Stoffel Alfred, Zürich, CVP
Stopper Paul, Uster, LdU
Sträuli Peter Andreas, Zürich, SP
Strohmeier Franz, Dietlikon, FDP
Stucki Richard, Andelfingen, FDP
Toscano Edy, Illnau-Effretikon, FDP
Ungricht Christine, Urdorf, SP
Vischer Daniel, Zürich, POCH
Volkart Willy, Zürich, SP
Voser-Huber Marlies, Männedorf, SP
Wagner-Herzog Eva, Zollikon, FDP
Waldner Liliane, Zürich, SP
Walz Felix, Uitikon, GP
Weber Heinrich, Dietikon, CVP
Weber Karl, Stadel, SVP
Wehrli Martin, Uitikon, FDP
Weidmann Alfred, Laufen-Uhwiesen, GP
Weigold Hermann, Winterthur, SVP
Weilenmann Edwin, Hofstetten, SVP
Welti Erika, Zürich, EVP
Welti Ulrich, Küsnacht, SVP
Widmer Graf Andrea, Zürich, LdU
Wiederkehr Hans, Dietikon, FDP
Wiesner Verena, Rüschlikon, GP
Wietlisbach Paul, Zürich, NA
Wild Hans, Zürich, SVP
Winkelmann Hans-Rudolf, Zürich, LdU
Winkler Ruedi, Zürich, SP
Wohlwend Ernst, Winterthur, SP
Wottle Kurt, Winterthur, EVP
Zingg Markus, Zürich, EVP
Zweifel Paul, Zürich, SVP

CVP	Christlichdemokratische Volkspartei
EVP	Evangelische Volkspartei
FDP	Freisinnig-Demokratische Partei
FraP	Frauen macht Politik
GEU	Gruppe Energie und Umwelt
GP	Grüne Partei
GP Fraktion	parteilos
GrMi	Grüeni Mitenand
LdU	Landesring der Unabhängigen
NA	Nationale Aktion
POCH	Progressive Organisation
SP	Sozialdemokratische Partei
SVP	Schweizerische Volkspartei

Alfred Rentsch

Der Grosse Rat von Bern

Bernische Vielfalt

Wer den bernischen Grossen Rat, dessen Zusammensetzung und die Art, wie im Rathaus zu Bern und darumherum politisiert wird, verstehen will, muss mehr wissen über diesen Kanton, seine Geschichte und seine Beschaffenheit, das Volk kennen, «l'esprit de Berne», wie sich der Freiburger Gonzague de Reynold ausdrückte, erfahren haben.

Der Kanton Bern ist eine Schweiz im kleinen: Mit Ausnahme der Waadt besitzt kein anderer Kanton Anteil an allen drei Geländekammern unseres Landes, dem Jura, dem Mittelland und den Alpen. Mit einer Fläche von 6050 Quadratkilometern nimmt er einen Siebentel des schweizerischen Territoriums ein. Dem zweisprachigen Kanton kommt als Bindeglied zwischen deutscher und welscher Schweiz eine zentrale Brückenfunktion zu. Doch dürfen ob dieser West–Ost-Verbindung die eigenen Nord–Süd-Verbindungen nicht vernachlässigt werden. Bern ist nicht nur Kantonshauptstadt, sondern gleichzeitig Bundesstadt und damit Sitz der Landesregierung, des eidgenössischen Parlamentes und eines Grossteils der Bundesverwaltung.

Gliedert man den Kanton Bern nach geographischen Gesichtspunkten, ergeben sich sechs Landesteile: Berner Jura und Laufental, Seeland, Mittelland, Oberaargau, Emmental und Oberland. Das rege kulturelle Leben im Landesteilverband trägt bei zu einem ausgeprägten Landesteildenken, und dieses prägt seinerseits in einem wesentlichen Mass die bernische Politik. 412 politische Gemeinden, 274 Kirchgemeinden, 201 Burgergemeinden und 331 Gemeindeverbände sorgen dafür, dass die Gemeindeautonomie ernst genommen wird.

Unter den gut 900 000 Einwohnern des Kantons gibt es etwa 75 000 französischsprachige. Das sind rund acht Prozent. Sie verteilen sich vor allem auf den Berner Jura, die Stadt Biel und ihre Agglomeration sowie auf die Stadt Bern und die umliegenden Gemeinden. Die Zweisprachigkeit des Kantons ist in der Staatsverfassung festgeschrieben: «Die deutsche und die französische Sprache sind die anerkannten Landessprachen.» Damit geniessen beide Sprachen dieselbe Rechtsstellung; die gesamte Gesetzgebung wird in beiden Sprachen festgelegt; kantonale Behörden und Gerichte sind zweisprachig zusammengesetzt; auch die Zentralverwaltung arbeitet zweisprachig. Die eigentliche Schwierigkeit liegt jedoch darin, dass es nicht nur ein «Bärndütsch» gibt! Der Seeländer spricht anders als der Oberaargauer, und die breite Redeweise des Emmentalers unterscheidet sich deutlich vom singenden Dialekt des Oberländers. Aus der Sprache des Schwarzenburgers hört man unschwer Anklänge an das Senslerdeutsch des benachbarten Freiburgers heraus, und die Mundart des Stadtberners hat ihre eigenen Gesetze: Noch zu Beginn dieses Jahrhunderts konnte der Kenner feststellen, aus welchem Quartier der Stadt der Gesprächspartner stammte. In ländlichen Gebieten gab es – und gibt es glücklicherweise noch – Dialektunterschiede von Tal zu Tal, ja von Dorf zu Dorf.

In seiner Sprache äussert sich ein Stück weit die Seele des Menschen, heisst es. Dies gilt auch für den Berner. Aber so unterschiedlich auch die verschiedenen bernischen Dialekte klingen mögen, ihnen allen gemeinsam ist das

Das historische Rathaus in Bern, Sitz des Grossen Rates

Bodenständige, etwas «Bhäbiges» oder auch «Währschaftes». Und es mag zutreffen: Schollenverbunden mit irgendeiner Faser seines Wesens bleibt der Berner auch dann noch, wenn er in der Stadt wohnt und ein Weizenfeld nur gelegentlich durchs Eisenbahn- oder Autofenster erblickt. Über die Bedächtigkeit, ja Langsamkeit des Berners zirkulieren zahllose Witze; es entspricht wohl in der Tat guter Berner Art, erst zu denken und dann zu handeln. «Nume nid gsprängt, aber gäng hü», lautet die Devise. Oder wie dies ein Grossrat ausdrückte: «Ou e Chalberei muess guet überleit sii.»

Der Berner sei auch konservativ, sagt man; er sei der Tradition verpflichtet und in seiner Geschichte verwurzelt. Dies mag daher kommen, dass die Geschichte für ihn nicht Vergangenheit ist; sie ist lebendige Gegenwart, sie prägt das Bild der bernischen Landschaft und ihrer Städte – und auch das Selbstverständnis der Berner, heute wie einst.

Lebendige Geschichte

Mit gutem Recht darf man sagen, die Berner seien ein Volk aus vielen Völkern. Prägend wirkten vor allem die Römer, die ihre Sprache und Kultur mitbrachten und aus dem Siedlungsgebiet der Kelten eine blühende Provinzregion machten. Zur Zeit der Völkerwanderung setzten sich die germanischen Stämme der Alemannen und der Burgunder im Lande fest; die Gegend wurde Grenzland. Die Burgunder übernahmen die Sprache der keltisch-römischen Bevölkerung, aus der sich das Französische entwickelte, die Alemannen setzten ihre eigene Sprache durch, aus der das heute gesprochene Berndeutsch mit all seinen Dialekten entstand. 1191 gründete Herzog Berchtold IV. von Zähringen mit Bern seinen wichtigsten Stützpunkt in der burgundischen Landschaft, der heutigen Westschweiz. Die Stadt wurde zum Mittelpunkt der Region und dehnte ihre Herrschaft aus, teils durch Käufe vom verarmenden Adel, teils durch Waffengewalt. Dazu kamen eine geschickte Bündnispolitik, zu der auch der Bund von 1353 mit den Waldstätten gehörte, und die zahlreichen Burgrechte, die Bern mit benachbarten Städten und Talschaften abschloss. Die Stadtrepublik dehnte sich in den habsburgischen Aargau aus und setzte sich nach den Burgunderkriegen in der Waadt fest, die damals unter savoyischer Herrschaft war.

Jahrhundertelang war in dieser Stadtrepublik das Patriziat tonangebend. Dieses bestand aus den regimentsfähigen Familien, die unter anderem auch die Landvögte stellten. Sein goldenes Zeitalter erlebte das alte Bern unter seinen Aristokraten im 18. Jahrhundert, vor der Französischen Revolution. Den Todesstoss versetzte der mächtigen Republik erst der Franzoseneinfall von 1798. Bern verlor die Waadt und den Aargau und erhielt durch den Wiener Kongress einen Grossteil des ehemaligen Fürstbistums Basel zugeteilt, das bis an den Jura-Südfuss reichte. So kam Bern 1815 wiederum zu einem Staatsgebietsteil mit französischsprachiger Bevölkerung.

Es verging seit dem Mittelalter übrigens kaum ein Jahrhundert, in dem die keltisch-römisch-germanische Mischbevölkerung nicht eine Blutauffrischung erfuhr. In besonderem Masse prägten die französischen Hugenotten der Nachreformationszeit einzelne Landesteile. Später kamen ausländische Arbeitskräfte und fassten Fuss im Kanton Bern. Schliesslich verdankt es Bern seinem Sitz als Bundesverwaltung, dass die alteingesessenen Berner nicht unter sich blieben.

Die Staatsverfassung von 1831 machte aus dem patrizischen Obrigkeitsstaat einen Volksstaat. Die repräsentative Demokratie wandelte sich nach und nach in eine direkte Demokratie. Ausdruck davon war die Staatsverfassung von 1893, die noch heute in Kraft ist. Dass die Entwicklung nicht abgeschlossen ist, davon zeugen die Bestrebungen von Regierung und Parlament, bis Anfang der neunziger Jahre eine neue Verfassung auszuarbeiten.

Die Beschlüsse des Wiener Kongresses blieben nicht ohne Folgen: Biel und der südliche Teil des Juras, seit dem Mittelalter mit Bern verburgrechtet, entwickelten sich zu einer staatlichen Einheit. Zwischen dem katholischen Nordjura und Bern fehlten die historischen, konfessionellen und kulturellen Bande. Dies führte bereits im 19. Jahrhundert zu gelegentlichen Spannungen, unter anderem im Kulturkampf von 1870. Der aufkommende Separatismus schied in der Folge die Jurassier in zwei Lager. Aufgrund des Verfassungszusatzes von 1970 bestimmte die Bevölkerung der sieben jurassischen Amtsbezirke im Rahmen des Selbstbestimmungsverfahrens selber über ihre Zukunft: Die drei nördlichen Amtsbezirke Delémont, Franches-Montagnes und Porrentruy entschieden sich für die Bildung eines neuen Kantons; die andern vier verblieben bei Bern.

In drei weiteren Plebisziten wurden die Grenzen bereinigt, mit Ausnahme der definitiven Zuordnung der beiden Gemeinden Ederswiler und Vellerat. Ungeklärt blieb vorerst noch die Frage eines Anschlusses des zur Enklave gewordenen Laufentals an einen Nachbarkanton, eine Frage, die die Laufentaler nun zuungunsten des Kantons Bern entschieden haben.

Geschichte ist im Kanton Bern in der Tat nicht Erinnerung an eine ferne Vergangenheit; sie ist sichtbar und spürbar. Ihre Nachwirkungen haben niemals aufgehört, bernische Gegenwart zu bestimmen.

Von der Wahl des Grossen Rates

Der Grosse Rat von 1831 war die erste eigentliche Volksvertretung im Kanton Bern. Allerdings gab es noch keine direkte allgemeine Volkswahl: Jede Kirchgemeinde bestimmte an ihrer «Urversammlung» durch geheimes Mehr auf 100 Einwohner einen Wahlmann. Die Wahlmänner der 31 Wahlkreise wählten 200 Grossräte, die ihrerseits die restlichen 40 Mitglieder des Parlamentes bezeichneten. Die Verteilung der Sitze auf die Wahlkreise war relativ ausgeglichen; der grösste Wahlkreis verfügte über zwölf, der kleinste über zwei Sitze.

Die neue, von den Radikalen geprägte Staatsverfassung von 1846 brachte die direkte Volkswahl. Die Wahlen erfolgten an Wahlversammlungen in den 74 Wahlkreisen. Diese entsprachen der Vorschrift in der Verfassung, es sei «das Staatsgebiet in möglichst gleichmässige Wahlkreise» einzuteilen, eine Vorschrift, die bis heute in der Verfassung verankert geblieben ist. Auf 2000 Einwohner kam ein Grossrat, was gestützt auf die Volkszählung von 1846 ein Parlament von 226 Mitgliedern ergab. Gleichzeitig mit der Einführung des obligatorischen Referendums wurde gut zwanzig Jahre später die Zahl der Wahlkreise auf 62 reduziert. Grundsätzlich wurde aber dasselbe Wahlprozedere 1893 in die neue Staatsverfassung übernommen. Anspruch auf einen Grossrat hatten neu «2500 Seelen der Bevölkerung».

Wesentliche Neuerungen brachte das Jahr 1921: Mit der Einführung des Proporzes für die Wahl des Grossen Rates wurde die ursprüngliche Wahlkreiseinteilung von 1831 wiederum eingeführt, dies durch Regelung auf Gesetzesebene. Mit Ausnahme des Amtsbezirkes Bern, der in die Wahlkreise Bern-Stadt und Bern-Land zweigeteilt wurde, bildeten seither die Amtsbezirke zugleich den Wahlkreis. Dies ergab 31 Wahlkreise, allerdings von überaus unterschiedlicher Grösse: Während Bern-Stadt über 30 Sitze zugewiesen erhielt, verfügten die bevölkerungsschwächsten Amtsbezirke bloss über ein oder zwei Sitze. Man muss aber wissen, dass die Amtsbezirke im Kanton Bern nicht blosse Verwaltungseinheit zwischen dem Staat und den Gemeinden sind. Sie sind vielmehr historisch gewachsen, umfassen eine Talschaft, eine ehemalige Herrschaft, eine alte Landvogtei. Regierungsstatthalter und Gerichtspräsident werden auch heute noch vom Volk gewählt. Vereine, politische Parteien, selbst die Feuerwehren sind im Bezirk zum Amtsverband zusammengeschlossen. So treffen sich gar oft die Grossrätinnen und Grossräte desselben Amtsbezirkes am Rande der Sessionen, um sich über gemeinsame Probleme ihrer engeren Heimat zu unterhalten. Bereits 1921 wurden Bedenken angemeldet, in den kleineren Amtsbezirken könne der Proporz kaum zum Tragen kommen, doch drang der Vorschlag, einzelne Amtsbezirke zu einem Wahlkreis zusammenzulegen, nicht durch. Vielmehr wurde 1953 im Rahmen einer Teilrevision die Zahl der 31 Wahlkreise ausdrücklich in die Verfassung aufgenommen, verbunden mit der Begrenzung der Mitgliederzahl des Parlamentes auf 200 Grossräte. Als Neuerung wurde die Zuteilung eines Vorabmandates auf alle Wahlkreise beschlossen, dies, um den kleinsten Amtsbezirken eine Mindestvertretung von zwei Grossräten zu sichern. Diese Neuerung bedeutete eine Bevorzugung der ländlichen Regionen gegenüber den städtischen Agglomerationen und verwässerte den Proporz nochmals. Erst mit der Reduktion der Zahl der Wahlkreise durch die Abtrennung der drei nordjurassischen Amtsbezirke wurde die Möglichkeit eines Zusammenschlusses kleinerer Wahlkreise zu Wahlkreisverbänden geschaffen, die einzig der Aufteilung der Sitze auf die politischen Parteien dienen. Der kleinste Wahlkreisverband verfügt über neun Sitze. Eine Ausnahme bildet der Amtsbezirk Laufen, der mit seinen drei Mandaten nach wie vor einen eigenen Wahlkreis bildet. Das System funktioniert; den Amtsbezirken konnte ihre Vertretung zahlenmässig garantiert werden, doch erwies sich die Zuteilung der vorerst im Wahlkreisverband errechneten Mandate auf die einzelnen Amtsbezirke als nicht immer einfach. Gelegentlich fühlen sich die Wähler in Bern nicht durch den «richtigen» Grossrat vertreten. Dies hängt damit zusammen, dass der Majorz im Volk noch tief verwurzelt ist; der parteipolitischen Zusammensetzung des Parlamentes wird nur zweite Priorität beigemessen. Nicht umsonst wurde seinerzeit die Bestimmung in die Verfassung aufgenommen, wonach die Mitglieder des Grossen Rates «Stellvertreter der Gesamtheit des Volkes und nicht der Wahlkreise» sind und keine Instruktionen annehmen dürfen.

Aus der Arbeit des Grossen Rates

Artikel 26 der Staatsverfassung benötigt nicht weniger als 21 Abschnitte, um die Befugnisse des Grossen Rates aufzuzählen. Als wichtigstes berät und fasst er Beschluss über alle Gegenstände, die der Volksabstimmung unterliegen: Verfassung, Gesetz, Kredite, Initiativen. Er übt die Oberaufsicht aus über die Staatsverwaltung und genehmigt deren Berichte, den Voranschlag und die Staatsrechnung. Er setzt den Steuerfuss fest für die Staatssteuern und bewilligt alle Ausgaben von über 200 000 Franken. Mittels Dekret errichtet er öffentliche Stellen und ordnet die Besoldungen. Er bestimmt seinen Geschäftsgang und organisiert sich selber.

Jedes Geschäft, das ihm zur Beratung unterbreitet wird, wird zuvor von einer Kommission vorberaten. Es gilt, zwischen Ständigen Kommissionen und Besonderen Kommissionen zu unterscheiden. Zu den wichtigsten Ständigen Kommissionen, deren Mitgliedschaft auch etwelches politisches Gewicht verschafft, gehören die Staatswirtschaftskommission als eigentliche Geschäftsprüfungskommission, die Justizkommission und die Wahlprüfungskommission. Für den Jura und das Laufental bestehen je eine Paritätische Kommission. In jüngerer Zeit entstanden eine Verkehrs- und eine Energiekommission. Um überstürzten Entscheiden im Einkammersystem vorzubeugen, verlangt die Verfassung, dass der Rat alle Verfassungsänderungen und Gesetzesentwürfe in zwei Lesungen behandelt. Die Ergebnisse der ersten Lesung sind dem Volk «bekanntzumachen», was durch Publikation im «Amtsblatt des Kantons Bern» geschieht. Übrigens verfügt auch jeder Amtsbezirk über einen öffentlichen «Anzeiger».

Offizielle Sprachen im Grossen Rat sind das Deutsche und das Französische. Die Verhandlungen werden simultan übersetzt, alle Anträge in beiden Sprachen vorgetragen. Da sich die Deutschberner meist der Mundart bedienen, spiegeln die Verhandlungen den Reichtum unserer Mundarten – und nicht etwa nur der bernischen – wider. Es soll deutschsprechende Grossräte geben, die zum besseren Verständnis des Votums ihres Kollegen aus dem Haslital, dem Saanenland oder aus Grindelwald froh sind über die Simultanübersetzung – ins Französische!

Die Wahlen in den Grossen Rat finden alle vier Jahre gemeinsam mit der Wahl des Regierungsrates im Frühjahr statt. Bisher trat der Grosse Rat in der Regel viermal jährlich zu einer Februar-, Mai-, September- und November-Session zusammen. Diese dauerten zwei, meist aber drei Wochen, und zwar jeweils von Montag bis Donnerstag. Neu sollen die zehn bis zwölf Sessionswochen auf alle Monate mit Ausnahme des Ferienmonats Juli aufgeteilt werden. Zusätzliche Schwerpunkte lassen sich im August/September und im November/Dezember bilden. In die Zeit dazwischen gilt es die Kommissions- und die Fraktionssitzungen anzusetzen. Für viele Milizparlamentarier stellt sich dabei bereits auf kantonaler Ebene das Problem der zeitlichen Belastung.

Der Ratssekretär führt ein Beschluss-Protokoll. Daneben werden sämtliche Voten auf Tonband aufgenommen und stenographisch festgehalten und zum «Tagblatt des Grossen Rates» verarbeitet.

Das Rathaus zu Bern

«Wer von der Kramgasse kommend in die Rathausgasse biegt, dessen Blick wird vom wuchtigen Baublock des bernischen Rathauses gefangen. Er sieht eine doppelläufige Freitreppe, die zum Vorbau des Eingangs ansteigt, spitze Bogen und Tore, zwei Reihen grader Fenster, einen bunten Wappenfries unter zierlichem Baldachin, ein Dach, noch einmal so hoch wie das Mauerwerk. Die gerauhte Mauerfläche belebt ein feines Spiel von Farbtönen aus grünem, gelbem und blauem Grau, je nach den Brüchen rings um die Stadt, aus denen der Sandstein gewonnen ist.»

So beginnt die Beschreibung eines «Rundgangs», 1942 von Michael Stettler verfasst für die Einweihungsschrift «Das Rathaus zu Bern», welche die Baudirektion zum Abschluss der letzten grossen Renovation herausgegeben hat. An diese Arbeiten erinnert auch die Gedenktafel in der Vorhalle zum Hof, die folgende Inschrift trägt:

«Volk von Bern – Die Erneuerung dieses Rathauses in schwerer Zeit ist Ausdruck Deines stolzen Willens. 1940 – 1942».

Erbaut wurde das Rathaus in den Jahren 1406 – 1416. Nach Justinger schien den Herren, «daz ir alt rathus uf dem kilchhof zu klein were und frömden lüten, herren und stetten, da ze wartenne ze schnöd, ze enge und unkomlich, darzu daz getöne von de gloggen und daz geschrey von der swely gar unlidlich were, und wurden ze rate, ein nüw rathus ze machen». Hauptverantwortliche für den Bau waren Meister Heinrich von Gengenbach und als Zimmermann Meister Claud Hetzel aus Rottweil.

Die ersten Veränderungen betrafen die Rathaushalle: 1488 wird sie als Kornhaus verwendet. Dreizehn vierkantige Stützen aus Holz auf Steinkonsolen trugen einen Zwischenboden. Vielleicht hängen mit diesem Umbau auch der Vorbau und die doppelte Treppenanlage zusammen. Im übrigen aber blieb von da an der Grundriss im 1. Stock bis ins 19. Jahrhundert der gleiche. Heute dient die eindrückliche Halle für offizielle Anlässe, Empfänge, kulturelle Veranstaltungen.

Als Kanzleigebäude entstanden in der ersten Hälfte des 16. Jahrhunderts die Nebenbauten. Aus dem Ratsmanual von 1541 entnehmen wir: «August 24. Hütt angfangen, in der nüwen Cantzly ze schryben.» Das neue Haus enthielt auch die Wohnung des Stadtschreibers. Noch heute ist in diesen Gebäuden die Staatskanzlei untergebracht. Statt dem

Stadtschreiber dient die Wohnung heute dem Standesweibel. Den Hof zwischen Rathaus und Kanzlei schloss nach der Gasse anfänglich eine zinnenbekrönte Mauer mit rundbogigem Tor; im Laufe der Zeit wurde der dahinter liegende Verbindungsbau ständig erneuert und erweitert. Ebenso wurde das Innere des Rathauses immer wieder der Zeit angepasst und ergänzt. Dies gilt für den eckigen Turmerker im Osten, der die erste innere Verbindung der Geschosse durch eine Treppe brachte; es gilt für die Uhr über dem Mittelpavillon der Freitreppe; und es gilt für die Möblierung der Räume und Gänge, die uns grösstenteils erhalten geblieben ist. Vom berühmten Ebenisten Matthäus Funk stammen, zum Beispiel, die wunderschöne, mit dem Standeswappen geschmückte Pendule in der Wandelhalle und mehrere Kommoden.

In der Zeit der Mediation ging das Rathaus in den Besitz des Kantons über, und nach dem Sturz des Patriziates beschloss 1831 der neue Grosse Rat den Umbau seines Versammlungssaales. Damit war das Schicksal der ehemaligen «Bürgerstube» besiegelt; der Raum wurde erhöht und erweitert; die geforderte Öffentlichkeit der Ratsverhandlungen rief nach einer Tribüne; hohe Rundbogenfenster sorgten für mehr Licht; der Präsidentenstuhl wurde auf ein Podium an die Westwand versetzt, vor eine Rundnische, die der halbkreisförmigen Anordnung der Sitzreihen für die Volksvertreter antwortete. So blieb der Saal bis 1940.

Mitte des letzten Jahrhunderts entstand neben dem Rathaus, anstelle der 1787 abgebrannten alten Münz, die heutige christkatholische Kirche «St. Peter und Paul», wodurch die wegen des Brandes entstandene Lücke in der Häuserflucht oberhalb des Rathauses endgültig wurde. Zwischen 1865 und 1868 erfuhr das Äussere des Rathauses eine Erneuerung nach den Plänen von Kantonsbaumeister Friedrich Salvisberg; sie vermochte allerdings nie ganz zu befriedigen. Bereits zu Beginn unseres Jahrhunderts trug man sich mit dem Gedanken, das Rathaus in einen ursprünglicheren Zustand zu versetzen. Nach einem Plan von Architekt Karl Indermühle sollte als erstes an die Stelle der Nebenbauten an der Postgasse ein Neubau für das Staatsarchiv entstehen. Bereits waren die Kredite vom Bernervolk bewilligt, da setzte sich Robert Grimm als neuer Baudirektor für die Restaurierung der gesamten historischen Baugruppe ein. Das Staatsarchiv erhielt einen Neubau hinter der Hochschule, womit die Erhaltung der Nebengebäude zum Rathaus gesichert war. Dies aber rief nach einer Gesamterneuerung auch des Rathauses, womit Architekt Martin Risch aus Zürich beauftragt wurde, der Schöpfer des Museums Allerheiligen in Schaffhausen. Nach seinen Plänen wurde im August 1940 mit dem Umbau begonnen. Das 1942 abgeschlossene Werk darf als in allen Teilen gelungen bezeichnet werden, auch was die künstlerische Ausgestaltung anbetrifft. Den Grossratssaal schmückt ein monumentales Wandgemälde von Karl Walser, den Bau der Stadt Bern darstellend. In der Wandelhalle finden wir neben Bildern von Ferdinand Hodler und wertvollen antiken Möbelstücken die Stukkaturen an der Decke von Otto Kappeler. Den Treppenvorbau und die Brüstung zieren dekorative Elemente von Gustav Piguet. Die Statue des Bauarbeiters an der Nordfassade des Rathauses stammt von Karl Schenk. Den Brunnen, die Brunnenfigur und die Masken am Verbindungsbau schuf Max Fueter. Das Werk Theo Wetzels ist die Holzbildhauerei im Sitzungszimmer des Regierungsrates, dasjenige von Arnold Huggler die feinen Wandfiguren im Sitzungszimmer im 2. Obergeschoss, vier Frauenbildnisse. Das Relief im Hof schuf Max Pfänder. Seit der Renovation von 1940 – 1942 erhielt der Grossratssaal 25 farbige Wappenscheiben als Geschenk aller eidgenössischen Stände zur Erinnerung an den Eintritt Berns in den Bund im Jahre 1353. Ebenfalls später entstand der Freskenzyklus von Fritz Pauli im Empfangssaal neben dem Sitzungszimmer des Regierungsrates, den «Lebensweg» darstellend mit den Themen «Der Schlaf», «Liebe und Leben», «Arbeit» und «Lebensfreude». Zum geselligen Treffen nach harter Arbeit lädt immer wieder neu der ehrwürdige Ratskeller ein mit seinen imposanten Tischen und Stühlen aus massivem Eichenholz. Hier treffen sich unter anderem jede Session einmal die Mitglieder des Ratsbüros mit den Journalisten und Medienschaffenden.

Von der Ordnung im Grossratssaal

Der Saal des Grossen Rates selber ist von sachlicher Grosszügigkeit. Links und rechts vom Grossratspräsidenten sitzen der Vizepräsident und der Staatsschreiber, vor ihm die sechs Stimmenzähler, die Übersetzer und die Protokollführer. Der Wand entlang, unter dem grossen Wandgemälde und dem Grossen Rat gegenüber, finden wir die Stühle der Regierungsräte. Die Sitzordnung der Fraktionen in den aufsteigenden Reihen vermittelt einen Eindruck der politischen Kräfteverhältnisse im Kanton. Der breite Mittelblock, weit geschwungen von rechts her, wo die Vertreter der Freisinnig-demokratischen Partei, der Christlich-Demokraten und der Freien Liste sitzen, bis hinüber nach links zu den Sozialdemokraten wird zum grossen Teil von den Abgeordneten der Schweizerischen Volkspartei eingenommen. Die SVP ist seit über sechzig Jahren die grösste unter den politischen Parteien; ihr Wähleranteil betrug 1986 rund 32 Prozent. Es folgen die Sozialdemokratische Partei mit knapp 23 Prozent und die FDP mit 19 Prozent. Zwar kam es im Kanton Bern seit der Einführung des Porporzes und der Gründung der damaligen Bauern-, Gewerbe- und Bürgerpartei zu keinen politischen Erdrutschen mehr, doch erregten die Erfolge der Freien Liste, die sich 1986 erstmals an den Wahlen in den Grossen Rat beteiligte und auf Anhieb elf Sitze errang, doch einiges Aufsehen. Gleichzeitig gelang es dieser neuen Gruppierung, die beiden ehemals freisinnigen Sitze in der Regierung einzunehmen. Seit Jahren schon verloren die drei historischen «Regierungsparteien» – SVP, FDP und SP – gesamthaft kontinuierlich Mandate. Gehörten Anfang der 50er Jahre noch 89 Grossräte der SVP, 73 der SP und 35 der FDP an, so dass bloss 11 Grossräte nicht einer Regierungspartei zugeordnet werden konnten, 9 davon als Vertreter der CVP, sank deren Zahl bis Ende der 80er Jahre auf insgesamt 158 Grossräte – 69 SVP-, 49 SP- und 40 FDP-Vertreter. Die anderen 42 Grossrätinnen und Grossräte gehören insgesamt zwölf verschiedenen politischen Gruppierungen an; ihrer fünf verfügen allerdings bloss über ein Mandat. Total sitzen heute im Grossen Rat Vertreter von fünfzehn Parteien und es bestehen acht Fraktionen. Die CVP, lange Zeit viertstärkste politische Kraft im Kanton, büsste nach der Abtrennung des Kantons Jura die Hälfte ihrer Mandate ein und verfügt heute über sechs Sitze, ebenso die EVP. Die vier Vertreter des Landesrings der Unabhängigen bilden mit den EVP-Vertretern eine gemeinsame Fraktion. Der einzige Vertreter des Jungen Bern hat sich der Fraktion der Freien Liste angeschlossen. Zu einer Fraktionsgemeinschaft zusammengefunden haben sich die Vertreter der Demokratischen Alternative, der POCH und zwei Separatisten aus dem Berner Jura. Die fünf Vertreter der Nationalen Aktion bilden eine selbständige Fraktion. Einzelgänger sind der Vertreter der Eidgenössisch-Demokratischen Union und der «Liste ouverte Résistance».

Von der politischen Willensbildung

Den Fraktionen kommt im Ratsgeschehen grosse Bedeutung zu. Fünf Grossrätinnen und Grossräte können sich zu einer Fraktion zusammenschliessen – selbst wenn sie auf verschiedenen Listen kandidiert haben und mehreren politischen Gruppierungen angehören. Die Fraktionen, respektive ihre Sekretariate, erhalten vom Staat finanzielle Unterstützung. Ihre Mitgliederzahl ist massgebend für die Zusammensetzung der parlamentarischen

Kommissionen, für die Einsitznahme ins Büro des Grossen Rates, die Wahl der Stimmenzähler, die Bezeichnung der Kommissionspräsidenten. Darüber wird exakt Buch geführt! Präsidentin oder Präsident des Grossen Rates wurden bisher – mit einzelnen Ausnahmen zur Zeit, da die CVP noch viertstärkste politische Kraft war und das hohe Amt gelegentlich, aber doch auch im Turnus anstelle der FDP besetzen durfte – stets nur Vertreter einer «Regierungspartei», von SVP, SP und FDP. Die Abgeordneten – französisch Députés – aus dem Berner Jura und von «Bienne romande» einerseits sowie die Grossräte des Laufentals anderseits bilden je eine Deputation, der bei der Beratung von Geschäften, die sie und ihre Region besonders betreffen, auch besondere Rechte zukommen. Die Fraktionssprecher erhalten in den Beratungen auch als erste das Wort unmittelbar nach den Kommissionssprechern.

Bei der politischen Willensbildung spielen eine Reihe von Querverbindungen zusätzlich zu den Beratungen in den Kommissionen und den Fraktionen eine Rolle. So bestehen Gruppierungen aller Gewerbetreibenden quer durch alle Bänke, aller Angestellten und Lehrer, es gibt eine «Bauern-Fraktion» und einen Zusammenschluss aller gewerkschaftlich organisierten Grossrätinnen und Grossräte. Bei der Behandlung spezifischer Anliegen der Frauen kann es vorkommen, dass die 32 Grossrätinnen geschlossen als «Frauen-Fraktion» auftreten. Und böse Mäuler behaupten, dass die grösste Fraktion im Kantonsparlament wohl jene der «Gemeindepolitiker» sei. Querverbindungen bestehen selbstverständlich unter den 37 Volksvertretern des Oberlandes, den 32 aus dem Seeland oder den 30 aus dem Emmental, was sich insbesondere bei Wahlgeschäften auswirken kann. Der Grosse Rat wählt unter anderem alle Mitglieder der kantonalen Gerichte.

Gelegenheit zur Kontaktnahme unter Grossrätinnen und Grossräten bieten nicht nur die recht häufigen Abstecher in die umliegenden Gaststätten während der Sessionen, was gelegentlich den Anschein erweckt, es fielen ausserhalb des Rathauses mindestens soviele Entscheide wie innerhalb; man trifft sich auch beim gemeinsamen Mittagessen, beim anschliessenden Kaffeejass oder abends im Hotel, wo die Grossräte aus den abgelegenen Regionen insbesondere im Winter absteigen. Die Sessionen werden oft mit Gängen auf eine Verwaltungsstelle verbunden, wo hängige Geschäfte ohne allzu grossen Formalismus erledigt werden können.

Grossrätinnen und Grossräte treffen sich zwischen den Sessionen immer wieder in der engeren Heimat bei regionalen Anlässen, Ausstellungen, Jubiläen, anlässlich der Einweihung von Bauten oder am offiziellen Tag von Festen und Messen. Auch diese Treffen gehören zur politischen Willensbildung. Ein halber Tag im September ist jeweils reserviert für die Fraktionsausflüge, die nicht einzig der Geselligkeit gewidmet sind, sondern mit denen gar oft auch Information und Augenschein an Ort und Stelle zu einem Geschäft verbunden sind. Alle vier Jahre begibt sich der Grosse Rat in corpore auf einen zweitägigen Legislaturausflug in einen anderen Kanton, mit Besichtigungen, Fahrten und offiziellem Empfang durch die Behörden. Zu den jährlich wiederkehrenden «grossen» Anlässen gehören seit jeher im Bernbiet im Mai die Feiern für den neuen Grossratspräsidenten oder die neue Grossratspräsidentin. Die Einladung dazu erfolgt durch die Wohngemeinde der Geehrten, und besonders auf dem Lande gleicht die Feier recht eigentlich einem Volksfest.

Von der Finanzaffäre zur Palamentsreform

Es gibt Leute, die behaupten, Bern habe das Ancien Régime, die hohe Zeit des bernischen Patriziates, nicht völlig überwunden, die Gnädigen Herren seien nicht alle ausgestorben. Ihnen mag die Finanzaffäre der achtziger Jahre ein Stück weit recht geben, weil es dabei letztlich in der Tat um den Rechtsstaat, um den «schwierigen Umgang mit der Macht in der Demokratie», um die Oberaufsicht über die Staatsverwaltung, um das Verhältnis zwischen Regierung und Parlament und die Organisation des Grossen Rates selber ging. Mit gleichem Recht liesse sich darauf hinweisen, dass es sich bei dieser Affäre nicht um ein typisch bernisches Ereignis handelte.

Ende August 1984 verlangte Rudolf Hafner, Revisor bei der Finanzkontrolle des Kantons Bern, in einer Eingabe an den Grossen Rat, es sei gegen den Regierungsrat eine Disziplinaruntersuchung einzuleiten. Er beschuldigte diesen, gegen das kantonale Finanzhaushaltgesetz verstossen, Lotterie- und Fondsgelder missbraucht und die Staatsverfassung verletzt zu haben. Über die Medien erhielt die Eingabe sofort grosse Publizität, noch bevor der Grosse Rat zu seiner Septembersession zusammengetreten war. Die von ihm eingesetzte Besondere Untersuchungskommission (BUK) erkannte, dass die im Bericht Hafner aufgeführten Sachverhalte im wesentlichen zutrafen: Die Regierung hatte sich Amtspflichtverletzungen zuschulden kommen lassen, hatte Abstimmungskampagnen – heimlich – mitfinanziert, Sport-Toto- und SEVA-Gelder unrechtmässig verteilt und ihre Kompetenzen in einzelnen Fällen überschritten. Auf die Einleitung einer Disziplinaruntersuchung verzichtete der Grosse Rat jedoch, obschon in der Zwischenzeit Rudolf Hafner neue Vorwürfe betreffend Spesenregelung für die Mitglieder des Regierungsrates und in eigener Sache bewilligten Vergütungen (u.a. für Autoreparaturen) erhoben hatte. Erst nach den Neuwahlen vom Frühjahr 1986 hob der Rat die Immunität der Mitglieder des Regierungsrates auf und erstattete Anzeige wegen des Verdachts auf missbräuchliche Verwendung von Lotteriegeldern. Von dieser Anklage wurden die Betroffenen in der Folge freigesprochen.

Parallel zu dieser Untersuchung liefen die Arbeiten einer parlamentarischen Kommission im Hinblick auf die Schaffung eines neuen Organisationsgesetzes für den Grossen Rat und eines neuen Gesetzes über die Finanzaufsicht im Staate Bern. Wollte man an der klassischen Gewaltentrennung festhalten, bei der sich die verschiedenen Staatsorgane gegenseitig kontrollieren, musste der Grosse Rat aufgewertet und ihm gegenüber der Regierung vermehrtes Gewicht gegeben werden. Ziel einer solchen Parlamentsreform musste eine bessere Gewichtsverteilung im Spannungsfeld zwischen Exekutive und Legislative sein, einem Spannungsfeld, dem allzu lange, vielleicht auch unter dem Einfluss der Ereignisse im Jura, zuwenig Beachtung geschenkt worden war. Nun sollte das Parlament wieder vermehrt zum «starken, kritischen und wenn nötig unbequemen Partner von Regierung und Verwaltung» werden. Aber wie? Galt es doch, den Milizcharakter des Parlamentes mitzuberücksichtigen. Von Anfang an war man sich einig, dass neu die Grundsätze des Geschäftsverkehrs zwischen Regierung und Parlament auf Gesetzesebene zu regeln waren; eine Revision der bisherigen Geschäftsordnung genügte nicht. Für ein Grossratsgesetz sprachen auch die Erfahrungen im Bund und in anderen Kantonen.

Zu den wichtigsten Neuerungen gehört die Gliederung der Staatswirtschaftskommission in zwei selbständige Kommissionen, die Geschäftsprüfungs- und die Finanzkommission. Die eine verstärkt die Verwaltungsaufsicht, die andere gewährleistet eine gründlichere Prüfung und Vorbereitung der Geschäfte zuhanden des Plenums. Eine Stärkung der Oberaufsicht wird auch mit dem Ausbau der Einsichts- und Auskunftsrechte erreicht. Geschäftsprüfungs- und Finanzkommission können auch als «Vereinigte Kommission» gemeinsam tagen. Neu sind die Mitglieder dieser Kommission ans Amtsgeheimnis gebunden, womit den Mitgliedern einerseits wichtige Informationen und Akten herausgegeben werden können, anderseits dem Schutz der Persönlichkeitssphäre Dritter Rechnung getragen wird. Bei Vorkommnissen von grosser Tragweite in der Staatsverwaltung kann der Grosse Rat eine Parlamentarische Untersuchungskommission zur Abklärung der Sachverhalte und zur Antragstellung einsetzen. Die Kommission erhält durch die entsprechenden gesetzlichen Bestimmungen weitgehende Untersuchungskompetenzen. Mit dem neugeschaffenen Ratssekretariat steht dem Grossen Rat, seinen Organen, den Kommissionen, den Fraktionen und den einzelnen Ratsmitgliedern ein verwaltungsunabhängiger Dienst zur Verfügung, der Abklärungen vornehmen, Informationen beschaffen und Dokumentationen zusammentragen kann und so ein Gegengewicht zur Staatsverwaltung bildet. Die Präsidentenkonferenz prüft die Anwärter für den Posten des Ratssekretärs und hat Vorschlagsrecht; aus beamtenrechtlichen Gründen erfolgt die Wahl durch den Regierungsrat.

Durchgeführt worden ist auch eine Totalrevision der finanzrechtlichen Grundlagen im Finanzhaushaltgesetz. Verbunden war damit eine Stärkung sowohl der verwaltungsinternen wie der externen Finanzaufsicht. Die Finanzkontrolle ist im Rahmen der gesetzlichen Vorschriften unabhängig und selbständig; ihr Bereich ist die Revisionstätigkeit. Neu ist sie der Präsidialabteilung angegliedert – und nicht mehr der Finanzdirektion –, wodurch ihre Unabhängigkeit gegenüber der Finanzverwaltung nochmals unterstrichen wird. Die grossrätliche Finanzkommission hat ein Mitspracherecht bei der Wahl des Vorstehers der Finanzkontrolle. Die Zusammenarbeit zwischen Finanzkontrolle und grossrätlicher Finanzkommission wurde institutionalisiert. Unter anderem steht der Finanzkontrolle das Recht zu, bei Differenzen mit dem Regierungsrat an die Finanzkommission zu gelangen; diese kann gestützt auf das neue Grossratsgesetz entsprechende Massnahmen einleiten und Anträge stellen. Bei Meinungsdifferenzen mit dem Vorsteher der Finanzkontrolle kann ein Revisor direkt an die Finanzkommission gelangen; umgekehrt kann die Finanzkommission den für ein Geschäft zuständigen Revisor persönlich anhören.

Der Berner Bär ist in der Tat in Trab gesetzt worden! Bis Anfang der 90er Jahre soll er auch eine neue Staatsverfassung erhalten. Verbesserungen einzig im strukturellen Bereich dürften jedoch nicht genügen; Voraussetzung für eine wirkliche Erneuerung ist ein der Zeit und dem Wandel entsprechendes Demokratieverständnis aller Beteiligten, von Regierung, Grossem Rat und Verwaltung, aber ebenso des Bürgers und der Bürgerin. Umdenken aber war niemals ein kurzer Prozess.

Quellenverzeichnis

Bern – ein Kanton stellt sich vor,
herausgegeben vom Amt für Information des Kantons Bern 1984

Das Rathaus zu Bern
Zur Einweihung am 31. Oktober 1942 herausgegeben von der Baudirektion des Kantons Bern

Schlussbericht
der von der Regierung eingesetzten ausserparlementarischen Expertenkommission zur Prüfung und Ausarbeitung von Lösungsvorschlägen betreffend das Volksbegehren für eine gerechte Verteilung der Grossratsmandate (Wahlkreise)
Abschnitt II: Der historische Abriss

André Ory

Impressions d'un député du Jura

Sur le chemin du Rathaus

Huit heures du matin.

Les députés de la partie française du canton arrivent en gare de Berne.

Ils ne sont pas pressés: la séance commence à neuf heures. Aussi prennent-ils tranquillement, à pied, par groupes de deux ou trois, la direction de la vieille ville, où se trouve le Rathaus.

Auront-ils un regard, en cette heure matinale, pour la vénérable cité qui les accueille? Je le crois. Car ces lieux ne laissent personne indifférent.

Fontaines fleuries, demeures anciennes soigneusement restaurées, arcades offrant une protection contre les intempéries et invitant au lèche-vitrines, tout cela compose un ensemble accueillant, plein d'harmonie et de charme. Les rues, larges et bien ordonnées, témoignent de la grandeur passée. Et, par delà les toits mansardés et la multitude des cheminées, voici la silhouette élégante et puissante de la cathédrale, dont la flèche s'élance vers le ciel comme pour rappeler au passant qu'ici l'homme et la pierre ne font qu'un.

Le long des rues et des ruelles, on ne compte pas les brasseries accueillantes, les «Stübli» familiers et les coquettes confiseries, si typiquement bernoises. Les élus du peuple, toutes couleurs politiques confondues, s'y arrêtent volontiers, histoire de prendre un café, de parcourir les journaux du matin ou d'échanger les dernières «informations de couloir», ces informations qui circulent de bouche à oreille et qui, à Berne comme ailleurs, font partie intégrante de la vie parlementaire.

Les députés francophones se sentent chez eux. Qu'importe, finalement, la différence de langue! Mais le temps passe vite. Tout à l'heure, ils cesseront d'être des civils en liberté pour se glisser dans le peau de parlementaires attentifs et avisés. Et quand, dans la salle du Rathaus, le président agitera sa clochette et déclarera la séance ouverte, ils se mettront au travail, comme leurs collègues alémaniques, unis par le sentiment d'une destinée commune et d'une responsabilité partagée.

Allemand parlé, allemand écrit, français

Le canton de Berne est bilingue.

Ainsi le veut la Constitution, qui déclare l'allemand et le français langues «nationales» et «officielles».

Certes, les francophones sont nettement minoritaires: on en dénombre 74000 pour une population totale de 912000 âmes. On ne peut donc pas parler d'un quelconque équilibre entre Romands et Alémaniques. Malgré cela les deux langues sont placées, juridiquement et administrativement, sur pied d'égalité. Tous les actes des autorités cantonales, Grand Conseil compris, sont établis et publiés en allemand et en français, chacune des deux versions pouvant être invoquée comme référence en toute circonstance.

Cependant le Grand Conseil, bilingue dans ses actes, est en réalité trilingue dans ses débats. Cela tient au fait que les Alémaniques s'expriment tour à tour en dialecte (quand ils interviennent librement) ou en «Schriftdeutsch» (quand ils lisent un texte écrit). On assiste donc à un perpétuel chassé-croisé linguistique, fort sympathique en soi, mais qui a déjà surpris plus d'un visiteur venu assister aux délibérations depuis la tribune du public.

Dans ces conditions, la tâche des députés francophones n'est pas facile. Seuls quelques-uns sont en mesure de suivre les débats dans leur teneur originale. Les autres écoutent la traduction simultanée, qui fonctionne d'ailleurs dans les deux sens: allemand-français et français-allemand. Les élus de langue française, dans leur majorité, s'accommodent de cette situation: étant eux-mêmes attachés à leur patrimoine culturel, ils comprennent que leurs collègues alémaniques le soient aussi, et ils ne leur demandent pas de renoncer à leur «Bärndütsch» en faveur de la langue écrite.

Ceci dit, que faut-il penser du bilinguisme tel qu'on le vit dans le canton de Berne?

Dans la vie de tous les jours, les inconvénients sont manifestes. Traduire coûte cher et prend du temps. En outre, même si les traducteurs font bien leur métier, on n'est jamais à l'abri d'une erreur: «traduttore traditore», dit-on outre-Gotthard. Traduire, c'est parfois trahir.

Mais, au niveau politique, le bilinguisme présente aussi des avantages. En raison de sa double allégeance culturelle, le canton de Berne bénéficie d'une égale ouverture sur les deux principales régions linguistiques du pays: la Suisse alémanique et la Suisse romande. Les bienfaits de cette situation se font sentir aussi bien sur le plan intérieur que dans les relations avec les autres cantons.

C'est pourquoi les députés bernois des deux régions linguistiques, dans leur grande majorité, sont attachés au principe du canton bilingue. Ils y voient non seulement une tradition ancienne et respectable, mais aussi une option politique nécessaire, pour le présent et pour l'avenir.

La Députation francophone

D'une manière générale, les députés francophones n'ont pas à se plaindre des conditions dans lesquelles ils exercent leur mandat. Ils ont accès à tous les postes de responsabilité: présidence du Grand Conseil ou d'une commission parlementaire, présidence d'un groupe parlementaire. Ils sont présents dans toutes les commissions et dans la plupart des délégations nommées par le Grand Conseil. L'attribution des postes se fait de cas en cas, sans règle écrite, au gré d'arrangements passés entre les groupes.

Le consensus est d'autant plus facile à réaliser que les deux régions linguistiques présentent à peu près le même visage politique. De part et d'autre, les formations dominantes sont le Parti radical, le Parti socialiste et l'Union démocratique du centre. Cette similitude facilite le répartition des sièges. Seule diffère la constellation des petites formations: dans le Jura bernois, les séparatistes; dans le reste du canton, les Verts, les Indépendants, les démocrates-chrétiens et quelques groupements de moindre influence. La présence de ces petites formations ne modifie pas les données du problème.

Cependant, les choses se présentent moins bien quand il s'agit de prendre des décisions matérielles touchant spécialement la partie française du canton. L'expérience a montré qu'en pareil cas, la région intéressée avait besoin de garanties juridiques précises.

C'est pourquoi les élus francophones disposent de droits particuliers, appelés «droits de coopération» (Mitwirkungsrechte), qu'ils exercent par le truchement d'un organe «ad hoc», la «Députation du Jura bernois et de Bienne romande». Font partie de la Députation:
– les élus du Jura bernois, au nombre de 12
– les élus francophones du district de Bienne, actuellement au nombre de 5 (ce nombre pouvant varier d'une élection à l'autre)
ce qui donne un total de 17 (sur 200 députés que compte le Grand Conseil bernois).

La Députation fonctionne à la manière d'un groupe parlementaire. Son président fait partie de la Conférence des présidents de groupe. Elle dispose – prérogative importante – d'un droit de préavis et de proposition dans toutes les affaires qui relèvent de la compétence du Grand Conseil et qui ont trait
– au statut du Jura bernois
– aux intérêts particuliers du Jura bernois, notamment en matière économique et sociale
– aux relations entre le canton de Berne et le canton du Jura, en tant que le Jura bernois est concerné
– au régime des langues dans l'ensemble du canton (usage public des langues nationales)
– aux intérêts culturels de la partie française du canton (Jura bernois, Bienne romande)

Si, lors d'un vote, le Grand Conseil passe outre aux recommandations de la Députation, celle-ci a la faculté de requérir une lecture supplémentaire (donc une troisième lecture pour les textes constitutionnels ou législatifs, ou une deuxième lecture pour les autres textes). Il est prescrit qu'avant de procéder à une nouvelle lecture, les parties en présence s'efforceront d'arriver à une entente par le moyen d'amendements appropriés.

Ce système semble rébarbatif. Mais, en fait, il fonctionne bien. Il encourage la recherche de compromis acceptables. Du même coup, il confère un certain poids aux prises de position de la Députation. Mais qu'on ne s'y trompe pas: on est bien loin du «droit de veto» en usage aux Nations Unies: en effet, au terme de la dernière lecture, c'est la majorité du Grand Conseil, et elle seule, qui décide.

La Députation peut aussi se faire entendre dans des débats qui ne concernent pas spécialement la partie française du canton. Elle ne dispose alors d'aucune prérogative particulière. Ce genre d'interventions a des limites: en effet, la Députation évite de prendre part aux discussions qui opposent les grands partis entre eux, et qui risqueraient par conséquent de la diviser en elle-même.

A côté de la Députation, il existe une «Commission paritaire», composée de dix députés de langue française et de dix députés de langue allemande. Son rôle consiste à s'entremettre en cas de divergence entre les deux régions linguistiques du canton. Elle ne se réunit jamais, et pour cause... En effet, les divergences qu'on voudrait aplanir n'opposent pas les Romands aux Alémaniques, mais les séparatistes aux antiséparatistes. Les Romands du canton de Berne étant en majorité antiséparatistes, la «Commission paritaire» se trouve compter, conformément aux règles de la proportionnelle... 2 séparatistes et 18 antiséparatistes. Elle n'est donc pas paritaire au regard du but poursuivi. D'où son inutilité. Le Grand Conseil est conscient de la situation, mais il n'en continue pas moins à élire (ou à réélire) tous les quatre ans cette commission-fantôme. Parce que la Constitution l'exige... et parce que le député qui proposerait sa suppression, risquerait d'être mal compris!

Mais revenons-en à la Députation. Jusqu'en 1979, date de l'entrée en souveraineté du canton du Jura, elle comptait quelque 35 membres, soit le double de son effectif actuel. A noter que les 3 élus du Laufonnais en faisaient partie, ce qui n'est plus le cas aujourd'hui. Cette ancienne Députation, constamment en première ligne en raison des rebondissements de l'affaire jurassienne, a grandement contribué à animer les séances du Grand Conseil. Que de verve, que de passion, que d'empoignades mémorables, opposant les élus séparatistes à leurs collègues antiséparatistes, aux députés de l'Ancien canton ou aux représentants du gouvernement! Depuis lors, beaucoup d'eau a coulé sous les ponts. Le problème jurassien a perdu de son acuité. Dans la vénérable salle du Rathaus on n'entend plus – c'est dommage – le savoureux parler d'Ajoie ou des Franches-Montagnes. On ne clame plus sa foi en traitant l'adversaire de «valet du pouvoir» ou de «rat de sacristie». Disparus, les prophètes en jeans et les Peppone en costume de velours rouge. C'est à peine si quelques pupitres portent encore la marque des petits drapeaux que les élus les plus ardents plantaient devant eux, au début des séances, pour bien marquer leurs convictions...

La Députation d'aujourd'hui, moins nombreuse mais plus homogène que celle d'alors, se préoccupe surtout de la situation économique. Comme on le sait, l'arc jurassien a été durement touché par la récession. D'où le mot d'ordre: tout mettre en œuvre pour aider la région à retrouver l'élan, la confiance et la prospérité de jadis.

Noté en marge ...

Une tradition bien ancrée veut que la semaine parlementaire commence par un service religieux oecuménique. Ce service, facultatif bien sûr, est célébré au Rathaus même. Il est assez fréquenté.

Une autre tradition veut que, bien souvent, la journée parlementaire commence par des vœux d'anniversaire. Le président du Grand Conseil, sous les applaudissements de l'assistance, félicite les députés qui ont «leur fête». En même temps, discrètement, l'huissier s'approche des jubilaires et leur glisse le cadeau de circonstance: un authentique «Bärnmutz» au miel.

Chacun a sa manière de parler. Parmi les conseillers d'Etat, certains s'adressent aux députés en disant: «Sehr verehrte Ratsmitglieder», d'autres commencent par les mots: «Liebi Frowen und Männer». La première formule est correcte, évidemment, mais quand on entend la seconde, c'est autre chose: on se sent en famille!

Le ton des débats? Sérieux et mesuré, sans nul doute. Du bon sens, de la cordialité, assaisonnée d'une pointe d'humour campagnard. Pas d'académisme inutile. Le Grand Conseil bernois n'aime pas les grandes envolées, encore moins les excès de langage. Pour les élus de langue française, habitués dans leur région à toutes les outrances – ils ont vécu les plébiscites et la séparation – le contraste est bien agréable à découvrir... et à vivre!

Et si les débats se prolongent? Les députés bernois – comme beaucoup d'autres, sans doute – se mettent à lire, à écrire, à dessiner... et finissent par quitter tout bonnement l'hémicycle pour aller se refaire un moral dans les bistrots du coin. La situation devient alors critique pour les chefs de groupe: c'est à eux qu'il incombe, en effet, de battre le rappel en cas de votation imminente, et de veiller à ce que chacun regagne sa place au plus vite.

Les sessions sont l'occasion de nombreux contacts «informels» entre députés et fonctionnaires. Lieu privilégié de ces rencontres: les Pas perdus (Wandelhalle). Combien de projets n'ont-ils pas pris forme dans ce lieu familier! Que d'opinions échangées, que de jalons posés sous le regard austère et droit des vieux Suisses du peintre Ferdinand Hodler! Entre les bureaux de l'administration, disséminés dans la ville, et la salle des Pas perdus, au Rathaus, le va-et-vient est continuel. Les fonctionnaires de l'Etat, hommes et femmes, disponibles et compétents, se mobilisent pour apporter aux élus du peuple les informations dont ils ont besoin. C'est précieux, et très apprécié.

Un mot, encore: qu'en est-il de la prétendue lenteur des Bernois? A-t-on assez blagué là-dessus! En réalité, cette lenteur n'est qu'une apparence. Le Bernois est réfléchi, précis. Il ne prend pas le mors aux dents. Il pèse le pour et le contre. Ce tempérament posé, ce comportement moins frénétique qu'ailleurs, cet art de vivre – pour tout dire – sont les garants d'une vie politique équilibrée. On traite un dossier quand on est prêt à le faire, et alors on le traite à fond. On ne prend pas de retard pour autant...

Kanton Bern
Mitglieder des Grossen Rates
Stand 5. Juni 1990

Präsident: Rychen Thomas, Affoltern i.E., SVP
Aebersold Charles, Treiten, SVP
Aebi Heinz, Nenzlingen, SP
Aellen Jean-Pierre, Tavannes, PSA
Aeschbacher Hans, Gümligen, SVP
Allenbach Peter, Reichenbach, FDP
von Allmen Hans-Ueli, Gwatt, SP
von Allmen-Wood Paul, Wengen, SVP
von Arx Peter, Kirchlindach, FL
Anderegg-Dietrich Kathrin, Zollikofen, SVP
Balmer Walter, Rosshäusern, SVP
Balsiger Vreni, Toffen, SP
Bangerter Käthi, Aarberg, FDP
Barth Heinrich, Burgdorf, SVP
Bartlome Hansueli, Münsingen, FDP
Bärtschi Ernst, Madiswil, SVP
Baumann Fritz, Uetendorf, SP
Baumann Ruedi, Suberg, FL
Baumann Stephanie, Suberg, SP
Bay Fritz, Konolfingen, SVP
Beerli-Kopp Christine, Studen, FDP
Begert Urs-Werner, Bern, SVP
Benoit Roland, Corgémont, UDC
Berger Hans, Fahrni, SVP
Berthoud Jean-Pierre, Bienne, PRD
Beutler Andreas, Interlaken, SVP
Bhend Samuel, Urtenen-Schönbühl, SP
Bieri Fredi, Belp, FL
Bieri Peter, Oberdiessbach, SP
Biffiger Franz, Bern, SP
Bigler Hans Ulrich, Ried/Worb, FL
Binz-Gehring Doris, Bolligen, FDP
Bischof Erwin, Bolligen, FDP
Bittner Brigitte, Bern, SP
Blaser Albert, Uettligen, FDP
Blaser Oskar, Münsingen, SVP
Blatter Hans-Rudolf, Bern, SP
Blatter Rolf, Bolligen, EVP
Boillat Hubert, Tramelan, PRD
Brawand Christian, Grindelwald, SVP
Brodmann Karl, Bern, SD
Brönnimann Ernst, Köniz, SD
Brüggemann Theo, Bern, FL
Bürki Otto, Münchenbuchsee, SP
Büschi Hans-Ulrich, Bern, FDP
Christen Alice, Bern, SP
Christen Walter, Rüedisbach, SVP
Conrad Max, Burgdorf, LdU
Daetwyler Francis, Saint-Imier, PS
Dütschler Hans-Rudolf, Thun, FDP
Dysli Kurt, Bern, SVP
Eggimann Ernst, Langnau, FL
Emmenegger Guy, Bern, FDP
Erb Christoph, Kehrsatz, FDP
Fahrni Hans, Oberthal, SVP
Flück Peter, Brienz, FDP
Frainier Hubert, Moutier, PDC-PLJ
Fuchs Marcel, Worb, SP
Fuhrer Hermann, Bern, FDP
Gallati Renatus, Oberbottigen, FDP
Galli Remo, Bern, CVP
Geissbühler Hans, Schwarzenbach, SVP
Glur-Schneider Marianne, Moutier, SVP
Graf Frédéric, Moutier, PS
Graf Paul, Ursenbach, SVP
Grossniklaus Christian, Beatenberg, SVP
Gugger Fritz, Uetendorf, EVP
Gugger Walter, Uetendorf, SVP
Guggisberg Ulrich, Biel, FDP
von Gunten Peter, Herrenschwanden, FL
Gurtner Barbara, Bern, GB
Haller Ursula, Thun, SVP
Hari Konrad, Adelboden, EVP
Heynen Arnold, Wiedlisbach, SP
Hirschi Ruth, Bienne, PRD
Hirt Ulrich, Bern, SVP
Hofer Peter, Schüpfen, SVP
Holderegger Walter, Spiez, SP
Houriet Guillaume-Albert, Courtelary, PRD
Hügli Thomas, Brislach, VBL
Hunziker Beat, Bern, SP
Hurni-Wilhelm Gertrud, Oberönz, SP
Hutzli Martin, Pieterlen, FDP
Imdorf Werner, Unterbach, SP
Ith Susanne, Münsingen, SP
Jakob Manfred, Hünibach, FDP
Janett-Merz Aline, Muri, FDP
Jenni Daniele, Bern, GP-DA
Jenni Peter, Bern, AP
Jenni-Schmid Vreni, Kappelen, SVP
Joder Rudolf, Belp, SVP
Jörg Andreas, Seftigen, SP
Jost Fritz, Langenthal, SP
Jungi Peter W., Rosshäusern, SVP
Kauert-Löffel Vreni, Spiez, SVP
Kelterborn Hans, Thun, SP
Kiener Nellen Margret, Bolligen, SP
Kiener Ulrich, Heimiswil, SP
Kilchenmann Klaus, Wabern, FDP
Knecht Susanna, Spiez, SVP
König Ernst, Fraubrunnen, FDP
König Hans, Bigenthal, SVP
Kurath Roland, Spiegel, CVP
Liniger Walter, Lyss, SP
Lüscher Daniel, Köniz, EVP
Lüthi Fred, Herzogenbuchsee, SVP
Lutz Andreas, Bern, SP
Marthaler Alfred, Kirchlindach, SVP
Marthaler Fritz, Biel, SVP
Marti-Caccivio Arlette, Ipsach, SP
Matti Roland, La Neuveville, PRD
Mauerhofer Jürg, Dentenberg-Vechigen, SP
Merki Rosmarie, Biel, SP
Metzger Marcel, Laufen, CVP
Meyer Manfred, Langenthal, SVP
Meyer-Fuhrer Helen, Biel, SP
Michel Alexander, Meiringen, SVP
Morgenthaler Rudolf, Orpund, SVP
Moser Werner, Obergoldbach, SVP
Neuenschwander Heinz, Rüfenacht, FDP
Nydegger Walter, Schwarzenburg, SVP
Nyffenegger Walter, Rüegsau, SVP
Oehrli Fritz Abraham, Teuffenthal, SVP
Oesch Christian, Eriz, SVP
Omar-Amberg Claudia, Bern, LdU
Pétermann Antoine, Bienne, PS
Portmann Rolf, Bern, FDP
Probst Heinz, Finsterhennen, SVP
Reber Jürg, Schwenden, SVP
Reinhard Andreas, Oburburg, SP
Rey-Kühni Anne-Marie, Zollikofen, SP
Rickenbacher Hans, Biel, SP
Ritschard Adolf, Interlaken, SP
Ruf Markus, Bern, SD
Rychen Thomas, Affoltern i.E., SVP
Rychiger Peter, Steffisburg, FDP
Salzmann Hans-Ulrich, Oberburg, SVP
Schaad Ernst, Oberbipp, SVP
Schaer Dori, Rosshäusern, SP
Schärer Jürg, Ostermundigen, SP
Scherrer Werner, Thun, EDU
Schertenleib Jean-Pierre, Nods, UDC
Schibler Heinz, Burgdorf, FDP
Schläppi Walter, Thun, SVP
Schmid Alfred, Frutigen, SVP
Schmid Samuel, Rüti b. Büren, SVP
Schmidiger Toni, Langenthal, parteilos (Sitz FL)
Schmied Walter, Moutier, UDC
Schneider Marcel, Langnau, SP
Schober Jakob, Worben, SVP
Schütz Heinrich, Lützelflüh, SP
Schwander Fritz, Riggisberg, SVP
Schwarz Gottfried, Pieterlen, SVP
Seiler Herbert, Bönigen, SP
Seiler Roland, Moosseedorf, SP
Sidler Josef, Port, FDP
Sidler-Link Patricia, Dotzigen, SP
Sidler Roland, Biel, GB/AVES
Siegenthaler Hans, Münchenbuchsee, SVP
Siegenthaler Hans, Oberwangen, SVP
Siegrist Roger, Corgémont, PSA
Singeisen-Schneider Verena, Burgdorf, FL
Sinzig Ulrich, Langenthal, SP
Stämpfli-Racine Silvia, Ligerz, SVP
Stauffer Bernhard, Nidau, SP
Steiner-Schmutz Mariann, Utzenstorf, SVP
Steinlin Christoph, Muri, SP
Stettler Heinz, Eggiwil, SVP
Stirnemann Bernhard, Bern, SP
Strahm Rudolf, Herrenschwanden, SP
Streit Kathrin, Zimmerwald, SVP
Studer Hans, Vechigen, SVP
Sumi Hans, Zweisimmen, SVP
Suter Marc F., Biel, FDP
Sutter Robert, Niederbipp, FDP
Tanner Fabio, Bern, SP
Teuscher Erwin, Saanen, SVP
Teuscher Franziska, Bern, GB
Thomke Karl, Mörigen, FL
Trachsel Alfred, Lauenen, SVP
Trüssel Margrit, Biel, SP
Tschanz Markus, Schliern, GP-DA
Vermot-Mangold Ruth-Gaby, Bern, SP
Voiblet Claude-Alain, Reconvilier, UDC
Waber Christian, Wasen i.E., EDU
Walker Erwin, Lenk, SVP
Wallis Erica, Bienne, PS
Wasserfallen Kurt, Bern, FDP
Wehrlin Marc, Bern, JB
Weidmann Karl, Bern, FDP
Wenger Fred, Langnau, SVP
Wenger Theo, Thun, SP
Weyeneth Hermann, Jegenstorf, SVP
Wülser Willi, Steffisburg, SP
Wyss Hansruedi, Langenthal, FDP
Wyss Werner, Kirchberg, SVP
Zaugg Walter, Rüderswil, SVP
Zbären Ernst, St. Stephan, FL
Zbinden Eva-Maria, Ostermundigen, LdU
Zbinden Werner, Rüschegg-Gambach, SVP
Zesiger Rudolf, Schangnau, SVP

SVP/UDC	Schweizerische Volkspartei/ Union démocratique du centre
SP/PS	Sozialdemokratische Partei/ Parti socialiste
FDP/PRD	Freisinnig-demokratische Partei/ Parti radical-démocratique
FL/LL	Freie Liste und Junges Bern/ Liste libre et Jeune Berne
EVP/PPEv	Evangelische Volkspartei/ Parti populaire évangélique
CVP/PDC	Christlich-demokratische Volkspartei/Parti démocrate-chrétien
SD/DS	Schweizer Demokraten/ Démocrates Suisse
GB/AV	Grünes Bündnis/Alliance verte
LdU/Adi	Landesring der Unabhängigen/ Alliance des indépendants
EDU/UDF	Eidgenössische Demokratische Union/Union démocratique fédérale
DA/POCH	Grüne Partei – DA und POCH-Grüne
PSA	Parti socialiste autonome
Entente	Entente parti démocrate-chrétien/parti libéral jurassien
AP/PA	Autopartei/Parti des automobilistes
Parteilos/Sans parti	

Anita von Arx-Fischler

Der Grosse Rat von Luzern

Mit der Mediationsakte vom 19. Februar 1803 wurden die verfassungsmässigen Grundlagen für die Bestellung eines Luzerner Kantonsparlaments im heutigen Sinn geschaffen. Es erhielt die Bezeichnung Grosser Rat, die es heute noch trägt.

Der Grosse Rat des früheren Stadtstaates Luzern hatte keineswegs die Funktion der höchsten gesetzgebenden Körperschaft des Kantons. Ein Rückblick auf die Regierungsform in die Zeit vor und während des Ancien Régime ist notwendig, denn dieser Zeitabschnitt vermag gewisse Merkmale und Eigenheiten der heutigen Luzerner Legislative wie auch typische Verhaltensweisen von Grossräten wesentlich zu erklären.

Der Rittersche Palast in Luzern, Sitz des Grossen Rates

Stellung und Aufgaben des Grossen Rats vor der Mediation

Seit dem Spätmittelalter wusste der Stadtstaat Luzern, seine teils von Österreich zugestandenen, teils erkauften oder durch Gebietseroberungen gewonnenen politischen Vorrechte gut zu nutzen. Seinen in Vogteien aufgeteilten Untertanenländern – sie umfassten ungefähr das Gebiet des heutigen Kantons Luzern – gestand er ein kommunales, wenn auch nicht einheitliches Selbstbestimmungsrecht zu. Die politische Macht und öffentliche Gewalt konzentrierten sich jedoch auf Schultheiss sowie «Räth und Hundert» der Stadt und Republik Luzern, dem auch Vögte der Untertanengebiete angehörten. Schultheiss und Räth (Kleiner Rat), der 36 Mitglieder umfasste, wovon jeweilen die Hälfte wechselweise für ein halbes Jahr im Amte war, erledigten die laufenden Regierungsgeschäfte und führten die Ämter der Staatsverwaltung. Ihnen zur Seite stand bis 1492 der Grosse Rat der «Hundert», nachher der 64köpfige Grosse Rat, der den Kleinen Rat zu den Hundert ergänzte und keine eigene Behörde war. Er tagte nicht regelmässig, sondern wurde für die Beratung wichtiger Geschäfte einberufen, wenn es um den Abschluss von Staatsverträgen, Steuerbeschlüsse, die Besetzung von Ämtern oder um Krieg und Frieden ging. Die Sitzungen leitete der sogenannte Amtsschultheiss. Noch heute heisst der jeweilen auf ein Jahr gewählte Regierungsratspräsident Schultheiss. Jährlich bestimmte der Grosse Rat zwei Schultheissen als Präsidenten, wobei der eine, Amtsschultheiss genannt, den Vorsitz beider Räte führte, während der andere, als Altschultheiss bezeichnet, sein Statthalter oder Stellvertreter war. Sie wechselten jährlich untereinander den Vorsitz und dies meist lebenslänglich.

Der damalige Grosse und Kleine Rat war alles andere als eine demokratisch bestellte Volksvertretung. Nur Männern aus sogenannten regimentsfähigen Familien, was eine gehobene wirtschaftliche und gesellschaftliche Stellung bedingte, war es vorbehalten, in die Reihe der Räte aufgenommen zu werden. Wenn sie es einmal geschafft hatten, blieben sie es fast ausnahmslos auf Lebenszeit. Vielfach «erbte» der Sohn vom Vater oder der Bruder vom Bruder die Ratsstelle. Für ehrbare Nichtpatrizier wurde es immer schwieriger, regimentsfähig zu werden. Denn mehr und mehr verhinderten die adelsähnlichen Patrizierfamilien eine weitere Machtaufteilung. Nach der Regimentsordnung von 1773 konnte ein neues Geschlecht nur regimentsfähig werden, wenn ein bisheriges regimentsfähiges ausgestorben war. Ende 18. Jh. zählte man in Luzern 29 ratsfähige Familien und 270 vollberechtigte Bürger, die Exekutiv-, Legislativ- und richterliche Gewalt auf sich vereinigten. Ihnen gegenüber standen 90 000 Bewohner ohne politisches Mitspracherecht, nämlich die sogenannten Hintersässen (Stadtbewohner ohne Bürgerrecht) und die Bewohner der Landschaft. Obwohl das exklusive aristokratische Regime im 17. und 18. Jh. zunehmend von der Opposition der nicht regimentsfähigen Bürger bedrängt wurde, wich es vorerst nicht vom immer fragwürdiger gewordenen Regierungskurs ab und verkannte weiterhin Gleichheit, Freiheitsrechte und Volkssouveränität. So musste es der fortschrittlich denkende junge Patrizier Leonz Plazid Schumacher 1764 noch mit dem Tode büssen, als er nicht regimentsfähigen Bürgern zu mehr politischen Rechten verhelfen wollte.

Schultheiss, Räth und Hundert hielten ihre Sitzungen (mit einem Unterbruch zwischen 1798 und 1803) bis 1831 im Tagsatzungssaal des heutigen Rathauses an der Reuss ab, woran noch die Bildnisse der verschiedenen Schultheissen an den getäferten Wänden erinnern. Daneben tagten sie auch abwechslungsweise im Konventgebäude des Franziskanerklosters in der Kleinstadt.

Vom Ancien Régime in die Gegenwart

Die vom Ausland importierten aufklärerischen Ideen und Lehren – eine menschengerechte Regierung habe vom Volk auszugehen – liessen auch die «Gnädigen Herren und Oberen» von Luzern nicht unberührt. Am 31. Januar 1798 beschlossen sie nach «eidlicher Anfrage und Anlobung eines jeden der anwesenden Mitglieder», nicht etwa auf Druck unzufriedener Untertanen, sondern freiwillig, die aristokratische Regierungsform abzuschaffen und zurückzutreten und forderten freie Wahlen für Volksrepräsentanten. Wirren, heftige Auseinandersetzungen zwischen hergebrachten und neuen politischen Ideen und Regierungsformen folgten auf die jahrhundertelange Stetigkeit des Ancien Régime. Während sich Luzerns Behörden bis anhin auf keine geschriebene Staatsverfassung, sondern nur auf wenige Rechtsgrundsätze stützten, bildete fortan eine verpflichtende Verfassung Grundlage für die Rats- und Regierungstätigkeit. Innerhalb weniger Jahrzehnte wurde sie abermals revidiert und erneuert, wobei die jeweilige politische Mehrheit kämpferisch versuchte, darin ihre politischen Ziele zu verankern.

In der Helvetik büsste Luzern seine Selbständigkeit ein und wurde für kurze Zeit helvetische Hauptstadt. Die neu bestellte Kantonstagsatzung, die sich zu ihrer ersten Versammlung am 1. März 1798 im Saal der Gesellschaft der Herren zu Schützen traf, amtete nur für kurze Zeit und ohne Erfolg. Mit der Mediationsverfassung wurde Luzern wiederum eigenständig. Das politische Schwergewicht verlagerte sich jedoch auf den Kanton.

Am 3. April 1803 wählten die stimmfähigen Bürger der 20 Wahlquartiere die Abgeordneten für das erste eigentliche kantonale Parlament. Dem Grossen Rat gehörten 60 Mitglieder an. Sie traten am 21. April 1803 erstmals unter dem Vorsitz des Amtsschultheissen Vinzenz Rüttimann zusammen, dessen Wahlverfahren und Präsidentenaufgaben etwa jenen des Ancien Régime gleichkamen. Die neue Kantonsverfassung ermächtigte sie, über Gesetze und Verordnungen zu beraten und zu beschliessen, die ihnen der Kleine Rat vorlegte, sofern sie ihm «nötig erschienen». Der damalige Grosse Rat war in seinem Initiativrecht als Gesetzgeber wesentlich beschnitten, denn er konnte die Gesetzesanträge der Exekutive lediglich annehmen oder verwerfen, jedoch nicht abändern. Er beaufsichtigte ferner die Staatsverwaltung und übte das Begnadigungsrecht aus. Ebenso bestimmte und instruierte er die Abgesandten des Kantons an die eidgenössischen Tagsatzungen, die im Gegensatz zu den heutigen National- und Ständeräten an die Aufträge ihres Kantonsparlaments gebunden waren. Ebenso wählte er die 15 Mitglieder des Kleinen Rates, die weiterhin dem Kantonsparlament angehörten, sowie die beiden Schultheissen aus den Mitgliedern des Kleinen Rates. Er ernannte auch 13 Appellationsrichter, alles Mitglieder aus seinen Reihen. Der höchste Gerichtshof hatte unter dem Vorsitz des Altschultheissen über alle «bürgerlichen und peinlichen Rechtsfälle» zu urteilen. In beiden Räten haben nun die Vertreter der Landschaft, vorwiegend pragmatisch denkende Liberale, die Mehrheit. Und 1805 gelangt sogar erstmals ein Landbewohner, der Arzt Heinrich Kramer, zu Schultheisswürden.

Trotz proklamierter gleicher Menschenrechte war jedoch nicht jeder Kantonsbürger gleich stimm- und wahlberechtigt. Politische Mitsprache und Mitentscheidung hingen von personellen und materiellen Voraussetzungen ab. Nur in der Miliz Eingeschriebene unabhängigen Standes (keine Angestellte, Knechte, Dienstboten oder Gesellen), die sich über einen Vermögensbesitz von 500 Schweizer Franken ausweisen konnten, durften wählen. «Wirklich Verheiratete oder wenn sie es gewesen sind» wurden mit 20 Jahren, Unverheiratete erst mit 30 Jahren stimmberechtigt. Ebenso erschwerend waren die Bestimmungen des passiven Wahlrechts. Unmittelbar vom Wahlquartier ernannte Grossräte mussten Bürger und 25 Jahre alt sein sowie Grundstücke oder unterpfandgesicherte Schuldschriften von 3000 Schweizer Franken besitzen. Im Verzeichnis der auszulosenden Grossratskandidaten stand nur, wer über einen Vermögensbesitz von 12000 Schweizer Franken verfügte. Später kam noch hinzu, dass Grossräte lese- und schreibkundig sein mussten. Diese Forderung liess sich aber nicht immer durchsetzen. In den späteren Verfassungsrevisionen wurden die Wahl- und Wählbarkeitseinschränkungen zwar gelockert, einige galten aber noch weit bis in die zweite Hälfte des 19. Jh. Die Amtsdauer der Grossräte war anfänglich lebenslänglich. Die Aufnahme der Zensur oder des Grabeau in die Verfassung ermöglichte jedoch unter Wahrung genau vorgeschriebener Bestimmungen, missliebige Grossräte zurückzuberufen. Dies galt nicht für Grossräte, die gleichzeitig als Kleinräte amteten.

Recht kompliziert war auch der damalige Wahlmodus. Die einzelnen Wahlkreise wählten unmittelbar einen Drittel (20) der Grossräte. Die verbleibenden zwei Drittel (40) wurden aus 80 von den Wahlquartieren vorgeschlagenen Kandidaten durch das Los bestimmt. Und damit alles Rechtens vorging, mussten «zwei sechs Jahre alte Kinder» beim Auslosen mitwirken. Das Ratsreglement verpflichtete die Räte, an den Sitzungen teilzunehmen. Ein eigens dafür bestimmter Ratsrichter überwachte dessen Einhaltung und traf unter anderem bei Patt-Situationen den Stichentscheid. Schon damals konnten sich die Grossräte nicht durch Taggelder bereichern. Nur die direkt Gewählten erhielten je nach Ermessen ihres Wahlkreises ein Taggeld, wogegen die durchs Los Bestimmten leer ausgingen. Erst die Verfassung von 1841 legte eine Jahresvergütung von

Fr. 120.– aus der Staatskasse fest. Und 1863 erhielten die Grossräte ein Taggeld von Fr. 4.– und ein Reisegeld von 50 Rappen per Stunde hin und zurück.

Der Grosse Rat versammelte sich «alle 6 Monate, im April und Oktober, auf 14 Tage lang in Luzern». Seine Sitzungen fanden unter Ausschluss von Presse und Öffentlichkeit hinter verschlossenen Türen statt.

Der Staatsstreich städtischer Patrizierkreise von 1814, angeführt vom damaligen Schultheissen Vinzenz Rüttimann, hatte reaktionäre Folgen. Wiederum wurden Schultheiss, Räth und Hundert der Stadt und Republik Luzern gewählt. Die Regierungskommission ernannte für die konstituierende Sitzung vom 23. Februar 1814 60 Mitglieder. Diese wählten dann die übrigen 40. Die Hälfte der Grossräte (50) und 10 von 36 Mitgliedern des Kleinen Rats oder neu Täglichen Rats mussten aus der Stadt stammen. Zwei Drittel der Räte gehörten regimentsfähigen, teils unter sich zerstrittenen Familien an. Lebenslängliches Ratssesselkleben sowie das restriktive Wahlverfahren, die Selbstergänzung der Räte, kamen erneut zum Tragen. Der Tägliche Rat wusste seine Macht so zu verstärken, dass der Grosse Rat mehr beratende Funktionen und gegenüber dem Kleinen Rat ein geringes Gewicht hatte. Es war der Kleine Rat, der mit wenigen Ausnahmen alle Beamte und Richter wählte. Ein Zwölfer-Ausschuss aus seinen Reihen, der Appellationsrath, nahm die oberste richterliche Gewalt wahr. Räth und Hundert konnten wie zur Mediationszeit Gesetze lediglich annehmen oder ablehnen. Neu kommt ihnen aber ein beschränktes Interpellationsrecht zu. Der Grosse Rat befand über Abgaben und über Kauf und Verkauf von geistlichen Gütern. Über Voranschlag und Wirtschaftsplan entschied jedoch allein der Tägliche Rat.

Erst die neuen liberalen Verfassungen von 1819 und 1831 mit ausgedehnteren Gleichheits- und Freiheitsrechten verstärkten das Gewicht des Grossen Rats. Schon das Reglement von 1828 gestand ihm zu, Gesetzesvorschläge des Kleinen Rats abzuändern. In der Verfassung erhält er schliesslich das unbeschränkte Gesetzgebungsrecht. Nebst den wichtigsten ihm übertragenen Verwaltungsgeschäften, wie Genehmigung von Staatsverträgen und Voranschlag, Wahl der obersten Beamten und Tagsatzungsabgeordneten und Begnadigung, übte er die Oberaufsicht über Justiz und Verwaltung aus. Um die Machtposition des Kleinen Rats zu verringern, setzte er dessen Mitgliederzahl von 36 auf 15 herab und übertrug die richterliche Gewalt einem 13köpfigen unabhängigen Appellationsgericht. Nicht unbedeutend ist, dass das Luzerner Kantonsparlament als erstes in der Schweiz eine strikte Trennung der Gewalten, die Trennung zwischen Justiz und Verwaltung, vornahm. Ebenfalls im Streben nach vermehrter Eigenständigkeit wählte die Legislative erstmals einen Grossrat, Vinzenz Rüttimann, für die Sitzungsleitung. Bis anhin hatte der Amtsschultheiss den Vorsitz beider Räte geführt. Neuerdings waren «die Sitzungen des Grossen Rates in der Regel öffentlich». Streng wachten die Grossräte darüber, ob Redaktoren über die Ratsverhandlungen wahrheitsgetreu berichteten. Als der Waldstätterbote im Heumonat 1831 Ratsdiskussionen entstellt wiedergab, wurde er auf Veranlassung des Grossen Rates öffentlich gerügt. Der ausgeklügelte Wahlmodus galt weiterhin. Dazu gesellten sich zusätzliche einschränkende Bedingungen, so das Kantonsbürgerrecht, das Bekenntnis zum Katholizismus und der weltliche Stand, denn man wollte alles daran setzen, den Einfluss der Geistlichen im Parlament zu unterbinden.

Die Grossräte wurden auf eine Amtsdauer von sechs Jahren gewählt. Damit sich der Grosse Rat ständig erneuerte und verjüngte, musste sich jedes zweite Jahr ein Drittel aller Grossräte der Wiederwahl stellen. Gleichzeitig wurde die umstrittene Regelung der lebenslänglichen Rats- und Amtsstellen aufgehoben.

Zur Zeit des Regenerationsregimes war im Grossen Rat eine starke liberale Mehrheit vertreten. Spannungen der liberalen, vorwiegend städtischen Führungskräfte mit der der Kirche gegenüber wohlgesinnten Landbevölkerung lösten eine konservative Gegenbewegung aus. An ihrer Spitze stand der Landwirt und Grossrat Joseph Leu aus Ebersol, der dann 1845 einem Meuchelmord zum Opfer fiel.

Am 1. Mai 1841 hiess das Stimmvolk eine neue Verfassung gut, die den Privilegien der Stadtaristokratie ein Ende setzte und allen Kantonsteilen gleiche politische Rechte und eine angemessene Vertretung im Grossen Rat gewährleistete. Das neu eingeführte Vetorecht sicherte dem Volk Mitsprache bei der Gesetzgebung zu, schränkte aber gleichzeitig die Stellung des Parlaments ein.

Auf die Volksabstimmung von 1841 gehen die heute noch gebräuchlichen Parteibezeichnungen «Rote» für Konservative und «Schwarze» für Liberale zurück. Auf dem Bürotisch in jeder Kreisversammlung sollen je eine rote und schwarze Schachtel gestanden haben. Befürworter der Verfassung mussten ihre Stimmkarte in die rote, Gegner in die schwarze Schachtel legen. Die Konservativen traten für die Revision ein und siegten auch. Und bei den Parlamentswahlen erreichten sie die Mehrheit.

Schon bei der Verfassungsabstimmung von 1831 dienten verschiedenfarbige Schachteln – die weisse für Annahme, die blaue für Verwerfung – zur Ermittlung des Abstimmungsresultats. Die Liberalen waren für Annahme, die Konservativen für Verwerfung. Die diesbezüglichen Parteibezeichnungen wurden aber selten gebraucht. Blau und Weiss waren seit frühester Zeit die Farben des Wappens und der Fahne des Standes Luzern.

Leus Einfluss und verbissene Beharrlichkeit führten dazu, dass der Grosse Rat 1844 die Berufung der Jesuiten zur höheren Erziehung in Luzern sanktionierte. Dieser Beschluss verschärfte die bereits bestehenden Spannungen zwischen Liberalen und Konservativen erheblich.

Nach der Niederlage im Sonderbundskrieg flüchteten nicht nur Regierungsräte aus dem Kanton, sondern auch ein Teil des Grossen Rates, so dass er nicht mehr einberufen wurde. Der Stadtrat von Luzern waltete als provisorische, jedoch illegale Regierung, denn die Kantonsverfassung von 1841 galt nach wie vor. Säumige Grossräte wurden je nach Vermögen und Familienverhältnissen mit Geldbussen bestraft.

Bei den Grossratswahlen von 1847 wählten die Stimmfähigen unter Anwesenheit einer Besatzungstruppe 99 Liberale – im Volksmund Bajonett-Ratsherren genannt – und 1 Konservativen. Schliesslich erhielt die Opposition doch noch 2 zusätzliche Sitze.

Nach Annahme der Kantonsverfassung von 1848, die die Stellung und Aufgaben des Grossen Rates wenig veränderte (tiefgreifende Änderungen bewirkte naturgemäss die Bundesverfassung), entsandte die Hauptstadt noch 25 von 100 Grossräten, die die 25 Wahlkreise nach dem Majorzsystem wählten. Der Grosse Rat verkleinerte die Mitgliederzahl der Exekutive auf 9, nachdem er sie bereits 1841 von 15 auf 11 gesenkt hatte. Der Kleine oder Tägliche Rat wurde in Regierungsrat umbenannt.

Es bedurfte 1849 noch eines gewichtigen Nachtrages in der Luzerner Kantonsverfassung, damit sie zur Bundesverfassung nicht im Widerspruch stand. Nichtkatholiken, sie mussten jedoch christlicher Konfession sein, und Nichtkantonsbürgern sicherte sie nun auch das Stimm- und Wahlrecht zu. Für eine Wahl in obere Behörden wurde am Alter von 25 Jahren und noch immer an einem Vermögensnachweis von 2000 Franken festgehalten.

Im Verlauf des Jahrzehnts bahnte sich erneut eine politische Machtverschiebung an.

Trotz tatkräftiger Wahlhilfe an die Liberalen der extra hergerufenen legendären «Wahlknechte» steigern die Konservativen 1857 ihren Grossratssitzanteil auf 28. 1863 ziehen 57 Liberale und 43 Konservative in den Grossen Rat ein. Und 1871 gelingt es der kirchentreuen Partei im Sog heftigster kirchen- und kulturpolitischer Kämpfe, 81 Mandate zu erobern. Die Liberalen erhalten 55 von den inzwischen entsprechend der Bevölkerungszahl (pro Wahlkreis auf je 1000 Bewohner oder Bruchteilen von über 500 1 Grossrat) festgelegten 136 Grossratssssitzen. 4 der neu auf 7 festgesetzten Regierungsratsmitglieder sind konservativ, 3 liberal.

Die Schwächung der Stellung des Grossen Rats zugunsten des Souveräns kennzeichnet auch die Verfassungen von 1863 und 1869. Die dem Volk zugebilligte Referendumsmöglichkeit gegen Gesetze, Staatsverträge und Finanzgeschäfte sowie das Recht, den Grossen Rat innerhalb einer Legislaturperiode abzuberufen, beschneiden die Kompetenzen der Legislative. Und anstatt den Rat alle drei Jahre um einen Drittel zu erneuern, finden fortan Gesamterneuerungswahlen in einem 4jährigen Turnus statt. Die Regierungsräte können nicht mehr gleichzeitig Grossräte sein.

Die Verfassung von 1875, bis heute als Grundgesetz in Kraft, erfuhr einige gewichtige durch allgemeine Demokratisierungsbewegungen ausgelöste Revisionen, die die Kompetenzen des Grossen Rats erneut schmälerten, so die Volkswahl der Regierungs- und Ständeräte und der Amtsstatthalter, das Gesetzesinitiativrecht des Souveräns, das obligatorische Ausgabenreferendum ab 25 Mio. Franken und die machtpolitisch nicht unbedeutsame Einführung der von Konservativen und Sozialisten geforderten, von Liberalen bekämpften Proporzwahl für den Grossen Rat. Die ersten Proporzwahlen 1911 stärkten die Minderheitsparteien, die Konservativen büssten jedoch ihre absolute Machtposition im Grossen Rat entgegen ihren Befürchtungen nicht ein. Sie konnten sie, wenn auch 1987 nur noch mit der Hälfte der 1963 auf 170 festgelegten Mandate, weiterhin behaupten.

Der Grosse Rat heute

Nach den Gesamterneuerungswahlen, die jedes 4. Jahr zwischen dem 1. April und 7. Mai zu erfolgen haben, versammeln sich die Mitglieder des Grossen Rates zur konstituierenden Sitzung. Die Parlaments- und Regierungsratswahlen dürften im Kanton Luzern keinesfalls bereits im März stattfinden. Denn sonst bestände die Gefahr, dass die Fasnachtsgeister im Wahlkampf mitmischen würden, den die Parteien in den 6 Wahlkreisen auch heutzutage noch hart und teils verbissen führen. Es geht jedoch weit weniger tumultuös zu und her als noch vor wenigen Jahrzehnten, wo es «gang und gäb» war, dass dem politischen Gegner die Autopneus zerstochen oder gar das Auto auf den «Kopf» gestellt wurde. Ein früheres Wahldatum brächte den politisch sensiblen, jedoch öfters derben Luzerner Urfasnächtler – und wer ist es nicht im Land der Chatzenstrecker! – aus seinem gewohnten Jahresrhythmus.

Bis nach der Vereidigung des Grossratspräsidenten leitet der Alterspräsident die 1. Sitzung der Legislatur. Durch politische Weisheiten in seiner Eröffnungsrede erweist er sich des kurzfristigen Amtes würdig. Nicht für jeden hat dieses hohe Ehrenamt dieselbe Bedeutung. Der eine fühlt sich um die Grossratspräsidentenwürde geprellt und lässt seine Verbitterung durchschimmern, der andere ist sichtlich erleichtert, die Ratsgeschäfte bald in andere Hände geben zu können, da er sich trotz kompetentester Hilfe des unparteiischen Staatsschreibers in der Handhabung des Geschäftsreglements zu wenig sattelfest fühlt. Und à propos Grossratspräsident: Seine Ratskollegen begleiten ihn nach der Wahl in seine Wohngemeinde zu einem würdigen Empfang durch Gemeindebehörden und Bevölkerung und anschliessend zur fröhlichen Feier mit spritzigen Reden und Sketchs. Altgrossratspräsidenten, die traditionsgemäss ihre jährliche Zusammenkunft am Donnerstag nach der Wahl des Ratspräsidenten abhalten, wobei die blau-weisse Standarte mit den Namen der höchsten Luzerner nicht fehlen darf, meinten neulich, sie hätten seinerzeit hin und wieder mit ausgeklügelten Abstimmungsvorgängen den Grossen Rat überlistet und dank der im «Kollegi» erworbenen rhetorischen Fähigkeiten eine wirkliche Machtposition innegehabt. Sicherlich hat der heutige Grossratspräsident nicht mehr dieselbe Stellung wie seine Vorgänger, die stets wiedergewählten Amtsschultheissen. Schon rein äusserlich ist dies offensichtlich, wird er doch nicht mehr vom «Weibel mit dem Schild in die Ratssitzung und aus derselben» geleitet. Nebst der Sitzungsleitung sind ihm viele repräsentative Aufgaben übertragen. Bei Anlässen verschiedenster Art überbringt er die Grüsse der Regierung, wenn keines der viel beschäftigten Regierungsratsmitglieder anwesend ist. Mit guter Sitzungsvorbereitung, Geschäftsreglement konformem Vorgehen bei den Ratsverhandlungen, gezielter und transparenter Führung sowie Schlagfertigkeit bei Tricks und Bonmots altgedienter Parlamentarier vermag er auch heute noch den Rat ganz wesentlich zu steuern und den Sitzungsverlauf zu beeinflussen. In letzter Zeit erforderte es ein hohes Mass an Klugheit und Selbstbeherrschung, wollte sich der Grossratspräsident nicht wegen demonstrativer Missachtung des § 25 der Geschäftsordnung über den parlamentarischen Anstand von jungen linken apfelkauenden, ja gar hundemaulkorbtragenden Oppositionellen in die Enge treiben lassen. Auch notorische selbstgefällige Langredner oder kleine Fraktionen, die Eintretensvoten auf verschiedene Ratsmitglieder verteilen, um gewichtiger zu erscheinen, wie eigenwillige Einzelkämpfer, die sich mit der regierungsrätlichen Ablehnung der Dringlichkeit ihres Vorstosses nicht zufrieden geben und die Möglichkeit der Protokollerklärung dazu nutzen, über die Regierung, über Landes- und Weltgeschehen zu polemisieren, machen ihm die Ratsführung nicht leicht und zwingen ihn gelegentlich, zur Glocke zu greifen. Daneben verhelfen ihm aber viele sachkundige, träfe, in derber Mundart oder holpriger Schriftsprache vorgetragene Voten gewisser Vertreter aus dem Hinterland oder höhere Bildung und gar patrizische Abstammung verratende, manchmal auch ausholende, witzige, jedoch die Regeln des Anstandes beachtende Diskussionsbeiträge von Ratsmitgliedern aus der Stadt oder der Landschaft zu einem zügigen, geordneten Sitzungsverlauf. Kurz zum Beratungsgegenstand zu sprechen oder auf das Wort zu verzichten, wenn den Ausführungen des Vorredners nichts entscheidend Neues beigefügt werden kann oder ein strittiger Punkt bereits in mehreren Kommissionssitzungen auf Herz und Nieren geprüft wurde, scheint vielen Grossräten, weniger den bürgerlichen Grossrätinnen, schwer zu fallen. Wer den Ermahnungen des Ratspräsidenten folgend, die Ratssitzungen nicht unnötig zu verlängern, auf sein vielleicht fein säuberlich geschriebenes Votum verzichtet, den nennt die Presse in der Ratsberichterstattung nicht. In den Tageszeitungen «erwähnt sein» nehmen viele Wähler als Kriterium, einem wiederkandidierenden Grossrat die Stimme zu geben oder nicht. Ratsberichterstatter haben aber oft gar nicht die Möglichkeit, über alle Traktanden ausführlich zu schreiben.

Gegen Legislaturmitte reichen viele Grossräte geradezu hektisch Vorstösse ein, denn Wiederkandidierende erhoffen sich von deren Behandlung im Rat und natürlich der Darstellung in den Tageszeitungen zur Zeit des Wahlkampfes eine Art Wahlhilfe.

Heute müssen die Grossräte nicht mehr in schwarzer Kleidung und der Grossratspräsident gar mit Degen und aufgestülptem Hut wie Mitte letzten Jahrhunderts zu den Sitzungen erscheinen. Während sich die meisten Bürgerlichen für die Sitzungen dezent, für die konstituierende Sitzung dunkel kleiden, hielt im Grossratssaal auch die T-shirt tragende Turnschuhgeneration Einzug. Die Zeiten ändern sich und wir uns mit ihnen. Manch ehemaliger Grossrat, der in den dreissiger Jahren noch mit steifem Kragen, Gilet und Zwicker zu den Sitzungen erschien, würde sich im Grab umdrehen, wüsste er, dass auf «seinem» Grossratssessel ein unrasierter Kaugummikauender in ärmellosem Leibchen Platz genommen hat, oder dass von der Zuhörer-Tribüne nebst vielen interessierten Schulklassen, Studenten und Pensionierten auch hin und wieder Säuglinge stillende Mütter das Ratsgeschehen verfolgen. Grossrat ist nicht nur ein nebensächlicher «Job», sondern ein Amt von Bedeutung. Die Parlamentsmitglieder müssen bei Amtsantritt den Eid oder das Gelübde ablegen. Vor der Winter- und Sommersession trifft sich der Grosse Rat teils zu ökumenischen, teils nach Konfession getrennten Gottesdiensten in der Jesuiten- oder Lukaskirche.

Obwohl die einst gebräuchliche Respekt bezeugende Bezeichnung «hohe Herren» kaum mehr zu hören ist, hat eine gewisse Luzerner Bevölkerung, insbesondere auf der Landschaft, teils heute noch das Gefühl, durch die Wahl in den Grossen Rat erhielten die Mandatsträger einen zwar schwierig zu beschreibenden Nimbus.

Zuhörer fühlen sich sehr geehrt, wenn Grossräte ihren Platz verlassen, um sie persönlich auf der Tribüne zu begrüssen. Ein Anlass erhält einen höheren Stellenwert, wenn Grossräte offiziell begrüsst werden. Und wenn eine Fraktion eine kleine Landgemeinde als Sitzungsort wählt, lässt es sich meistens der Gemeindepräsident nicht nehmen, auch wenn er anderer politischer Farbe ist, die Grüsse des Gemeinderats persönlich zu überbringen und ein durchsichtiges «Entlebucher Kafi» zu offerieren.

In der Regel versammelt sich der Grosse Rat zu 8 zweitägigen (Montag und Dienstag) und 2 viertägigen Sessionen. Die stets zunehmende Geschäftslast, die Beratung bedeutender Gesetze, wo es vielfach zu einer Wiederholung der Kommissionssitzung kommt – unter anderem weil sich Minderheitsfraktionen bei den Vorberatungen der Stimme enthalten – sowie Hunderte von unerledigten persönlichen Vorstössen erforderten in letzter Zeit zusätzliche Abendsitzungen.

Die Sitzungen beginnen mit Rücksicht auf Ratsmiglieder aus dem Luzerner Hinterland um 9 Uhr und enden um 18 Uhr. Wann mussten sich wohl die Ratsherren Mitte des letzten Jahrhunderts mit Pferd und Wagen auf den Weg machen, wenn ihre Sitzungen im Sommer bereits um 7 Uhr und im Winter um 8 Uhr begannen?

Ratsmitglieder haben sich bis spätestens eine Stunde nach Sitzungsbeginn in die Präsenzliste einzutragen, die vor den auch etwa gierenden Sitzungssaalportalen aufliegen. Von 1832 bis 1843 tagte der Grosse Rat im Marianischen Saal des Jesuitengymnasiums, seither im amphitheater-ähnlichen Grossratssaal im Ritterschen Renaissancepalast. Viele Grossräte breiten kurz ihre Akten auf den schmalen Ratspulten aus und vertiefen sich je nach Traktandum in die Lektüre der drei obligaten Tageszeitungen verschiedener politischer Richtung. Gerne lassen sie sich vom beflissenen Weibel bedienen, der bei feierlichen Anlässen seinen traditionellen Hut und blau-weissen Mantel trägt. Grossräte, die etwas auf sich halten, lassen sich zur Neugierde der Zuhörer sogar ganze Postsendungen durch ihn überbringen. Die Ratsmitglieder wären zwar verpflichtet, an den Sitzungen stets anwesend zu sein. Die Behandlung von Geschäften mit wenig politischer Brisanz oder eintönige Voten sogenannter «Wiederkäuer», aber auch die ausgesessenen, unbequemen Ratsstühle verleiten indes immer einige, in die Wandelhalle oder ins gegenüberliegende, legendäre Kaffee Brugger zu wechseln. Dort werden fraternisierend bei Kaffee und Gipfel Abstimmungskonstellationen konstruiert und auch politische Vorentscheide getroffen, deren Bedeutung zwar jenen der Kommissionen nachsteht, die jedoch vielfach nicht unwesentlich sind. Die Kommissionen gelten als parlamentarisches Hauptbetätigungsfeld. Dort hat sachpolitisches Argumentieren gegenüber Parteiprestige fast ausnahmslos Vorrang. In der Ratsdebatte gegen einen Kommissionsentscheid antreten zu wollen, ist wenig erfolgversprechend und wirkt für kleine Minderheiten frustrierend. Auch die

Liberalen fühlen sich hin und wieder ernüchtert, weil die CVP noch immer die Mehrheit der Kommissionsmitglieder stellt und der Opposition das Präsidium vielfach dann offenherzig überträgt, wenn es ihr politisch nicht sehr viel einbringt. Zu Beginn der Legislatur bestellt der Grosse Rat jeweilen 9 ständige Kommissionen, deren Mitgliederzahl zwischen 5 und 21 beträgt, nämlich die Begnadigungs-, Bürgerrechts-, Finanz-, Geschäftsprüfungs-, Landerwerbs-, Petitions-, Redaktions-, Spital- und Strassenbaukommission. Für die Vorbereitung von Sachgeschäften, die nicht zum Aufgabenkreis der erwähnten Kommissionen gehören, werden Spezialkommissionen eingesetzt.

Nähert sich eine Ratsdebatte dem Ende, rufen die «Hinterbänkler» die Abwesenden eifrig zur Abstimmung in den Saal zurück.

Die «Rote Mauer hat sich erhoben», sagen Oppositionsparlamentarier, wenn die CVP lückenlos, getreulich ihrer Fraktionsparole folgend, stimmt, was in jüngster Zeit seltener geworden ist. Viele Entscheide werden nicht mehr allein von der CVP-Fraktion getragen. Sie findet Partner bei den Liberalen wie Sozialdemokraten. Liberale nennen ein Abstimmungsresultat jesuitisch, wenn die Opposition, entgegen vorherigen Beteuerungen, ihre Fraktionsmeinung sei geteilt und ein Einlenken auf den von der Regierung abweichenden liberalen Antrag liege durchaus drin, sich ohne Ausscheren hinter den Antrag «ihres» Regierungsrates stellen. Zu Koalitionen zwischen «roten» und «schwarzen» Landvertretern kommt es vielfach, wenn eine Vorlage der Stadt irgendwelche finanziellen Vorteile bringen könnte.

Noch heute scheint die Vergangenheit – Missbehagen gegen die die Landschaft beherrschende Stadt – nicht bewältigt zu sein! Bezeichnend dafür sind auch wiederholte Äusserungen von Regierungsräten aus der Stadt. Sie heben, wo auch immer, ihre Verbundenheit mit dem Land hervor. Sie hätten, ist ihr allgemeiner Tenor, durch Vorfahren familiäre Bindungen mit dem Land und seien eigentlich keine echten Städter. Einen «Glocken-der-Heimat-Beschluss» fasst der Rat, wenn Hinterländer oder Städter interfraktionell die Ratsmehrheit für «ihr» Anliegen gewinnen können.

Einige Grossräte, die bei der Behandlung der Staatsrechnung in epischer Breite den Regierungsrat zum Sparen mahnen, scheinen dies bei der Beratung des Voranschlages bereits wieder vergessen zu haben. Persönliche Interessen oder jene einer kleinen Wählerschaft wahrnehmend, beantragen sie, dieser oder jener Budgetposten sei zu erhöhen und haben gelegentlich einen Achtungserfolg. Wenn der Fraktionschef solche Grossräte an die Fraktionsdisziplin mahnte, meinten schon welche entschuldigend, der immer noch herum spukende Geist des Erbauers des Regierungsgebäudes, Schultheiss Lux Ritter, Verteiler französischer Pensionen, hätte sie verleitet, seine Ausgabenfreudigkeit nachzuahmen.

Wenn etwas heiklere politische Themen zur Debatte stehen, wo im Gegensatz zu unbedeutenderen Detailfragen die Fronten zwischen rechts und links klar abgesteckt sind, fordern Linke zunehmend Abstimmungen unter Namensaufruf. Um des Kompromisses willen stimmen Bürgerliche dem Ordnungsantrag zu, tragen aber dazu bei, den Stellenwert dieser Abstimmungsform zu verkennen und sie zur Farce werden zu lassen.

Seit je bedeutete das Grossratsamt vielmals Sprungbrett für eine höhere eidgenössische Behörde. Fast ausnahmslos verdienten Luzerner Nationalräte und Ständeräte, aber auch Bundesräte ihre politischen Sporen im Grossen Rat ab. Namen von Strassen, Plätzen und Häusern in Luzern erinnern an führende Persönlichkeiten im Grossen Rat, wie Kasimir Pfyffer, Philipp Anton von Segesser, Jakob Robert Steiger oder Lux Ritter usw.

Die letzten Gesamterneuerungswahlen 1987 brachten viele neue Ratsmitglieder (68 von 170). Die CVP hält mit 85 Mandaten weiterhin eine Machtstellung inne. Den Liberalen kommen 56 und der SP, die erstmals 1911 mit einer eigenen Liste angetreten ist, 11 Sitze zu.

Das Grüne Bündnis, Nachfolgeorganisation der Poch, ist mit 17 Mitgliedern stärkste Linkskraft. Es ist in Fraktionsgemeinschaft mit der Bunten Liste (2 Sitze) und der Unabhängigen Frauenliste (1 Sitz), denn zur Bildung einer Fraktion braucht es 5 Mitglieder. Der LdU hatte seine Glanzzeiten zu Beginn der siebziger Jahre (13 Sitze) und ist nun im Parlament nicht mehr vertreten. Die CSP hat noch 1 Mitglied, ebenfalls 1 Mitglied stellt erstmals die unabhängige Frauenliste. Splittergruppen wie Gewerbe und Bürger, Demokratische Vereinigung, Volk und Heimat und auch die PdA konnten im Luzerner Grossen Rat wegen eingependelten stabilen Machtverhältnissen nie lange Fuss fassen. Der Frauenanteil hat sich seit 1971 von 8 auf 28 gesteigert, wobei die CVP 10, die Liberalen 5, die SP 5 und das Grüne Bündnis 8 Vertreterinnen stellen. Nach 15 Jahren, im Jubiläumsjahr – 600 Jahre Stadt und Land Luzern – wurde erstmals eine Frau, CVP-Vertreterin, «präsidiumswürdig». Heute sitzt sie als Erziehungsdirektorin auf der Regierungsbank. Gegenwärtig amtet eine LPL-Vertreterin als Vicepräsidentin und wird im Jubiläumsjahr 1991 den Grossen Rat leiten. 1989 wurde erstmals eine Frau (LPL) zur Präsidentin einer ständigen Komission ernannt. Die Parlamentarierinnen brachten dem Grossen Rat keine erdrutschartigen Veränderungen. Sie politisieren bei grundsätzlichen Fragen fraktionskonform und arbeiten zunehmend auch in Kommissionen mit, wo es um Finanz- und Baufragen geht, deren Beurteilung bis anhin Parlamentariern zustand. Fundierte Argumente werden sowohl von ihren Fraktionen wie auch vom Gesamtrat in die Meinungsbildung und Beurteilung einbezogen.

Noch vor 100 Jahren hätte man den Luzerner Grossen Rat als Bauern-Rat bezeichnen können, denn die starke Mehrheit der Landwirte gab nebst wenigen Advokaten, Lehrern und Geschäftsleuten den Ton an. Inzwischen hat sich der Anteil der Bauern deutlich zugunsten von Beamten, Lehrern und Angestellten verschoben, und das Durchschnittsalter der Ratsmitglieder ist gesunken. Noch heute ist jedoch der Bauernstand im Rat recht stark.

Es ist erstaunlich, dass der einst fortschrittliche Grosse Rat des Kantons Luzern, der vor anderen Kantonen die Gewaltentrennung einführte, sie nicht konsequent verwirklichte und es zulässt, dass kantonale Beamte wie Richter (Ober- und Verwaltungsrichter ausgenommen) sich «selbst» beaufsichtigen, was gelegentlich zu heiklen Situationen führen kann.

Die Regierung nimmt ihren Auftrag ernst, indem sie gute, nicht im Elfenbeinturm erarbeitete, sondern auf Vernehmlassungsergebnissen abgestützte Vorlagen an den Grossen Rat weiterleitet. Hin und wieder kann man sich jedoch des Eindrucks nicht erwehren, ein Paragraph sei nicht klar ausformuliert in der Hoffnung, die grossrätliche Debatte konzentriere sich im wesentlichen darauf und es würden viel gewichtigere Dinge im Handumdrehen unter Zeitdruck genehmigt. Der Grosse Rat kann der Regierung auch seine Zähne zeigen, sei es, dass er eine Vorlage zurückweist oder gar nicht darauf eintritt, was zwar eher selten ist.

Im grossen und ganzen steht der Luzerner Grosse Rat in einem guten Ruf. Seine Mitglieder setzen sich beflissen, wenn auch mit verschiedenster Optik, für eine gesunde Fortentwicklung ihres Kantons ein. Doch von einer obersten gesetzgebenden Körperschaft dürfte man hin und wieder etwas mehr Weitblick und weniger provinzartiges Gemeindevertretertum-Denken erwarten, insbesonders wenn es um die Förderung von Industrie, Wirtschaft und das Schaffen der erforderlichen Infrastruktur geht. Die Parlamentarier arbeiten noch nach Methoden des Vorcomputer-Zeitalters. Zeitsparende Hilfsmittel und eine zeitgemässe Ausrüstung des Sitzungssaales drängen sich auf, soll der Rat seine vielen Geschäfte innert nützlicher Frist erledigen können. Der weit über die Kantonsgrenzen hinaus bekannte Theologe Vital Kopp stellt in seinem «Luzerner Spiegel» fest, dass Partei- und Kulturkämpfe zu viele Talente gebunden und bis weit ins 20. Jh. hinein die erforderlichen Kräfte zur Gestaltung einer neuen Zeit nicht freigegeben hat. Es ist zu hoffen, dass nicht erneut Flügelkämpfe, Unnachgiebigkeit, Extrempositionen, übertriebene individualistische Forderungen ohne Blick auf die übrige Schweiz – Luzern: ein Freistaat, losgelöst von Bern, wie eine Motion fordert – zukunftsorientierte, weitsichtige Entscheidungen des Grossen Rats verzögern oder gar verhindern, so dass dem Kanton Luzern, dem Land der Mitte in erfreulich konsolidierter Stellung, gute Entwicklungschancen entgehen.

Quellenverzeichnis

His Eduard
Luzern Geschichte und Kultur, Band 2, Luzerner Verfassungsgeschichte der neuern Zeit (1798–1940), Luzern 1944

Pfyffer Kasimir
Geschichte des Kantons Luzern, Zürich 1852. Der Kanton Luzern, historisch, geographisch, statistisch geschildert II, St. Gallen und Bern 1859
Die Staatsverfassungen des Kantons Luzern und die Revisionen derselben, Luzern 1869

Ronca Hans
Die Kompetenzen des Grossen Rates des Kantons Luzern, Dissertation der rechts- und staatswissenschaftlichen Fakultät der Universität Zürich, Willisauer Volksblatt 1934

Rosenkranz Paul
Luzern heute, Land Leute Staat, herausgegeben vom Regierungsrat des Kantons Luzern zum Jubiläum 650 Jahre Luzern im Bund, 1982

Scherer Franz
Der Grosse Rat des Kantons Luzern auf Grund der Staatsverfassungen von 1803, 1814, 1829, 1831 und 1841; Freiburger Dissertation, Ingenbohl 1927

Vom Gänsekiel zum Computer
Luzerns Verwaltung damals und heute, Adligenswil 1986

Die Kunstdenkmäler des Kantons Luzern
Band I, Verlag Birkhäuser, Basel 1946

Luzern 1178–1978
Beiträge zur Geschichte der Stadt, Luzern 1978

Luzern und die Eidgenossenschaft, Festschrift zum Jubiläum «Luzern 650 Jahre im Bund», Luzern/Stuttgart 1982

Die Luzerner Gemeinden und ihre Wappen, Chapelle-sur-Moudon 1987

600 Jahre Schlacht bei Sempach und 600 Jahre Stadt und Land Luzern – Bauern und Patrizier – Stadt und Land im Ancien Régime – Lasst hören aus neuer Zeit – Aufbruch in die Gegenwart, Luzern, 1986

Systematische Rechtssammlung des Kantons Luzern

Verhandlungen des Grossen Rates des Kantons Luzern

Verfassungen des Kantons Luzern 1803, 1814, 1839, 1869, 1875 sowie die entsprechenden Geschäftsordnungen und Reglemente des Grossen Rats

Kanton Luzern
Mitglieder des Grossen Rates
Stand 1. Januar 1990

Präsident: Hardegger Joseph, Ebikon, CVP
Achermann Paul, Hochdorf, CVP
Aebi Hans-Peter, Luzern, LPL
Albisser Josef, Malters, LPL
Alessandri Walter, Schüpfheim, CVP
Ammann Hans, Emmen, CVP
Amrein Rudolf, Sursee, CVP
Amrein Rudolf, Malters, LPL
von Arx-Fischler Anita, Luzern, LPL
Aschwanden Peter, Luzern, LPL
Bachmann-Knutti Agathe, Littau, CVP
Bachmann Erwin, Emmen, CVP
Bachmann Heinrich, Luzern, CVP
Bättig Oswin, Altbüron, CVP
Bauer-Dormann Marta, Luzern, CVP
Bianchi Anton, Root, CVP
Bienz Eugen, Ebikon, CVP
Blättler Claire, Emmen, GrB
Borgula Karl, Kriens, LPL
Bornhauser-Fischer Elsy, Emmen, CVP
Bruckert Alex, Luzern, LPL
Brun Franz, Ruswil, CVP
Brun Walter, Emmen, LPL
Brunner Hans-Heinrich, Vitznau, LPL
Brunner Peter, Rain, LPL
Bucher Alois, Ballwil, CVP
Bucher Erwin, Flühli, LPL
Bucher Hans, Wolhusen, CVP
Buck Hans, Oberkirch, LPL
Bühler Hans, Littau, CVP
Bühlmann Josef, Malters, CVP
Bühlmann Kurt, Luzern, LPL
Buob Alois, Willisau-Land, CVP
Burri Josef, Werthenstein, CVP
Burri Josef, Luzern, LPL
Clalüna-Hopf Monika, Horw, GrB
von Deschwanden Niklaus, Kriens, CVP
Duss Paul, Romoos, CVP
Egger Vreni, Luzern, GrB
Eicher Hansjörg, Luzern, SP
Elmiger Alfred, Altwis, LPL
Emmenegger Josef, Flühli, CVP
Ensmenger Roman, Horw, GrB
Estermann Heinrich, Schenkon, CVP
Felber Franz, Ettiswil, LPL
Fessler Hugo, Luzern, SP
Fischer Arlette, Emmen, SP
Fischer Hanspeter, Winikon, CVP
Frei Eduard, Hitzkirch, SP
Frei Kurt, Luzern, CVP
Frey Peter, Luzern, LPL
Friedrich Rolf, Ebikon, LPL
Fuchs Franz, Pfaffnau, CVP
Fuchs Josef, Schwarzenberg, LPL
Funk-Nyfeler Verena, Kriens, SP
Furrer Melchior, Gunzwil, CVP
Galliker Peter, Altishofen, CVP
Geisser Eugen, Luzern, CSP
Gerber Fritz, Escholzmatt, LPL
Germann Peter, Kriens, LPL
Graber Konrad, Kriens, JCVP
Graf Alois, Ruswil, LPL
Grob Béatrice, Reiden, LPL
Grünenfelder Cony, Luzern, GrB
Haas Josef, Marbach, CVP
Hänggi Erich, Malters, LPL
Hänsli Niklaus, Emmen, LPL
Hardegger Joseph, Ebikon, CVP
Heeb Hans, Wolhusen, BLS
Helfenstein Martin, Neuenkirch, CVP
Hess Bernhard, Sursee, BLS
Heussler Alexander, Luzern, CVP
Hodel Alois, Egolzwil, CVP
Huber Josef, Littau, CVP
Jaggy-Kaufmann Sabine, Gelfingen, LPL
Johann Marcel, Kriens, LPL
Jöri Werner, Luzern, SP
Jossen Viktor, Kriens, CVP
Jossen Werner, Weggis, CVP
Kälin Kuno, Luzern, GrB
Koch-Amberg Heidi, Hildisrieden, CVP

Königs-Buol Alice, Kriens, SP
Korner Andreas, Luzern, CVP
Kottmann Kaspar, Gunzwil, LPL
Kuhn Felix, Luzern, GrB
Kühne Robert, Littau, LPL
Kunz Isidor, Hergiswil b.W., CVP
Lampart Franz, Hochdorf, GrB
Leumann-Würsch Helen, Meggen, LPL
Limacher Jost, Neuenkirch, CVP
Luginbühl Karl, Kriens, LPL
Manetsch Werner, Littau, LPL
Marti-Fiore Yvonne, Kriens, GrB
Mattmann Franz, Ebikon, CVP
Mattmann Lisbeth, Luzern, GrB
Meier Hans, Adligenswil, CVP
Meyer Alois, Hochdorf, CVP
Meyer André, Horw, CVP
Meyer Beat, Willisau-Stadt, CVP
Meyer Josef, Eschenbach, CVP
Meyer Kurt, Hitzkirch, CVP
Moser Anton, Rothenburg, LPL
Moser Marianne, Hochdorf, CVP
Moser-Laubi Vreni, Luzern, CVP
Moser Walter, Ruswil, CVP
Muheim Josef, Greppen, CVP
Müller Heinz, Zell, LPL
Müller Josef, Hitzkirch, CVP
Müller Maria, Entlebuch, CVP
Murpf-Zweifel Anny, Malters, CVP
Niederberger Josef, Luzern, LPL
Odoni Hans E., Hochdorf, CVP
Peyer Robert, Willisau, LPL
Portmann-Hollenstein Nelly, Wolhusen, CVP
Riedwyl Peter, Neuenkirch, LPL
Rigert Karl, Buchrain, CVP
Röösli Franz, Hasle, CVP
Röösli Thomas, Dagmersellen, GrB
Schäfer Robert, Ettiswil, CVP
Schärli, Josef, Littau, CVP
Scheidegger Rudolf, Dagmersellen, LPL
Scherrer Alois, Zell, CVP
Schläpfer-Michelon Renata, Littau, SP
Schmid Julius, Luzern, SP
Schmid Siegfried, Menznau, CVP
Schmidiger Andreas, Escholzmatt, CVP
Schmidlin-Isenegger Marie-Theres, Hochdorf, CVP
Schnellmann Peter, Emmen, CVP
Schnyder Hans, Schüpfheim, LPL
Schöpfer Alois, Root, CVP
Schwarzentruber Rudolf, Emmen, LPL
Schwegler Franz, Sempach Stadt, CVP
von Segesser Hans, Luzern, CVP
Senn Martin, Kriens, LPL
Sidler Paul, Luzern, LPL
Sigrist Robert, Horw, LPL
Sigrist-Ziegler Vreni, Oberkirch, CVP
Sonderegger Marcel, Nottwil, CVP
Steffen Anton, Luzern, CVP
Steiner Peter, Willisau-Stadt, LPL
Steinmann Roman, Horw, LPL
Stocker Hans, Adligenswil, SP
Studer Hans, Egolzwil, LPL
Studer Urs W., Luzern, LPL
Studhalter-Zihlmann Margrit, Horw, CVP
Stutz Heinrich, Schötz, CVP
Theiler Georges, Luzern, LPL
Troxler Franz, Rickenbach, CVP
Uebelmann Diomira, Luzern, Frauenliste
Ulrich Martin, Triengen, LPL
Vogel Fredy, Kriens, CVP
Voney-Lischer Marie-Theres, Inwil, CVP
Wagemann Alois, Sursee, LPL
Walder Robert, Reiden, CVP
Walthert Hans, Hohenrain, CVP
Wermelinger Josef, Hitzkirch, LPL
Wey-Heini Alice, Rickenbach, LPL
Wey Gabriel, Sursee, CVP
Wicki Franz, Grosswangen, CVP
Widmer Hans, Malters, CVP
Widmer Hans, Luzern, SP
Widmer Hanspeter, Kriens, GrB
Wolfisberg Andy, Luzern, GrB
Wüest Fritz, Nebikon, LPL
Wyss Alois, Grosswangen, LPL
Wyss Franz, Büron, LPL

Zemp-Kamber Lotti, Luzern, LPL
Zemp Robert, Dagmersellen, CVP
Zihlmann-Kurmann Rita, Willisau-Land, CVP
Zumstein Barbara, Luzern, GrB
Zurmühle Walter, Weggis, LPL

CVP Christlichdemokratische Volkspartei
LPL Liberale Partei
SP Sozialdemokratische Partei
CSP Christlichsoziale Partei
BLS Bunte Liste Amt Sursee
GrB Grünes Bündnis
JCVP Junge Christdemokratische Volkspartei
 Unabhängige Frauenliste

Hans Muheim

Der Landrat von Uri

Aus der Geschichte des Landes

Auf den festen Boden der dokumentierten Geschichte gelangt das Land Uri im Jahre 732, als der Reichenauer Abt Heddo nach Uri verbannt, im gleichen Jahre aber wieder heimberufen wurde. Hier taucht zum ersten Male der Name Uri als geschriebenes Zeugnis auf. Im Jahre 853 erfolgte die Schenkung des Landes Uri durch König Ludwig den Deutschen an das von ihm gestiftete Frauenkloster Felix und Regula in Zürich, womit Uri bis zum Jahre 1528 unter dem Fraumünster zu Zürich stand. Zu allen diesen Zeiten machte sich aber ein unermüdlicher Wille zur Freiheit und Unabhängigkeit bemerkbar. Zwar setzte das Fraumünster sog. Meier ein, welche die Steuern und Abgaben einzuziehen hatten und in Bürglen, Erstfeld und Silenen residierten. Doch die Urner strebten nach Selbständigkeit: Sie wollten die Steuern und Abgaben nicht mehr entrichten. Für ihre Unbotmässigkeit wurden sie sogar 1382 exkommuniziert, doch konnte nach einem Schiedsgericht 1393 die Exkommunikation wieder aufgehoben werden. Die Landsgemeinde ist der oberste Souverän des Landes.

Die Landsgemeinde geht in ihrem Urgedanken auf das Landesding der freien Germanen zurück. Das Volk tagte in seiner Marchgemeinde und regelte hier seine ökonomischen Verhältnisse. Aus der Marchgemeinde vollzog sich der Übergang von der rein wirtschaftlichen zur politischen Tätigkeit. Mit dem Tode des letzten Herzogs von Zähringen am 12. Februar 1218 begann der Ausbau der Selbstverwaltung und der Weg zur eigentlichen Landsgemeinde. Als dann die Urner als erste Eidgenossen 1231 von König Heinrich VII. den Freiheitsbrief erhielten, fühlten sie sich in ihrem Selbstvertrauen gewaltig gestärkt. Sie traten so eigenmächtig auf, dass sich König Heinrich VII. genötigt sah, einzugreifen. Er tat dies zu zwei Malen, und aus diesen Urkunden geht hervor, wer jetzt an der Spitze des Tales stand. König Heinrich wandte sich nämlich an die «Amtsleute und Pfleger». 1234 gebot König Heinrich VII. dem Ammann und allen Leuten von Uri, vom Kloster Wettingen keinerlei Steuern zu erheben. Hier begegnet man zum ersten Male expressis verbis dem Ammann von Uri, der sich im Bund der Urner und Schwyzer mit Zürich vom 16. Oktober 1291 zum «lantammann» und spätern Landammann gewandelt hat. Die Landsgemeinde ihrerseits lässt sich somit bis 1233 zurückverfolgen, sie wurde durch die Landsgemeinde vom 6. Mai 1928 aufgehoben und durch die Urnenabstimmung ersetzt.

Das Rathaus in Altdorf, Sitz des Landrates Uri

Erstes Auftreten des Landrates

In der demokratischen staatspolitischen Entwicklung der alten Eidgenossenschaft konnte es nicht ausbleiben, dass nebst Landsgemeinde und Landammann bald auch noch weitere Amtsträger und Behörden notwendig wurden. So spielten nebst dem Landammann der Landweibel und der Landesfürsprech eine bedeutende Rolle. Sobald einmal die staatliche Freiheit erlangt war, machte sich fast automatisch das Bedürfnis geltend, neben der Landsgemeinde eine noch engere Behörde zu haben, welche sie entlasten und welche namentlich die äusseren Angelegenheiten laufend wahrnehmen konnte. So trat denn der Landrat in Funktion, einerseits zur Entlastung der Landsgemeinde, anderseits als Kontrollorgan über diese Institution. Es gibt erste, jedoch unbelegte Vermutungen, in Uri hätte bereits im Jahre 1359 ein Landrat bestanden, wobei unter Land Uri immer die Region vom Urnersee bis und mit Göschenen zu verstehen ist, während der obere Kantonsteil von Andermatt bis Realp das Urserntal darstellt. Die erste einwandfreie Erwähnung des Urner Landrates ist im Jahre 1373 zu verzeichnen. Aus diesem Jahr liegt ein Ratserkanntnis vor, wonach niemand ohne Erlaubnis des Landrates in den Krieg ziehen dürfe, dass Angriffe auf Leib und Leben dem Richter zu melden seien und dass kein Gast ohne richterliche Erlaubnis wegen Schulden eingesperrt werden dürfe. Wenig später gibt es dann verschiedene gesicherte Hinweise auf den Landrat, so 1441, als die Berner «dem Ammann, dem Ratt und den Landlüten gemeinlichen zu Uri» schreiben, oder 1480, als «der Landammann, der Ratt und die gantze gmeind zu Ure» urkundeten. Bald einmal erfuhr der Landrat einen respektablen Ausbau: im zwei- und dreifachen Landrat, zu welchem jedes Ratsmitglied einen oder zwei gescheite, ehrliche Landleute mit sich nahm, wenn es galt, besonders schwere Fragen zu behandeln, und im Malefizlandrat, der sich gleich zusammensetzte wie der zweifache Landrat, der jedoch nur über Verbrechen gegen Leib und Leben zu urteilen hatte und daher eher einer Gerichtsbehörde gleichkam; Leibesstrafen wurden sofort, Todesstrafen erst nach einem Tag vollstreckt. Für das 16. Jahrhundert ist der zweifache Landrat häufig bezeugt, für das ausgehende 18. Jahrhundert kaum mehr.

Die Zusammensetzung

Der Landrat von Uri (also ohne Ursern) bestand aus 60 Abgeordneten, nämlich je 6 Vertreter der insgesamt 10 Genossamen (heute gleich Gemeinde), in die das Land Uri aufgeteilt war. Diese Aufteilung bestand seit 1308, wo erstmals die Genossame Silenen erwähnt ist, und sie dauerte bis zur Gründung des Bundesstaates von 1848. Ausserdem gehörten die von der Landsgemeinde gewählten vorsitzenden Herren (heute Regierungsrat), als da sind

Landammann, Landesstatthalter, Altlandammann, Bannerherr, Landeshauptmann, die beiden Landesfähnriche, Säckelmeister und Zeugherr dem Landrat ebenfalls als Mitglieder an. Den Vorsitz im Landrat führte bis zur Revision der Kantonsverfassung von 1888 der Landammann, erst mit der Kantonsverfassung von 1888 trat ein selbständiger, aus der Mitte des Rates gewählter Landratspräsident in Funktion. Nachdem ursprünglich alle Urner mit 14 Jahren an die Landsgemeinde gehen und stimmen durften, galt diese Altersgrenze auch für die Bekleidung von öffentlichen Ämtern; erst die Helvetik hat das Stimm- und Wahlrecht auf 20 Jahre heraufgesetzt, wobei es bis heute geblieben ist.

Was die Wahlfähigkeit für den Landrat anbelangt, so bestimmte schon das erste Urner Landbuch von 1605: «Wir sind übereingekommen, dass kein erkaufter Landmann, so er nicht ein geborener Landmann wäre, auch kein Unehelicher und auch nicht Vater und Sohn noch zwei Brüder dem Rate angehören dürfen.» Die Mitgliedschaft im Landrat war also den eingesessenen Bürgern des Landes vorbehalten. Die Kantonsverfassung von 1850 legte die Gesamtbevölkerung für die Mitgliederzahl zugrunde, erst die Kantonsverfassung von 1888 kehrte wieder an den Ursprung zurück, indem sie nur die Schweizerbürger als Basis für die Zahl der Landräte zuliess. 1850 bestimmte die Kantonsverfassung, dass nicht mehr als 6 Angehörige aus dem gleichen Geschlecht dem Landrat angehören dürfen, die Ursener nicht mitgerechnet. Über die Verhandlungen des Landrates wurde ein Protokoll geführt, das erste datiert von 1522 und geht bis 1564. Dann sind die Protokolle nur sporadisch vorhanden und erst ab April 1768 lückenlos erhalten.

Der Geschäftskreis

Lange Zeit gab es für den Landrat keinen schriftlich niedergelegten Geschäftskreis bzw. kein Landratreglement. Die Kompetenzen des Landrates richteten sich nach jenen der Landsgemeinde, d. h. dass das, was durch die Landsgemeinde nicht erledigt wurde, durch den Landrat zu erledigen war. Die Liste der Geschäfte lässt sich, rein empirisch, aus den Protokollen ablesen, die aufzeigen, mit was allem sich der Landrat beschäftigte: z.B. Gesundheitswesen für Mensch und Tier, Wahl der Tagsatzungsgesandten und Festlegung der Instruktionen für dieselben, Aufsicht über das Rechnungswesen, Pflege der Beziehungen zu den Nachbarländern, Gewässersäuberung und Wuhrwesen, Erlaubnis für Landammann und Landschreiber, in den Krieg zu ziehen, Kriegserklärungen mit Vorwissen und im Einverständnis mit der Landsgemeinde, Verwaltung der Vogteien, Jagdwesen und «Freyheiten, Gnaden und dergleichen schwäre Sachen». Das erste eigentliche Landratsreglement wurde auf Grund der Kantonsverfassung von 1850 am 23. August 1850 erlassen. Seither erfolgten naturgemäss zahlreiche Abänderungen. Ein besonderes Augenmerk wurde immer dem Kleiderzwang geschenkt, bis dieser anno 1970 durch «eine der Würde des Rates entsprechende Kleidung» ersetzt wurde, was natürlich einer sehr persönlichen Interpretation Tür und Tor öffnete (die bis zur Lederjacke und zum krawattenlosen Polohemd ging, was dann aber das Präsidium doch zum Einschreiten veranlasste). Ein ganz neckischer Beschluss des Landrates vom 28. Dezember 1553, dem Unschuldig-Kindli-Tag, an dem der früher ehrenamtlich tätige Landrat immer ein Trinkgeld aus der Staatskasse, eine sog. Helseten, erhielt, sei doch noch erwähnt, da er einiges mit Ordnung zu tun hat: «Niemand soll weder uff der tanztyle noch uff der stägen des rathus das wasser abschlachen (lösen!) noch sunst unsuber ding darthun.» Es darf vermutet werden, dass es sich um die Aussenstiege gehandelt hat, wörtlich festgelegt ist dies jedoch nicht, jedenfalls müssen da schlechte Erfahrungen gemacht worden sein!

Ein Triduum im Rathaus von Uri

Eine Begebenheit, welche wohl einmalig in der Rathausgeschichte der Eidgenossenschaft dastehen dürfte, trug sich im Jahre 1775 zu. Am 10. September 1774, einem schönen und hellen Tag, wurde Altdorf abends 4 Uhr von einem heftigen Erdbeben erschüttert. Allerorts rollten unter fürchterlichem Getöse Felsblöcke in die Tiefe, der See brauste, schleuderte die Fluten an die steilen Felsufer und schlug wild in sich zurück. Die Menschen ängstigten sich so sehr, dass sie ihre Häuser verliessen und auf die Landleutematte flüchteten, wohin auch der Pfarrherr von Altdorf das Allerheiligste trug, um es den Gläubigen darzureichen. Mehrere Tage blieb das Volk im Freien und nächtigte in Gäden und Ställen. Nun, die Erde spaltete sich nicht, die Berge stürzten nicht ein, die Natur beruhigte sich wieder. Zum Dank dafür, dass Altdorf so gut weggekommen war, ordnete der Urner Landrat ein dreitägiges Exerzitium im Rathaus zu Altdorf an. Dieses fand statt vom 12. bis 15. März 1775 und wurde gehalten vom Jesuitenpater Joseph Herzog aus Luzern. Pater Joseph Herzog, welcher später aus dem Jesuitenorden austrat, wurden 7 Dublonen an Geld ausbezahlt, Kost und Logis wurden ihm von Josef Maria Gisler gegen Entschädigung verabfolgt. Wer weiss, vielleicht wäre eine Wiederholung einer solch weltweit einmaligen Aktion auch in der heutigen Zeit notwendiger denn je.

Ursern im Landrat

Völlig unabhängig vom Lande Uri ging die Entwicklung in Ursern vor sich. Hier tagte seit Beginn des 13. Jahrhunderts die Talgemeinde als oberstes Organ, dem neben administrativen auch richterliche Befugnisse zukamen; eine Appellation an den Urner Landrat war möglich. Straftatbestände untersuchte der Talrat von Ursern, anschliessend wurden die Prozessakten dem Landrat Uri zugeleitet. Dieser entsandte dann zwei Ratsherren nach Ursern, um dort ihr Gutachten abzugeben. Hierauf fällte der Talrat sein Urteil selbständig. Bezüglich der Wahlfähigkeit in den Talrat von Ursern bestanden die gleichen Vorschriften wie für den Landrat Uri. Lange Zeit blieb diese Separation bestehen, erst die Mediationsakte von 1803 stellte die Einheit her: Von jetzt an hatte Ursern als 11. Genossame Sitz und Stimme im

Urner Landrat. Bis zum Jahre 1847 war Ursern mit zwei Abgeordneten im Urner Landrat vertreten, von denen der eine immer aus Andermatt, der andere abwechslungsweise aus Hospental und Realp kam. Mit der Gründung des Bundesstaates von 1848 und mit der ersten Kantonsverfassung von 1850/51 kam auch in Uri die Neuordnung. Die Vertreterzahl Urserns wurde auf vier Mandate festgesetzt und bestimmt, dass wenigstens ein Landratsmitglied aus Hospental und eines aus Realp oder Zumdorf zu kommen habe. Vollends mit Uri gleichgestellt wurde Ursern mit der Kantonsverfassung von 1888, welche die grundsätzlich noch heute geltende staatspolitische und Behörden-Organisation brachte. Geblieben ist aus der Zeit der völligen Selbständigkeit Urserns gewissermassen als Entgegenkommen ein selbständiges Landgericht Ursern (1. Instanz), während das Obergericht (2. Instanz) für den ganzen Kanton amtet.

Ein Tag im Urner Landrat

Gehen wir nun von der Geschichte des Urner Landrates über zur aktuellen Berichterstattung aus der heutigen Ratstätigkeit.

Der Tag, an dem die konstituierende Sitzung für eine neue vierjährige Legislaturperiode stattfindet, ist angebrochen. So nach 8.00 Uhr streben die Mitglieder des Landrates, unter denen sich 1972 erstmals eine Frau Landrätin befand (heute 5), dem Rathaus zu. Sie durchschreiten das Eingangsportal, über dem die Buchstaben SPQU stehen, was heisst: Senatus Populusque Uraniensis oder Rat und Volk von Uri – das Volk hat hierfür allerdings eine weniger höfliche Übersetzung: SackPatrioten Quälen Uns. Ob's stimmt oder nicht, bleibe dahingestellt. Unter lebhaften Gesprächen betreten die Parlamentarier den Saal, wo die erste Frau im Urner Landrat eine rote Rose auf ihrem Platz fand, welche ihr der Kanzleidirektor zur Begrüssung hingestellt hatte. Der Saal wird erhellt durch einen grossen Kronleuchter. Als diese Decke im Jahre 1958 neugestaltet wurde, waren nicht alle Ratsherren damit einverstanden, und die Presse schrieb damals: «Diese Herren hängen an der Decke.» (Gemeint war die alte, festlichere Decke, welche einer Neugestaltung weichen musste.) Nun ist das Parlament versammelt, zuoberst das Präsidium, dann die Reihe der Mitglieder des Regierungsrates und im Saal die 64 Mitglieder des Landrates; zuhinterst befinden sich die beiden Tribünen für die Berichterstatter und für die Besucher, letztere meist nur spärlich besetzt. Punkt 8.30 Uhr schwingt der Landammann die präsidiale Glocke, sie ist ein Geschenk des Urnervereins Bern, welcher am 27. September 1977 dem Rathaus einen Besuch abstattete und dabei die damals noch vorhandene mikerige Präsidentenglocke entdeckte, wonach er beschloss, Abhilfe zu schaffen. Es ist eine schön verzierte Glocke, auf der eingraviert steht: «Dem hohen Landrat von den Urnern in Bern»; die Glocke ist geschmückt mit einem trutzigen Uristier. Nach dem Urner Landratsreglement wird jede Legislaturperiode vom amtierenden Landammann eröffnet. Nach seinem gehaltvollen, staatsmännischen Wort der Begrüssung und Eröffnung begibt sich der Zug der Landräte und Regierungsräte – schwarze Kleidung für die Landräte, Cutaway und Zylinder für die Regierungsräte und den Kanzleidirektor sind Tradition –, angeführt vom Landweibel im Ornat und von einer historischen Kriegergruppe mit Uristier und Urnerfahne und Tambouren, unter dem Geläute aller Kirchenglocken in die Pfarrkirche St. Martin zur feierlichen Vereidigung. In eine besinnlichmusikalische Umrahmung hineingestellt ist die Eidesleistung, welche durch den Bischöflichen Kommissar von Uri und den Kanzleidirektor vorgenommen wird. Unter Trommelklang geht es dann in flottem Marsch zurück ins Rathaus, wo vorerst Kaffee und Gipfeli serviert werden. Es war nämlich eine gute Idee des Landratspräsidenten von 1964/65, um 10 Uhr eine Kaffeepause im Rathaus einzuschalten und dem neben dem Rathaus tätigen Konditor zu übertragen, jeweils mit heissem Kaffee und frischen Gipfeli in den neben dem Landratssaal gelegenen Bannersaal zu kommen. Vorher war es meist so, dass gegen die Mitte des Morgens einige Ratsherren unruhig wurden und dann heimlich, still und leise den Saal verliessen, um sich in einer nahen Wirtschaft zu delektieren. Mit der institutionalisierten Kaffeepause wurde alles in geordnete Bahnen gelenkt und den Ratsmitgliedern die Gelegenheit zur Entspannung oder einem gewissermassen ausserparlamentarischen klärenden Gespräch geboten. Nach der Pause von etwa 20 Minuten wird die ernste Arbeit mit neuem Elan wieder aufgenommen. Das erste Geschäft gilt jeweils der Bestellung des Landratsbüros auf ein Jahr.

Dauert die konstituierende Versammlung in der Regel nur einen Tag, so besteht für den

Normalfall seit vielen Jahren folgende Sitzungsordnung. Beginn der Session an einem Montag um 8.30 Uhr. Es werden am Vormittag nur die Eintretensreferate der Präsidenten der landrätlichen Prüfungskommissionen und der für die dem Rat vorgelegten Geschäfte zuständigen Direktionsvorsteher gehört, eine Diskussion findet nicht statt. Hinzu kommt allenfalls noch die Beantwortung von Motionen, worüber an diesem Vormittag ebenfalls keine Diskussion stattfindet. Am Nachmittag des ersten Sitzungstages finden dann die Fraktionssitzungen statt, was den Vorteil hat, dass in den Fraktionen in Kenntnis der Eintretensreferate verhandelt werden kann. Der Landrat hat auf Antrag des Regierungsrates am 14. Dezember 1989 beschlossen, die Fraktionen finanziell zu unterstützen mit einem Grundbeitrag und einem Beitrag pro Mitglied (der Beschluss unterliegt noch dem fakultativen Referendum). Am folgenden Dienstag ist keine Sitzung, um Gelegenheit zu internen Gesprächen, zu bestimmten Abklärungen auf Grund der Fraktionssitzungen, an denen gemäss ihrer Parteizugehörigkeit auch die Regierungsräte teilnehmen, und zu Besuchen auf der Verwaltung zu bieten. Am Mittwoch geht dann die Detailberatung so lange weiter, bis alle dem Rat vorgelegten Geschäfte behandelt sind oder die Beratungen wegen fortgeschrittener Zeit abgebrochen und auf die nächste Session vertagt werden.

Die Sprache des Landrates ist der Dialekt. Pro Jahr finden jeweils fünf bis sechs Sessionen statt, je nach der Geschäftsvorbereitung im Regierungsrat, welcher verfassungsgemäss den Landrat einzuberufen hat.

Im Gegensatz zum Regierungsrat sind die Sitzungen des Landrates öffentlich, es wäre denn, der Landrat würde in Ausnahmefällen Beratung hinter geschlossener Türe beschliessen. Viele Zuhörer und Zuschauer gibt es, wie bereits bemerkt, nicht. Ab und zu kommen Schulen, um einen hautnahen staatsbürgerlichen Unterricht zu erhalten. Es ist selbstverständlich, dass sich die Zuhörer jeder Äusserung oder Kundgebung zu enthalten haben. Auf der Pressetribüne nimmt regelmässig eine Handvoll Journalisten Platz, welche versuchen, die Verhandlungen mehr oder weniger gekonnt und sensitiv in die Massenmedien zu bringen. Berühmt waren die Schnarcheinlagen eines ebenso beleibten wie beliebten und nicht mehr ganz jungen Luzerner Journalisten. Photographieren und Tonbandaufnahmen sind nur mit Erlaubnis des Landratspräsidenten gestattet; nur gerade einmal versuchte ein Berichterstatter, ein Tonband in den Saal zu schmuggeln und Aufnahmen zu machen, doch der Präsident merkte dies gleich und liess die Kassette einziehen sowie den Apparat durch den Weibel konfiszieren.

Die parlamentarische Tätigkeit darf als ein Zwiegespräch zwischen Regierung und Landrat angesehen werden, um in einer umfassenden Auseinandersetzung die beste Lösung für das allgemeine Wohl zu treffen, immer im Bewusstsein des Wortes von John F. Kennedy, des ermordeten Präsidenten von Amerika: «In der Demokratie ist nur das zweitbeste möglich», und zwar deshalb, weil dies die Staatsform des möglichst breit abgestützten Konsenses ist. Diese Maximen gelten auch für den Landrat von Uri. Ob es nun in den Beratungen auch mal eine gewollt oder ungewollt humorvolle Einlage gibt, ist eine Frage, die wohl für jedes Parlament zu bejahen ist. Einige kleine Beispiele mögen dies illustrieren. So konnte es einem Landratspräsidenten wohl einmal passieren, dass er im Brustton der Überzeugung verkündet: «Die Vorlage ist mit allen gegen eine Stimme angenommen» und erst beim Lachen im Saal merkte, was er da gesagt hat. Auch beim Stimmenzählen kann es mal vorkommen, dass die Stimmenzähler mehr Stimmen gezählt haben als Ratsmitglieder anwesend sind: liegt da der Fehler darin, dass a) die Stimmenzähler falsch gezählt haben, indem die zu zählenden Bänke sich überschneiden, oder dass b) ein oder mehrere Ratsmitglieder falsch gestimmt haben. Von der hohen Warte des Sekretärssitzes aus konnte auch schon beobachtet werden, wie ein Ratsherr zuerst Ja stimmte, sich dann verstohlen umsah und, als er bemerkte, die Vorlage würde eher abgelehnt, rasch und heimlich dann auch noch Nein stimmte. Als nach einer längeren Debatte sich ein prominentes Mitglied des Landrates zur Äusserung hinreissen liess: «Wir haben jetzt Blitzlichter genug gehört», vermochten ihm bestimmt nur wenige im Saal zu widersprechen. Es mögen jetzt an die 30 Jahre her sein, dass der damalige Finanzdirektor den Mut hatte, dem Landrat ein Zukunftsbudget vorzulegen. Schon längst gehört der Finanzplan zum ordentlichen Führungsinstrument der Regierung und des Parlaments, damals aber meinte ein «gstudierter» Landrat zum Finanzdirektor mit einem Wort von Bert Brecht: «Mach einen Plan und sei ein Licht, mach einen zweiten Plan, gehn tun sie beide nicht», ein Wort, das der damalige Finanzdirektor nicht sehr zu schätzen wusste. Ja, Humor im Parlament muss sein und es kann auch der Sekretär davon betroffen sein. Vom seinerzeitigen Kanzleidirektor und Sekretär des Landrates weiss man, dass er der Fastnacht sehr zugetan und besonders ein begeisterter Katzenmusiker war. Einmal wollte es der Zufall, dass der Landrat zur fastnächtlichen Zeit tagte. Als da während der nachmittäglichen Sitzung eine Katzenmusik über den Rathausplatz zog, hielt es den Kanzleidirektor nicht mehr auf seinem Sitz, er trat ans Fenster und schaute hinunter auf den Rathausplatz. Prompt wurde er vom Landratspräsidenten zurückgepfiffen mit den grollenden Worten: «Herr Kanzleidirektor, Ihr Platz ist neben mir und nicht am Fenster» – doch die teils laute teils heimliche Ovation des Landrates gehörte dem Kanzleidirektor und nicht dem demonstrativ fastnachtsunfreundlichen Landratspräsidenten. Nun soll dieser Exkurs in den Urner Landrat abgeschlossen sein mit dem nicht ernst zu nehmenden

Gebet eines Ratsherrn (von P. W. Hensler)
(aus «Verwaltungspraxis» Nr. 5/1966)
Weisheit, rüste mich mit Kraft,
dass meine Stimme Nutzen schafft
in Kirche, Schul' und Staate.
Und da mein Wissen Stückwerk ist,
so gib, dass ich zu aller Frist
das Beste – wenigstens errate.

Quellenverzeichnis

Bigger Ernst
Das Prinzip der Trennung der Gewalten im Kanton Uri, Diss. Bern 1948

Blumer Johann Jakob
Staats- und Rechtsgeschichte der schweizerischen Demokratien oder der Kantone Uri, Schwyz, Unterwalden, Glarus, Zug und Appenzell, St. Gallen 1850

Christen Alex
Ursern, in Schweizer Heimatbücher, Bern

Geheimer Rat von Uri
Protokolle ab 1799 im Staatsarchiv Uri

Landbücher (Gesetzessammlung) von Uri 1608 und 1823 ff.

Müller Carl Franz
Auszug aus dem Protokoll des Landrates ab 1552
Auszug aus dem Annual miner Herren ab 1553, Original im Staatsarchiv Uri

Muheim Hans
Der Landschreiber von Uri im Hist. Neujahrsblatt, Uri 1961/2 Altdorf 1962 in Schweizer Heimatbücher, Bern
Ein geistliches Exerzitium für den Urner Landrat 1775, Geschichtsfreund, 124. Band, Stans 1971
Der Landammann von Uri, Manuskript 1981 beim Verfasser
Aus der Geschichte des Landrates von Uri, Manuskript 1982 beim Verfasser

Reglement des Landes Uri für die Landsgemeinde, die obrigkeitlichen Behörden (Abschnitt Landrat) und die Beamten im Landbuch Uri 1823

Stadler Hans
Die Behörden- und Verwaltungsorganisation des Kantons Uri
Vortrag von 1979 in Amsteg (Hist. Verein der V Orte)

Kanton Uri
Mitglieder des Landrates
Stand 1. Januar 1990

Präsident: Baumann Peter, Altdorf, FDP
Arnold Anton, Spirigen, CVP
Arnold Karl, Altdorf, CVP
Baumann Emil, Seedorf, FDP
Baumann Hans, Schattdorf, CVP
Baumann Joseph, Altdorf, CVP
Baumann Maria, Wassen, FDP
Baumann Peter, Altdorf, FDP
Blaser Silvia, Flüelen, FDP
Briker Hans, Schattdorf, FDP
Büeler Max, Altdorf, FDP
Burgener Hedy, Erstfeld, SP
Deplazes Rinaldo, Altdorf, CVP
Echser Hans, Gurtnellen, CVP
Epp Oskar, Erstfeld, CVP
Feubli Kurt, Erstfeld, SP
Furger Edy, Schattdorf, CVP
Furrer Anton, Isenthal, CVP
Furrer Martin, Schattdorf, CVP
Gisler Anton, Spiringen, FDP
Gisler Hans, Altdorf, CVP
Gisler Karl, Bürglen, CVP
Gisler Max, Seedorf, CVP
Gisler Rolf, Schattdorf, FDP
Gnos Hans, Bristen, CVP
Holzgang Peter, Altdorf, FDP
Huber Gabi, Altdorf, FDP
Huber Hans, Erstfeld, CVP
Imhof Bebbi, Altdorf, SP
Imhof Robert, Göschenen, FDP
Indergand Paul, Silenen, SP
Inderkum Hansheiri, Altdorf, CVP
Infanger Herbert, Bauen, CVP
Kleiner Peter, Erstfeld, FDP
Küttel Stefan, Altdorf, SP
Läubli Jakob, Erstfeld, SP
Leu Liselotte, Altdorf, CVP
Lötscher Josef, Flüelen, CVP
Lussi Josef, Attinghausen, CVP
Marty Dominik, Andermatt, FDP
Marty Karl, Altdorf, CVP
Muheim Hans, Unterschächen, CVP
Murer Hans, Amsteg, CVP
Naef Ernst, Altdorf, FDP
Nederkoorn Trudy, Altdorf, CVP
Niederberger Remigi, Flüelen, CVP
Planzer Franz, Bürglen, CVP
Regli Ernst, Hospental, CVP
Russi Christian, Andermatt, CVP
Russi Robert, Andermatt, CVP
Simmen Armand, Realp, FDP
Sommer Ruedi, Altdorf, CVP
Stadler Franz, Altdorf, CVP
Stadler Hans, Attinghausen, CVP
Strub Raphael, Altdorf, CVP
Tresch Otto, Amsteg, FDP
Truttmann Anton, Seelisberg, CVP
Walker Caspar, Gurtnellen
Wyrsch Paul, Sisikon, CVP
Zgraggen Alois, Erstfeld, CVP
Zgraggen Anton, Erstfeld, CVP
Zgraggen Franz, Schattdorf, CVP
Zimmermann Emil, Schattdorf, CVP
Zurfluh Karl, Altdorf, CVP
Zwyssig Walter, Schattdorf, FDP

CVP Christlichdemokratische Volkspartei
FDP Freisinnigdemokratische Partei
SP   Sozialdemokratische Partei

Toni Dettling

Der Kantonsrat von Schwyz

Der Rat der Hundert

Mit der Verfassungsrevision vom April 1963 wurde die Mitgliederzahl des Schwyzer Kantonsparlamentes fix auf 100 festgelegt. Bei gut 100 000 Kantonseinwohnern trifft es damit auf rund 1000 einen Parlamentssitz. In Wirklichkeit geht diese Vorgabe allerdings nicht auf. Der Kanton Schwyz kennt nämlich seit der Totalrevision seines Grundgesetzes ausgangs des letzten Jahrhunderts ausschliesslich die Gemeinden als Wahlkreise für die im Proporzsystem durchgeführten Kantonsratswahlen. Dabei erhält vorab jede der dreissig Schwyzer Gemeinden einen Sitz zugeteilt, während die restlichen 70 Sitze gestützt auf die Wohnbevölkerungsanteile der Gemeinden vergeben werden. So kommt es, dass auch alle sogenannten Zwerggemeinden mit weit weniger als 1000 Einwohnern im Schwyzer Rathaus vertreten sind. Diese besondere Wahlkreisgeometrie hat in jüngster Zeit immer wieder Anlass zu politischen Diskussionen gegeben. Umstritten sind dabei zwei Aspekte: Zum einen vertritt der Kantonsrat der kleinsten Gemeinde Riemenstalden nur gerade 90 Einwohner, dieweil in der Gemeinde Reichenburg auf das eine Kantonsratsmandat 1780 Einwohner entfallen. Das bedeutende Gefälle in den kommunalen Einwohnerzahlen führt zu erheblichen Verzerrungen in der Repräsentanz. Zum andern hat es aber auch beachtliche Auswirkungen auf die politische Zusammensetzung des Parlamentes. Nicht weniger als 14 der insgesamt 30 Gemeinden sind sogenannte «Einerwahlkreise», in denen nur gerade ein Sitz zu vergeben ist. In diesen kleinen, zumeist Berggemeinden mit einem grossen bäuerlichen Bevölkerungsanteil dominieren die Christlichdemokraten (CVP). So gehören heute zehn Vertreter der Einerwahlkreise der CVP an, drei der Liberalen Volkspartei (LVP) und einer der Sozialdemokratie (SP). Hier und in den übrigen kleinen Gemeinden mit zwei oder drei Sitzen kommt das im Land Schwyz schon seit 1900 geltende Verhältniswahlrecht kaum zum Tragen. Nutzniesser dieser besonderen Wahlkreisgeometrie sind die grossen Parteien, vorab aber die CVP, während die kleinen Gruppen in den «Einerwahlkreisen» meistens leer ausgehen. Gesamthaft kann die CVP mit einem Wähleranteil von derzeit 40,5 Prozent 49 der insgesamt 100 Kantonsräte und überdies vier der sieben Regierungsräte stellen. Damit gehört der Kanton Schwyz auch heute noch zu den CVP-Stammlanden, wiewohl die Christlichdemokraten anlässlich des letzten Wahlganges im Frühjahr 1988 erstmals die absolute Mehrheit im Kantonsparlament eingebüsst haben. Die zweitstärkste politische Kraft bilden mit 27,7 Prozent Wähleranteil und 30 Mandaten sowie mit zwei Regierungsräten die Liberalen, welche sich auf eidgenössischer Ebene zu den Freisinnigen zählen. Als traditionelle Partei ist aber auch die Sozialdemokratie seit vielen Jahren etabliert. Sie verfügt über 13 Mandate und ein Regierungsmitglied bei einem Wähleranteil von 12,6 Prozent, ein Potential, das ihr jedoch zusehends von den Grün-Roten (genannt Kritisches Forum Schwyz/KFS) mit heute 4 Parlamentssitzen und einem Wähleranteil von 8,4 Prozent streitig gemacht wird. Zu erwähnen ist

Das Rathaus in Schwyz, Sitz des Kantonsrates

sodann die SVP (Schweizerische Volkspartei), welche zurzeit mit einem Wähleranteil von 7,5 Prozent vier Parlamentarier stellt und seit 1972 im Kanton Schwyz aktiv ist. Keinen Erfolg hatte dagegen die erstmals an den KR-Wahlen 1988 teilnehmende Autopartei. Gesamthaft verfügen die bürgerlichen Parteien (CVP, LVP und SVP) mit einem Wähleranteil von 75,7 Prozent über 83 Parlamentssitze und damit über eine satte Mehrheit im Schwyzer Kantonsrat. Anderseits ist das Gegengewicht auf der linken Seite mit nur gerade 17 Parlamentariern (allzu) schwach. Daher finden die eigentlichen politischen Auseinandersetzungen vorwiegend innerhalb des Bürgerblockes statt.

Wähler und Gewählte

Gewählt wird das Kantonsparlament jeweils im April des Jahres nach den Nationalratswahlen für eine vierjährige Legislaturperiode. Letztmals fanden die Kantonsratswahlen am 8. April 1988 statt. Sie haben – wie bereits ausgeführt – eine bedeutsame parteipolitische Zäsur gebracht, indem die traditionelle Mehrheitsstellung der CVP gebrochen worden ist. Aktiv wahlberechtigt sind alle Einwohner des Kantons, welche das 18. Altersjahr erreicht haben. Wählbar in den Kantonsrat sind alle stimmfähigen Bürgerinnen und Bürger, wobei der Gewählte nicht unbedingt Einwohner der Wahlgemeinde sein muss. So vertraten anfangs des Jahrhunderts regelmässig Ratsmitglieder mit Wohnsitz in Schwyz die kleine Gemeinde Riemenstalden im Rathaus, ein Anachronismus, der heute nicht mehr vorstellbar wäre, legt doch jede Gemeinde Wert darauf, ihren Vertreter aus den eigenen Reihen nach Schwyz zu delegieren. In beruflicher Hinsicht ist der Kantonsrat vielfältig zusammengesetzt. Vom Arbeiter und Angestellten, über die Landwirte, Lehrer und Beamten bis hin zum Arzt und Rechtsanwalt sind alle Schichten im Parlament vertreten. Starke Gruppen bilden die selbständigen Landwirte und ihr nahestehende Persönlichkeiten (19), die Beamten mit 21 und die Gewerbler mit 23 Vertretern. Seit der Einführung des Frauenstimmrechtes im Jahre 1972 können auch die Bürgerinnen an den Kantonsratswahlen teilnehmen und ins Parlament gewählt werden. Allerdings haben die Kandidatinnen hierzulande einen schweren Stand. Die bei Einführung des Frauenstimmrechtes noch sieben Mitglieder umfassende weibliche Deputation ist beim jüngsten Wahlgang im Jahr 1988 auf vier zusammengeschrumpft, welche alle in der CVP-Fraktion politisieren. Zwar gehört es zu den erklärten Zielen aller politischen Gruppen, die Wahl von Frauen ins Parlament zu fördern. Dennoch haben von den insgesamt 52 Kandidatinnen im Jahr 1988 nur gerade vier die Wahlhürde geschafft. Einen besonderen Anachronismus im heute noch geltenden Schwyzer Wahlrecht bildet die Möglichkeit, dass auch Mitglieder des Regierungsrates im Parlament Einsitz nehmen können. Allerdings wurde von diesem Recht aus Gewaltenteilungsgründen kaum jemals Gebrauch gemacht. Nicht dem Kantonsrat angehören dürfen dagegen Mitglieder der Kantonalen Gerichte. Im übrigen bestehen keinerlei Unvereinbarkeiten. So sitzen denn neben kommunalen Funktionären auch kantonale Chefbeamte im Parlament, wiewohl diese Wahlen politisch nicht unumstritten sind.

Die klassischen Aufgaben des Schwyzer Kantonsrates

Nach gut schweizerischer Tradition obliegen dem Schwyzer Kantonsrat namentlich drei Aufgaben: Zunächst befasst er sich als Legislativ-Organ mit der kantonalen Gesetzgebung. So berät er Verfassungsvorlagen, ehe sie obligatorisch der Volksabstimmung zu unterbreiten sind. Auf der Gesetzesstufe stellt er die massgeblichen Weichen, wobei seine Erlasse entweder obligatorisch oder im Falle der gesetzesvertretenden Verordnung nur dem fakultativen Referendum unterstehen. Nach geltendem Recht steht dem Kantonsrat in den Bereichen Erziehung, Gesundheit, Polizei und Strassenwesen, Rechtspflege und interne Organisation eine umfassende Verordnungskompetenz zu, welche nur selten vom Stimmbürger durch Ergreifen des Referendums in Frage gestellt wird. Der Kantonsrat übt aber auch die Oberaufsicht über Regierung und Verwaltung aus. Dieses Recht nimmt er in erster Linie durch die elfköpfige Staatswirtschaftskommission wahr, welcher die entsprechenden aufsichtsrechtlichen Funktionen delegiert sind. Aber auch die Justizbehörden sowie die Kantonalbank Schwyz und der ihr angegliederte Bürgschaftsfonds unterstehen der parlamentarischen Aufsicht. Umfangreich sind schliesslich die Wahlkompetenzen des Parlamentes. So obliegt ihm, neben der Bestellung seines Büros und der kantonsrätlichen Kommissionen, alle zwei Jahre den Landammann (Vorsitzender des Regierungsrates) und den Landesstatthalter zu wählen, im weiteren die Mitglieder der drei kantonalen Gerichte (Kantonsgericht, Verwaltungsgericht und Kantonales Strafgericht), den Staatsanwalt und seinen Vertreter, den neunköpfigen Erziehungsrat, den neunköpfigen Bankrat der Kantonalbank Schwyz, den Staatsschreiber und den Standesweibel. Diese Wahlen werden jeweils zu Beginn einer Legislaturperiode zumeist in geheimer Abstimmung vorgenommen, soweit nicht eine kürzere Amtsdauer festgelegt ist.

Verfassungsrechtlich räumt der Schwyzer Souverän dem Kantonsrat eine sehr starke Stellung ein. Dennoch ist in der Praxis der Einfluss des Regierungsrates beachtlich. Nebst seiner vielfältigen Verordnungskompetenz geniesst er im Parlament ein hohes Ansehen und weiss dank Informationsvorsprung seine Machtstellung recht häufig unverhohlen zum Ausdruck zu bringen. Dabei kommt ihm auch die politische Struktur des Rates zu Hilfe. Die CVP-Mehrheit in der Regierung läuft nicht selten mit der parlamentarisch mächtigen CVP-Fraktion parallel, so dass die regierungsrätlichen Vorlagen zumindest dem Grundsatze nach auch meistens die parlamentarische Hürde überstehen. Äusserst selten wird vom parlamentarischen Recht der Rückweisung ganzer Vorlagen oder gar des Nichteintretens Gebrauch gemacht. Die siebenköpfige Regierung nimmt denn auch durchwegs vollzählig an den Parlamentssitzungen teil und versucht, mit magistralen Worten zuweilen recht handfest auf die parlamentarische Arbeit Einfluss zu nehmen.

Präsident und Ratsbüro

Ein hundertköpfiges Gremium kann seine Arbeit nur dann erledigen, wenn verschiedene Organe diese vorbereiten, leiten und unterstützen. Die zentrale Aufgabe kommt dabei dem Ratspräsidenten und dem Ratsbüro zu. Der Vorsitzende trifft die organisatorischen Vorbereitungen und leitet in erster Linie die Ratsverhandlungen. Ihm steht das Büro zur Seite, welches nebst ihm aus dem Vizepräsidenten und den beiden Stimmenzählern besteht. Ratspräsident und Büro werden aus der Parlamentsmitte jedes Jahr neu gewählt, wobei Präsident und Vizepräsident in ihrer Charge unmittelbar nicht wiederwählbar sind. Zusammen mit seinen Bürokollegen und gelegentlich unter Beizug der Fraktionspräsidenten bereitet der Präsident die Parlamentssitzungen vor und legt im Einvernehmen mit dem Regierungsrat die Sessionstermine sowie das Geschäftsverzeichnis fest. Termin und Traktandenliste werden jeweils spätestens 20 Tage vor Sitzungsbeginn im kantonalen Amtsblatt veröffentlicht. Darüber hinaus genehmigt das Büro das Ratsprotokoll, nimmt eine allfällige redaktionelle Bereinigung von Beschlüssen des Rates vor und wacht über die fristgerechte Beantwortung von parlamentarischen Vorstössen. Der Ratspräsident leitet in erster Linie die Verhandlungen des Rates und des Büros, eine Aufgabe, die in seinem Verhinderungsfalle der Vizepräsident zu besorgen hat und wenn auch dieser verhindert ist, ein vormaliger Ratspräsident. Zudem hat der Präsident über die Rechte des Rats zu wachen, aber auch über die Einhaltung der Geschäftsordnung, welche sich der Rat in einer dem fakultativen Referendum unterstehenden Verordnung selber gibt. Im Falle von Ruhestörungen kann der Ratspräsident die Sitzung unterbrechen oder ganz aufheben. Er unterzeichnet überdies zusammen mit dem Protokollführer das Ratsprotokoll, welches die wichtigsten Erwägungen sowie die Beschlüsse zu Sachgeschäften und die Wahlergebnisse enthält und für gewöhnlich unter Zuhilfenahme eines Tonbandes erstellt wird. Die Tonbänder dürfen nur mit Bewilligung des Büros abgespielt werden; nach zwei Jahren sind sie zu löschen.

Vielfältige Kommissionen

Sodann wählt der Rat aus seiner Mitte ständige und nichtständige Kommissionen. Wiewohl die Geschäftsordnung keine fixe Mitgliederzahlen kennt, bestehen die Kommissionen heute für gewöhnlich aus elf Ratsmitgliedern. Dabei stellen die CVP vier, die LVP drei und die SP zwei Mitglieder, während das Kommissionspräsidium durch Losentscheid der Fraktionen jeweils im Elferturnus an 5 CVP-, 4 LVP- und 2 SP-Vertreter zugeteilt wird. Den kantonsrätlichen Kommissionen obliegt in erster Linie die Aufgabe, die Ratsgeschäfte vorzubereiten. Für jedes Geschäft wird in der Regel eine separate kantonsrätliche Kommission bestellt, soweit die Vorberatung nicht einer ständigen Kommission übertragen ist. Als ständige Kommission amtet vorab die Staatswirtschaftskommission, der die Prüfung des Voranschlages, der Staatsrechnung, des mittelfristigen Finanzplanes sowie die Oberaufsicht über Regierung und Verwaltung obliegt. Als weitere ständige Kommissionen kennt der Schwyzer Kantonsrat die Kommission zur Prüfung der Rechenschaftsberichte der obersten kantonalen Gerichte, die Petitionskommission, die Prüfungskommission für die Kantonalbank, die Bürgerrechtskommission, die Strassenbaukommission, die Landwirtschaftskommission sowie die Raumplanungskommission. Der Kommissionsarbeit kommt im Schwyzer Kantonsrat ein hoher Stellenwert zu. Hier werden entscheidende Weichen gestellt, zumal es in der Praxis nur selten gelingt, die bereinigte Kommissionsvorlage im Plenum noch grundsätzlich zu ändern. Die Kommissionen tagen hinter verschlossenen Türen und im Beisein der für die Vorlage zuständigen Departementschefs. Wie dem Kantonsratspräsidenten im Plenum so steht auch dem Kommissionspräsidenten in der Kommission kein Stimmrecht zu. Er hat sich lediglich bei Stimmengleichheit mit dem Stichentscheid zu begnügen, eine Funktion, die gerade im kleinen Kommissionsgremium gelegentlich von ausschlaggebender Bedeutung sein kann. Minderheitsmeinungen von drei Kommissionsmitgliedern können als Minderheitsantrag schriftlich an den Kantonsrat überwiesen werden, ein Institut, das schon recht häufig zur Belebung der Ratsarbeit und zur breiten Meinungsbildung beigetragen hat. Die Regierung nimmt nach Abschluss der Kommisionsarbeiten nochmals schriftlich zum Ergebnis Stellung und versucht dabei, vor allem in grundlegenden Fragen ihrem Standpunkt nachhaltig zum Durchbruch zu verhelfen.

Drei Fraktionen

Von grosser Bedeutung für die Ratsarbeit sind sodann die Fraktionen. Sie umfassen die Mitglieder des Kantonsrats gleicher Parteizugehörigkeit, wobei Angehörige mehrerer Parteien zusammen eine Fraktion bilden können. Zur Bildung einer Fraktion ist der Zusammenschluss von wenigstens fünf Ratsmitgliedern erforderlich. Allerdings darf kein Ratsmitglied mehr als einer Fraktion angehören. Zurzeit arbeiten im Schwyzer Kantonsrat drei Fraktionen, nämlich die CVP-Fraktion mit 49 Mitgliedern, die LVP-Fraktion mit 30 Mitgliedern und die SP-Fraktion mit 13 Mitgliedern. SVP und KFS haben bei den letzten Wahlen das erklärte Ziel der Fraktionsstärke mit je vier Mitgliedern knapp verfehlt und geniessen somit keinen Fraktionsstatus. Nebst der Vorberatung der Geschäfte im Fraktionsgremium steht den Fraktionen insbesondere auch die Nomination der Kommissionsmitglieder zu, ja nach schwyzerischer Geschäftsordnung können streng genommen zurzeit nur Angehörige einer Fraktion in die Kommissionen gewählt werden. Zudem werden die Fraktionen auch mit staatlichen Grundbeiträgen je nach Mitgliederzahl unterstützt, während die nicht fraktionellen Ratsmitglieder nur einen persönlichen Beitrag erhalten. Die Präsidenten der Fraktionen können ferner zu den Verhandlungen des Büros mit beratender Stimme beigezogen werden. Sie geniessen aber auch im Parlament einen nicht zu unterschätzenden Einfluss, indem sie vielfach bei wichtigen Geschäften die Fraktionsmeinung vortragen.

Bescheidene Administration

Schliesslich sei noch auf das Sekretariat des Kantonsrates hingewiesen. Der Staatsschreiber ist von Amtes wegen Ratssekretär, während ein Mitarbeiter (zurzeit eine Frau) das Protokoll führt. Das Schwyzer Kantonsparlament kommt also mit einem sehr bescheidenen Apparat aus. Die Kosten für Sitzungsgelder und Hilfskräfte belaufen sich denn nur gerade auf rund 300000 Franken, eine relativ geringe Summe, bedenkt man die stark zunehmende Bevölkerungszahl und das kräftige Wirtschaftswachstum. Immerhin sind in jüngster Zeit auch Voten laut geworden, die einen Ausbau des Ratssekretariates verlangen, um eine effizientere Ratsarbeit zu ermöglichen.

Ausserparlamentarische Clubs

Nebst diesen offiziellen Organen dürfen auch die ausserparlamentarischen Vereinigungen nicht ausser acht gelassen werden. So gibt es den sogenannten «Bäuerlichen Club» mit rund 45 eingeschriebenen Mitgliedern, der jeweils unter Teilnahme einzelner Regierungsräte die Geschäfte aus bäuerlicher Sicht vorberät. Sein Einfluss ist vor allem in Landwirtschaftsfragen beachtlich, wenn auch in jüngster Zeit das bäuerliche Element doch eher an Bedeutung eingebüsst hat. Im weiteren besteht eine «Gewerbegruppe» mit ebenfalls rund 40 eingeschriebenen Mitgliedern, eine Organisation, die aber aufgrund der einander häufig zuwiderlaufenden Interessen einen wesentlich geringeren politischen Einfluss hat. Zu erwähnen sind endlich die Medien, welche regelmässig in Zeitungen und Lokalradios über die Ratsverhandlungen berichten. Vorab die Lokalzeitungen und die überregionalen Blätter bringen mehr oder weniger ausführliche Verhandlungsberichte, wobei allerdings Kommentare eher selten zu finden sind. Ausnahmeweise ist gar das Fernsehen im Schwyzer Ratshaus anzutreffen, letztmals bei der Debatte über das dringliche Postulat zur umstrittenen Wahl des Churer Weihbischofs im Mai 1988.

Historisches Tagungslokal

Das «Dorf», wie die Einheimischen den historischen Flecken Schwyz noch heute liebevoll nennen, ist durch viele Patrizierhäuser aus der Reisläuferzeit geprägt. Im Zentrum befindet sich der Hauptplatz mit der festlichen St.-Martins-Kirche, dem traditionsreichen Hotel Wysses Rössli, einer Reihe von behäbigen Patrizierhäusern und dem Rathaus. Diese markanten Gebäude waren im Jahre 1642 einem Dorfbrand zum Opfer gefallen und wurden ab 1643 in der heutigen Form wieder aufgebaut. Die Aussenfassade des Rathauses zieren Fresken aus der Geschichte des Standes Schwyz. Im Innern weist das Haus vor allem im ersten Stock, wo sich heute der Gerichts- und der Konferenzsaal befinden, eine wertvolle Ausstattung auf. Der Kantonsrat tagt seit 1848 im Rathaus Schwyz. Anfänglich fanden die Ratsverhandlungen im ersten Stock statt, während das Erdgeschoss zu früheren Zeiten als Tanzdiele diente, wo einstmals jung und alt dem Tanze frönte, wo aber auch der Markt stattfand und die Kirchgemeinde durchgeführt wurde. Im Zuge der Gesamtrestauration des Rathauses (1967–74) wurde der Kantonsratssaal vom ersten Stock ins Parterre verlegt. Eigentümer des Rathauses ist der Kanton, wobei allerdings der Bezirk Schwyz als autonome Gebietskörperschaft der darin zusammengeschlossenen 15 Gemeinden des inneren Kantonsteiles Anspruch auf Büroräume für seine Verwaltung hat. Der Kanton Schwyz benützt das Rathaus ausschliesslich als Tagungslokal für den Kantonsrat und die kantonalen Gerichte sowie für Empfänge. Die Arbeitsräume von Regierung und kantonaler Verwaltung befinden sich in andern, zumeist neueren Gebäuden, welche vorab an der Bahnhofstrasse stehen.

Zweitägige Sessionen

Gemäss § 29 der Kantonsverfassung tagt der Schwyzer Kantonsrat ordentlicherweise zweimal im Jahr, nämlich in einer Sommer- und einer Wintersession. Darüber hinaus versammelt sich der Rat, so oft es der Ratspräsident oder die Regierung für nötig halten. Seit der verfassungsmässigen Verankerung von zwei Sessionsterminen im Jahre 1898 ist eine bedeutende Geschäftsausweitung erfolgt. Zwischenzeitlich sind aus den ursprünglich zwei Sessionen in der Regel jährlich sechs bis acht geworden, welche für gewöhnlich zwei Tage dauern. Die Sessionsdaten werden heute vom Büro im Einvernehmen mit der Regierung jeweils semesterweise festgesetzt und dem Rat sowie der Öffentlichkeit im kantonalen Amtsblatt bekanntgegeben. Zudem können 15 Ratsmitglieder unter Angabe der Gründe beim Ratspräsidenten jederzeit die Einberufung einer Sondersession beantragen, ein Recht, das zumindest in der jüngeren Ratsgeschichte keine Rolle mehr gespielt hat.

Die Sitzungen beginnen jeweils am ersten Tag um 10.00 Uhr und dauern für gewöhnlich bis 12.30 Uhr. Anschliessend finden die Fraktionssitzungen zur Vorbereitung des zweiten Sessionstages statt. Am zweiten Sitzungstag läutet die Glocke des Ratspräsidenten bereits um 9.00 Uhr den Beginn ein, ehe dann die Tagung – unterbrochen von einem stündigen «Znüni» – um ca. 15.00 Uhr beendet wird. Zuweilen kann aber der Ratspräsident erst um 16.00 Uhr bei oftmals stark gelichteten Reihen Sessionsschluss erklären. Dies ist vor allem dann der Fall, wenn es gilt, ein Geschäft noch abzuschliessen, oder wenn die Räte rege von der Fragestunde Gebrauch machen.

Unkonventionelle Sitten und Bräuche

Im Schwyzer Rathaus geht es im grossen und ganzen recht unkonventionell zu und her. Zwar kennt der Rat eine ausführliche Geschäftsordnung aus dem Jahre 1977. Dennoch ist es vorab dem Geschick des Ratspräsidenten überlassen, ob bei eher gelockerten Zügeln fair debattiert und trotzdem effiziente Parlamentsarbeit geleistet wird. Feierlichkeiten im Ratssaal sind eher selten, werden dann aber in recht würdigem Rahmen begangen. So etwa, wenn alle vier Jahre nach den Kantonsratswahlen Ende Juni die Legislaturperiode mit einem feierlichen Gottesdienst in der nahen St.-Martins-Kirche eröffnet und der Rat vereidigt wird, oder wenn der Ratspräsident, Landammann und Statthalter gewählt oder ein neues Ratsmitglied vereidigt wird. Im übrigen dominiert aber doch eher das Formfreie, ja Spontane. Dazu mag allein schon die Sprache beitragen: Trumpf ist ausschliesslich die Mundart. Hochdeutsch ist im Ratssaal verpönt. Der Rat ist ein veritables Spiegelbild der zahlreichen ausgeprägten Dialekte im Schwyzerland. So steht etwa ein urchiger Muotathaler Beitrag neben einem eher geschliffenen Höfner Votum. Da kommt es aber auch hin und wieder zu spontanen Bonmots, vor allem dann, wenn die Redner von ihrem Manuskript abweichen oder spontan das Wort ergreifen. Auch die Kleidersitten sind recht locker: Es dominiert der Strassenanzug, wobei die Mitglieder der Grünen Gruppe und einige SP-Fraktionsmitglieder immer häufiger demonstrativ von der Tradition des Kravattentragens abweichen. Zu dieser lockeren Atmosphäre mag aber auch die Sitzordnung beitragen. Der Schwyzer Kantonsrat ist im Halbrund angeordnet, wobei jedem Mitglied ein bequemer Sitzplatz mit einem Schreibpult zur Verfügung steht. Die Sitzordnung ist fein säuberlich nach Parteien getrennt: Die CVP ist im grossen Halbrund plaziert, während die Liberalen und die SVP bezeichnenderweise links vom Ratspräsidenten sitzen und das KFS und die SP die rechte Seite des Halbrundes belegen. Die Sitzordnung im Detail wird nach den Wünschen der Fraktionsmitglieder durch deren jeweilige Präsidenten zu Beginn der Legislatur vorgenommen, wobei weder ein ausgeprägtes Hinter- noch Vorderbänklertum gepflegt wird. Wortmeldungen erfolgen durch Handerheben oder durch vorgängige Anmeldung beim Präsidenten. Der Vizepräsident, der ebenfalls vorne neben dem Vorsitzenden plaziert ist, hilft diesem, die einzelnen Votanten aufgrund ihrer Anmeldung zu ermitteln.

Geregelter Ratsbetrieb

Der Ratspräsident läutet mit der Glocke Sitzung und Session ein, wobei der Rat zunächst stehend ein kurzes Gebet verrichtet. In der Folge hält der Vorsitzende Rückschau auf wichtige Ereignisse seit der letzten Session, insbesondere fügt er eine kurze Totenklage über verstorbene Ratsmitglieder oder andere Politiker ein. Die Präsenz wird durch Eintragung in zirkulierende Listen ermittelt. Entschuldigungen sind vorgängig schriftlich beim Ratspräsidenten anzubringen. Nach organisatorischen Mitteilungen genehmigt der Rat das vorgelegte Geschäftsverzeichnis. Soll ein Geschäft oder ein Vorstoss für dringlich erklärt werden, hat dies bereits bei der Genehmigung der Traktandenliste durch Mehrheitsbeschluss zu geschehen. Nach einer allfälligen Bereinigung der Traktandenliste beginnt der Rat mit der Behandlung der Geschäfte. Bei der Gesetzesberatung ergreift zunächst der Kommissionssprecher zum Eintreten das Wort. Meistens folgen dann die Fraktionssprecher und Einzelvotanten, wobei sich die Reihenfolge aus der Anmeldung beim Ratspräsidenten ergibt. Von der Regierungsbank meldet sich gewöhnlich der zuständige Departementschef zu Wort. Regierungsräte können jederzeit in die Debatte eingreifen. Dagegen darf der einzelne Kantonsrat mit Ausnahme der Kommissionsmitglieder nur zweimal zum gleichen Gegenstand sprechen. Ein drittes Votum ist ihm nur zwecks Abgabe einer persönlichen Erklärung möglich, ein Ausweg, der stürmischen Kantonsräten zuweilen zu einer dritten Wortmeldung zur gleichen Sache verhilft. Wird weder Nichteintreten noch Rückweisung als Ganzes beschlossen, erfolgt die Detailberatung und hernach die Schlussabstimmung. Rückweisungsanträge für einzelne Bestimmungen sowie Wiedererwägungs- und Ordnungsanträge sind zulässig. Ebenso kann am Schluss einer Beratung eine zweite Lesung verlangt werden, ein Institut, das bei Verfassungsvorlagen obligatorisch vorgeschrieben ist.

Sachabstimmungen und Wahlen werden in der Regel durch offenes Handmehr oder durch Erheben von den Sitzen vorgenommen, soweit nicht geheime Abstimmung vorgeschrieben oder beschlossen wird. Bei Sachabstimmungen ist aber auch der Namensaufruf möglich, ein Instrument, von dem im Schwyzer Kantonsrat allerdings höchst selten Gebrauch gemacht wird. Die beiden Stimmenzähler ermitteln das Abstimmungsergebnis durch Abzählen der ihnen zugewiesenen Segmente. Bei offensichtlich klarer Ausgangslage kann die Auszählung unterbleiben. Bei Schlussabstimmungen muss dagegen immer eine Auszählung vorgenommen werden. Der Kantonsrat ist solange beschlussfähig, als die Hälfte seiner Mitglieder (50) anwesend sind. Andernfalls hat der Präsident die Sitzung aufzuheben. Für die Zustimmung in Sachfragen ist die Hälfte der Stimmenden erforderlich, wobei bei geheimen Wahlen die leeren Stimmen zur Erreichung des hier erforderlichen absoluten Mehrs der Stimmenden mitzählen. Bei Stimmengleichheit in Sachabstimmungen fällt dem Vorsitzenden, der im übrigen nicht mitstimmt, der Stichentscheid zu, welchen er auch kurz begründen kann.

Vorstoss-Euphorie

Wie in vielen andern Parlamenten grassiert auch in Schwyz eine gewisse «Vorstoss-Euphorie». Diese schwillt etwa im Vorfelde von Wahlen stark an und klingt in der Folge eher wieder ab. Beliebt ist dabei vor allem die Form des Postulates, die den Regierungsrat in einer unverbindlichen Form einlädt, in einer bestimmten Sache etwas zu unternehmen. Gewichtigere Anliegen werden in die Form der Motion mit verbindlichem Charakter gekleidet. Eher selten sind dagegen Einzelinitiativen von Ratsmitgliedern, welche direkt durch eine parlamentarische Kommission vorbehandelt werden. Interpellation und kleine Anfrage gehören zu den parlamentarischen Kontrollmitteln und erfreuen sich ebenfalls grosser Beliebtheit. Neu ist das Instrument der Fragestunde, welches gemäss Geschäftsordnung in jedem Semester mindestens einmal auf die Traktandenliste zu setzen ist. Die Vorstösse sind beim Ratspräsidenten einzureichen und werden von der Regierung im Rat mündlich beantwortet. Ausgenommen hievon ist die kleine Anfrage, welche innert 30 Tagen seit Einreichung schriftlich zu beantworten ist. Um die Chancengleichheit zu wahren, werden die Antworten bei Motionen, Postulaten und Interpellationen im Vorgang dem oder den Einreichern schriftlich zugestellt. Auf diese Weise soll es den betreffenden Parlamentariern ermöglicht werden, sich vorzubereiten und mit entsprechenden Sachargumenten mit der Regierung gleichzuziehen. Vorstösse sind innert zwei Jahren im Rat zu behandeln, eine Vorschrift, deren Einhaltung in Anbetracht ihrer Vielzahl nicht immer gelingt. Problematisch ist jedoch die Erledigung der erheblich erklärten Vorstösse, welche gelegentlich durch Zeitablauf überholt werden und dann von selbst dahinfallen. Diese Methode wird auch zuweilen von der Regierung praktiziert, etwa dann, wenn ein Vorstoss gegen ihren Willen erheblich erklärt worden ist. Im grossen und ganzen aber darf festgehalten werden, dass die Vorstösse relativ schnell behandelt und erledigt werden.

14 Jahre Ratserfahrung

In meiner 14jährigen Tätigkeit als Mitglied der Liberalen Kantonsratsfraktion war es mir vergönnt, sämtliche Stufen dieses Parlamentes zu durchlaufen. Während vier Jahren (1979–1983) durfte ich die LVP-Fraktion führen. In der Folge war ich Mitglied des Büros und konnte schliesslich im Amtsjahr 1986/87 als Ratspräsident amten. Neuerdings ist mir der Vorsitz der gewichtigen Staatswirtschaftskommission übertragen worden. In all diesen Jahren habe ich viele Höhen und als Minderheitspolitiker vor allem auch verschiedene Tiefpunkte in der Ratsarbeit erlebt. Immer aber war es mir ein echtes Anliegen, neben dem Mittragen von Verantwortung und Freude an der Sachpolitik auch die Kameradschaft zu pflegen. Dabei durfte ich viele schöne Stunden miterleben. Gottseidank sind die persönlichen Beziehungen und Freundschaften an keine parteipolitischen Grenzen gebunden.

Quellenverzeichnis

Huwyler Friedrich
Gesetz und Verordnung im Kanton Schwyz, Diss. Zürich 1970

Kälin Wernerkarl / Steiner Hans
Das Rathaus zu Schwyz, Herausgegeben durch die Kulturkommission des Kantons Schwyz, Schwyzer Heft Nr. 3, Schwyz 1974

Kistler Robert
Die wirtschaftliche Entwicklung des Kantons Schwyz, Stans 1962

Niedermann Claus
Das Schwyzer Kantonsparlament, in Traktandum / Magazin Nr. 4/87, Seite 27 ff.

Reichlin Josef
Hundert Jahre Staatshaushalt des Kantons Schwyz, in «Der Stand Schwyz 1848–1948», Seite 180 ff., Einsiedeln 1984

Reichlin Kurt
Kirche und Staat im Kanton Schwyz, Diss. Freiburg 1958

Reichlin Paul
Vom Eigenleben des Kantons Schwyz, in «Der Stand Schwyz 1848–1948», Seite 11 ff., Einsiedeln 1948

Reichlin Paul
Demokratische Verfassung und verfassungsmässige Demokratie im Ablauf eines Jahrhunderts, in «Der Stand Schwyz 1848–1948», Seite 22 ff., Einsiedeln 1948

Schnüriger Xaver
Die Schwyzer Landesgemeinde, Diss. Bern (ohne Jahrgang)

Windlin Hans
Die institutionelle Entwicklung der Staatsformen des Kantons Schwyz im 19. Jahrhundert, Diss. Freiburg 1965

Kanton Schwyz
Mitglieder des Kantonsrates
Stand 1. Januar 1990

Präsident: Hubli Daniel, Oberiberg, CVP
ab Yberg Alois, Schwyz, kfs
Amstutz Klemenz, Merlischachen, LVP
April Walter, Wollerau, LVP
Auf der Maur Albert, Brunnen, LVP
Bähler Fritz, Küssnacht, LVP
Bamert Josef, Innerthal, SP
Baumann Peter, Küssnacht, CVP
Beeler Hermann, Lachen, LVP
Betschart August, Brunnen, CVP
Betschart Franz, Seewen, CVP
Bingisser Richard, Einsiedeln, SVP
Birchler René, Einsiedeln, CVP
Blank Stefan, Goldau, SP
Bösch Lorenz, Brunnen, CVP
Bruhin Herbert, Lachen, CVP
Bürgler Xaver, Illgau, CVP
Burlet Hermann, Reichenburg, CVP
Contratto Peter, Arth, LVP
Dettling Toni, Schwyz, LVP
Diethelm Paul, Lachen, CVP
Dillier Hans, Pfäffikon, CVP
Föllmi Marcel, Feusisberg, CVP
Frick Bruno, Einsiedeln, CVP
Friedlos Hansjörg, Freienbach, SP
Fuchs Albin, Euthal, CVP
Fuchs Karl, Siebnen, LVP
Gianella Hanswerner, Schwyz, LVP
Gwerder Albert, Muotathal, CVP
Haldemann Peter, Wollerau, LVP
Hasler Kaspar, Schübelbach, CVP
Hegner Jakob, Tuggen, LVP
Heinzer Dominik, Muotathal, LVP
Herrmann Karl-Franz, Pfäffikon, LVP
Hiestand Hansruedi, Freienbach, LVP
Horat Walter, Schwyz, CVP
Hubli Daniel, Oberiberg, CVP
Inderbitzin Hans, Riemenstalden, CVP
Inderbitzin Werner, Arth, CVP
Jager Hedy, Freienbach, CVP
Jörg Fritz, Schübelbach, LVP
Kaiser Stefan, Küssnacht, kfs
Kälin Martin, Egg, SP
Kälin Oskar, Bennau, CVP
Kälin Walter K., Altendorf, CVP
Kathriner Hans, Merlischachen, CVP
Keller Gerhard, Wollerau, CVP
Kenel Werner, Arth, CVP
Krummenacher Jürg, Schwyz, kfs
Kümmerli Friedrich, Pfäffikon, SVP
Kümin Otto, Wilen, SP
Kunz Josef, Arth, LVP
Kuriger Hans, Einsiedeln, LVP
Küttel Bruno, Wangen, kfs
Lacher Hugo, Einsiedeln, SVP
Linggi Josef, Brunnen, SP
Mächler Jost, Galgenen, CVP
Marty Franz, Unteriberg, CVP
Meier Bruno, Altendorf, LVP
Meier Ruedi, Steinen, CVP
Mettler Alois, Schwyz, CVP
Meyer Vital, Steinen, LVP
Meyerhans Elisabeth, Wollerau, CVP
Moser Robert, Rothenthurm, CVP
Muff Hans, Brunnen, CVP
Müller Urs, Arth, LVP
Nigg Erwin, Gersau, LVP
Pfister Leo, Tuggen, CVP
Portmann Franz, Feusisberg, CVP
Reichlin Leo, Steinerberg, CVP
Reichmuth Pius, Altendorf, CVP
Römer Urs, Freienbach, LVP
Romer Alfred, Galgenen, SP
Sattler Adolf, Goldau, SP
Späni Johann, Schindellegi, LVP
Schädler Eugen, Einsiedeln, LVP
Schätti Erwin, Siebnen, CVP
Schelbert Franz, Muotathal, CVP
Schilter Frederike, Goldau, CVP
Schmid Josef, Ibach, CVP
Schmid Thomas, Ibach, CVP
Schmidig Franz, Schwyz, CVP
Schmidig Toni, Lauerz, CVP
Schmitter Fritz, Brunnen, SP
Schnekenburger Kurt, Siebnen, SP
Schnellmann Anton, Wangen, SP
Schnüriger Benjamin, Sattel, LVP
Schönbächler Tobias, Gross, LVP
Schuler Toni, Morschach, LVP
Schuster Joseph, Lachen, SP
Stählin Walter, Lachen, SVP
Steiner Meinrad, Alpthal, CVP
Strickler Alois, Immensee, CVP
Ulrich Hedy, Küssnacht, CVP
Vogt Balz, Wangen, LVP
Weber Eugen, Schwyz, LVP
Weber Felix, Rickenbach, LVP
Werder Josef, Küssnacht, CVP
Zangerl Hans Paul, Freienbach, CVP
Züger Eduard, Vorderthal, CVP
Zurbuchen Helmut, Bäch, SP (demissioniert, Nachfolgerin noch nicht vereidigt)

CVP Christlichdemokratische Volkspartei
LVP Liberale Volkspartei
SP Sozialdemokratische Partei
kfs kritisches forum schwyz
SVP Schwyzerische Volkspartei

Urs Wallimann

Der Kantonsrat von Obwalden

Landsgemeinde und Rat entstehen

Gemeinde und Rat entwickeln sich in Obwalden wie in den andern Landsgemeindekantonen parallel mit der eigentlichen Staatswerdung. Die Landsgemeinde ist seit dem 13. Jahrhundert als Gerichtsgemeinde bekannt; sie wird zu Beginn des 14. Jahrhunderts souverän und befasst sich mit allen wichtigen politischen Angelegenheiten. Germanischer Tradition entsprechend behielten sich die Landleute an der Landsgemeinde die wichtigeren Staatsgeschäfte vor. Bald aber entstand das Bedürfnis, minderwichtige Geschäfte durch eine engere Behörde besorgen zu lassen. In einem Friedbrief mit Österreich von 1352 wird erstmals der «Rat» erwähnt. Erst um die Mitte des 15. Jahrhunderts treffen wir jedoch auf den ständigen «Rat der Sechzig». In langer Entwicklungszeit schob sich der Rat als Mitträger staatlicher Funktionen zwischen Landsgemeinde und Landammann. Die Landsgemeinde als oberste Staatsgewalt griff allerdings sooft auf Einzelheiten über, wie dies dem Souverän jeweils tunlich schien.

Nach der ersten formell abgefassten Verfasungsurkunde des Kantons vom 10. Heumonat 1814 setzt sich der Landrat mit den 1815 sieben neu aufgenommenen Engelberger Abgeordneten aus den von der Landsgemeinde gewählten Landesvorgesetzten zusammen sowie aus 65 von den Kirchgemeinden gewählten Ratsmitgliedern (Sarnen und Kerns wählen je 15, die andern Gemeinden je 7 Mitglieder).

Nach der Gründung des Bundesstaates erlässt die Landsgemeinde am 28. April 1850 eine gesamthaft geänderte Kantonsverfassung, um vorab die Rechtsverhältnisse mit der Bundesverfassung in Einklang zu bringen. Wir treffen einen Landrat an, dessen Mitglieder in den neu geschaffenen Einwohnergemeinden auf je 250 Seelen der Bevölkerung (insgesamt 55) auf eine Amtsdauer von vier Jahren gewählt werden. Ihm gehört nach altem Grundsatz auch der zwölfköpfige Regierungsrat an.

Der dreifache Rat setzt sich zusammen aus dem Regierungsrat, dem Landrat und einem weitern Mitglied auf je 125 Einwohner. Der dreifache Rat tagt ordentlicherweise anfangs April, und zwar erstmals nach Verfassungsvorschrift öffentlich. Er prüft die Gesetzesentwürfe und weitern Anträge an die Landsgemeinde. Der dreifache Rat von 1850 hat auch ein Initiativrecht zuhanden der Landsgemeinde, erläutert Verfassung und Gesetze, wählt das Kantonsgericht und übt das Begnadigungsrecht aus. Dem einzelnen Mitglied des dreifachen Rates wird ein Recht auf Anzüge (Motionen) eingeräumt. Der alle drei Wochen an einem Samstag zusammentreffende Landrat ist demgegenüber die oberste Vollziehungs- und Verwaltungsbehörde. Er ist insbesondere zuständig, Vollziehungsverordnungen zu erlassen, Bundesbeschlüsse zu vollziehen, Verkomnisse und die Landesrechnungen zu genehmigen, den Voranschlag aufzustellen, Militäraufgebote zu beschliessen und die Gemeindeaufsicht auszuüben. Weiter nimmt er einzelne richterliche Funktionen wahr. Der Landrat ist Wahlbehörde verschiedener neu gebildeter Verwaltungskommissionen, wie des Kriegsrates, Sanitätsrates, der weltlichen Mitglieder

Das Rathaus in Sarnen, Sitz des Kantonsrates Obwalden

des Erziehungsrates und der Landesarmenkommission. Er ernennt auch den Zeughaus- und Kollegieverwalter, die Offiziere und bestellt den Sustaufseher, den Spittler, den Landjägerwachtmeister und Schellenwerkaufseher, die Wächter in Sarnen und den Scharfrichter.

Was die Gewaltenteilung, insbesondere gegenüber den Gerichten anbetrifft, blieb Obwalden 1850 teilweise noch den vorhelvetischen Anschauungen treu. Im Vergleich zu den andern Kantonen, auch der Innerschweiz, erfolgte der Umbruch in die neue Zeit des Bundesstaates endgültig erst mit der Verfassung vom 27. Weinmonat 1867. Der Rat der 80, eingeschlossen die ihm von Amtes wegen angehörenden sieben Regierungsratsmitglieder, erscheint erstmals unter der Bezeichnung Kantonsrat. Auf ihn gehen die Befugnisse des früheren dreifachen Rates über, so die Vorprüfung der Gesetzesentwürfe und Anträge an die Landsgemeinde, die authentische Interpretation von Erlassen, das Begnadigungsrecht, der Beschluss über den Beitritt zu Konkordaten und die Ausübung der Standesstimme im Bund. Ihm kommt erstmals eine eigene Ausgabenbefugnis bis Fr. 10 000.– zu.

Am 27. April 1902 erneuert die Landsgemeinde das Staatsgrundgesetz gesamthaft, vor allem jedoch zur Neuorganisation der richterlichen Behörden und der Gemeinden (Bezirksgemeinden und Kirchgemeinden). Der Kantonsrat wird nach der Einwohnerzahl – ein Mitglied auf 200 Einwohner – gewählt. Zu Beginn des 20. Jahrhunderts sind dies 72. Bereits 1911 wurde die Quote auf 250 erhöht, die Mitgliederzahl sank auf 69. 1924 wird im Bestreben, «die Einrichtung des Kantonsrates zu vereinfachen und durch die Verminderung der Zahl das Verantwortungsbewusstsein der Ratsmitglieder zu erhöhen», diese gar auf 600 festgesetzt, so dass der Kantonsrat noch 28 Köpfe zählte. Gleichzeitig wurde bestimmt, dass die Mitglieder des Regierungsrates nicht mehr Mitglieder des Kantonsrates sein können, womit auch die Gewaltentrennung zwischen Legislative und Exekutive vollzogen wurde. Der Kantonsrat wird 1902 in den ihm 1867 übertragenen Aufgaben und Befugnissen bestätigt. Die Ausgabenbefugnis wird auf Fr. 15 000.– für einmalige und Fr. 3000.– für wiederkehrende Ausgaben erhöht. Die Aufsicht über die Gemeinden wird dem Regierungsrat zugeordnet.

1909 schränkt die Landsgemeinde die Verordnungsbefugnisse des Kantonsrates durch die Einführung des fakultativen Verordnungsreferendums ein. 1922 wird die Urnenabstimmung für Verfassungs- und Gesetzes- sowie für Steuervorlagen eingeführt – eine historische Schwächung der Stellung der Landsgemeinde. Die Landsgemeinde hat noch die Vorlagen zuhanden der Urnenabstimmung vorzuberaten. Die Befugnis, von der Landsgemeinde delegierte Gesetze unter Vorbehalt eines fakultativen Referendums zu erlassen, verliert der Kantonsrat. Der Landsgemeinde wird auch zu Lasten des Kantonsrates die Festsetzung des Salzpreises übertragen.

In einer Verfassungsänderung von 1942 wird u. a. die Amtsdauer des Kantonsrates auf 16 Jahre beschränkt, die Wählbarkeit nach dem 70. Altersjahr ausgeschlossen. Gleichzeitig wird die Unvereinbarkeit des Kantonsratsmandates mit der Mitgliedschaft in einem kantonalen Gericht sowie der Ausschluss von festbesoldeten Staatsbeamten von der Mitgliedschaft im Kantonsrat festgeschrieben. Von 33 Kantonsräten ziehen 1942 17 neu ins Parlament, also mehr als die Hälfte. Ein auf dem Umweg über die Verfassungsänderung erkämpfter, bedeutender Generationenwechsel in den politischen Behörden wird vollzogen.

Die Stellung gemäss der neuen Verfassung von 1968

Fast gleichlaufend mit den Bestrebungen für eine Gesamtrevision der Bundesverfassung entstand Ende der 60er Jahre eine Bewegung, die Kantonsverfassungen zu überdenken. Vorbild dazu war ein viel beachteter Entwurf des Verfassungsrates für die (gescheiterte) Wiedervereinigung der Kantone Basel-Stadt und Basel-Land. An diesem Vorbild orientierte sich die Kantonsverfassung von Nidwalden von 1965 wie jene des Kantons Obwalden vom 19. Mai 1968. Unmittelbarer Anlass war in Obwalden ein Initiativbegehren zur Abschaffung der 1965 «unrühmlich» verlaufenen Landsgemeinde. Die Umwandlung der Landsgemeinde- in eine Referendumsdemokratie hätte eine Gesamtrevision der Verfassung vorausgesetzt. In Volksbefragungen hat sich die Mehrheit 1966 für die Beibehaltung der Landsgemeinde und 1967 für eine Gesamtänderung der Kantonsverfassung ausgesprochen.

Die «neue» Kantonsverfassung von 1968 brachte in Form und Inhalt bessere Übersichtlichkeit und zeitgemässe materielle Neuerungen, aber keine tiefgreifenden Umwälzungen. Dies trifft insbesondere für die Landsgemeinde und den Kantonsrat zu. Bestrebungen, die 1922 als Gesetzgebungsbehörde amputierte und doch bestätigte Landsgemeinde aufzuwerten, zeitigten keinen grossen Erfolg: Die wieder eingeführte Zuständigkeit, über Initiativbegehren in Form der allgemeinen Anregung beschliessen zu können, ist seither noch nie benützt worden, das formulierte Initiativbegehren, das direkt zur Urnenabstimmung führt, dagegen sehr wohl. Es bleibt das neue Fragerecht, welches jedem Stimmbürger erlaubt, zuhanden der Landsgemeinde dem Regierungsrat Sachfragen von allgemeinem Interesse in bezug auf die Verwaltung des Kantons zu stellen, als eine Art unmittelbares Interpellationsrecht des Bürgers.

Die Mitgliederzahl des Kantonsrates wird wieder angehoben, d.h. die Bevölkerungszahl für ein Mandat auf 500 Einwohner herabgesetzt. An den erstmals stattfindenden Gesamterneuerungswahlen werden 1970 im Mehrheitswahlverfahren 45 Kantonsräte gewählt. Das Verhältniswahlverfahren wurde zwar als politische Absichtserklärung in die neue Verfassung aufgenommen, der Entscheid darüber jedoch auf Gesetzesstufe übertragen. Nach einem zunächst vergeblichen Anlauf (1974) ist der Proporz 1984 auf dem Gesetzesinitiativweg eingeführt worden. Im gleichen Sinne schien 1968 die Einführung des Frauenstimmrechtes die Verfassungsvorlage noch gefährden zu können. Der darin vorgezeigte Umweg über die Gesetzgebung brachte ebenso auf dem Initiativweg 1972 Erfolg. 1973 nehmen die Frauen erstmals an der Landsgemeinde teil und mit einer ersten Vertreterin aus Engelberg auch Einsitz im Kantonsrat.

Das Verhältnis zwischen Landsgemeinde und Kantonsrat wird dank der klareren Ausscheidung der Befugnisse gegenüber früher etwas zugunsten des Kantonsrates verschoben: Weil nun die Gesetzesberatung an der Landsgemeinde wegfällt, kommt der Vorberatung des Kantonsrates in der Gesetzgebung unmittelbareres und stärkeres Gewicht zu. Auf der andern Seite wird das Referendum gegen kantonsrätliche Verordnungen wesentlich erleichtert, indem nur mehr 100 (gegenüber 400) Unterschriften genügen, für die endgültige Entscheidung über Verordnungen die Landsgemeinde anzurufen. Nach wie vor kommt das Verordnungsreferendum nicht zum Zug, wenn es sich um befristete Noterlasse handelt oder um Verordnungen, die vom Bundesrecht ihrem Inhalte nach gefordert sind. Die Abgrenzung im Einzelfall ist nicht einfach, immerhin, je mehr der Bund an Regelungen von den Kantonen verlangt, um so mehr kann der Kantonsrat selbständig verordnen. Die einmalige Ausgabenbefugnis des Kantonsrates wird auf das Fünffache erhöht. Der Kantonsrat erlangt das Recht zur Anleihensaufnahme. Ihm werden das Standesinitiativrecht und das Recht, mit sieben weitern Kantonen das Referendum gegen Bundesgesetze zu ergreifen, eingeräumt. Bei interkantonalen Konkordaten wird gegenüber früher der Vorbehalt der Ausgabenbefugnisse der Landsgemeinde angebracht. Das Kantonsbürgerrecht an Schweizerbürger kann nun der Kantonsrat erteilen, für Ausländer ist immer noch die Landsgemeinde zuständig. Die Wahlen von Kantonsingenieur, Kantonsoberförster und Kantonstierarzt werden an den Kantonsrat übertragen und der «Launenhaftigkeit» der Landsgemeinde entzogen. Der verfassungsmässige Wahlkatalog des Kantonsrates wird bedeutender, werden doch gerade mit den Wahlen in wichtige Behörden und Ämter weittragende Vorentscheide getroffen. – Aus der Zielsetzung der Verfassungsrevision von 1968, den politischen, sozialen und wirtschaftlichen Fortschritt zu fördern, geht im Verhältnis zum Kantonsrat auch ein in seinen Exekutivfunktionen gestärkter Regierungsrat hervor. Seine Handlungsfähigkeit wird beispielsweise erhöht durch die Befugnis, Verfahren und Zuständigkeiten für die Durchführung von Bundesrecht selbständig in Ausführungsbestimmungen zu regeln oder zeitlich beschränkte Noterlasse zu beschliessen. Seine Befugnis für einmalige, frei bestimmbare Ausgaben wird von Fr. 1500.– auf Fr. 25000.– erhöht. Es kommt ihm allgemein das Recht zu, kantonale Konzessionen zu erteilen und kantonale Vernehmlassungen zu erstatten. – In der Folgezeit durchgeführte Änderungen der Kantonsverfassung brachten eine Herabsetzung des Stimmrechtsalters auf 18 Jahre, ein unmittelbares Standesinitiativrecht des Volkes sowie höhere Finanzbefugnisse des Kantonsrates und Regierungsrates. Auf die Gesamterneuerungswahlen 1990 hin ist durch Verfassungsänderung eine feste Zahl von 55 Sitzen eingeführt worden. Als Verteilungsgrundlage gilt der gegenüber der eidgenössischen Volkszählung aktuellere Stand der Einwohnerkontrolle des zweiten, der Wahl vorausgehenden Jahres.

Die Kantonsverfassung von 1968 verlangte eine Anpassung der Gesetzgebung. Zunächst wurden insbesondere die Einzelheiten der Behördenorganisation und die Verfahren angepasst, so auch die Geschäftsordnung des Kantonsrates.

Die neue Kantonsverfassung trat just in einem Zeitpunkt in Kraft, in welchem ein allgemeiner Umschwung in Gang kam. Die Jugendunruhen (1968) setzen Zeichen einer Aufbruchstimmung. Der Rechtsstaat hat sich zum Sozial- und Leistungsstaat weiterentwickelt. Die Autorität der «Regierenden» wird kritischer angeschaut. Die Parlamente reklamieren mehr Einfluss, wollen die schwieriger gewordenen Lebensverhältnisse aktiver mitgestalten. Ein rationeller Arbeitsstil ist gefragt. Der Kantonsrat drängte im Gegensatz zum zögernden Regierungsrat, umgehend eine der neuen Kantonsverfassung angepasste Geschäftsordnung zu erlassen. Im Zuge der 1970 fälligen Gesamterneuerungswahlen wurde ein Generationenwechsel spürbar.

Eine tiefgreifende Parlamentsreform brachte die kantonsrätliche Geschäftsordnung von 1971 noch nicht. Wir finden darin allerdings einige Ansätze eines künftig mündigeren Kantonsrates. Die Ausstandsvorschriften bei Interessenkollisionen werden auf die mit beratender Stimme anwesenden Regierungsratsmitglieder ausgedehnt. Die Information der Öffentlichkeit über die Parlamentsarbeit wird institutionalisiert. Fraktionen von wenigstens fünf Mitgliedern werden anerkannt und in mildester Form gefördert: «Für Zustellungen kann das Sekretariat des Kantonsrates in Anspruch genommen werden.» Der Ausdruck «Sekretariat des Kantonsrates» tritt an die Stelle der «Staatskanzlei», der praktische Vollzug obliegt weiter der Staatskanzlei. Die Fristen für die Einberufung und Zustellung der Beratungsgrundlagen werden zugunsten der Parlamentarier ausgedehnt. Auf eine Begründung der Geschäfte in Botschaften und eine gute Dokumentation wird besonderer Wert gelegt. Das sogenannte Büro wird zu einem Führungsorgan des Rates. Ihm gehören der Präsident, der Vizepräsident, die Stimmenzähler sowie der Sekretär mit beratender Stimme an. Der Landammann ist zu den Sitzungen des Büros einzuladen und kann mit beratender Stimme teilnehmen. Das Büro setzt die Geschäftsliste nach Anhören des Landammannes fest. Früher setzte der Regierungsrat die Traktanden im Einverständnis mit dem Präsidenten fest. Es kam aber in der Praxis auch vor, dass dieses Einverständnis stillschweigend vorausgesetzt wurde und der Regierungsrat zur vorherigen, rechtzeitigen Verbindungsaufnahme ermahnt werden musste. Das Büro erhält das bedeutende Recht, vorberatende Kommissionen zu bestellen. Es genehmigt auch das Protokoll. Die Kommissionen sind verpflichtet und berechtigt, die ihnen unterbreiteten Geschäfte umfassend zu prüfen und sich darüber einlässlich zu informieren. Die Mitglieder des Regierungsrates haben sich den Kommissionen zur Verfügung zu stellen «und auf ihre Begehren entsprechend Auskunft zu erteilen». Parlamentarische Vorstösse sind nicht mehr der Staatskanzlei, sondern dem Ratspräsidenten einzureichen, «der sie dem Rat ohne Verzug zur Kenntnis bringt». Die Motion kann neu auch in die verbindliche Form eines ausgearbeiteten Entwurfes gekleidet werden. Über die Erheblicherklärung eines Vorstosses ist immer abzustimmen. Die kleine Anfrage wird als schriftliches Auskunftsmittel ausgebaut. Früher war sie formlos als «blosse Anfrage» im Zusammenhang mit der Beratung von Voranschlag und Rechnung oder Rechenschaftsberichten möglich.

Es handelt sich um viele Elemente, welche die Selbständigkeit und das politische Gewicht des Rates und seine besseren Informationsmöglichkeiten gegenüber dem Regierungsrat dokumentieren. Wohlwollend wurde die neue Geschäftsordnung schliesslich vom Regierungsrat mit dem Kommentar aufgenommen: Wenn man die bisherige mit der neuen vergleicht, «stellt man fest, dass in materieller Hinsicht keine weltbewegenden Sachen in der neuen Geschäftsordnung stehen». Der regierungsrätliche Sprecher räumt aber ein, «dass der Kantonsrat ein gewisses Selbständigkeitsbedürfnis zum Ausdruck gebracht hat. Dies kann man verstehen».

Das Gesicht des Obwaldner Kantonsrates

Fünf Damen und 47 Herren prägen gegenwärtig das Gesicht des Obwaldner Kantonsrates. Auf dem Präsidentenstuhl wirkt 1989/90 erstmals eine Frau. Gerade rechtzeitig wurde durch eine Änderung der Geschäftsordnung die Anredeformel offiziell angepasst auf: «Frau Präsidentin, meine Damen und Herren». Selbstverständlich und kompetent führt die junge Juristin das Zepter. Selbstbewusst und kritisch durchleuchten die Kantonsräte die Vorlagen des Regierungsrates. Von Schulmeisterei von der Regierungsbank aus ist nichts mehr zu spüren: Die Argumente zählen. Das Gesicht des Rates hat sich in den letzten Jahren gewandelt: Das Parlament ist irgendwie mündiger geworden.

Die Sitzungen des Kantonsrates finden in ehrwürdigem Rahmen statt. Das Rathaus in Sarnen ist Ausdruck der stolzen Eigenstaatlichkeit, welche der Kanton anfangs des 15. Jahrhunderts erlangt hat. Beim Betreten der Eingangshalle grüsst mit ernstem Gesicht das überlebensgrosse Bild von Bruder Klaus. Im Gegengruss wird man unwillkürlich an seine staatspolitischen Mahnungen erinnert, wie: «Lasset nit zu, dass Uneinigkeit, Neyd, Hass, Missgunst und Partheyen unter euch aufkommen und wachsen. Sonst ist ewer Ding und Regiment auss.» Der stilvolle Barocksaal – in welchem sich der Kantonsrat jährlich etwa zehnmal zu einer ganz- oder halbtägigen Sitzung zusammenfindet – wurde bei der vorletzten Gesamtrenovation des Rathauses 1729–1731 geschaffen. In der Mitte der stilvollen Stuckdecke wacht im Bild die «Gerechtigkeit» mit Schwert und Waage, dass es bei den Verhandlungen gerecht zu- und hergehe. Mit gestrengen Blicken folgen auch die an der Rückwand aufgehängten Porträts der ehemaligen Landammänner den Worten und Taten ihrer Nachfahren. Ein Erdbeben hatte 1964 dem Kantonsratssaal und dem Rathaus arg zugesetzt. Der Statiker konnte bei der Gesamtrestauration (1977/78) nicht begreifen, dass den Räten die Decke des Ratsaales nicht schon längst auf den Kopf gefallen war. Dreizehn Jahre tagte der Rat – offenbar, ohne es zu wissen – unter grosser Gefahr.

Wer im Ratsaal Einsitz nehmen will, hat den Amtseid zu leisten. In feierlichem Akt bekräftigt der Neugewählte seine getreue Pflichterfüllung nach Verfassung und Gesetz und zu des Landes Ehre und Wohlfahrt. Das Volk darf seinen Abgeordneten somit vertrauen, dass sie ihre Stellung als Repräsentanten ungeschmälert einnehmen und ihren Obliegenheiten auf bestmögliche Weise nachkommen.

Die Sitzordnung im Ratssaal zeugt von der Dominanz der Gemeinden im Kanton. Ohne Reglementierung will es der Brauch, dass die Ratsmitglieder ihre Plätze in historischer Gemeindereihenfolge einnehmen. Das Zusammenrücken von Ratskollegen der gleichen Partei ist erst das dritte Kriterium. Zuvor entscheidet innerhalb der Mitglieder aus der gleichen Gemeinde das Amtsalter darüber, wer in der bevorzugten hintersten Reihe sitzen darf. Das Gemeindeprinzip ist in der Geschichte verwurzelt: Sarnen (Freiteil) und Kerns als älteste freie Gemeinden und auch bevölkerungsstärkere beanspruchten lange Zeit das Doppelte der Ratssitze gegenüber den andern Gemeinden. Bei der Besetzung des Präsidentenstuhles gilt seit 1958 ein Gemeindeturnus: Nach vier andern Gemeinden kommt Sarnen an die Reihe, nach sechs andern Gemeinden Kerns, zwischenhinein die übrigen fünf Gemeinden in historischer Reihenfolge (Sachseln, Alpnach, Giswil, Lungern und Engelberg). Mit der wachsenden Bedeutung der politischen Parteien wird der Gemeindeturnus heute gelegentlich durchbrochen, mittelfristig jedoch im Austauschverfahren wieder ins Lot gebracht.

Der Kantonsrat ist 1986 erstmals in der fast 700jährigen Geschichte des Kantons im Verhältniswahlverfahren bestellt worden. Früher gab man weniger auf die Parteien: «Jeder kannte ja jeden.» Die Bevölkerung war politisch, wirtschaftlich und religiös homogener. Die Wähler erkoren ihre Abgeordneten noch lange Zeit in offener Abstimmung an den Gemeindeversammlungen. Inzwischen hat ein Umdenken stattgefunden. Die Bevölkerung ist vielfältiger zusammengesetzt, der Anschauungen sind viele. Alle Gruppierungen sollen ihrer Stärke entsprechend im Rat, der ja die Volksvertretung darstellt, mitreden können. So finden wir heute im Kantonsrat vier Fraktionen: 27 Mitglieder gehören der Christlich-Demokratischen Partei, 12 der Liberalen Partei, 8 der Christlich-Sozialen Partei und 4 der Freien Fraktion Obwalden an. Ein Mitglied ist fraktionslos. Trotz des Einzugs der sogenannten «Grünen» ins Parlament hat man manchmal den Eindruck, die Opposition spiele stärker zwischen Kantonsrat und Regierungsrat, als unter den Fraktionen bzw. Parteien. Die Parteigrenzen sind eben doch noch weniger gefestigt als die Gemeindegrenzen.

Aufgewertet wurde das Parlament durch einen systematischen Ausbau der Aufsichtsfunktionen. 1980 ist die Kommission zur Prüfung der Landesrechnung zur Geschäfts- und Rechnungsprüfungskommission aufgewertet worden. Mit dem neuen, koordinierten Instrument wacht das Parlament darüber, dass der Regierungsrat und die Verwaltung rechtmässig, zweckmässig, wirksam und angemessen handeln.

Debattiert wird in Mundart und die obwaldnerische überwiegt, was nicht verwundert, verfügen doch die Mitglieder mit Obwaldner Bürgerrecht über eine Zweidrittelsmehrheit im Rat. Ist es da einem Zugezogenen zu verargen, wenn er in seiner pointierten Redeweise nüanciert obwaldnerische Laute mitschwingen lässt? Alle Reden werden auf Tonband aufgezeichnet, seit 1954. Als einer der ersten Kantonsräte hat jener von Obwalden dieses Hilfsmittel für die Protokollierung gebilligt, und zwar durch stillschweigende Kenntnisnahme. Was sich auf diese Weise seit der Frühzeit der Tonbandtechnik gut eingeführt hat, ist heute – während andere Kantonsparlamente noch über Sinn und Unsinn debattieren – fest in der Geschäftsordnung verankert. Die Verschriftli-

282

chung der gesprochenen Mundart zu einem ausführlichen Verhandlungsprotokoll war schon Gegenstand wissenschaftlicher Untersuchungen. Der Protokollantin als Übersetzerin wurde darin ein gutes Zeugnis ausgestellt. Also hatte nicht jener ehrenwerte Kantonsrat recht, der beim Lesen des Protokolles ausrief: «Solch einen ‹Chabis› habe ich nicht gesprochen.» Als man ihm das Tonband abspielte, musste er sein Votum eingestehen. Deshalb hält die Geschäftsordnung fest, dass die Tonbandaufnahme sicherheitshalber während mindestens eines Jahres aufbewahrt werden muss. Ein anderer Ratsherr meinte etwas freier zur Protokollierungsart: «Jeder Sinn und Unsinn, der hier gesagt wird, ist aufgenommen und wird nachher geschrieben.»

Die Ratsgeschäfte werden von den Kommissionen gut vorberaten. Dies verringert die Arbeit im Plenum und hebt die Qualität der Beschlüsse: Die Kommissionen können im Gelände Augenscheine nehmen, Fachleute anhören und Einzelheiten klären. Bevorzugt werden ad hoc bestellte Kommissionen; schliesslich sollen möglichst alle Ratskollegen an den wichtigen Vorarbeiten teilhaben. Nur zwei Kommissionen sind ständig und auf Amtsdauer bestellt: Die schon erwähnte Geschäfts- und Rechnungsprüfungskommission und die Redaktionskommission, welche sprachliche Ungereimtheiten letztinstanzlich ausräumt und dabei vor der zweiten Lesung gelegentlich noch inhaltliche Widersprüche in Gesetzes- oder Landsgemeindevorlagen aufspürt. Die mit dem Verhältniswahlverfahren eingeführte Proportionalität im Rat hat allerdings entwelche Meinungsverschiedenheiten bei der Bestellung der vorberatenden Kommissionen heraufbeschworen. Entweder bestellt man so grosse Kommissionen, dass auch die kleinste Fraktion eine Vertretung hat, oder man wählt kleine Kommissionen, und verlagert damit, neben der Verärgerung der Minderheitsfraktionen, die Debatte ins Ratsplenum. Und was geschieht erst mit einem fraktionslosen Einzelmitglied? Irgendwo muss offensichtlich die Proportionalität aufhören. Das weniger berechnende Majorzverfahren wirkte toleranter.

Die Kommissionsarbeit vollzieht sich hinter geschlossenen Türen. Die Kommissionsmitglieder können ohne Rücksicht auf eine vorschnelle Beurteilung durch Medien und Wähler ihre Meinung äussern und im Verlauf der Kommissionsberatung auch ändern. So können ausgewogene Lösungen erarbeitet werden, welche dann an den öffentlichen Ratssitzungen präsentiert werden. Mit Zweidrittelsmehrheit kann der Rat geheime Verhandlung im Plenum beschliessen, wenn dies im Interesse der öffentlichen Ordnung, Sicherheit oder Sittlichkeit angezeigt erscheint. Neuerdings gilt dies auch bei Wahlen, weil man bei hohen Beamtenstellen den Nichtgewählten die vertrauliche Behandlung ihrer Bewerbung garantieren will. Sonst würde man Gefahr laufen, dass sich geeignete Kandidaten in ungekündigter Stellung gar nicht erst bewerben würden.

Für Begnadigungsgesuche gilt immer die Verhandlung unter Ausschluss der Öffentlichkeit. Den wohl bedeutendsten Begnadigungsentscheid in diesem Jahrhundert hatten die Obwaldner Kantonsräte von 1940 zu treffen. Die Gerichte verhängten über einen dreifachen Mörder die Todesstrafe. Die Abschaffung der Todesstrafe im Schweizerischen Strafgesetzbuch war schon beschlossen. Es war aber noch nicht in Kraft gesetzt. Somit kam noch das kantonale Strafgesetz zur Anwendung. Der Rat lehnte in geheimer Verhandlung die Begnadigung ab. Das Urteil wurde vollzogen. Es war die letzte zivile Hinrichtung in der Schweiz.

Nicht immer sind die Verhandlungsgegenstände von solch tiefgreifender Ernsthaftigkeit. Dies hängt natürlich sehr vom Betrachtungswinkel oder politischen Standpunkt ab. Um diesen zur Geltung zu bringen, können sich die Mitglieder vor allem der klassischen parlamentarischen Mittel bedienen: der Motion, des Postulates, der Interpellation oder kleinen Anfrage. Man öffnet sich als Erstunterzeichner eines Vorstosses im Parlament am sichersten und ausführlichsten den Zugang zu den Medien. Dass der Obwaldner Parlamentarier dank den überschaubaren Verhältnissen nicht unbedingt darauf angewiesen ist, zeigt seine gute Disziplin in dieser Hinsicht: Mit durchschnittlich 15 Vorstössen – in allen Sitzungen insgesamt – im Jahr macht der Kantonsrat im interkantonalen Vergleich eine sehr gute Figur. Hier kommt eine besondere Eigenschaft der Urdemokratie zum Ausdruck. Jeder Stimmberechtigte hat mit dem Einzelinitiativrecht für Gesetze und Finanzbeschlüsse jederzeit ein direktes Instrument der Mitsprache zur Verfügung. Dieses Recht würde er sich nie nehmen lassen. Er macht davon aber nur mit kluger Zurückhaltung Gebrauch.

Die Mitverantwortung des einzelnen Ratsmitgliedes kommt besonders bei der Abstimmung unter Namensaufruf zum Ausdruck.

«Jedes Mitglied hat bei Aufrufen seines Namens laut und deutlich ohne Begründung die Stimme abzugeben», schreibt das Reglement vor. Die Seltenheit des Verfahrens erhöht die Bedeutung dieser Art der Stimmabgabe. Sie kam nur einmal vor in den letzten zehn Jahren, nämlich beim «Jahrhundertentscheid» über die Übernahme des Lungerersee-Kraftwerkes zum Eigenbetrieb durch den Kanton. 32 mal ertönte auf den persönlichen Appell des Präsidenten ein Ja durch den Raum, 16 mal war die Antwort Nein. Sonst war es mäuschenstill im Saal, obwohl die Presseplätze und Zuschauerränge randvoll besetzt waren. Die Diskussion zuvor war innerhalb und ausserhalb des Rathauses so leidenschaftlich wie selten geführt worden. Die Experten rieten zur Partnerschaftslösung mit einem grossen Elektrizitätswerk, die Obwaldner Parlamentarier entschieden sich für die Eigenständigkeit.

Ein solcherart eigenständiges Parlament, welches die Lebenskraft und Daseinsberechtigung des kleinen Kantons in der 700jährigen Eidgenossenschaft unter Beweis stellt, ist auch in Zukunft wünschbar.

Quellenverzeichnis

Verfassungsgeschichtlicher Überblick zur Verfassung des Kantons Unterwalden ob dem Wald, Ausgabe 1948

Obwaldner Heimatbuch
Verlag Hess (Hrsg.), Basel/Engelberg, 1953

Wirz Wolfgang
Die Träger der verwaltenden Staatsgewalt im Kanton Unterwalden ob dem Wald im Laufe der staatlichen Entwicklung, Stans, 1938

Zünd Lorenz
Das Parlament in den Landsgemeindekantonen, St. Gallen, 1955

von Moos Niklaus
Sammlung der Gesetze und Verordnungen des Kantons Unterwalden ob dem Wald, 1853

Sammlung der Gesetze und Verordnungen des Kantons Unterwalden ob dem Wald, Band II, Standeskanzlei 1868

Obwaldnerisches Landbuch, Bände I bis XIX, ab 1899

Staatsarchiv Obwalden, verschiedene Ratsprotokolle und Akten

Kanton Obwalden
Mitglieder des Kantonsrates
Stand 1. Juni 1990

Präsident: Imfeld Robert, Lungern, CVP
Abächerli Alfred, Giswil, CVP
Abächerli-Wallimann Trudy, Giswil, LP
Amrhein Norbert, Kerns, FFO
Amstutz Paul, Alpnach, LP
Anderhalden Paul, Sachseln, LP
von Atzigen Alois, Alpnach, CVP
Bechter Hans-Jörg, Engelberg, LP
Bolfing Josef, Kerns, LP
Bünter Josef, Engelberg CVP
Dillier Ruedi, Sarnen, LP
Durrer Hansruedi, Kerns, LP
Ettlin Walter, Kerns, CVP
von Flüe Arnold, Giswil, CSP
Furrer Leo, Alpnach, LP
Gasser Oswald, Alpnach, CVP
Gasser Theodor, Lungern, CVP
Geser Hans, Ramersberg, CVP
Gut Josef, Sarnen, CSP
Halter Zeier Bernadette, Sarnen, FFO
Hofer Hans, Lungern, CSP
Huber Madeleine, Sarnen, FFO
Huwyler Edwin, Sarnen, FFO
Imfeld Albert, Alpnach, CSP
Imfeld Robert, Lungern, CVP
Jakober Gregor, Stalden, CVP
Kaiser Kurt, Sachseln, CVP
Kiser Stini, Alpnach, LP
Krummenacher Peter, Kägiswil, CVP
Küchler-Flury Maria, Sarnen, CVP
Küchler Remigius, Sarnen, LP
Küng Otti, Alpnach, CSP
Lussi Werner, Kägiswil, CVP
Meienberger Hubert, Engelberg, LP
Michel Hans, Melchtal, CVP
Ming Josef, Lungern, CVP
Odermatt Erwin, Kerns, CVP
Omlin Cherubim, Flüeli-Ranft, CVP
Omlin Eduard, Sachseln, CVP
Pichler Peter, Alpnach, CVP
Reinhard Walter, Kerns, LP
Riebli Klaus, Giswil, CVP
Rohrer Josef, Flüeli-Ranft, CVP
von Rotz Richard, Kerns, CSP
Santini Bruno, Sachseln, FFO
Scheuber-Langenstein Martha, Engelberg, CVP
Spichtig Trudy, Sachseln, CVP
Stöckli Ali, Sarnen, LP
Stockmann Oskar, Sarnen, CSP
Theler Giann, Engelberg, CVP
Windlin Josef, Kerns, CVP
Wolf Heinz, Giswil, LP
Zeugin Arnold, Engelberg, –
Zumstein Urs, Sarnen, CVP
Zumstein Willy, Sarnen, CVP
Zünd Walter, Giswil, CVP

CVP Christlichdemokratische Volkspartei
CSP Christlichsoziale Partei
LP Liberale Partei
FFO Freie Fraktion Obwalden
Fraktionslos

Hansjakob Achermann

Der Landrat von Nidwalden

Unser Landrat besitzt eine lange Tradition. Schon 1382 erwähnt ihn ein erhalten gebliebener Beschluss der Landsgemeinde. Dabei ist von ihm in einer solchen Selbstverständlichkeit die Rede, dass wir annehmen dürfen, es handle sich bei ihm um ein bereits seit längerer Zeit institutionalisiertes Gremium. Herzog Albrecht bezog sich wohl 1352 auch auf ihn, als er die «Räte» von Unterwalden in seine Grussadresse miteinbezog. Denn zu diesem Zeitpunkt hatten sich die beiden Talschaften der Engelberger- bzw. Sarneraa längst eigenständig organisiert, nachdem sie ja auch bis 1291 getrennte Wege gegangen waren.

Wie der Landrat damals ausgesehen hat, wissen wir freilich nicht. Denn spezielle Hinweise auf ihn finden sich im 14. und 15. Jahrhundert nur spärlich. Immerhin muss er sich in dieser Zeitspanne zu einer regelmässig tagenden Institution herangebildet haben. Als solcher erscheint er im Landbuch von 1510, das eine Sammlung aller damals gültigen gesetzlichen Bestimmungen enthält. Unklar blieb die Kompetenzabgrenzung. Sie wurde übrigens bis 1850 nicht angestrebt. Letztlich entschieden der regierende Landammann oder allenfalls die «Vorgesetzten Herren» jahrhundertelang in vielen Fällen recht pragmatisch, welches Geschäft sie welcher Gewalt zur abschliessenden Behandlung vorlegen wollten. Aus den unzähligen Beschlüssen, welche der Wochenrat, der Landrat, die «Rät' und Landleute» oder die Landsgemeinde in diesem Zeitraum fällte, lässt sich als Grundtendenz höchstens herausschälen, dass man versuchte, einen Entscheid um so breiter abzustützen, je grösser dessen voraussehbare Folgen für Land und Volk ausfielen.

Erst die Kantonsverfassung von 1850 brachte hier eine grundsätzliche Änderung. Aber auch sie liess in der Kompetenzzuweisung noch einen verhältnismässig grossen Spielraum offen. Und wie vorher die «Vorgesetzten Herren», so gehörten jetzt immer noch die Mitglieder des Wochenrates (1878 in Regierungsrat umgetauft) von Amtes wegen dem kantonalen Parlament an. Überlieferungsgemäss besassen sie bei der Diskussion als erste das Rederecht, wobei sie alle der Reihe nach um ihre Stellungnahme angefragt wurden. Erst anschliessend konnten sich die gewöhnlichen «Ratsherren» zu Wort melden. Wie bisher wurde der Landrat auch weiterhin vom Landammann geleitet. Ein eigenes Ratsbüro mit Präsidenten, Vizepräsidenten, zwei Stimmenzählern und einem Ersatzstimmenzähler bekam er erst mit der neuen Kantonsverfassung vom Jahre 1913. Seither können die Regierungsräte nicht mehr gleichzeitig kantonale Parlamentarier sein. Wer aber damals geglaubt hätte, die Änderung stärke den Landrat und bringe ihm sofort eine grössere Eigenständigkeit, sah sich getäuscht. Denn die Mitglieder des Regierungsrates nahmen weiterhin geschlossen an den Sitzungen des Parlaments teil und liessen sich offiziell entschuldigen, wenn sie, was selten vorkam, an der Teilnahme verhindert waren. Sie besassen das freie Rede- und Antragsrecht, auch für Geschäfte, die gar nicht in ihren Zutändigkeitsbereich als Departementschef fielen, und nutzten es auch immer wieder. Daran hat sich bis heute wenig geändert.

Seit 1913 stellt sich bei der Wahl eines neuen Ratspräsidenten immer wieder die Frage,

Das Rathaus in Stans, Sitz des Landrates Nidwalden

ob der Vorsitzende das höchste Magistratenamt des Kantons manifestiere. Manche, darunter auch Ratskollegen, antworten darauf mit einem überzeugten «Ja». Dem ist aber nicht so. Wer die höchste Gewalt präsidiert, der ist der Höchste, also der Landammann, weil er der Landsgemeinde vorsteht.

Ursprünglich wurde jedermann auf Lebenszeit in den Landrat gewählt. Wer nicht aus eigenem Antrieb resignierte oder allenfalls wegen unehrenhaften Benehmens von seinen Kollegen ausgestossen wurde, blieb bis zu seinem Tode Ratsherr. Dies änderte sich erst ab 1850, als von Bundes wegen die Periodizität für alle Mandatsträger eingeführt werden musste. Da aber an die Wiederwahl keinerlei Beschränkungen gebunden waren, kam es anfänglich noch öfters vor, dass ein Parlamentarier im Amte verstarb. Heute stellt dies eine grosse Ausnahme dar. Denn in den letzten Jahrzehnten verlassen die Ratsangehörigen vielfach nach acht bzw. zwölf Jahren die Legislative. Doch auch vier Amtsdauern sind üblich. Eine fünfte gilt hingegen, obschon sie gesetzlich erlaubt ist, eher als suspekt. Wer sie anstrebt, muss sich, wenn nicht gewichtige Gründe dafür sprechen, selbst von eigenen Parteigängern den Vorwurf eines «Sesselklebers» gefallen lassen.

Die Wahl in den Landrat galt früher oft als eine Art Belohnung für die Tätigkeit auf kommunaler Ebene. Zurücktretende Gemeinde- oder Kirchenräte schafften auf diese Weise ehrenhalber den Weg ins Parlament. Vereinzelt bot sich auch die Möglichkeit, missliebige Angehörige eines administrativen Rates nach «oben» wegzubefördern, ohne dass deswegen jemand das Gesicht zu verlieren brauchte. Dass nach solchen Auswahlprinzipien nicht immer die Besten einer Gemeinde «aufs Rathaus» geschickt wurden, liegt auf der Hand. Es wundert uns darum auch nicht, wenn es jeweils entsprechend wenige waren, die sich im Rat aktiv betätigten und damit versuchten, die Politik des Kantons mitzubestimmen. Freilich verstanden es diese wenigen dann umso besser, auf der Klaviatur zu spielen, vielfach zum Wohl des Landes, manchmal aber auch nicht. Die Mehrheit begnügte sich in einer passiven Rolle, mit Ausnahme der Fälle, in denen es handfeste persönliche oder standesmässige Interessen zu verteidigen galt.

Natürlich hat sich auch hier in den letzten Jahren einiges geändert. So ist etwa eine Verjüngung des Rates feststellbar. 1974 brachte den Einzug der Frauen. Er setzte dem reinen Männerparlament ein Ende. Eine weitere, entscheidende Neuerung kam 1982 zur Anwendung, als die Mitglieder der Legislative erstmals im Proporz gewählt wurden. Dadurch schmolz die bisher breite Mehrheit der Christlichen Volkspartei (CVP) zu Gunsten der Liberalen Partei (LP bzw. FDP), der Sozialdemokratischen Partei (SP) und des neu im Landrat vertretenen Demokratischen Nidwaldens (DN) stark zusammen. Zwar konnte die CVP ihre Stellung als Mehrheitspartei halten. Doch wie lange dies noch der Fall sein wird, steht auf einem andern Blatt geschrieben. Die aufgezählten Änderungen fanden ihren Niederschlag in einem neuen Stil. Dieser zeigt sich äusserlich am augenfälligsten darin, dass seither die Zahl der Einzelvorstösse von Parlamentariern, die früher eine Seltenheit darstellten, stark zugenommen hat. Im weitern wird an den Sitzungen eher mehr debattiert. Seit die beiden bürgerlichen Parteien nicht mehr allein «en famille» tagen können, kommen in den einzelnen Voten vermehrt die unterschiedlichen Standpunkte zum Ausdruck, was die Zusammenkünfte bisweilen lebhafter, aber manchmal auch etwas länger werden lässt. Als eine Folge davon wurde seit zwei Jahren auf die bisherige Praxis verzichtet, jeden neuen Gesetzes- und Verordnungstext während der Beratung vom Vizepräsidenten in extenso vorlesen zu lassen. Dies brachte jenen freilich um die Möglichkeit, mit einer wohlklingenden Stimme vor dem Rat zu brillieren. Das Vorlesen erklärt sich aus einer Zeit, in welcher das Kopieren eines Textes viel zu aufwendig war, um jedem Ratsherrn einen Gesetzesentwurf vor der Sitzung zuzustellen. Das lange Beibehalten des alten Zopfes gibt uns einen weiteren Hinweis auf das Festhalten an Traditionen.

Ebenfalls in die parlamentarische Frühzeit zurückverfolgen lässt sich die Sitte, im Saal die Mitglieder gemeindeweise zusammenzufassen. Damals, als es noch keine eigentlichen Parteien gab, war dies die einzige sinnvolle Sitzordnung. Heute wären auch andere Möglichkeiten denkbar. Doch müssten dazu beispielsweise die Parteien als Fraktionen in der Gesetzgebung auftauchen, was bis heute trotz Proporzwahlrecht nicht der Fall ist.

Trotzdem bilden die im Landrat vertretenen politischen Gruppierungen de facto Fraktionen. An den vorberatenden Sitzungen der Bürgerlichen nehmen selbstverständlich auch die entsprechenden Regierungsräte teil. Zutritt haben zu mindest bei der CVP auch die Mitglieder der kantonalen Delegiertenversammlung. Stimm- und Wahlrecht besitzen aber einzig die Parlamentarier. Eigene Wege geht hier das DN, indem Landräte und Parteivorstand gemeinsam die anstehenden Geschäfte beraten, wozu alle Parteimitglieder freien Zugang und das Mitspracherecht haben. Dadurch werden die Parlamentarier stark in die allgemeine Parteipolitik eingebunden, während jene der Bürgerlichen nach erfolgter Wahl ziemlich frei sind, zu vertreten, was ihnen gut scheint, selbst wenn es den Parteigrundsätzen und Wahlversprechen widerspricht. – Die Fraktionszusammenkünfte finden in der Regel rund eine Woche vor den Ratssitzungen statt. Dabei wird Beschluss über Zustimmung oder Ablehnung der einzelnen Vorlagen, Anträge bzw. Wahlvorschläge gefasst. Vorgängig informieren die Regierungsräte und Kommissionsmitglieder ihre übrigen Parteikollegen. Während der anschliessenden Diskussion kann es vorkommen, dass «heisse Fragen» gestellt werden, die dann in der Parlamentsdebatte unterbleiben. Bei strittigen Punkten kann Fraktionszwang beschlossen werden. Voraussetzung dafür ist, dass ihm Zweidrittel der Anwesenden zustimmen. Aber auch sonst hat Fraktionspolitik nur dann einen Sinn, wenn sie von den eigenen Ratsmitgliedern getragen wird, Übers Ganze gesehen halten sich die LP-Landräte, die sich trotz Regierungsbeteiligung immer wieder gerne auch als Opposition zur Mehrheitspartei sehen, besser an die Fraktionsdisziplin als jene der CVP. So kann es vorkommen, dass Beschlüsse der letzteren trotz numerischer Überlegenheit im Parlament keine Mehrheit finden.

Obschon die Fraktionen, wie ich bereits angetönt habe, in den gesetzlichen Bestimmungen nicht vorkommen, existieren sie und nehmen einen Teil jener Aufgaben wahr, die in andern Kantonen offiziell den Fraktionen überbunden sind. Hingegen fehlt ihnen bei uns u. a. das für eine gezielte Politik relativ wichtige Vorschlagsrecht für die landrätlichen Kommissionen. Dieses ist dem Ratsbüro vorbehalten, das die Vorschläge von sich aus den Räten zusammen mit den Anträgen unterbreitet. Natürlich wird dabei auf eine ausgewogene Parteienvertretung geachtet. Daneben gilt es aber noch andere Kriterien zu berücksichtigen. So sollten immer auch die Gemeinden angemessen vertreten sein. Mit andern Worten: Erst bei grossen Kommissionen dürfen in der Regel zwei Mitglieder aus dem gleichen

Dorf stammen. Im weiteren schaut das Büro auf eine möglichst ausgewogene Auslastung der einzelnen Parlamentarier und auf den Sachverstand. Sofern im voraus bekannt, finden auch gefürchtete Gegner einer Vorlage Aufnahme in die Vorschlagsliste, die aber immer nur soviele Namen aufweist, als Sitze für die Kommission vorgesehen sind. Hin und wieder stockt der Rat die Zahl auf, um einen nicht berücksichtigten Kandidaten doch noch unterzubringen.

Ausser den politischen Fraktionen gibt es noch zwei andere Vereinigungen, die vor allem dann aktiv werden, wenn ein Sachgeschäft ihre Standesinteressen berührt: Es sind dies die Vereinigung der Landwirte und jene des Gewerbes. Während der ersten vor allem CVP-Parlamentarier angehören, zählen zur letzteren Mitglieder aus beiden bürgerlichen Lagern. Im Verhältnis zur Bevölkerung sind bisher die Frauen und die Arbeitnehmer im Nidwaldner Landrat krass untervertreten. Der Landrat versammelt sich seit 1986 normalerweise am Mittwoch-Nachmittag – bei den seltenen ganztägigen Sitzungen schon am Vormittag. Früher trat er jeweils am Samstag-Vormittag bzw. am Freitag zusammen. Pro Jahr fallen in letzter Zeit durchschnittlich zwischen zwölf und fünfzehn Tagungen an, wobei wegen der Landsgemeinde der Schwerpunkt der Sitzungen im Winterhalbjahr liegt.

Jeweils eine Viertelstunde vor Beginn läutet der Landläufer mit der Rathausglocke im Schelmenturm. Die Tagung selber wird mit einem stillen Gebet und dem Appell, vorgenommen durch den Landweibel, eröffnet. In der anschliessenden Begrüssung trägt der Präsident je nach Fähigkeiten, Interessen und Temperament eigene Gedanken zum Tag, zur Zeit oder zum Weltgeschehen vor. Daneben erinnert er aber auch an die unter dem Jahr verstorbenen ehemaligen Kollegen. Der gegenwärtige Vorsitzende, Hermann Wyss, versteht es ausgezeichnet, in seinen Eröffnungsreden historische oder volkskundliche Reminiszenzen, fremde oder eigene Sprüche bzw. Dichtungen einzuflechten. Während sich sonst der Präsident bei der Abwicklung der Geschäfte äusserster Zurückhaltung zu befleissigen hat, steht ihm hier die Möglichkeit offen, seinen ganz persönlichen Stil zu pflegen und damit seine Amtsperiode von zwei Jahren zu prägen.

Wenigstens einzelnen Sitzungen den Stempel aufdrücken können auch die Zwischenrufe der Ratsmitglieder, die immer erlaubt sind und schon oft mitten in einer ernsten Debatte im Saale ein Schmunzeln oder Lachen auf die Gesichter der streitenden Parlamentarier zu zaubern vermochten. Quellen der Heiterkeit sind bisweilen auch falsch gebrauchte oder unrichtig betonte Fremdwörter. Spitzenreiter war vor Jahren der Begriff «kreieren», der schliesslich gar von einzelnen Regierungsräten mit «ei» ausgesprochen wurde. Es dauerte seine Zeit, bis die richtige Aussprache «kre-ieren» wieder Einzug hielt.

Während der Beratungen sitzt der Landläufer vor der Saaltüre. Dieses Relikt stammt aus der Epoche, als die Verhandlungen noch geheim waren und der Läufer zu verhindern hatte dass Horcher draussen zuhörten, was drinnen gesprochen wurde. Heute sind die Sitzungen öffentlich. Für Zuschauer sind sechs Plätze reserviert. Sie genügen meistens, ausser wenn eine Schule an den Verhandlungen teilnimmt. In diesem Fall werden weitere Stühle in den Gängen aufgestellt oder die Schüler setzen sich auf den Boden.

Sofern es nicht absehbar ist, dass die Sitzung weniger als zweieinhalb Stunden dauert, wird normalerweise um vier Uhr eine halbstündige Pause eingeschaltet. Während sich die Ratsmitglieder zum Teil fraktionsweise auf die umliegenden Restaurants verteilen, begibt sich das Büro ins «Kaffestubli» des Rathauses. Nach den Tagungen, die normalerweise zwischen 17 und 18 Uhr enden, treffen sich die meisten Land- und Regierungsräte traditionsgemäss zu einem Umtrunk im Hotel Engel. Nach spätestens einer halben Stunde brechen alle auf, um in ihren Wohngemeinden nochmals gemeinsam einzukehren. Neuerdings haben diesen Brauch auch die Stanser Abgeordneten aufgenommen, die sich bisher vom «Engel» direkt nachhause begeben hatten.

Der Geselligkeit über die Parteien hinweg dienen drei weitere regelmässige Anlässe. Jeweils im September findet ein gemeinsamer Ausflug statt (Fraktionsausflügen ist der Frühsommer reserviert). Als Ziel wird vielfach eine Alp in Nidwalden oder im Engelberger Gebiet aufgesucht, wo man nach einer einfachen Mahlzeit jasst, redet und Kaffee trinkt. Zur letzten Sitzung im Dezember gehört der Jahresschlusstrunk im Entrée des Rathauses. Und seit über zehn Jahren wird im Parlamentarier-Skirennen die schnellste Fahrerin bzw. der schnellste Fahrer ermittelt. Wer selber nicht an der Ausscheidung teilnimmt, spornt wenigstens seine Favoriten mit lautem Zurufen an. Schliesslich sitzt man sporadisch bei Einweihungen von kantonalen Gebäuden zusammen.

Hat jemand, wie es früher so schön hiess, auf sein Amt resigniert, so wird er von den Bleibenden nicht ganz vergessen. Alle paar Jahre wird er zu einem Alt-Landräte-Treffen eingeladen. Dieses dauert tief in die Nacht hinein, bis der Letzte sein Zuhause wieder gefunden hat. Häufiger kommen die abgetretenen Landratspräsidenten zusammen. Sie werden jeweils alle zwei Jahre vom amtierenden Vorsitzenden zu einem Essen an seinen Wohnort eingeladen.

Fragt man im Kanton nach dem Selbstverständnis eines Landrates, so erhält man erwartungsgemäss vielfältige Antworten. Die einen stellen die persönliche Mitbestimmung in den Vordergrund, andere deuten an, dass der Parlamentarier vielfältigen Manipulationsversuchen ausgesetzt sei. In allen Aussagen dürfte wohl etwas Wahrheit stecken. Sicher ist, dass es manchem Neugewählten anfänglich schwerfällt, sich mit den Aufgaben einer Legislative zu identifizieren. Anders als in einer Exekutive sieht der einzelne die Folgen des Entscheides sehr oft erst nach Jahren. Deshalb würde es eigentlich zum Anforderungsprofil eines Parlamentariers gehören, dass er die trockene Materie der Gesetzgebung vorausblickend in ihren praktischen Auswirkungen beurteilen könnte. Daneben müsste er ein gewiegter Taktiker sein, der abzuschätzen vermöchte, was vom Notwendigen in welcher Frist verwirklicht werden kann. Wer in seinem Amt einzig die Ehre sieht (und nicht auch den Auftrag, der mit seiner Wahl verbunden ist), hängt wohl noch zu sehr am überholten Verständnis des 19. Jahrhunderts. Natürlich ist die Zugehörigkeit zum Landrat auch heute noch ein Stück weit eine gesellschaftliche Angelegenheit, selbst wenn es niemandem mehr in den Sinn kommt, wie früher auf dem Grabstein «Frau Ratsherr ...» anbringen zu lassen, obschon nur ihr Gatte, nicht sie selber, im Parlament sass. Doch ist bei uns in den letzten Jahren die politische Auseinandersetzung im Landrat stärker in den Vordergrund gerückt. Ist es unter solchen geänderten Vorzeichen noch richtig, bloss aus Rücksicht auf Kollegen und nicht aus Überzeugung einen Vorstoss oder eine Vorlage zu unterstützen, aus Gründen der Kollegialität zu schweigen, obwohl man nicht einverstanden ist? Ich meine nein – aber bekanntlich besitzt unser Landrat eine lange Tradition.

Kanton Nidwalden
Mitglieder des Landrates
Stand 1. Mai 1990

Präsident: Jann Anton, Obbürgen, CVP
Achermann Thomas, Buochs, LP
Ambauen Willi, Altzellen, CVP
Barmettler Willi, Buochs, LP
Bircher Paul, Ennetbürgen, CVP
Bircher Werner, Stansstad, CVP
Blättler Hans, Ennetbürgen, LP
Blättler Josef, Hergiswil, DN
Bühlmann Anton, Hergiswil, LP
Claude Armand, Stans, DN
Clavadetscher Edy, Oberdorf, LP
Diener Hans, Stansstad, LP
Erni Robert, Hergiswil, LP
Filliger Hans, Ennetmoos, CVP
Flühler Edy, Buochs, CVP
Frunz Josef, Kehrsiten, CVP
Gabriel Lisbeth, Wolfenschiessen, CVP
Gabriel Richard, Beckenried, CVP
Gasser Alois, Ennetbürgen, LP
Geering Robert, Ennetmoos, LP
Gnos Herbert, Hergiswil, LP
Herger Tobias, Buochs, CVP
Hermann Hans Jost, Stansstad, LP
Hofmann Josef, Ennetbürgen, LP
von Holzen Werner, Buochs, CVP
Hüsler Werner, Hergiswil, LP
Imboden Peter, Stans, CVP
Jann Anton, Obbürgen, CVP
Joller Theresia, Stans, CVP
Karli Josef, Ennetmoos, CVP
Kayser Hugo, Dallenwil, CVP
Keiser Josef, Hergiswil, LP
Keiser Valentin, Hergiswil, LP
Krämer Hanspeter, Stans, LP
Lussy Rösli, Oberdorf, CVP
Mathis Alois, Stans, LP
Mathis Heinz, Wolfenschiessen, CVP
Meier Josef, Hergiswil, CVP
Murer Armin, Beckenried, LP
Murer Peter, Beckenried, LP
Näpflin Linda, Beckenried, DN
Niederberger Beat, Stansstad, DN
Niederberger Josef, Dallenwil, CVP
Niederberger Klara, Stans, CVP
Niederberger Paul, Büren, CVP
Odermatt Bernhard, Buochs, CVP
Odermatt Josef, Oberdorf, CVP
Odermatt Leo, Stans, DN
Odermatt Regula, Oberdorf, DN
Schaller Hans, Stans, CPV
Slongo Marianne, Buochs, CVP
Starkl Franz, Hergiswil, CVP
Stöckli Hermann, Stans, CVP
Tobler Susanne, Stans, LP
Waser Adolf, Stansstad, LP
Waser Paul, Ennetbürgen, CVP
Wittwer Jürg, Ennetbürgen, CVP
Wolfisberg Balz, Stans, DN
Würsch Josef, Emmetten, CVP
Würsch Peter, Emmetten, LP
Wyss Heinz, Buochs, DN

LP   Liberale oder Freisinnige
CVP Christlich-demokratische Volkspartei
DN   Demokratisches Nidwalden

Martin Baumgartner

Der Landrat von Glarus

Das Wesen des Glarners ist durch Gegensätzliches geprägt. Auf der einen Seite sind es die hohen Berge, der tiefeingeschnittene, enge Talboden. Sie schärfen den Blick für das Naheliegende, das Detail im sachlichen und menschlichen Bereich. Anderseits erinnern die der Enge des Tales entfliehenden Bäche und Flüsse an die grössere Welt ausserhalb der heimatlichen Berge, die das wirtschaftliche und politische Handeln des Glarners seit jeher massgeblich mitbestimmt hat.

Der Glarner Landrat, nach dem Wortlaut der 1988 in Kraft getretenen neuen Verfassung «das Parlament des Kantons», steht bei seiner Tätigkeit nicht selten im Spannungsfeld der nach innen und aussen gerichteten Kräfte. Ein Beispiel aus dem Jahre 1988: Unmittelbar nach einer von strengen Grundsätzen geleiteten Finanzdebatte über die Landesrechnung entschied sich der Landrat für die Beteiligung des Kantons Glarus an der «Foire du Valais» 1989 in Martigny und bewilligte überraschenderweise den dafür nachgesuchten Kredit. Der Grundsatz des guten Verhältnisses zwischen Deutsch und Welsch wurde dem in der Finanzpolitik dominierenden Kosten-Nutzen-Denken offensichtlich übergeordnet.

Tradition und Wandel

Die Landsgemeinde, die in ihren Ursprüngen vermutlich auf die schon vor 1291 bestehende «Gemeinschaft der Männer des gesamten Tales von Glarus» zurückzuführen ist, verbindet den Glarner in besonderer Weise mit der Vergangenheit. So sehr das Geschichtsbewusstsein sein politisches Denken und Handeln mitbestimmt, so verfehlt wäre die Meinung, der Glarner sei seinem politischen Wesen nach ein Konservativer und neige dazu, die Tradition zu überwerten. Genealogie, Stammbäume, Familiengeschichten sind im Glarnerland sehr gefragt. Oft auch erhalten die Zivilstandsbeamten den Besuch von Amerikanern, die sich nach ihrer glarnerischen Herkunft erkundigen. Man achtet die Tradition, glorifiziert sie aber nicht und bringt es auch fertig, historische Institutionen, die durch die Entwicklung überholt sind, rechtzeitig abzuschaffen. So hat die Landsgemeinde 1988 den ehemals als sakrosankt geltenden «Tagwensnutzen» (Zum Beispiel Ausrichtung von Beiträgen aus den Erträgnissen des Alpzinses an den Bürger in Form von «Waaganken») mit der Annahme der neuen Verfassung oppositionslos aufgehoben.

Kaum zu entscheiden ist die Frage, wer reformfreudiger agiert, der die Geschäfte in Verbindung mit dem Regierungsrat vorberatende und Antrag stellende Landrat oder die darüber frei entscheidende Landsgemeinde. Für beide Standpunkte können treffende Beispiele ins Feld geführt werden. So beschloss die Landsgemeinde 1971 – im Gegensatz zum Landrat, der den Frauen die politische Gleichberechtigung vorerst lediglich auf Gemeindeebene verleihen und sie im Kanton nur zu den geheimen Wahlen zulassen wollte – auf Anhieb das integrale Frauenstimmrecht einzuführen. Als Gegenstück entschied die Landsgemeinde in der Frage des Verwaltungsgebäudes gleich zweimal negativ und hiess zudem den vom Parlament beantragten Ausbau der Höhenklinik erst im zweiten Anlauf gut. Die Beispiele lassen

Das Regierungsgebäude in Glarus, Sitz des Landrates

keine Rückschlüsse auf graduelle Unterschiede in der Reformbereitschaft zu, zeigen aber deutlich, dass die Landsgemeinde unberechenbar ist und sich nicht selten die Freiheit herausnimmt, die Anträge des Landrates zu ändern, zurückzuweisen oder gänzlich vom Tisch zu wischen.

Die Rathaus-würdige Ambiance

Man sagt dem Glarner nach, er empfinde eine gewisse Scheu, Macht und Pracht, vor allem im staatlichen Bereich, offen zur Schau zu tragen. Dieser von der ausgleichenden Wirkung der Landsgemeinde herrührende Wesenszug mag sich auch beim Bau des Rathauses ausgewirkt haben, das 1862/64 nach dem grossen Brand von Glarus nach den Plänen von Bernhard Simon (1816–1890) erstellt worden ist. B. Simon, aufgewachsen im glarnerischen Niederurnen, von 1839 bis 1854 beim Zaren Architekt in St. Petersburg, hat zusammen mit Prof. Johann Caspar Wolff auch die Pläne für den Wiederaufbau von Glarus entworfen.

Das in spätklassizistischer Architektur geschaffene Rathaus ist im vorspringenden Mittelteil der Fassade mit einer »tempelähnlichen Säulenloggia mit Dreieckgiebel« ausgestattet, die nach der massgeblichen Beschreibung des Glarner Kunsthistorikers Jürg Davatz «bewusst an antike Architektur erinnert». Auch in einer dem Prunk abgeneigten Landsgemeindedemokratie muss ein Ort vorhanden sein, wo sich die Regierung in würdiger Umgebung dem Volk präsentieren kann.

Das repräsentative Gebäude strahlt auch im Innern eine verhaltene Feierlichkeit aus. Über die teppichbelegte, im oberen Teil zweiarmige Sandsteintreppe erreicht man das im Obergeschoss gelegene Vestibül, den achteckigen Vorraum zum nördlich anschliessenden Landratssaal. Durch die Glashaube der Kuppel fällt das Licht auf das im Zentrum stehende «Relief des Kantons Glarus und seiner Grenzgebiete». Das von Fridolin Becker (1854–1922), Professor für Kartographie an der ETH, geschaffene kunstvolle Werk ist als Treffpunkt vor und während der Sitzungen zum Symbol landrätlicher Sorge und Verantwortung für das Land Glarus geworden.

Wie sich das für ein Parlament gehört, sind die Sitze im Landratssaal halbkreisförmig angeordnet und in vier Sektoren eingeteilt. An höchster und zentraler Stelle, über den Köpfen der vier Stimmenzähler, thront der Präsident, flankiert vom Vizepräsidenten und dem Ratschreiber. Der Präsident sitzt auf dem gleichen Lederpolster wie die neben den vier Stimmenzählern plazierten Regierungsräte und die übrigen Ratsmitglieder. Es würde glarnerischem Empfinden widersprechen, im Saal der Volksvertreter einzelne Sitze hinsichtlich Komfort zu privilegieren. An separaten Pulten sitzen links und rechts aussen neben der Exekutive die beiden Ratsweibel, die mit ihren in den Landesfarben prangenden Röcken das Bild der Sitzungen beleben. Eine wichtige Aufgabe erfüllen die Pressevertreter, denen in den beiden hinteren Ecken Plätze zur Verfügung stehen.

Zwei Jahrzehnte gingen ins Land, bis der Antrag, man möge den «Thron» des Landratspräsidenten, hinter dessen erhabenem Sitz früher – horribile dictu – eine leere Fensterfläche gähnte, in eine würdigere Umgebung hineinstellen, endlich Wirklichkeit wurde. Die Angelegenheit kam zu einem guten Ende, als der Regierungsrat 1976 die Glarner Künstlerin Rosemarie Winteler beauftragte, die «nüchterne Blösse» mit einer in spezieller Seidenmaltechnik ausgeführten vergrösserten Kopie des Näfelser Schlachtbanners zu bedecken. Seither kommt dem (oder der) Vorsitzenden des glarnerischen Parlamentes die wohl exklusive Ehre zu, zu Füssen eines Heiligen sitzen zu können.

Buntfarben leuchten aus den hohen Fenstern die Standesscheiben der Kantone in das gedämpfte Licht des hohen Ratssaales. Die von verschiedenen Künstlern geschaffenen Wappen wurden dem Kanton Glarus zur Zentenarfeier 1952 geschenkt. Als 1985 die Regierung des Kantons Jura ihre neue Standesscheibe überbrachte, erhob sich die heikle Frage der Plazierung, waren doch die obern Felder der Fenster durch die 24 Wappen bereits besetzt. Der Regierungsrat bewies seine politische Klugheit, als er das Wappen der Jurassier nicht unter dem des (geographisch angrenzenden) Kantons Bern, sondern unter der Standesscheibe von Zürich einfügte.

Im Reservat der Regierung

Werfen wir noch einen Blick in das Zimmer des Regierungsrates in der Südostecke des Obergeschosses. Die aus sieben Mitgliedern bestehende Exekutive tagt hinter verschlossenen Türen, deshalb ist auch das Regierungsratszimmer öffentlich nicht zugänglich. Selbst unter der Ägide der Regierung stehende Kommissionen haben selten die Ehre, im schmukken Raum der «leitenden und obersten vollziehenden Behörde des Kantons» tagen zu dürfen. In Anwesenheit des Ratsschreibers ist es aber möglich, einen Blick hinter die «geheiligte Türe» zu tun. Rechts neben dem Eingang hängt das 1922 durch den Schaffhauser Hans Sturzenegger in klassischer Portraitkunst in Öl auf Leinwand gemalte Bild von Eduard Blumer (1848-1925), dem unvergesslichen Landammann, der die Geschicke des Standes Glarus von 1887 bis 1925 leitete. Das teilweise mit Mobiliar von 1864 ausgestattete schmucke Zimmer ist später verkleinert worden. An die Stelle des bis 47 Mitglieder zählenden Rates trat mit der Verfassungsrevision von 1887 der heutige Regierungsrat.

Vor den wappengeschmückten Fenstern der Rückwand residiert an höchster Stelle der Landammann, beidseits flankiert von je drei im Halbkreis sitzenden Regierungsräten. Zu Füssen des Landammanns ist der Platz des Ratsschreibers, der die Verhandlungen protokolliert und als Leiter der ebenfalls im Rathaus domizilierten Regierungskanzlei wichtige Aufgaben der Beratung, Organisation, Koordination und Information wahrzunehmen hat. Seit bald 70 Jahren ist das Amt des Ratsschreibers immer einem Juristen übertragen worden. Landammann Dr. R. Gallati, der das Landesschwert von 1938 bis 1942 führte, soll zum damaligen Ratsschreiber, dem spätern Bundesvizekanzler Dr. F. Weber, gesagt haben: «Der Ratsschreiber ist das juristische Gewissen der Regierung. Er muss uns sagen, ohne mit einem Auge nach der Politik zu schielen, was von Rechtes wegen gilt, die Politik geben dann die Regierungsräte schon dazu.»

Nur wenige wissen, was in dem mit kleinen Fenstern versehenen Untergeschoss des Rathauses verborgen liegt. Eine landrätliche Debatte über die «Verordnung zur Reinhaltung der Wasserversorgungen und Wohnstätten» brachte seinerzeit etwas Licht in die «obskure Angelegenheit». Bei der Bestimmung, dass Kellerräume zum Wohnen verboten seien, bemerkte ein wegen seiner originellen Vorstösse bekannter Gewerbevertreter, die Bestimmung könne nicht eingehalten werden, lasse doch der Regierungsrat selber seinen Ratsweibel in einer Kellerwohnung des Rathauses logieren... Betretenes Schweigen auf der Regierungsbank. Die Ratsweibelwohnung besteht heute noch, obschon an der Landsgemeinde 1966 ein Redner bemerkte, der Ratsweibel habe das Kanapee immer noch «auf der Höhe der Kartoffelhurd»…

Der Rat konstituiert sich

Kurz nach den alle vier Jahre stattfindenden Erneuerungswahlen tritt der Landrat zur konstituierenden Sitzung zusammen. Im Vestibül und im Ratssaal herrscht vor Sitzungsbeginn emsiges Treiben. Man begrüsst sich, schüttelt Hände und heisst die von der Würde des hohen Amtes sichtlich beeindruckten Novizen herzlich willkommen. Nicht wenige Parlamentarier haben nach dem Vertrauensbeweis ihrer Wähler insgeheim gute Vorsätze gefasst. Ob diese in der oft wenig spektakulären Alltagsarbeit des Parlamentes zu bestehen vermögen oder sich als blosse Utopien erweisen, muss jeweils die Zukunft zeigen.

Wer zu den Wiedergewählten gehört – und das ist immer noch die Mehrheit – drängt sich zum Landesrelief, wo die Zeitungsstapel zur Morgenlektüre einladen und der Ratsweibel im Landesmantel die in gelben Couverts abgefüllten «Taggelder und Reiseentschädigungen» des vergangenen Winterhalbjahres loswerden will. Es sind keine fürstlichen Entschädigungen, gewiss, betrachten doch die Glarner die Tätigkeit im Landrat als nobile offizium, immerhin aber ein willkommener Zustupf für die nachmittäglichen Fraktionsausflüge oder die vor der Türe stehenden Sommerferien. Nicht selten entdeckt der Sendbote der Staatskasse neben der Quittung ein kleines Rückgeld im Umschlag; ein Zeichen persönlicher Verbundenheit mit dem Ratsweibel, auf dessen Sympathie man als Landrat Wert legt.

Von den 80 Mitgliedern des Landrates gehören zurzeit 25 der FDP und 24 der SVP an. Die CVP stellt 17, die SP 13 und die 1986 erstmals in Erscheinung tretende Umweltschutzgruppe einen Vertreter. Seit 1972, dem ersten Jahr nach der Einführung des Frauenstimmrechtes, ist auch das weibliche Element im Rat vertreten, wenn auch extrem in der Minderzahl.

Gegenwärtig sind es vier Frauen, je eine Vertreterin der FDP, SVP, CVP und SP. Einen geschlossenen Block bilden im Saal lediglich die in den hintersten zwei Reihen des äusseren linken Sektors sitzenden Sozialdemokraten und die vor ihnen plazierten vier Vertreter der mit der CVP liierten CSP. Die Freisinnigen sind auf der linken Seite des zentralen Korridors und im Sektor rechts aussen zu finden, während die Vertreter der SVP ihre Plätze – teilweise zusammen mit den Freisinnigen – in den beiden Sektoren rechts von der Mitte einnehmen. Der Repräsentant der «Grünen» sitzt zwischen einem Sozialdemokraten und einem durch den Zwischenkorridor getrennten Freisinnigen. Der vom einzelnen Ratsmitglied eingenommene Sitz lässt allerdings keine Rückschlüsse auf Stellung, Ansehen oder Ancienität zu. Hinterbänkler im Sinne des britischen Parlamentes gibt es im Glarnerland (fast) keine.

Eröffnet wird die Legislaturperiode nicht von einem zufälligen Alterspräsidenten, sondern vom Landammann, der in seiner Rede die wichtigsten Ziele der neuen Amtsperiode umreisst, den Gewählten gratuliert und den im Saal nicht mehr anwesenden Nichtgewählten – 1986 waren es von 80 Landräten nur deren 8 – als Trost zu bedenken gibt, dass eine echte Demokratie nicht nur von Gewinnern, sondern auch von Verlierern lebt. Vor Jahren sah sich der Landammann zudem veranlasst, ein mahnendes Wort an die «Buchstabenmaler und Sprayer» zu richten, die in der Nacht vor der Eröffnungssitzung ihre Künste am Rathaus ausgelassen hatten.

Nach der Eröffnungsrede hat der Landammann den Rat auf die «Verfassung und verfassungsmässigen Gesetze» zu vereidigen. Dass dies mehr als eine leere Formel ist, musste vor Jahren ein Landrat erfahren, der wegen eines Telefongespräches der Vereidigung ferngeblieben war. Um den Parlamentarier wieder hoffähig zu machen, hatte der Rat die Vereidigung nachzuholen.

Geschichtlicher Hintergrund

Was hat der Landammann als Exponent der Exekutive auf dem Stuhl des Präsidenten zu suchen? Die vom Grundsatz der Gewaltentrennung abweichende Regelung ist geschichtlich bedingt. Vor der Verfassungsrevision von 1887 bestand neben der Landsgemeinde, die die oberste gesetzgebende Gewalt ausübte, der sogenannte «dreifache Landrat», der anfänglich 119 Mitglieder zählte und sich aus der Standeskommission, dem Rat und dem Landrat zusammensetzte. Die vollziehende Gewalt stand dem durch die Abgeordneten der 17

Wahltagwen beschickten Rat zu, der mit der Standeskommission weit über 40 Mitglieder zählte. In den 70köpfigen Landrat durfte jeder Tagwen die doppelte Zahl der ihm zustehenden Vertreter des Rates abordnen. Zuständig für die Vorberatung der Landsgemeindegeschäfte war der «dreifache Landrat», dem auch die Aufsicht über Rat und Gerichte zustand. Für die Besorgung der einzelnen Verwaltungszweige amteten neun Kommissionen, darunter als engerer Regierungsausschuss auch die zum Rat gehörende Standeskommission. Eine grosse Machtfülle verkörperte der keinen Amtszeitbeschränkungen unterworfene Landammann, stand dieser doch neben der Landsgemeinde auch der Standeskommission, dem Rat, dem «dreifachen Landrat» und in früheren Zeiten auch den Gerichten vor.

Mit der Verfassungsrevision von 1887 wurde die Organisation der Behörden wesentlich vereinfacht. An die Stelle des «dreifachen Landrates» trat der vorerst im Majorz-, seit 1920 im Proporzverfahren gewählte heutige Landrat, während das schwerfällige Gebilde des Rates durch den Regierungsrat ersetzt wurde.

Der Höchste im Ratssaal, aber...

In der ersten Sitzung nach der Landsgemeinde wählt der Landrat den Präsidenten und Vizepräsidenten im geheimen, die vier Stimmenzähler im offenen Verfahren. So will es das Reglement. Doch nicht alles steht im Reglement, selbst seit Jahrzehnten Praktiziertes ist bloss gewohnheitsrechtlich geregelt. So wird ein Ratsmitglied nicht einfach auf Anhieb zum Vorsitzenden gewählt. Wer im Glarnerland für den kurulischen Sessel des Präsidenten auserkoren ist, hat vorher fünf Jahre als Mitglied des Büros abzusitzen, vier Jahre als Stimmenzähler und ein Jahr auf dem erhöhten Podest als Vizepräsident.

Die Wahl des Präsidenten erfolgt immer auf Vorschlag seiner Fraktion. Das feierliche Traktandum gibt im Plenum zu keinen Diskussionen Anlass, ist die Kür doch durch den ungeschriebenen Turnus der vier Parteien vorprogrammiert. Verlässt der Präsident am Ende des Amtsjahres den höchsten Sitz, so stellt seine Fraktion gleich das neue Büromitglied, und der Zyklus beginnt von neuem. Obschon die Freisinnigen und die Demokraten (die Vorgänger der glarnerischen SVP) schon im letzten Jahrhundert Fraktionen bildeten und zumeist im Vorsitz abwechselten, fand die heute den Landrat prägende Institution der Fraktion erst bei der Totalrevision von 1988 Eingang in die Verfassung. Heute braucht es für die Bildung einer Fraktion mindestens fünf Mitglieder.

Von den 40 Landratspräsidenten, die in den letzten vierzig Jahren im Amte standen, gehörten 14 der FDP, 11 der SVP, 8 der SP und 7 der CVP an. Ihr Durchschnittsalter betrug knapp 50 Jahre, wobei der jüngste bei seiner Wahl 37, der älteste 64 Lenze zählte. Regional betrachtet konnte das Mittelland mit 19 Präsidenten weitaus am meisten stellen, während das mehr Einwohner zählende Unterland lediglich neunmal, das Hinterland-Sernftal zwölfmal zu präsidialen Ehren kam. Bei der Präsidentenwahl spielt in erster Linie der Partei-, weniger der Landesteilproporz. Der Hauptort war in den letzten vier Dezennien zehnmal, in den 101 Jahren seit dem Bestehen des Landrates gar dreissigmal auf dem Präsidentenstuhl vertreten. Ein zum Vorsitzenden gewählter Akademiker von Glarus meinte, die überdurchschnittliche Berücksichtigung hauptörtlicher Landräte beweise, dass Glarus nicht nur politisches, sondern auch geistiges Zentrum des Kantons sei und deshalb am meisten Akademiker in das Parlament abzuordnen vermöge. Mit Rücksicht auf die Präsidialtätigkeit seines der gleichen Fraktion zugehörigen nichtakademischen Vorgängers aus dem Hinterland vergass der forensisch geschulte Jurist aber nicht beizufügen, dass es keines Akademikers bedürfe, um den Landrat vorzüglich zu präsidieren...

... der Zweithöchste im Land

In der Presse oder am Wirtstisch wird gerne und oft über die Frage diskutiert, wer denn der Höchste im Lande Fridolins sei, der Landammann oder der Landratspräsident. Vergleiche mit andern Kantonen sind nicht stichhaltig. Hält man sich vor Augen, dass der auf eine Amtszeit von vier Jahren gewählte Landammann nicht nur den Regierungsrat, sondern auch die Landsgemeinde präsidiert und dabei – auf der Tribüne im Zentrum des Ringes stehend – das Staatswesen sichtbar verkörpert, so erscheint der Landammann als der höchste Amtsträger. Demgegenüber ist dem Landratspräsidenten eher eine «pouvoir neutre» im Sinne von Benjamin Constant zuzuerkennen, die von ihrer Macht nur Gebrauch macht, wenn die vom Rat erlassene Ordnung verletzt oder bei Stimmengleichheit ein Stichentscheid fällig wird. Da war Landratspräsident Arnold Grob, ein urwüchsiger Kerenzer, seinerzeit anderer Meinung. Als ihn Landammann Eduard Blumer – nach der Beschreibung von Eduard Vischer «ein wahrer König in seinem Glarus» – bei einem Entscheid ersuchte, das reglementarisch vorgeschriebene Verfahren der Eventualabstimmung anzuwenden, kanzelte ihn der Präsident ab, dieses Jahr sei er der Höchste, nicht der Landammann, da habe auch er ihm nichts zu befehlen...

Nicht zu verschweigen ist allerdings, dass die Regierung, die den Sitzungen des Landrates beizuwohnen hat, früher dem Parlament und seinem Präsidenten oft zuwenig Reverenz erwiesen hat. Der beklagenswerte Zustand veranlasste einen früheren Präsidenten in seiner Rücktrittsrede zu einer Kapuzinerpredigt, die wie der Blitz einschlug und in die Annalen des Landrates eingegangen ist. Es scheine ihm, so sagte der damalige Gemeindepräsident des Hauptortes, der Regierungsrat nehme das Parlament und dessen Vorsitzenden nur gerade während der Landratssitzungen ernst. Kaum je einmal werde der Präsident zu einem Empfang prominenter Gäste eingeladen, und im Landratssaal fänden Versammlungen statt, ohne dass der Vorsitzende auch nur orientiert werde. An offiziellen Anlässen, so etwa nach der Landsgemeinde, werde der Landratspräsident in keiner Weise ausgezeichnet. Die Winkelriedstat von Dr. iur. Alfred Heer hatte ihre nachhaltige Wirkung. Der Regierungsrat ging in sich. Schon ein Jahr später war ich als Landratspräsident mit von der Partie, als die Regierung am Vorabend der Landsgemeinde den Basler-Glarner-Bunderat Tschudi mit Gattin zum Nachtessen empfing. Sichtbares Zeichen, dass das auch im Rahmen der Verfassungsreform gestärkte Parlament an Ansehen gewonnen hat, bilden die zahlreichen Repräsentationspflichten. Wurde ein Landratspräsident vor 30 Jahren ein- oder zweimal an eine Veranstaltung eingeladen, so flattern ihm heute um die 60 Einladungen ins Haus.

Die erste Landratspräsidentin

Ein säkulares Ereignis bildete die Wahl von Ursula Herren zur ersten Präsidentin. Die seit

1974 dem Landrat angehörende freisinnige Lehrerin aus Mollis ist keine Feministin. Sie stammt aus politischem Haus – ihr Vater war Landrat und Präsident der kantonalen FDP –, ist im Sternbild des Schützen geboren, am gleichen Tag wie Churchill übrigens, und weiss, dass die Anliegen der Frauen nur im partnerschaftlichen Zusammenwirken mit den Männern realisierbar sind. Sie engagierte sich für Bildungs- und Frauenfragen, war Mitglied der Geschäftsprüfungskommission, nahm 1983 Einsitz im Büro und wurde 1987 zur Vorsitzenden gewählt. In ihrem Amtsjahr, das sie ohne jegliche Pendenz abschloss, wurden die neue Kantonsverfassung und das für die Entwicklung des Kantons wichtige Raumplanungs- und Baugesetz von der Landsgemeinde angenommen. Sie hat nach dem Urteil ihres sozialdemokratischen Nachfolgers Tobias Jenny den Landrat «mit Bravour» präsidiert und mit ihrem Beispiel den Glarnerinnen den Einstieg in die Politik erleichtert.

Neben dem Offiziellen hat auch das Menschliche Platz

Neben Stereotypem bekommt man in den Eröffnungs- und Schlussreden der Präsidenten auch staatspolitisch Tiefschürfendes zu hören. Kaum ein Vorsitzender, der nicht den frommen Wunsch an die Regierung richtet, sie möge die Geschäfte der Landsgemeinde möglichst frühzeitig vorbereiten, keiner, dem es nicht Herzensbedürfnis wäre, seinem Vorgänger für die untadelige Ratsführung zu danken. Dann gibt es aber auch magistrale Worte zu hören. So etwa, wenn ein Präsident anlässlich seines Debüts zu bedenken gibt, dass die Qualität des Politikers nicht an der Zahl seiner Vorstösse gemessen werde. Oder wenn ein anderer mahnt, der Rat dürfe nicht zur Mühle werden, die da munter klappert, aber kein Mehl ausstösst. Ein dritter spricht vom Gebot der Stunde, bei allen Entscheidungen die «Interdependenz von Energie, Ökologie und Ökonomie» zu beachten. Nicht vergessen sei der Vorsitzende, der seinem im Präsidialjahr in den Ehestand getretenen Vorgänger vor versammeltem Rate gratuliert und bekennt, das Landratsbüro sei an der Verbindung «nicht ganz unschuldig». Das zeigt, dass in der glarnerischen Politik auch menschliche Verbundenheit und Anteilnahme Platz haben. Dr. iur. H. Trümpy, ehemals selbst Landratspräsident, schrieb einmal:

«Manchmal erreicht ein Parlamentarier viel, wenn er Mensch ist, manchmal mehr, wenn er Parlamentarier ist...»

Ein Milizparlament mit strengen Unvereinbarkeiten

Der Glarner Landrat – ein Milizparlament, bei dem Idealbild und Wirklichkeit noch weitgehend übereinstimmen – kommt jährlich mit etwa 10 bis 15 halbtägigen Sitzungen aus. In der Regel tagt der Rat am Mittwochmorgen. Nachmittagssitzungen werden nur angesetzt, wenn die Behandlung anstehender Traktanden, insbesondere von Landsgemeindegeschäften, über die bis zu den Iden des März Beschluss zu fassen ist, es erfordert.

Die martialische Vorschrift von ehedem, dass eine Sitzung «ununterbrochen fünf Stunden» zu dauern habe, ist im Laufe der Zeit gelockert worden. Seit 1986 werden die vormittäglichen Verhandlungen durch eine halbstündige Kaffeepause unterbrochen. Urheber dieser allseits begrüssten «Marscherleichterung» ist – wie könnte es anders sein – ein dem Berufsstand der Lehrer entstammender Präsident. Die Mitglieder der drei bürgerlichen Fraktionen treffen sich in dem beim Rathaus gelegenen Hotel «Sonne», der früheren Hochburg der Demokraten, die Sozialdemokraten im «Glarnerstübli». Die Neuerung hat sich bewährt, ist doch im Gespräch mit Ratskollegen und Regierungsräten schon ab und zu ein tragbarer Kompromiss gefunden worden. Böse Zungen übertreiben gewaltig, wenn sie behaupten, mit der Pause sei lediglich eine bereits bestehende Gepflogenheit legalisiert worden.

Die neue Verfassung hat den Grundsatz der Gewaltentrennung verschärft. Regierungsräte dürfen keiner Gemeindebehörde mehr angehören, und die Mitglieder sämtlicher Gerichtsstäbe sind von der Parlamentsarbeit ausgeschlossen. Auf Gesetzesstufe ist geregelt worden, welche Beamten dem Landrat nicht mehr angehören dürfen. Richter und die im Gesetz bezeichneten Beamten werden der narzisstischen Aufgabe enthoben, sich selbst überprüfen zu müssen.

Zahlenmässig stark vertreten im Landrat sind die amtierenden und ehemaligen Gemeindepräsidenten. Es wirkt sich vorteilhaft aus, wenn die Interessen der einzelnen Gemeinden unmittelbar und entsprechend wirklichkeitsnah im Parlament vertreten werden. Gemeindepräsidenten verfügen über Exekutiverfahrung und tragen mit ihrem praxisbezogenen Wissen zur effizienten Beratung bei. Obschon parlamentarisch nicht organisiert, kommt der «Gemeindepräsidentenkonferenz», scherzweise als «Oberster Sowjet des Glarnerlandes» bezeichnet, bei der Vorberatung von Landsgemeindevorlagen ein grosses Gewicht zu.

Es wird miteinander geredet

Wer im Landrat sprechen will, hat sich zu erheben, braucht sich aber weder vorgängig in eine Rednerliste einzutragen noch den Platz zu verlassen. Er erhält das Wort in der Reihenfolge der gestellten Begehren. Dieses einfache Verfahren ermöglicht spontane, dem Gang der Debatte entsprechende Voten. Zwischenrufe, die darauf abzielen, den Redner aus dem Konzept zu bringen, sind nicht üblich. Obschon keine Redezeitbeschränkung besteht, hat der Präsident selten zur Kürze zu mahnen. Der Glarner weiss von der Landsgemeinde und den Gemeindeversammlungen her, dass langfädige, vom Thema abschweifende Redner ihrer Sache einen schlechten Dienst erweisen. Herkömmlicherweise werden die Debatten in Glarnerdialekt geführt, obschon das Reglement sich über die Verhandlungssprache ausschweigt. Eloquente Redner sind im Rat und auf der Regierungsbank gut vertreten. Dabei werden besonders wirksame rhetorische Pointen nicht selten für das entscheidende Auftreten im Landsgemeindering aufgespart.

Das Reglement enthält auch keine Bekleidungsvorschriften. Weitaus die meisten Mitglieder erscheinen im Anzug mit Krawatte. Daneben gibt es einige Nonkonformisten. Ihre vom traditionellen Vorbild oft erheblich abweichende «Aleggete» ist bis jetzt mit unterschwelligem Gemurmel toleriert worden, zumal mit dem Einzug der Frauen die Palette der Farben und Muster ohnehin vielfältiger geworden ist.

Eher selten muss der Präsident von der Glocke Gebrauch machen. Verstösse gegen den Anstand oder persönliche Verunglimpfungen kommen sozusagen nie vor. Die Büros der Grossräte von Schaffhausen und Aargau, die 1987/88 im Ratssaal in Glarus auf Besuch weilten, lobten denn auch den guten Umgangston, die ausgezeichnete Disziplin, die der effizienten Arbeitsweise nicht abträgliche familiäre Atmosphäre, die mit Humor und Toleranz durchwirkte Verhandlungsart und die spontanen und talentierten Redner. Positiv vermerkt wird auch, dass im Glarner Landrat «nicht nur geredet, sondern miteinander geredet wird». So euphemistisch die Zeugnisse für einen Insider lauten mögen, so zutreffend dürften sie im Kern sein. Weniger gut kommt der Landrat im Urteil von Schülern weg, die ihre Aufmerksamkeit nicht bloss den «abwechslungsreichen Verhandlungen», sondern vor allem den «gähnenden und Zeitung lesenden» oder «Brillen putzenden» Landräten widmen.

Stetiges Ringen um Kompetenzen

Zurzeit setzt sich der Regierungsrat, der das Kollegialitätsprinzip nicht bloss im Munde führt, sondern in der Regel auch praktiziert, aus je zwei Vertretern der FDP, SVP und CVP sowie einem Sozialdemokraten zusammen. Verschiedene Versuche der SP, ihren 1956/66 gehaltenen, dann an die CVP verlorenen zweiten Sitz zurückzugewinnen, blieben erfolglos. Gewählt werden die Regierungsräte im Majorzverfahren an der Urne, Landammann und Landesstatthalter dagegen an der Landsgemeinde aus dem Kreis der bereits gewählten sieben Regierungsräte. Von den seit 1887 amtierenden Landammännern gehören je 5 der FDP und SVP (früher Demokraten) und je 2 der CVP und SP an. Während die CVP seit 1887 ununterbrochen der Exekutive angehört, nahm die SP erst 1942 Einsitz.

Der Landrat hat sich angesichts des Machtzuwachses von Regierung und Verwaltung seiner Haut zu wehren und darüber zu wachen, dass das Gleichgewicht zwischen Parlament und Exekutive erhalten bleibt. Auseinandersetzungen um Kompetenzen greifen deshalb immer ans Grundsätzliche. So wurde bei der Beratung des neuen Raumplanungs- und Baugesetzes über die Frage gestritten, ob für die vom Bund verlangte Richtplanung der Regierungs- oder der Landrat zuständig sein solle. Eine Motion der FDP verlangte, dass der regierungsrätliche Entwurf dem Parlament nicht bloss zur unverbindlichen Stellungnahme, sondern zur Genehmigung zu unterbreiten sei. Vorerst standen die Standpunkte von Regierung und Parlament einander unversöhnlich gegenüber. Schliesslich stimmte die Mehrheit dem auch von der Regierung akzeptierten Kompromiss zu, wonach der Landrat den

Planentwurf der Exekutive «ganz oder teilweise annehmen, ablehnen oder an den Regierungsrat zurückweisen kann».

Einmal mehr hatte es der Sprecher auf der Regierungsbank, Kaspar Rhyner, verstanden, die von der Materie her trockene Debatte mit aufheiternden Formulierungen aufzulockern und den Kompetenzstreit zu einem beidseits annehmbaren Finale zu führen. Als es um die Frage ging, wie detailliert das neue Baugesetz überhaupt sein solle, erklärte der für eine konzise Fassung plädierende Baudirektor: «Ds Unser Vatter hett 67 Woort und ds Gaggoo-Gsetz vu der EG 3500 Woort!»

Trotz oft harten Auseinandersetzungen mag der Kontrast zwischen Parlament und Regierung in Glarus weniger scharf sein als anderswo. Da der Landrat aus dem frühern «dreifachen Landrat» hervorging, zu dem auch die Exekutive gehörte, werden Parlament und Regierung nicht bloss als Gegensätze im Sinne der Lehre Montesquieus, sondern auch als (zweistufige) Funktionseinheit empfunden.

Effiziente Verwaltungskontrolle mit rhetorischen Einlagen

Die Finanzkommission und die Geschäftsprüfungskommission, zwei nur aus Landräten zusammengesetzte vorberatende Gremien, bemühen sich, die Verwaltungskontrolle wirkungsvoller zu gestalten. Sie beten nicht bloss nach, was in den Regierungsberichten bereits dargelegt ist, sondern versuchen, das Finanz- und allgemeine Verwaltungsgebaren des Kantons mit eigenen Vorschlägen zu beeinflussen. So zeigte sich die Finanzkommission in der Budgetdebatte 1988 über «das schnelle Wachstum des Polizeikorps» beunruhigt. Als Funke ins Pulverfass erwies sich eine Studie, in der zu lesen stand, der derzeitige Korpsbestand von 62 Mann werde nicht bloss auf die offiziell in Aussicht gestellte Limite von 69, sondern gar auf 75 Mann erhöht. Weiteren Zündstoff lieferte der Ersatz von Polizeifahrzeugen, die bisher von der Armee gemietet worden waren. Mit Vehemenz vertrat Polizeidirektor E. Fischli den Standpunkt, es handle sich um eine in die Kompetenz der Regierung fallende «Ersatzbeschaffung». Der Rat beschloss aber, den Kredit zu sperren, bis das für die «Neuanschaffung» zuständige Parlament «auf Grund eines Antrages des Regierungsrates endgültig entschieden hat».

Im Gegensatz zum Budget, wo es mehr ans «Lebige» geht, handelt es sich bei der Behandlung des rund 350 Seiten umfassenden Amtsberichtes um eine zumindest streckenweise sanft dahinplätschernde, facettenreiche Beratung, deren Spektrum vom Finanzausgleich über die Alpsömmerung bis zum Heli-Skiing reicht. Dabei können auch scheinbar harmlose Themen die Gemüter plötzlich erhitzen. Das war der Fall, als ein in Landwirtschaftsfragen erfahrener Bergbauer das «Güllen», insbesondere das durch ein Bundesgerichtsurteil gestützte Verbot des «Güllens auf dem Schnee», aufs Tapet brachte.

«Bei den Lebewesen», so gab der bodenständige SVP-Vertreter aus dem hintersten Sernftal zu bedenken, «ist es nun einmal so, dass das, was vorn hineingeht, in irgendeiner Form hinten wieder heraus muss, das ist auch bei den Grünen und Alternativen nicht anders.» Die lapidare Feststellung brachte urplötzlich Leben in das Gleichmass der Szenerie. Zum offensichtlich diskussionsträchtigen Thema, das gleich zwei Regierungsvertreter aus dem Busch klopfte, meinte der versierte Votant weiter, redeten viel zu viele zuviel über etwas, was sie viel zuwenig verstehen...

Träfe Bemerkungen aus Amtsberichtsdebatten sind in glarnerische Stammtischrunden eingegangen. Als sich dereinst einige Landräte in moralischer Entrüstung über «die unsittlichen Formen des Badebetriebes am Walensee» ausliessen, stellte der damalige Staatsanwalt J. Schlittler zur Erheiterung des Rates gelassen fest: «Meine Herren, ich habe nur Erfreuliches gesehen!»

Parlamentsarbeit auf dem Prüfstand der Landsgemeinde

Am Tag der Landsgemeinde tritt der Landrat unmittelbar ins Blickfeld der Stimmberechtigten, die im Ring in freier Rede und Gegenrede über die Anträge des Rates definitiv entscheiden. Eine halbe Stunde vor Beginn besammeln sich Regierung und Landrat, die zwei Ständeräte, der einzige Vertreter im Nationalrat, die Richter und Chefbeamten im Rathaus. Mit von der Partie sind die zivilen und militärischen Ehrengäste, unter denen sich jeweils in der Regel auch ein Mitglied des Bundesrates und eine Kantonsregierung befinden.

Es herrscht eine erwartungsvolle Spannung, die auch die Gäste zu spüren bekommen. Besonders brisante Geschäfte werfen ihre Wellen voraus. Sie erfordern eine besonders sorgfältige Vorbereitung. Wer aus den Reihen des Landrates soll bei Gegenanträgen auf die Bühne steigen und allenfalls in welcher Reihenfolge? Meistens fällt die Rolle des ersten Verteidigers dem Präsidenten der betreffenden Landratskommission oder einem besonders sachkundigen und engagierten Mitglied zu. Mit welchen Argumenten soll gefochten werden? Über diese und ähnliche Fragen werden in einer Ecke des Ratssaales oder im Vestibül die letzten Absprachen getroffen. Kurz vor halb zehn Uhr ist es soweit. Ratsschreiber Dr. Brauchli fordert Behördenmitglieder und Gäste mit lauter Stimme auf, sich zum Landsgemeindezug zu formieren.

Unter dem Klang der Kirchenglocken ziehen die von der Harmoniemusik Glarus und Militär angeführten Behördenmitglieder in abgewogenem Landsgemeindeschritt auf dem von Zuschauern umsäumten vorgeschriebenen Weg zum Zaunplatz, wo die rund 8000 Stimmberechtigten im langgezogenen Ring bereits Platz genommen haben. Die Reihenfolge im Zug ist seit 1888 genau festgelegt. An der Spitze schreitet die Regierung mit den offiziellen Gästen, dann folgen der Landrat und die Gerichte. Der Regierung vorangetragen werden durch die zwei Ratsweibel die Insignien der Staatsgewalt, das Landesschwert und das Landesszepter. Den Gerichten voraus schreitet der Gerichtsweibel mit dem von 1735 stammenden Gerichtsstab.

Nach der Eröffnungsrede des Landammanns und der Vereidigung hat der Souverän über die landrätlichen Anträge zu entscheiden. Während einzelne Traktanden, oft nicht die unwichtigsten, oppositionslos passieren, wird bei andern hart um das Pro und Kontra gerungen. Meistens aber darf der Landrat, dem bei seinen Entscheiden die Landsgemeinde als politisches Leitbild, nicht als Damoklesschwert vor Augen steht, eine ertragreiche Ernte seiner Jahresarbeit einbringen. So auch 1988, als die neue Verfassung, das Werk zweier Jahrzehnte, fast ohne Gegenstimmen gutgeheissen und von den insgesamt 26 Anträgen des Landrates nur in vier Punkten Abänderungen beschlossen wurden.

Quellenverzeichnis

Bartel Otto und Jenny Adolf
Glarner Geschichte in Daten, Glarus 1926

Davatz Jürg
Die Rathäuser des Landes Glarus. Glarus 1985, Separatdruck aus der Zeitschrift «Glarnerland/Walensee».

Hertach Ruedié
Hoochvertruuti, liebi Mitlandlüüt, Glarus 1987. Memorial für die Landsgemeinde des Kantons Glarus

Protokoll des Landrates
Landesarchiv Glarus

Protokoll des Regierungsrates
Landesarchiv Glarus

Schiesser Fridolin
Entstehung und Inhalt der Verfassung des Kantons Glarus vom 27. Mai 1887, Jahrbuch des Historischen Vereins des Kantons Glarus, Heft 71, Glarus 1986

Staatskalender des Kantons Glarus, 1887–1988/90

Stauffacher Werner
Die Versammlungsdemokratie im Kanton Glarus, Zürcher Dissertation 1964

Stucki Fritz
Die Obrigkeiten im alten Land Glarus. Glarus 1980

Vischer Eduard
Heimat und Welt, Studien zur Geschichte einer schweizerischen Landsgemeindedemokratie. A. Franke Verlag Bern, Satz und Druck: Tschudi, Druck und Verlag AG, Glarus, Bern 1983

Winteler Jakob
Gechichte des Landes Glarus, Bd. II., Glarus 1954

Zünd Lorenz
Das Parlament in den Landsgemeindekantonen, St. Galler Dissertation 1954

**Kanton Glarus
Mitglieder des Landrates**
Stand 1. Juli 1990

Präsident: Luchsinger Otto, Schwanden, SVP
Aebli Heinrich, Glarus, FDP
Baumgartner David, Engi, SP
Becker Heinrich, Bilten, CVP
Beglinger Rudolf, Mollis, SP
Bendel Martin, Niederurnen, CVP
Benninger Fritz, Niederurnen, FDP
Bertini Rico, Netstal, FDP
Blumer Max, Glarus, SVP
Danioth Martin, Näfels, FDF
Dürst Fridolin, Obstalden, FDP
Elmer Fridolin, Näfels, GUG
Elmer Kaspar, Elm, FDP
Elmer Walter, Elm, SVP
Fasser Bernhard, Glarus, CVP
Fischer Werner, Oberurnen, CVP
Fischli Josef, Näfels, CVP
Fischli Otto, Näfels, CVP
Fontana Hugo, Niederurnen, CVP
Frefel Josef, Mollis, CVP
Gallati Karl, Näfels, SVP
Gisler Hans Peter, Hätzingen, SVP
Hämmerli Kurt, Niederurnen, SVP
Heer Albert, Oberurnen, FDP
Herren-Luther Ursula, Mollis, FDP
Hertach Rudolf, Niederurnen, FDP
Honegger Jürg, Nidfurn, SP
Hunold Kurt, Oberurnen, CVP
Hürlimann Rolf, Schwanden, FDP
Jacober Fritz, Schwanden, CVP
Jenny Mathias, Glarus, FDP
Jenny Tobias, Netstal, SP
Kamm-Elmer Annemai, Filzbach, SVP
Kamm Jakob, Mollis, SP
Kamm Willi, Mühlehorn, FDP
Kölliker Paul, Glarus, SP
Kubli Rudolf, Netstal, SVP
Landolt Franz, Näfels, CVP
Landolt Markus, Näfels, CVP
Largo Bruno, Schwanden, SP
Luchsinger Hans, Nidfurn, SVP
Luchsinger Jakob, Schwanden, SVP
Luchsinger Otto, Schwanden, SVP
Mächler Willi, Ennenda, SP
Marti Fridolin, Matt, FDP
Marti Fridolin, Sool, SVP
Marti Jakob, Nidfurn, SVP
Marti Jakob, Ennenda, SVP
Marti Robert, Riedern, SVP
Nann Stephan, Niederurnen, SP
Nydegger Heinz, Mitlödi, FDP
Noser Paul, Oberurnen, SVP
Padovan Martin, Glarus, GUG
Perdrizat René, Mollis, GUG
Pianta-Schwitter Theres, Näfels, CVP
Piatti Rolf, Niederurnen, SVP
Rudolf-Ehnes Gertrud, Glarus, SP
Rutschmann Richard, Niederurnen, SP
Sauter Hans, Netstal, FDP
Schär Hans Ulrich, Bilten, SVP
Schiesser Franz, Schwändi, SP
Schiesser Fridolin, Haslen, FDP
Schiesser Jakob, Linthal, FDP
Schirmer Erich, Netstal, CVP
Schneiter Rudolf, Ennenda, SP
Schuler Fridolin, Braunwald, SVP
Schuler Hans, Mollis, SVP
Stauffacher Werner, Glarus, CVP
Streiff Eugen, Rüti, SVP
Streiff Jacques, Braunwald, FDP
Streiff Paul, Diesbach, SVP
Stüssi Urs, Glarus, GUG
Thomann Hans Karl, Ennenda, FDP
Trümpi Jakob, Ennenda, SVP
Walcher Fritz, Glarus, SP
Weber Georg, Glarus, FDP
Widmer Max, Netstal, SP
Wirth Johann, Schwanden, FDP
Zimmermann Heinrich, Glarus, FDP
Zimmermann Heinrich, Bilten, SVP
Zimmermann Paul, Glarus, SVP
Zweifel Balz, Linthal, FDP

FDP Freisinnig-demokratische Partei
SVP Schweizerische Volkspartei
CVP Christlichdemokratische Volkspartei
SP   Sozialdemokratische Partei und
     Gewerkschaften
GUG Glarner Umweltgruppen

Hans Ulrich Kamer

Der Kantonsrat von Zug

Der Herausgeber erwartet von seinen kantonalen Autoren, dass sie ihm Selbstporträts ihrer Parlamente liefern. Ein Selbstporträt ist eine Selbstdarstellung des Porträtierten; es zeigt, wie dieser sich selber sieht. Das Selbstbildnis eines Parlamentes würde also – streng genommen – eine aufwendige parlamentarische Prozedur erfordern: Zuerst müsste der Rat einen Porträtisten bezeichnen, dessen Werk wäre einer Spezialkommission vorzulegen, und diese würde dann dem Entwurf mit allen kosmetischen Methoden und Ingredienzen zu Leibe rücken, bis das Endprodukt eine reale Chance hätte, vom Parlament als wirklichkeitsnahes Abbild anerkannt zu werden. Und das wäre dann zwangsläufig ein Bild von (selbst-)gefälliger Langweiligkeit. Es ist daher wohl besser, wenn der vom Herausgeber auserwählte Autor auf eine solche Prozedur verzichtet und ein durchaus subjektives Bild «seines» Parlamentes zeichnet.

Der Zuger Kantonsrat hält seine Sitzungen im Regierungsgebäude in Zug ab, einem zwischen 1869 und 1873 errichteten Staatsbau im Neo-Renaissance-Stil. Der Kantonsratssaal erstreckt sich im Obergeschoss über die ganze Breite des Nordflügels. Die Fenster der Ost-Seite öffnen sich auf den Postplatz, wo das geschäftige und geschäftliche Leben der Stadt unüberhörbar pulsiert. Durch die Fenster der West-Front schweift der Blick über den See nach Cham zu den sanften Hügeln des Ennetsees. Von hier aus ist auch der berühmte Zuger Sonnenuntergang zu bewundern; der Kantonsrat kommt aber nie in den Genuss dieses Naturschauspiels, da er hier nicht zu nächtigen, sondern zu tagen pflegt. An der Nordseite des Saales erhebt sich das dreistufige Podium mit den gepolsterten Sesseln, denen die Sehnsucht aller ehrgeizigen Lokalpolitiker gilt. Auf der ersten Stufe nehmen die Mitglieder des Regierungsrates Platz, auf der zweiten der Vizepräsident des Kantonsrates, der Landschreiber und der Protokollführer, und auf der drit-

Das Regierungsgebäude in Zug, Sitz des Kantonsrates

ten thront in einsamer Höhe majestätisch der Kantonsratspräsident. Sein Titel «Höchster Zuger» ist also nicht zuletzt topographischer Natur. Gegenüber dieser imposanten Pyramide sind die Pultreihen der Volksvertreter in weitem Bogen angeordnet. Das Parkett steigt nicht an; der Regierungsrat legt Wert darauf, dass die Mitglieder des Kantonsrates zu ihm aufschauen müssen. Diese staatsrechtlich unbegründete Überhöhung des Regierungsrates ist die Ursache eines durchaus beabsichtigten, unausrottbaren Missverständnisses: Die Abgeordneten glauben beharrlich, dass der Regierungsrat – zu dem sie nicht aufschauen, sondern den sie beaufsichtigen sollten – die höhere Instanz sei, und sie verhalten sich ihm gegenüber – von gelegentliche Ausrutschern abgesehen – dementsprechend devot. Parlamentarier, deren Anfragen der Regierungsrat – pflichtgemäss – beantwortet, bedanken sich dafür überschwänglich, als ob ihnen die Obrigkeit eine besondere Gunst erwiesen hätte; und wenn sie einmal so vermessen sind, Kritik zu üben, verbrämen sie diese mit wortreichen Entschuldigungen. Bis in die 60er Jahre hinein war es auch ein frommer Brauch, den jährlichen Rechenschaftsbericht des Regierungsrates mit dem besten Dank an die «Hohe Regierung» zu genehmigen. Ein Antrag, diese byzantinische Floskel zu streichen, wurde dann zwar in einer momentanen Aufwallung von Selbstbewusstsein angenommen; am tiefsitzenden Gefühl der Inferiorität des Parlamentes änderte das aber wenig. Von dieser Inferiorität ist auch der Regierungsrat überzeugt; er ist aber viel zu klug, sich das anmerken zu lassen. Vielmehr behandelt er das Parlament mit ausgesuchter Höflichkeit, beantwortet mit Engelsgeduld auch die ausgefallensten Fragen, verliert in keiner Situation die magistrale Contenance und bietet den Parlamentariern zwischen den Sitzungen und auf Exkursionen auch das erforderliche Mass an Brot und Spielen. Das gehört zu den Verführungskünsten, mit denen der Regierungsrat seine nominelle Aufsichtsbehörde kunstvoll zu umgarnen weiss. Hinter seiner freundlichen, landesväterlichen Fassade aber hantiert er unzimperlich an den Hebeln der Macht. Einige seiner Mitglieder täten gut daran, ihre Augen öfter zu dem schmucken Wandfries zu erheben, aus dem prominente Zuger vergangener Jahrhunderte warnend auf ihre betriebsamen Nachfolger herabblicken: Etwa der Blickensdorfer Hans Waldmann, der sein Glück in der Fremde suchte und den die Zürcher zuerst zu ihrem Bürgermeister und dann um einen Kopf kürzer machten; oder der Altammann Josef Anton Schumacher, den die Zuger nach seinem jähen Sturz von der Höhe der Macht auf die Galeere schickten. Heute verfährt man mit missliebig gewordenen Magistraten nicht mehr so unfreundlich: Statt aufs Schafott oder auf die Galeere schickt man sie in Pension, anstelle des Richtblocks wartet ein sanftes Ruhekissen, das die Brutalität des Falles mildert; die fortschreitende Zivilisation trägt reichlich Früchte.

Die Sitzungen beginnen pünktlich um 8.30 Uhr. Wenn der Standesweibel die Flügeltüren schliesst, sind die Ratsmitglieder zur Stelle. Natürlich gibt es Ausnahmen, unfreiwillige und freiwillige. Die unfreiwilligen Nachzügler hasten kurz nach Torschluss keuchend herein; die absichtlich Verspäteten dagegen halten hocherhobenen Hauptes Einzug, um zu zeigen, dass sie keine Herdenmenschen sind. Der frühere Stadtpräsident von Zug, Walther A. Hegglin, kam regelmässig zehn Minuten zu spät, weil er zuvor im Stadthaus Weisung hatte geben müssen, wie während seiner halbtägigen Abwesenheit die Stadt zu regieren sei. Heute wird die Stadt während der Kantonsratssitzungen nicht mehr regiert, da sämtliche Stadträte ihre sesselfreudigen Sitzflächen auch im Kantonsratssaal niederzulassen pflegen.

Der Präsident eröffnet die Sitzung mit einem kurzen Grusswort und einigen protokollarischen Feststellungen. Die Eröffnung zieht sich in die Länge, wenn ein Parlamentarier-Skirennen oder sonst ein magistrales Grümpelturnier stattgefunden hat und die ausschweifende Verlesung der Ranglisten von Beifallsstürmen unterbrochen wird. Solch kind(l)i(s)ches Getue erfrischt die Atmosphäre ungemein und verbreitet gute Stimmung «zum Werke, das wir ernst bereiten». Dann erhält der Landschreiber das Wort zum Namensaufruf; wer mit «Ja» antwortet, hat Anspruch auf das Taggeld. Früher führte der Landschreiber auch das Protokoll. Seit einigen Jahren schreibt er nicht mehr selbst; jetzt lässt er schreiben. Als Protokollführer amtet nun der juristische Mitarbeiter der Staatskanzlei, Dr. Felix Renner. Dass er nicht nur schreibt, sondern – sich – dabei auch etwas denkt, ist in der Geschäftsordnung nicht vorgesehen und daher anstössig. Zwar findet das, was er denkt, im Protokoll keinen Niederschlag, wohl aber in hintergründigen Aphorismen, die der politisch heimatlos Gewordene gelegentlich publiziert. In solchen Publikationen kann man dann Anzüglichkeiten wie etwa die folgende lesen: «Auch bei der Kaninchen-Leistungsschau haben die Exemplare, die am meisten fressen und Fleisch ansetzen, das grösste Gewicht». Natürlich fühlt sich niemand betroffen; aber etwas peinlich berührt ist man schon; weiss man denn wirklich, ob er einen nicht doch im Visier gehabt hat?

Die Mitglieder des Regierungsrates ersteigen nach und nach die Regierungsbank, packen geschäftig ihre dicken Mappen aus und blicken und nicken leutselig in die Runde. Wenn ein Regierungsmitglied fehlt, wird es umständlich entschuldigt. Selbstverständlich ist es immer ein höherwertiger vaterländischer Anlass, der den Magistraten von der Teilnahme an der Sitzung abhält, so etwa der Besuch bei einem Bundesrat, eine interkantonale Regierungskonferenz oder das Jubiläum eines Lotteriefonds. Die anwesenden Regierungsräte aber sind nicht nur physisch präsent. Sie folgen den Verhandlungen aufmerksam und beobachten mit Argusaugen das Stimmverhalten der Ratsmitglieder – unter denen die Beamten und Lehrer recht zahlreich sind –, besonders bei wichtigen Geschäften wie etwa der Pensionsregelung für abtretende Regierungsräte.

Die Debatten sind – wie überall – zuweilen lebhaft und zuweilen langweilig. Zu lang sind sie eigentlich nie; Viel- und Lang-Redner werden durch ostentative Unaufmerksamkeit diszipliniert und sehen die Nutzlosigkeit ihres Unterfangens in der Regel bald ein. Am Ende der Debatte ergreift jeweilen der «involvierte» – solche Monster aus dem Wörterbuch der Wichtigtuer sind beliebt – Departementsvorsteher das Wort, um zu dem «Strauss von Voten und Fragen» Stellung zu nehmen. Dieser «Strauss» ist eine zweckmässige Institution; sie erlaubt es dem Redner, sich ausführlich den Blumen zu widmen und dabei Disteln und Unkraut unbemerkt unter den Tisch fallen zu lassen. Natürlich dankt der Magistrat zunächst für all die gestellten Fragen: Die bestellten bezeichnet er als willkommen, die nicht bestellten qualifiziert er als interessant. Das Mass an Sachkunde und Eloquenz, das in seiner Antwort zum Ausdruck kommt, verrät, ob er die Frage schon vorher gekannt hat. Hin und wieder bleibt eine Frage unbeantwortet, weil der Vertreter der Regierung sie nicht beantworten kann oder will. Beanstandet das ein hartnäckiger Fragesteller, so ist das ungehörig, vermag doch die Wiederholung der Frage am Nichtkönnen oder Nichtwollen des Regierungsmannes nichts zu ändern. Dann gibt es nur zwei Wege aus der Misere: Entweder versucht sich der Bedrängte mit Unverbindlichkeiten aus der Affäre zu ziehen und verspricht nötigenfalls zusätzliche Abklärungen oder der Ratspräsident weist mahnend auf die fortgeschrittene Zeit hin und bereitet der Debatte ein nicht ganz gewaltfreies Ende.

Höhepunkte im Ratsbetrieb sind die Wahlsitzungen, in denen der Ratspräsident, der Vizepräsident, der Landammann und der Statthalter gewählt werden. Das Zeremoniell ist hölzern und nicht selten unfreiwillig komisch. Sobald ein Neugewählter der Urne entstiegen ist, dankt er pflichtgemäss gerührt für das ihm entgegengebrachte – von den Fraktionen vorher abgesprochene – Vertrauen und versichert, dass die Ehre nicht nur ihm gelte, sondern auch seinen Vorfahren, seiner Heimatgemeinde, seiner Familie, seiner Partei, seiner Fraktion und allfälligen weiteren geselligen Vereinen, die seinen Aufstieg ermöglicht oder gefördert haben. Wenn dann auch noch Blumensträusse hereingetragen und im Blitzlichtgewitter der Fotografen überreicht werden, kulminiert die Feierlichkeit in unbeholfenen Rührszenen. Die traditionellen Küsse, die früher von eigens herbeigeschafften Trachtenmädchen appliziert wurden, fallen seit der

Einführung des Frauenstimmrechtes in den Aufgabenbereich der Fraktionskolleginnen.

Wie fast überall in der helvetischen Demokratie sind auch im Zuger Kantonsrat die Kommissionen besonders wichtig und meistens zu gross. Aus der Überfülle der Kommissionen ragt die Staatswirtschaftskommission heraus, die mitzureden hat, wo es um Geld geht; und darum geht es fast immer. Es gab Zeiten, in denen sie sich zu einer Art Nebenregierung entwickelte, und das führte dann zu Reibungen mit der Exekutive. Solche Reibungen lassen sich vermeiden, wenn der Regierungsrat auf alle Anregungen der Kommission diplomatisch eingeht, Unterlagen und Auskünfte bereitwillig liefert und dadurch die Kommission in ihrem Glauben bestärkt, dass sie eine massgebende Rolle mit Kompetenz und nachhaltiger Wirkung spiele; so kann der Regierungsrat die «STAWIKO» – wie die exotisch klingende Abkürzung lautet - am langen Zügel führen, und der Landfrieden ist gerettet. Der derzeit amtierende Präsident der STAWIKO, Urs B. Wyss, versieht sein Amt mit gemessener Würde. Er schreitet gravitätisch zum Rednerpult, blickt sorgenvoll in die Runde, belehrt und mahnt und lässt in seine Rede wohldosierte Bonmots einfliessen. Gerade damit aber irritiert er zuweilen den Rat, weil man auch bei feierlichen Passagen nie so recht weiss, ob es dem Präsidenten nun wirklich ernst ist oder ob er sich nur selbst persifliert.

Beim Rate unbeliebt ist die Redaktionskommission. Sie besorgt nach § 21 der Geschäftsordnung «die sprachliche Bereinigung der durchberatenen Gesetze und Beschlüsse»; und da das Sprachgefühl der Gesetzesfabrikanten allzuoft unterentwickelt ist, hat sie viel zu tun. Tut sie aber viel und bemängelt sie gar noch die Systematik der geprüften Erlasse, so ist der Rat ob soviel schnöder Kritik an seinem legislatorischen Schaffen beleidigt; und an den Fraktionssitzungen stellt wohl einmal ein gekränkter Volksvertreter die erbitterte Frage, ob die Mitglieder der Redaktionskommission ihre Ratskollegen eigentlich alle für (Legisla)-Torenbuben hielten. Die Redaktionskommission lässt solche Fragen diskret offen; sie gibt sich damit zufrieden, dass Regierungsrat und Parlament ihren Anträgen schliesslich meistens zustimmen.

Begehrt sind die Sitze in den vorberatenden Kommissionen. Dort können sich auch die sogenannten «Stillen im Lande» profilieren, denen die Rednergabe versagt geblieben ist und die daher den Auftritt im Plenum scheuen. Besonders begehrt sind die Präsidien dieser Kommissionen, denn ein Mann der Öffentlichkeit, der nie irgendwo Präsident geworden ist, gilt hierzulande als Blindgänger und verfällt der Verachtung. Wenn die Kommission ihre Beratungen abgeschlossen hat, erstattet sie dem Rat Bericht. Die Redigierung des Berichtes ist Sache des Präsidenten. Da aber solch schriftstellerische Arbeiten nicht jedermanns Sache sind, greift der Sekretär des Departementes, das die Vorlage vorbereitet hat, im Ernstfall hilfreich ein und schreibt – oder verbessert – auch gleich noch den Kommissionsbericht. So kann auf unauffällige Weise verhindert werden, dass im Bericht Dinge stehen, die der Verwaltung missfallen.

Das Erscheinungsbild des Rates hat sich im Laufe der Jahrzehnte gewandelt. Das Reglement vom 31. Mai 1900 statuierte in § 6 noch unmissverständlich, dass «die Mitglieder des Kantonsrates der Sitzung in schwarzer oder dunkler Kleidung beiwohnen». Wäre die Beiwohnung auch heute noch nur im Feierkleide gestattet, wäre der Rat nie beschlussfähig. Im dunkeln Anzug erscheinen nur noch Ratsherren, die auch in ihrem Hauptberuf einer feierlichen Tätigkeit – wie etwa jener eines Bankdirektors – nachgehen. Auch die Krawatte gehört längst nicht mehr zur Standard-Ausrüstung des Volksvertreters; sie hätte ja auch dort keine Funktion mehr, wo der Vollbart des Lokalpropheten sozusagen nahtlos übergeht in den grobmaschigen Lismer des Alternativen. Und dass im Zeitalter der Gleichberechtigung die Farbenpracht nicht mehr den Damen vorbehalten bleibt, ist durchaus in Ordnung. Kurz: Es ist eine buntscheckige Gesellschaft, was da jeweilen am Morgen eines Sitzungstages dem Regierungsgebäude zustrebt. Einige Ratsmitglieder würden ihr Ziel kaum erreichen, wenn noch § 32 Ziff. 6 des alten Gemeindegesetzes gälte, die den Stadtpräsidenten verpflichtete, «verdächtige herumvagierende Personen der Kantonspolizeidirektion zuführen zu lassen».

Allerdings legen Politiker auch heute noch Wert auf ihre sichtbare Erscheinung, nur im umgekehrten Sinne: Besonders vor Wahlen mischen sich auch höchste Magistraten absichtsvoll im Räuberzivil unters Volk, um ihre Verbundenheit mit dem kleinen Mann zu bekunden; dort kochen sie dann Risotto, schenken Bier aus, tanzen mit den Dorfschönen und vollführen Spatenstiche oder ähnlichen Unfug. Der alte Spruch des Horaz «Odi provanum vulgus et arceo» gilt zwar noch in der Grundhaltung, aber nicht mehr in der Konsequenz.

Geändert hat sich in den letzten Jahrzehnten auch das politische Klima. Noch in den 40er- und 50er-Jahren war es recht frostig. Es gehörte damals sozusagen zum guten Ton, dass man sich gegenseitig inbrünstig hasste: Die Mehrheitspartei und die Opposition und die Oppositionsparteien unter sich. Alle vier Jahre liefen die Freisinnigen und die Sozialisten gegen die absolute Mehrheit der Katholisch-Konservativen Sturm; und diese prophezeiten regelmässig den Untergang des Abendlandes für den Fall, dass ihre staatserhaltende Omnipotenz gebrochen würde. «Überlasst die Festung nicht dem Feinde!» hiess es da in bewegenden Aufrufen; und «Venner voran!» oder gar: «Mit dem Freisinn hat es angefangen; mit dem Kommunismus hört es auf!» Die Sozialdemokraten verkündeten selbstbewusst: «Wir haben keine Doktoren und Lehrer, dafür Leute mit gesundem Menschenverstand», und enthüllten damit, wie sehr eine mittlere oder höhere Schulbildung dem Verstande schadet. Auch die Freisinnigen sparten nicht mit markigen Parolen. Einmal nur versuchten sie es auf die menschliche Tour und liessen ein strahlendes Kindergesicht von den Plakatwänden herab verkünden: «Min Papi wählt freisinnig». Was dann den unausweichlichen Kommentar provozierte: «So öppis chan nur en Chindschopf verzelle!»

Auch im Rat gab es harte Fehden und starre Fronten. Die Fraktionschefs waren oft auch Zuchtmeister. Wenn der Chef der Mehrheitsfraktion, Nationalrat Konrad Hess, bei einer Abstimmung die Hand hob und gebieterisch zurück zu den Hinterbänklern blickte, dann hiess das «Mir nach!» Und wehe dem Unbotmässigen, der diesem kategorischen Imperativ nicht Folge leistete oder gar einen Antrag stellte, den die Fraktion nicht im voraus genehmigt hatte: Die Schelte erreichte ihn, bevor die Sitzung zu Ende war; und nur ausdauerndes Wohlverhalten konnte ihm bei den nächsten Wahlen wieder einen Platz auf der Liste sichern. Die Fraktionsdisziplin war so streng, dass man die Parteigrenzen bei den Abstimmungen an den erhobenen Händen hätte erkennen können. Das ist nun längst vorbei. Im Zeitalter der Disziplinlosigkeit sind auch die Fraktionen disziplinlos geworden – glücklicherweise muss man sagen: Das menschliche und sachliche Klima von heute dient dem Kanton besser als der Theaterdonner von ehedem.

Das einschneidendste Ereignis in der zugerischen Parlamentsgeschichte dieses Jahrhunderts war die Einführung der Kaffeepause Ende der 70er-Jahre. An der Wiege dieser segensreichen Einrichtung stand die Baudirektion, die in ihrem ungestümen Tatendrang auf die Idee verfallen war, den Kantonsratssaal durch eine Klimaanlage zu bereichern. Dieser Plan weckte den simplen Gegenvorschlag, zur Sitzungs-Halbzeit eine Pause zu machen und die Fenster öffnen. So geschah es denn auch, und so geschieht es noch heute. Mit eindrücklichem Erfolg: Während der Pause verbindet sich der Duft von Kaffee und Gebäck mit der Seeluft von Westen und den Abgasen von Osten zu einer durchaus zeitgemässen Atmosphäre.

Die Pause hat auch dem nimmermüden Tourismus jener Ratsmitglieder ein Ende gesetzt, die früher im Verlaufe des Vormittags einzeln oder in Gruppen den Saal verliessen, weil sie etwas Flüssigkeit einzunehmen oder abzugeben wünschten. Die Fraktionschefs müssen nun vor wichtigen Abstimmungen nicht mehr in den Gängen des Regierungsgebäudes nach ihrer Gefolgschaft rufen, und der Standesweibel ist der Mühe enthoben, in den benachbarten Wirtschaften nach einem Departementsvorsteher zu fahnden, dessen Geschäft früher als erwartet zur Behandlung kommt. Und glücklich ist nicht zuletzt der Ratspräsident, der für 20 Minuten seinen scharf beobachteten Hochsitz verlassen und im Getümmel untertauchen kann, wo er wieder Mensch unter Menschen sein, herzhaft gähnen und – wenn ihn die Lust dazu ankommt – auch würdelos in der Nase bohren darf.

Die Veteranen unter den Ratsmitgliedern erinnern sich noch gut der fast schon historischen Zeit, in der die beiden Hürlimänner – Erziehungsdirektor Hans Hürlimann und Baudirektor Alois Hürlimann – die Szene beherrschten. Beide Walchwiler und Absolventen der Halbtagsschule, beide angetreten mit dem hohen Anspruch, das Gesicht des Kantons zu verändern, und beide fest entschlossen, sich auch in die Schweizer Geschichte einzumischen.

Gleich waren sie gleichwohl nicht. Hans Hürlimann verstand sich von Anfang an als Staatsmann, stets bemüht, sich im voraus eine breite Unterstützung zu sichern, Widerstände zu überwinden, Gegner zu überzeugen und den Konsens herbeizuführen. Und wenn er dann – der Zustimmung und des Beifalls gewiss – eine Vorlage vor den Rat brachte, geriet deren Absegnung durch das Parlament beinahe zur patriotischen Feierstunde.

Dem Baudirektor stand der Sinn nicht nach so viel Harmonie. Ihn dürstete nach lustvoll erkämpften Siegen. Allgemeine Zustimmung langweilte ihn, und Politik hatte für ihn auch immer einen eminenten Unterhaltungswert. Über heftige Opposition konnte er sich empören, aber die Empörung war eher laut als echt; er brauchte den Widerstand, um sich entfalten zu können. Nur Opposition erlaubte es ihm, die Schleusen seiner Beredsamkeit zu öffnen und den Rat damit zu überfluten, Visionen zu wecken, Kleinmut zu geisseln und schliesslich zu triumphieren. Für einen tatendurstigen Politiker seines Kalibers standen damals die Zeichen günstig: Es war die Zeit des grossen Aufbruchs, Fortschritt war die Parole, machbar war fast alles, und Bauen – wo auch immer, was auch immer und wie auch immer – erschien vielen als ein Wert an sich. Und es war nach dem bescheidenen Selbstzeugnis des Baudirektors die Aufgabe der Regierenden, «den Vorstellungen der breiten Masse pionierhaft vorauszueilen». Tatsächlich eilte er nicht nur den Vorstellungen der breiten Masse pionierhaft voraus, sondern auch den Beschlüssen des Kantonsrates. Es ist nicht nur eine gut erfundene Geschichte, sondern die Wahrheit, dass er den Mitgliedern des Kantonsrates auf einem nachmittäglichen Parlamentsausflug in frivolem Triumph ein vollendetes Werk zeigte, dessen Bau der Rat am Morgen beschlossen hatte. Bedenken gegen so viel eigenmächtige Tatkraft waren für ihn nur ein willkommener Anlass zu neuen rhetorischen Höhenflügen und Beschwörungen. Ganz ohne Gefahren war das freilich nicht. Wenn er zu einer vehementen Gegenattacke das Wort ergriff, ergriff dieses zuweilen auch ihn, und dann konnte er ausser Kontrolle geraten. In einem solchen Rederausch entfuhr ihm eines Tages das fatale Wort: «Wenn einmal die Baumaschinen rollen, geht es bei uns gerade so schnell wie bei Hitler!» Dem sarkastischen Ratschlag, er möge sich bessere Vorbilder wählen, begegnete er mit Entrüstung, doch er hatte den ominösen Vergleich selbst heraufbeschworen, und er konnte sich daher nicht darüber beklagen, dass wir ihn hinter vorgehaltener Hand gelegentlich unseren «Gröbaz» – «Grösster Bauherr aller Zeiten» – nannten. Was er dem Parlament zumutete, war erstaunlich, aber er wusste fast immer, wie weit er gehen konnte, ohne zu straucheln. Und als er fühlte, dass die Zeit der grossen Würfe vorbei war, dass die Toleranzbereitschaft des Zuger Parlamentes schwand und der Handlungsspielraum sich verengte, nahm er – vernarbt aber ungebrochen – seinen Hut. Der Kantonsrat, den er so oft überspielt, überredet, überfahren, manipuliert und fasziniert hatte, verabschiedete ihn mit Bedauern, Dank und lang anhaltendem Beifall. Zum letzten Mal schied er als Triumphator. Und dann wurde – wie seine Kritiker bemerkten – die Kantonsverfassung wieder in Kraft gesetzt.

Hans Hürlimann wurde Bundesrat und Bundespräsident. Alois Hürlimann brachte es als Nationalrat zum Chef der christlich-demokratischen Fraktion der Bundesversammlung. Er übernahm in dieser Funktion – nach einem Intermezzo Enrico Franzonis – die mittelbare Nachfolge Kurt Furglers, von dem er bissig-ironisch sagte, er habe «aus jeder Fraktionssitzung ein Pontifikalamt» gemacht. Das Amt des Nationalratspräsidenten schlug er aus; das überparteiliche Stillsitzen war nicht seine Sache.

Wenn man feststellt, dass die beiden Hürlimänner die Szene beherrschten, ist das wörtlich zu verstehen. Tatsächlich war es nur die Szene. Der Regierungsratssaal war damals durchaus nicht – wie manche glaubten – nur die «Braustube Hürlimann». Im Regierungsrat gab es noch andere starke Persönlichkeiten, die ihre eigene Stimme und ihr eigenes Gewicht hatten. Sie erstarrten keineswegs in Ehrfurcht, sobald einer der grossen Walchwiler sein Wort gesprochen hatte. Sie begegneten ihnen nur nicht in offener Feldschlacht. Aber sie wussten genau, wo und wie man mit ihnen reden musste, um eigenen Vorstellungen zum Durchbruch zu verhelfen; sie kannten die Stellen, wo die beiden Olympier sterblich waren. Wer dann beim Einzug in die Arena das Banner trug und den Lorbeer empfing, war für sie – wenn es um die Sache ging – minder wichtig.

Das also ist der Zuger Kantonsrat aus der Sicht des Autors. Jedes der 79 anderen Mitglieder hätte wohl ein anderes Bild gezeichnet oder ein anderes Lied angestimmt. Darum werden wohl auch die Meinungen darüber auseinandergehen, ob das Bild wirklichkeitsgetreu oder ein Zerrbild sei, das Lied ein Loblied oder ein garstig Lied. Der Leser mag beurteilen, ob der Porträtist seinen Stift mit Bedacht oder mit unangebrachtem Eifer geführt und ob mitunter des Sängers Fluch zu Unrecht über des Sängers Höflichkeit gesiegt habe.

Quellenverzeichnis

Stutz Werner
Das Zuger Regierungsgebäude (Zuger Neujahrsblatt 1979)

Stadlin Paul
Zug um Zug (Verlag Zürcher AG, Zug, 1981)

Kanton Zug
Mitglieder des Kantonsrates
Stand 1. Januar 1990

Präsident: Moos Ernst, Zug, FDP
Arnet Herbert, Cham, CVP
Arzethauser René, Cham, FDP
Baer Karl, Menzingen, FDP
Baumgartner Robert, Unterägeri, CVP
Baur Fritz, Baar, FDP
Bernet Willy, Cham, CVP
Besmer Josef, Oberägeri, CVP
Binzegger Gottfried, Baar, CVP
Birri Othmar, Zug, SP
Blaser Armin, Baar, CVP
Bossard Andreas, Zug-Oberwil, CVP
Bossard Peter, Zug, FDP
Bucher Alois, Hünenberg, CVP
Bussmann Beat, Zug, CVP
Bütler Max, Hünenberg, CVP
Christen Siegfried, Menzingen, CVP
Dierauer-Jörg Marietta, Zug, CVP
Diethelm Urs, Zug, SP
Dossenbach Philipp, Baar, CVP
Eder Joachim, Unterägeri, FDP
Frei-Schläpfer Susi, Cham, FDP
Frigo Markus, Zug, FDP
Grond Werner, Neuheim, FDP
Gügler Toni, Zug, CVP
Haas Leo, Hünenberg, FDP
Hausheer Ernst, Steinhausen, CVP
Henggeler Alois, Unterägeri, CVP
Henggeler Josef, Oberägeri, CVP
Hitz-Würms Martha, Baar, CVP
Holdener Beat, Zug, B
Horat Franz, Walchwil, CVP
Huber Edwin, Baar, FDP
Huber Othmar, Baar, CVP
Hug Rudolf, Baar, SP
Hutter-Häfliger Monika, Baar, SP
Ineichen Ernst, Steinhausen, SP
Iten Viktor, Unterägeri, FDP
Jans Armin, Zug, SP
Kamer Hans-Ulrich, Zug, FDP
Kamer Othmar, Zug, CVP
Kaspar Ernst, Baar, FDP
Keiser Hans-Rudolf, Zug, FDP
Kessler Markus, Baar, CVP
Kleiner Rudolf, Cham, CVP
Krähenbühl-Burri Marianne, Unterägeri, FDP
Krieger Hans, Baar, CVP
Landolt Madeleine, Zug, SGA
Lerch Herbert, Cham, SP
Lustenberger Max, Oberägeri, FDP
Meier Arthur, Rotkreuz, FDP
Meier Sebastian, Cham, CVP
Moos Ernst, Zug, FDP
Müller Albert, Unterägeri, CVP
Müller Hans-Peter, Cham, FDP
Nigg Richard, Cham, CVP
Nussbaumer Maurus, Oberägeri, FDP
Odermatt Bernhard, Steinhausen, CVP
Ohnsorg Leo, Steinhausen, FDP
Risi Georges, Zug, CVP
Romer Othmar, Zug, SP
Romer Silvan, Baar, SP
Rust Peter, Walchwil, CVP
Schaufelberger Hans, Hagendorn, SP
Schmidiger Albin, Rotkreuz, FDP
Schnurrenberger Hans, Zug, FDP
Schweiger Rolf, Baar, FDP
Schwerzmann-Müller Ruth, Baar, FDP
Stocker Ernst, Hünenberg, FDP
Straub Christoph, Zug, FDP
Tönz Albert, Menzingen, CVP
Tschofen Bruno, Steinhausen, CVP
Ulrich Walter, Neuheim, CVP
Uster Hanspeter, Baar, SGA
Weber Beat, Menzingen, CVP
Werder Hansjörg, Zug, CVP
Werder Mathias, Rotkreuz, CVP
Wild-Haas Judith, Zug, FDP
Wismer Willi, Rotkreuz, CVP
Wyss Urs B., Zug, CVP
Zurfluh Peter, Steinhausen, FDP

CVP   Christlichdemokratische Volkspartei
FDP   Freisinnig-demokratische Partei
SP   Sozialdemokratische Partei
SGA   Sozialistisch-Grüne Alternative
B   Bunte Liste

René Aebischer (avec la collaboration de M. René Binz, chancelier d'Etat de 1933 à 1969)

Le Grand Conseil fribourgeois

Sa composition

Le pouvoir législatif du canton de Fribourg appartient au Grand Conseil, composé de 130 députés ou députées (nombre fixe depuis 1960) élus pour une période de cinq ans par les assemblées électorales, selon le système de la représentation proportionnelle (depuis 1921) et sur la base du dernier recensement fédéral de la population. Ils sont répartis entre les cercles électoraux proportionnellement à leur population.

Chacun des sept districts administratifs forme un arrondissement électoral, sauf celui de la Sarine qui depuis 1951 en compte deux, l'un pour la ville de Fribourg et l'autre pour la Sarine-campagne. Par cette solution, on voulait assurer à la partie campagnarde la juste représentation qui lui revenait car, lors d'une élection générale, les citoyens de la ville de Fribourg avaient éliminé massivement les candidats de la campagne, à tel point que les communes de la campagne de l'ancien arrondissement électoral n'avaient plus le nombre de députés correspondant à l'effectif de leurs citoyens. Cet épisode rappelle le problème de l'équitable représentation des régions, précisément des cercles de justice de paix, à l'intérieur d'un district. Ce phénomène existe aussi sur le plan cantonal quant à la composition du Gouvernement et de la députation aux Chambres fédérales.

Les listes des candidats sont formées par les partis politiques traditionnels du canton, soit le parti démocrate-chrétien (anciennement parti conservateur catholique), le parti libéral-radical (parti radical suisse), le parti socialiste, l'Union démocratique du centre (anciennement parti des paysans, artisans et indépendants) et, depuis 1976, du parti chrétien-social issu de la scission avec le parti démocrate-chrétien. Depuis la perte de la majorité absolue par le parti démocrate-chrétien en 1966, la force des groupes est restée plus ou moins stable: entre 57 et 47 sièges pour le parti démocrate-chrétien, 37 et 27 pour le parti libéral-radical, 33 et 21 pour le parti socialiste, 8 et 10 pour l'Union démocratique du centre, 8 et 12 pour le parti chrétien-social. D'autres partis ou groupes d'électeurs connus en Suisse ou dans d'autres cantons, et qui ont participé aux élections, n'ont jusqu'à présent jamais atteint le quorum de 7,5% au moins du total des suffrages valablement exprimés leur donnant droit à une représentation au Grand Conseil.

Quant à la participation aux élections, elle est tombée de 79,18 % en 1966 à 50,15 % en 1986. Lors de la première participation des femmes aux élections en 1971, le taux de participation fut de 67,99 %.

L'Hôtel cantonal à Fribourg, Siège du Grand Conseil

Quelques points particuliers

1. La salle du Grand Conseil

Le lieu de réunion du Parlement cantonal se situe dans l'Hôtel cantonal – nom donné à l'ancien Hôtel de Ville en raison de la proximité de la «Maison de Ville» qui abrite une partie de l'administration de la commune de Fribourg. Cette bâtisse fut construite entre 1502 et 1522 et abrite aujourd'hui le Grand Conseil et le Tribunal cantonal. La salle du Grand Conseil a encore son aspect historique, avec des boiseries en chêne Louis XVI, un plafond peint à la fin du 18e siècle, représentant le char du triomphe de la République de Fribourg, ainsi que deux superbes poêles en faïence Louis XV. La table, en bois sculpté, sise au milieu de la salle, à laquelle prennent place les scrutateurs, a été exécutée par le maître Hans Geiler-Gieng de 1544 à 1546.

En 1803, cette salle offrait encore suffisamment de place aux 60 députés qui composaient le Grand Conseil; aujourd'hui, c'est à la limite du supportable pour 130 députés, 7 membres du Conseil d'Etat, 4 personnes du secrétariat et 2 huissiers. Pour pouvoir y loger tout ce monde, il a également fallu faire des entorses aux tribunes, qui ne peuvent accueillir que 7 à 9 journalistes ainsi que le même nombre de personnes sur les places réservées au public. Ces inconvénients sont acceptés tant bien que mal par les députés, qui ne souhaitent cependant pas quitter cet endroit historique de la politique fribourgeoise, et un peu moins bien par la presse qui demande de meilleurs conditions de travail. Un changement de mobilier de la salle, qui devrait offrir à tous les occupants des meilleures conditions de travail, est à l'étude.

Jusqu'en 1980, seuls les pupitres du président, du rapporteur et des conseillers d'Etat étaient équipés de microphones. Depuis cette date, tous les bancs en sont équipés, installation dont le directeur des finances d'alors, Arnold Waeber, ne voulait pas de prime abord voir l'utilité, argumentant qu'il était juste que les conseillers d'Etat soient mieux entendus grâce aux microphones. «Nous ne sommes que 7, eux ils sont 130!»

L'exiguïté de la salle n'a pas permis non plus en 1980 l'introduction souhaitée du pupitre de l'orateur. Comme par le passé, les députés parlent donc debout et de leur place.

Les députés sont actuellement placés dans la salle du Grand Conseil selon leur appartenance à un groupe parlementaire, alors qu'autrefois ils siégeaient approximativement par district.

Les membres du Gouvernement ne sont pas assis en face des députés, mais dans la première rangée de l'un des trois secteurs formant le demi-cercle de l'assistance. De ce fait, ils tournent le dos à une vingtaine de députés.

Le drapeau cantonal est hissé sur l'Hôtel cantonal lors des sessions du Grand Conseil et en d'autres circonstances, en particulier lors de manifestations à caractère patriotique ou religieux. Il est mis en berne lors du décès du président du Grand Conseil, d'un conseiller d'Etat, de l'évêque du diocèse et du prévôt de la cathédrale St-Nicolas, considéré comme le chapelain du Grand Conseil. Une coquille d'imprimerie avait fait lire: «En raison d'un deuil à l'Hôtel de Ville, le drapeau fribourgeois à été mis à ‹Berne›...».

2. Constitution du Grand Conseil

Après les élections générales en vue du renouvellement du Grand Conseil et du Conseil d'Etat, qui ont lieu le 2e ou 3e dimanche de novembre, l'Assemblée législative est convoquée à la fin du mois de décembre en session extraordinaire dite de reconstitution, sous la présidence du doyen d'âge.

Il y a quelques décennies, le doyen des députés au Grand Conseil était un citoyen de grand âge. Ainsi, le légendaire colonel de Reynold, de Matran, est décédé en fonction, en mai 1928, à l'âge de 97 ans. La population espérait pouvoir un jour le fêter en qualité de député centenaire. Il avait présidé la session extraordinaire de décembre 1926 et, au même titre, plusieurs fois auparavant. A cette occasion, lors de la validation des élections au Conseil d'Etat, dans une envolée oratoire, il regretta amèrement que les conseillers d'Etat ne fussent plus également députés, ainsi que cela fut le cas avant la révision constitutionnelle de 1921 introduisant la séparation des pouvoirs législatif et exécutif. Le motif de ses regrets résidait dans le fait que les conseillers d'Etat, lors de votations en séances du Grand Conseil, se levaient de leur fauteuil afin d'appuyer les propositions du Gouvernement à l'encontre d'autres propositions. Et, en les observant, le colonel de Reynold n'eut pas de peine à leur accorder ses suffrages! Dans la salle des délibérations, le colonel de Reynold occupa, au titre de doyen d'âge – privilège non maintenu par la suite –, une des places réservées normalement aux deux vice-présidents du Grand Conseil. Parfois, il aimait à s'asseoir au fond de la salle, aux côtés d'un député d'une tout autre prestance physique, soit Robert Colliard, député du district de la Veveyse, fondateur du parti des paysans. Artisan et bourgeois, chanteur soliste de la Fête des Vignerons de 1926 à Vevey, il fut élu au Conseil national en 1939 à la suite d'une curieuse mais stricte rectification du dépouillement du scrutin électoral. A son arrivée au Grand Conseil, il intervint immédiatement lors de diverses votations, mais fut régulièrement perdant. Lors de sorties du Grand Conseil, il aimait entonner «Le Ranz des Vaches», toute l'assistance reprenant le refrain. Robert Colliard, non sans esprit et humour, comme cela fut souvent le cas, constata alors «que le Grand Conseil préfère m'accompagner au lieu de me suivre».

La session extraordinaire de constitution s'étend sur deux jours. Dans une première séance, après lecture du rapport de la Commission spéciale de validation, le Grand Conseil valide, par cercle électoral, les élections au Grand Conseil, les élections au Conseil d'Etat et celles des préfets. Puis il passe à l'élection de son Bureau, soit du président et des deux vice-présidents, chacun étant élu pour la durée d'une année, des six scrutateurs et des six scrutateurs suppléants, élus quant à eux pour la durée de la législature; il en est de même du deuxième secrétaire, le premier secrétaire étant le chancelier d'Etat nommé par le Grand Conseil pour une période individuelle de 4 ans.

De même sont nommées les commissions permanentes prévues par le règlement du Grand Conseil ainsi que le président du Conseil d'Etat et le président du Tribunal cantonal.

L'appel à la présidence du Grand Conseil a lieu selon une répartition convenue entre les groupes parlementaires et tient compte aussi d'une certaine rotation entre les districts.

3. Prestation de serment

Le second jour de la session de reconstitution, le Grand Conseil et le Conseil d'Etat se rendent en cortège de l'Hôtel cantonal à la cathédrale St-Nicolas pour assister à un office solennel, actuellement à caractère œcuménique, et retournent à l'Hôtel cantonal en vue de la prestation de serment solennelle et individuelle de chacun de leurs membres, le premier vice-président recevant d'abord le serment du président du Grand Conseil. La faculté est laissée légalement à chaque membre de ces autorités de faire promesse au lieu de prêter serment.

4. Les organes du Grand Conseil

Le président, considéré généralement à tort ou à raison comme étant le premier magistrat du pays – titre évoqué à l'époque par le Conseil fédéral à propos de la préséance du président de l'Assemblée fédérale –, remplit à l'intérieur du canton une mission de représentation, certes utile mais astreignante. L'accueil qu'il trouve partout est pour lui et les siens un sujet de satisfaction. D'ailleurs, ce n'est pas sans raison que depuis de longues années le président du Grand Conseil nouvellement élu est reçu officiellement dans sa commune de domicile par les autorités, son parti et la population.

Cette charge comporte sans doute également des revers. Ainsi, le président Samuel Gutknecht (député de 1926 à 1951), syndic de Morat, alors qu'il prononçait un discours de bienvenue lors de l'assemblée d'une association siégeant dans sa ville, s'écarta quelque peu de son sujet et critiqua vivement l'attitude du Gouvernement et des autorités de Fribourg à l'égard des Moratois et du Murtenbiet. Lors de l'examen du rapport administratif du Conseil d'Etat, le Grand Conseil, par l'entremise du député Henri Diesbach, ancien président et doyen d'âge, reprocha vivement ce comportement à son collègue de Morat.

Le Bureau du Grand Conseil, composé du président, des deux vice-présidents et des six scrutateurs, siège généralement en présence des présidents de groupes, dont les avis sur le déroulement des travaux du Grand Conseil et la préparation des sessions sont très utiles, voire indispensables, mais ces derniers n'ont pas le droit de vote pour les décisions qui appartiennent au Bureau. Par exemple, le Bureau nomme les présidents et les membres de commissions spéciales, sur la proposition des présidents de groupes sans que ceux-ci puissent participer au vote.

La plus importante des commissions parlementaires est la Commission d'économie publique, composée de treize membres et dans laquelle chaque groupe et chaque arrondissement électoral doivent être représentés. Elle remplit la double fonction de commission des finances et de commission de gestion.

Les groupes remplissent également une tâche importante dans l'examen des objets à traiter et dans le déroulement économique des débats du Grand Conseil. Les députés peuvent former un groupe à condition qu'ils soient au moins cinq, ce qui avait fait dire à un ancien député: «Pour former une famille d'abeilles, il en faut au moins 5000, pour former un troupeau de moutons, il en faut au moins 100, pour former un groupe parlementaire, il faut cinq députés. Conclusion: plus la bête est grande, moins il en faut». Traditionnellement, les groupes font individuellement une sortie pendant la session de mai, alors qu'une fois par législature, le Grand Conseil organise une sortie commune, qui a souvent pour destination le Vignoble de l'Etat de Fribourg, aux Faverges-sur-Saint-Saphorin.

Le secrétariat du Grand Conseil est composé du chancelier d'Etat, qui remplit en même temps la fonction de premier secrétaire, d'un deuxième secrétaire, qui est en règle générale le vice-chancelier, et d'un secrétaire adjoint. Le secrétariat ainsi composé assure la préparation des sessions, la tenue des procès-verbaux des séances du Grand Conseil et des commissions ainsi que la tenue des registres et des archives. Le Bulletin des séances du Grand Conseil contient parfois des remarques concernant les délibérations, du genre «applaudissements dans la salle», «murmures dans la salle», «hilarité», etc. C'est ainsi qu'un député, auquel les électeurs reprochaient le fait de n'avoir jamais pris la parole, se reporta à la formule «murmures dans la salle», et fut ainsi nommé «Le député murmure»!

Le deuxième secrétaire est également le secrétaire attitré de la Commission d'économie publique. Deux huissiers assurent le service pendant les séances du Grand Conseil et des commissions et s'occupent notamment de l'expédition de la volumineuse documentation à l'intention des députés.

Enfin, il existe au sein du Parlement des groupes d'intérêt pour la défense ou la promotion d'un but commun. Ainsi se sont constitués au fil des années un club agricole, un club économique, un club de l'environnement et le Deutschfreiburger Club du Grand Conseil. Ces clubs ont une vie très active dans le but de l'enrichissement des connaissances de leurs membres dans leur domaine spécifique et examinent les objets soumis au Grand Conseil sous l'angle particulier de leur domaine d'intérêt.

5. Le travail parlementaire

La Constitution cantonale précise que le Grand Conseil doit se réunir en session ordinaire au moins trois fois par année, aux dates fixées par la loi. La loi portant règlement du Grand Conseil interprète cette disposition d'une manière extensive, en prévoyant que le Parlement se réunit à l'ordinaire en février, mai, septembre et novembre, et que la durée des sessions ne dépasse pas en principe deux semaines. Ce principe est généralement respecté.

Pendant ses sessions de quinze jours, le Grand Conseil siège le matin, du mardi au vendredi, sauf pour la première séance de la session qui a lieu l'après-midi afin de permettre aux groupes de tenir séance dans la matinée. Une séance dure environ trois heures et est coupée au milieu par une pause de quinze minutes. Durant cette pause, les députés prennent leur café dans les restaurants du quartier, chaque groupe se rendant plus ou moins à «son» café. Selon l'importance des objets figurant à l'ordre du jour et l'avancement dans le programme, ces pauses ont tendance à se prolonger depuis quelques années. C'est pourquoi l'installation d'une cafétéria près de la salle du Grand Conseil de l'Hôtel cantonal fut examinée, il y a une dizaine d'années, mais ne put finalement se réaliser en raison de la configuration du vénérable bâtiment et du manque de place.

Les débats du Grand Conseil fribourgeois jouissaient, de tout temps, d'une bonne renommée: sérénité, objectivité, parfois trop de lenteur et, depuis quelques années, une certaine nervosité et agressivité. Cela avait fait dire à un député, peu sûr de ses termes, «qu'il y avait de l'animosité dans la salle».

L'humour ne manquait pas dans les délibérations, que ce soit du côté des députés ou de celui des conseillers d'Etat. Par exemple, le conseiller d'Etat Joseph Piller se plaisait à taquiner les députés radicaux «de la seconde majorité», tandis que le conseiller d'Etat Maxime Quartenoud employait parfois à l'égard des journalistes la formule «Surtout, ne me faites pas dire...!», paroles qu'un certain rédacteur se faisait fort de reproduire à sa façon. Ou encore, lors de la présentation devant le Grand Conseil d'un projet de révision fiscale, prévoyant en particulier l'introduction générale de l'inventaire obligatoire au décès, le député

Charles Chassot s'éleva vigoureusement, dans l'hilarité de toute la salle, contre cette innovation «qui étranglerait le contribuable défunt, qui n'a plus que les quelques planches de son cercueil», à quoi le commissaire du Gouvernement, Joseph Ackermann, lui répondit «qu'il venait de lire un roman de Voguë ‹Le mort qui parle›!». Ou bien, lorsque le député Louis Blanc, de Bulle, réputé pour son langage pittoresque, venant au secours de son coreligionnaire politique, le conseiller d'Etat Victor Buchs, directeur des travaux publics, auquel un autre député avait reproché lors de l'examen du décompte des frais de construction du pont de Pérolles le montant, à ses yeux trop élevé, pour l'aménagement de la chapelle située à la sortie côté Marly, rétorqua que «ce bâtiment attirait très opportunément l'attention des députés venant de la Gruyère: Mécréant de Bulle, recueilles-toi, tu entres dans la Ville sainte!».

Une autre fois encore, alors que le Grand Conseil examinait le projet de décret prévoyant une subvention à l'Institut de Drognens, en vue de travaux de drainage, le député agrarien Ruffieux, de La Tour-de-Trême, s'offusqua de la formule «Ce décret n'a pas de porté générale» et voulut la supprimer; à quoi le député Albert Vonlanthen lui répondit, avec malice que «si le décret devenait de portée générale, le collègue Ruffieux serait astreint à participer aux travaux de drainage!».

6. Les élections et votations

Les votes se font à la majorité simple, à l'exception de celui sur la déclaration d'urgence d'une motion, qui requiert la majorité des deux tiers des membres présents. Le député vote de sa place en se levant. Les voix sont comptées par les six scrutateurs. Le vote à l'appel nominal peut être demandé par vingt députés. Les élections se font à la majorité absolue des bulletins valables. Les bulletins sont distribués et recueillis avec des urnes par les scrutateurs aux places des députés. De temps à autre, les scrutateurs font de bonnes affaires lors de ces scrutins puisqu'il arrive que des billets de ... 10 francs viennent se mêler aux bulletins de vote recueillis.

7. Public et presse

Sauf dans les cas spéciaux, par exemple lors de l'examen des recours en grâce, la presse, instrument nécessaire à l'information du public – et inversement des autorités –, jouit d'un statut spécial, introduit en 1968 à titre d'essai à la demande de l'Association de la presse fribourgeoise. Premier en son genre en Suisse, ce statut a été adapté par la suite au vu des expériences et de la pratique.

8. Die Zweisprachigkeit

Im zweisprachigen Kanton Freiburg ist es selbstverständlich, dass auch die Parlamentssprache Französisch und Deutsch ist. Deshalb geziemt es sich, auch in diesem Aufsatz über das freiburgische Parlament ein Kapitel in deutscher Sprache zu schreiben.

Das Sprachenverhältnis der heute etwas über 200000 Einwohner des Kantons Freiburg ergibt etwa ⅔ Personen französischer und ⅓ deutscher Muttersprache. Dieses Verhältnis ist auch im Grossen Rat gewährleistet. Dafür sorgen die Aufteilung der Wahlkreise nach Bezirken, und in den gemischtsprachigen Wahlbezirken See, Stadt Freiburg und sogar Greyerz mit seiner einzigen deutschsprachigen Gemeinde Jaun, die politischen Parteien bei der Erstellung der Kandidatenlisten und schliesslich die Wähler an der Urne. So nehmen in der laufenden Legislaturperiode 1987–1991 41 Abgeordnete deutscher Sprache im Parlament Einsitz, d.h. 31,5%.

Das Gesetz über das Reglement des Grossen Rates sieht ausdrücklich vor, dass die Beratungen in französischer und deutscher Sprache erfolgen. Dies bedingt natürlich, dass auch die Verhandlungsunterlagen in diesen beiden Sprachen vorliegen. Da diese Unterlagen für den Grossen Rat von der Verwaltung fast ausschliesslich in französischer Sprache erarbeitet werden, verlangt dies, dass sie vor der Übermittlung an den Grossen Rat übersetzt werden, denn auch hier bestimmt das Gesetz ausdrücklich, dass die deutschsprachigen Grossräte diese Unterlagen auch in deutscher Sprache erhalten. In der Praxis bedeutet dies, dass die französischsprachigen Grossräte die Unterlagen in ihrer Sprache und die deutschsprachigen sie in französischer und deutscher Sprache erhalten. Mit ein Grund für die zweisprachige Dokumentierung der deutschsprachigen Grossräte ist, dass die Verhandlungen in Grossen Rat sich doch mehrheitlich in französischer Sprache abwickeln, namentlich was die Beratung des Gesetzes- und Dekretstexte anbelangt. In der Tat sprechen die französischsprachigen Grossräte nur in ihrer Sprache, derweil die Deutschsprachigen jeweils wenigstens einen Teil ihrer Interventionen auf Deutsch machen. Bedienen sich die Deutschsprachigen ihrer Muttersprache, fassen sie in der Regel ihre Interventionen in französischer Sprache zusammen oder wiederholen wenigstens die Schlussfolgerung auf französisch, damit sie auch sicher gehen, dass sie nicht nur gehört, sondern auch verstanden wurden. Denn, wenn die deutschsprachigen Grossräte alle recht gut französisch verstehen und auch in der Sache absolut verständlich sprechen, haben die französischsprachigen bedeutend mehr Mühe, die deutsche Sprache zu verstehen und mehrere können sich überhaupt nicht auf Deutsch ausdrücken. Das deutsche Sprachverständnis der welschen Grossräte verbessert sich jedoch mit jeder Legislaturperiode. Zudem sprechen die Deutschschweizer natürlich die Schriftsprache und nicht Dialekt, ebenso wie sich ihre welschen Kollegen der französischen Sprache und nicht des «Patois» bedienen.

Auch die deutschsprachigen Regierungsräte haben sich im übrigen seit jeher zur vornehmen Pflicht gemacht, auf deutsche Interventionen in ihrer Muttersprache zu antworten und die Antwort auf französisch zusammenzufassen.

Der zu Beginn der siebziger Jahre zaghaft erfolgte Ruf nach einer Simultanübersetzungsanlage hatte keine Folgen. Eine Studie von alt Grossratspräsident Bruno Fasel, Chefredaktor der deutschsprachigen Tageszeitung des Kantons, über die Einrichtung einer festen Simultanübersetzungsanlage stiess schon im Büro des Grossen Rates auf wenig Gegenliebe. Neben den hohen Investitions-, Personal- und Betriebskosten für die, wie vergleichbare Beispiele beweisen, eher mittelmässigen Übersetzungen, waren Platzgründe und denkmalschützerische Auflagen im historischen Saal die Hauptgründe, dass das Projekt nicht weiterverfolgt wurde. Seither wurde kein Vorstoss in dieser Richtung mehr gemacht.

Das Reglement sieht jedoch zur Sicherheit vor, dass die Anträge über die der Grossen Rat abzustimmen hat, auf Verlangen vor der Abstimmung durch das Sekretariat von französisch auf deutsch oder von deutsch auf französisch übersetzt werden. Seit ihrer gesetzlichen Einführung im Jahre 1980 wurde jedoch von dieser Möglichkeit nie Gebrauch gemacht.

Auch im Verhandlungsprotokoll des Grossen Rates, das unter dem Titel «Bulletin officiel des séances du Grand Conseil / Amtliches Tagblatt der Sitzungen des Grossen Rates» gedruckt wird, werden die Interventionen in der Sprache wiedergegeben in der sie gesprochen wurden und nicht übersetzt. Bei Protokollen der Kommissionssitzungen gilt das gleiche Prinzip, wobei dort (noch) weniger Deutsch gesprochen wird als im Plenum.

9. Die Beziehungen zur Regierung

Vor 1970 nahmen die Staatsräte immer mehr oder weniger vollzählig an den Sitzungen des Grossen Rates teil. Seither hat sich eingebürgert, dass der Staatsrat vollzählig zur Eröffnung und wenn möglich zum Abschluss einer Session im Ratssaal erscheint. Sonst sitzt mehr oder weniger lediglich das Mitglied des Staatsrates, das ein Geschäft zu vertreten hat, auf der Regierungsbank. Böse Zungen behaupten hartnäckig, die Wende sei eben 1970 eingetreten, seit die Regierungsmitglieder keine Taggelder mehr für ihre Anwesenheit im Grossen Rat beziehen. In Tat und Wahrheit ist jedoch wie überall die zunehmde Arbeitslast und Zeitnot dieser Magistraten der Grund, was vom Grossen Rat auch anstandslos akzeptiert wird.

Natürlich nehmen die Regierungsräte an den Sitzungen der parlamentarischen Kommissionen teil, namentlich auch an jenen der Staatswirtschaftskommission. Eine Vertretung durch Chefbeamte ist auch bei weniger wichtigen Geschäften nicht möglich.

Bei den Sitzungen des Büros des Grossen Rates lässt sich der Staatsrat durch den Staatskanzler vertreten um seine Interessen wahrnehmen. Der Staatskanzler wohnt also diesen Sitzungen in seiner Eigenschaft als erster Sekretär des Grossen Rates und als Vertreter des Staatsrates bei.

Die Beziehungen zwischen dem Grossen Rat und dem Staatsrat sind seit jeher friktionslos, erfolgen in Achtung der beidseitigen Zuständigkeiten und entsprechend den parlamentarischen Gepflogenheiten. So wird der Staatsrat auch immer zu grossratseigenen Anlässen wie gemeinsamer Ausflug und Empfang des Präsidenten eingeladen.

10. Die Zukunft

Die Reglementsrevisionen von 1971 und 1979 haben der Zeit angepasste Neuerungen im parlamentarischen Betrieb eingeführt, die sich für freiburgische Verhältnisse und Traditionen gut bewährt haben. Neuere Vorstösse sind von der Sorge nach mehr Effizienz und vereinfachten Verfahren geprägt, um die ständige Zunahme der Geschäfte an Zahl und Komplexität zu bewältigen. Zu diesem Zwecke wird unter anderem in der laufenden Reglementsrevision eine einfachere und zeitsparendere Behandlung der persönlichen Vorstösse, sowie die Schaffung eines Dokumentationsdienstes für den Grossen Rat vorgeschlagen werden. In die gleiche Richtung geht die Einführung einer Entschädigung für die Fraktionen, welche mit guter Vorarbeit wesentlich zur speditiven Abwicklung der Geschäfte beitragen können. Eine verlangte Änderung der Sessionsdaten sowie die Einführung einer Fragestunde wurden 1989 abgelehnt.

Jeder Grossrat ist sich jedoch bewusst, dass bei der Suche nach einem strafferen und effizienteren Parlamentsbetrieb, technische Hilfsmittel und vereinfachte Abläufe gut, die persönliche Disziplin jedoch besser ist.

Canton de Fribourg
Membres du Grand Conseil
Etat au 1er janvier 1990

Président: Sauterel Gaston, Fribourg, PS
Aubry Jean-Louis, Le Paquier, PS
Audergon Francois, Broc, PLR
Auderset Franz, Gurmels, PDC
Bäriswyl Eduard, Oberschrot, PCS
Ballaman Richard, Corminbœuf, PCS
Banderet Bernard, Nuvilly, PDC
Bapst Albert, Treyvaux, PLR
Bavaud Camille, Montagny-les-Monts, PS
Beaud Fernand, Fribourg 6, PCS
Berthoud Maurice, Chatel-Saint-Denis, PLR
Bertschy Leo, Giffers, PCS
Biland Juliette, Marly, PS
Bise Andre, Estavayer-le-Lac, PLR
Blanc Gaston, Villaz-Saint-Pierre, PLR
Boivin Pierre, Fribourg, PLR
Bole Jean-Louis, Motier, PLR
Boschung Moritz, Düdingen, PDC
Bouverat Germain, Villars-sur-Glane, PDC
Brodard Francis, Fribourg, UDC
Brügger Franz, Tafers, PS
Brunisholz Ferdinand, Fribourg, PDC
Bürdel Felix, Plasselb, PCS
Bula Hans, Murten, PLR
Buman de Dominique, Fribourg, PDC
Bussard Pierre, Gruyeres, PLR
Carrard Claude, Chatillon, PDC
Castella Jean-Louis, Albeuve, PDC
Chassot Marcel, Bulle, PS
Chatagny Eugene, Riaz, PS
Chautems Philippe, Lugnorre, UDC
Chollet Raphael, Prez-vers-Noreaz, PSD
Clement Michel, Fribourg, PS
Clement Oberson Brigitte, Montagny-la-ville, PS
Clement Pierre-Alain, Fribourg, PS
Clement Robert, Belfaux, PDC
Clerc John, Fribourg, PS
Clerc Marcel, Fribourg, PS
Clerc Michel, Bouloz, PDC
Coquoz Michel, Siviriez, PDC
Cotting Bernard, Fribourg, PDC
Cotting Henri, Epends, PDC
Deiss Joseph, Barbereche, PDC
Deiss Nicolas, Fribourg, PDC
Devaud Denise, Fribourg, PS
Dorthe Jean-Pierre, Fribourg, PDC
Droz Roger, Chatillon, PLR
Duc Louis, Forel, UDC
Duc Madeleine, Fribourg, PCS
Ducarroz Gerard, Fribourg, PLR
Ducrot Rose-Marie, Chatel-Saint-Denis, PDC
Dupasquier Gaston, Bulle, PLR
Dupasquier Gilbert, La Tour-de-Treme, PLR
*Ecoffey Andre, Romont, PS
Ecoffey Jean-Paul, Villars-sous-mont, PDC
Engel Albert, Morat, PLR
Etter Fritz, Ried, PLR
Fasel Rene, Fribourg, PDC
Favre Francis, Le Cret, UDC
Folly Roger, Kleinbösingen, PDC
Friolet Pascal, Murten, PLR
Gachet Vincent, Pringy, PDC
Garnier Bernard, Fribourg, PLR
Gaudard Jean, Marly, PDC
Gavillet Marcel, Bionnens, UDC
Genoud Andre, Fribourg, PDC
Gillon Georges, Granges-Paccot, PDC
Gobet Alexis, Villariaz, PDC
Gobet Marc, Romont, PLR
Godel Georges, Ecublens, PDC
Grandjean Claude, Châtel-Saint-Denis, PS
Gremaud Gerald, Bulle, PDC
Gugler Yolanda, St. Silvester, PCS
Hartmann Jean-Ludovic, Fribourg, PDC
Haymoz Armin, Freiburg 5, PDC
Herren Fritz, Lurtigen, PDC
Häusler Thomas, Fribourg, PLR
Jäggi Peter, Schmitten, PCS
Jaquet Fernand, Estavannens, PDC
*Jenny Francis, Grolley, PS
Jordan Gerald, Romont, PDC
Jordan Michel, La Corbaz, PS
Jungo Irmgard, Düdingen, PLR
Jutzet Erwin, Schmitten, PS
Kolly Germain, Essert, UDC
Kolly Michel, Pont-la-ville, PDC
Kolly Roland, Marly, PLR
Krauskopf Eveline, Belfaux, PS
Liniger Pierre-Andre, Rueyres-les-pres, UDC
Lüthi Ruth, Fribourg, PS
Macheret Augustin, Praroman, PDC
Martinet Jean, Marly, PLR
Masset Claude, Fribourg, PLR
Menoud Philippe, Bulle, PDC
Meuwly Marie-Theres, Tafers, PDC
Mischler Anton, Ried, UDC
Moret Silvestre, Vuadens, PLR
*Muller Bernard, Charmey, PLR
Nordmann Tschopp Claire, Fribourg, PS
Noth Albert, St. Antoni, PDC
Oberson Jean-Paul, Bulle, PS
Pantillon Robert, Morat, PS
Perler Elmar, Wünnewil, PDC
Perroud Louis-Marc, Fribourg, PS
Pillonel Bernard, Matran, PDC
Pittet Evelyne, Romont, UDC
Pittet Martial, Morat, PS
Ramuz François, St-Aubin, PDC
Rebetez Simon, Essert, PS
Reidy Bruno, Schmitten, PS
Repond Jean-Pierre, Charmey, PDC
Reyff de Emmanuel, Fribourg, PDC
Rollinet Jean-Pierre, Romont, PS
Rudaz Hubert, Schmitten, PDC
Sauterel Gaston, Fribourg, PS
Schmutz Jean, Freiburg, PDC
Schneuwly Paul, Lossy-Formangueires, PDC
Schnyder Ueli, Bösingen, PLR
Schorderet Claude, Fribourg, PDC
Schuwey Reinhard, Jaun, PDC
Schuwey Theodor, Jaun, PLR
Siffert Peter, Tafers, PCS
Vaucher Josef, Freiburg, PS
Villard Denis, Remaufens, UDC
Volery Jean-Louis, Aumont, PDC
*Vorlet Raoul, Cousset, PS
Wandeler Philippe, Fribourg, PCS
Wassmer Nicolas, Fribourg, PDC
Werthmüller Paul, Murten, PS
Zollet Anton, Düdingen, PCS
Zosso Oswald, Schmitten, PDC

* ont démissionné; ne sont pas encore remplacés

PDC Parti démocrate-chrétien
PS   Parti socialiste
PLR Parti libéral-radical
PCS Parti chrétien-social
UDC Union démocratique du centre
PSD Parti social-démocrate

Jörg Kiefer

Der Kantonsrat von Solothurn

Selbstbehauptungswille als Konstante seit 1831

Art. 21. Der Kantonsrat, bestehend aus den Abgeordneten des Volkes, übt in dessen Namen die oberste Gewalt aus, soweit sie nicht ausdrücklich dem Volk vorbehalten ist.

Dieser Satz steht in der Verfassung des Kantons Solothurn vom 23. Oktober 1887. Sie war hundert Jahre lang, bis zum 31. Dezember 1987, in Kraft.

Art. 66. Der Kantonsrat ist die gesetzgebende und oberste aufsichtführende Behörde des Kantons. Er zählt 144 Mitglieder.

Mit diesen Worten umschreibt die neue Solothurner Kantonsverfassung vom 8. Juni 1986, etwas nüchterner und knapper als hundert Jahre zuvor, die Stellung der Legislative. Die Verfassung trat am 1. Januar 1988 in Kraft.

Die verfassungsrechtliche Grundlage

Der Kanton Solothurn kannte demnach in hundert Jahren nur zwei Verfassungen. In den 57 Jahren vor 1887, nach der 1831 von den liberalen Kräften erzwungenen Regenerationsverfassung, hatte sich Solothurn unter allen Kantonen als der revisionsfreudigste Stand erwiesen. Es gab fünf Totalrevisionen (1841, 1851, 1856, 1875, 1887) und zwei Teilrevisionen (1867, 1869).

Mehrere dieser Erneuerungswellen haben auch den Kantonsrat erfasst. 1841 trat er an die Stelle des Grossen Rates, wurde aber immer noch teils durch Wahlmänner, teils durch die Volksvertreter selber bestimmt, und der Regierungsrat löste den Kleinen Rat ab. Die Revision von 1851 brachte die Direktwahl des Kantonsrates durch das Volk, jene von 1856, die erstmals von einem Verfassungsrat vorbereitet worden war, billigte dem Volk das fakultative Referendum gegen Gesetze und Beschlüsse des Kantonsrates zu. 1867 wurden die Wahlmöglichkeiten des Volkes erweitert, 1869 das obligatorische Referendum und das Vorschlagsrecht (Initiative) eingeführt. Die 1875 im Nachgang zur neuen Bundesverfassung vorgenommene Totalrevision teilte die Einheitsgemeinden in Bürger-, Einwohner- und Kirchgemeinden auf und verankerte als Folge des Kulturkampfes die staatliche Aufsicht über die Kirche sowie das Schulmonopol. Der fatale Bankkrach von 1887 löste schliesslich die für lange Zeit letzte Totalrevision aus – man brauchte dazu nur ein halbes Jahr –, wobei die Wahl des Regierungsrates durch das Volk, die vierjährige Amtsdauer, die Gesetzesinitiative und das Prinzip der Vertretung der verschiedenen Parteien in den Behörden als wesentliche Errungenschaften galten.

37 Teilrevisionen liessen auch diese Verfassung im Verlaufe von fast hundert Jahren zu einem Flickwerk werden. Die vom Volk am 5. April 1981 beschlossene neuerliche Totalrevision wurde vom Verfassungsrat zwischen dem 22. Dezember 1981 (500. Jahrestag des Stanser Verkommnisses; Eintritt der Kantone Freiburg und Solothurn in den Bund) und dem 15. Januar 1986 bewältigt. Sie zeichnet sich durch einen massvollen Erneuerungswillen aus. Keine Abstriche erfuhren etwa das ausgeprägt starke Staatsbewusstsein oder die historisch gewachsene und in der Bevölkerung tief verwurzelte Gliederung des Kantons. Neue-

Vor dem Rathaus in Solothurn, Sitz des Kantonsrates

rungen gibt es hingegen bei den Grundrechten, den Volksrechten und, was hier von Bedeutung ist, im Verhältnis Kantonsrat–Regierungsrat sowie in Bereichen, die erst in den letzten Jahrzehnten wichtig geworden waren. Die Mitwirkungsrechte des Kantonsrates, der «alle grundlegenden und wichtigen Bestimmungen» in Form eines Gesetzes erlässt (Art. 71 KV), umfassen nun auch die Vorbereitung der Gesetzgebung, die Planung (Regierungsprogramm, Finanzplan und weitere grundlegende Pläne in einzelnen Aufgabenbereichen), die Stellungnahme zu Vernehmlassungen, die der Regierungsrat an Bundesbehörden richtet, sowie die Möglichkeit des Einspruchs gegen Verordnungen des Regierungsrates (Verordnungsveto von 25 Kantonsräten). Die Finanzkompetenzen wurden zweistufig geregelt: Beschlüsse des Kantonsrates über neue einmalige Ausgaben von mehr als 2 Millionen Franken oder jährlich wiederkehrende Ausgaben von mehr als 200000 Franken unterliegen der obligatorischen Volksabstimmung; gegen Beschlüsse des Kantonsrates über neue einmalige Ausgaben von mehr als 1 Million Franken oder jährlich wiederkehrende Ausgaben von mehr als 100000 Franken kann von 1500 Stimmberechtigten oder fünf Einwohnergemeinden das Referendum ergriffen werden (Art. 35 und 36 KV). Das obligatorische Gesetzesreferendum wurde auch in der neuen Kantonsverfassung beibehalten.

Vom Gesetzgebungs- zum Verwaltungsstaat: Eine erste Parlamentsreform

Jahrhundertelang änderte sich im Stadtstaat Solothurn die verfassungsmässige Ausgestaltung des Regierungssystems nicht. Nachdem die Solothurner ihre Unabhängigkeit erlangt hatten, erstarrten im Laufe der Zeit die demokratischen Formen wieder, und 1830 musste die Demokratie erneut durchgesetzt werden. Auch fortan folgten auf kämpferische Zeiten wieder ruhigere Phasen, und die Feststellung gilt für das alte wie für das moderne Solothurn: So lange der einzelne Bürger im Wohlstand leben kann, ist sein Interesse an der Politik – vielleicht mit Ausnahme der Wahljahre – nicht ausgeprägt; in schlechteren Zeiten werden die politischen Auseinandersetzungen härter.

Der Kantonsrat bildet wie anderswo nicht die einzige politische Gewalt. Die Systeme der westlichen Demokratien unterscheiden traditionellerweise drei Gewalten: Den Kantonsrat als gesetzgebende Behörde, den Regierungsrat als ausführende Behörde und die Gerichte. In jüngerer Zeit vermischen sich die Gewalten jedoch mehr und mehr. Nach Prof. Alois Riklin ist das klassische Gewaltenteilungsprinzip längst aufgebrochen worden. Er führt das zurück auf «den Wandel der soziologischen Gewaltenteilung vom Stände- zum Parteien- und Verbändestaat, den Wandel der Staatsfunktion vom Nachtwächter- zum Leistungs- und Daseinsvorsorgestaat, den Wandel der Staatsstruktur auf Grund der vierten Gewalt der Bürokratie, der fünften Gewalt der Verbände, der sechsten Gewalt der Medien und schliesslich der Umkehrung der Führungsfunktion von der reaktiven zur aktiven Exekutive, beziehungsweise vom aktiven zum reaktiven Parlament».

Auch im Kanton Solothurn hinterliess diese Entwicklung Spuren. Für Ständerat Max Affolter, der mit einer im Auftrag des Ratsbüros eingereichten Motion eine Parlamentsreform ausgelöst und die vorberatende Kommission präsidiert hatte, ist es unbestritten, «dass das Parlament heute seine Gesetzgebungsfunktion teilen muss mit der Regierung, den Verbänden, den Experten». Im Blick auf die historische Wandlung der Staatsstruktur weist Affolter darauf hin, dass auch Solothurn bis über die Jahrhundertwende hinweg einen ausgeprägten Gesetzgebungsstaat hatte, in welchem ein starkes Parlament mit faktisch sehr weitreichenden Zugriffsrechten eine überblickbare Verwaltung mit damals sehr wenigen Aufgaben und entsprechend bescheidenem Etat absolut im Griff hatte. Die Regierung hatte eine schwache Stellung, was die zu Regierungsräten gewählten Kantonsräte nicht stark störte, da sie sich ohnehin mehr der parlamentarischen Seite verpflichtet fühlten. Dieser ausgeprägte Gesetzgebungsstaat mit klarem Übergewicht der Legislative hat sich im Laufe dieses Jahrhunderts zum modernen Verwaltungsstaat gewandelt. Dem Staat ist eine Fülle von neuen Aufgaben übertragen worden – oder er hat sie an sich genommen. Der Verwaltungsapparat erfuhr eine Ausdehnung, die Gesetzgebungsmaschinerie kam immer mehr ins Rotieren, angetrieben nicht mehr primär durch die gesetzgebende Behörde, sondern von der Administration her, die zugleich mit einem fachkundigen Mitarbeiterstab ausgestattet wurde und über erstklassige Informationsquellen verfügte.

Was aber geschah mit der Legislative? «Ganz einfach, das Parlament blieb auf der Stufe etwa der Jahrhundertwende stehen, in seiner Struktur, seinen Funktionen, seinen Kompetenzen, den Zugriffsrechten und der Ausübung seiner verfassungsmässigen Kontrollrechte» (Affolter). Wohl wurde das Geschäftsreglement des Kantonsrates verschiedentlich revidiert. Die Revisionen beschränkten sich weitgehend auf kosmetische Korrekturen; eine grundsätzliche Auseinandersetzung fand nicht statt. Damit wurde auch die Frage nicht erörtert, weshalb sich immer mehr gute Leute von der parlamentarischen Tätigkeit abwandten, oder weshalb diejenigen, die sich für ein Mandat zur Verfügung stellten, immer weniger Zeit für die anspruchsvolle Aufgabe einsetzten. Denn die Zeitnot führte die Reformwilligen unter den Solothurner Kantonsräten mitten in die Nöte des Parlamentariers. Zur Zeitnot kamen die Sachkundenot – die immer schwieriger werdende Überblickbarkeit der Materien und der Staatstätigkeit – und die Bewertungsnot (Begriffe von Prof. Kurt Eichenberger), die in der seinerzeitigen Motionsbegründung wie folgt zum Ausdruck kamen:

«Ausgeliefert dem Sog der Technik, ausgesetzt dem Druck der öffentlichen Meinung, beeinflusst von politischer Rücksichtnahme, geplagt vom Minderwertigkeitskomplex des Amateurs gegenüber dem Profi, wenig geneigt, dem Regierungsrat zu widersprechen und dessen Zorn auf sein Haupt zu laden, wird der Parlamentarier bei seiner Kontrolle unsicher und gehemmt. Und so geht denn das Parlament in seiner Bewertungsnot auch bei der so wichtigen Kontrollfunktion an der Krücke von Regierung und Administration.»

Departementsbegleitende Kommissionen als Kernstück der Revision

Unter diesem Aspekt wurde 1977 die solothurnische Parlamentsreform in Angriff genommen. Zurückgehend auf eine Motion seines Büros vom 15. September 1975 (erheblich erklärt am 25. November des gleichen Jahres) wurden mit der Revision des Parlamentsrechts primär folgende Ziele angestrebt:

Stärkung und Aufwertung des Kantonsrates gegenüber Exekutive und Verwaltung;

Verbesserung der dem Kantonsrat verfassungsmässig zugeordneten Kontrollfunktionen;

Straffung des Parlamentsbetriebes und der Beratungsverfahren;

Weckung vermehrten Interesses und Verständnisses der Öffentlichkeit für Ratsarbeit;

Verbesserung der Arbeitsmöglichkeiten der Parlamentarier und der Fraktionen.

Die Revisionsarbeiten der eingesetzten vorberatenden Kommission des Kantonsrates fanden ihren Niederschlag in einem ausführlichen Bericht und Antrag vom 15. März 1977 an das Parlament, das – gestützt darauf – am 27. April 1977 sein Geschäftsreglement in wesentlichen Punkten im Sinne der Zielsetzungen abänderte und gleichzeitig verschiedene Verbesserungen im Parlamentsbetrieb ausserhalb des Geschäftsreglementes beschloss. Einige Monate später, in der Sitzung vom 26. Oktober 1977, wurden die Pflichtenhefte der teilweise neugeschaffenen acht ständigen Kommissionen vom Kantonsrat genehmigt. Die Revision des Geschäftsreglementes trat auf den Beginn der Legislaturperiode 1977 bis 1981 in Kraft (mit Ausnahme des Abschnittes über die Kommissionen, der am 1. Februar 1978 in Kraft gesetzt wurde). Am 27. September 1979, auf Grund erster Erfahrungen mit den neuen Arbeitsinstrumenten, erliess das Büro Richtlinien zum Geschäftsreglement und zu den Pflichtenheften der ständigen Kommissionen.

Soweit der zeitliche Ablauf der Reform. Er sagt nichts aus über die zeitweise recht hart geführten Auseinandersetzungen. Bereits in der Stellungnahme des Regierungsrates wurde deutlich eine gewisse Zurückhaltung gegenüber den Reformbestrebungen des Rates erkennbar, und diese setzte sich während der ganzen Arbeit fort. Der Regierungsrat stand, wie er durch Landammann Alfred Wyser erklären liess, zwar keineswegs an, mit den Motionären ausdrücklich zu erklären, dass er eine Verbesserung der Wirkungsmöglichkeiten des Parlaments im Rahmen rechtlich und politisch deutlicherer und zweckmässigerer Gewaltentrennung grundsätzlich für wünschbar halte. Er brachte jedoch Vorbehalte an zu der in der Motionsbegründung erwähnten «dirigierenden Funktion der Kontrolle». Denn wenn damit ein Mechanismus gemeint wäre, mit dem parlamentarische Kontrollorgane jederzeit in die Vorbereitung von Planungen und Gesetzen eingreifen sollten, würde diese Aufgabe das Parlament nach Meinung der Regierung mit Sicherheit überfordern. Wenn die Forderung hingegen auf die frühzeitige Teilnahme des Parlamentes an Planungsangelegenheiten abzielte, hätte der Regierungsrat «durchaus Verständnis dafür und nicht selten ein bedeutendes Interesse, wenn zu solchem Zweck Mittel gefunden würden, die einer Sache die politisch guten Wege gemeinsam frühzeitig öffnen, sie aber nicht versperren würden» (Wyser). Obwohl der Regierungsrat insgesamt Kooperationsbereitschaft zusicherte, entschloss sich die Kommission, einen eigenen Weg, unabhängig von Regierung und Verwaltung, einzuschlagen und auch einen aussenstehenden Juristen als Sekretär und rechtlichen Beistand zuzuziehen.

Die vorberatende Kommission hatte sich zu Beginn ihrer Untersuchungen mit der Frage auseinanderzusetzen, auf welcher Stufe die Bestimmungen über das Parlament zu verankern seien. Der Kanton Solothurn kannte nie etwas anderes als eine Verankerung dieser Bestimmungen einerseits in der Verfassung, anderseits in Geschäftsreglementen, die sich der Kantonsrat jeweils selbst gab (ohne sich hierbei auf einen spezifischen Verfassungsartikel abzustützen). Die Kommission beriet daher, ob bisherige oder neue Vorschriften, die über die «Selbstverpflichtung» des Rates hinausgehen, in einem Kantonsratsgesetz niederzulegen wären. Sie lehnte eine solche Verankerung (im damaligen Zeitpunkt) ausdrücklich ab, weil die Vorbereitungen für die Totalrevision der Kantonsverfassung schon begonnen hatten und sie ihr nicht in einem wichtigen Abschnitt vorgreifen wollte; weil sie die Parlamentsreform rasch vorantreiben wollte, und, drittens, weil die geltende Lösung niemand störte. Zudem befand sich der Kanton Solothurn mit dem Verzicht auf ein Kantonsratsgesetz in guter Gesellschaft mit den Kantonen Aargau, St. Gallen und Basel-Landschaft. Auf die Dauer kann jedoch die Regelung der Beziehungen zwischen Regierung und Verwaltung in einem blossen Geschäftsreglement nicht genügen. «Wenn zum Beispiel das Parlament im Rahmen seines Oberaufsichtsrechtes in die Planung als stets wichtiger werdende staatsleitende Funktion eingeschaltet werden soll, ist eine rechtlich einwandfreie Abstützung in der Verfassung und einem Kantonsrats- und Geschäftsverkehrsgesetz unabdingbar» (Affolter).

Die Kommission bezeichnete von Anfang an die Änderungen im Kommissionsapparat, die Einführung der departementsbegleitenden ständigen Kommissionen, als Kernstück der Revision. Sie machte dafür das Informationsdefizit des Kantonsrates gegenüber Regierung und Verwaltung, namentlich aber die Auffassung geltend, dass das wichtigste Mittel zur Verbesserung der Stellung des Parlaments die Anhebung der Sachkunde und des Fachverstandes seiner Mitglieder ist, dass dies nur durch umfassendere und frühzeitigere Information geschehen kann und dass dies nicht im Plenum, sondern in den parlamentarischen Kommissionen erfolgen muss. Daher wurden neben der Staatswirtschaftskommission (für das Finanz- und das Volkswirtschaftsdepartement), der Geschäftsprüfungskommission (für die Nachfolgekontrolle in allen Departementen) und der Redaktionskommission für die Geschäftsberichte jedes Departementes oder mehrerer Departemente je eine ständige Kommission bestellt: Bildungs- und Kulturkommission (für das Erziehungs- und das Kultusdepartement), Gesundheits- und Umweltschutzkommission (für das Sanitätsdepartement), Baukommission (für das Baudepartement, das Forstdepartement und das Landwirtschaftsdepartement), Justizkommission (für das Justizdepartement), Kommission für Inneres (für das Departement des Innern, das Militärdepartement und das Polizeidepartement). Für die Umschreibung der Aufgaben dieser Kommissionen wurde die Form von separaten Pflichtenheften gewählt.

Konsequenzen aus der neuen Verfassung

Am 1. Januar 1988 ist die neue Solothurner Kantonsverfassung in Kraft getreten. Zuvor hatten die Behörden umfangreiche Vorarbeiten für die Anschlussgesetzgebung geleistet, wobei sich das Bedürfnis nach einer Verordnung des Kantonsrates über die Ausübung der Volksrechte daraus ergab, dass mit der Volksmotion – Antragsrecht von 100 Stimmberechtigten an den Kantonsrat – ein neues Volksrecht geschaffen worden war. Einen Wellenschlag erzeugte jedoch etwas anderes: Nach Artikel 58 Absatz 3 der Kantonsverfassung dürfen Oberrichter, Beamte und Angestellte der kantonalen Verwaltung, der kantonalen Anstalten mit Verwaltungsaufgaben sowie leitende Funktionäre der übrigen kantonalen Anstalten nicht gleichzeitig dem Kantonsrat angehören. Zum Zeitpunkt des Inkrafttretens waren 19 Mitglieder des Kantonsrates nebenamtliche Mitglieder richterlicher Behörden. Für sie stellte sich die Frage, welches Amt sie beibehalten wollten (Kantonsrat oder Justizmandat).

Ein Rechtsgutachten des ehemaligen Präsidenten des Bundesgerichts, Prof. Arthur Haefliger, klärte die Sachlage, die unter den Betroffenen einige Unruhe erzeugt hatte. Die Ansicht, der Wortlaut des fraglichen Artikels sei klar, wird darin ausdrücklich bestritten. Zunächst sei es nicht selbstverständlich, was unter «kantonalen Anstalten mit Verwaltungsaufgaben» zu verstehen sei und welche Personen zu den «leitenden Funktionären der übrigen Anstalten» gehörten. Es gebe auch keinen Grund, die Unvereinbarkeitsregel – wie es die Staatskanzlei angeordnet hatte – nur auf nebenamtliche Richter anzuwenden, hingegen nicht auch auf Personen, die im Nebenamt im administrativen Bereich tätig sind (etwa in kantonalen Kommissionen). Es schien dem Gutachter im Rahmen der solothurnischen Rechtsordnung nicht ganz glücklich, nebenamtliche Richter von der Zugehörigkeit zum Kantonsrat auszuschliessen; man könne mit einigem Grund die Ansicht vertreten, das Prinzip der Gewaltentrennung werde etwas überspannt. Schliesslich bezeichnete er es als ein einmaliges Ereignis, dass eine neue Verfassung mit einer Unvereinbarkeitsordnung in Kraft trete, nach welcher Parlamentarier, die ein weiteres Amt innehaben, unter Umständen auf ein Mandat verzichten müssen. Der Regierungsrat kam auf Grund des Gutachtens zum Schluss, es liege keine Unvereinbarkeit vor; nebenamtliche Richter können demnach auch nach der neuen Verfassung dem Solothurner Kantonsrat angehören.

Auch die Einführung einer schweizerischen Novität, der Volksmotion, verlief nicht ohne Schwierigkeiten. Einer der ersten dieser Vorstösse, der ein allgemeines Fahrverbot für Sonn- und Feiertage auf den Weissenstein forderte, war vom Regierungsrat aus rechtlichen Gründen für unzulässig erklärt worden. Der Kantonsrat folgte diesem Antrag zunächst nicht; das Ratsbüro gab ein Rechtsgutachten in Auftrag, und auch in diesem Fall wurde Klarheit geschaffen. Prof. Walter Kälin kam zur Auffassung, es helfe nicht weiter, dass die fragliche Volksmotion keinen Eingriff in die Zuständigkeitsordnung – die Zuständigkeit für den Erlass von Verkehrsmassnahmen auf Kantonsstrassen liegt bei einem Organ der Exekutive (in diesen Fall beim Polizeidepartement) –, sondern ein Gesetz verlangte, denn ein solches würde gegen Bundesrecht verstossen. Dieses sieht ausdrücklich vor, dass Verkehrsmassnahmen für bestimmte Strassen verfügt und nicht angeordnet werden. Das Gutachten geht zudem auf grundsätzliche Aspekte der solothurnischen Volksmotion ein. Es hält die Beschränkung von Motionsanträgen auf Gegenstände im Kompetenzbereich des Kantonsrates für zulässig. Der Verfassungsrat habe das Motionsrecht des Volkes jenem des Parlaments angleichen wollen und der Gewaltentrennung konsequent nachgelebt, indem «unechte Motionen» mit Eingriffen in den Kompetenzbereich der Exekutive ausgeschlossen wurden.

Zähes Ringen um ein Kantonsratsgesetz

Mit dem Kantonsratsgesetz wurden die in den siebziger Jahren eingeleiteten Bestrebungen zur Stärkung der Legislative weitergeführt und zu einem vorläufigen Abschluss gebracht. Für seine Schaffung gab es «äussere» und «innere» Gründe. Die neue Verfassung sieht den Erlass eines Gesetzes vor, das die Organisation des Parlaments und den Geschäftsverkehr mit dem Regierungsrat in den Grundzügen regelt. Eine Spezialkommission legte dem Rat für die zweimalige Lesung einen Entwurf vor, den sie ohne Vorlage des Regierungsrates (aber unter Mitwirkung von Regierung und Verwaltung) erarbeitet hatte.

Zu den inneren Gründen zählte ein fortdauerndes Unbehagen über die Schwächung der Stellung des Parlaments gegenüber Regierung und Verwaltung. Die Parlamentsreform von

1977/78, die mit der Einführung von departementsbegleitenden Kommissionen endete, wurde nach der Überzeugung der Kommission den in sie gesetzten Erwartungen nicht oder nur zum Teil gerecht; die Aufwertung des Parlaments sei nur halbwegs gelungen. Zwar habe sich die Sachkundenot insofern etwas entschärft, als einige Kommissionen in ihrem Arbeitsgebiet einen vertieften Informationsstand erreichten. Die Kontrollfunktion des Kantonsrates sei mit den departementsbegleitenden Kommissionen aber nicht entscheidend gestärkt worden. «Vielmehr zeigte sich, dass einzelne Kommissionen beinahe in Abhängigkeit von ‹ihren› Departementen gerieten oder sogar die Argumente der Regierung optimierten.»

Mit der neuen Kantonsverfassung wurden hingegen weitere Schritte vollzogen; das Verordnungsveto (gegenüber Erlassen der Regierung) kompensiert den Bedeutungsverlust teilweise, und die Mitsprache in der politischen Planung ermöglicht es dem Kantonsrat, frühzeitig auf grundsätzliche Weichenstellungen Einfluss zu nehmen. Das Kantonsratsgesetz knüpft – auch wenn die Kommission davor warnte, allein vom Gesetz höhere Dynamik und Durchschlagskraft zu erwarten: «Die Wirksamkeit der Ratsarbeit ist und bleibt eine Frage des Engagements verantwortungsbewusster Ratsmitglieder» – an die Zielvorgaben der Verfassung an und will sie weiterführen. Unter diesen Vorzeichen stehen namentlich die folgenden wichtigen Neuerungen:

Die Einführung eines direkt dem Parlament zugeordneten Ratssekretärs;

die umfassenden Informationsrechte der Ratsmitglieder und der Kommissionen;

die Erweiterung der Oberaufsicht durch die Geschäftsprüfungskommission;

die Möglichkeit, bei gravierenden Vorfällen parlamentarische Untersuchungskommissionen einzusetzen.

Bei der Beratung des Gesetzes im Kantonsrat setzte es ein zähes Ringen ab zwischen einer Ratsminderheit und der Regierung einerseits – sie widersetzten sich der Schaffung eines Ratssekretariates – sowie der diese zentrale Neuerung befürwortenden Mehrheit anderseits. Nach der letztlich beschlossenen Fassung wählt der Kantonsrat einen Ratssekretär, der dem Staatsschreiber unterstellt ist und die Kantonsratsdienste der Staatskanzlei (das Sekretariat des Rates, des Büros und der Kommissionen) leitet. Er erhält seine Aufträge vom Kantonsrat und seinen Organen; im Verhinderungsfalle wird er vom Staatsschreiber vertreten. Disziplinarbehörde gegenüber dem Ratssekretär ist der Kantonsrat. Diese Lösung stellt einen Kompromiss dar zwischen dem früheren Zustand und der Einführung eines völlig unabhängigen Ratssekretariates, sie geht aber über das hinaus, was der Regierungsrat wollte: den ordentlichen Stellvertreter des Staatsschreibers «vorrangig und schwergewichtig» mit dem Sekretariat des Kantonsrates und seiner Kommissionen betrauen.

Verbesserte Informationsrechte und verstärkte Oberaufsicht

Kommissionssitzungen sind weiterhin in der Regel nicht öffentlich (im Gegensatz zu den Kantonsratsverhandlungen). Neu ist, dass jedes Ratsmitglied – soweit eine Kommission zur Wahrung schützenswerter Interessen nichts anderes beschliesst – als Zuhörer an den Kommissionssitzungen mit Ausnahme der Aufsichtskommissionen und der parlamentarischen Untersuchungskommissionen teilnehmen kann. Ohnehin sind die Informationsrechte der Ratsmitglieder und der Kommissionen gegenüber Regierung und Verwaltung von wesentlicher Bedeutung. Ausgangspunkt ist das Akteneinsichts- und Auskunftsrecht. Die Akten, in die das einzelne Ratsmitglied Einsicht nehmen kann, sind abschliessend aufgezählt; das Recht auf Auskunfterteilung gilt sachlich unbeschränkt, steht aber unter dem generellen Vorbehalt des Amtsgeheimnisses (das aber, anders als etwa im Kanton Bern, nicht im Kantonsratsgesetz geregelt ist). Im Sinne einer Kaskade erhalten die Kommissionen zusätzliche Informationsrechte, wobei das Amtsgeheimnis gelockert werden kann. Bei den Aufsichtskommissionen gehen die Befugnisse noch weiter; sie können die Herausgabe von Akten im Streitfall erzwingen. Für die Erteilung von Auskünften an parlamentarische Untersuchungskommissionen schliesslich müssen Behördemitglieder und Staatsangestellte nicht vom Amtsgeheimnis entbunden werden.

Der Kantonsrat kann für bestimmte Aufgaben ständige Kommissionen einsetzen; ihre Mitgliederzahl und ihr Pflichtenheft werden durch das Geschäftsreglement bestimmt. Diese Regelung ist der etwas kümmerliche «Rest» der Parlamentsreform von 1977/78. Zwingend werden als ständige Aufsichtskommissionen die Geschäftsprüfungskommission, die Finanzkommission und die Justizkommission bestellt. Die Geschäftsprüfungskommission überwacht die Geschäftsführung der gesamten Verwaltung, einschliesslich der anderen Träger öffentlicher Aufgaben, wie selbständige Körperschaften, Anstalten und Stiftungen des öffentlichen Rechts. Sie kann dem Kantonsrat jederzeit über ihre Feststellungen Bericht erstatten und Antrag stellen. Die Finanzkommission überwacht den gesamten Finanzhaushalt, einschliesslich der Rechnungen der andern Träger öffentlicher Aufgaben. Sie berät insbesondere den Voranschlag, die Nachtragskredite, die Staatsrechnung und die Finanzplanung, sie überprüft und begutachtet alle Vorlagen und Geschäfte auf ihre finanzielle Tragweite, ihre Wirtschaftlichkeit und Einordnung in die Finanzplanung sowie den gesamten Finanzhaushalt. Auch sie verfügt über ein umfassendes Berichterstattungs- und Antragsrecht, was ihre starke Stellung in der Finanzaufsicht unterstreicht. Die Justizkommission überwacht die Geschäftsführung der gerichtlichen Behörden des Kantons.

Das Kantonsratsgesetz enthält auch Bestimmungen über die Offenlegung der Interessenbindungen eines jeden Ratsmitglieds. Die Angaben werden auf dem Ratssekretariat gesammelt, wo sie zur Einsichtnahme öffentlich aufgelegt werden. Neu eingeführt wurde weiter die zweimalige Lesung von Gesetzesvorlagen. Zur Behandlung von Beschwerden durch den Kantonsrat war die Frage zu regeln, ob der Rat einen Entscheid nur auf Willkür hin überprüfen oder ob er sein Ermessen an die Stelle der vorentscheidenden Instanz setzen dürfe. Als ausgewogen und sachgerecht erschien der vorberatenden Kommission und dem Plenum, dass der Kantonsrat zwar ein freies Prüfungsrecht haben, jedoch bei Gutheissung einer Beschwerde nicht einen neuen Entscheid fällen, sondern die Sache zur Neubeurteilung im Sinne der Erwägungen an den Regierungsrat zurückweisen soll.

Abschied vom Sonderfall

Mit dem Kantonsratsgesetz sind die Voraussetzungen für eine effiziente Arbeit des Parlaments verbessert worden. Der Solothurner Kantonsrat hat allerdings schon bisher in der ihm zur Verfügung stehenden knappen Zeit –

sechs bis neun Sessionen zu zwei (ausnahmsweise drei) Halbtagen plus Kommissions- und Fraktionssitzungen pro Jahr – eine Vielzahl von Geschäften bewältigt. Die Sitzungsorganisation ist aber nicht optimal; Kommissionssprecher und der zuständige Departementsvorsteher halten am ersten Sitzungstag die Eintretensreferate, am zweiten und allenfalls dritten Sitzungstag findet die abschliessende Behandlung statt. Nur selten vermag ein persönlicher Vorstoss innerhalb dieser Ordnung Priorität zu beanspruchen. Dieses konzentrierte Vorgehen erlaubt kaum vom jeweiligen Thema abweichende Höhenflüge; die Klammerbemerkungen im stenografischen Bulletin «(Heiterkeit)» sind selten. Das Ergebnis ist beachtlich: Der Kantonsrat behandelte in der Legislaturperiode 1985/89 60 ordentliche Geschäfte, 216 Gesetze, Verordnungen und Beschlüsse sowie 409 persönliche Vorstösse – und er befand sich zumeist in Übereinstimmung mit dem Volk: Von 33 Sachvorlagen, die den Stimmberechtigten unterbreitet wurden, fanden lediglich drei keine Mehrheit. Dennoch musste die Beratung vieler Anliegen dem neuen Rat überlassen werden. Die Zeitnot machte sich vor allem wegen der zunehmenden Zahl persönlicher Vorstösse erneut und stärker bemerkbar. Drei Sitzungstage pro Session sind nun die Regel.

Das politische System im Kanton Solothurn, der die Proporzwahl für den Kantonsrat 1895 eingeführt hatte, blieb bis in die neuere Zeit hinein durch Konstanz geprägt. Mit zeitlich begrenzten Ausnahmen zeichnete sich der Kantonsrat in der parteipolitischen Zusammensetzung durch eine hohe Stabilität und die Dominanz der historischen Parteien aus. Bis 1969 blieben die Freisinnig-demokratische Partei (FdP; sie schreibt sich hier mit einem kleinen «d»), die Christlichdemokratische Volkspartei (CVP) und die Sozialdemokratische Partei (SP) weitgehend unter sich. Dann hatte der Landesring der Unabhängigen (LdU) für vier Jahre sechs Mandate inne – in den vierziger Jahren besetzte er vorübergehend deren elf –, von denen er 1973 noch eines retten konnte. Dafür traten die Progressiven Organisationen (Poch) für zwei Perioden neu mit einem Vertreter in den Kantonsrat ein, und zwischen 1981 und 1985 waren die traditionellen Parteien wieder unter sich. Hierauf kamen, bei drei Verlusten der FdP und je einer Einbusse von CVP und SP, die unter verschiedenen Bezeichnungen antretenden Grünen mit vier Vertretern in den Rat und ein Sitz ging an die Jungliberalen, deren Kantonsrat sich aber der freisinnigen Fraktion anschloss. Mit diesem Urnengang hatte die Kräftezersplitterung auch im Kanton Solothurn eingesetzt.

Den mindestens vorläufigen Abschied vom Sonderfall bedeuteten die Kantonsratswahlen 1989. Sie wurden von den beiden gegenläufigen Flügelparteien, den Grünen mit neu neun Sitzen und der erstmals kandidierenden Autopartei mit sieben Sitzen, gewonnen, während die FdP mit dem Verlust von elf ihrer vordem 64 Mandate einen dramatischen Einbruch erlitt. Die CVP musste zwei ihrer 44 Sitze abgeben, die SP konnte einen Mandatgewinn verbuchen und stellte neu 33 Kantonsräte. Damit sind fünf Parteien in Fraktionsstärke im Kantonsrat vertreten – ein politisches Erdbeben in unerwartetem Ausmass brachte neue Verhältnisse für den Kantonsrat, der auf Grund der Verfassung und mit einem Kantonsratsgesetz soeben seine Strukturen entscheidend verbessert hatte. Angesichts der zu erwartenden Auseinandersetzungen über gegensätzliche Positionen in entscheidenden Sachfragen wird der Selbstbehauptungswille des Solothurner Kantonsparlaments erneut auf eine harte Probe gestellt.

Quellenverzeichnis

Werner Berger
Der Solothurner Kantonsrat, Staatskanzlei des Kantons Solothurn, 1984

Max Affolter
Rechtliche Aspekte der Solothurner Parlamentsreform, in Festschrift «500 Jahre Solothurn im Bund», 1981

Verfassungen des Kantons Solothurn vom 23. Oktober 1887 bzw. 8. Juni 1986.

Verhandlungen des Solothurner Kantonsrates, insbesondere der Jahre 1977 und 1978.

Bericht und Antrag der Kommission zur Vorberatung des Kantonsratsgesetzes vom 30. November 1988.

Rechtsgutachten betreffend Unvereinbarkeit von Prof. Dr. Arthur Haefliger, alt Bundesrichter, 23. Juli 1988.

Gutachten zur Frage der Gültigkeit der Volksmotion «Für ein Sonntagsfahrverbot auf den Weissenstein» von Prof. Dr. Walter Kälin, Bern, 10. März 1989.

Kanton Solothurn
Mitglieder des Kantonsrates
Stand 1. Januar 1990

Präsidentin: Gribi Ruth, Subingen, SP
Aerni Urs, Derendingen, SP
Allemann René, Welschenrohr, CVP
Amiet Robert, Oberdorf, G
von Arx Alfons, Oberbuchsiten, CVP
von Arx Oswald, Olten, CVP
von Arx Toni, Wisen, CVP
Bader Edgar, Kestenholz, FdP
Bäumler Irène, Grenchen, CVP
Banga Boris, Grenchen, SP
Beer Robert, Solothurn, FdP
Belloni Alfred, Bellach, SP
Belser Eduard J., Egerkingen, G
Blanc René, Selzach, SP
Bobst Beatrice, Kestenholz, CVP
Borer Roland, Kestenholz, AP
Brunner Robert, Kappel, SP
Bucher Ulrich, Zuchwil, SP
Burkhard Ueli, Subingen, FdP
Burri Hans, Wolfwil, CVP
Bussmann Heinz, Balsthal, CVP
Bussmann Werner, Starrkirch-Wil, FdP
Cartier Rudolf, Niedergösgen, FdP
Châtelain Rosmarie, Grenchen, SP
Christen Hans, Solothurn, FdP
David Bruno, Rüttenen, CVP
Desgrandchamps Jean-Pierre, Grenchen, AP
Eruimy Patrick, Grenchen, AP
Flückiger Max, Solothurn, FdP
Flückiger Robert, Kyburg-Buchegg, FdP
Fluri Kurt, Solothurn, FdP
Flury Philipp, Kleinlützel, CVP
Frei Martin, Balsthal, SP
Frei Paul, Hägendorf, FdP
Frey Beat, Wangen, FdP
Füllemann Othmar, Büsserach, SP
Fürst Bruno, Gunzgen, FdP
Fürst Gerold, Gunzgen, CVP
Goetschi Josef, Laupersdorf, CVP
Gomm Ernst, Trimbach, SP
Graf Hans, Grenchen, FdP
Grimm Frédy, Welschenrohr, FdP
Gross Peter, Niedergösgen, SP
Gschwind Viktoria, Metzerlen, G
Haefely Alfred, Oensingen, AP
Häner Willi, Nunningen, CVP
Hänggi Guido, Büsserach, FdP
Harder Rolf, Solothurn, G
Hasler Urs, Biberist, FdP
Heim Alex, Neuendorf, CVP
Heim Beatrice, Starrkirch-Wil, SP
Heim Eva, Niedergösgen, SP
Henzi Peter, Bellach, CVP
Herzog Paul, Langendorf, FdP
Heutschi Ruedi, Olten, SP
Hofmeier Georg, Nuglar, FdP
Huber Urs, Obergösgen, SP
Huber Werner, Hägendorf, SP
Husi Walter, Wangen, SP
Iff Anton, Biberist, CVP
Immeli Anton, Dornach, CVP
Ingold Hans-Ruedi, Subingen, SP
Ingold Peter, Luterbach, SP
Jäggi Eduard, Seewen, FdP
Jäggi Hans Dieter, Olten, FdP
Jäggi Paul, Hüniken, CVP
Jaeggi Urs, Mümliswil, CVP
Jeger Cyrill, Olten, G
Jenny Hubert, Olten, SP
Jetzer Paul, Schnottwil, FdP
Kiener Eugen, Fulenbach, CVP
Kissling Edgar, Olten, CVP
Klarer Eduard, Wangen, FdP
König Hans, Langendorf, SP
Kofmel Karl, Deitingen, SP
Kofmel Peter, Deitingen, FdP
Kunz Alexander, Solothurn, G
Kunz Armin, Olten, CVP
Kunz Manfred, Bärschwil, FdP
Kyburz Pius, Obergösgen, CVP

Lanz Ernst, Gänsbrunnen, FdP
Lehmann Käthy, Luterbach, CVP
Liechti Rolf, Luterbach, FdP
Linz Alfred, Dornach, FdP
Lüdi Max, Selzach, SP
Lüthy Urs, Subingen, CVP
Marti Gottlieb, Rohr, CVP
Mathys Hanspeter, Solothurn, SP
Meier Bruno, Grenchen, SP
Messerli Martin, Biberist, G
Meury Roland, Dornach, SP
Misteli Urs, Gerlafingen, CVP
Möri Roland, Grenchen, FdP
Moser Hanspeter, Recherswil, AP
Moser Trudi, Obererlinsbach, FdP
Nebel Rudolf, Hochwald, CVP
Oegerli Urs, Niedererlinsbach, CVP
Oetterli Christoph, Solothurn, CVP
Pletscher Anne, Rodersdorf, SP
Roth Hans, Schönenwerd, SP
Rudolf von Rohr Roland, Olten, CVP
Rüegg Rudolf, Grenchen, AP
Scartazzini Käthi, Gerlafingen, FdP
Schenker Anton, Däniken, FdP
Scherer Oskar, Gretzenbach, CVP
Schibli Elisabeth, Olten, FdP
Schläfli Kurt, Derendingen, AP
Schmidlin Elisabeth, Kappel, CVP
Schreier Roman, Etziken, FdP
Schüpbach Peter, Solothurn, FdP
Schürmann Hansjörg, Egerkingen, FdP
Schumacher Philipp, Olten, FdP
Schwaller Urs, Solothurn, CVP
Schwarz Heinrich, Zuchwil, G
Schwarz Margrit, Zuchwil, G
Sommer Martin, Rüttenen, FdP
Spichiger Walter, Balsthal, FdP
Spielmann Hermann, Däniken, CVP
Stadelmann Alfons, Büsserach, CVP
Steiner Rudolf, Lostorf, FdP
Stöckli Bernhard, Wittersil, CVP
Straumann Markus, Obergösgen, FdP
Stuber Verena, Grenchen, FdP
Studer Rolf, Feldbrunnen, FdP
Stüdeli Viktor, Selzach, CVP
Tschudin Urs, Grenchen, FdP
Vögeli Walter, Hofstetten, FdP
Vogt Urs, Biberist, SP
Walter Ernst, Bellach, FdP
Wanzenried Peter, Halten, FdP
Weder Albert, Grenchen, CVP
Weibel Markus, Winznau, CVP
Wiggli Gertraud, Himmelried, CVP
Wilhelm Marianne, Solothurn, SP
Winistörfer Walter, Matzendorf, CVP
Wolf Ilse, Derendingen, FdP
Wüthrich Ernst, Mühledorf, SP
Wüthrich Hans-Ruedi, Lüterswil, FdP
Wyss Gerhard, Ober-Beinwil, FdP
Wyss Paul, Härkingen, FdP
Wyss Roger, Wolfwil, SP

FdP   Freisinnig-demokratische Partei
CVP   Christlichdemokratische Volkspartei
SP   Sozialdemokratische Partei
G   Grüne Partei
AP   Autopartei

Bernhard Christ

Der Grosse Rat von Basel-Stadt

Geschichte

Der Grosse Rat war vor dem Ende der alten Eidgenossenschaft (1798) in Basel wie in anderen Schweizer Städten nichts anderes als eine erweiterte Ratsversammlung: Der eigentliche «Rat» (später auch der «Kleine Rat» genannt) wurde bei besonderen Gelegenheiten um die «Sechser» jeder Zunft vermehrt. Seit dem 14. Jahrhundert scheint es solche «Grosse Ratsversammlungen» gegeben zu haben. Nach der für die Basler Stadtgeschichte fundamentalen Verfassungsänderung von 1529 im Zusammenhang mit der Kirchenreformation bestand der Kleine Rat aus zwei Bürgermeistern und zwei Oberstzunftmeistern (den Häuptern), je zwei Ratsherren und je zwei Zunftmeistern jeder Zunft. Zum Grossen Rat gehörten aus jeder Zunft zwölf Zunftvorgesetzte («Sechser»), die neun Obermeister und die 27 Mitmeister der drei Gesellschaften Kleinbasels sowie die beiden Schultheisse (das waren die Stadtrichter) «diesseits» und «jenseits», d.h. von Gross- und Kleinbasel, insgesamt somit vier Häupter, 60 Kleinräte und 218 Grossräte, wahrlich ein grosser Rat. Er teilte sich allerdings in zwei Räte, die von Jahr zu Jahr alternierten. Die Ratserneuerung fand jeweils am Schwörtag, am Samstag vor Johannis (24. Juni) in einer farbenfrohen, mit feierlichem Umzug verbundenen Zeremonie statt.

Der Grosse Rat versammelte sich im Ancien Régime nur auf Ladung des Kleinen Rates und tagte selten. Es gab keine Kompetenzordnung, die gewisse Geschäfte zwingend vor den Grossen Rat gewiesen hätte. Im ganzen 17. Jh. trat er nur fünfzehnmal zusammen, wenn es dem Kleinen Rat tunlich schien, ihn an folgenschweren Beschlüssen mitwirken zu lassen. Bei den Unruhen von 1691 wurde der Versuch unternommen, dies grundlegend zu verändern. Politisch scheiterte diese revolutionäre Bewegung. Verfassungsrechtlich ist aber seither eine Gewichtsverlagerung festzustellen: Der Grosse Rat tritt von da an regelmässiger zusammen und erscheint als mit höherer Autorität ausgestattet. Die «summa potestas», «die oberste Gewalt» liegt nun offenbar bei ihm, wiewohl nach wie vor der Kleine Rat und dessen permanenter, nicht jährlich alternierender Ausschuss, der Dreizehnerrat oder Geheime Rat, politisch die Zügel führten. Der Grosse Rat ist die eigentliche Integration der Bürgerschaft; von ihm wird die Staatsgewalt abgeleitet, vergleichbar dem modernen verfassungsrechtlichen Axiom, wonach alle Gewalt vom Volk ausgeht.

Im 19. Jh. entwickelt sich der Grosse Rat zum Parlament im modernen Sinn, und zwar schon vor der heute geltenden Verfassung von 1875. Noch immer gehörten die Mitglieder des Kleinen Rates, der inzwischen zur eigentlichen Exekutive geworden war, auch dem Grossen Rate an. Erst die Verfassung von 1875 schied im Sinne konsequenter Gewaltenteilung die vollziehende Gewalt (nunmehr ein siebenköpfiger Regierungsrat) von der gesetzgebenden, dem 130gliedrigen Grossen Rat.

Treppe im Rathaus von Basel, Sitz des Grossen Rates

Staats- und Gemeindeparlament

Der politische Sieg des Freisinns kam in Basel erst spät, als die in Basel niedergelassenen Eidgenossen infolge der neuen Bundesverfassung auch in kantonalen Angelegenheiten das Wahlrecht erhielten. Das führte zur Umkehrung der Mehrheitsverhältnisse und im folgenden zu einer neuen Verfassung, die im wesentlichen noch heute gilt. Damals, 1875, wurde die Stadtgemeinde Basel als selbständig verwaltetes Gemeinwesen mit eigenen Behörden aufgegeben. Sie besteht zwar als Rechtssubjekt des öffentlichen Rechtes unter dem Namen «Einwohnergemeinde der Stadt Basel» fort und ist als solche beispielsweise im Grundbuch als Eigentümerin von Liegenschaften eingetragen. Sie hat aber kein eigenes Parlament (früher: «Grosser Stadtrat») und keine eigene Gemeindeexekutive (früher «Stadtrat») mehr. Die Geschäfte der Gemeinde Basel werden von den entsprechenden kantonalen Behörden besorgt. Somit behandelt der Grosse Rat auch die legislativen Belange der Stadtgemeinde. Die wenigen Vertreter der beiden Landgemeinden Riehen und Bettingen wirken dabei ohne Einschränkung mit. In der Praxis des Rates wird zwischen Kantonsangelegenheiten und Geschäften der Gemeinde Basel nicht unterschieden, wie ja auch bei den Finanzen alles, was nicht Sache der Landgemeinden ist, über die eine Rechnung des Kantons geht.

Der Grosse Rat ist somit in einem kantonale Legislative und Gemeinderat. Je nach der anstehenden Aufgabe mag er sich zum Handeln eines eigentlichen Parlaments erheben und darin die grosse Tradition der europäischen Stadtstaaten fortsetzen, später Nachfahre der Ratsversammlungen von Athen, Florenz, Venedig, der grossen Reichsstädte des Heiligen Römischen Reichs. Handkehrum verliert er sich in kleingehäuselten Gemeindegeschäften, ja Quartierquerelen. Da in der Schweiz, bis heute wenigstens, politisches Arbeiten, Ausbildung und Profilierung der Politiker in der Regel mit Gemeindebelangen beginnen, steht der Basler Grosse Rat ständig unter dem Druck dieser sich im praktischen, leicht zugänglichen Detail verwirklichenden Basisarbeit und des damit in unentflechtbarem Zusammenhang stehenden und sich daran immer wieder leicht entzündenden Profilierungsbedürfnisses der einzelnen Ratsmitglieder. Ein Beispiel dafür: Im Herzen von Kleinbasel liegt ein kleines Parkviereck, was man in anderen Städten einen «Square» nennt, das «Claramätteli», wie es liebevoll genannt wird. Es hat viel unter Verkehrsunbilden, im landläufigen und im zweideutigen Sinn, zu leiden. Deswegen wurden zwei Anzüge eingereicht, zu denen die Regierung berichtete mit dem Antrag, aufgrund ihrer Überlegungen die Anzüge als erledigt zu erklären. Aber so einfach geht das bei einem Quartiergeschäft nicht: Ein Kleinbasler Sozialdemokrat beantragt, die Anzüge stehenzulassen. Weitere Kleinbasler: ein Evangelischer, eine Progressive, ein Freisinniger, ein Kommunist, ein Unabhängiger und schliesslich ein Liberaler melden sich zum Wort und verlangen ebenfalls, dass das Claramätteli auch in zwei Jahren wieder Gesprächsstoff wird, wenn die Regierung ein weiteres Mal berichtet. Wohlberaten vom erfahrenen Sekretär der Grossratskanzlei hatte der Präsident für dieses erregende Lokalgeschäft (obwohl nichts zu beschliessen und zu verändern war) vorsorglich eine Stunde eingesetzt, die auch voll ausgeschöpft wurde. So wird im Basler Grossen Rat viel Zeit und Energie verwendet auf Velospuren, Verkehrsampeln, Alleebäume, auf Quartiertreffpunkte und Parkplätze, auf Klagen wegen Ruhestörungen etc.

Handkehrum sind aber die Gemeindeangelegenheiten einer nach ihrer Geschichte wie nach ihrem Zukunftsanspruch wenn schon nicht grossen, so doch grossartigen Stadt, alles andere als Quisquilien: das Stadttheater mit seinen jährlichen Kosten von (je nach Berechnungsweise) 30 bis 50 Millionen, die Orchester der Musikstadt Basel, die grossen Museen. So ist auch die Revision des Zonenplanes in einer Stadt vom architektonischen Reichtum Basels oder die Erneuerung der am Münsterhügel vorbei ins Kleinbasel führenden Wettsteinbrücke materiell gesehen mehr als eine Gemeindeangelegenheit. Die bauliche Gestalt dieser Stadt interessiert nicht nur ihre Einwohner, sie ist ein Stück Identität der Schweiz, ja Europas. Zudem haben ihre baulichen und verkehrstechnischen Belange sehr handfeste Auswirkungen auf die Wirtschaft der ganzen Region. Es macht wohl einen Unterschied, was beispielsweise der chemischen Industrie an Entfaltungsmöglichkeiten bleibt, was Basel als Standort zentralörtlicher Dienstleistungen an verkehrsmässiger Erschliessung anbieten kann und will. So ist es, oder sagen wir vorsichtiger: so wäre es, kein Schaden, wenn sich diese Ratsversammlung auf dem Niveau eines wirklichen Parlaments und mit dessen politischer und fachlicher Konzentration solcher Geschäfte annähme. Das Kleine, Partikulare, im Hinblick auf das Ganze, auf das in die Welt hinauszielende Grosse entscheiden – das Grosse, Weittragende unmittelbar in der Bürgerschaft verankern: das wäre in der Tat die einzigartige Aufgabe und Chance des Parlaments im Stadtstaat, und dazu muss es die umfassende Zuständigkeit haben für den staatlichen Bereich und den der Gemeinde.

Es ist davon zur Zeit nicht viel zu verspüren. Das liegt nicht an der Architektur dieses Rates, lässt sich auch nicht mit Reformen der Geschäftsordnung (wie neulich wieder versucht) korrigieren. Es ist die politische Thematik unserer Zeit, die gerade die Stadt, zumal eine hoch industrialisierte wie Basel, besonders empfindlich trifft, so dass auch in ihrem Parlament notgedrungen die Konzentration auf breit abgestützte, anerkannte politische Aufgaben sich immer seltener und schwerer einstellt und dafür in die gängigen zivilisationspessimistischen, geschlechtsegalitären und kleinkariert-populistischen ideologischen Diskussionen ausgewichen wird.

Zersplitterung und Rotation

Der Basler Grosse Rat zerfällt zur Zeit in zehn Fraktionen und Gruppen: Die Liberaldemokraten, die Freisinnigen, die CVP-Fraktion, die Sozialdemokraten, die gewerkschaftliche Abspaltung davon: die Demokratisch-soziale Fraktion (seit 1981), die Vereinigung Evangelischer Wähler, der Landesring (in Fraktionsgemeinschaft mit der «Grünen Mitte»), die Nationale Aktion, die Grünen, verbunden mit den Progressiven Organisationen Basels POB (einer Sektion der POCH) und die Partei der Arbeit.

Die Gliederung, ja Zersplitterung des Rats in so viele Fraktionen prägt die Ratsarbeit ganz entscheidend: Die einzelnen Fraktionen und Gruppen sind eher klein, zum Teil winzig. Sie können also die Bearbeitung der eingehenden Geschäfte und die geplanten Vorstösse nicht auf viele Köpfe verteilen, sondern müssen viel Verschiedenes auf wenige Häupter laden. Das ist dem sachlichen Tiefgang nicht förderlich. Im Rat fehlt es deshalb immer mehr an Leuten, die in einem bestimmten Bereich dem Verwaltungsapparat ebenbürtige Fachkenntnisse und aufgrund konzentrierter und fortgesetzter Tätigkeit in einem solchen Gebiet politisches Gewicht haben. Jede Fraktion bereitet sich getrennt auf die Sitzungen vor, schickt dann, zumindest bei umstrittenen Geschäften, auch einen Votanten in die Eintretensdebatte. Da nur fünf der Fraktionen einen Vertreter in der Regierung haben, ist der Wissensstand sehr verschieden. Die Eintretensdebatten sind oft ein noch sehr unfertiges Stellungnehmen, das noch nicht zur Klarheit über das grundsätzliche politische Schicksal einer Vorlage führt. So wird die Grossratssitzung leicht zu einer Art Fraktionssitzung der Fraktionen. Das müsste nicht unbedingt ein Nachteil sein; es könnte der einzelnen Persönlichkeit mehr Spielraum, mehr Entfaltungsmöglichkeit, könnte die lebendige Debatte in die Ratssitzungen bringen. Dem steht aber in Basel entgegen, dass die Zersplitterung in eine Vielzahl von Fraktionen mit einer besonders weitgehenden Proportionalisierung nach Fraktionsstärke kombiniert ist, und zwar durch das Gesetz (Geschäftsordnung). Die Fraktionen haben Anspruch auf möglichst exakt proportionale Vertretung in den Kommissionen. Der Rat (oder in seiner Vertretung das Ratsbüro), ist also bei der Bestellung der ständigen Kommissionen und der Spezialkommissionen durch die Vorschläge der Fraktionen weitgehend gebunden. Es ist auch nicht vorgesehen, dass eine Fraktion freiwillig ihren Sitz einer andern Fraktion, die ein geeigneteres Mitglied delegieren könnte, abtritt. So müssen bei der Bestellung der Kommissionen fachliche Eignung und das Gewicht der Person hinter der Fraktionsarithmetik zurücktreten. Kleine Fraktionen, die doch in allen Kommissionen vertreten sind, belasten ihre Mitglieder mit vielen Mandaten, die diese kaum seriös ausfüllen können.

Die Basler Kantonsverfassung enthält überdies seit 1966 eine Bestimmung über eine rigorose Amtszeitbeschränkung für Grossratsmitglieder auf drei Amtszeiten. Zumindest in dieser radikalen Form hat diese (mit der Rechtsgleichheit ohnehin nicht leicht zu vereinbarende) Verfassungsbestimmung vorwiegend negative Auswirkungen auf die Stellung des Parlamentes, da dieses immer wieder um seine erfahrenen Mitglieder amputiert und damit gegenüber Regierung und Verwaltung geschwächt wird. Die Bestimmung ist zweifellos auch mitursächlich für die zunehmende Zersplitterung des Parlaments.

Da in den Wahlen die «Bisherigen» die besseren Chancen für ein Mandat haben, wechseln die Parteien im Hinblick auf die bestmögliche Ausnützung des «Bisherigenbonus» die nicht wiederwählbaren Fraktionsmitglieder gegen Nachrückende aus der Liste aus; diese können dann in den Wahlen als «Bisherige» antreten, nehmen allerdings dafür eine nochmals reduzierte Gesamtmandatszeit in Kauf, da angebrochene Amtszeiten für die Frage der Wiederwählbarkeit als ganze zählen. So unterliegt der Rat einer ausserordentlich starken Rotation, was seinem Niveau (da ja der bevölkerungsmässig eher schrumpfende Stadtkanton kein unerschöpfliches Reservoir an politisch begabten Persönlichkeiten hat) nicht zuträglich ist.

Auch diese unglückliche Verfassungsbestimmung trägt dazu bei, dass die Einzelpersönlichkeit sich im Rat immer schwerer entfalten und behaupten kann und stattdessen der Schulterschluss in der Gruppe als notdürftige Stütze parlamentarischen Wirkens üblich geworden ist. Ein Versuch, diese Amtszeitbeschränkung etwas zu lockern (vier statt drei Amtszeiten) ist vom Volk 1988 unwirsch zurückgewiesen worden. Der «Souverän», offensichtlich schlecht im Bild darüber, was seine Repräsentanten leisten bzw. nicht leisten, war an dieser (an sich dringend nötigen) Stärkung des Parlamentes nicht interessiert.

Zusammensetzung

Die beherrschende Stellung, die früher die Staatsbediensteten im Basler Grossen Rat einnahmen, hat sich, zumindest zahlenmässig, etwas gemildert. Aufgrund ihrer besseren zeitlichen Disponibilität kommt ihnen aber immer noch ein wesentliches Gewicht zu. Persönlichkeiten aus dem Erziehungssektor sind zahlreich vertreten. Problematisch ist die Vertretung von Chefbeamten im Rat: So sitzen beispielsweise der Vorsteher des Kantonalen Arbeitsamts und der Verantwortliche für die Alterspflege im Rat. Für Freierwerbende, namentlich solche aus dem Gewerbe, ist die Mitarbeit im Parlament wegen der erheblichen zeitlichen Belastung nicht einfach. Sie sind deshalb eher untervertreten. Ebenso sind die Vertreter der Gewerkschaften eher zur Ausnahmeerscheinung geworden, seit die Sozialdemokratie sich hauptsächlich aus intellektuellen Kreisen rekrutiert. Weitgehend abwesend sind Arbeiter aus der Privatindustrie.

Zur Zeit sind im Grossen Rat 34 Frauen (26 %); das sind eher weniger als auch schon, aber mehr als wohl in den meisten anderen kantonalen Parlamenten. Sie sind in den wichtigen Kommissionen, namentlich in der Prüfungskommission, wegen ihrer besseren zeitlichen Disponibilität gut vertreten. Zu ungefähr einem Viertel besteht der Rat aus Akademikern der verschiedensten Berufsrichtungen.

Arbeitsweise und Instrumentarium

Der Grosse Rat tritt ordentlicherweise jeden Monat zu einer Sitzung zusammen. Bis 1988 war dies der zweite Donnerstag jeden Monats; seit 1989 ist es der zweite Mittwoch. Die Fortsetzungssitzung in der folgenden Woche ist zur unausweichlichen Regel geworden, auch die Nachtsitzung an diesem zweiten Sitzungstag, die früher nur bei besonders grossem Geschäftsandrang als Notmassnahme anberaumt wurde. Im Dezember kommt dazu die zweitägige Budgetsitzung, im Juni die «Bündelitagssitzung», ebenfalls zwei Tage, vor der zweimonatigen Sommerpause. In den letzten Jahren sah sich die Linke von Zeit zu Zeit veranlasst, unter Ausnützung der Verfassungsbestimmung über die ausserordentliche Einberufung des Parlaments, noch zusätzliche Sondersitzungen zu verlangen, und zwar zum Absitzen von seminarartigen Referats- und Fragestunden zu Umweltschutzthemen oder zur rhetorischen Verarbeitung besonderer Ereignisse, wie z. B. des Brandes der Sandoz-Lagerhalle in Schweizerhalle am 1. November 1986.

Die zeitliche Beanspruchung allein durch die Plenarsitzungen ist also mit zwei Dutzend ganztägigen Sessionen nicht unbeträchtlich. Die Mitglieder der Regierung wohnen wohl deshalb den Sitzungen nur noch bei, wenn sie persönlich ein Geschäft zu vertreten haben. Es gehört also zum Normalbild im Basler Grossen Rat, dass an einem gewöhnlichen, ruhigen Sitzungstag nur ein Regierungsrat – oft der Baudirektor – vorne sitzt. Arbeitsökonomisch ist dies erklärlich, politisch aber nicht unbedingt erwünscht: Es fehlt der Regierung sichtlich an der Tuchfühlung mit dem Parlament.

Der Rat behandelt seine Geschäfte anhand der «Ratschläge» (Gesetzesvorlagen, grössere Kreditbegehren), «Berichte zu Initiativbegehren», «Ausgabenberichte» (zu kleineren Kreditbegehren), «Schreiben» (zu hängigen Anzügen) der Regierung oder «Berichten», «Zwischenberichten» oder «Schlussberichten» der Grossratskommissionen.

Die Sitzungen beginnen nach dem Namensaufruf mit der Entgegennahme der Interpellationen. Deren Beantwortung erfolgt entweder mündlich in der gleichen Sitzung oder schriftlich auf die nächste Session. Die privilegierte Behandlung dieser gar zu oft belanglosen und lediglich der ephemeren Profilierung dienenden Vorstösse ist in der Geschäftsordnung vorgeschrieben. In der Regel stehen zehn bis zwanzig Interpellationen zur Behandlung. Zum obligaten Programm jeder Session gehört ferner die Behandlung der neuen Anzüge. Der Anzug ist ein Postulat, mit dem die Regierung oder eine grossrätliche Kommission eingeladen wird, den Erlass einer Massnahme – liege sie in der Kompetenz des Rates oder der Regierung – zu prüfen und dazu zu berichten. Die eigentliche Motion kennt die Basler Geschäftsordnung nicht. Die Überweisung (Erheblicherklärung) der Anzüge wird ohne Vorberatung beschlossen. Eine Debatte und Abstimmung findet nur statt, wenn die Überweisung bestritten ist. In der Regel werden Anzüge – auch solche mit sehr heterogenem Inhalt – diskussionslos überwiesen, weniger, weil der Rat mehrheitlich von der Tunlichkeit eines Anliegens überzeugt ist, als weil die Zeit für eine Diskussion der Anzüge schlechthin nicht zur Verfügung steht. So wird monatlich ein gutes Dutzend Anzüge überwiesen.

Der Rat braucht demnach sehr viel Zeit für die persönlichen Vorstösse und mutet auch Regierung und Verwaltung mit ihnen viel – zum Teil nutzlose – Arbeit zu. Die Anzüge müssen innert zwei Jahren behandelt werden. Die Regierung reicht dazu ein Schreiben an den Rat ein, in welchem sie «Stehenlassen», (Weiterbehandlung) oder «Abschreiben» (Erledigterklärung) des Anzuges beantragt. Dieses Schreiben muss wieder traktandiert werden, wartet aber vielleicht monatelang auf seine Behandlung, da den wichtigen Ratschlägen und Kommissionsberichten im Rahmen der Sitzungen Priorität eingeräumt werden muss. In dieser Weise erzeugt der Rat ein zeitweise umfangreiches Geschiebe von politischem Sand und Schutt, das er von Tagesordnung zu Tagesordnung schleppt. Politisch hat die Interpellation ihr Gewicht weitgehend, der Anzug seines zum guten Teil verloren.

Die Behandlung eines Ratschlags beginnt mit dem Votum des regierungsrätlichen Referenten. Ihm folgen die Fraktionsvoten (Redezeit maximal 10 Minuten), dann die Einzelsprecher (Redezeit maximal 5 Minuten) und das Schlusswort des Sprechers der Regierung. Bei Kommissionsberichten hat der Kommissionsreferent das Anfangs- und Schlusswort. Bei einfachen, auch bei unbestrittenen Geschäften, hat sich in letzter Zeit die Gewohnheit eingebürgert, einen Votanten für mehrere Fraktionen sprechen zu lassen, was der Abkürzung der Debatten dient.

Die Basler Geschäftsordnung schreibt eine Vorberatung durch Grossratskommissionen nicht zwingend vor: Manche Geschäfte können deswegen ohne grossrätliche Kommissionsberatung sogleich im Plenum verabschiedet werden. Umgekehrt kommt es vor, dass Geschäfte, die aus einer Kommission kommen, dennoch in der Detailberatung zu zahlreichen Änderungsanträgen Anlass geben, was zu komplizierten, aber auch interessanten Detailberatungen, Paragraph für Paragraph, führen kann. In diesen Beratungen kommt die eigentliche Sternstunde für diejenigen Parlamentarier, die eine Materie überblicken und unter Umständen mit einem sachlich ausgewogenen und überzeugenden Votum den Rat auf ihre Seite ziehen und damit entscheidend auf die Gesetzgebung einwirken können.

Stilus curiae

Zum Schluss sei noch ein Blick auf das Äussere, das Dekorum, die Usanzen, den Stil des Rates geworfen. Um es vorweg zu nehmen: Der Basler Grosse Rat erledigt seine Geschäfte in einer – versuchen wir es positiv zu formulieren – weitgehend ungezwungenen, ja formlosen Atmosphäre. Der Tenuezwang («dunkler Anzug») fiel mit dem Frauenstimmrecht und wurde mit dem Einzug der Achtundsechziger durch eine immer ungenierte Vielfalt mehr oder weniger origineller Ausstaffierungen ersetzt. In dieser Beziehung ist dem Rat das Gefühl für die Form abhandengekommen. Eine Ausnahme ist ein männliches Ratsmitglied geblieben, das die Sitzungen zum Stricken buntgemusterter Shawls benutzte und sich gegenüber freundlichen Abmahnungen darauf berief, die Geschäftsordnung verbiete das nicht. Ursprünglich war das Hochdeutsche die vorgeschriebene Sprache der Debatte. Auch hier wurde – schon vor mehr als zwölf Jahren – eine zeittypische Lockerung beschlossen und alternativ der Dialekt zugelassen, wobei allerdings die von hochdeutschen Manuskripten in papierener Mundart vorgetragenen Voten nicht unbedingt den Vorzug grösserer Unmittelbarkeit und Frische für sich beanspruchen können. Dazu fügt sich ein lockeres Kommen und Gehen und ein bald unterschwellig murmelndes, bald laut anschwellendes Rumoren zahlloser Einzelkonversationen, die nur vorübergehend verstummen, wenn einmal ausnahmsweise ein gut formuliertes, inhaltlich wesentliches Votum die Aufmerksamkeit der Parlamentarier fesselt. Wenn der Lärm gar zu gross wird, betätigt der Präsident seine Glocke.

Im demonstrationslustigen und unruhigen Stadtkanton Basel-Stadt kann auch die Tribüne unversehens am Ratsgeschehen teilnehmen: So ist es in den letzten Jahren immer wieder vorgekommen, dass versucht wurde, von der Tribüne aus den Ratsbetrieb durch mehr oder weniger geschmacklose oder aggressive Demonstrationen zu stören oder gar lahmzulegen.

Es sind eher seltene Gelegenheiten, wenn die Ratsmitglieder, auf besondere Aufforderung des Präsidenten hin «ihre Plätze einnehmen», um sich ein präsidiales Votum oder eine besondere Stellungnahme der Regierung anzuhören. Wenn in solchen Augenblicken der Rat vollzählig versammelt im Halbrund sitzt, vor sich die Regierung in corpore, über sich eine volle, diszipliniert zuhörende Tribüne und um sich den prächtig ausgestatteten Ratssaal, dann mag sich für Augenblicke das Gefühl einstellen, dass hier die Vertreter des Volkes als der Grosse Rat eines traditionsreichen Stadtstaates versammelt sind. Im Rahmen einiger Bemerkungen zum Zweck und Sinn des Beratens unterbreitete ich 1985 in meiner Schlussrede dem Rat die folgenden Überlegungen zur Form einer Ratsversammlung, um ihn dazu zu ermutigen, auch in diesem Sinne die «Repräsentation» ernst zu nehmen:

«... Ratschlag und Beratung dienen nicht nur dem rein Zweckmässigen. Warum versammeln wir uns in diesem reich ausgestatteten Saal im feierlichen, fast theatralischen Halbrund, und warum sitzen wir nicht in Büros neben einem Bildschirm mit Terminal? Warum erheben wir uns zur Abstimmung von den Sitzen oder führen in seltenen Fällen, wo dies ausnahmsweise gerechtfertigt ist, eine Abstimmung mit Namensaufruf durch, und warum bedienen wir uns nicht einer elektronischen Abstimmungsanlage, die das Ergebnis nach einem Knopfdruck in Sekundenschnelle auf einer Zahlentafel aufleuchten lässt? Warum beraten wir hier öffentlich und machen nicht alles mit Zirkularbeschlüssen der Fraktionspräsidenten ab? Unseren nüchternen schweizerischen Republiken fehlt es an Repräsentation: Wir haben keinen Monarchen, der im Ornat das Parlament eröffnet, keine Magistraten in alter Tracht mit Ketten und Stäben, wir haben keine Garden, Karossen und Reiter für feierlichen staatlichen Prunk. Wir haben nur diese Beratungen. Sie geschehen deshalb, so meine ich, zumindest auch, damit das Gemeinwesen nicht ein Abstraktum bleibt, sich nicht nur in Aktendeckeln und bedrucktem Papier manifestiert, sondern dass es in einer Versammlung von Personen und in ihrem gemeinsamen Beraten sichtbar repräsentiert, im wahren Sinne dargestellt wird; weswegen es (beiläufig gesagt) auch nicht gleichgültig ist, wie wir uns hier geben und ausdrücken.»

Dass in den letzten beiden Jahrzehnten in den grösseren Städten auch unseres Landes gesellschaftliche und kulturelle Verschiebungen, Abflachungen und Auflösungen von grossem, noch nicht ganz abzusehendem Ausmass im Gange sind, findet seinen deutlichen Niederschlag auch in dieser ihrer Herkunft nach ehrwürdigen Ratsversammlung. Das Niveau ihrer Beratungen und die Qualität ihrer Entscheidungen können davon nicht unberührt bleiben. Dem ist wohl im einzelnen mit Geduld und wachem Sinn für das der Sache Förderliche entgegenzuwirken. Aber in einer lebendigen Demokratie ist es letztlich nie ein Schaden, wenn die Behörden so sind und so sein dürfen, wie sie sich aus der gesellschaftlichen Wirklichkeit des Wählervolkes ergeben. Aus dieser Wandelbarkeit und Anpassungsfähigkeit zieht unsere Staatsform ihre Belastbarkeit und Stabilität.

Quellenverzeichnis

Handbuch des Staats- und Verwaltungsrechts des Kantons Basel-Stadt (herausgegeben von Kurt Eichenberger, Kurt Jenny, René A. Rhinow u.a.) Basel/Frankfurt am Main, 1984

Das Politische System Basel-Stadt (herausgegeben von Lukas Burckhardt, René L. Frey, Georg Kreis und Gerhard Schmid) Basel/Frankfurt am Main, 1984

Burckhardt Paul
Geschichte der Stadt Basel von der Reformation bis zur Gegenwart, Basel, 1942

Teuteberg René
Basler Geschichte, Basel, 1986

Verfassung des Kantons Basel-Stadt vom 2. Dezember 1889

Gesetz über die Geschäftsordnung des Grossen Rates vom 19. November 1975

Ausführungsbestimmungen zum Gesetz über die Geschäftsordnung vom 19. November 1975

Protokolle des Grossen Rates (herausgegeben von der Staatskanzlei): Die Protokolle des Grossen Rates enthalten lediglich die Beschlüsse und die Namen der Votanten, jedoch nicht die einzelnen Voten. Im Wortlaut abgedruckt sind die Eingangs- und Schlussreden der Grossratspräsidenten, gewisse wichtige Voten, wie z.B. diejenigen des Präsidenten der Finanzkommission bei der Budgetdebatte u.ä., die Interpellationen, die Interpellationsantworten und zusammengefasste Stellungnahmen der Interpellanten zu den Interpellationsantworten.

Das «Basler Stadtbuch», jährlich herausgegeben vom Christoph-Merian-Verlag, Basel, enthält jeweils eine Chronik, in welcher auch die wesentlichen Geschäfte des Grossen Rates aufgeführt werden.

Kanton Basel-Stadt
Mitglieder des Grossen Rates
Stand 1. Januar 1990

Präsident: Vischer Ulrich, Basel, LDP
Aeschlimann Emil, Basel, VEW
Appius Guido, Basel, CVP
Arber Roger, Basel, FDP
Bachmann Hans-Rudolf, Basel, LDP
Bachmann Kurt, Basel, FDP
Bachmann Peter, Basel, SP
Bächle Peter, Basel, SP
Baerlocher Thomas, Basel, POB
Batschelet Bernhard, Basel, POB
Berger Urs, Riehen, CVP
Bernoulli Hans Jakob, Basel, SP
Bettschen Erwin, Basel, NA
Bilgeri Annemarie, Basel, CVP
Binetti Carlo, Basel, CVP
Bloesch-Batschelet Elisabeth, Basel, POB
Bouverat Doris, Basel, NA
Bouverat Marcel, Basel, NA
Brechbühler Rita, Basel, NA
Brigger René, Basel, SP
Bucher Adolf, Basel, FDP
Burgener Rudolf, Basel, FDP
Christ Kunigund, Basel, SP
Conti Carlo, Basel, CVP
Cornaz Stefan, Basel, FDP
Cueni Philipp, Basel, POB
Degen Benjamin, Basel, PdA
Degen Georges, Basel, POB
Denzler Gottlob, Basel, VEW
Dick Liselotte, Riehen, FDP
Dilitz Paul, Basel, SP
Dormann Katja, Basel, LdU
Dubach Marianne, Basel, LDP
Dürig Christian, Basel, SP
Ensner Witschi Käti, Basel, POB
Eymann Christoph, Basel, LDP
Eymann Felix W., Basel, FDP
Eulau Peter H., Basel, FDP
Fabbri Alfredo, Basel, DSP
Fiechter Walter, Riehen, DSP
Forcart Simone C., Riehen, LDP
Forelli Vincenz, Basel, FDP
Gallacchi Enrico, Basel, CVP
Gambirasio Franziska, Basel, FDP
Gelzer Bernhard, Basel, FDP
Gerster Willi, Basel, SP
Gilomen Eva, Basel, SP
Glutz Brigitt, Basel, CVP
Greif Christian, Basel, LDP
Haefliger Christian J., Basel, SP
Hagist Werner, Basel, DSP
Herrmann Walter, Basel, DSP
Heuss Christine, Basel, FDP
Hoffmann Jörg, Basel, SP

Jossen Hermann, Basel, NA
Kaiser Sonja, Basel, CVP
Kehl-Zimmermann Barbara, Basel, SP
Kehl Hanspeter, Basel, SP
Keller Christine, Basel, SP
Klemm-Lang Irene, Riehen, LdU
Kocher Peter, Basel, CVP
Lung Ernst R., Basel, NA
Mall Thomas, Basel, LDP
Matter Roland, Basel, LdU
Mazzotti Bruno, Riehen, FDP
Meier Peter, Basel, CVP
Menzi Regula, Basel, POB
Meury Thomas, Basel, SP
Meyer Marianne, Basel, GAB
Morin Guy, Basel, LdU
Moser Tschumi Doris, Basel, POB
Nyikos Peter, Bettingen, VEW
Oeri Felix A., Basel, LDP
Ott Erwin, Basel, POB
Pfefferli Daniel, Basel, SP
Pieth Fritz, Basel, FDP
Plattner Gian Reto, Riehen, SP
Preiswerk Ruth, Riehen, VEW
Raeser Roger, Basel, NA
Raith Michael, Riehen, VEW
Rechsteiner Rudolf, Basel, SP
Rhein Dennis L., Basel, FDP
Ritter Markus, Basel, GAB
Rudolf von Rohr Felix, Basel, CVP
Rüger Kurt, Basel, NA
Schaefer Hans, Riehen, FDP
Schaller Veronica, Basel, SP
Schaub Alice, Basel, DSP
Schaub Eleonore, Basel, NA
Schenkel Rudolf, Basel, LdU
Schib Stirnimann Monika, Basel, SP
Schiess Peter, Basel, GM
Schmid-Thurnherr Marianne, Basel, GAB
Schneider Andreas, Basel, SP
Schulze Markus, Basel, SP
Schweizer Karl, Basel, FDP
Simonius Elisabeth, Basel, LDP
Spillmann Robert, Riehen, POB
Spörri Margrit, Basel, SP
Staehelin Blanche, Basel, FDP
Stark Roland, Basel, SP
Stebler Felix, Basel, NA
Stebler Louise, Basel, PdA
Steib Jürg, Basel, LDP
Straumann Balthasar, Basel, LDP
Stricker Ernst, Basel, LDP
Stroux Irène, Basel, LDP
Stücklin Julius, Basel, VEW

Stücklin Umberto, Basel, DSP
Stutz Christoph, Basel, CVP
Utzinger Guido, Basel, LDP
Veith Alice, Basel, DSP
Vischer Ulrich, Basel, LDP
Vitelli Jörg, Basel, SP
Vogt-Mohler Barbara, Basel, LdU
Vogt Peter A., Riehen, SP
von Felten Margrith, Basel, SP
Wagner Nicole, Basel, POB
Weber Eric, Basel, VA
Weder Hansjürg, Basel, LdU
Weisskopf Ernst, Basel, LdU
Wick Hugo, Basel, CVP
Wilhelmi Thomas, Riehen, GM
Wirz Christine, Basel, LDP
Wirz Hansjörg M., Basel, DSP
Wydler Christoph, Basel, VEW
Zähner Walter, Basel, DSP
Zeugin Alfred, Basel, CVP
Zigerlig Theres, Basel, CVP
Zimmermann Jürgen, Basel, FDP
Zogg Philippe, Basel, POB

CVP Christlichdemokratische Volkspartei
DSP Demokratisch-Soziale Partei
FDP Freisinnig-Demokratische Partei
GAB Grüne und Alternative
GM   Grüne Mitte (GPS)
LDP Liberal-demokratische Partei
LdU Landesring der Unabhängigen
NA   Nationale Aktion für Volk und Heimat
PdA Partei der Arbeit
POB Progressive Organisationen
SP   Sozialdemokratische Partei
VA   Volksaktion gegen zuviele Ausländer und Asylanten in unserer Heimat
VEW Vereinigung Evangelischer Wählerinnen und Wähler

Urs Burkhart

Der Landrat von Basel-Landschaft

Starke Rolle des Volkes

Der Kanton Baselland ist ein Kind der liberalen Revolution in der Schweiz, die der Französischen Revolution nachfolgte und deren Ideale auf unser Land und seine Kantone übertragen wollte. Das Baselbieter Volk liess es dabei nicht bei Worten bewenden, sondern erkämpfte sich seine Selbständigkeit in einer handfesten Auseinandersetzung mit der Stadt Basel, die im April 1833 von der Tagsatzung anerkannt wurde.

Kein Wunder also, dass man im Kanton Baselland bis auf den heutigen Tag grosse Stücke von der Volkssouveränität hält. Die Möglichkeiten seines Parlaments, des Landrates, auf die Geschicke des Kantons Einfluss zu nehmen, sind deshalb zum vornherein beschränkt. Zwar besass der Landrat unmittelbar nach der Kantonstrennung, als zuerst einmal Ruhe und Ordnung hergestellt werden mussten, vorübergehend fast uneingeschränkte Rechte, wozu auch die Wahl des Regierungsrates gehörte. Das Volk holte sich aber seinen Einfluss schon bald wieder zurück. Das seit 1863 bestehende obligatorische Gesetzesreferendum sorgt u.a. dafür, dass kein neues und kein geändertes Gesetz ohne eine Volksabstimmung in Kraft treten kann. Und bis zum Inkrafttreten der neuen Kantonsverfassung im Jahre 1985 konnten 1500 Stimmberechtigte mittels einer Volksabstimmung sogar die Abberufung des Landrates verlangen. Dazu kam es allerdings während der ganzen Geschichte des jungen Kantons nie.

Skepsis gegenüber den Politikern und den staatlichen Institutionen gehört gewissermassen zur Erbmasse der Baselbieter. Sie tritt immer dann in Erscheinung, wenn beim Volk, wie z.B. im Kampf gegen das A-Kraftwerk Kaiseraugst, der Eindruck entsteht, in Liestal oder in Bern wolle man über seine Köpfe hinweg entscheiden.

Vor dem Regierungsgebäude in Liestal, Sitz des Landrates Basel-Landschaft

Sich anpassen oder überzeugen können

Die nur mit den Landsgemeindekantonen vergleichbaren Mitwirkungsrechte des Volkes verpflichten den Landrat geradezu, eine echte Volksvertretung zu sein. Landräte müssen, um gewichtige politische Anliegen zu verwirklichen, entweder die Mehrheit des Volkes bereits hinter sich haben oder ihre Absichten überzeugend darlegen können. Dahinter verbirgt sich die Gefahr, bei umstrittenen Fragen nur noch auf die öffentliche Stimmung zu reagieren und darauf zu verzichten, dem Volk auch andere oder unbequeme Wege aufzuzeigen. Ausgedehnte Volksrechte wie in Baselland können so gesehen zur Einladung an Populisten werden, die Eigenheiten des Volkes für ihre Zwecke auszunutzen. Der Landrat ist dieser Gefahr mehr als andere Kantonsparlamente ausgesetzt. Die insgesamt erfreuliche Entwicklung des Kantons lässt jedoch darauf schliessen, dass er diesbezüglich nicht aus dem Rahmen fällt.

Die Rahmenbedingungen

Jeweils am Montag- oder Donnerstagmorgen kündigt kurz vor 10 Uhr das Geläute der Stadtkirche Liestal an, dass der Baselbieter Landrat zusammentritt. Die meisten der 84

Volksvertreter – gegenwärtig 14 Landrätinnen und 70 Landräte – kommen dann aus ihren vorher tagenden Fraktionen und streben dem im untern Teil des Städtchens liegenden Regierungsgebäude zu. In ihren Aktenkoffern tragen sie sinnbildlich die Verantwortung für rund 232 000 Kantonseinwohner, 73 Gemeinden, eine Kantonsfläche von 42 813 ha, 37 000 Schüler und für einen über der Milliardengrenze liegenden Staatshaushalt.

Im hufeisenförmigen Ratssaal, in dem sich SP und FdP gegenübersitzen und die mittelstarken Parteien das Verbindungsstück bilden, haben die Landrätinnen und Landräte zu Sitzungsbeginn ihre Präsenz durch ein knappes Ja oder Hier zu bestätigen. Das trägt ihnen u.a. 70 Franken Sitzungsgeld für einen halben und 140 Franken für einen ganzen Tag ein. Die selbständig Erwerbenden unter ihnen können ferner im Maximum 300 Franken Erwerbsausfall während der Sitzungsmonate geltend machen.

Die fünf Regierungsräte sitzen unterhalb des vorne plazierten Präsidiums. Sie sind damit ständig im Blickfeld des ganzen Landrates und der Tribüne, weshalb ihre Bank etwa als «Ballenstand» bezeichnet wird.

Vom Umgang im Landrat

Zum Verständnis des in den letzten zwei Jahrzehnten veränderten Umgangs im Landrat mögen folgende persönliche Eindrücke des Verfassers dieser Zeilen dienen.

68er Bewegung
Die Jahre nach 1968 lösten bekanntlich auch in der Schweiz einen Schub von Veränderungen im politischen Verhalten aus. Der Kanton Baselland mit seinen Grenzen zu Deutschland und Frankreich hat davon mehr als andere Kantone mitbekommen. Davon wurde auch das Erscheinungsbild des Landrates nach aussen und sein Umgang im Innern geprägt. Als Mitglied der SP, die von der 68er Bewegung besonders mitbekam, fühlte ich mich verpflichtet, mich an dieser Mission zu beteiligen. 1963 bin ich dieser Partei beigetreten und für sie 1971 in den Landrat eingezogen. Zusammen mit andern neuen Landräten sollte vieles besser gemacht, Tabus gebrochen und Nähe zum gewöhnlichen Volk hergestellt werden. Manch älterer Politiker wurde dabei vor den Kopf gestossen und die eigene Energie oftmals in Scheingefechten verpufft.

Die Amtsperiode 1971–75 war zugleich die letzte mit Landräten, die mehr als 12 Jahre hintereinander tätig gewesen waren. Anschliessend begann die Amtszeitbeschränkung zu wirken, die, aus aufmüpfigen CVP-Kreisen stammend, ebenfalls ein Kind der späten 60er Jahre ist. Damit wurde die vereinzelt 40 bis 50 Jahre dauernde Sesselkleberei früherer Landräte durch eine Schocktherapie aufgehoben. Jugendlicher und zupackender sollte künftig der Landrat werden. Dass man ihm damit gleichzeitig ein grosses Stück der für ihn notwendigen Erfahrung nahm, wollte oder konnte man nicht sehen. Die als Amateure tätigen Parlamentarier bekamen – zum Vorteil der Profis in Regierungsrat und Verwaltung – im wahrsten Sinne des Wortes ein Kuckucksei ins Nest gesetzt.

Anlobung und Generationswechsel
Der 2. Juli 1971, gleichzeitig mein Hochzeitstag, war für mich und gut ein Dutzend ebenfalls neu gewählter Landrätinnen und Landräte der Tag, sich für die feierliche Anlobung und die Wahl der Landrats- und Kantonsspitzen herauszuputzen. Eigens für diesen Anlass und meine weitere Landratstätigkeit hatte ich mir die vorgeschriebene «anständige Bekleidung» besorgt. Wie stets bei der vor den Sommerferien stattfindenden Wahlsitzung gaben die Anwesenheit stolzer Familienmitglieder und ein blumengeschmückter Ratssaal dem Tag ein würdevolles Gepräge. Eine Trübung erfuhr die Inthronisation durch eine ihr vorausgegangene stürmische Fraktionssitzung. So sang- und klanglos wie bisher wollten nämlich wir Junglandräte die vom Parlament zu bestellenden Richter- und Bankratsposten nicht an altgediente Genossen vergeben. Mit diesem Vorhaben gerieten wir allerdings an die falsche Adresse. Wortgewaltig und als «Lausbuben» tituliert, wurden wir darüber belehrt, wer in der Fraktion das Sagen habe und welche Leistungen und Weihen vorzuweisen seien, bevor man an Festungen rütteln dürfe. Nach diesem Donnerwetter setzte sich das Machtbewusstsein bestandener Politiker gegen die naive Unverfrorenheit der jungen Neuen problemlos durch. Im heutigen Landrat sind es wohl die wenigen verbliebenen über Sechzigjährigen, die um ihren Einfluss bangen müssen.

Die ersten Frauen

1971 hielten erstmals vier Frauen Einzug ins Baselbieter Parlament, drei von der SP und eine Freisinnige. Keine dieser Frauen war gegenüber ihren Landratskollegen von irgendwelchen Komplexen angekränkelt. Mit ihrem selbstverständlichen Frausein gewannen sie im Parlament rasch starke Positionen und haben damit den Frauen im Kanton mehr als andere weitergeholfen.

Noch zwei Vorfälle aus der damaligen Zeit scheinen mir im nachhinein für das heutige unprätentiöse Verhalten des Landrates erwähnenswert: das Auflockern der Kleidervorschrift und die Abschaffung der Titel.

Titelverlust

«Sehr geehrte Herren Regierungsräte, geschätzte Landratskolleginnen und -kollegen... Wie Doktor Sowieso als Vorredner ausführte...» So etwa lautete eine übliche und gepflegte Einleitung eines Votums zu Beginn meiner Amtszeit im Jahre 1971. Einige Neulandräte und Akademiker, die einen Beitrag zur allgemeinen Emanzipation leisten wollten, begannen dann allmählich auf die Anrede mit Titeln zu verzichten. Das blieb bis zu einer der folgenden Sitzungen der Geschäftsprüfungskommission ohne Echo, an der die anwesenden Regierungsräte und Kollegen Doktoren wiederum als blosse Herren ins Gespräch verwickelt wurden. Einer der Regierungsräte wusste schliesslich seinen Widerstand dagegen indirekt auszudrücken, indem er zwar nicht auf seinem Amtstitel bestand, hingegen einzelne Ansprecher gezielt und betont mit Herr Landrat anredete. Wenig später fiel die Anrede mit Titel auf Antrag der titelbesitzenden Landräte endgültig.

Mit oder ohne Krawatte

Das Tragen einer Krawatte habe ich anfangs der Siebzigerjahre als verschämte Verleugnung meiner Jugendlichkeit und meiner Herkunft aus dem Arbeitermilieu betrachtet. Nur widerwillig habe ich mich diesem Zwang gebeugt. Nach einigen Sitzungen mit Krawatte schloss ich mich einem Fraktionskollegen mit weissem Rollkragenpullover an, was ich als guten Kompromiss zwischen Krawatte und offenem Hemd ansah. Diese Tenueveränderung hat mir schliesslich eine sachte Ermahnung im Landratsvorzimmer eingetragen. Ein väterlicher freisinniger Ratskollege aus meiner Wohngemeinde meinte dort, ich möge doch wieder zu Hemd samt Krawatte zurückkehren. Notfalls würde er ins eigene Portemonnaie greifen. Weil wenig später die beiden Regierungsräte Paul Manz und Dr. Leo Lejeune gar mit einer farbigen Pulloverausstattung erschienen, war das nicht mehr nötig.

Hier sei mir eine Anmerkung gestattet. Ein in der Arbeiterbewegung tief und lange verwurzelter Sozialdemokrat hat mir später erklärt, dass sich der Klassenkampf nicht mit einem offenen Hemd gewinnen lasse. Diese Bekleidung sei im übrigen nicht weniger konform und uniform als gebügelte Hosen und Krawatte. Gerade die einfachen Leute sähen gerne Arbeitervertreter, die in ihrem Auftreten und ihrer Bekleidung der Gegenseite in nichts nachstünden. Darin spiegle sich ein Stück des gewonnenen Selbstbewusstseins der Arbeiterschaft.

Der Aussage habe ich entnommen, dass sich Politiker sowohl durch Eitelkeit als auch durch Anbiederung dem Volk entfremden können.

Die Beziehungen zwischen Landrat und Regierungsrat

Landrat und Regierungsrat gerieten in den letzten Jahren öfters aneinander. Der Landrat hat dabei seinen Ruf bestätigt, gegenüber dem Regierungsrat und der Verwaltung ein unbequemer Kontrolleur zu sein. Ihm, und nicht nur der Presse, ist es zu verdanken, dass die auftretende Selbstgefälligkeit und Eigenmächtigkeit seitens des Regierungsrates nicht ins Kraut schiessen konnte und die Baselbieter Politik nicht zu sehr ins Gerede kam. Der Regierungsrat biss sich fast immer die Zähne aus, wenn er rechtlich und auf politisch fragwürdiger Grundlage am Landrat vorbei agieren wollte. Sprachen die Abklärungen der landrätlichen Kommissionen und einzelner Landräte klar zugunsten einer Anklage, so mussten die Regierungsräte ein gehöriges Gewitter über sich ergehen lassen und wurden auch von der eigenen Fraktion im Regen stehen gelassen.

Auch bei diesem Spannungsverhältnis kann von einer Tradition gesprochen werden. Der Landrat machte nämlich schon kurz nach der Kantonsgründung deutlich, dass ihm, und nicht dem Regierungsrat, die erste Geige zukomme. Anfänglich schloss er die Regierungsräte gar von seinen Sitzungen aus, was Stephan Gutzwiller, einer der Gründungsväter des neuen Kantons, zu folgender Feststellung veranlasste: «Bei jeder Sitzungseröffnung debattierte man, ob sie – die einzigen, die etwas Geschäftskenntnisse gesammelt – hereinzulassen seien... Oft mussten sie, wenn sie stundenlang vor der Türe gewartet, wieder abziehen, oder durften sich schüchtern auf die ‹Armsünderbank› setzen.» Einzelne der jetzigen Baselbieter Regierungsräte wären vielleicht froh, der Gang auf die «Armsünderbank» bliebe ihnen manchmal erspart. Schliesslich würde keine Regierung eitel Freude darüber empfinden, wenn sich ein Parlament so ausgeprägt wie der Landrat mit der Regierungs- und Verwaltungskontrolle befasst. Einzelne Baselbieter Regierungsräte machen sich dabei das Leben selber schwer, indem sie – arglos oder mutwillig – regelmässig in Fettnäpfchen treten, ohne sich aus freiwilliger Einsicht wieder daraus zu lösen. In diesem Verhalten schimmert durch, dass nicht alle Mitglieder des Regierungsrates eigene Parlamentserfahrung besitzen. Sie nehmen deshalb nicht immer wahr, auf welche Rechte das Parlament um seiner selbst willen pochen muss.

Auf der andern Seite ist der Landrat manchmal zu wenig abgeklärt, um seine Grenzen zu erkennen. Das aber wäre nötig, damit – wie jüngst in der Frage der Asylantenbetreuung oder bei der delikaten Führung der Arbeitserziehungsanstalt Arxhof – aus einem kritikfähigen Verhalten des Regierungsrates kein Scherbenhaufen entsteht.

Suche nach Profil

In dem verhältnismässig zentralistisch organisierten Kanton Baselland bekommt es das Parlament besonders zu spüren, dass es hauptsächlich der Regierungsrat mit seiner gut ausgestatteten Verwaltung ist, der Gesetze und Vorlagen ausarbeitet, Projekte entwirft und auf die Öffentlichkeit einwirkt. Der Landrat teilt demgegenüber das Los vieler Parlamente, als gesetzgebende Gewalt oftmals nur noch Kosmetik an den durch Vernehmlassungen, Verhandlungen etc. bereits abgestimmten Vorlagen betreiben können. Dieser fortschreitenden Verengung des eigenen politischen Aktionsradius versuchen zahlreiche Landräte durch einen verbissen wirkenden Eifer zu begegnen.

Der Landrat läuft auf diese Weise Gefahr, seine beschränkten Kräfte als Milizparlament zu verzetteln und das Setzen politischer Schwerpunkte und Prioritäten im Kanton vollends zu verpassen. Er macht es dem Volk ständig schwerer, sich in Sachfragen an ihm zu orientieren oder sein politisches Bewusstsein zu schärfen. Der Landrat muss jedenfalls aufpassen, dass sich sein eigenes Profil nicht in einer hausgemachten Geschäftigkeit auflöst. Der Hinweis, besonders an Landräte aus kleinen Parteien, ist deshalb berechtigt, weil ihr Bemühen nur Aussicht auf Erfolg haben kann, wenn sie klar erkennbare Wege aufzeigen und sich nicht in einem Labyrinth unzähliger Vorstösse verirren, die erst dann behandlungsreif werden, wenn sie ihre Aktualität eingebüsst haben. Interpellationen, Postulate oder Motionen gehören gewiss zu den ureigensten Aufgaben eines Parlamentariers. Im heutigen Landrat werden aber diese Instrumente statt zur Entwicklung längerfristiger Perspektiven vielfach zur kurzfristigen Besetzung aktueller Themen benutzt, um einer allfälligen Konkurrenz zuvorzukommen.

Kommissionsarbeit

Das unvoreingenommene Beraten regierungsrätlicher Vorlagen und die Kontrolle der Verwaltungs- und Regierungstätigkeit gehören, wie erwähnt, zu den Stärken des Landrates. Sie geschehen nicht nur durch die Finanz- und Geschäftsprüfungskommission, sondern auch durch die seit 1977 für alle regierungsrätlichen Geschäftsbereiche bestehenden ständigen Kommissionen sowie die für einzelne

Vorlagen eingesetzten Spezialkommissionen. Die vier Jahre zusammenbleibenden Kommissionen für Bau und Planung, Justiz und Polizei, Bildung und Kultur sowie Gesundheit und Umwelt geben dem Regierungsrat und der Verwaltung eine kompetente und manchmal unbequeme Begleitung der politischen Geschäfte. Dieser Vorteil hebt sich allerdings auf, wenn die Fraktionen in diese Kommissionen fast ausschliesslich Spezialisten und Interessenvertreter schicken und deswegen der Blick aufs Ganze getrübt wird.

Der beschriebenen Fachkompetenz und Unbefangenheit steht ein Mangel an Generalisten gegenüber. Politische Naturtalente, die Meinungen prägen und bündeln und anschliessend damit ihre Parteien überzeugen können, sind eher selten geworden. Im Landrat dominieren die politischen Handwerker, oder es setzen sich sprachgewandte und einseitig fixierte Aktionisten in Szene. Vermisst werden politische Sternstunden, in denen herausragende Voten starre Fronten verschieben und Gedankenblitze neue Perspektiven eröffnen.

Gewaltentrennung

Dem Landrat kommt zugute, dass ihm verhältnismässig wenige Staatsdiener angehören. Von 84 Landräten stehen gegenwärtig 17 in irgendeinem öffentlichen Dienstverhältnis einer Gemeinde, des Kantons oder des Bundes. Ein Teil der Chefbeamten ist durch das 1979 wirksam gewordene Gesetz über die Gewaltentrennung vom Parlament ausgeschlossen. Dieser Schritt hat die Chefbeamten fast ausnahmslos dazu bewogen, eine Kandidatur gar nicht anzunehmen.

Fraktionen und Parteien

Die Freisinnigen

Den Baselbieter Freisinnigen ist von ihrer revolutionären Vergangenheit wenig anzumerken. Dabei «war es selbstverständlich», schreibt der Historiker Dr. Roger Blum, «dass alle, die im neuen Kanton mitreden wollten, sich zur siegreichen Revolutionspartei, zum Freisinn, bekennen mussten...»

Die ursprüngliche Monopolstellung haben die Freisinnigen spätestens seit der Gründung der SP (1912) und der Katholischen Volkspartei (1913) eingebüsst. Der Anspruch, stärkste Partei des Kantons zu sein, ist ihnen vorerst erhalten geblieben. Dies zu beurteilen, ist nicht allein eine Frage von Stimmen und Ratssitzen. Bei den Landratswahlen hatten die Sozialdemokraten seit den vierziger Jahren bis 1983 die Nase vorn. Die Baselbieter Freisinnigen umgab vielmehr bis vor kurzem der Ruf, ohne sie laufe im Kanton nichts Entscheidendes. Sie besetzen die weitaus meisten Chefbeamtenposten oder stellen fast selbstverständlich die beiden höchsten Richterämter im Kanton: das Obergerichts- und das Verwaltungsgerichtspräsidium.

FdP und SP besassen bis vor wenigen Jahren annähernd zwei Drittel der Parlamentssitze. Inzwischen reicht es beiden zusammen noch zu einer knappen Mehrheit im 84köpfigen Landrat. Die Freisinnigen tragen dazu 23 Sitze bei (Wähleranteil 1987: 24,5%).

Die beiden grossen Parteien stellen im übrigen alle 3 Jahre den Landratspräsidenten, während der CVP und der SVP dieses Amt höchstens alle 6 Jahre zukommt.

Innerhalb der FdP Schweiz neigen die Baselbieter Freisinnigen zum sozial-liberalen Flügel. Zwar gibt es auch unter ihnen solche, die mit dieser Ausrichtung wenig anzufangen wissen. Aber sie dominieren nicht. Die Haltung der Baselbieter Freisinnigen trägt dazu bei, dass das Baselbiet bei schweizerischen Abstimmungen immer wieder «welsche» Abstimmungsergebnisse liefert und im Landrat auch «linke» und «grüne» Vorschläge nicht zum vornherein chancenlos sind.

Die Sozialdemokraten

Den Sozialdemokraten ist anzumerken, dass sich die veränderten Bedingungen im sozialen Sektor und in der Arbeitswelt auch auf ihre personelle Besetzung im Landrat ausgewirkt haben. Arbeiter oder Handwerker sind in ihrer Fraktion praktisch nicht mehr vorhanden. Die SP verfügt über 21 Parlamentssitze (Wähleranteil 1987: 24,1%). Sie bekam das Aufkommen der Grünen im Kanton besonders zu spüren.

Die SP Basellland war bisher mit ihren Vorstössen im Landrat meist erfolgreicher als bei Volksabstimmungen. Im Parlament versteht sie es immer wieder, für die schrittweise Verwirklichung ihrer Anliegen Mehrheiten zu finden, während ihr letzter Erfolg mit einer Volksinitiative auf das Jahr 1974 zurückgeht, als sie die in der Schweiz Aufsehen erregende Reichtumssteuer durchsetzte.

Die Sozialdemokraten greifen auch im Landrat zunehmend Anliegen auf, die ihrer traditionellen Stammwählerschaft nicht immer nahe liegen, und konkurrieren in Umweltfragen ungewollt mit den Grünen, denen viele Wähler diesbezüglich mehr Kompetenz und Glaubwürdigkeit zubilligen. Oder anders ausgedrückt: Sie sollten einen aufgeklärten Mittelstand vertreten, der sich parteipolitisch kaum festlegen lässt, sind aber gleichzeitig einer traditionellen Wählerschaft verpflichtet, die konservativer denkt, als es der SP lieb ist. Dass sie diesen Brückenschlag immer wieder versucht und sich nicht auf bequeme Positionen zurückzieht, zeichnet die SP-Fraktion aus. Einen grossen Teil dieses Profils verdankt sie einigen herausragenden Frauen in ihren Reihen, die auch wichtige Aufgaben im Landrat versehen.

Die Christlich-demokratische Volkspartei

Die CVP wusste ihre Landratsmandate schon immer optimal auszunutzen. Gegenwärtig ist sie im Landrat mit 12 Sitzen vertreten, was einem Wähleranteil von 13,5 % entspricht. Bei den Wahlen gehörte sie bis 1987 zum bürgerlichen Zusammenschluss, der u.a. auch ihren Regierungsratssitz sichert. In Sachvorlagen im Landrat, wo sie möglichst viel ihres Gedankenguts unterbringen will, war sie aber andern Koalitionen noch nie abgeneigt. Der CVP-Landratsfraktion darf man ein christlichsoziales Engagement attestieren, wobei sie diese Linie zu interpretieren versteht. Das Verhalten der CVP Baselland und ihrer Landratsfraktion lässt auf einen ökumenischen Geist schliessen. Sie schafft es jedoch auch im Baselbiet kaum, in die nichtkatholischen Wählerschichten vorzustossen.

Die Schweizerische Volkspartei

Die SVP gehört mit der CVP und neuerdings den Grünen zu den mittelstarken Parteien des Kantons. Sie bringt es bei den Landratswahlen auf 8 bis 10 Mandate, die bis auf eine Ausnahme im ländlichen Oberbaselbiet angesiedelt sind. Dem jetzigen Landrat gehören 9 SVP-Vertreter an (Wähleranteil 1987: 10,4 %). In dieser Fraktion sind einige währschafte Bauern und Bürger am Werk, die ihr Herz mitunter auf der Zunge tragen. Konservativ mögen sie sein, vor allem wenn sie ihre Auffassung zu Recht und Ordnung oder über die Erziehung darlegen. Ihrem unverkrampften politischen Verständnis ist aber anzumerken, dass früher im Oberbaselbiet zwischen Kleinbauern und der SP eine rege Beziehung bestand. Der Landrat wäre ohne sie farbloser und hätte noch mehr Mühe, zum Kern der Themen vorzustossen.

Die Grünen

Die Grünen sind für das wohl denkwürdigste Wahlresultat der letzten Jahrzehnte verantwortlich. Anlässlich der letzten Landratswahlen im Jahre 1987 eroberten sie auf einen Schlag 10 Sitze (Wähleranteil: 12,4 %), wovon allerdings 4 bis zu diesem Zeitpunkt von den Progressiven Organisationen (POBL) besetzt waren.

Dass die einstigen roten und jetzt grünen Landräte oftmals die richtigen Fragen stellen und ein Parlament beleben, muss man ihnen neidlos zubilligen. Seit ihrem erstmaligen Auftreten im Landrat 1971 haben sich die Berührungsängste ihnen gegenüber merklich reduziert. Darin spiegelt sich die liberale Tradition und die lange Erfahrung der Baselbieter mit aussergewöhnlichen und manchmal kurzlebigen politischen Gruppierungen wieder. Kaum jemand hätte allerdings vor 15 Jahren geglaubt, dass ein von der POBL kommender Landrat einmal das Präsidium der landrätlichen Justiz- und Polizeikommission übernehmen könnte, ohne grossen Staub aufzuwirbeln. Dazu hat auch die Wandlungsfähigkeit der einst «roten Fundis» zu «grün-roten Realos» beigetragen. Die Offenheit der «traditionellen» und der «neuen» Parteien hat den Landrat und den Kanton in Umweltfragen ein gutes Stück weitergebracht.

Die Evangelische Volkspartei

Die EVP ist im Landrat gegenwärtig mit vier Mitgliedern (Wähleranteil 1987: 5,6%) vertreten, die sich der SVP-Fraktion angeschlossen haben. Diese eindeutige bürgerliche Ausrichtung der Partei hat sich erst in den letzten Jahren ergeben. Noch in der Amtsperiode 1975–79 gehörte dem Landrat ein EVP-Vertreter aus dem kleinsten Wahlkreis des Kantons (Gelterkinden) an, der auf der Liste der «Richtlinienbewegung», eines Zusammenschlusses von SP und EVP, gewählt wurde.

Die Nationale Aktion

Seit ihrem erstmaligen Einzug in den Landrat im Jahre 1971 versucht die NA durch zahlreiche Vorstösse und Wortmeldungen auf sich aufmerksam zu machen. Eines ihrer gegenwärtig 4 Landratsmandate (Wähleranteil 1987: 4,7%) wird durch den schweizerischen Parteipräsidenten besetzt, dem eine konsequente Haltung in Umweltfragen zugute gehalten werden muss. Notgedrungen stellt die NA die einzigen Fraktionslosen im Landrat. Zur Fraktionsbildung fehlt ihr ein Mitglied und eine Möglichkeit zur einer Fraktionsgemeinschaft besteht für sie nicht. Das schliesst sie von der Kommissionsarbeit aus und schränkt ihren Aktionsradius ein.

Der Landesring

Der Baselbieter Landesring steckt in einer Talsohle. Obwohl die kleinen Parteien seit den Landratswahlen 1983 durch das neue Wahlgesetz besser fahren, stellt er momentan nur eine einzige Landrätin (Wähleranteil 1987: 3,3%). Diese fand in der SP-Fraktion Aufnahme. Ende der sechziger anfangs der siebziger Jahre kannte der Landesring noch bessere Zeiten. Er profitierte damals vom Verschwinden der ehemaligen «Aktion Kanton Basel» und besass einige profilierte Exponenten. Das brachte ihm bis 1983 ein Nationalratsmandat ein, das inzwischen bei den Grünen gelandet ist.

Aufwand und Ertrag

«Der Landrat steht bei vielen Leuten nicht gerade hoch im Kurs.» Mit diesem Satz leitete Dr. Roger Blum eine 1975 über den Landrat erschienene Broschüre ein, ohne bei seinen Kollegen aus dem Landrat auf Kritik zu stossen. Diese nüchterne Selbsteinschätzung entspricht der reservierten Beziehung der Baselbieter zu ihren Politikern. Diese konnten während der 156jährigen Geschichte des Kantons selten mit einer bedingungslosen Gefolgschaft und Ehrerbietung durch das Volk rechnen.

Diese Haltung findet im Landrat eine Ergänzung, wo der Regierungsrat nicht mit einem blossen Absegnen seiner Arbeit rechnen kann, sondern sich einem unbefangen disputierenden Arbeitsparlament stellen muss.

Seit einigen Jahren scheint allerdings der durch den Landrat betriebene Aufwand mit dem daraus resultierenden Ertrag nicht mehr ganz übereinzustimmen. Das Baselbieter Parlament bekundet offensichtlich Mühe, seine in zahlreiche Parteien aufgesplitterten Kräfte zu zügeln und seine vielfältige Geschäftigkeit nach aussen übersichtlich darzustellen.

Die Amtszeitbeschränkung ist einer der Gründe dafür. Sie vertreibt seit 1975 regelmässig Leute aus dem Parlament, die sich in ihm politisch profiliert haben und dann nach 12 Jahren – neuerdings nach 16 Jahren – ein anderes Forum suchen müssen, wenn sie politisch aktiv bleiben wollen. Viele von ihnen gehen der kantonalen Politik überhaupt verloren. Einige wenige kehren später nochmals in den Landrat zurück, wobei ihr Feuer aus der ersten Amtszeit in der Regel verpufft ist.

Auf diese Weise findet sich ein erheblicher Teil der politischen Kompetenz im Kanton ausserhalb des Landrates. Dieser ist gleichzeitig gezwungen, sich alle vier Jahre neu zu finden. Ferner muss er, ohne zu wollen, sich selber, dem Regierungsrat und der Verwaltung immer wieder dieselben Fragen stellen. Den zum Ausdruck kommenden Mangel an Erfahrung versucht ein Teil der Landräte durch grossen Eifer auszugleichen.

Mit dieser Entwicklung läuft der Landrat Gefahr, mit der Zeit nicht mehr jenes Mass an Prestige und Beständigkeit vorweisen zu können, auf die jede Behörde angewiesen ist, wenn sie auf herausragende Leute anziehend wirken will.

Das Reden, Verhandeln und sonstige Wirken eines Parlaments entzieht sich zwar meist einer eindeutigen Bewertung. Der Landrat hat wie andere Parlamente viel eher zu befürchten, dass seine Arbeit überhaupt nicht wahrgenommen und sein Aufbegehren als politischer Theaterdonner qualifiziert wird. Mit einem solchen Verhalten ihrem Parlament gegenüber würden sich die kritisch eingestellten Baselbieter ins eigene Fleisch schneiden. Der insgesamt gut arbeitende Landrat ist nämlich auf das Echo aus dem Volk angewiesen. Wie sonst liesse sich die Volkssouveränität in die politische Wirklichkeit des Kantons übertragen!

Je besser der Landrat seine gegenwärtige Stimmenvielfalt orchestriert, desto eher wird er gehört werden.

Quellenverzeichnis

Statistisches Jahrbuch des Kantons Basel-Landschaft 1988

Baselland vor 150 Jahren, Wende und Aufbruch, Jubiläumsverlag Liestal, 1983

Erich Klötzlis Landratsjahre; Text von Roger Blum, herausgegeben vom Büro des Landrates des Kantons Basel-Landschaft, Juni 1980

Blum Roger
Hinter den Kulissen des Landrates, kleines Parlaments-Brevier, herausgegeben vom Büro des Landrates des Kantons Basel-Landschaft, Januar 1975

Ballmer Meinrad u.a.
s Baselbiet; Verlag des Kantons Basel-Landschaft, 1986

Baselland in Zahlen, Ausgabe 1988, herausgegeben von der Basellandschaftlichen Kantonalbank und dem Statistischen Amt des Kantons Basel-Landschaft

Kanton Basel-Landschaft
Mitglieder des Landrates
Stand: 1. Januar 1990

Präsident: Breitenstein Willi, Zeglingen, SVP
Affentranger Jörg, Muttenz, FDP
Ammann Franz, Muttenz, NA
Assolari Danilo, Reinach, CVP
Baldesberger Stefan, Muttenz, Grüne BL
Baltzer Christine Dr., Liestal, FDP
Bernegger Willi, Pratteln, FDP
Bieri Hansruedi, Itingen, FDP
Bischof Ursula, Reigoldswil, SP
Breitenstein Willi, Zeglingen, SVP
Brodbeck Adolf, Münchenstein, FDP
Brodbeck Hans, Liestal, FDP
Brunner Peter, Pfeffingen, NA
Burki Verena, Bottmingen, EVP
Eberenz Rolf, Reinach, FDP
Felber Rudolf, Binningen, FDP
Fünfschilling-Gysin Barbara, Binningen, FDP
Gasser Thomas, Oberwil, CVP
Geiser Paul, Pratteln, CVP
Graf Fritz, Sissach, SVP
Gschwind Alfred, Therwil, CVP
Halder Ueli Dr. phil. nat., Allschwil, SP
Häner Ernst, Hölstein, SVP
Heeb-Schlienger Ruth lic. iur., Binningen, SP
Hiltmann Klaus, Birsfelden, CVP
Hunziker Margot, Birsfelden, SP
Jenny Peter Dr. med., Gelterkinden, FDP
Joos Marcel Dr., Oberwil, SP
Kamber Max lic. iur., Allschwil, CVP
Kaufmann Dieter, Sissach, SP
Kaufmann Ueli, Birsfelden, SP
Keller Rudolf, Frenkendorf, NA
Kellerhals Heinrich, Muttenz, EVP
Klaus Werner Dr., Allschwil, SP
Klein Andres Dr., Gelterkinden, SP
Kœllreuter Andreas, Aesch, FDP
Kohlermann-Jörg Rita, Therwil, FDP
Kuhn Peter, Reinach, CVP
Kunz Werner, Liestal, SP
Laube Roland lic. rer. pol., Gelterkinden, SP
Lauper Kurt, Münchenstein, SP
Marcacci Roberto, Allschwil, parteilos
Marti Robert, Oberwil, FDP
Merz Silva Elisabeth, Pratteln, Grüne BL
Meury Roland, Biel-Benken, Grüne BL
Miesch Christian, Titterten, FDP
Minder Peter, Liedertswil, SVP
Moll Roger, Binningen, FDP
Müller Daniel, Münchenstein, Grüne BL
Niklaus Peter Dr. phil., Biel-Benken, SP
Oetterli Andreas, Lausen, Grüne BL
Oser Ernst, Schönenbuch, SVP
Ott Lukas, Liestal, Grüne BL
Perret Corinne, Aesch, LdU
Peter Alfred Dr., Münchenstein CVP
Piller Robert, Arlesheim, FDP
Portmann Heidi, Arlesheim, SP
Rapp Matthias Dr., Muttenz, FDP
Ribi Max Dr., Allschwil, FDP
Rück Rolf, Lausen, SP
Rüetschi Eva Dr., Reinach, SP
Sandroni Sandrin, Renata, Allschwil, Grüne BL
Schaub Günther, Muttenz, SP
Schäublin Hans, Pratteln, SVP
Schelble Liselotte, Reinach, SP
Schindler Ernst, Pratteln, EVP
Schläpfer Ernst, Bubendorf, SVP
Schlumpf Roger, Reinach, Grüne BL
Schneeberger Robert, Thürnen, FDP
Schwob Heinz, Pratteln, SP
Spiess Dieter, Gelterkinden, SVP
Steiger Franz Dr. chem., Pratteln, Grüne BL
Stettler Daniel, Gelterkinden, EVP
Stöcklin Oskar, Binningen, CVP
Strasser Köhler Andrea, Häfelfingen, SP
Straumann Ernst, Diepflingen, SVP
Thöni Ernst, Pratteln, FDP
Thüring Paul, Oberdorf, CVP
Thüring Ursula, Aesch, CVP
Tobler Peter Dr., Ettingen, FDP
Vögtli Werner, Birsfelden, FDP
Waibel Hermann, Lausen, FDP
Weishaupt Bruno, Arlesheim, CVP
Widmer Dorothee, Birsfelden, Grüne BL
Zimmerli Werner, Frenkendorf, SP

FDP	Freisinnig-demokratische Partei
SP	Sozialdemokratische Partei
CVP	Christlichdemokratische Volkspartei
SVP	Schweizerische Volkspartei
POBL	Progressive Organisationen Basel-Land
EVP	Evangelische Volkspartei
GLB	Grüne Liste Basel-Land
NA	Nationale Aktion
GPBL	Grüne Partei Basel-Land
LdU	Landesring der Unabhängigen
–	Parteilos

Kurt Schönberger

Der Grosse Rat von Schaffhausen

Geographische Lage des Kantons

Der Kanton Schaffhausen – mit 298 km² der viertkleinste Kanton der Schweiz – zählt rund 70 000 Einwohner und liegt zu 99 % nördlich des Rheins. Mehr als 150 Kilometer seiner Grenze verbinden ihn mit der Bundesrepublik Deutschland und nur 33 Kilometer mit den angrenzenden Kantonen Zürich und Thurgau. Das Kantonsgebiet bildet keinen einheitlichen Block. So ist der obere Kantonsteil mit den Gemeinden Stein am Rhein, Hemishofen, Ramsen und Buch durch den Brückenkopf Stein am Rhein mit dem Thurgau verbunden, und die beiden Gemeinden des südlichen Kantonsteils, Buchberg und Rüdlingen, sind fast völlig von zürcherischem Gebiet umschlossen. Insgesamt zählt der Kanton 34 Gemeinden, wobei sich die Gesamteinwohnerzahl je zur Hälfte auf die Hauptstadt und die übrigen Gemeinden aufteilt.

Der Kanton Schaffhausen nennt sich auch «die grüne Region am Rhein». Dieser Begriff unterstreicht ganz klar die qualitativen Werte, die zwischen Rhein und Randen vorhanden sind. Munot, Rheinfall, Kornkammer, hohe Wohnqualität, landwirtschaftlich reizvolle Gegenden, Waldreichtum und nicht zu vergessen der mundige Schaffhauser Wein prägen das Gesicht des Kantons «ennet dem Rhein». Dass die Region Schaffhausen auch in wirtschaftlicher Hinsicht einen attraktiven Raum darstellt, beweist die Tatsache, dass hier weltweit bekannte Industriebetriebe, erfolgreiche Forschungszentren, leistungsfähige Gewerbebetriebe, kundenfreundliche Detailhändler und servicebewusste Dienstleistungsbetriebe ansässig sind. Zwischen dem Kanton Schaffhausen und dem angrenzenden deutschen Bundesland Baden-Württemberg bestehen in den verschiedensten Bereichen enge und gute Beziehungen.

Das historische Rathaus in Schaffhausen, Sitz des Grossen Rates

Die politische Situation

Die politische Situation des Kantons Schaffhausen lässt sich mit den Worten von Dr. Eduard Joos in seinem Buch «Parteien und Presse im Kanton Schaffhausen» sehr treffend formulieren:

«Schaffhausen ist im politischen Bereich ein helvetischer Sonderfall. Der nördliche Grenzkanton der Schweiz, der bei eidgenössischen Wahlen und Abstimmungen jeweils durch die prozentual höchste Stimmbeteiligung aus dem Rahmen fällt, hat auch im Parteiwesen eigenständige Entwicklungen durchgemacht. So trat beispielsweise nach 1920 die Sozialdemokratische Partei des Kantons Schaffhausen – im Gegensatz zur Landespartei – gesamthaft der Kommunistischen Internationale bei, so dass Schaffhausen für über zehn Jahre als kommunistische Hochburg der Schweiz galt. Wohl nicht zuletzt deshalb war die Voraussetzung gegeben, dass sich im gleichen Kanton nach 1932 eine rechtsextreme Gruppierung, die Neue Front, besonders gut profilieren konnte; sie trat mit alteidgenössischen Idealen und radikalen Mitteln nach europäischen Vorbildern der internationalen Linken scharf entgegen, wobei dem rhetorischen Schlagabtausch zuweilen auch handfeste Strassenschlachten folgten.

Die Schaffhauser Bauernpartei, die bis zum 1943 erfolgten Beitritt zur schweizerischen Bauern-, Gewerbe- und Bürgerpartei eine völlig unabhängige, kantonale Partei war, wurde von beiden Strömungen erfasst und teilweise mitgerissen.

Die Freisinnig-Demokratische Partei, nach der Jahrhundertwende die im Kanton alleinherrschende ‹Staatspartei› und Stütze der gleichnamigen Landespartei, wurde von den Parteikämpfen und -schwankungen ebenfalls beeinflusst und hatte ihre neue Rolle im politischen Gefüge immer wieder neu zu finden.»

Eine Besonderheit ist die immer wieder feststellbare politische Intensität des Standes Schaffhausen. Dies zeigt sich insbesondere an der traditionell hohen Stimmbeteiligung.

Dieses «Phänomen» beruht auf einer eigentlichen Tradition – «me goht eifach go schtimme!». Weiter sprechen sicher die überblickbaren Verhältnisse («me kännt änand gegesiitig!») und der Umstand dafür, dass sich der Bürger mitverantwortlich fühlt und durch ein lebendiges politisches Geschehen dazu motiviert wird. Dabei muss der Gerechtigkeit halber darauf hingewiesen werden, dass im Kanton Schaffhausen Stimmpflicht (nicht Stimmzwang!) besteht. Denn derjenige, der den Urnengang versäumt, hat, gewissermassen als Strafe dafür, drei Franken zu bezahlen! Dass dieses System ins Bild echten demokratischen Verständnisses nach urchiger Schaffhauser Art passt, sei am folgenden Beispiel bewiesen:

Mittels Volksinitiative wollte eine Gruppe von Bürgern im Jahre 1982 den ihres Erachtens herrschenden ‹Stimmzwang› abschaffen. Sie wollten es jeder Bürgerin und jedem Bürger selbst überlassen, sich nach eigenem Ermessen am politischen Staatsgeschehen zu beteiligen. Einen Zwang in Form einer Busse auszuüben, bezeichneten die Initianten als falsch. Im übrigen beeinflusse die Stimmpflicht die Qualität des Stimmresultates insofern, als viele Bürger über das jeweils zur Abstimmung stehende Geschäft ohnehin nicht informiert seien.

Das Volk seinerseits liess sich von solchen Argumenten indessen nicht sehr beeindrucken und lehnte das Volksbegehren mit einem Stimmenverhältnis von nahezu 2:1 deutlich ab – eine wahrhaft eindeutige Stellungnahme für ein demokratisches Grundrecht! Offensichtlich vermochten die in der damaligen Botschaft zur Volksabstimmung dargelegten Argumente das Volk zu überzeugen.

Da hiess es: «Die politischen Rechte in kantonalen und kommunalen Angelegenheiten werden in einem bestimmten, durch das kantonale Recht geregelten Verfahren ausgeübt. Soll der Volkswille im Sinne des demokratischen Prinzips unverfälscht sein, ist dazu unter anderem erforderlich, dass ein wesentlicher Teil der Stimmberechtigten an der Willensbildung beteiligt ist. Denn, wenn nur eine kleine Minderheit an den Wahlen und Abstimmungen teilnimmt, kann sich das demokratische Prinzip nicht richtig auswirken. Deshalb scheint es notwendig, die Teilnahme an den Volksbefragungen für obligatorisch zu erklären und an die Nichterfüllung dieser Pflicht bestimmte Rechtsnachteile zu knüpfen.

Die Initianten befinden sich in einem elementaren Irrtum, wenn sie glauben, unser Stimmrecht sei sozusagen ein Wegwerfartikel. In unserer direktdemokratischen Gesellschaft gibt es nicht nur Rechte, sondern es gibt auch Pflichten. Und nach dem bisherigen Schaffhauser Recht sollen sich die Pflichten nicht auf das Steuernzahlen, die Schulpflicht und andere staatsbürgerliche Pflichten beschränken.»

Unter Berücksichtigung all dieser Gründe vertrat der Grosse Rat die Ansicht, der sanfte Druck auf den Stimmbürger mittels der Stimmpflicht solle beibehalten werden – absolut mit Erfolg, wie das Abstimmungsergebnis zeigt!

Die politische Wachsamkeit des Schaffhauser Volkes lässt sich an drei weiteren Beispielen belegen, nämlich an den Volksinitiativen «Gegen die Ämterkumulation von Regierungsräten und eidgenössischen Parlamentariern» (aus dem Jahre 1983), «Regierungsräte im Halbamt» (1985) und «Klare Gewaltentrennung» (1987). Während erstere, mit welcher die Stelle eines Regierungsrates mit jeder anderen öffentlichen Stelle und mit der Mitgliedschaft in den eidgenössischen Räten als unvereinbar bezeichnet wurde, mit einem Zufallsmehr von 43 Stimmen vom Volk angenommen worden ist, wurden die anderen zwei ganz eindeutig bachab geschickt: Jene aus dem Jahre 1985, mit welcher an Stelle von fünf hauptamtlichen Regierungsräten eine Lösung mit deren sieben im Nebenamt angestrebt wurde, im Verhältnis von 5:1 – die andere, die es kantonalen Arbeitnehmern verbieten wollte, im Parlament mitzuwirken, mit rund 5000 Stimmen Unterschied. Im selben Zusammenhang ist darauf hinzuweisen, dass aufgrund einer ähnlichen Volksinitiative bereits im Jahre 1965 die Richter von der Mitarbeit im kantonalen

Parlament ausgeschlossen worden sind. Gleichzeitig wurde damals der Regelung zugestimmt, dass die vom Grossen Rat gewählten Behörden und ausserparlamentarischen Kommissionen mehrheitlich aus Personen bestehen müssen, die weder dem Grossen Rat noch der kantonalen Verwaltung angehören. Diese Regelung, zusammen mit dem im Jahre 1982 in Kraft gesetzten neuen Schulgesetz, wonach auch die Lehrer kantonale Beamte wurden, führten unter anderem zum unerwünschten Resultat, dass dem Erziehungsrat, der Aufsichtsbehörde über das gesamte Schulwesen des Kantons, kein Mitglied der Legislative mehr angehören kann. Das wirkte sich dahingehend aus, dass Fragen wie die Einführung des Französischunterrichtes in der Primarschule, die Umgestaltung des Ferienkalenders, der Einbezug von Informatik in den Unterricht der Orientierungsschule usw. nun des langen und breiten im Plenum ausdiskutiert wurden.

Zusammensetzung des Grossen Rates

Die Hochburgen sowohl der Freisinnigen als auch der Sozialdemokraten befinden sich in den städtischen Agglomerationen von Schaffhausen und Neuhausen am Rheinfall sowie in Thayngen. Die SVP ihrerseits ist hier nur schwach vertreten, hat aber recht hohe Wähleranteile in den ländlichen Gebieten des Klettgaus, des Reiats und des oberen Kantonsteils. Neben Wählern aus den städtischen Agglomerationen hat die CVP speziell Anhänger in Ramsen, einer katholischen Enklave im sonst eher protestantisch dominierten Kanton. EVP und LdU finden wir ausschliesslich in Neuhausen am Rheinfall und Schaffhausen. Eine eigentliche Grüne Partei gibt es im Zeitpunkt der Abfassung dieses Berichtes im Kanton Schaffhausen nicht; vielmehr sind deren Anhänger quer durch alle politischen Parteien und Gruppierungen verstreut. Im Blick auf die Gesamterneuerungswahlen 1988 für die Legislaturperiode 1989/1992 nicht mehr dabei waren die POCH und die Sozialistische Arbeiterpartei (SAP). Diese haben sich mit anderen Gruppierungen zum Grünen Bündnis zusammengeschlossen. Neu und erstmals beteiligten sich im Herbst 1988 das Umweltforum (zusammen mit der Jungliberalen Bewegung), die Auto-Partei und die Eidgenössisch-Demokratische Union an der Wahl in den Grossen Rat. Dabei fiel deren Wahlerfolg sehr unterschiedlich aus:

Reichte es dem Grünen Bündnis in der Stadt Schaffhausen immerhin zu einem Sitz, ging die EDU leer aus. Einen durchschlagenden Erfolg hatte die Auto-Partei zu verzeichnen: Sie erreichte auf Anhieb 11,65% der Wählerstimmen und zog mit insgesamt acht Mandaten im Parlament ein. Fünf dieser Sitze wurden in der Stadt Schaffhausen erreicht, je einer in den Wahlkreisen Neuhausen, Klettgau und Reiat.

Wahl der Mitglieder des Grossen Rates

Der Grosse Rat des Kantons Schaffhausen besteht aus 80 Mitgliedern. Für ihre Wahl wird der Kanton in folgende sechs Wahlkreise eingeteilt: Schaffhausen, Klettgau, Neuhausen, Reiat, Stein und Buchberg-Rüdlingen.

Jedem Wahlkreis wird mindestens ein Vertreter zugeteilt. Die Legislaturperiode beträgt vier Jahre.

Die Wahl der 80 Volksvertreter erfolgt mit einer Ausnahme nach dem Proporzwahlverfahren. Gemäss dem Grundsatz, dass jedem Wahlkreis mindestens ein Vertreter zugeteilt werden muss, die Gemeinden Buchberg und Rüdlingen aufgrund ihrer Einwohnerzahl aber nie über mehr als einen Sitz beanspruchen können, erfolgt dort die Wahl nach dem Majorzwahlverfahren.

Für die Amtsdauer 1989 bis 1992 gilt folgende Sitzverteilung:
- Wahlkreis Schaffhausen   40 Sitze
- Wahlkreis Klettgau   14 Sitze
- Wahlkreis Neuhausen   12 Sitze
- Wahlkreis Reiat   8 Sitze
- Wahlkreis Stein   5 Sitze
- Wahlkreis Buchberg-Rüdlingen   1 Sitz
Total   80 Sitze

Der Ratsbetrieb

Die Sitzungen des Grossen Rates sind öffentlich. Den Ratsbesuchern steht eine Tribüne zur Verfügung. Aus Platzgründen ist der Zutritt auf maximal 40 Personen beschränkt.

Ton- und Bildaufnahmen im Ratssaal und auf der Tribüne sind nur mit Erlaubnis des Präsidenten zulässig.

In der Regel findet alle 14 Tage eine Ratssitzung statt. Sie beginnt um 8.00 Uhr und dauert bis 12.00 Uhr. Zweimal während der Sitzung – je einmal vor und nach der Pause – nehmen die Stimmenzähler ein Absenzenverzeichnis auf.

Die verhandlungsbereiten Geschäfte werden nach einer Traktandenliste abgewickelt. Die Reihenfolge der zu beratenden Geschäfte wird vom Grossratspräsidenten in Zusammenarbeit mit dem Sekretär, der Querverbindung zum Regierungsrat hat, bestimmt.

Die Mitglieder derselben Partei sitzen – wenn immer möglich – im gleichen Block. Innerhalb der einzelnen Blöcke besteht keine zwingende Sitzordnung.

Laut ungeschriebenem Gesetz werden die Verhandlungen in der deutschen Schriftsprache geführt. Nur einzelne Parlamentarier halten sich nicht daran und geben im urchigen Klettgauerdialekt ihre breiten «aa» zum besten. Beispiel: «Ä Zaane voll Saapfe d'Laatere abschlaapfe» – was auf gut hochdeutsch soviel heisst wie: «Einen Korb voll Seife die Leiter hinunterschleppen.»

Zur Vorberatung von Geschäften werden Kommissionen gebildet. Es wird unterschieden zwischen «ständigen Kommissionen» und «Spezialkommissionen». Ständige Kommissionen sind: die Staatswirtschaftliche Kommission (7 Mitglieder), die Justizkommission (5), die Petitionskommission (5) und die Rechnungsprüfungskommission der Schaffhauser Kantonalbank (5). Ihre Aufgaben sind in der Geschäftsordnung umschrieben. Ein Ratsmitglied kann gleichzeitig nur einer und nicht länger als acht aufeinanderfolgende Jahre der gleichen ständigen Kommission angehören.

Spezialkommissionen werden zur Behandlung von Einzelvorlagen des Regierungsrates gebildet. Je nach Umfang eines Geschäftes besteht eine Spezialkommission aus 5, 7, 9, 11, 13 oder 15 Mitgliedern. Ein Ratsmitglied kann gleichzeitig mehreren Spezialkommissionen angehören. Jede Kommission unterbreitet nach Beendigung ihrer Arbeit dem Grossen Rat schriftlich oder mündlich Bericht. Zur Begründung ihrer Anträge bezeichnet sie einen Sprecher. Für die einzelnen Fraktionen sprechen deren Kommissionsmitglieder.

Wenigstens fünf Ratsmitglieder können sich zu einer Fraktion zusammenschliessen. Sie müssen nicht derselben Partei angehören. Zweck einer solchen Verbindung ist unter anderem die Vorberatung eines Geschäftes vor der Ratssitzung. Bei der Bestellung von Kommissionen (ständige und Spezial-Kommissionen) sind die Fraktionen entsprechend ihrer Mitgliederzahl zu berücksichtigen.

Die Mitglieder des Regierungsrates nehmen an den Sitzungen des Grossen Rates teil. Sie haben das Recht der Meinungsäusserung und der Antragstellung.

Das Büro des Grossen Rates besteht aus dem Präsidenten, dem Ersten Vizepräsidenten, dem Zweiten Vizepräsidenten, zwei Stimmenzählern sowie Ersatzstimmenzählern. Ein künftiger Ratspräsident beginnt als Zweiter Vizepräsident. Er gehört dem Ratsbüro demzufolge während drei Jahren an. Die Funktion des Stimmenzählers ist nicht Ausgangspunkt für spätere Ratspräsidenten. Das Ratsbüro setzt sich aus Vertretern aller Fraktionen zusammen. Der Sekretär des Grossen Rates nimmt mit beratender Stimme an dessen Sitzungen teil. Aufgaben des Ratsbüros sind die Gewährleistung des Ratsbetriebes, die Koordinierung von Ratsgeschäften, die redaktionelle Überprüfung der Ratsprotokolle, die Verabschiedung von Abstimmungsvorlagen an das Volk, der Empfang auswärtiger Delegationen usw.

Das Sekretariat des Grossen Rates wird von einem hauptamtlichen Sekretär betreut. Sein Aufgabengebiet umfasst die Protokollführung im Plenum und in Kommissionen, und zwar bis zur druckreifen Ausfertigung, die Vorbereitung der Ratsgeschäfte, das Ausfertigen von Beschlüssen sowie das Verfassen der Botschaften für die Volksabstimmungen. Das Sekretariat ist Auskunftsstelle sowie Verbindungsglied zwischen Parlament und Verwaltung.

Das Ratsprotokoll gibt rund 90% der Ratsverhandlungen wieder. Es wird gedruckt und als Beilage des Amtsblattes des Kantons Schaffhausen veröffentlicht. Mitglieder des Rates und der Regierung haben das Recht, nach dessen Veröffentlichung Berichtigungen anzubringen. Die Genehmigung erfolgt im Plenum. Als technisches Hilfsmittel wird für die Protokollierung ein Tonbandgerät eingesetzt. Das Abhören von Tonbändern vor der Veröffentlichung des gedruckten Protokolls erfordert die Zustimmung des Ratsbüros.

Finanzkompetenzen des Grossen Rates und Volksabstimmungen

Der Grosse Rat verfügt über eine Finanzkompetenz bis zu 300 000 Franken für einmalige und 50 000 Franken für jährlich wiederkehrende Ausgaben.

Alle Erlasse des Grossen Rates, über welche eine Volksabstimmung stattzufinden hat, sind den Aktivbürgern mit einer die Hauptpunkte beleuchtenden Botschaft (Abstimmungsmagazin) auf geeignete Weise zur Kenntnis zu bringen.

Der Volksabstimmung fakultativ unterstellt sind Gesetze, die sich auf die Verwaltungsstruktur oder auf Ausführungs-, Vollzugs- oder Verfahrensbestimmungen beziehen und weder Mehrausgaben noch zusätzliche Abgaben bewirken und denen mindestens 4/5 der anwesenden Mitglieder des Grossen Rates zugestimmt haben. (Art. 42bis KV).

Die Abstimmung kann von mindestens 1000 Stimmberechtigten verlangt oder vom Grossen Rat bei der Verabschiedung der Vorlage beschlossen werden.

Gemäss Art. 42ter sind der Volksabstimmung ferner fakultativ unterstellt, sofern mindestens 4/5 der anwesenden Mitglieder des Grossen Rates der Vorlage zugestimmt haben, Beschlüsse des Grossen Rates, welche für einen besonderen Zweck eine neue einmalige Gesamtausgabe von mehr als 300 000 Franken bis zu 1 000 000 Franken oder eine neue jährlich wiederkehrende Ausgabe von mehr als 50 000 Franken bis zu 100 000 Franken zur Folge haben. Die Abstimmung kann von mindestens 600 Stimmberechtigten innert 60 Tagen seit der Veröffentlichung verlangt oder vom Grossen Rat bei der Verabschiedung der Vorlage beschlossen werden.

Bis zum 28. November 1988 verfügte der Regierungsrat über keinerlei Finanzkompetenzen. Seither kann er über neue einmalige Ausgaben bis 50 000 Franken oder neue jährlich wiederkehrende Ausgaben bis 10 000 Franken beschliessen.

Mögliche Arten von persönlichen Vorstössen im Parlament

– die Kleine Anfrage: schriftliche Anfrage an und Beantwortung durch den Regierungsrat; keine parlamentarische Behandlung;
– die Interpellation: Eingabe ohne schriftliche Begründung; Begründung mündlich im Rat, wo sie von der Regierung ebenso beantwortet wird. Ist der Interpellant von der Antwort nicht befriedigt, kann er Diskussion beantragen. Mit einer Interpellation können keine Änderungen von Verfassung, Gesetzen, Dekreten oder Beschlüssen verlangt werden;
– die Motion: Eingabe ohne schriftliche Begründung; mündliche Begründung im Rat mit anschliessender Abstimmung über Erheblichkeit. Wird eine Motion erheblich erklärt, hat der Regierungsrat innerhalb dreier Jahre zuhanden des Rates einen schriftlichen Bericht und Antrag vorzulegen. Eine erheblich erklärte Motion kann die Gültigkeit bestehender Gesetze oder Beschlüsse nicht aufheben.

Ausserparlamentarische Mittel
– Petition: Eine an den Grossen Rat gerichtete Petition (Bittschrift) wird zur Vorberatung und Antragstellung an die dafür zuständige Petitionskommission überwiesen. Der Grosse Rat entscheidet endgültig über die Erledigung einer Petition.
– Volksinitiative: Dem Volk steht in der Gesetzgebung das Vorschlagsrecht zu. Initiativbegehren können als allgemeine Anregung oder als eigentlicher Gesetzesentwurf gestellt werden. Wenn 1000 oder mehr Aktivbürger den Erlass oder die Änderung eines Gesetzes verlangen, hat der Grosse Rat den Vorschlag zu beraten und das Ergebnis dieser Beratung in Gesetzesform zur Volksabstimmung zu bringen. Dabei kann er einem Volksbegehren zustimmen, es ablehnen oder einen Gegenvorschlag ausarbeiten. Bei einem Entscheid zugunsten eines Gegenvorschlages wird analog der Regelung beim Bund («Doppeltes Ja») vorgegangen.

Im Rootssaal ufgschnappet...

«Ich habe Verständnis für diejenigen, auch für meine Parteifreunde, die jetzt dann diese Vorlage nicht mit Pauken und Trompeten als Weihnachtsbotschaft verkünden können.»

«Ich weiss, dass es im Strassenbau viele Möglichkeiten und noch viel mehr Experten gibt, denn im Strassenbau hält sich mancher – auch wir manchmal – für eine grosse Fackel. Später sieht man dann, dass man nur ein kleines Glühwürmchen war!»

«Man versteht den Wunsch nach vermehrter Orientierung deshalb, weil wir heute viele neue Ratsinsassen haben.»

«Wir haben doch gelernt, dass der Spatz in der Hand wichtiger ist als der Storch auf dem Dach.»

«Ich kann dem Antrag meiner lieben grünen Jünglinge da hinten nicht Folge leisten.»

«Ich bin kein politischer Cowboy mehr und schiesse nur wenn nötig aus den Hüften - heute jedenfalls nicht.»

«Das einzige Vergnügen der Moralisten ist es, sich in das Vergnügen des anderen einzumischen.»

«…dann aber steigerte sich die Sache; die Beizer leckten Blut…»

«Ich hoffe, dass mir jetzt dann nicht ein Beizer wegen meiner Ansicht auf einmal noch Gift ins Bier schüttet!»

Ein Ratsmitglied tritt ein für die Erhöhung der Hundetaxen: «Mit dem Risiko, dass mich in Zukunft alle Hunde anbellen werden!»

«Man spekuliert immer nach Schweden. Ist das denn so schlimm, dort oben zu leben? Diese Leute wählen ja ihre Regierung auch selber, und sie sind offenbar glücklich damit. Wir mit unserer schweizerischen Arroganz und Hochschnäuzigkeit wollen immer anderen noch dreinschnorren!»

«Diese Reprivatisierungsmotion ist für mich wie eine angefaulte Zwiebel. Man entfernt Schale um Schale, und der Rest, der übrig bleibt, ist erst noch zum Weinen.»

«Ein Teerbelag ist eine Beleidigung für jeden Wanderschuh.»

«Ich will nicht mehr viel Wasser in dieses Feuer hineinleeren.»

«Hüten Sie sich vor diesen Gerechtigkeitsaposteln, denn sie haben schon viel Elend über unsere Welt gebracht.»

«Ich sehe, Sie können Ihre Begeisterung über meine Motion einigermassen in Grenzen halten.»

«Genüsslich haben die Herren von der rechten Seite den Sargdeckel über dieser Baugenossenschaft zugenagelt und damit die Beerdigung eingeläutet.»

«Ich möchte nicht eine Eintretensdebatte führen, sondern zu einzelnen Punkten Abänderungsanträge stellen. Wenn Sie aber lieber noch etwas pläuderlen lassen wollen, dann kann ich warten…» …«ja, warten Sie!»

«Nun muss ich aber der braunen Liesel doch die Schelle umhängen.»

Quellenverzeichnis

Joos Eduard
«Parteien und Presse im Kanton Schaffhausen», Schaffhausen (1975)

Schönberger Kurt, Grossratssekretär
«Vademecum für den Ratsbesucher», Schaffhausen (1989)

Frauenfelder Reinhard und Stiefel Otto
«Wegweiser zu den Sehenswürdigkeiten der Stadt Schaffhausen» Schaffhausen (1947)

Verfassung des Kantons Schaffhausen (KV) vom 24. März 1876

Geschäftsordnung des Grossen Rates des Kantons Schaffhausen vom 5. Juni 1972

Kanton Schaffhausen
Mitglieder des Grossen Rates
Stand: 1. Januar 1990

Präsident: Schwaninger Otto, Schaffhausen, SVP
Baumann Max, Schaffhausen, JBS
Baumann Paul, Schaffhausen, SP
Berger Heinz, Neuhausen am Rhf., FDP
Blum Hans, Schaffhausen, FDP
Bolli Werner, Altdorf, SVP
Bollinger Kurt, Schleitheim, FDP
Brandenberger Werner, Schaffhausen, SP
Brütsch-Bertschmann Hans, Ramsen, SVP
Bührer Esther, Schaffhausen, SP
Bührer Gerold, Thayngen, FDP
Ehrat-Osswald Bernhard, Neuhausen a. Rhf., FDP
Engeli Roman, Siblingen, SP
Fehr Fredy, Schaffhausen, CSV
Fehr Hans-Jürg, Schaffhausen, SP
Flubacher Ruedi, Schaffhausen, EVP
Freivogel Matthias, Schaffhausen, SP
Fuchs Kurt, Thayngen, SP
Gantenbein Erich, Schaffhausen, AP
Gatti Adrian, Neuhausen am Rhf., Nefa
Gloor Peter, Neuhausen am Rhf., SP
Graedel André, Schaffhausen, FDP
Greutmann Susi, Schaffhausen, SP
Grüninger Hans, Hallau, SVP
Gut Jakob, Schaffhausen, AP
Gysel Charles, Schaffhausen, SVP
Gysel Willi, Unterneuhaus-Wilchingen, SVP
Haeny Ev, Schaffhausen, JBS
Hafner Ursula, Schaffhausen, SP
Harzenmoser Peter, Schaffhausen, AP
Hauser Thomas, Schaffhausen, LdU
Hess Max, Schaffhausen, SP
Huber René, Neuhausen am Rhf., SP
Hunziker Ulrich, Stein am Rhein, AP
Ith Hans, Schaffhausen, SVP
Joos Eduard, Schaffhausen, FDP
Kunz René, Schaffhausen, SP
Lengacher Alfred, Stein am Rhein, SP
Lenherr Hans-Peter, Neuhausen am Rhf., FDP
Leu Marie, Neuhausen am Rhf., SVP
Loher Bruno, Schaffhausen, SP
Meier Anita, Lohn, SP
Meier Gerold, Dörflingen, FDP
Meier Hugo, Stein am Rhein, FDP
Meili Peter, Schaffhausen, FDP
Mink Richard, Ramsen, CVP
Morath Franz, Neuhausen am Rhf., CVP
Morf Hermann, Neunkirch, SP
Neukomm-Schneider Hans, Hallau, SVP
Oechslin Werner, Schaffhausen, SP
Pfeiffer Silvia, Schaffhausen, SP
Regli Kurt, Hallau, FDP
Reich Hans, Gächlingen, SVP
Reiner Peter, Neuhausen am Rhf., SVP
Richli Alfred, Schaffhausen, EVP
Richli Hansruedi, Wilchingen, FDP
Schefer Emil, Neuhausen am Rhf., SP
Schlatter Markus, Hemmental, SVP
Schmid Verena, Schaffhausen, GB
Sieber Peter, Rüdlingen, SVP
Späth Walter, Schaffhausen, CVP
Stamm Samuel, Schleitheim, SVP
Stamm Walter, Thayngen, SP
Stamm Walter, Neunkirch, AP
Steiner René, Schleitheim, LdU
Stocker Hans, Schaffhausen, SP
Streif Otto, Neuhausen am Rhf., CVP
Tissi Bruno, Wilchingen, SP
Walch-Brodbeck Bethli, Wilchingen, SVP
Walker Trudy, Schaffhausen, FDP
Walter Jakob, Neuhausen am Rhf., SP
Wanner Georg, Thayngen, AP
Weckerle-Oser Erna, Schaffhausen, CVP
Wenger Marcel, Schaffhausen, FDP
Wenger Rico E., Stein am Rhein, SVP
Windler Otto, Schaffhausen, SP
Winzeler Klara, Thayngen, SVP
Zaugg Werner, Schaffhausen, SP
Zimmermann Max, Schaffhausen, AP
Zoller Ernst, Neuhausen am Rhf., AP

AP	Schweizer Auto + Partei
CSV	Christlichsoziale Vereinigung
CVP	Christlichdemokratische Volkspartei
EVP	Evangelische Volkspartei
FDP	Freisinnig-Demokratische Partei
GB	Grünes Bündnis Schaffhausen
JBS	Jungliberale Bewegung Schaffhausen
LdU	Landesring der Unabhängigen
Nefa	Neuhuuse für alli
SP	Sozialdemokratische Partei
SVP	Schweizerische Volkspartei

Peter Wegelin

Der Kantonsrat von Appenzell Ausserrhoden

Der Ausserrhoder Kantonsrat war jüngst Gegenstand einer staatsrechtlichen Kontroverse. Sie gelangte nicht vor das Bundesgericht, weil der Beschwerdeführer den Gang nach Lausanne zurückstellte. Ein bevorstehendes Landsgemeindegeschäft, das den Souverän stark beanspruchte, liess ihn zuwarten. Der kleine Konflikt hat jedoch die Position des Kantonsrates in Ausserrhoden schlaglichtartig beleuchtet.

Umstritten war die Stellung der Kantonsräte als kantonale oder kommunale Behördenvertreter. Artikel 75 der Kantonsverfassung legt fest: «Die Einwohner-Gemeindeversammlung ernennt... die Mitglieder des Kantonsrates...» Nun ist aber mit dem Entscheid der Landsgemeinde vom 30. April 1972 Artikel 19 der gleichen Kantonsverfassung in seinem 3. Absatz über die Stimmberechtigung in Gemeindeangelegenheiten ergänzt worden durch den Satz: «Frauen sind in gleicher Weise stimmberechtigt wie Männer.» Dennoch wurden die Kantonsräte in den Gemeinden nur von und aus den Männern gewählt. Ein Hinweis im Landsgemeindebüchlein von 1972 und in den vorangegangenen Parlamentsverhandlungen diente als Beweis dafür, dass der Souverän das Stimmrecht der Frauen nie über die Gemeinde hinaus bis in den Kantonsrat wirken lassen wollte... Der gleiche Souverän hat dann durch die Einführung des Frauenstimmrechts auch auf kantonaler Ebene 1989 den Anlass zur Kontroverse behoben.

Die Streitfrage hat indessen den Wirkungsbereich des Kantonsrates aufschlussreich abgesteckt zwischen Gemeinde und Landsgemeinde – Quelle und Begrenzung kantonsrätlicher Arbeit in Ausserrhoden.

Unter dem Vorbehalt der Landsgemeinde...

«Unter dem Vorbehalt der Landsgemeinde wird die oberste Gewalt des Kantons durch den Kantonsrat ausgeübt.» So bestimmt Artikel 46, Absatz 1, der Verfassung für den Kanton Appenzell A.Rh. vom 26. April 1908.

Die unmittelbare Demokratie hat in der Schweiz von den alten Orten bis in den Bundesstaat und wieder in einzelne Kantonalstaaten sich entwickelt: Das Volk äussert seine Souveränität nicht nur über Repräsentanten, sondern direkt. Im Landsgemeindekanton jedoch sind Ausmass und Art der unmittelbaren Demokratie besonders ausgeprägt. Da gibt es kein Behördenmitglied, von der Regierung und ihrem Präsidenten über das Gericht bis zum Landesweibel, das nicht jährlich durch das Volk bestimmt wird. Und über jedes Gesetz, jede Gesetzesrevision entscheidet in jedem Fall das Volk. Auch im Staatshaushalt ist die Jahresrechnung dem Volke vorzulegen, bleiben die Finanzkompetenzen der Volksvertretung tiefgehalten. Rein theoretisch liesse sich das Mass an Volkskompetenzen im Landsgemeindestaat auch in allen übrigen Kantonalstaaten erreichen durch den konsequenten und restlosen Ausbau des obligatorischen Referendums in der Urnendemokratie. Aber zuletzt bestimmt nicht das Ausmass der Volksrechte, sondern die Art, wie sie ausgeübt werden, das Wesen der Landsgemeindedemokratie. Die jährliche Versammlung mit dem offenem Handmehr unter freiem Himmel bewirkt, dass unmittelbare Demokratie vom Begriff zum Er-

Das Regierungsgebäude in Herisau, Sitz des Kantonsrates Appenzell Ausserrhoden

lebnis wird – ein juristisch allein schwer zu fassender Vorgang.

Für das kantonale Parlament wird dies greifbar vorab in vier Erscheinungen: Arbeitsablauf – Verantwortung – Diskussion – Initiative.

Das politische Leben Ausserrhodens kennt nur einen Termin: den letzten Aprilsonntag, die Landsgemeinde. Amtsdauer, Rücktritt, Neuwahl von Behörden sind auf diesen Tag ausgerichtet. Zwischenzeitliche Vakanzen werden nicht besetzt; wer aber am Sonntag vom Volk auf den Regierungsstuhl gewählt wird, ist ab Montag im Amt. Auch die vier verfassungsmässigen Hauptbefugnisse des Kantonsrates (gemäss Artikel 48 der Verfassung) unterstellen sich dieser Zeitordnung:
– «Vorbereitung und Begutachtung aller der Landsgemeinde zu unterstellenden Anträge»
– «Entwerfung von Gesetzen, sofern die Landsgemeinde hiefür nicht eine besondere Behörde aufstellt»
– «Überwachung der gesamten Landesverwaltung und jährliche Entgegennahme der Rechenschaftsberichte... und Rechnungen»
– «Feststellung der jährlichen Voranschläge und Steuern».

Daraus ergeben sich die drei verfassungsmässigen ordentlichen Sitzungen des Kantonsrates: im Frühsommer, um sich zu konstituieren, im Spätjahr alsdann, um Voranschlag und Steuerfuss zu verabschieden, und im Vorfrühling schliesslich, um Rechnung und Rechenschaftsberichte entgegenzunehmen und die Landsgemeinde vorzubereiten. Da der Kantonsrat selber in seiner Geschäftsordnung für gesetzgeberische Landsgemeindevorlagen zweimalige Beratung vorschreibt, hat eine erste Lesung der Märzsitzung voranzugehen. Je nach Geschäften, die er in der Regel in drei- bis fünfstündigen Sitzungen (zusätzlich Mittagspause) erledigt, trifft sich der Kantonsrat neben den drei ordentlichen Sitzungstagen auch zu einzelnen ausserordentlichen Sitzungen. Mehr als sechs Montage im Jahr ist aber noch keiner der heute amtierenden Kantonsräte je zu einer Sitzung aufgeboten worden. Weil Politik im Land sich auf den letzten Aprilsonntag sammelt, ergibt sich eine gemessene Regelung der kantonsrätlichen Jahresarbeit mit nur einem Termindruck. In seltenen Fällen haben die Anträge an die Landsgemeinde auch schon in den Monaten Januar, Februar und März je einen Sitzungsmontag erfordert.

In jeder direkten Demokratie stehen die Parlamentsverhandlungen unter dem Referendumsdruck. So rechnet der Ausserrhoder Kantonsrat mit der Landsgemeinde, fühlt sich ihr direkt verantwortlich. In der parlamentarischen Auseinandersetzung versuchen Redner hüben und drüben ihre Ratsmehrheit zu gewinnen mit dem Hinweis auf Haltungen, welche die Landsgemeinde wohl unterstützen, bzw. übernehmen werde. Aber am unausweichlichen Tag des Volksverdikts steht jeder Kantonsrat unter den Bürgern auf dem Landsgemeindeplatz, hat dort vor den Mitlandleuten zu seiner Meinung zu stehen, hat sie im offenen Handmehr auch vor Gegnern zu verantworten. Gewiss, jede Landsgemeindevorlage wird im Rat durch Namensaufruf verabschiedet (gemäss Art. 50 der Geschäftsordnung); aber vor allem die leibliche Präsenz in der Entscheidungsstunde im Ring lässt jeden Ausserrhoder Kantonsrat seine Verantwortung spüren.

Als einzige der fünf schweizerischen Landsgemeinden verzichtet die ausserrhodische auf Aussprache im Ring: «An der Landsgemeinde ist keine Diskussion gestattet» lautet der kurze, klare Verfassungssatz seit 1876 (Art. 45, Abs. 3 in der Verf. 1908). Der Kantonsrat versteht sich jedoch als Vorbereitungsforum der Landsgemeinde. Innerhalb seiner Beratungszeit sucht er sämtliche Mitbürger in die Verhandlungen einzubeziehen. Als einziger Schweizer Kanton kennt Ausserrhoden das Institut der sogenannten Volksdiskussion, geregelt in Art. 32 der kantonsrätlichen Geschäftsordnung:

«Nach der ersten Lesung beschliesst der Rat, ob über eine Vorlage die Volksdiskussion durchzuführen sei.

Während der vom Regierungsrat festzusetzenden Volksdiskussionsfrist ist jedermann befugt, Anregungen und Abänderungswünsche einzureichen.

Die Eingaben sind dem Kantonsrat vor der zweiten Lesung, in der Regel im Wortlaut, bekanntzugeben.»

Das ist ein kleiner Ersatz für das Diskussionsrecht an der Landsgemeinde: Das Mitwirken des Souveräns am Entstehen von Gesetzen ist beschränkt auf eine Eingabe, die schriftlich zu formulieren ist und nach deren Beantwortung kein Gespräch folgt. Auch dazu ist der Souverän nur befugt, wenn er von der gesetzgebenden Behörde eingeladen wird. Das Institut der Volksdiskussion ist bezeichnenderweise nicht als Recht in der Verfassung, sondern nur als Verfahren in der Geschäftsordnung der Legislative festgehalten. Immerhin hat der Rat in den letzten Jahrzehnten sämtliche Gesetze der Volksdiskussion unterstellt und regelmässig hat ihn die Regierung schriftlich über die eingegangenen Anträge und ihre Stellungnahme dazu orientiert. Meist haben die Eingaben der Volksdiskussion die Ratsverhandlungen in der zweiten Lesung beeinflusst, gelegentlich auch eine Ratsmehrheit überzeugt. Besonders eindrücklich zeigte sich die Mitwirkung aus dem Volke in der fasslichen Rechtsanwendung 1969 beim EG zum ZGB.

Gewichtiger als im Verlauf der Gesetzesarbeit die Vernehmlassung beim Souverän ist das Vorschlagsrecht. Aufschlussreich ist der Wortlaut der entsprechenden Verfassungsbestimmung (Art. 44), die jeden Stimmberechtigten einem Kantonsrat gleichsetzt:

«Dem Kantonsrate, sowie einer der Mitgliederzahl desselben wenigstens gleichkommenden Anzahl von Stimmberechtigten steht das Recht zu, Anträge an die Landsgemeinde zu stellen.» 58 Stimmberechtigte genügen, um einen Volksentscheid zu erwirken. Nur eine Wirtsstube voller Stimmbürger! – Und doch wird der Ausserrhoder Kantonsrat seltener als anderswo durch Initiativen in Bewegung gesetzt; auch von jenen nicht – es sind ihrer mehr als 58! –, die ihm seine gemächliche Gangart vorwerfen.

Warum? Darüber mag man mutmassen, einfach erklären lässt es sich kaum. Vielleicht liegt es auch daran, dass der Bürger in selbständigen Gemeinden seine Kontroversen austragen kann und dass seine Kantonsregierung jährlich an der Landsgemeinde vor ihm antritt.

Schliesslich macht auch eine formelle Verfassungsregelung deutlich, wie der Ausserrhoder Kantonsrat «unter dem Vorbehalt der Landsgemeinde» seine Aufgabe erfüllt. Es ist der Geschäftsführer der Landsgemeinde, also der Landammann, der (gemäss KV Art. 47, Abs. 2) die Verhandlungen der Legislative eröffnet und jährlich zu Beginn der Juni-Sitzung bis zur konstituierenden Wahl des Ratspräsidenten leitet. Bis zur Verfassung von 1876 war der Landammann ohnehin – wie heute in Innerrhoden – Vorsitzender des Grossen Rates.

Wählt jede Gemeinde ...

«Unter dem Vorbehalt der Landsgemeinde wird die oberste Gewalt des Kantons durch den Kantonsrat ausgeübt», beginnt der Artikel 46 der Kantonsverfassung und fährt dann fort im zweiten Absatz: «In denselben wählt jede Gemeinde aus allen wahlfähigen Kantonseinwohnern auf je 1000 Einwohner und darunter ein Mitglied, auf 1001 bis 2000 Einwohner zwei Mitglieder usw.» Artikel 75 bezeichnet sodann die Einwohner-Gemeindeversammlung als Wahlbehörde für die Mitglieder des Kantonsrates. Sämtliche Gemeinden lassen heute diesen Wahlakt an der Urne vornehmen. Das ändert nichts an der Tatsache, dass ein Kantonsratsmitglied im Parlament seinen Sitz als Gemeindeabgeordneter einnimmt. Beim Stimmen ist er allerdings nicht an eine Gemeinde-Instruktion gebunden. Die ungeschriebene, durch Brauch bewahrte Sitzordnung im Kantonsratssaal bleibt auf die Gemeinden ausgerichtet. Die Gemeinden treffen nicht nur die Auswahl, sie bewirken auch manches im Verhandlungsstil der Kantonsräte.

Es stellen mithin Kantonsräte:
20 Gemeinden des Landes total   58
davon
 6 Gemeinden unter 1000 Einwohner   je 1
 7 Gemeinden unter 2000 Einwohner   je 2
 3 Gemeinden unter 3000 Einwohner   je 3
also
16 Gemeinden des Landes (= 4/5)
         die eine Hälfte: 29
 4 Gemeinden des Landes (= 1/5)
         die andere Hälfte: 29

davon
 2 Gemeinden unter 4000 Einwohner   je 4
 1 Gemeinde   unter 6000 Einwohner   6
 1 Gemeinde   unter 16000 Einwohner   16
Das bedeutet,
bezogen auf die drei Bezirke:
 7 Gemeinden des Hinterlandes   26
 5 Gemeinden des Mittellandes   17
 8 Gemeinden des Vorderlandes   15

Von den Hinterländern wohnen zwei Drittel in Herisau; sie wählen 15 Kantonsräte. Das restliche Drittel der Hinterländer aber wählt nicht (verhältnisgemäss) 7 oder 8, sondern 11 Kantonsräte, verteilt auf die sechs kleineren Gemeinden. Bis jetzt hat sich noch niemand im Kanton darüber beschwert, dass die Einwohner kleiner, meist ländlicher Gemeinden über eine verstärkte Stimmkraft für den Kantonsrat verfügen. Ob eine solche Beschwerde vom Appenzeller, dem Kleinwuchs als Landesnorm nachgerühmt wird, nicht doch schlecht verstanden würde? Es bleibt dabei: die 16 kleineren Gemeinden, die eine Ratshälfte bestimmen, wählen heute auf durchschnittlich 753 Einwohner einen Kantonsrat, die 4 grossen Gemeinden aber wählen für die andere Ratshälfte erst auf durchschnittlich 906 Einwohner einen Kantonsrat.

Übrigens wird diese grösste Gemeinde, Herisau, von der Verfassung keineswegs als Hauptort genannt, lediglich, in Artikel 47, Absatz 1, als Sitzungsort des Kantonsrates, während Artikel 41, Absatz 1, zuvor die kleinen Gemeinden Trogen und Hundwil als die Landsgemeindeorte bezeichnet. Immerhin hat vor einigen Jahren der Kanton in Herisau das alte Kantonalbankgebäude für einen Franken käuflich erworben, um es endgültig als Rathaus zu nutzen. So lassen Fakten im stillen eine Kapitale wachsen, die der Verfassung fremd ist.

Auf die Gemeinden ausgerichtet erfolgt aber auch die Auswahl für den Kantonsrat. Rund zwei Drittel der Gemeinden schicken ihr Gemeindeoberhaupt in den Rat. Noch wirkt, längst fallen gelassen, eine alte Verfassungsbestimmung nach: bis 1858 waren die regierenden Gemeindehauptleute ex officio Mitglieder des Grossen Rates. Die Gemeindehauptleute – überall, ausser in Herisau, nebenamtlich tätig – besetzen mithin ein Viertel aller Plätze im Kantonsrat. Die meisten übrigen Räte aber sind in ihrem Dorf auch im Gemeinderat oder waren doch einmal Gemeinderäte. In den letzten fünfzig Jahren sassen wohl nie mehr als ein Dutzend Räte im Saal, die nicht in ihrer Gemeinde im Gemeinderat dienten oder gedient hatten. In der Gemeinde als Wahlkreis erhält Stimmen, wer über politische Leistung sich ausweist. Seine Erfahrung zählt, Bedenken wegen «Verfilzung» sind gering. Der Aussenseiter, von dem das Wahlkomitee erklärt, dass er «frischen Wind in den oft trägen Kantonsrat bringen wird», findet nur wenig Wähler. «Als echter Volksvertreter und nicht als ‹Abgeordneter des Gemeinderates›» vorgestellt zu werden, brachte z.B. in Teufen 1987 keine wirksame Wahlempfehlung. Die Einführung des kantonalen Frauenstimmrechts an der Landsgemeinde 1989 dürfte an dieser Ratsstruktur wenig ändern. Einen Monat nach dem Landsgemeindeentscheid wurden für vakante Sitze zwei Gemeindehauptleute und zwei Frauen gewählt. Die beiden grössten Gemeinden portierten je eine Frau; die erstnominierte Frau in Ausserrhoden ist die Tochter jenes inzwischen verstorbenen Landammanns, der sich mit Rücksicht auf die Landsgemeinde besonders nachdrücklich dem kantonalen Frauenstimmrecht widersetzt hat.

In einem Kantonsparlament von Gemeinderäten sitzen mehr Praktiker als Ideologen. Was ist realisierbar? Was bewährt sich in der Praxis? Solche Fragen sind in Gemeinderäten zu erörtern, weil sie ja nicht nur eine beratende, sondern auch ihre vollziehende Aufgabe erfüllen. (Einzig Herisau kennt neben dem Gemeinderat ein Gemeindeparlament.) Es mag auch an diesem administrativ ausgerichteten Denken liegen, wenn die Verhandlungen des Kantonsrates sich selten durch ideelle Höhenflüge auszeichnen – zum Leidwesen der Aussenstehenden. Gleichartigkeit, Verträglichkeit, Spannungsarmut, Filz werfen sie ihm vor. Und vereinzelt hat sich schon die Forderung nach dem Proportionalwahlverfahren erhoben. Die Verfassung kennt nur eine Bestimmung, die überhaupt vom Wahlverfahren spricht: Der 1974 neu eingefügte Artikel 82bis regelt die Bestellung allfälliger Gemeindeparlamente und stellt ausdrücklich das Wahlverfahren (Majorz oder Proporz) frei. Im übrigen aber sind stillschweigend und selbstverständlich im Landsgemeindekanton alle Wahlen reine Mehrheitswahlen.

Rund ein Drittel der Kantonsratswahlkreise hat nur einen, das zweite Drittel der Gemeinden hat nur zwei Vertreter zu wählen. Für zwei Drittel der Ausserrhoder Wahlkreise wäre also ein Proportionalwahlverfahren schon zahlenmässig wenig sinnvoll. Zugegeben, das letzte Drittel der Wahlkreise, die grossen Gemeinden, wählen zwei Drittel aller Ratsmitglieder. Da wäre das Proportionalwahlverfahren leicht denkbar. Es würde allerdings eine System-Änderung bedeuten in der direkten Demokratie des Landsgemeindestaates: das offene Handmehr kennt kein Proportionalwahlverfahren. Wer in seiner überblickbaren Gemeinde mögliche Anwärter auf ein Kantonsratsmandat persönlich kennt, ist nicht angewiesen auf die Empfehlung einer Liste von irgendeiner Farbe. Die Kandidaten haben im kleinen Kreis dörflicher Politik sich zu bewähren.

Ein kleiner Rat

Die Ausserrhoder Legislative, andernorts Grosser Rat genannt, ist ein kleiner Rat – an Bedeutung nicht gewaltig, weil er hinter der Landsgemeinde zurücksteht, an Zahl gering, weil er aus meist kleinen Wahlkreisen mit kaum zunehmender Bevölkerung bestellt wird, im parlamentarisch-politischen Gehaben bescheiden, weil im Boden der Gemeinden verwurzelt. Klein und überblickbar, kein Deputiertenkongress, sondern eine Arbeitsgemeinschaft.

Dies bestimmt auch den Sitzungsstil. Ein Wechsel zum Proportionalwahlverfahren dürfte ihn grundlegend verändern, Präsenz und Unmittelbarkeit mindern. Zwar wüsste, anders als heute, jedes Mitglied genau, welcher Partei eine Kollegin oder ein Kollege angehört, noch ehe es Zeit findet, deren Worte oder dessen Rede zu vernehmen. Man hätte wohlvorbereitete und wohlabgesicherte Fraktionsvoten anzuhören statt freie, persönliche Meinungsäusserung. Die Ratssitzungen würden an Spannung verlieren, dafür in ihrer Zeitdauer zunehmen. Wegen des Profilierungszwangs der Vertreter von Extremgruppen würden die Medienberichte süffiger und die Ratsarbeiten schleppender. Die direkte Beteiligungsmöglichkeit aller Bürger an der Gesetzgebung durch die Volksdiskussion verlöre an Gewicht, wenn sie einfach auf Fraktionsgeleise geschoben würde. Beim Namensaufruf vor Landsgemeindeanträgen erhalten jetzt selbst kleine Minderheiten hohe Bedeutung, weil sie sich nicht in irgendeine extreme Fraktionsecke wischen lassen. Eine Landsgemeindevorlage, der mehr als ein Zehntel des Rats nicht zugestimmt hat, darf als gefährdet gelten. Die sechs oder mehr Gegenstimmen sind einzeln zu gewichten, jede als möglicher Kern einer Oppositionsgruppe gegen die Vorlage.

Immerhin, selbst der kleinste Rat bedarf einer Strukturierung. In Ausserrhoden, wo Fraktionen fehlen, treffen sich einige Tage vor jeder Sitzung die Ratsmitglieder der drei Bezirke je getrennt zu einer Vorbesprechung der Traktanden. Hier bilden sich die Meinungen, wird das Feld erkundet für Vorstösse, werden Wahlvorschläge erarbeitet, selbstverständlich ohne jeden Bezirkszwang für das Ratsplenum und ohne Pressemitteilung. Organisation, Einladungsversand und Vorsitz gehen als Aufgabe von Mal zu Mal reihum unter den Gemeinden des Bezirks und ihren Ratsmitgliedern. Über die Bezirksgrenzen hinaus spielen wechselnd einzelne Verbindungen, etwa unter Landwirten, im Gewerbe, über die Industriegemeinschaft usw., darunter auch innerhalb von Parteien. Seit Jahren wählen die Herisauer auch drei Vertreter der Arbeiterschaft in den Rat, die aus einer grösseren Gemeinde des Mittellandes sowie des Vorderlandes noch etwa einen Zuzug erhalten. Ähnliches gilt für die CVP. Keine der beiden Parteien stellt je einmal mehr als ein Zehntel des Rates. Dass somit jeweilen mindestens acht Zehntel der FdP angehören, ist ein Fehlschluss, denn in den Gemeinden werden Kantonsratskandidaten von verschiedensten Gruppierungen portiert, von Gemeindeteilen und Quartieren, von Berufsständen, von Lesegesellschaften usw. Es besteht deshalb auch keine Möglichkeit, ein sogenanntes Parteienverhältnis nach Zahlen irgendwo nachzuschlagen.

Nicht unwichtig für die Ratsarbeit bleibt die Bestellung des Ratsbüros und der ständigen Kommissionen sowie der vom Regierungsrat meist aus Kantonsräten ernannten Kommissionen zur Vorbereitung von Gesetzesvorlagen. Ausschlaggebend neben persönlichen und fachlichen Voraussetzungen ist dabei stets die Verteilung auf die drei Bezirke. Im fünfköpfigen Ratsbüro beispielsweise sitzen jeweilen zwei Hinterländer, einer davon aus Herisau, während die Bezirke Mittelland und Vorderland abwechselnd ein oder zwei Büromitglieder stellen. Neben Präsident und Vizepräsident gehören drei Stimmenzähler zum Büro. Ihr gestaffeltes Nachrücken auf den Präsidentenstuhl ist üblich. Da der Präsident jeweilen für ein zweites Amtsjahr wieder wählbar ist, bleibt das Büro (abgesehen von unerwarteten Vakanzen) nur alle zwei Jahre um einen dritten Stimmenzähler zu ergänzen, welcher nach fünf Mal zwei Jahren dann den Präsidentenstuhl beziehen dürfte. Eine gewisse Konstanz in der Ratsführung sollte damit gewährleistet sein. Die Leitung ist im übrigen weniger ein Problem der Absprachen und der Taktik als eine Frage der Stimmung und der geistigen Präsenz.

Der Ausserrhoder Kantonsrat ist eine kleine, aber offene Gesellschaft. Wer sich zum Wort meldet, spricht ohne Rednerpult von seinem Sitz aus in seiner Mundart, nicht immer ganz ohne Papier, aber kaum je als blosser Ableser. Schriftdeutsch und unverrückbar im Wortlaut sind Eidformel und das gemeinsame Gebet, das am Eingang jeder Sitzung vom Ratschreiber verlesen wird:

«Allmächtiger Vater, wir bitten um Deinen Beistand. Gib Du, dass wir stets den rechten Rat zum Wohle aller finden. Lass uns reich sein an Einsicht und Erkenntnis zu der Aufgabe, die uns übertragen ist, und belebe Du uns, dass wir alle treu und wahr zu dem stimmen, wozu das Gewissen uns mahnt. – Zerstreue jeden Wahn, der uns täuschen und jede Bedenklichkeit, die uns einschüchtern möchte. Mehre in uns den rechten Eifer für unser Vaterland. Wappne uns, dass wir daheim und wo das Amt uns in die Ratsäle des Landes führt, Deine tätigen Werkzeuge seien für Recht und gute Sitte. Segne das ganze Volk, dass es Dir diene. Segne es durch Eintracht und Gerechtigkeit. Segne es durch Deinen Sohn, unsern Herrn, in dessen Namen wir bitten:

Unser Vater im Himmel. Geheiligt werde Dein Name. Dein Reich komme. Dein Wille geschehe, wie im Himmel so auf Erden. Unser täglich Brot gib uns heute. Und vergib uns unsere Schuld, wie auch wir vergeben unsern Schuldigern. Und führe uns nicht in Versuchung, sondern erlöse uns von dem Bösen. Denn Dein ist das Reich und die Kraft und die Herrlichkeit in Ewigkeit. Amen.»

Danach aber gibt sich das freie Spiel von Rede und Gegenrede, kaum je das Aneinandervorbeiparlieren von abgelesenen Papiervoten. Sollte doch der Rat einmal in weitausholenden Spekulationen sich verlieren, so fehlen nicht Hinterbänkler, die mit drei einfachen, träfen Sätzen in bodenständiger Mundart dem gesunden Menschenverstand zur Mehrheit verhelfen. Aus der Unmittelbarkeit der Ratsverhandlungen ohne Fraktionssprecher wächst auch eine besondere Kollegialität: nicht weil jeder gleich denken würde wie die Mehrheit, aber weil die Achtung vor dem anderen verpflichtet, dessen Meinung als eine persönliche Auffassung anzuhören und ernst zu nehmen. Deshalb auch erhalten beim Namensaufruf sich bildende Minderheiten besonderes Gewicht und besondere Verantwortung im Hinblick auf die Landsgemeinde. Wo die Person zählt und nicht die Fraktion, wächst auch die Präsenz im Ratssaal.

Halblaute Begleitgespräche unter Ratsmitgliedern sind verpönt; die Mehrheit der Räte verharrt während der ganzen Sitzungsdauer auf dem Platz. Tagesabwesenheiten von mehr als zwei Mitgliedern sind selten, oft tagt der Rat vollzählig. Auch der Landammann und die Regierungsräte sitzen alle sieben dem Rat gegenüber. Von den Wänden herunter blicken alle früheren Landammänner Ausserrhodens. Für ein Regierungsmitglied, das sich gelegentlich aus dem Rat davonmacht, fand der Ratspräsident bei guter Gelegenheit das treffende Wort. Als nämlich dessen Porträt als Landammann neu im Saal hing, begrüsste er dieses in Anwesenheit des Abgebildeten mit dem Ausdruck der Freude: nun hätte der Rat Gewähr, dass der Betreffende immer im Rat anwesend bleibe.

Obwohl oder gerade weil die Anwesenheit der Person zählt, kennt der Ausserrhoder Kantonsrat sehr wenig persönliche Vorstösse. In den letzten fünfzig Jahren wurden vom Rat keine hundert Motionen, Postulate, Interpellationen und Anfragen eingereicht. Das ist nicht ein Zeichen von Gleichgültigkeit oder parlamentarischer Lethargie. Es ist vielmehr die Folge der unmittelbaren Demokratie, deren Leben sich nicht auf den Parlamentssaal beschränkt, sondern in der täglich möglichen Begegnung von Rat und Regierung, von Rat und Bürgerschaft sich verwirklicht. Klein darf der Kantonsrat von Ausserrhoden sein, solange er kurzen Weg hat zum Landammann und zum Volk.

Quellenverzeichnis

Neben den zitierten Rechtserlassen liegen Erfahrungen diesem Beitrag zugrund sowie Gespräche mit älteren Ratskollegen und mit dem Ratschreiber. An weiterführender Lektüre seien das Hauptwerk zur Landesgeschichte und eine neue Abhandlung zum Landsgemeindestaat genannt:

Schläpfer Walter:
Appenzell Ausserrhoden (von 1597 bis zur Gegenwart).
Herisau 1972 (Appenzeller Geschichte Bd. 2).

Moeckli Silvano
Die schweizerische Landsgemeinde-Dekmokratie. Bern 1978
(Staat und Politik Bd. 34).

Kanton Appenzell A. Rh.
Mitglieder des Kantonsrates
Stand: 1. Januar 1990

Präsident: Ramsauer Emil, Herisau
Altherr Hans, Trogen
Auer Markus, Herisau
Biasotto Adolf, Urnäsch
Bischofberger Walter, Rehetobel
Blattner Ulrich, Hundwil
Bodenmann Werner, Urnäsch
Brandenberger Eugen, Walzenhausen
Brunner Heinz, Heiden
Burtscher Bruno, Speicher
Diem Hans, Herisau
Eugster Rudolf, Herisau
Forster Jakob, Herisau
Frei Albert, Wolfhalden
Gloor Peter, Teufen
Graf Ernst, Heiden
Grunder Paul, Teufen
Hauser Herbert, Herisau
Heeb Fritz, Schwellbrunn
Höhener Rudolf, Gais
Hohl Peter, Walzenhausen
Hugelshofer Werner, Teufen
Jäger Ulrich, Herisau
Isler Rainer, Teufen
Keller Jakob, Herisau
Keller Heinz, Grub
Knellwolf Julius, Herisau
Künzler Paul, Walzenhausen
Künzle Hanspeter, Gais
Krüsi Fritz, Schönengrund
Kugler Roland, Wolfhalden
Kunz Elisabeth, Herisau
Lanker Hanspeter, Speicher
Lendenmann Luzi, Rehetobel
Leirer Fritz, Stein
Meier Werner, Lutzenberg
Näf Kurt, Heiden
Nüesch Rosmarie, Teufen
Rechsteiner Walter, Herisau
Roth Willi, Waldstatt
Rüsch Hans, Speicher
Slongo Louis, Herisau
Sonderegger Peter, Heiden
Schär Hans, Stein
Schärer Erich, Schwellbrunn
Schefer Max, Herisau
Schläpfer Hansueli, Herisau
Schoch Adolf, Waldstatt
Steiner Rudolf, Bühler
Sturzenegger Jakob, Wald
Tischhauser Urs, Bühler
Walser Hanspeter, Urnäsch
Walser Martin, Gais
Wegelin Peter, Teufen
Widmer Rudolf, Trogen
Wipf Theo, Speicher
Peter Rudolf, Reute
Zäch Edwin, Herisau

Carlo Schmid

Der Grosse Rat von Appenzell Innerrhoden

Die Sessionen

Es ist Montag morgen, Mitte März. Im niedrigen und etwas engen Grossratssaal von Appenzell versammeln sich die Ratsherren zur Verfassungsratssession. die Geschäftsliste folgt altem Herkommen: Behandlung und Abnahme der Staatsrechnung sowie zweite bzw. dritte Lesung der Landsgemeindegeschäfte, die zuhanden der im letzten Sonntag im April stattfindenden Landsgemeinde verabschiedet werden sollen. Die Session ist auf nur einen Tag angesetzt, man braucht nicht mehr. Auch die beiden anderen ordentlichen Grossratssessionen im politischen Jahr Innerrhodens liegen auf einem Montag: Die Neu- und Alträtesession findet Mitte Juni statt, nachdem Landsgemeinde und Bezirksgemeinden die «alten» Räte bestätigt und die «neuen» Räte bestellt haben. Abnahme des Geschäftsberichtes und Erlass der Verordnungen zu den von der Landsgemeinde beschlossenen Gesetzen gehören zum eisernen Bestand dieser ebenfalls eintägigen Session. Die Gallenratssession (Der Name geht auf den Gründer des Klosters St. Gallen, den hl. Gallus, zurück.) im Spätherbst behandelt den Voranschlag und in erster Lesung die Geschäfte der nächsten Landsgemeinde. Ausserordentliche Sessionen sind wirklich «ausserordentlich» und daher sehr selten. In diesen drei Sessionen erledigt der Grosse Rat sein Jahrespensum von vier bis fünf Dutzend Vorlagen, nimmt die Wahlgeschäfte vor und leistet damit speditiv eine gesetzgeberische Arbeit, mit welcher der Regelungsbedarf für die Mehrheit der innerrhodischen Bevölkerung schon über Gebühr abgedeckt ist. Abgedeckt ist damit auch der für die meisten Ratsherren vertretbare Zeitaufwand für die kantonale Politik.

Die Ratsherren und ihr Arbeitsstil

52 Ratsherren aus den 6 Innerrhoder Bezirken Appenzell, Schwende, Rüte, Schlatt-Haslen, Gonten und Oberegg sowie die Mitglieder der Standeskommission begeben sich zu den ihnen zustehenden Plätzen. Die Ratsherren verstauen ihre Akten unter den engen und unbequemen Bänken, die eher an Schulbänke aus früheren Jahren erinnern als an Parlamentssitze; für langes Verweilen sind sie nicht geschaffen. Viel mehr als 10 Jahre harren die wenigsten auf diesen Bänken aus, pro Halbtag hält man es zwei Stunden aus, dann folgt die Kaffeepause. Vor Sitzungsbeginn spielt sich das übliche Zeremoniell ab: Man begrüsst sich und nutzt die Gelegenheit, vor der Sitzung noch Wichtiges zu erledigen. Der Baupräsident von Oberegg erläutert dem Landesbauherrn einen Problempunkt des Bezirkszonenplanes; ein Gontner Bezirkshauptmann klagt dem Landeshauptmann die Beschwernisse seiner Landwirte mit den Naturschutzzonen, während der Hasler Strassenpräsident mit dem Landessäckelmeister über eine Bezirksstrassen-Subventionierung verhandelt. Ein Mitglied der Polizeikommission von Appenzell interpelliert den Landesfähnrich wegen einer Strassensignalisation; daneben verhandeln Vertreter der Bezirke Schwende und Rüte über das Projekt einer gemeinsamen Brücke über die

Das Rathaus in Appenzell, Sitz des Grossen Rates

Sitter. Armleutsäckelmeister und Statthalter erörtern mit Mitgliedern der Fürsorgekommission Probleme der Spitex, während der stillstehende Landammann und der Zeugherr von besorgten Gewerbevertretern Klagen wegen zu kleiner Fremdarbeiter-Kontingente entgegennehmen müssen.

Wer den Innerrhoder Grossen Rat nicht kennt, meint in diesen Minuten vor Sitzungsbeginn in eine Versammlung der kantonalen Exekutive hineingeraten zu sein – Gemeinderäte und Regierungsräte, die gemeinsame Probleme besprechen, Notizen machen, Termine festlegen und im vertrauten Gespräch Lösungen für anstehende Probleme zwischen Gemeinden und Kanton skizzieren. Der Eindruck täuscht nicht. Der Grosse Rat von Appenzell ist aufgrund seiner verfassungsmässigen Zusammensetzung die Versammlung der kantonalen Exekutiven. Standeskommission und Bezirksräte (Gemeinderäte würde man sie in anderen Kantonen nennen) bilden laut Verfassung den Grossen Rat. Entsprechend ist der Stil: Polemik ist selten, Feindschaft ist unbekannt, es herrscht im Rat die nüchterne, sachbezogene und zugleich freundschaftlich-kollegiale Clubatmosphäre vor, die Leuten eigen ist, die nicht «nur» als Parlamentarier Geistesblitze haben dürfen, sondern diese als Exekutive auch in die Tat umzusetzen und beim Bürger durchzusetzen haben. Das bremst etwas den Drang zu geistigen Höhenflügen, die Machbarkeit wird als sicherer Boden unter den Füssen geschätzt.

Der Sitzungsablauf

Kurz vor neun ertönt vom Dach des alten, aus der Mitte des 16. Jahrhunderts stammenden Rathauses die Glocke; die Gespräche verstummen, die Räte setzen sich und nehmen ihre Akten unter den Bänken hervor. Der regierende Landammann – nach altem Brauch an diesem Tag im Cutaway, während die übrigen Ratsmitglieder im dunklen Gewande erscheinen – betritt, von Landweibel und Ratschreiber begleitet, den Saal, schreitet zum Stuhl des Ratspräsidenten, rührt die Glocke und eröffnet die Session: «Hochgeachteter Herr Landammann, hochgeachtete Herren vom Grossen Rat...»

Dieses Bild ist den staatsrechtlichen Puristen ein Greuel; nicht genug damit, dass die Innerrhoder Regierung mit Sitz und Stimme im Grossen Rat vertreten ist und damit allen

Grundsätzen der Gewaltentrennung Hohn spricht, nein – diese Innerrhoder treiben ihren Eigensinn so weit, dass sie den Regierungspräsidenten gleich auch noch zum Grossratspräsidenten machen. Dass solche akademische Aufregung den innerrhodischen Grossen Rat nicht sonderlich beeindruckt, bedarf kaum der näheren Erwähnung: «licet Iovi...»

Der Ratsbetrieb gestaltet sich denkbar einfach. Jede Vorlage, deren Entwurf und Botschaft kaum früher als zwei Wochen vor der Sitzung den Ratsherren zugestellt werden, wird zunächst vom betreffenden Departementsvorsteher erläuternd präsentiert, dann folgt die Eintretensdebatte. Bei dieser sind nicht Schönheit und Ausführlichkeit der Rede gefordert, sondern Kürze und Schliff; Viel- und Langrednerei ist verpönt, Zielstrebigkeit der Argumente wird verlangt. Man will rasch wissen, warum einer redet und was er zu sagen hat.

Da keine vorberatenden Kommissionen bestellt werden und auch keine eigentlichen Fraktionen bestehen, können Eintretensdebatten jedesmal für Überraschungen gut sein; was vor der Sitzung von manchen als nicht «ratsbeständig» erachtet wird, geht schlank durch, während an sich unbestrittene Geschäfte plötzlich und unversehens Schiffbruch erleiden. So ist die Genehmigung von Statuten einer Holzkorporation üblicherweise ein problemloses Geschäft, es sei denn, ein Ratsherr begründe seinen Nichteintretensantrag mit dem trockenen Satz: «Die neuen Nutzungsbestimmungen widersprechen dem alten Landrecht von 1609.» Die Vorlage ist erledigt, man pocht auf altes Landrecht, man hat es nie aufgehoben! Die Regierung soll zuerst das Gegenteil beweisen...

Dass Hundegesetze ein durchaus schwieriges legislatorisches Pflaster darstellen, hat schon Hans Waldmann am eigenen Leibe erfahren müssen; etwas humaner verfahren die heutigen Innerrhoder Ratsherren mit Leuten, die allzu strenge Hundegesetze erlassen wollen – ein Hauptmann stellt den Antrag auf Nichteintreten: «Gesetz macht man für das Volk und nicht für einzelne. Es ist bekannt, dass der Landammann grosse Hunde fürchtet, das rechtfertigt aber noch lange kein neues Gesetz.» Unter schallendem Gelächter geht die Vorlage unter...

Schlagfertigkeit und Witz haben ihren Platz im Rate, der es fertig bringt, ernste Dinge mit einer gewissen Gelassenheit und Heiterkeit zu behandeln – was gilt schon all unser Tun «sub specie aeternitatis»...

Hat ein Erlass die Hürde des Eintretens genommen, folgt die Detailberatung, bei welcher der Landammann Artikel für Artikel vorliest – ein Relikt aus Zeiten, da das ganze Ratsverfahren mündlich war und den Räten keine Unterlagen nach Hause zugestellt wurden. An diesem mündlichen Verfahren wird auch heute noch im allgemeinen strenge festgehalten, vielleicht auch deswegen, weil es immer noch diesen oder jenen Ratsherrn geben mag, der – «altem Herkommen ergeben» – die Vorzüge des unmittelbaren, mündlichen Verfahrens nach wie vor zu schätzen weiss...

In der Beratung der Einzelheiten verliert sich der Grosse Rat kaum in juristischem Kleinkram, es gehe denn um Jagdvorschriften. Wer in den Rat gewählt wird, hat eine politische Meinung zu haben und nicht die Fähigkeit, dieser einen juristischen Ausdruck zu verleihen. Wo Formulierungen unklar sind, werden sie der Standeskommission auf die zweite oder dritte Lesung hin zur Verständlichmachung retourniert – «formalia non curat Consilium». Dagegen debattiert der Rat in der Sache oft ausgiebig, dabei keinen anderen Verfahrensregeln als jenen des Anstands und der Rücksichtnahme auf die Zeitnot der übrigen Ratsmitglieder unterworfen. Auf Rede folgt Gegenrede, ein gemeinsames diskursives Suchen nach Lösungen nach dem Prinzip des «error and trial» kennzeichnet die Verhandlungen. Die Anträge sind nicht schriftlich vorzubringen, sie werden in freier Rede formuliert, von anderen Ratsmitgliedern in ebenso freier Rede aufgegriffen und umgestaltet zu einem Gegenantrag erhoben, bis sich am Ende der Debatte ein Antrag ergibt, der sozusagen schlagartig einen allgemeinen Konsens bewirkt mit der Folge, dass alle vorangegangenen Anträge zugunsten des «richtigen» zurückgezogen werden. Bleibt dieser erleuchtende konsensstiftende Antrag aus, wird hierorts versucht, mittels einer «präsidialen Antragsreduktion», der Zusammenfassung ähnlicher oder nur in Nuancen unterschiedlicher Anträge und der Gegenüberstellung solcher Bündelungen, das schwerfällige und fehleranfällige Eventualabstimmungsverfahren zu vereinfachen. Verfahrensökonomische Verhandlungsführung wird vom Rat geschätzt, ein eitles Primadonnen-Gehabe von Antragstellern, die partout ihren Nuancenantrag behandelt haben wollen, hält sich in diesem Rat kaum über eine Session hinaus.

Es ist sechs Uhr, Sitzung und Session werden geschlossen. Die Ratsherren räumen zusammen im Bewusstsein, die während der Sitzung vom Landweibel, der dafür von Bank zu Bank geht, einem jeden einzelnen Ratsherrn bar in die Hand ausbezahlten hundert Franken Taggeld redlich verdient zu haben. Man hat sich beflissen, die Zeit genutzt «zu Landes Nutz' und Frommen», ohne vorberatende Kommissionen, ohne Fraktionen, ohne Ratsreglement – ein eigenartiger Grosser Rat, ein einzigartiger Grosser Rat – einzigartig, wie alle anderen 25 Grossen Räte in unserer vielgestaltigen Schweiz.

Man verlässt den Saal, das Rathaus – Eilige verlieren sich in den Gassen, andere stehen «unter den Rathausbögen» zusammen und berichten noch eine Weile, nicht wenige sitzen zusammen bei einem Glas, bevor man nach Hause geht – darin dürften sich alle 26 Grossen Räte wohl gleichen.

Quellenverzeichnis

Locher Kurt
Die Staats- und Gemeindeverwaltung im Kanton Appenzell Innerrhoden, Veröffentlichungen der Hochschule St. Gallen für Wirtschafts- und Sozialwissenschaften, Rechts- und Verwaltungswissenschaftliche Reihe, Band I, Zürich und St. Gallen 1964

Broger Remo
Der Grosse Rat im Innerrhodischen Recht, Appenzell 1951

Huber-Schlatter Andreas
Politische Institutionen des Landsgemeinde-Kantons Appenzell Innerrhoden, St. Galler Studien zur Politikwissenschaft, Band 11, Bern und Stuttgart 1987

Kanton Appenzell-Innerrhoden
Mitglieder des Grossen Rates
Stand: 1. Januar 1990

Präsident: Schmid Carlo, Oberegg, Landammann
Bischofberger Bruno, Oberegg
Bischofberger Franz, Appenzell
Brander Hermann, Appenzell
Breu Hans, Oberegg
Breu Hans, Appenzell
Breu Walter, Oberegg
Buschauer Ivo, Appenzell
Büchler Josef, Appenzell
Dobler Alois, Appenzell
Dörig Bruno, Appenzell
Dörig Elmar, Oberegg
Dörig Emil, Weissbad
Dörig Johann, Weissbad
Dörig Hans, Weissbad
Fässler Franz, Appenzell
Fässler Franz, Appenzell
Fässler Josef, Appenzell
Fässler Charly, Appenzell
Fässler Walter, Gonten
Franke Hans-Rudolf, Appenzell
Gmünder Rolf, Appenzell
Graf Beat, Appenzell
Holderegger Josef, Gonten
Hörler Hans, Haslen
Inauen Emil, Appenzell
Inauen Josef, Appenzell
Inauen Walter, Appenzell
Knechtle Josef, Haslen
Kölbener Leo, Appenzell
Koller Albert, Appenzell
Koller Walter, Haslen
Koster Albert, Appenzell
Locher Guido, Oberegg
Luchsinger Werner, Appenzell
Manser Emil, Appenzell
Manser Hans, Gonten
Manser Johann, Appenzell
Manser Josef, Haslen
Mazenauer Anton, Appenzell
Mock Franz, Appenzell
Moser Eduard, Appenzell
Moser Josef, Appenzell
Neff Albert, Appenzell
Neff Emil, Appenzell
Rusch Kurt, Gonten
Saxer Renzo, Appenzell
Schirmer Georg, Appenzell
Schläpfer Roman, Oberegg
Schlepfer Walter, Appenzell
Schmid Carlo, Oberegg
Schmid Hans, Appenzell
Schmid Hanspeter, Oberegg
Schmid Jakob, Oberegg
Speck Roman, Appenzell
Sutter Anton, Brülisau
Sutter Hans, Brülisau
Sutter Josef, Appenzell
Wild Emil, Weissbad
Wyss Armin, Gonten
Zeller Paul, Appenzell
Zimmermann Josef, Appenzell

Bruno Isenring

Der Grosse Rat von St. Gallen

Alles neu macht der Mai

Mit hochgesteckten Erwartungen erklimmen Neulinge die Treppen im Regierungsgebäude, betreten den hohen Saal und harren am zugewiesenen Platz der Dinge, die da feierlich ihren Anfang nehmen. Zu Beginn einer Amtsdauer eröffnet das älteste Mitglied des Rates Sitzung und Session. Als provisorische Stimmenzähler sitzen ihm die drei Jüngsten sozusagen unmittelbar zu Füssen. Es ist sein Vorrecht, mit der Erfahrung und der Weisheit des Alters die im Amt bestätigten und die neuen Mitglieder zu begrüssen und sie zu treuer Pflichterfüllung anzuhalten, von der Würde der obersten Behörde und der Bürde der Verantwortung zu sprechen. Er tut es mit Eloquenz und sichtlicher Freude. Doch seine Uhr läuft schnell. Nach der Bestellung der Wahlprüfungskommission als dem einzigen Geschäft der vormittäglichen Versammlung wird die Sitzung unterbrochen. Die Fraktionen ziehen sich in ihre Versammlungslokale zurück.

Am Nachmittag gilt es ernst. Das Geläute der nahen Kathedrale und der Kirche zu St. Laurenzen bildet den feierlichen Hintergrund für die Vereidigung der Ratsmitglieder, welche bei erhobenen Schwurfingern gemeinsam die Formel nachsprechen: «Was mir vorgelesen wurde – schwöre ich zu tun und zu halten – so wahr mir Gott helfe.»

Und dann beginnt sich das Räderwerk wohlgeordneter und eingeschliffener Verfahrensabläufe zu drehen. Der Sessionsalltag beginnt.

Blumen und Vasen

Mit schöner Regelmässigkeit und nach gutem Brauch stellt der Standesweibel dem Grossratspräsidenten und dem Landammann nach erfolgter Wahl einen Blumenstrauss aufs Pult. Mit gleicher Regelmässigkeit begleiten manche Ratsmitglieder diesen Vorgang mit leisen aber eindeutigen Bemerkungen über die Vase, deren Form und Gestalt nicht recht zu befriedigen vermag. Vase und Bemerkungen kehren jährlich wieder, Blumen und Präsidenten sind neu.

Grosses Erstaunen bei der Wahl des Grossratspräsidenten zu Beginn der Amtsdauer 1988/92: Der Strauss steckt in einer formvollendeten neuen Vase. Es stellt sich rasch heraus, dass diese nicht dem staatlichen Inventar zugezählt werden darf, sondern ein persönliches Geschenk der Fraktionskollegen des Präsidenten aus dem Linthgebiet ist. Mit der Wahl des Landammanns am gleichen Nachmittag gilt die alte Ordnung wieder.

Dazu stehe ich ...

Referendumspflichtige Erlasse unterliegen einer zweimaligen Lesung im Rat und werden durch Schlussabstimmung aus der Geschäftsliste verabschiedet. Es gilt, zu seiner Meinung zu stehen, wenn die Stimmen sektoren- und reihenweise ausgezählt werden. Zählen ist aber nicht so einfach. Der eine und andere Stimmenzähler weiss davon ein Liedchen zu singen: eine Strophe über das Auslassen einer bestimmten und immer derselben Zahl und eine über das Gelächter bei Eintritt des vom Rat mit Spannung erhofften Versagens.

Der Klostertrakt in St. Galllen, Sitz des Grossen Rates

Deutsch und deutlich

Keiner spricht, wie ihm der Schnabel gewachsen ist. Verhandelt wird in Schriftsprache. Sie gilt als der hohen Stellung und der Würde des Rates angemessene Ausdrucksform. Das Umsetzen von vorbereiteten Texten in Voten ist leichter, die Protokollierung einfacher. Es wird weniger «geplaudert». Die Schwellen für spontane Äusserungen liegen allerdings etwas höher, und vor «Weitschweifigkeit» vermag das Schriftdeutsche auch nicht zu bewahren. Gar oft klebt einer an seinem geschriebenen Text, den er ohne Rücksicht auf vorangegangene Argumentation verliest. Der Empfehlung Martin Luthers: «Tritt frisch auf, tu 's Maul auf, hör bald auf» ist im Reglement kein Paragraph gewidmet, und sowohl die Länge der Voten als die Zahl der Redner sind nur ungenaue Gradmesser für die Bedeutung eines Geschäftes.

Das Deutsche vermag offensichtlich auch in der Politik nicht immer allen Situationen gerecht zu werden. Der Gebrauch lateinischer Zitate wurde schon eh und je als Zeichen der Gelehrsamkeit gedeutet. Insbesondere die doctores iurisprudentiae schmücken ihre Voten etwa mit Latein und tauschen in fremder Zunge Höflichkeiten aus («si tacuisses philosophus mansisses»). Die Muttersprache unserer welschen Landsleute ist erst im Zusammenhang mit Frühfranzösisch exemplarisch zur Anwendung gelangt. Manch einem unserer Landsleute ennet der Saane hätte das Herz wohl höher geschlagen ob einer Wortmeldung zur Eintretensdebatte in fliessendem Französisch. «Fachchinesisch» und «Fachenglisch» erweisen sich gelegentlich auch als Zungenbrecher und Stolpersteine.

Frauen

Die Gleichberechtigung von Mann und Frau im politischen Bereich brachte aufgrund einer Volksinitiative die Verfassungsnovelle vom 23. Januar 1972, mit welcher den Frauen das Stimm- und Wahlrecht in Kantons- und Gemeindeangelegenheiten zugestanden wurde.

Die Zahl der Frauen im St. Galler Kantonsparlament ist von 11, bei Einführung des Frauenstimmrechts im Jahre 1972, auf 21 im Jahre 1988 angestiegen.

Mit ihrem Einzug stellte sich die Frage nach der richtigen allgemein üblichen und gültigen

Regelung der Anrede und der Amtsbezeichnung. Gab es nun eine «Frau Kantonsrätin» oder eine «Frau Kantonsrat»? Hatte die männliche Form eines Präsidenten auch für die Frauen zu gelten, oder wurden sie «Präsidentinnen»? Man hat sich für «Frau Präsident» und für «Frau Kantonsrat» entschieden.

Der Bemühungen, den Frauen zu sprachlicher Gleichberechtigung zu verhelfen, ist kein Ende. Nicht immer hat «man/frau» dabei eine glückliche Hand, und oft geht es auch schief. Manchmal erwischt es sogar Professoren der deutschen Sprache, wenn sie sich an die «MitgliederInnen» des Rates wenden.

Glocken

Mit ernsten, feierlichen Schlägen pflegt die Dreifaltigkeitsglocke der Kathedrale die Sitzungen des Grossen Rates einzuläuten und dessen Mitglieder auf ihrem Weg ins Regierungsgebäude und in den Grossratssaal zu geleiten. Sie ist auf den Ton «E» gestimmt – «E» wie Ernst und Ehrfurcht, «E» wie Ermunterung und Ermahnung zugleich.

Die wesentlich kleinere und wenig feierliche Glocke des Ratspräsidenten begleitet die Kantonsräte durch die Sitzungen. Während die grosse Glocke der Stiftskirche eine lateinische Inschrift zu Ehren und zum Lob der Dreifaltigkeit trägt, begnügt sich die Sitzungsglocke mit kurzem, bündigem Deutsch: «Recht und Freiheit». Das ist ihr aus Anlass des Jubiläums 150 Jahre Kanton St. Gallen im Jahre 1953 eingeschrieben worden. Sie räumt den Ratsmitgliedern im Rahmen der Beratungen das Recht zu aktiver Teilnahme und die Freiheit zu gutscheinender Meinungsäusserung ein. Sie beschränkt sie aber nötigenfalls auch wieder in ihrem Recht und ihrer Freiheit, ermahnt zur Ruhe und ruft zurück, wer sich im Eifer allzuweit von der Sache entfernt.

Kleider machen Leute

Vor 20 Jahren war der St. Galler Grosse Rat eine Angelegenheit von Männern, die sich reglementsgemäss in dunkler Kleidung zu den Sitzungen einzufinden hatten. Die Frauen brachten 1972 einige Farbtupfer ins gleichmässige Dunkel, und allmählich begann sich das textile Bild aufzuhellen. – Das heute gültige Reglement meint es weniger streng bezüglich

der Kleidervorschriften. Es begnügt sich damit, die Mitglieder anzuhalten, sich der Würde des Rates entsprechend zu verhalten und sich angemessen zu kleiden. Nun öffnet «Angemessenheit» einen verhältnismässig weiten Spielraum. Es verwundert daher kaum, dass der Präsident in seiner Eigenschaft als Hüter der Ordnung und der Anwendung des Reglementes sich mit der Frage konfrontiert sieht, wann und wie er gegen Verstösse einzuschreiten gedenke. Da gerät nicht nur in ein schiefes Licht, wer mit der äusseren Erscheinung bewusst provozieren will, sondern auch, wer allzu sportlich bunt und freizeitlich locker daherkommt. Unsere Gesellschaft wandelt sich. Wie sie sich kleidet, ist nur ein äusseres Merkmal sich verändernder Ansichten und Gewohnheiten. Doch wer im Zusammenhang mit den grossrätlichen Kleidervorschriften Molière nicht versteht, wenn dieser zu bedenken gibt, dass «quand on est du monde il faut bien que l'on rende quelques dehors civils que l'usage demande», dem wäre Vers 15 aus dem 12. Kapitel der Sprüche Salomos ins Stammbuch zu schreiben.

Kleiner Rat - Grosser Rat

Den «Kleinen Rat» gab es im Kanton St. Gallen bis zur neuen Verfassung von 1861. Seither heisst die Exekutive Regierungsrat. Den Grossen Rat gibt es noch immer, aber seine Mitglieder heissen «Kantonsräte»; «Grossräte» gibt es nicht. Die Mitgliederzahl wurde 1970 durch eine Verfassungsänderung auf 180 beschränkt. Jeder der 15 Bezirke wählt auf der Grundlage der letzten eidgenössischen Volkszählung soviele Mitglieder, als es seinem Anteil an der Zahl der Kantonseinwohner entspricht, die das Schweizer Bürgerrecht besitzen. Derzeit trifft es ein Mitglied auf 1889 Einwohner mit Schweizer Bürgerrecht.

Kommissionen

Für wiederkehrende Geschäfte sind ständige Kommissionen bestellt. Die Mitgliedschaft etwa in der Finanzkommission ist auf 6 Jahre beschränkt. Der Präsident kann ihr insgesamt 8 Jahre angehören. Die streng gehandhabte Rotation erlaubt vielen Ratsmitgliedern, in den ständigen Kommissionen überhaupt erst und wirksam mitzuarbeiten, andererseits bleibt doch genügend Zeit, die vertieften Kenntnisse nutzbringend anzuwenden. Im übrigen behandelt der Grosse Rat kein Geschäft, ohne zu dessen Vorberatung eine Kommission eingesetzt zu haben. Von der Bedeutung des Geschäftes ist die Zahl der Mitglieder abhängig. Als Präsidenten kommen nach altem Brauch nur Ratsmitglieder in Frage, die nicht der gleichen Fraktion angehören wie der Departementsvorsteher, in dessen Kompetenzbereich das Geschäft gehört.

Papier

Mächtig ist die Flut der Informationen, welche aus dem Reservoir der Staatskanzlei in die Brunnenstube der Kantonsräte strömt, und gewichtig der damit aufgetürmte Papierberg. Die Akten zu ordnen, auffindbar und griffbereit zu halten, ist eines, sie zur Kenntnis zu nehmen, zu verarbeiten ein anderes. Die seit Jahren beibehaltene Praxis der Verwendung verschiedener Farben erleichtert die Übersicht. Berichte und Botschaften der Regierung sind weiss, die Anträge der vorberatenden Kommissionen leuchten gelb. Widersetzt sich die Regierung der Kommission, so zeigt sie die «rote Karte». Anträge aus der Mitte des Rates kleiden sich in bescheidenes Grau, während die Ergebnisse der sprachlichen Überarbeitung von Gesetzen und allgemein verbindlichen Grossratsbeschlüssen durch die Redaktionskommission als grüne Blätter gewissermassen «freie Fahrt» für die Aufnahme in die Gesetzessammlung bedeuten.

Wo Papier eine Rolle spielt, und in diesem Zusammenhang sei die Produktion der Presse nicht vergessen, darf auch der Papierkorb nicht fehlen. Ohne ihn wäre es auch einem kundigen und ausdauernden Schwimmer nicht möglich, der Gefahr des Ertrinkens zu entgehen. Die Weibel haben jedenfalls am Schluss der Sitzungstage und besonders am Ende der Session alle Hände voll zu tun, des überflüssigen Papiers Herr zu werden.

Pfalz

Seit dem 15. April 1803, dem Geburtstag des Kantons St. Gallen, als der erste Grosse Rat die Verfassung und die Bundesakte beschwor, tagt die oberste Behörde des Kantons St. Gallen in der «Pfalz», dem heutigen Regierungsgebäude, welches vor gut 200 Jahren im Rahmen einer Neugestaltung der gesamten Klosteranlage als Amtsgebäude des Fürstabtes erbaut wurde.

Da der Thronsaal des Fürstabtes insbesondere für feierliche Empfänge zur Verfügung stehen sollte, wurde er mit barocker Illustrationsmalerei reich ausgestattet. Vor hundert Jahren war er in klassizistischem Stil umgestaltet worden. In den siebziger Jahren unseres Jahrhunderts besann man sich bei der durchgreifenden Restauration auf ursprüngliche Formen und Farben. Seit 1980 erstrahlt der Versammlungsraum wieder in glanzvoller Pracht und bildet einen hellen, poetischen Rahmen für die prosaische Arbeit des Grossen Rates. Er gestattet dessen Mitgliedern in ruhigeren Beratungsphasen, sich der Blumen, Früchte und allegorischen Figuren zu erfreuen und in Gedanken abzuschweifen zu einem Spaziergang über die reichgeschmückte Deckenlandschaft. Zusammen mit der Kathedrale, dem Klosterhof und den ihn säumenden Bauten gehört die Pfalz seit 1983 zu den Kulturgütern, welche unter dem besonderen Schutz der UNESCO stehen.

Präsidenten

Präsidenten werden nicht nur gewählt, sie werden auch gefeiert. Die Wohngemeinde des Erkorenen macht es sich zur Ehre, zur Feier des «Höchsten St. Gallers» den Grossen Rat, die Regierung und Vertreter der Gerichtsbarkeit zu einem festlichen Bankett einzuladen.

Dem Einfallsreichtum der Organisatoren sind keine Grenzen gesetzt. Es gilt indessen zu beachten, dass der Landammann den Reigen der Gratulationen zu eröffnen pflegt und alsdann der Fraktionschef die Vorzüge «seines» Präsidenten ins rechte Licht rückt. Einer der andern Fraktionspräsidenten formuliert Glückwünsche und Erwartungen namens der übrigen Ratsmitglieder. Politisches Insider-Cabaret von hoher Qualität hat in den letzten Jahrzehnten jede Präsidentenfeier in besonderem Mass bereichert.

Die Wahrscheinlichkeit, im Zeitraum einer oder zwei Generationen eine Präsidentenfeier zu erleben, sinkt mit der Bevölkerungszahl und der daraus resultierenden Vertretung in der gesetzgebenden Behörde des Kantons. Eine Ausnahme bildet die Stadt St. Gallen. Sie hat in den letzten 50 Jahren 19 Präsidenten gestellt, in den vergangenen 10 Jahren allerdings nur deren 2. 22 Gemeinden teilten sich in die Ehre, weitere 31 Präsidenten zu feiern (14 Gemeinden einmal, 7 Gemeinden zweimal, die Stadt Wil dreimal). Seit Jahrzehnten ist die parteipolitische Zugehörigkeit der Präsidenten von der Stärke der im Rat vertretenen Parteien abhängig.

Präsidium

Aus dem Blumengarten des Parlamentes wird jedes Jahr neu ein nach fraktionellen Farben abgewogener Strauss gebunden. Neben den drei einjährigen Stimmenzähler-Schnittblumen enthält er mit Präsident und

Vizepräsident zwei winterharte Blüten und dazu das ausdauernde, mehrjährige «Immergrün» der Fraktionspräsidenten, zusammengehalten vom starken Band des Staatsschreibers und seines Stellvertreters.

Das Präsidium bestimmt das Geschäftsverzeichnis und legt die Bestimmungen des Reglementes aus. Seiner gründlichen und sorgfältigen Vorbereitung der Sessionen verdankt der St. Gallische Grosse Rat ein gutes Stück seiner anerkannten Speditivität und Effizienz.

Die Anordnung der hohen Plätze an der Nordseite des Grossratssaals lassen die Stellung des Präsidenten und seines Stellvertreters erkennen. Dem «höchsten St. Galler» gebührt die Ehre, den obersten Stuhl einzunehmen. Es ist eine Würde auf Zeit. Nach einem Jahr im Rampenlicht hat er seinen Platz zu räumen, die Glocke, welche ihm Gehör verschafft, weiterzureichen und hinabzusteigen in das Halbrund, aus dem er aufgestiegen ist. Die Republik bindet sich nicht an die Person, sie präsentiert sich in immer neuen Menschen und Gesichtern.

Ratsstübli

Dem Ratsstübli werden geheime Kräfte nachgesagt. Das mag mit ein Grund sein, dass sein Fassungsvermögen, selbst im Stehplatzbereich, bisweilen nicht ausreicht. Dieser Treffpunkt erlaubt Rauchopfer, er bietet anregende Getränke und die Aussicht, den Hunger stillen zu können, gestattet aber auch eine konsumfreie Sitzgelegenheit in einer Diskussionsrunde. Im Stübli sitzen die Fraktionen nicht getrennt, manch einer sucht dort den politischen Gegner, um zu diskutieren, andere hören nur zu und beobachten. Es ist ein freundlicher Ort und so einladend heimelig, dass es manchem schwerfällt, zu den Geschäften in den Ratssaal zurückzukehren. Gelegentlich senden die Fraktionspräsidenten ihre Boten bis ins Ratsstübli, um die Getreuen bei wichtigen Entscheidungen vollständig beisammen zu haben.

Eine Seefahrt, die ist lustig

Im Herbst des ersten Jahres einer neuen Amtsdauer fliegt der Rat aus. Dieser Ausflug hat Tradition. Er bietet Ratsmitgliedern Gelegenheit, sich zu begegnen, sich über unterschiedliche Auffassungen hinweg kennen und schätzen zu lernen. Der Anlass führt aber auch die verschiedenen Gewalten im Staat zusammen und fördert das Gespräch zwischen denen, welche Gesetze erlassen, und denen, welche sie zu vollziehen haben, den Meinungsaustausch auch mit denen, die als Hüter der Rechtsordnung beurteilen und verurteilen.

Dass ein gemeinsames Anliegen, nämlich das Wohl der staatlichen Gemeinschaft sie verbindet, wird besonders augenfällig, wenn sich Vertreterinnen und Vertreter der drei verschiedenen Gewalten im Staat auf einem Schiff zusammenfinden. Diese Fahrten auf dem Bodensee, wie sie in den letzten Jahren üblich geworden sind, machen auf einfache Weise deutlich, dass alle «im gleichen Boot» sitzen und alle an der Verantwortung über den Kurs des Staatsschiffes mittragen.

Kaum jemand lässt sich ohne Not diese Gelegenheit zu einer Rundfahrt auf dem Bodensee und zu einem Gespräch über Parteien und Fraktionen hinweg entgehen.

Sessionen

Der Grosse Rat versammelt sich ordentlicherweise viermal im Jahr, nämlich im Mai, im September, im November und im Februar. Die Sessionen dauern zwei bis vier Tage. Der Trend zu immer längeren Sessionen hält an. Die erste Sitzung findet am Montagnachmittag statt, die folgenden beschlagen die Vormittage und dauern bis 13 Uhr. Der Präsident kann den Rat längstens eine Stunde «nachsitzen» lassen. Weitere Verlängerungen oder zusätzliche Sitzungen beschliesst – mit grösster Zurückhaltung und nur ausnahmsweise – das Plenum.

Vorstösse zuhauf

Kein Mitglied des Parlaments will sich in seinem Recht beschneiden lassen, durch persönliche Vorstösse etwas anzuregen, in Bewegung zu setzen, kritisch zu erfragen. Und doch werden zuweilen Beschränkungen erwogen, weil die Last pendenter Geschäfte drückt und die Lust des Nachbarn anhält, von seinem Recht unverfroren und ausgiebig Gebrauch zu machen.

«Motionen» beauftragen die Regierung, dem Rat den Entwurf zu einer Verfassungsänderung, zu einem Gesetz oder zu einem Grossratsbeschluss vorzulegen. «Postulate» verlangen einen Bericht, «Interpellationen» wollen Antwort auf Fragen der Staatstätigkeit.

Welcher Art der Vorstoss auch immer ist, er bedeutet für die Verwaltung erhebliche zusätzliche Arbeit. Das St. Galler Kantonsparlament ist bezüglich Umfang und Gründlichkeit der regierungsrätlichen Stellungnahmen und Antworten gleichermassen anspruchsvoll wie verwöhnt.

Eine Interpellation lässt sich nur einreichen, wenn sie sieben Unterschriften trägt. Diese Hürde nimmt sie leicht. Ist die Interpellantin oder der Interpellant damit einverstanden, so erfolgt die Beantwortung schriftlich. Dieses zeitsparende Verfahren hat an Beliebtheit gewonnen, entfallen doch die Begründung, welche zehn Minuten beanspruchen darf, und die regierungsrätliche Vorlesung der Antwort, welche nicht länger als fünfzehn Minuten dauern sollte. Eine Diskussion im Plenum kann allemal verlangt werden, beschlossen wird sie höchst selten.

Zuschauer

Die kleine Zuschauertribüne vermag dem eifrigen Zustrom interessierter Mitbürgerinnen und Mitbürger oft nicht zu genügen. Brisante Geschäfte locken das Publikum ebenso wie Wahlgeschäfte, Lehrer bieten ihren Schulklassen Staatskundeunterricht am lebenden Objekt. Mitunter finden sich Gäste ein aus Parlamenten anderer Kantone oder aus dem nahen Ausland. Es ist gut, dass die Volksredner nicht hinter verschlossenen Türen tagen, sondern unter den Augen der kritischen Wählerschaft. Auch wenn die Damen und Herren Kantonsräte deshalb manchmal «zum Fenster hinaus» reden oder «für die Tribüne» votieren.

Quellenverzeichnis

Grossratsreglement vom 24. Oktober 1979 sGS 131.11 mit Nachtrag vom 27. November 1986

«Der Grosse Rat des Kantons St. Gallen 1988/92» herausgegeben von der Staatskanzlei St. Gallen, dritte bereinigte Auflage 1988

Handbuch des Grossen Rates des Kantons St. Gallen herausgegeben von der Staatskanzlei St. Gallen im März 1984

**Kanton St. Gallen
Mitglieder des Grossen Rates**
Stand: 1. Januar 1990

Präsident: Fässler Hermann, Zuzwil, CVP
Abderhalden Jörg, Alt St. Johann, FDP
Ackermann-Hediger Lisa, St. Gallen, FDP
Aerni Emil, Waldkirch, FDP
Alder Fredi, Rorschach, SP
Alder Hans, Oberhelfenschwil, FDP
Altherr Kurt, Uzwil, SP
Angehrn-Alpiger Pia, Wittenbach, CVP
Angehrn Thomas, Amden, CVP
Angehrn Viktor, Muolen, CVP
Antenen Reto, St. Gallen, LdU
Artho Hans, Rebstein, CVP
Bärlocher Felix, St. Gallen, CVP
Benz Roman, Montlingen, CVP
Berlinger Marcel, Wil, CVP
Bigger Hans, St. Gallen, AP
Bizozzero Max, Mels, CVP
Blöchlinger Albert, Goldingen, CVP
Blöchlinger Peter, Uznach, CVP
Blöchlinger Willi, Gossau, AP
Böhi Alois, Niederbüren, CVP
Bollhalder Franz, Alt St. Johann, CVP
Bollhalder Peter, Degersheim, CVP
Bont Kuno, Oberriet, FDP
Brändle Hansruedi, Bichwil, CVP
Bregg Peter, Schänis, FDP
Breu Armin, Buchs, CVP
Brunner August, Kaltbrunn, CVP
Brunner Heinz, St. Gallen, SP
Büchel Ernst, Oberriet, CVP
Büchler Jakob, Schänis, CVP
Buchschacher Fritz, Oberuzwil, SP
Bühler Thomas, Wil, SP
Buob Hanspeter, St. Gallen, LdU
Buri Jakob, Wil, FDP
Bütikofer Hans, Mogelsberg, FDP
Camenzind Elisabeth, St. Gallen, LdU
Caspar-Hutter Elisabeth, Wittenbach, SP
Christen Heinz, St. Gallen, SP
Danzeisen-Schwendener Margrit, Degersheim, FDP
Dietsche Josef, Kriessern, CVP
Dudli Silvio, St. Gallen, CVP
Durot Fredi, Diepoldsau, CVP
Eberle Albert, Walenstadt, CVP
Eggenberger Mathäus, Rebstein, FDP
Eugster Bruno, St. Gallen, FDP
Falk Anton, St. Gallen, GB
Fässler Hans, St. Gallen, SP
Fässler Hermann, Zuzwil, CVP
Fehr Hans, Widnau, CVP
Fenk Willi, Sevelen, SP
Fischbacher Christian, St. Gallen, FDP
Fischer Marcel, Rorschach, CVP
Forster-Vannini Erika, St. Gallen, FDP
Forster Otmar, Andwil, CVP
Frei Hans, Jona, CVP
Frei Manfred, Diepoldsau, CVP
Fuchs Walter, Rorschach, SP
Ganz Peter, St. Gallen, FDP
Gätzi-Eberle Annemarie, Quarten, CVP
Gautschi Ernst, St. Margrethen, FDP
Gerschwiler Othmar, Ganterschwil, CVP
Ghenzi Ernst, Uznach, FDP
Giezendanner Ruedi, Ebnat-Kappel, FDP
Glaus Anton, St. Gallen, CVP
Gnägi Rolf, Gossau, FDP
Good Josef, Mels, CVP
Graber Walter, Oberriet, G 2
Grob Heinz, Rorschacherberg, LdU
Grüninger Anton, Widnau, CVP
Gübeli Daniel, Goldingen, FDP
Hartmann Josef, Wil, CVP
Helbling Ruedi, Jona, AP
Hilber Kathrin, St. Gallen, SP
Hobi Josef, Rorschach, CVP
Hofmann Markus, Jona, CVP
Holenstein August, Flawil, CVP
Holenstein Kurt, Bazenheid, CVP
Hostettler-Martini Mafalda, Engelburg, CVP
Huber Franz, Müselbach, CVP
Hugentobler Huldreich, Algetshausen, FDP
Hungerbühler Stefan, Schmerikon, G 4
Hutter René, Altstätten, AP
Isenring Bruno, Flawil, FDP
Kägi Eugen, Lichtensteig, CVP
Kägi Walter, Rorschacherberg, FDP
Kalberer Josef, Mels, CVP
Karrer Federico, St. Gallen, AP
Karrer Hans Peter, Altenrhein, FDP
Kaufmann Georges, St. Gallenkappel, CVP
Kläger Albert, Mosnang, CVP
Klaus Anton, Mels, FDP
Koch Albert, Gossau, CVP
Koller Verena, St. Gallen, CVP
Krapf Johann C., Gossau, CVP
Krüger-Eggenberger Margrit, Grabs, LdU
Kühne Anton, Rapperswil, CVP
Künzler-Keel Gertrud, Grabs, FDP
Künzle Werner, Wil, AP
Kuratli Robert, St. Peterzell, FDP
Kuster-Keller Heidi, Diepoldsau, FDP
Ledergerber Gregor, Rorschacherberg, CVP
Ledergerber Peter, Wattwil, LdU
Leuener Hans, Sevelen, FDP
Liechti Robert, Rapperswil, FDP
Linder Markus, Jona, SP
Loser Niklaus, Gossau, CVP
Manhart Balz, Mols, CVP
Marty Edy, Ernetschwil, CVP
Mattle Otto, Rheineck, SP
Metzler Ernst, Balgach, CVP
Michel Erich, Jonschwil, LdU
Moor Kurt, Widnau, LdU
Müggler-Popp Alice, Steinach, CVP
Müggler Hanspeter, Waldkirch, CVP
Mühlematter Armin, St. Gallen, FDP
Müller Franz, Lütisburg, CVP
Müller Hans-Ulrich, Berneck, FDP
Müller Josef, Mosnang, CVP
Naef Hans, Niederuzwil, FDP
Naegeli-Maag Erna, Bazenheid, FDP
Nufer-Isler Anny, St. Gallen, EVP
Nyffeler Hans, Ebnat-Kappel, SP
Oberholzer Pia, St. Gallen, CVP
Oberholzer Pius, Züberwangen, CVP
Oesch Franz Peter, St. Gallen, CVP
Popp Willi, Steinach, CVP
Ramer Emil, Flums, SP
Reich Fritz, Buchs, FDP
Rhyner Jakob, Buchs, FDP
Ribaux Louis, St. Gallen, FDP
Rieder Fritz, Bronschhofen, FDP
Riederer Bernhard, Gams, CVP
Romanin René, St. Gallen, CVP
Romer Ignaz, Altstätten, CVP
Roos-Niedermann Rita, Lichtensteig, CVP
Roth-Grosser Elisabeth, Wil, FDP
Ruppanner Arnold, Balgach, SP
Scheiwiller Kurt, Neu St. Johann, FDP
Schildknecht Bruno, Gossau, CVP
Schlegel Paul, Weite, SP
Schmid Jakob, Berneck, FDP
Schneider Benno, St. Gallen, CVP
Schöb Werner, St. Margrethen, CVP
Schönenberger Peter, Mörschwil, CVP
Schorer Peter, St. Gallen, FDP
Schwizer Karl Rudolf, St. Gallen, CVP
Seiz Hugo, Flawil, CVP
Signer Robert, Wil, CVP
Spitzli Edi, Flawil, FDP
Sprecher Andreas, Grabserberg, SP
Stadler Karl, Altstätten, CVP
Stadler Othmar, Rossrüti, CVP
Steiger Alois Rafael, Oberschan, SP
Steinemann Walter, Mörschwil, AP
Straessle Léon, St. Gallen, CVP
Stuber Werner, Goldach, SP
Sutter Klaus, Wil, CVP
Thür Paul, Lüchingen, CVP
Thut Walter, Bad Ragaz, FDP
Tobler Ernst, Rorschacherberg, FDP
Tremp Guido, Benken, CVP
Trüb Hansueli, Abtwil, G 1
Trümpler Jürg, Sevelen, EVP
Utzinger Kurt, Vadura, G 3
Walser Erich, Murg, SP
Wälti Werner, St. Gallen, GB
Weigelt Peter, St. Gallen, FDP
Willi Hans, Sargans, CVP
Wittenwiler Milli, Wattwil, FDP
Wohlwend Karl, Goldach, CVP
Wunderli Werner, Jona, FDP
Wüst Hans, Schmerikon, CVP
Ziegler Hans, Sargans, FDP
Zollinger-Wieland Verena, St. Gallen, LdU
Zürcher Peter, Goldach, FDP
Zwahlen Arthur, Uznach, SP
Zwinggi Robert, Gossau, LdU

CVP   Christlichdemokratische Vokspartei
FDP   Freisinnig-Demokratische Partei
SP   Sozialdemokratische Partei
LdU   Landesring der Unabhängigen
AP   Schweizer Auto-Partei
G 1   Grüne Liste M.U.T. für Mensch, Umwelt, Tier
G 2   Grüne Rheintaler/LdU
G 3   Freie Umweltliste
G 4   Umweltforum See + Gaster
EVP   Evangelische Volkspartei
GB   Gewerkschaftsbund
Bei folgenden Parteien ist zurzeit je ein Sitz vakant:
FDP / LdU / G

Fidel Caviezel

Der Grosse Rat von Graubünden

I. Geschichtlicher Überblick

1. Der Freistaat der Drei Bünde

Der Ursprung des bündnerischen Grossen Rates geht im wesentlichen auf die napoleonische Mediationsakte vom Jahre 1803 zurück. Dieser Neuerung lag der Gedanke zugrunde, dass die Staatsgewalt vom Volke ausgeht und das Volk zur Wahrnehmung der Rechte und Pflichten seine Vertreter bestellen kann.

Der alte Freistaat der Drei Bünde als Zusammenschluss des Grauen Bundes, des Gotteshausbundes und des Zehngerichtebundes war eine Staatenverbindung. Diese beruhte auf der Verfassungsurkunde im Bundesvertrag vom 23. September 1524. Demnach wurde der Wille des Freistaates der Drei Bünde durch die Geamtheit der Gerichtsgemeinden in der Form der Abstimmung nach dem Grundsatz der einfachen absoluten Mehrheit der Gerichtsgemeinden gebildet. Der Freistaat der Drei Bünde, der als Gesamtstaat Subjekt des Völkerrechtes bildete und die aussenpolitischen Befugnisse ausübte, bestand aus 48 Gerichtsgemeinden mit insgesamt 63 Stimmen. Davon entfielen 21 Gerichtsgemeinden und 27 Stimmen auf den Oberen oder Grauen Bund und 17 Gerichtsgemeinden und 22 Stimmen auf den Gotteshausbund, während 10 Gerichtsgemeinden mit 14 Stimmen dem Zehngerichtebund angehörten. Die Mitglieder der obersten Behörde, des Bundestages, waren Boten dieser Gerichtsgemeinden. Für die Stimmabgabe waren sie an deren Instruktion gebunden. Beschlüsse des Bundestages, die über bestehende Bestimmungen oder über die Weisungen der Gemeinden hinausgingen, unterlagen dem Gemeindereferendum. Der Mehrheitsentscheid der Gesamtheit der Gemeinden war für alle Gemeinden der Drei Bünde verbindlich.

In dieser ausgeprägten «Gemeindereferendumsdemokratie» lag die Souveränität nicht beim Volk, sondern bei der Gesamtheit der Gemeinden. Es war somit kein Raum für eine Volksvertretung bzw. für ein Parlament im heutigen Sinne vorhanden. Ein wesentlicher Zweck des Freistaates der Drei Bünde war, den Gerichtsgemeinden die grösstmögliche Selbständigkeit in ihren inneren Angelegenheiten zu gewährleisten.

Das Gebäude des Grossen Rates des Kantons Graubünden in Chur

2. Der Grosse Rat der Mediationsverfassung

Im Zuge der französischen Revolution wurde das Gebiet der Drei Bünde zum Kampfplatz fremder Heere. Unter dem Druck von aussen wurde dieses Gebiet im April 1799 als Verwaltungsbezirk Graubünden der Helvetischen Republik einverleibt. Nach kurzer Zeit brach die Helvetische Republik jedoch zusammen.

Die Mediationsverfassung Napoleons, die 1803 der «Helvetik» folgte, liess die Wiederherstellung der alten Ordnung der Drei Bünde zu. Diese wurde dann auch in den Gerichtsgemeinden im wesentlichen wieder in Kraft gesetzt. Mit der Bildung des Kantons Graubünden brachte die Mediationsverfassung von 1803 aber auch einige wichtige Neuerungen. So wurde insbesondere die Gesetzgebung den Gerichtsgemeinden und den Bünden entzogen und auf den neu gebildeten Kanton Graubünden übertragen. Als Folge dieser Neuerung setzte die Mediationsverfassung des Kantons

Graubünden vom 19. Februar 1803 den «Grossen Rat» als gesetzgebende Behörde ein, wobei gleichzeitig seine Kompetenzen umschrieben wurden. Demnach hatte der Grosse Rat u.a. die Gesetze vorzuschlagen, die nötigen Abgaben auf die Hochgerichte zu verteilen, über Streitigkeiten zwischen den Gemeinden zu entscheiden und den Vollzug der Dekrete der Tagsatzung zu sichern.

Der Einfluss der Gerichtsgemeinden blieb jedoch bestehen. So setzte sich der Grosse Rat, wie der alte Bundestag, aus den 63 Repräsentanten zusammen, «die aus allen Hochgerichten im gleichen Verhältnis wie ehemals und aus allen Teilen des Hochgerichtes gewählt werden». Auch das Gemeindereferendum blieb grundsätzlich bestehen. Es wurde jedoch auf gesetzgeberische Erlasse beschränkt; es galt somit nicht mehr für Regierungs- und Verwaltungsverfügungen.

3. Der Grosse Rat nach der Kantonsverfassung von 1814

Mit dem Verschwinden des napoleonischen Regimes verlor auch die Mediationsverfassung ihre Wirkung. In diesem Zusammenhang wurde wiederum versucht, die Neuerungen, welche die Mediationsverfassung gebracht hatte, weitgehend zu beseitigen. Eine Referendumsabstimmung ergab jedoch kein eindeutiges Mehr für die Wiederherstellung der Ordnung vor 1798. Nach einigen Schwierigkeiten gelang es dem Grossen Rat, im Jahre 1814 eine neue Verfassung für den Kanton Graubünden vorzubereiten, welche alle wesentlichen Neuerungen der Mediationszeit aufrechterhielt. Diese Verfassung wurde am 12. November 1814 mit einer Mehrheit von zwei Dritteln der Gemeindestimmen angenommen. Sie brachte auch einige Neuerungen, welche den Grossen Rat betrafen. So wurden seine Kompetenzen nochmals näher umschrieben und in einzelnen Bereichen etwas ausgebaut. In der Kantonsverfassung von 1814 wurden die Zusammensetzung und der Aufgabenbereich der Standeskommission, die vom Grossen Rat bereits seit 1805 gewählt wurde, erstmals auf Verfassungsstufe näher umschrieben. Demnach musste die Standeskommission «zur Mitberatung und Erledigung der wichtigeren Regierungsbeschlüsse» einberufen werden. Diese Kommission, die zwischen der Regierung (Kleiner Rat) und dem Grossen Rat stand, hatte als wichtige Aufgabe ferner die Geschäfte des Grossen Rates vorzuberaten und diesem Antrag zu stellen. Sie bestand aus den drei Bundeshäuptern (Mitglieder des Kleinen Rates), ihren Stellvertretern (Bundesstatthalter) und je drei Mitgliedern aus jedem Bund. Zumindest teilweise ist die Standeskommission somit die Vorläuferin der heute bekannten grossrätlichen Vorberatungskommission.

4. Der Grosse Rat in der Zeit der Kantonsverfassung von 1854

Im Jahre 1848 trat die neue Bundesverfassung in Kraft. Damit wurde eine Anpassung der kantonalen Verfassung von 1814 an die neue Bundesverfassung notwendig. Drei Entwürfe zu einer neuen Kantonsverfassung wurden vorerst durch die Gemeinden abgelehnt. Erst im Jahre 1853 wurde eine neue Kantonsverfassung angenommen. Sie ist am 1. Februar 1854 in Kraft getreten. Die Kantonsverfassung von 1854 hat die jahrhundertealte Gemeindereferendumsdemokratie und die Drei Bünde auch formell endgültig aufgehoben und Graubünden in einen als Einheitsstaat organisierten Kanton übergeführt. Anstelle der Gesamtheit der Gemeinden trat das Volk als Träger der höchsten Gewalt im Staate.

Die bestehende Behördenorganisation wurde im wesentlichen zwar weitgehend aus der früheren Verfassung übernommen. Dabei wurde der Kompetenzbereich einzelner Behörden erweitert. Eine wesentliche Neuerung bildete jedoch die Wahl des Grossen Rates durch die

Wahlbefähigten der Kreise. Die Grossratsabgeordneten waren somit nicht mehr Repräsentanten der Gerichtsgemeinden, sondern Vertreter des Volkes. Damit fiel auch die Stimmabgabe nach Instruktion der Gerichtsgemeinden weg. Die Amtsdauer betrug – wie schon gemäss Kantonsverfassung von 1814 – ein Jahr, wobei Wiederwahl möglich war. Die Standeskommission blieb weiterhin bestehen. Ihr Aufgabenbereich wurde aber genauer umschrieben; gleichzeitig wurde auch ihre Stellung etwas gestärkt.

II. Der bündnerische Grosse Rat heute

1. Aufgaben und Kompetenzen im allgemeinen

Seit 1854 bis heute hat die Kantonsverfassung verschiedene Änderungen erfahren. Diese betreffen teilweise auch den Grossen Rat. Im übrigen sind im Laufe der Zeit zahlreiche Bestimmungen, die sich auf den Grossen Rat beziehen, in gesetzliche Erlasse und insbesondere in die Geschäftsordnung des Grossen Rates aufgenommen worden.

Der Grosse Rat ist nach geltender Kantonsverfassung die oberste politische und administrative Behörde des Kantons. Das Schwergewicht der Aufgaben und Kompetenzen des Grossen Rates liegt bei der Gesetzgebung, im Budget- und Finanzbereich, zu welchem auch die jährliche Festsetzung des Steuerfusses gehört, sowie bei der Aufsicht über die Handhabung der eidgenössischen und kantonalen Gesetzgebung und über die ganze Landesverwaltung mit Einschluss der Verwaltung im Bereich der Rechtspflege. Als parlamentarische Mittel stehen dem Grossen Rat bzw. seinen Mitgliedern die Motion als verbindlicher Auftrag an die Regierung, das Postulat, die Interpellation, die Schriftliche Anfrage und die Resolution zur Verfügung.

Neben den Aufgaben im Bereich der Gesetzgebung, der Finanzen und der Aufsicht obliegen dem Grossen Rat verschiedene Wahlen. Zu erwähnen sind hier vor allem die jährliche Wahl des Präsidenten und des Vizepräsidenten der Regierung, die Wahl der Mitglieder des Kantonsgerichtes und des kantonalen Verwaltungsgerichtes für eine Amtsdauer von jeweils vier Jahren sowie die periodische Wahl der Mitglieder des Bankrates der Graubündner Kantonalbank, die Wahl eines Teiles der Mitglieder des Verwaltungsrates der Rhätischen Bahn und die Wahl der eidgenössischen Geschworenen. Diese Wahlen erfolgen schriftlich und geheim. Zu den wichtigsten Wahlen gehört auch die Bestellung der ständigen Geschäftsprüfungskommission. Eine schriftliche Abstimmung ist hier nur erforderlich, wenn mehr Wahlvorschläge vorliegen, als Sitze zu besetzen sind. Für die Wahl der Kommissionen, die jeweils eine Vorlage vorberaten, gilt das offene Handmehr.

2. Verteilung der Mandate auf die Wahlkreise

Der Grosse Rat wird direkt von den 39 Wahlkreisen im Verhältnis zu ihrer Bevölkerungszahl nach dem Majorzsystem frei aus den stimmberechtigten Kantonseinwohnern gewählt. Die Mitgliederzahl und deren Verteilung auf die Wahlkreise bestimmt das Gesetz. Früher wurde die Zahl der Mitglieder des Grossen Rates jeweils der Bevölkerungsentwicklung gemäss eidgenössischer Volkszählung angepasst. Seit 1973 besteht der Grosse Rat aus 120 Abgeordneten, wobei jeder Kreis unabhängig von der Bevölkerungszahl mindestens einen Abgeordneten wählen kann. Ergeben sich nach der gesetzlichen Verteilzahl mehr oder weniger als 120 Abgeordnete, so wird die Verteilzahl erhöht oder herabgesetzt, bis die Zahl von 120 Abgeordneten erreicht wird. Für die Verteilung der Mandate auf die Kreise ist im übrigen die schweizerische Wohnbevölkerung aufgrund der Ergebnisse der letzten eidgenössischen Volkszählung massgebend. Jeder Kreis wählt ausserdem nach dem Majorzsystem so viele Grossratsstellvertreter, als er Abgeordnete zu wählen hat, höchstens jedoch zehn.

Die geltende Verteilung der 120 Mandate beruht auf der Volkszählung vom Dezember 1980. Von den 39 Wahlkreisen haben 18 lediglich einen Abgeordneten; 7 Wahlkreise können je zwei Volksvertreter in den Grossen Rat abordnen. Einige Wahlkreise können 3 bis 5 Abgeordnete wählen. Sechs und mehr Mandate haben folgende Wahlkreise: Disentis 6, Rhäzüns 6, Davos 8, Fünf Dörfer 9, Oberengadin 9 und Chur 23. Auf den Wahlkreis der Stadt Chur entfällt somit gut ein Sechstel der Mitglieder des Grossen Rates. Mit dieser Abordnung hat die Stadt Chur im kantonalen Parlament zwar eine starke, aber keineswegs eine dominierende Stellung. Dabei ist auch zu beachten, dass in Chur immer wieder Grossräte gewählt werden, die in einer ländlichen Gegend aufgewachsen sind und in der Regel mit der ursprünglichen Talschaft weiterhin verbunden bleiben.

3. Bündnerische Ordnung im schweizerischen Vergleich

Das bündnerische Recht über die Bestellung des kantonalen Parlamentes ist von den bündnerischen Verhältnissen geprägt. Es kennt daher einige Regelungen, die in anderen Kantonen nicht bekannt sind. Dazu gehören die grosse Zahl von 39 Wahlkreisen, die Wahl nach dem Majorzsystem, das Bestehen einer Landsgemeinde in der Mehrzahl der Wahlkreise und die Wahl für eine Amtsdauer von zwei Jahren.

a) Grosse Zahl kleiner Wahlkreise:

Die geltende Einteilung des Kantons in 39 Wahlkreise beruht im wesentlichen heute noch auf einem Gesetz, das im Jahre 1850 von den Gerichtsgemeinden angenommen und von der Regierung auf den 1. April 1851 in Kraft gesetzt wurde. Die grosse Zahl von Wahlkreisen ist zunächst eine Folge der geographischen Vielfalt und der dünnen Besiedlungsdichte des Kantons Graubünden. Zahlreiche in sich geschlossene Talschaften und insbesondere ein ausgeprägtes Autonomiebewusstsein ihrer Bewohner, welches sich aus einem harten Kampf um Existenz und Eigenständigkeit entwickelt hat, bildeten um die Mitte des 19. Jahrhunderts die Grundlage für die Wahlkreiseinteilung.

Die Einteilung der Wahlkreise war damals aber auch von politischen Erwägungen beeinflusst, wobei hier vor allem die Rücksichtnahme auf die frühere Bedeutung der Gerichtsgemeinden zu erwähnen ist. Wie bereits angedeutet, ging im Verlaufe des 19. Jahrhunderts ein grosser Teil der Aufgaben der früheren Gerichtsgemeinden auf den Kanton und die politischen Gemeinden über. Ein bedeutendes Recht, nämlich jenes der Wahl der Parlamentsabgeordneten, wurde jedoch auf die Kreise übertragen. In Anlehnung an die früheren Gerichtsgemeinden kam dabei das Bestreben zum Ausdruck, einer möglichst grossen Zahl von Kreisen das Recht der Wahl der Parlamentsabgeordneten einzuräumen. Verschiedene Wahlkreise umfassen bevölkerungsmässig kleine Gemeinden mit einem entsprechend kleinen Stimmenpotential. Diese Gemeinden würden in einem bevölkerungsstarken Wahlkreis mit grossen Gemeinden möglicherweise nur selten einen ihrer Stimmbürger in den Grossen Rat delegieren können. Der besonderen Berücksichtigung der kleinen Wahlkreise trägt im übrigen auch die Regelung Rechnung, wonach jeder Kreis unabhängig von der Bevölkerungszahl Anspruch auf ein Grossratsmandat hat.

b) **Wahl nach dem Majorzsystem:**

Wie erwähnt, erfolgt die Wahl des Grossen Rates heute noch nach dem Mehrheitsprinzip. Gewählt ist somit, wer das absolute Mehr erreicht. Dabei lässt das kantonale Recht im Hinblick auf unterschiedliche Verhältnisse in den Wahlkreisen zwei verschiedene Arten der Berechnung des absoluten Mehrs zu. So wird die Gesamtzahl aller gültigen Kandidatenstimmen durch die um eins vermehrte Zahl der freien Sitze oder durch die doppelte Zahl der freien Sitze geteilt; die nächst höhere ganze Zahl ist das absolute Mehr. Kommt bei Einzelwahlen eine Wahl nicht zustande oder sind bei Gesamtwahlen weniger Kandidaten gewählt, als zu wählen sind, findet ein zweiter freier Wahlgang statt. Demnach können im zweiten Wahlgang auch Kandidaten zur Wahl vorgeschlagen werden, die im ersten Wahlgang nicht kandidiert haben. In diesem zweiten Wahlgang entscheidet das relative Mehr.

Dieses Verfahren gilt auch für die Wahl der Stellvertreter der ordentlichen Parlamentsabgeordneten. Neben den gewählte Grossräten erhalten somit auch weitere Kreisangehörige die Gelegenheit, durch vereinzelte Einsitznahme bei Verhinderung von ordentlichen Abgeordneten an einer Grossratssession Erfahrungen mit dem Parlamentsbetrieb zu sammeln. Die Stellvertretung führt somit dazu, dass die Wahlkreise im Parlament stets vollzählig vertreten sind, indem bei Verhinderung von ordentlichen Abgeordneten Stellvertreter aus demselben Wahlkreis im Grossen Rat Einsitz nehmen. Auf diese Weise ist eine stets gleich starke Präsenz der verschiedenen Talschaften und Regionen gewährleistet. In Anwendung des Majorzprinzips erfolgt die Einsitznahme im übrigen nicht nach der Parteizugehörigkeit der verhinderten Abgeordneten, sondern nach der Reihenfolge der nach dem Majorzverfahren erzielten Stimmenzahlen. In diesem Sinne vermag die Stellvertretung die Funktionsfähigkeit des Parlamentes durchaus positiv zu beeinflussen.

Das Majorzwahlverfahren für die Bestellung des bündnerischen Grossen Rates ist nicht zuletzt Ausfluss der demokratischen Organisation des bündnerischen Gemeinwesens. Der Wahl der Grossräte in ihrer heutigen Form ist vor allem eigen, dass sie sich aus dem Versammlungssystem heraus entwickelt hat. Dieses konfrontiert die sich der Wahl stellenden Kandidaten direkt mit dem Stimmbürger. Die Wahl ist auf diese Weise weitgehend eine Persönlichkeitswahl. Sie setzt wiederum räumlich und zahlenmässig überschaubare Verhältnisse voraus. Diese Voraussetzung kann am besten durch viele kleine und mittelgrosse Wahlkreise erfüllt werden.

Die grosse Zahl von kleinen Wahlkreisen schränkt gleichzeitig den Anwendungsbereich des Proporzwahlverfahrens stark ein. Wie früher erwähnt, haben heute 18 Wahlkreise lediglich je einen Abgeordneten. Hier ist somit ein Proporzwahlverfahren zum vornherein ausgeschlossen. Dazu kommen sieben Wahlkreise mit je zwei Grossräten. In diesen Wahlkreisen kommt der Proporzidee aufgrund der konkreten politischen Verhältnisse kaum grosse Bedeutung zu. Unbefriedigend wäre aber auch die Anwendung von zwei verschiedenen Wahlsystemen für die Wahl des kantonalen Parlamentes. Abgesehen davon, dass das persönlichkeitsbezogne Majorzwahlverfahren in überschaubaren Wahlkreisen auch Vorteile aufweist, scheint jedenfalls eine Änderung der Wahlkreiseinteilung eine wichtige Voraussetzung für die Einführung des Proporzwahlverfahrens zu sein. Dies ist jedoch mit erheblichen rechtlichen und staatspolitischen Umstrukturierungen verbunden.

Aus diesen Gründen hat das Bündner Volk verschiedentlich auch die Einführung eines teilweisen Proporzwahlverfahrens abgelehnt. Der letzte negative Volksentscheid geht auf das Jahr 1982 zurück. Kürzlich hat der Grosse Rat erneut einen Vorstoss für die Einführung des Proporzwahlverfahrens für Wahlkreise mit mehr als zwei Abgeordneten abgelehnt.

c) Besondere Aspekte der Landsgemeindekreise:

Im Rahmen des umschriebenen Majorzwahlverfahrens bestehen in den Wahlkreisen verschiedene Formen für die Durchführung der Wahlen in den bündnerischen Grossen Rat. Der überwiegende Teil der ländlichen Wahlkreise kennt die Landsgemeinde, die wiederum in den einzelnen Wahlkreisen in verschiedenen Formen praktiziert wird. In lediglich rund einem Drittel der Wahlkreise erfolgt die Wahl der Grossräte und Grossratsstellvertreter an der Urne. Es handelt sich dabei zum Teil um bevölkerungsreiche Wahlkreise wie Chur, Davos, Oberengadin und Fünf Dörfer. Die Landsgemeinde ist von den Wahlen und insbesondere von der Spontaneität der Wahlvorschläge bzw. der Kandidatenauslese, von den freien Voten und schliesslich vom Wahlakt selber geprägt. Wesentlich dabei ist auch die sofortige Feststellung und Bekanntgabe der Wahlresultate. Bei einem Proporzwahlverfahren wäre eine rasche Bekanntgabe der Wahlergebnisse nicht ohne weiteres möglich. Die Landsgemeinde ist zudem eine bei einem grossen Teil der Bevölkerung noch tief verwurzelte Tradition. Als solche beinhaltet sie auch eine Versammlung der Kreisbevölkerung, die sich alle zwei Jahre zum Gespräch und in der Regel auch zu einem Fest trifft. Es geht somit nicht nur um einen blossen Wahlakt, sondern ebenfalls um ein gesellschaftliches Ereignis. Diese verschiedenen Aspekte haben zur Folge, dass sich die Landsgemeinde auch heute einer recht grossen Beliebtheit erfreut. Dieses politische und gesellschaftliche Ereignis kann auf die Dauer jedoch wohl nur bestehen, wenn die Landsgemeinde regelmässig innert verhältnismässig kurzen Zeitabständen stattfindet.

d) Amtsdauer von zwei Jahren:

Die Proporzkantone wählen ihr Parlament in der Regel für eine Amtsdauer von vier Jahren. Demgegenüber galt im Kanton Graubünden immer noch eine zweijährige Amtsdauer, wobei keine Amtszeitbeschränkung besteht. Diese kurze Amtsdauer ist zumindest teilweise ebenfalls Ausfluss des bündnerischen Versammlungssystems, welches das Majorzwahlverfahren begünstigt bzw. eine kurze Amtsdauer ohne weiteres ermöglicht. Abgesehen davon kannte der Kanton Graubünden auch für die Mitglieder der Regierung während längerer Zeit lediglich eine ein-, zwei- oder dreijährige Amtsdauer. Erst 1972 wurde für die Regierung die vierjährige Amtsdauer eingeführt und die Amtszeitbeschränkung von 9 auf 12 Jahre erhöht.

Im Laufe der letzten Jahrzehnte sind wiederholt Versuche für eine Verlängerung der

Amtsdauer für den Grossen Rat unternommen worden. Bis heute war es nicht möglich, die vierjährige Amtsdauer für den Grossen Rat einzuführen, obschon diese Amtsdauer für die Regierung und die beiden Ständeräte gilt. Bei der Diskussion um die Frage der Verlängerung der Amtsdauer für die Grossräte kam neben den Problemen mit dem Proporzwahlverfahren jeweils die Befürchtung zum Ausdruck, eine Amtsdauerverlängerung könnte die Institution der Landsgemeinde gefährden.

In der Maisession 1988 hat der Grosse Rat wiederum eine Motion überwiesen, mit welcher die Einführung der vierjährigen Amtsdauer verlangt wurde. In ihrer Stellungnahme hat die Regierung die vierjährige Amtsdauer grundsätzlich befürwortet, wobei die Wahlkreise jedoch die Möglichkeit haben sollten, die zweijährige Amtsdauer beizubehalten. Auf diese Weise sollte der Befürchtung Rechnung getragen werden, eine vierjährige Amtsdauer könnte auf die Dauer den Fortbestand der Landsgemeinde in Frage stellen. In der Frühjahrssession 1989 hat der Grosse Rat die Frage einer Verlängerung der Amtsdauer eingehend beraten. Entgegen der Vorlage der Regierung verabschiedete er zuhanden der Volksabstimmung eine Vorlage mit einer einheitlichen Amtsdauer von drei Jahren. In der Volksabstimmung vom 26. November 1989 ist die entsprechende Teilrevision der Kantonsverfassung knapp angenommen worden. Gegen dieses Abstimmungsergebnis sind bei der Regierung verschiedene Beschwerden eingereicht worden, mit welchen die Wiederholung der Abstimmung verlangt wurde. Die Regierung ordnete eine Nachzählung an. Nach Prüfung der Einwände gegen die Ermittlung des Abstimmungsergebnisses in einzelnen Gemeinden lehnte die Regierung im Januar 1990 diese Beschwerden ab, wobei gleichzeitig die Annahme der Amtsdauerverlängerung von zwei auf drei Jahre festgestellt wurde. Dieser Entscheid wurde vom Bundesgericht geschützt und es liegt deshalb der Erneuerungswahl im Frühjahr 1991 eine dreijährige Amtsperiode zugrunde.

4. Cumposiziun politica e professiunela

a) Fracziuns e cumischiuns:

La cumposiziun politica dal Grand Cussagl dal chantun Grischun muossa düraunt ils ultims 20 fin 30 ans üna stabilited relativmaing granda. Seguond l'uorden da gestiun dal Grand Cussagl paun tschinch u dapü commembers s'unir ad üna fracziun. Actuelmaing as compuona (perioda d'uffizi 1989/91) il Grand Cussagl cun 120 commembers seguond las fracziuns scu segua:

– 41 Partieu populer svizzer (SVP)
– 38 Partieu cristiaun-democratic (CVP)
– 27 Partieu liberel-democratic (FDP)
– 6 Partieu sociel-democratic (SP)
– 4 Partieu democratic-sociel (DSP)
– 3 Partieu cristiaun-sociel (CSP)
– 1 Independent resp. sainza partieu

La rapreschantanza illas cumischiuns dal Grand Cussagl as cumpuona seguond üna clev fixeda da la conferenza dals presidents, la quela as basa sün la relaziun dal numer da commembers da las fracziuns. Tar cumischiuns per la preparaziun da progets importants vain però do bada, cha sajan pel solit rapreschantos tuot ils gruppamaints, chi haun la fermezza da fracziun. Scha fundand sün la clev nun exista üngün dret d'ün commember in üna cumischiun preliminera, schi renunzchan las grandas fracziuns i'l ram d'ün turnus cumbino sün ün sez a favur d'üna pitschna fracziun. Na rapreschantos illas cumischiuns sun percunter quels gruppamaints, chi nun haun la fermezza da fracziun previssa.

b) **Representanza tenor professiuns:**

Considerond las differentas pusseivladads da cumbinaziun eis ei dètg difficil da far ina gliesta dils commembers dil Cussegl grond tenor lur activitad professiunala. Generalmein san ins constatar per la perioda d'uffeci 1989/91 ch'ils commembers dil Cussegl grond cun ina activitad da gudogn independenta ed ina activitad da gudogn dependenta, ein representai pressapauc tuttina ferm.

Alla categoria da quels cun in'activitad da gudogn independenta appartegnan specialmein purs, patruns, commerciants, advocats, inschigniers ed architects. En la gruppa da quels cun in'activitad da gudogn dependenta anflein nus surtut scolasts, emploiai en menaschis privats, funcziunaris da vischnaunca ed emploiai d'instituziun ni organisaziuns. La funcziun d'in emploiau cantunal en uffeci cumplein ei tenor lescha incumpatibla cugl il uffeci d'in deputau el Cussegl grond. President communal, commember d'ina autoritad communala ni emploiau communal ei ca. $^{1}/_{3}$ dils deputal. Da quei seresulta che las vischnauncas ein representadas dètg bein el Cussegl grond. En quei connex ei da remarcar ch'ina gronda part dils mistrals e presidents communals han uffecis da natira accessoria. La categoria dils scolasts che appartegnan al Cussegl grond sco emploiai communals, ei oz representada meins che pli baul. In motiv persuenter ei bein il fatg che tuttas quater sessiuns dil Cussegl grond crodan ussa el temps da scola.

c) **La cumpart dallas dunnas el Cussegl grond:**

Oz appartegnan sis dunnas al Cussegl grond sco commembras ordinarias. Las dunnas ein representadas el Cussegl grond dapi l'introducziun dil dretg da votar dallas dunnas el cantun Grischun igl onn 1972. Lur representanza ei tochen oz denton restada sut 10 pertschien. Surtut els circuits electorals cun tschentada da cumin ein tochen uss mo paucas dunnas stadas a disposiziun per in'eleczium. Las dunnas ch'appartegnan oz al Cussegl grond ein per la gronda part vegnidas elegidas en circuits electorals cun elecziuns all'urna.

5. Parlamento trilingue

Il Cantone dei Grigioni è un Cantone trilingue. Dei 166 000 abitanti (censimento federale del 1980) il 60% circa è di lingua tedesca, il 22% circa dei lingua romancia e il 13% circa di lingua italiana; più o meno il 5% fa parte di un altro gruppo linguistico.

Giusta la costituzione del Cantone dei Grigioni il tedesco, il retoromancio e l'italiano sono lingue ufficiali. Ciò vale quindi anche per il Parlamento cantonale. I deputati al Gran Consiglio prestano giuramento oppure promessa solenne in ognuna delle tre lingue ufficiali. Il regolamento organico del Gran Consiglio stabilisce che ogni membro ha il diritto di esprimersi a suo piacimento in una delle tre lingue cantonali e di chiedere la traduzione delle proposte nella lingua che conosce, mentre per contro non prevede alcuna traduzione simultanea delle delibere parlamentari. Si presume che tutti i deputati conoscano le tre lingue cantonali per sommi capi.

In pratica le delibere si svolgono prevalentemente in lingua tedesca, ma mai in dialetto. La popolazione romancia oggi è bilingue e ha la padronanza sia della propria lingua che del tedesco. In sostanza ciò vale anche per i rappresentanti del Grigionitaliano, per cui la traduzione di proposte rimane un'eccezione, anche perché simili traduzioni renderebbero più gravosa l'evasione dei negozi parlamentari.

I membri del Gran Consiglio hanno a disposizione la Collezione Sistematica delle Leggi Cantonali, raggruppata in cinque raccoglitori in fogli sciolti e pubblicata in lingua tedesca, italiana e retoromancia, quest'ultima nell'idioma sursilvano e in quello ladino. In queste lingue risp. in questi idiomi vengono anche sottoposte a votazione popolare le proposte con commento del Gran Consiglio. La disponibilità e premura della maggioranza di lingua tedesca verso le due minoranze linguistiche finora ha contribuito notevolmente a prevenire il sorgere di particolari problemi o difficoltà di carattere linguistico nei Grigioni.

6. Jährlich vier Grossratssessionen

Der parlamentarische Betrieb des Bündner Grossen Rates wickelt sich nach dem Sessionssystem ab. Gegen die Umstellung auf wöchentliche halb- oder ganztägige Sitzungen sprechen vor allem die Ausdehnung des Kantons und die damit verbundenen, teilweise erheblichen Reisezeiten (Puschlav, Bergell, Münstertal, Engadin, Mesolcina, oberer Teil des Oberlandes usw.) eine massgebende Rolle.

Nach der aus dem Jahre 1892 stammenden und am 1. Januar 1894 in Kraft getretenen Kantonsverfassung versammelt sich der Grosse Rat jährlich ordentlicherweise einmal; ausserordentlicherweise so oft er selber oder die Regierung es für notwendig hält, sowie auf Begehren von wenigstens 3000 Stimmberechtigten oder von 20 seiner Mitglieder. Solche Begehren sind, um gültig zu sein, innert drei Monaten seit der Anmeldung bei der Standeskanzlei zuhanden der Regierung einzureichen (vgl. Art. 58 des Gesetzes über die Ausübung der politischen Rechte im Kanton Graubünden).

Die verfassungsmässig vorgeschriebene ordentliche Session fand von Anfang an jeweils im Frühjahr statt, und zwar mit Beginn am Montag nach dem dritten Sonntag des Monats Mai oder, wenn dieser auf einen Feiertag fiel, am folgenden Tag.

In Anwendung der Kantonsverfassung beschloss der Grosse Rat aufgrund der zunehmenden Geschäftslast bereits im Jahre 1903 die Abhaltung einer zusätzlichen Herbstsession. Seither ist das Parlament regelmässig im Mai zu einer ordentlichen Session und im November (früher ausnahmsweise auch im Oktober) zu einer Herbstsession zusammengetreten. Diese Herbstsessionen dauerten anfänglich acht, zehn und später mit zunehmender Geschäftslast während Jahrzehnte – wie die Frühjahrssessionen – normalerweise vierzehn Tage. In der ersten Woche tagte das Plenum in der Regel jeweils am Vormittag; der Nachmittag war für die Sitzungen der Vorberatungskommissionen reserviert. In der zweiten Sessionswoche kam der Grosse Rat am Vor- und am Nachmittag zu Sitzungen zusammen.

Im Jahre 1968 wurde das System der vier einwöchigen Sessionen eingeführt. Seither werden die Geschäfte zum grossen Teil nicht während, sondern vor der Session in den Fraktionen vorbereitet. Mit der Aufteilung auf vier Sessionen konnte eine bessere Angleichung an die zu bestimmten Zeitpunkten anfallenden Geschäfte und eine zeitgerechte Behandlung der Traktanden erreicht werden.

Der Beginn dieser vier Sessionen ist zurzeit in der Geschäftsordnung wie folgt festgelegt:
- am Montag nach dem vierten Sonntag des Monats Mai, und wenn dieser ein Feiertag ist, am folgenden Tag (Maisession als ordentliche Session)
- am Montag nach dem letzten Sonntag im September (Septembersession)
- am Montag nach dem vierten Sonntag des Monats November (Novembersession)
- am Montag nach dem vierten Sonntag des Monats Februar (Februarsession)

In Berücksichtigung der teilweise erheblichen Reisezeiten beginnt eine Session in der Regel am späten Vormittag. Die Dauer der Sessionen richtet sich nach dem jeweiligen Geschäftsverzeichnis. In die Frühjahrssession, die gemäss Verfassung vorgeschrieben ist, fällt die Beratung der Rechnung und des Landesberichtes. Die regelmässig stattfindende Novembersession steht u.a. jeweils für die Beratung des Voranschlages zur Verfügung. Liegen für die September- oder die Februarsession nur wenige, nicht dringliche Geschäfte vor, kann von einer Einberufung des Grossen Rates abgesehen werden. Fallen Feiertage in eine Session, kann diese um eine Woche vor- oder nachverlegt werden, wenn das Geschäftsverzeichnis dies erfordert. Aufgrund der Geschäftslast war es in den letzten 20 Jahren, also seit der Einführung der Regelung mit jährlich vier Sessionen, nur selten möglich, auf die Februar- oder die Septembersession zu verzichten. Vielmehr ist es so, dass alle vier Sessionen in der Regel bis Freitag bzw. Samstagvormittag dauern.

7. Dunkle Kleidung als Vorschrift

Nach der Geschäftsordnung haben die Mitglieder des Grossen Rates an den Sitzungen in schicklicher und dunkler Kleidung teilzunehmen. Diese Vorschrift, die je nach Auffassung von «schicklich» und «dunkel» verschiedene Interpretationen zulässt, war wiederholt Gegenstand der Diskussion. Alle Bestrebungen, diese Vorschrift zu lockern und beispielsweise der Regelung der Bundesversammlung anzupassen, sind bis heute gescheitert. Die dunkle Kleidung gibt dem Parlament eine feierliche

Note, welche sich auf die Würde und das Ansehen des Grossen Rates positiv auswirkt. Die Einhaltung dieser Vorschrift bedarf jedoch gelegentlich der mahnenden Worte des Ratsvorsitzenden. Es ist auch schon vorgekommen, dass Abgeordnete vor Beginn der Eröffnung einer Session noch schnell in den nahegelegenen Geschäftshäusern eine Kravatte kaufen mussten, um der geltenden Vorschrift gerecht zu werden.

III. Tagungsort und Tagungssaal

1. **Die Zeit bis 1879**

Der mit der Mediationsverfassung von 1803 neu geschaffene Grosse Rat tagte – wie bis 1803 der Bundestag – zunächst turnusgemäss an den drei Hauptorten der Drei Bünde, nämlich in Chur (Gotteshausbund), in Ilanz (Grauer Bund) und in Davos (Zehngerichtebund). So besammelte er sich im April 1803 im spätgotischen Ratssaal im Churer Rathaus zu seiner ersten Sitzung nach der Auflösung des Freistaates der Drei Bünde bzw. nach Anschluss Graubündens an die Eidgenossenschaft.

Im September 1803 wurde die Standeskanzlei des neuen Kantons Graubünden als erste und während längerer Zeit auch einzige kantonale Amtsstelle eingerichtet. Im «Neuen Gebäude» an der alten Reichsgasse (heutiges «Graues Haus» oder Regierungsgebäude), welches damals Eigentum der Familie von Oberst Andreas Salis-Soglio war, wurden zu diesem Zweck einige Räumlichkeiten gemietet. Im Jahre 1807 entschloss sich der Kleine Rat (Regierung), das «Neue Gebäude» käuflich zu erwerben. Der im Herbst 1807 in Davos tagende Grosse Rat genehmigte den entsprechenden Kaufvertrag. Ab diesem Zeitpunkt beherbergte das «Graue Haus» neben der Standeskanzlei (mit dem Archiv), dem Kleinen Rat und der Kantonalbank auch den Grossen Rat.

2. **Der Grossratssaal im Staatsgebäude**

Mit dem Bezug des Ratssaales im «Grauen Haus» ging auch die Zeit der Tagungen des Grossen Rates ausserhalb der Hauptstadt ihrem Ende entgegen. Im Ratssaal an der Reichsgasse behandelte der Grosse Rat während Jahrzehnten die Belange des neuen Kantons Graubünden. Im Mai 1879 siedelte er ins Staatsgebäude an der Grabenstrasse im Zentrum der Stadt Chur über. Bereits im Jahre 1876 hatte der Grosse Rat beschlossen, am «Graben» (Grabenstrasse) zusammen mit der Kantonalbank ein neues «Staatsgebäude» zu bauen. Dieser Neubau diente gleichzeitig auch der kantonalen Verwaltung, dem Kantonsgericht und der Kantonalbank. In diesem ovalen Ratssaal im Staatsgebäude wurde im letzten Jahrhundert die Kantonsverfassung von 1892 vorbereitet. Dort sind sowohl am Ende des 19. als auch in der ersten Hälfte des 20. Jahrhunderts oft recht harte politische Auseinandersetzungen geführt worden.

Im Jahre 1911 verliess die Graubündner Kantonalbank das Staatsgebäude an der Grabenstrasse und bezog das am nahegelegenen Churer Postplatz erstellte neue Bankgebäude. Im Laufe der Jahre und Jahrzehnte musste auch die kantonale Verwaltung ausgebaut werden. Im Staatsgebäude an der Grabenstrasse konnte das Bedürfnis nach zusätzlichen Büroräumlichkeiten nicht mehr berücksichtigt werden. Es war daher notwendig, für den Grossen Rat oder für die Verwaltung neue Lokalitäten zu suchen. Es wurde zugunsten neuer Räumlichkeiten für den Grossen Rat entschieden. Damit konnte der freiwerdende Raum im Staatsgebäude der Verwaltung zur Verfügung gestellt werden. So wurde gegen Ende der 50er Jahre das alte, aus dem Jahr 1859 stammende, seit dem Bau eines eidgenössischen Zeughauses leerstehende kantonale Zeughaus an der Masanserstrasse in der Nähe des Regierungsgebäudes in einen Ratssaal für den Grossen Rat einerseits und in das Stadttheater von

Chur andererseits umgebaut. Gleicheitig konnte auf diesem Areal zusätzlich das Verwaltungsgebäude «Untertor» erstellt werden. Der Umbau, der die äussere stattliche Erscheinung des alten Bauwerkes unverändert liess, wurde allgemein als gute und zweckmässige Lösung beurteilt.

3. Bezug des neuen Grossratssaales im Jahre 1959

Im Mai 1959 wurde der neue Grossratssaal an der Masanserstrasse bezogen. An der Eröffnungssitzung der Maisession 1959 begrüsste Regierungspräsident Dr. Andrea Bezzola erstmals den bündnerischen Grossen Rat im neuen Ratssaal. Bei seiner Eröffnungsansprache führte er u.a. folgendes aus:

«In unserer Zeit scharfer weltanschaulicher Auseinandersetzungen und des politischen, wirtschaftlichen und militärischen Gegensatzes bedeutet die Umwandlung eines Zeughauses in einen Ratssaal und in einen Tempel der Musen und der schönen Künste kein alltägliches Ereignis. Vielmehr hat eine solche Erscheinung mehr als bloss alltäglichen Mut und Tatenfreudigkeit zur Voraussetzung. Sie ist ein Bekenntnis der Zuversicht in den Bestand und in das Gedeihen unseres Berglandes.

Ruhend auf dem Fundament echter schweizerischer und bündnerischer Tradition, bildet der neue Grossratssaal mit dem Stadttheater und dem Verwaltungsgebäude Untertor ein architektonisches Tryptichon von seltener baulicher und geistiger Einheit. Dieser Bau dokumentiert nicht nur die Verbundenheit unseres Berglandes mit der schweizerischen Eidgenossenschaft, spiegelt nicht nur einen Abschnitt aus der besten Zeit schweizerischer und bündnerischer Geisteskultur – er bildet in seiner straffen baulichen Konzeption, in seiner Verbindung von Grossratssaal, Verwaltungsgebäude und Theater auch die Fortsetzung einer Tradition, weil sich im Dreibündenstaat das gesellschaftliche Leben, Konzert und Theateranlässe mit dem staatlichen Leben vielfach unter demselben Dach und in demselben Ratshaus abspielten.»

Der weit über die Grenzen des Kantons Graubünden und des Schweizerlandes bekannte Bündner Kunstmaler Alois Carigiet hat im Auftrag der Bündner Regierung an der Stirnwand des neuen Grossratssaales ein vielbeachtetes Bild geschaffen, welches sinnigerweise den Zusammenschluss der Drei Bünde, d.h. des Grauen Bundes, des Gotteshausbundes und des Zehngerichtebundes um die Mitte des 15. Jahrhunderts darstellt. Anlässlich der Maisession 1960 wurde dieses Wandgemälde mit einer bemerkenswerten Ansprache des Kunstmalers eingeweiht. Es war zweifellos eine gute Idee von Alois Carigiet, den neuen Grossratssaal verhältnismässig kurze Zeit nach dem Ende des Zweiten Weltkrieges mit einem Wandbild auszustatten, welches den Gedanken der Freiheit und des Friedens eindrücklich zum Ausdruck bringt.

Seit gut 30 Jahren tagt nun der Bündner Grosse Rat in diesem Ratssaal an der Masanserstrasse im Bestreben, die ihm übertragenen Aufgaben im Geiste der Freiheit und des Friedens zum Wohle des Bündner Volkes zu erfüllen. Zurzeit steht ein Um- und Ausbau mit einer Verbesserung der Infrastruktur zur Diskussion.

Quellenverzeichnis

Liver Peter, a. Regierungsrat
Verfassungsrechtlicher Überblick, Ausgabe der Kantonsverfassung 1981, Standeskanzlei Graubünden, Chur

Liver Peter, a. Regierungsrat
Die Graubündner Kantonsverfassung des Jahres 1854, Bischofberger u. Co., Chur

von Sprecher Johann Andreas / Jenny Rudolf
Kulturgeschichte der Drei Bünde im 18. Jahrhundert, Ausgabe 1976, Chur

Verhandlungen des Grossen Rates Graubünden 1959, S. 7 ff., Standeskanzlei Graubünden, Chur

Verhandlungen des Grossen Rates Graubünden 1960, S. 16 ff., Standeskanzlei Graubünden, Chur

Botschaften der Regierung 1968, Seite 1 ff., Standeskanzlei Graubünden, Chur

Botschaften der Regierung 1982/83, Seite 45 ff., Standeskanzlei Graubünden, Chur

Staatskalender Graubünden 1987/89, Standeskanzlei Graubünden, Chur

Bündner Rechtbuch: Kantonsverfassung, verschiedene Gesetze und Verordnungen

Kanton Graubünden
Mitglieder des Grossen Rates
Stand: 1. Januar 1990

Präsident: Nadig Albert, Landquart, CVP
Adank Jann, Lunden/Buchen, FDP
Aebli Carl, Chur, SP
Aliesch Christian, Chur, SVP
Allemann Luzi, Landquart, SVP
Augustin Vinzens, Chur, CVP
Beeli Gaudenz, Flims-Waldhaus, SVP
Belletti Giulio, Grono, CVP
Bonorand Claudio, Ilanz, SVP
Brunner Josef, Ilanz, CVP
Buchli Chasper, Zernez, FDP
Buchli Ernst, Safien-Platz, SVP
Buchli Jon Flurin, Felsberg, FDP
Buchli Jürg, Haldenstein, SVP
Buchli Leonhard, Versam, FDP
Burger Bernhard, Langwies, SVP
Cajochen Placi, Schluein, CVP
Camartin Simon, Disentis/Mustér, CVP
Capaul Gion Antoni, Tersnaus, CVP
Carl Not, Scuol, SVP
Cathomas Bernhard, Chur, CSP
Caviezel Balzer, Vella, CVP
Cavigelli Toni, Domat/Ems, CVP
Clement Artur, Tamins, SVP
Däscher Clara, Klosters, SVP
Däscher Florian, Seewis i.P., SVP
Decurtins Walter, Trun, CVP
Deplazes Rest Luis, Rabius, CVP
Derungs Heidi, Chur, CSP
Engler Stefan, Surava, CVP
Ettisberger Marco, Chur, FDP
Fasani Romano, Mesocco, CVP
Fopp Rudolf, Samedan, FDP
Friberg Marcel, Breil/Brigels, CVP
Gadmer-Grischott Hedy, Davos-Dischma, FDP
Galli Ivan, Roveredo, FDP
Gilli Roman, Zuoz, SVP
Giossi Vigeli, Rueras, CVP
Giovannini Liglio, Vicosoprano, SVP
Giovanoli Corrado, St. Moritz, FDP
Grass Wieland, Urmein, SVP
Gredig Emil, Pagig, SVP
Gruber Erich, Pontresina, CVP
Gujan Martin, Fideris, SVP
Guntern Pius, Chur, DSP
Hämmerle Andrea, Pratval, SP
Hartmann Paul Anton, Vaz/Obervaz, CVP
Hartmann Reto, Igis, FDP
Hatz Hans, Chur, SVP
Heinz Marx, Thusis, FDP
Hermann Andreas, Fläsch, SVP
Hössli Christian, Splügen, FDP
Hoffmann Hans, Davos Dorf, SVP
Hosang Stefan, Chur, DSP
Huber Klaus, Schiers, SVP
Hubert Fridolin, Vals, CVP
Jäger Johann Ulrich, Malans, SVP
Jäger Martin, Chur, SP
Jäggi Peter, Rothenbrunnen, SVP
Jenny Simon, Klosters, SVP
Jörg Rinaldo, Domat, CVP
Jörger Peter, Chur, CVP
Keller Fabrizio, Sta. Maria i.C., CVP
Klucker Bartholome, Avers-Cresta, SVP
Klucker Eduard, Andeer, SVP
Koch Leo, Davos Platz, DSP
Kunz Romano, Chur, FDP
Lanfranchi Luigi, Poschiavo, CVP
Lardi Guido, Poschiavo, CVP
Lemm Jon Peider, S'chanf, SVP
Lietha Jürg, Grüsch, FDP
Locher Vitus, Domat/Ems, SP
Lori Christian, Malans, FDP
Luzi Gieri, Summaprada, SVP
Luzzi Gisep, Ramosch, FDP
Maissen Theo, Sevgein, CVP
Malgiaritta Werner, Müstair, CVP
Mazenauer Paul, Zizers, CVP
Morell Jon, Sils-Maria, SVP
Nadig Albert, Landquart, CVP
Noi Nicoletta, Chur, SP
Palmy Andreas, Wiesen, SVP
Peretti Emanuele, Cama, SVP
Peterelli Baltermia, Savognin, CVP
Philipp Georg, Untervaz, SVP
Pianta Plinio, Brusio, CVP
Pleisch Hans-Peter, Davos Platz, SVP
Plouda Jon, Ftan, SVP
Rageth Thomy, Domat/Ems, CVP
Reich Arturo, Silvaplana, FDP
Risch-Pleisch Johannes Andr., Conters i.P., SVP
Roffler Erwin, Davos Platz, FDP
Roffler Heinrich, Klosters, FDP
Sacchet Walter, Trimmis, FDP
Schaad Pierluigi, Chur, SVP
Schad Heinrich, Arosa, SVP
Schlenker Urs, Churwalden, FDP
Schmid Luzius, Davos Platz, FDP
Schwarz Gion, Disentis/Mustér, CVP
Senn Josef, Chur, CSP
Spescha Raimund, Andiast, CVP
Spinas Walter, Tinizong, CVP
Stecher Benjamin, Tarasp, SVP
Stiffler Sina, Chur, FDP
Telli Hans, Trin Dorf, FDP
Theus Christian, Bonaduz, CVP
Trachsel Hans-Jörg, Celerina, SVP
Tremp Roland, Chur, CVP
Tschalèr Lorenz, Rhäzüns, CVP
Tscholl Bruno, Chur, SVP
Vogt Urs, Chur, FDP
von Ballmoos Maria, Davos, UDPD
Vonmoos Schimun, Chur, DSP
Walli Johannes, Trimmis, SVP
Walt Johann Georg, Thusis, FDP
Walther Christian, Pontresina, FDP
Weber Georg, Chur, SP
Wolf Hans, Untervaz, CVP
Zindel Albert, Haldenstein, CVP
Zinsli Andrea, Chur, FDP
Zinsli Lorenz, Chur, SVP

CVP   Christlichdemokratische Volkspartei
CSP   Christlichsoziale Partei
DSP   Demokratische-Sozialistische Partei
FDP   Freisinnig-Demokratische Partei
SVP   Schweizerische Volkspartei
SP   Sozialdemokratische Partei
UDPD Unabhängige demokratische Partei Davos

Walter Fricker

Der Grosse Rat von Aargau

Ein junges, geschichtliches Gebilde ist er, dieser Kanton Aargau; er kann nicht auf Jahrhunderte des Wachstums und des Reifens zurückblicken wie etwa seine Nachbarn. In Paris hat Bonaparte ihn mit der «Acte de Médiation» am 19. Februar 1803 geschaffen («Fait par le Premier Consul de la République française entre les Partis qui divisent la Suisse»). Der Name des Kantons jedoch ist ehrwürdig und alt, viel älter als derjenige von Bern. Den Aargau gab es nämlich schon zur Zeit des mächtigen Karl des Grossen.

Den Bemühungen einiger weitsichtiger Aargauer gelang es, Bonaparte dahinzubringen, dass er die vier recht unterschiedlichen Gebiete zu einem einzigen Kanton – eben dem Kanton Aargau – zusammenführte: den 1415 von den Bernern eroberten alten Kantonsteil, die gemeinen Herrschaften des Freiamts, die Grafschaft Baden und das 1801 im Frieden von Lunéville an die Helvetik abgetretene Fricktal. So entstand der heutige Kanton Aargau als souveräner Staat und Glied des eidgenössischen Bundes mit seinem Gebiet, den 11 Bezirken und 48 Kreisen.

Bonaparte wählte für den neuen Kanton die moderne Form der repräsentativen Demokratie, verzichtete also bewusst auf die alte Landsgemeinde-Demokratie. Die politische Führung erhielt das wohlhabende Bürgertum. Die Wählbarkeit für alle Ämter setzte nicht nur ein Mindestalter (je nach Amt 30 – 50 Jahre), sondern auch einen Mindestbesitz (Zensus) voraus. Sogar für die Ausübung des aktiven Wahlrechts musste sich der Bürger über einen Besitz von 200 Franken ausweisen.

Regierung mit Führungsmonopol

Die Mitwirkung des Volkes beschränkte sich auf die Wahl der Gemeinderäte und des Grossen Rates. Letzterer wurde zum Teil in direkter Wahl erkoren, zum andern Teil aus Wahlvorschlägen der Kreisversammlungen ausgelost, und einzelne Mitglieder wurden gar auf Lebzeiten ernannt.

Die gesamte Staatsleitung lag bei der Regierung, dem Kleinen Rat. Der Grosse Rat konnte zu den fertig vorgelegten Gesetzen nur ja oder nein sagen. Der Kleine Rat wählte alle Beamten, ja sogar die Mitglieder der Bezirksgerichte und verfügte über die militärische Macht. Anerkennend muss man zugestehen, dass es der kräftigen Obrigkeit gelang, in wenigen Jahren die vier recht verschiedenen Landesteile zu einem beispielhaften Staatsgebilde zusammenzuschweissen.

Im Juli 1814 gab sich der Kanton Aargau durch einfachen Grossratsbeschluss seine zweite Verfassung, welche die Machtfülle der Obrigkeit verstärkte, die Rechte des Volkes minderte und die Zensusvorschriften noch verschärfte. – Eigenartig war das Verhältnis zwischen dem Grossen Rat und dem Kleinen Rat. Zwar wurden die 13 Kleinräte vom Grossen Rat aus seiner Mitte gewählt, doch die lange Amtsdauer von 12 Jahren sicherte sie gegen eine Wegwahl ab. Sie hatten das Sagen; ihr Vorsitzender, der Amtsbürgermeister, präsidierte zugleich den Grossen Rat. Eine Trennung der Gewalten gab es noch nicht. Der Oberamtmann beispielsweise vereinigte in seiner Person nicht nur den Bezirksamtmann, sondern auch noch den Gerichtspräsidenten.

Das Gebäude des Grossen Rates des Kantons Aargau in Aarau

Damals erhielt der Aargau den Ehrennamen «Kulturkanton»: Er bot vielen Flüchtlingen Asyl, gewährte die Niederlassungs- und Gewerbefreiheit, verminderte die Zensur im Zeitungswesen und schuf als erster Kanton 1822 ein kantonales Lehrerseminar. In solch freiheitlichen Gemarkungen gedieh die Idee eines engeren eidgenössischen Zusammenschlusses besonders gut. Nicht zufällig wurden im Aargau die grossen eidgenössischen Verbände gegründet: Schweiz. Studentenverein (1819 in Zofingen), Eidg. Schützenverein (1824 in Aarau), Eidg. Turnverein (1832), Eidg. Sängerverein (1842).

Die freiheitlichen Gedanken liessen auch die bis anhin unterprivilegierten Bürger erwachen. Hauptforderung war in Anlehnung an die Maximen der französischen Revolution das Mitspracherecht des ganzen Volkes und nicht der alleinige Führungsanspruch einer Minderheit der Oligarchie. 1830 fegte der Freiämtersturm (General Fischer von Merenschwand) das zwar tüchtige, aber doch sehr autoritäre Regime weg.

Der Grosse Rat als Volksvertretung

Die durch einen Verfassungsrat ausgearbeitete und als erste vom Volk durch Abstimmung angenommene dritte aargauische Verfassung vom 15. April 1831 spricht ihren Geist gleich eingangs eindeutig aus: «Der Kanton Aargau ist ein auf der Souveränität des Volkes beruhender Freistaat mit stellvertretender (repräsentativer) Verfassung.»

Damit begann die Zeit des Grossen Rates; bei ihm lag nun die Macht. Er erhielt das Recht, die Gesetzesvorschläge des Kleinen Rates abzuändern oder gar zurückzuweisen. Der Zensus für Wähler wurde abgeschafft, galt aber nach wie vor für die Wählbarkeit. Die neue Verfassung senkte die Zahl der Kleinräte auf neun und die Amtsdauer auf sechs Jahre. Der Vorsitzende erhielt den Titel «Landammann», der heute noch seine Gültigkeit hat und die demokratische Verantwortung des Amtes betont. Erstmals wurden die Gewalten getrennt; neu gab es einen Bezirksamtmann und einen Gerichtspräsidenten.

Das Volk übte auf die Gesetzgebung noch keinen direkten Einfluss aus. Nur Verfassungsänderungen unterstanden dem obligatorischen Referendum und konnten durch eine Initiative verlangt werden. Wichtig war auch der Grundsatz, dass die Verhandlungen der Behörden und Gerichte öffentlich sein mussten und dass die Staatsrechnung gedruckt wurde.

Die dritte Verfassung war anerkannt liberal und gewährte bereits wichtige persönliche Freiheitsrechte, wie Gewissensfreiheit, Freiheit der Mitteilung der Gedanken in Wort, Schrift und Druck sowie Handels- und Gewerbefreiheit. Ausdrücklich garantiert wurden das Petitions- und das Beschwerderecht.

Im Grossen Rat gewann in der Folge eine extreme Richtung der Liberalen, die Radikalen, die Oberhand. Diese huldigten dem Fortschritt. Ihr grosses Ziel war die Einheit des Staates; die Freiheit des Einzelnen war von untergeordneter Bedeutung. Der Radikalismus griff überall ein: im kulturellen Leben, im Schulwesen und äusserte sich auch in einer abweisenden Haltung gegenüber den Landeskirchen. Um die Staatsaufsicht über die beiden Landeskirchen lückenlos im Griff zu haben, wurde die katholische verpflichtet, ihre Erlasse vor der Veröffentlichung der Regierung zur Genehmigung vorzulegen. Zudem verbot man den Klöstern die Aufnahme von Novizen und setzte staatliche Verwalter ein. Die Opposition wuchs gerade in jenen Kantonsgebieten, wo der liberale Umsturz 1830 begonnen hatte: im Freiamt. Damals bestand im Grossen Rat die Parität, d.h. Liberale und Konservative teilten sich in die Macht.

Mit dem Sieg der Liberalen hob man in der vierten Verfassung im Jahre 1841 diese Parität wieder auf, und nur wenige Tage später, nämlich am 13. Januar 1841, beschloss der Rat die Aufhebung der Klöster. Als die Mönche von Muri im kalten Januar 1841 innert zweimal 24 Stunden auszuziehen hatten, erhob sich ein Sturm der Entrüstung. Diese Massnahmen führten im Aargau zu grossen Unruhen, ja zur Erschütterung der gesamten Eidgenossenschaft und mündeten schliesslich in den Sonderbundskrieg aus.

Mehr Macht dem Volk

Am 22. Februar 1852 trat nach drei verworfenen Vorlagen und heftigen Kämpfen die neue, fünfte aargauische Verfassung in Kraft. Sie änderte am Aufbau des Staates nichts Wesentliches. Aber ein Missbehagen über die radikalen Methoden des Grossen Rates und vor allem einer in ihm führenden Schicht von Beamten und Intellektuellen äusserte sich deutlich: Die vom Staate besoldeten Beamten und die Lehrer wurden von der Wahl in den Grossen Rat ausgeschlossen. Die Aufhebung des Zensus und die Einführung eines Taggeldes machten die Wahl einfacher Männer aus dem Volk möglich. Die Amtsdauer aller Behörden wurde von sechs auf vier Jahre verkürzt; ja, das Volk erhielt das Recht, den Grossen Rat auch vor Ablauf der Amtsdauer abzuberufen.

Neu war, dass die Mitglieder der Regierung nicht mehr dem Grossen Rat angehören durften; sie hatten hingegen an den Beratungen teilzunehmen, um ihre Anträge zu vertreten und vor den Volksvertretern Rechenschaft abzulegen.

In etlichen Teilrevisionen wurden nun die Volksrechte laufend ausgeweitet durch Einführung der Volksinitiative, der Pfarrerwahl durch die Gemeinde, das Vetorecht des Volkes gegen Gesetze und weittragende Finanzbeschlüsse des Grossen Rates. 1870 erfolgte dann sogar die Einführung eines obligatorischen Gesetzes- und Finanzreferendums.

Das Volk kann die Behörden wählen

Mit der 1885 revidierten sechsten Verfassung wurde das Finanzreferendum wieder eingeschränkt und das Budgetreferendum gar abgeschafft. Das Prinzip der reinen Demokratie war doch etwas übertrieben worden. Mit dem neuen Grundgesetz wurde dem Staat die Förderung der materiellen Wohlfahrt der Kantonseinwohner aufgetragen. Mit gesetzlichen Regelungen und der Gründung von Staatsanstalten griff er neu auch ins Wirtschaftsleben ein. In steigendem Masse wurde dem Volk die Wahl seiner Behörden übertragen. Als logische Folge hatte die Verfassung 1885 auch die Stimmpflicht eingeführt. Der Bürger musste die Verantwortung tragen, indem er an Wahlen und Abstimmungen seinen Willen kundtat.

Die Verfassung sollte «ein Werk der Verständigung und Versöhnung auf politischem, kirchlichem und sozialem Gebiet sein. Die politischen Wogen gingen seither nie mehr so hoch wie in früheren Jahrzehnten. Eine grundsätzliche Revision der Verfassung stand nicht mehr in Frage, sondern nur deren Ausbau. Eine weitere Vermehrung erfuhren die demokratischen Rechte 1904 mit der Volkswahl der Regierungs- und Ständeräte, 1910 mit der Einführung der formulierten Verfassungs- und

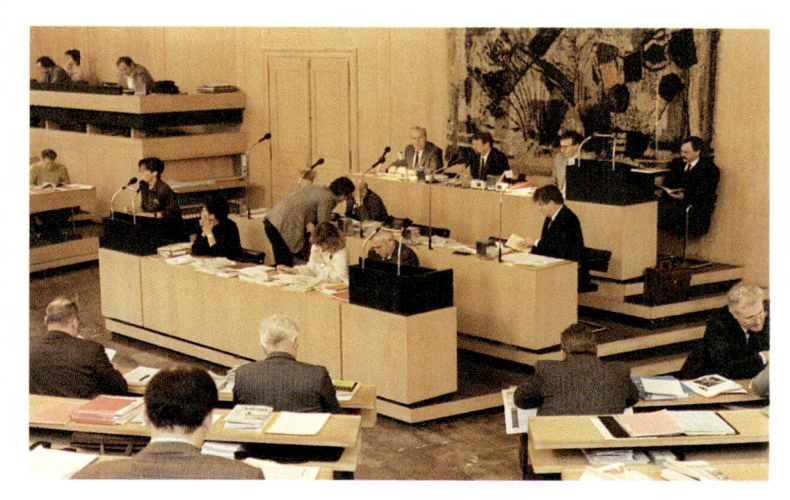

Gesetzesinitiative. Ein altes Begehren der Oppositionsparteien ging im Jahre 1920 in Erfüllung, als für die Grossratswahlen das Proportionalverfahren eingeführt wurde. Der Versöhnung dienten auch die neuen Kirchenartikel von 1927.

Was brachte die neue Kantonsverfassung vom 25. Juni 1980 dem Grossen Rat?

Während der ersten 82 Jahre seines Bestehens hat der Aargau seine Verfassung fünfmal geändert. 95 Jahre lang vermochte das Grundgesetz in der Folge den Anforderungen zu genügen, wobei allerdings, wie erwähnt, in 26 Teilrevisionen rund die Hälfte aller Verfassungsbestimmungen abgeändert wurde. Die Staatsverfassung von 1885 war alt geworden und entsprach nicht mehr der modernen Sprache des 20. Jahrhunderts. Sie enthielt zudem Bestimmungen, die nicht zum materiellen Verfassungsrecht gehören, sondern richtigerweise Gegenstand von Gesetzen oder gar Verordnungen bilden.

Die neue Verfassung mit ihrer klaren Gliederung erlaubt es, den gegenwärtigen Aargau rechtlich zu fassen und zu steuern sowie Freiheit und Demokratie in der Zukunft lebendig zu erhalten. Die neue Behördenorganisation zeichnet sich durch Klarheit und genaue Festlegung behördlicher Zuständigkeiten aus, die nach Prioritäten geordnet sind. Die staatsleitenden Aufgaben des Grossen Rates und des Regierungsrates werden verfassungsrechtlich klargestellt. Betont wird dabei die Stellung des Parlamentes: «Der Grosse Rat ist die gesetzgebende und die oberste, aufsichtsführende Behörde des Kantons.»

Dieser Rat hat nun in Form von Gesetzen alle wichtigen Bestimmungen zu erlassen, vorab jene, welche die Rechte und Pflichten der Bürger oder Grundzüge der Organisation des Kantons und der Gemeinden betreffen. Wenn Gesetze ihn dazu ermächtigen, kann der Grosse Rat ausführende Bestimmungen auch mit Dekreten festlegen, die keiner Volksabstimmung unterliegen.

Wo tagen denn die aargauischen Parlamentarier?

«Sage mir, wo du wohnst ...» – 1807 erwarb sich der junge, selbstbewusste Kanton am südlichen Stadtausgang in Aarau ein repräsentatives Gebäude als Sitz des Regierungsrates. Allerdings konnte das Gebäude nach umfangreichen Umbauten und Erstellung der beiden Seitenflügel erst 1819 teilweise bezogen werden. Bis dahin hatte der Regierungsrat seinen Sitz im städtischen Rathaus.

Der Grosse Rat genoss ebenfalls Gastrecht in den Räumen der Stadt. Nach jahrelangem Hin und Her beschloss er dann 1824, auf einer Anhöhe hinter dem kantonalen Rathaus ein eigenes Gebäude zu erstellen und daselbst auch die Kantonsbibliothek unterzubringen. Im Jahre 1828 konnte das neue Grossratsgebäude bezogen werden.

Die beiden Bauwerke bilden, obwohl sie das Werk zweier Architekten sind, in ihrer parallelen, hintereinander gestaffelten Anlage und der gegenseitigen massstäblichen Abstimmung eine untrennbare Einheit. Das Äussere des Grossratsgebäudes – bewusst schmucklos gehalten – ist von strenger Ebenmässigkeit und weist eine gewisse Monumentalität auf. Der grossen Bedeutung des Gebäudes entspricht auch die dominierende Höhenlage. Die souveräne Architektur wirkt wie aus einem Guss und darf als unbestrittene Hauptleistung des Klassizismus im Aargau gelten. Erstmals auf Schweizer Boden erscheint hier das von der französischen Revolutionsarchitektur neu belebte Schema des Halbkreisgrundrisses mit ansteigenden Sitzreihen. Denkmalpfleger Peter Felder würdigt Regierungs- und Grossratsgebäude des Aargaus als die beiden wichtigsten Denkmäler aus der Frühzeit des jungen Kantons.

1961/62 erfuhr das Innere des Grossratsgebäudes eine geschmackvolle Erneuerung. Der eher nüchterne Ratssaal erhielt anlässlich des 175jährigen Kantonsjubiläums eine wesentliche Bereicherung. Aargauer Künstlern wurde Gelegenheit geboten, die kahlen Wände des Halbrunds mit grossformatigen Bildern zu beleben. Die Werke geben Aufnahmen aus den vier historischen Regionen wieder und stellen – der Wirklichkeit des Aargaus entsprechend – die vielfältigen Natur-, Kultur- und Zivilisationslandschaften einander gegenüber.

Bei einem Besuch im Grossratsgebäude meinte kürzlich eine Sekundarschülerin, das Innere gleiche einem Amphitheater, und sie nehme an, dass die Zweikämpfe sich drunten in der Arena abspielten...

Die Platzverhältnisse sind recht angenehm, verfügt doch jedes Mitglied über genügend Ellbogen- und Bewegungsfreiheit. Gleichwohl bleiben nicht alle Parlamentarier gerne sitzen; während der Sitzungen wird nämlich die Cafeteria im Haus – sie ist nur an Sitzungstagen in Betrieb – rege benützt und dient dem unpolitischen Schwatz, aber auch einem vertraulichen Gespräch.

In einem Rat mit 200 Mitgliedern ist es mit der Präsenz nicht immer zum besten bestellt. Die Milizparlamentarier haben ja noch ihrer Berufsarbeit nachzugehen; ein Landwirt kann seine Ernte nicht verschieben und ein Arzt seine Patienten im Notfall nicht sitzen lassen. Im Amtsjahr 1988/89 beispielsweise musste die damalige Ratspräsidentin für die 53 Sitzungen 1167 Entschuldigungen bekanntgeben, was einen respektablen Absenzendurchschnitt von 22 pro Sitzung darstellt. Gelegentlich bleiben aber auch Damen und Herren unentschuldigt den Sitzungen fern; über diese Zahl schweigt des Schreibers Höflichkeit (am 13. Dezember 1988 waren es immerhin 13 Grossratsmitglieder!).

Wie sind die Frauen im aargauischen Parlament vertreten?

Nach der Einführung des Frauenstimmrechtes auf kantonaler Ebene am 7. Februar 1971 mit einer Stimmbeteiligung von 73% standen bei den Grossratswahlen im Frühjahr 1973 erstmals auch Kandidatinnen im Wahlkampf. 13 Damen schafften es im ersten Anlauf. Seither hat sich die Zahl – langsam zwar, doch stetig – auf 37 Grossrätinnen erhöht, was einem Anteil von 18,5% entspricht (5.3.89).

Erfreulicherweise haben bereits zwei Damen das höchste Amt, das es im Aargau zu vergeben gibt, jenes der Parlamentspräsidentin, erreicht: 1985/86 war es Elisabeth Schmid-Bruggisser aus Stein und zwei Jahre später Dora Bärtschi-Schweizer aus Böttstein.

Wie arbeitet der Grosse Rat?

Die umfassende Berichterstattung der Medien über die Tätigkeit des Grossen Rates bringt es mit sich, dass die Bevölkerung über die Arbeit ihres Parlamentes recht gut informiert ist. In der Tat strömen jeden Dienstagmorgen – mit Ausnahme der Ferienzeit – die Volksvertreter aus allen Kantonsteilen in die Hauptstadt Aarau, um für einen ganzen Tag zu diskutieren, zu beraten und zu beschliessen. Im Amtsjahr 1988/89 fanden insgesamt 53 Halbtagssitzungen statt. Noch vor 25 Jahren waren es rund 30 Halbtagssitzungen pro Jahr. Weniger bekannt ist aber, dass eine von der Regierung ausgearbeitete Vorlage in den Kommissionen vorberaten wird, bevor sie vors Plenum gelangt. Diese Vorarbeit ist bei grösseren Gesetzesvorlagen oft sehr zeitaufwendig. So benötigte beispielsweise die Kommission zur Vorberatung des neuen Steuergesetzes nicht weniger als 38 Sitzungen. – Die Schweizer werden etwa als Weltmeister im Kommissionenbilden belächelt; in diesem Falle jedoch spotte man nicht. Es gibt nicht wenige, die behaupten, im Plenum rede man etwa «zum Fenster hinaus»; die harte Knochenarbeit werde in den Kommissionen geleistet, da werde gefeilscht und gerungen, da erhalte eine Vorlage ihr eigentliches Gesicht, ihr Profil.

Das aargauische Parlament weist 17 ständige Kommissionen auf. Um auch den kleinen Fraktionen Gelegenheit zu bieten, in den vorbereitenden Gremien mitwirken zu können, wurde die Mitgliederzahl mit Beginn der Amtsperiode 1989/93 auf die ungewohnte Zahl von 18 erhöht. Sieben ständige Kommissionen haben eine kleinere Mitgliederzahl.

Die Medien interessieren sich für die Ratsarbeit

Erfreulich ist die ausgedehnte und meist auch ausgewogene Berichterstattung aus dem aargauischen Parlament. Während die grösseren Tageszeitungen und Regionalblätter ihre eigenen Redaktoren nach Aarau delegieren, schreiben oft auch kommunikationsfreudige Ratsmitglieder Artikel für ihre Lokalzeitungen. Genüsslich liest man dann etwa die doch sehr persönlich gefärbten Kommentare. – Der Aargau darf sich übrigens darüber freuen, dass nach wie vor ein recht vielfältiger Blätterwald rauscht, obwohl in den letzten Jahren eine Pressekonzentration stattgefunden hat. Die interessierten Bürgerinnen und Bürger können sich nicht nur in den vier grossen, sondern auch in einem runden Dutzend Lokalblätter eingehend über die Aktivitäten ihrer Volksvertreter im Parlament informieren. Zudem befasst sich das Regionaljournal DRS aus dem Studio Aarau stets eingehend mit der Ratsarbeit. Eher wenig vernimmt die Öffentlichkeit von den oft sehr turbulenten Kommissionssitzungen, die der Plenumsarbeit vorausgehen. Der Informationsdienst des Regierungsrates steht übrigens auch den Kommissionen als Dienstleistungsstelle für die Öffentlichkeitsarbeit zur Verfügung.

Politisch Interessierte haben Gelegenheit, auf der geräumigen Tribüne mit 120 Sitzplätzen den Verhandlungen des Plenums direkt zu folgen. Beinahe jeden Dienstag stellen sich Klassen verschiedener Schulstufen, deren Lehrkräfte eine praxisnahe staatsbürgerliche Lektion erteilen wollen, im Grossratsgebäude ein.

Das Büro als Parlamentsspitze

Jedes Gremium braucht eine Führung. Im aargauischen Grossen Rat ist diese Funktion dem «Büro» übertragen. Seine Pflichten und Rechte sind im Geschäftsreglement festgehalten.

Hinter dem verwirrenden Ausdruck «Büro» verbergen sich sieben Damen und Herren, die im Ratssaal nicht im Halbrund, sondern vorne in der Arena, an der Front, sitzen: der Präsident, der Vizepräsident, vier Stimmenzähler (alle auf ein Jahr gewählt) sowie der Protokollführer, der mit beratender Stimme an den Verhandlungen des Büros teilnimmt; diese Funktion wird von der Staatskanzlei wahrgenommen. Dem Büro obliegt nicht zuletzt die Vertretung des Rates nach aussen.

Präsident und Vizepräsident bilden zusammen mit den Fraktionspräsidenten und dem Landammann die Präsidentenkonferenz, die der Ratspräsident leitet. Dieses Gremium ist verantwortlich für die Förderung der Zusammenarbeit und die gegenseitige Information, die Festsetzung des Schlüssels für die Zuteilung der Kommissionsmitglieder an die Fraktionen, die Anträge an das Plenum für die Wahl der ständigen Kommissionen und deren Präsidenten sowie für die Wahl der Mitglieder und Präsidenten der nichtständigen Kommissionen. Die Präsidentenkonferenz überwacht aber auch die beim Regierungsrat hängigen Geschäfte.

Der Grosse Rat will sich nun ein neues Organisationsstatut geben. Das in erster Lesung verabschiedete Geschäftsverkehrsgesetz soll den Verkehr zwischen dem Grossen Rat, dem Regierungsrat und dem Obergericht regeln; der entsprechende Auftrag ist in der neuen Kantonsverfassung gegeben. Wenn das neue Gesetz vom Volk gutgeheissen wird, zählt der Aargau zu den wenigen Kantonen, welche die Organisation und den Verkehr zwischen den drei Gewalten auf Gesetzesebene regeln. Das parlamentarische Organisationsrecht hat erhebliche Bedeutung für die Tätigkeit der Legislative und gilt zum Teil als Verfassungsrecht im materiellen Sinne. Für die Leitung des Grossen Rates würde die eher administrative Rolle des Büros aufgegeben und zu einem mit wesentlicheren Befugnissen ausgestatteten Führungsorgan ausgeweitet.

Der Verwaltung auf die Finger schauen

In einer Demokratie obliegt der Volksvertretung die Aufsicht über die Verwaltungsarbeit der Behörden. Alljährlich hat der Regierungsrat dem Grossen Rat Rechenschaft abzulegen über seine Arbeit und die Tätigkeit seiner Verwaltung. Die wichtigste Arbeit der Geschäftsprüfungskommission besteht in der Prüfung und Kontrolle der gesamten Staatsverwaltung. Der Umfang hat sich in den vergangenen Jahren stark ausgeweitet, gilt es doch, die weitgefächerten Tätigkeiten der Profis unter die Lupe zu nehmen. Immer mehr gelangen auch die Bürger an die Geschäftsprüfungskommission, die somit eine gewisse Ombudsmann-Funktion übernimmt.

Persönlichkeiten im Grossen Rat

Zwar hat die Autoritätsgläubigkeit – auch im linientreuen Aargau – in den vergangenen Jahrzehnten wesentlich eingebüsst, doch dürfen Grossrätinnen und Grossräte noch auf ein ziemlich hohes Ansehen zählen. Sie gelten meist als Vertrauenspersonen und sind somit für viele Leute, die den direkten Weg in die Amtsstube nach Aarau scheuen, oft eine willkommene Anlaufstelle in mancherlei Anliegen. Erfreulich ist die ausgeglichene Sitzverteilung nicht nur auf die Parteien, sondern auch auf die Berufskreise. Das Bild der Mitglieder trifft die aargauische Vielgestaltigkeit recht gut. Das Durchschnittsalter aller Gewählten beträgt 47,7 Jahre. Der Eingeweihte muss allerdings immer wieder feststellen, dass die Volksvertreter der Bezirke – das sind ja die Wahlkreise – des öftern das aargauische Gesamtbild aus den Augen verlieren und zu sehr im eher kleinlichen Regionalismus verhaftet sind.

Die Praxis beweist, dass die Mitgliedschaft im Kantonsparlament für viele ein Sprungbrett für höhere Ämter darstellt. Von den 16 eidgenössischen Parlamentariern aus dem Aargau haben beispielsweise nur gerade drei ihre Sporen nicht im Kantonsparlament absolviert, und nur einer der fünf amtierenden Regierungsräte sass nicht im Schützenstand, bevor er in den Scheibenstand wechselte.

Wer über den aargauischen Grossen Rat zu berichten hat, darf eine Vereinigung nicht vergessen: die «Fraktion» der ehemaligen Ratspräsidenten, die sich alljährlich vom amtierenden Präsidenten zu einem Treffen einladen lässt. Der älteste, noch lebende Präsident ist ein neunzigjähriger Schreinermeister aus dem Fricktal.

Ein Aargauer Grossrat wird nicht reich

In der alten Staatsverfassung aus dem Jahre 1885 war die Höhe des Sitzungsgeldes für die Volksvertreter frankenmässig festgelegt. Seit 1957 betrug diese Entschädigung 20 Franken. Ende 1970 scheiterte ein Versuch zur Erhöhung der Taggelder am Nein des Volkes. Somit figurierten die Aargauer nach wie vor weit abgehängt am Schluss der gesamtschweizerischen Rangliste. Erst im Dezember 1986 erteilte schliesslich der Souverän seine Zustimmung für Fr. 80.– pro Sitzung, was bei zwei Halbtagssitzungen einem Taggeld von Fr. 160.– entspricht. Als Mittagsentschädigung werden Fr. 15.– und als Kilometer-Entschädigung Fr. –.50 ausbezahlt. Dieser Ansatz gilt mindestens bis zum Ende der laufenden Amtsperiode 1989–1993.

Ein kurzer Vergleich mit andern Kantonen zeigt, dass auch die heutige finanzielle Regelung nicht als besonders grosszügig zu bezeichnen ist, da ja Fraktionssitzungen nicht speziell entschädigt werden. Wer Einblick in die parlamentarische Tätigkeit besitzt, weiss aber vom ausserordentlichen Engagement der Volksvertreter im Vorfeld von Abstimmungen und Wahlen oder von den vielen Repräsentationsverpflichtungen, die eben zum Leben eines Politikers gehören.

Redelust im Parlament

Es gehört wohl zur Natur eines Parlamentes, dass viel und lange geredet wird. Zwar hält das Geschäftsreglement fest: «Niemand darf mehr als zweimal in derselben Sache sprechen, ausgenommen die Vertreter des Regierungsrates und die Kommissionsberichterstatter.» Zudem ist die Redezeit auf 15 Minuten, bei einem zweiten Votum gar auf 5 Minuten beschränkt. Doch die Redelust kann dadurch kaum gebändigt werden. – Die Voten werden sowohl im Dialekt als auch in der Schriftsprache abgegeben. Die Redner treten dabei immer an die für sie bestimmten Pulte links oder rechts der Stimmenzähler.

Die Ratsverhandlungen werden wörtlich aufgenommen. Früher wurden sie stenografiert; seit Jahren steht nun ein Aufnahmegerät zur Verfügung. Das Votenprotokoll wird jedem Redner zur stilistischen Verbesserung, die aber den Sinn nicht verändern darf, nach Hause zugestellt. Erst anschliessend erfolgen Drucklegung und Veröffentlichung im Amtsblatt.

Wie stark die Redelust zugenommen hat, zeigt die steigende Zahl der Protokollseiten. Bei nur unmerklich mehr Traktanden waren zur Berichterstattung im Amtsjahr 1978/79 knapp 700 Seiten nötig, im Amtsjahr 1988/89 jedoch deren 892.

Wie in andern Kantonen wird auch im Aargau die gleiche Entwicklung verzeichnet: Die vermehrte parteipolitische Aufsplitterung lässt die Zahl der Votanten steigen.

Erfreulich ist die im allgemeinen doch recht freundschaftliche Tonart, in der selbst erbitterte politische Gegner im Ratssaal miteinander umgehen. Besuchern fällt etwa die Unruhe im Saal auf, die durch eine ungünstige Akustik noch verstärkt wird. So kommt es dann schon vor, dass die ungeduldigen Schäfchen vom Präsidentenstuhl aus mit der Glocke zur Ruhe ermahnt werden. Dass vorzügliche Redner, die in wenigen Sätzen Wesentliches zu sagen vermögen, auf grössere Aufmerksamkeit stossen, sollte den Vielrednern eigentlich als gutes Beispiel dienen.

Der gegenwärtige Grossratspräsident, Alfons Widmer, erklärte bei seiner Eröffnungsansprache: «Wir haben als Parlamentarier eine überaus wichtige Aufgabe zu erfüllen, nämlich das Volk zu vertreten. Wir haben miteinander zu reden und zu beschliessen, Mehrheiten zu akzeptieren, ob wir wollen oder nicht. Mein Wunsch wäre es, dass wir dies in der Sachauseinandersetzung wohl hart und beharrlich, aber nicht stur, sondern mit Anstand und gegenseitiger Achtung vollziehen könnten.»

Die aargauischen Grossrätinnen und Grossräte beweisen seit Jahren, dass sie gewillt und auch befähigt sind, zusammen mit dem Regierungsrat eine realistische Politik zu betreiben, die unserem Aargau dienen kann.

Quellenhinweise

Felder Peter
Regierungs- und Grossratsgebäude, Aarau Schweizerische Kunstführer

Schäfer Paul
Geschichtlicher Überblick zur aargauischen Staatsverfassung von 1885, Staatskanzlei Aarau, 1967

Widmer Alfons
Eröffnungsansprache als Grossratspräsident am 9. Mai 1989

Kanton Aargau
Mitglieder des Grossen Rates
Stand: 1. Januar 1990

Präsident: Widmer Alfons, Untersiggenthal, CVP

Andereggen Amandus, Zufikon, AP
Angst Linus, Wettingen, SP
Auer Werner, Wettingen, FDP
Auf der Maur Alex, Effingen, SVP
Bachmann Max, Bottenwil, SVP
Bärtschi Dora, Böttstein, FDP
Bärtschiger Emil, Rothrist, AP
Becker Dorli, Möriken-Wildegg, FDP
Benz Edgar, Spreitenbach, AP
Berger-Kirchhofer Ruedi, Oberentfelden, SP
Bernhart Verena, Ennetbaden, SP
Berz Alfons, Neuenhof, CVP
Binder Felix, Kaiserstuhl, CVP
Bircher Peter, Wölflinswil, CVP
Bischofsberger Kurt, Wittnau, SP
Böhlen Walter, Niederrohrdorf, FDP
Bopp Ernst, Effingen, EVP
Boutellier Josef, Gansingen, CVP
Brauen Martin, Lenzburg, SP
Brentano Max, Brugg, CVP
Bretscher Thomas, Rheinfelden, Grüne
Brogli Roland, Zeiningen, CVP
Brun Hansruedi, Merenschwand, FDP
Buchbinder Heinrich, Schinznach Dorf, SP
Bühler Alex, Endingen, SP
Bürge Josef, Baden, CVP
Bürgi Edmond, Oberlunkhofen, FDP
Burgherr Harry, Rothrist, SVP
Burren Andreas, Aarau, FDP
Christen-Reber Martin, Spreitenbach, SP
Deiss Dieter, Sulz, FDP
Deppeler Willi, Dürrenäsch, EVP
Diethelm Karl, Riniken, CVP
Dietiker Ernst, Lenzburg, EVP
Edelmann Beat, Zurzach, CVP
Egerszegi-Obrist Christine, Mellingen, FDP
Ehrismann Stefan, Windisch, AP
Eichenberger-Merz Yvonne, Beinwil am See, FDP
Erne Leo, Döttingen, CVP
Feldmann-Huggenberger Hans, Boniswil, SVP
Fischer Hans Ulrich, Meisterschwanden, FDP
Fischer Julius, Oftringen, FDP
Fischer Paul, Neuenhof, SP
Fischer Paul, Dottikon, LdU
Frei Thomas, Bremgarten, SP
Frey Ernst, Kaiseraugst, SVP
Fricker Kurt, Wohlen, CVP
Fuchs-Müri Verena, Seon, SVP
Füglistaller Lieni, Rudolfstetten, SVP
Furler Ernst, Kaisten, SVP
Gautschi Erich, Gontenschwil, SVP
Gehrig-Borner Irmeline, Erlinsbach, CVP
Geissmann Marcel, Hägglingen, CVP
Giezendanner Ulrich, Rothrist, AP
Gloor Hans, Suhr, SVP
Gloor Reinhard, Birr, SVP
Gloor-Tanner Walter, Niederlenz, SVP
Glur Walter, Glashütten, SVP
Gretler Armin, Kölliken, SP
Gschwend-Hauser Ruth, Nussbaumen, Grüne
Gubler-Heinz Annalise, Menziken, SP
Güntert Peter, Mumpf, CVP
Gumann Josef, Oberlunkhofen, CVP
Guntern Adolf, Oberehrendingen, CVP
Guyer Christiane, Zofingen, Grüne
Häfliger Klara, Reinach, SP
Hähni Bernhard, Reinach, SP
Häseli Regula, Baden-Rütihof, Grüne
Hard Josef, Muri, CVP
Hari Markus, Densbüren, Grüne
Hasenfratz Kurt, Erlinsbach, SP
Hasler Ernst, Strengelbach, SVP
Heer Jakob, Unterentfelden, FDP
Heiz Martin, Reinach, FDP
Heller Daniel, Erlinsbach, FDP
Hess Hansruedi, Kirchdorf AG, SVP
Hess Lothar, Wettingen, CVP
Hoffmann Gretel, Aarau, EVP
Hohermuth Matthias, Möhlin, AP
Holliger Robert, Boniswil, FDP
Huber Herbert, Lenzburg, FDP
Humbel Näf Ruth, Birmenstorf, CVP
Hunkeler Werner, Wettingen, LdU
Hunziker Hermann, Hausen bei Brugg, SVP
Imhof-Kappeler Elisabeth, Gipf-Oberfrick, FDP
Indermühle Werner, Zurzach, SVP
Jäggi Willi, Rothrist, SP
Kaderli Christian, Oftringen, Grüne
Kaderli-Schweitzer Christine, Wettingen, EVP
Käppeli Leo, Merenschwand, CVP
Keller-Gamper Gertrud, Erlinsbach, EVP
Keller Hanspeter, Kirchdorf AG, CVP
Klemm Jakob, Bremgarten, FDP
Knecht Daniel, Windisch, FDP
Kocher Jan, Baden, FDP
Kümmerli Kurt, Magden, SP
Kuhn Katrin, Wohlen, Grüne
Lanz Werner, Wettingen, FDP
Laupper Ernst, Gebenstorf, FDP
Leu-Gloor Rita, Baden, SP
Leuenberger Giorgio, Baden, Grüne
Lienhard Walter, Buchs, NA
Lindenmann Walter, Seengen, SVP
Linz Guido, Gebenstorf, CVP
Löffel Reto, Suhr, AP
Lüscher Hans, Muhen, SVP
Lüscher Rudolf, Kölliken, FDP
Mäder Erich, Boswil, SVP
Malz Emil, Nussbaumen AG, CVP
Mathys Hans Ulrich, Holziken, SVP
Meier Erwin, Wohlen, CVP
Meier Judith, Schneisingen, JLZ
Meier Samuel, Teufenthal, LdU
Meier Urs, Baden, Grüne
Meyer Markus, Aarau, FDP
Mörikofer-Zwez Stéphanie, Kaiseraugst, FDP
Moser Rene, Wohlen, AP
Muff Josef, Wohlen, SP
Müller Peter, Magden, CVP
Müller René, Möhlin, FDP
Müri Helen, Seon, SP
Najman Dragan, Baden, NA
Nef Walter, Klingnau, FDP
Nöthiger-Siegwart Corinne, Aarau, CVP
Noser Daniel, Aarau, FDP
Nüsperli Bruno, Aarau, LdU
Obrist-Kohler Alfred, Baden-Dättwil, SVP
Oldani Kurt, Tägerig, SVP
Perrinjaquet Maurice, Menziken, SVP
Peterhans Franz, Künten AG, CVP
Peterhans Jakob, Sins, CVP
Pilgrim Elsbeth, Muri, CVP
Räss-Dietrich Peter, Rheinfelden, FDP
Rey Walter, Scherz, SVP
Richner Jürg, Oberkulm, FDP
Röthenmund Ulrich, Seon, SP
Röthlisberger Fritz, Vordemwald, NA
Rohr Rudolf, Würenlos, FDP
Rohr Kaufmann Susi, Rohr, SP
Roth-Stiefel Christine, Zetzwil, SVP
Rothlin-Wertli Werner, Wohlen, FDP
Ruch Elisabeth, Zofingen, SP
Rüegger Walter, Rothrist, SP
Sacher Martin, Schinznach-Dorf, FDP
Sailer-Albrecht Elisabeth, Widen, CVP
Salm Hans Ulrich, Veltheim, SP
Schaffner Annemarie, Anglikon, FDP
Schilling Paul, Wettingen, AP
Schmid Kurt, Lengnau, CVP
Schmid Valentin, Herznach, CVP
Schmid Werner, Oberfrick, SVP
Schneider Egon, Baden, CVP
Schneider Hans, Zeiningen, SP
Schneider Richard, Aarburg, LdU
Schnyder Erich, Aarburg, FDP
Scholl Herbert H., Zofingen, FDP
Schweizer Andreas, Untersiggenthal, SP
Siegenthaler Gregor, Veltheim, Grüne
Sommer Hans, Lenzburg, SP
Spörri Walter, Widen, FDP
Stamm Luzi, Baden-Dättwil, FDP
Staub-Petermann Erna, Bellikon, SP
Stierli Kurt, Muri, SP
Studer Benno, Frick, CVP
Studer Heiner, Wettingen, EVP
Stübi Thomas, Dietwil, CVP
Stutz-Lang Hans, Islisberg, CVP
Stutz Wendolin, Baden, CVP
Suter Heinz, Gränichen, FDP
Suter Mariann, Seengen, SP
Theiler Kurt, Rheinfelden, SP
Umbricht-Décosterd Susanne, Untersiggenthal, SVP
Urech-Holliger Rolf, Boniswil, AP
Utzinger Erich, Wettingen, LdU
Veuve Hanni, Zofingen, FDP
Villiger Thomas, Beinwil/Freiamt, FDP
Vögeli Erich, Kleindöttingen, SVP
Vogel Gerhard, Kölliken, EVP
Vogt Werner, Villigen, FDP
Wacker Willi, Uerkheim, SP
Walther-Roost Annemarie, Turgi, FDP
Walti Armin, Seon, SVP
Wassmer Rudolf, Suhr, SP
Wassmer Werner, Aarau, AP
Weber Agnes, Wohlen, SP
Wehrli Hans Jörg, Küttigen, SVP
Weiss Ernst, Magden, SVP
Weiss Lukas, Lenzburg, Grüne
Wernli Kurt, Windisch, SP
Widmer Hans-Peter, Hausen bei Brugg, FDP
Widmer Max, Baden, FDP
Wiederkehr Robert, Rudolfstetten, CVP
Wieser Helga, Aarau, SP
Wille Franz, Villmergen, CVP
Woodtli Ernst, Oftringen, EVP
Würgler Viktor, Schlossrued, SVP
Zehnder-Wettstein Hedy, Niederrohrdorf, CVP
Zimmermann Alfred, Gippingen, CVP
Zimmermann Arnold, Aarau, SVP

FDP Freisinnig-demokratische Volkspartei
CVP Christlichdemokratische Volkspartei und Junge Liste Zurzach (JLZ/1)
SP   Sozialdemokratische Partei
SVP Schweizerische Volkspartei
AP   Autopartei
Grüne Grüne Liste
EVP Evangelische Volkspartei
LdU Landesring der Unabhängigen
NA   Nationale Aktion für Volk und Heimat

Hermann Lei

Der Grosse Rat von Thurgau

Geschichtlicher Abriss

Mit der Mediationsverfassung vom 19. Februar 1803 wurde der Thurgau erstmals ein wahrhaft eigenständiger Kanton der Schweizerischen Eidgenossenschaft. Während das Land am Südufer des Bodensees bis 1460 eine habsburgische Landgrafschaft und von 1460 bis 1798 eine eidgenössische Landvogtei (sieben, ab 1712 acht regierende Orte) war, brachte die Helvetik von 1798 bis 1803 noch immer nicht die Erfüllung der Freiheitshoffnungen und kaum föderalistische Eigenständigkeit.

Die thurgauische Legislative von 1803 trug die Bezeichnung Grosser Rat, zählte 100 Mitglieder, war auf fünf Jahre gewählt und versammelte sich erstmals am 14. April unter der Leitung des Präsidenten der bisher die Regierungsgeschäfte führenden thurgauischen Verwaltungskammer, Johannes Morell, im Rathaus zu Frauenfeld. – Der Grosse Rat wurde nach einem komplizierten Verfahren gewählt: In 32 Kreisversammlungen pro Kreis ein über 30 Jahre alter Ratsherr direkt, drei Kandidaten ausserhalb des Kreises unter den Bürgern über 25 Jahren und mit Liegenschaftenbesitz von mindestens Fr. 20000.– Steuerwert und zwei über 50jährige Anwärter mit ebenfalls einigem Vermögen. Aus diesen Kandidaten wurden die restlichen 68 Grossräte ausgelost.

Die Exekutive – Kleiner Rat von sechs Mitgliedern – wurde aus der Mitte des Grossen Rates für sechs Jahre gewählt und blieb Bestandteil des Kantonsparlamentes. Der Grosse Rat beriet Gesetze, welche ihm der Kleine Rat vorlegte, setzte Steuern und die Besoldungen der Beamten fest und prüfte die Staatsrechnung, konnte kantonale Liegenschaften veräussern und die Gesandten an die eidgenössische Tagsatzung wählen und instruieren. Er wählte auch die oberste Gerichtsinstanz, das Appellationsgericht mit 13 Mitgliedern, diese mussten bereits während fünf Jahren gerichtliche Funktionen ausgeübt oder einer obersten Behörde angehört haben.

Das Rathaus der Bürgergemeinde in Frauenfeld, Tagungsort des Grossen Rates Thurgau im Sommer

Eine Demokratie in unserem Sinne war der landesväterlich regierte Thurgau der Mediationszeit also nicht. Gegenüber dem Kleinen Rat war das Gewicht des ersten thurgauischen Parlamentes zudem gering, auch wenn es gemäss Verfassung die höchste Gewalt im Kanton darstellte und wenn die Mitglieder als «Hochgeachtete, Hochgeehrteste Herren» anzureden waren.

Nach dem Sturze Napoleons I., dem Kleiner und Grosser Rat stets gehuldigt hatten, kam es unter dem Druck der Restaurationsbewegung – die neue Verfassung müsse «den Grundlagen des Aristokratismus sich mehr annähern sowie den Einfluss der Volksmassen» verhindern – zur revidierten Verfassung vom 28. Juli 1814. Die erste Sitzung des Grossen Rates unter der neuen Verfassung fand am 27. Februar 1815 in Frauenfeld statt. Die 100 Mitglieder mussten mindestens 25jährig sein, wovon drei Viertel reformiert und ein Viertel katholisch. Die 32 Kreise wählten je ein Mitglied direkt (Vermögen 3000 Gulden) und drei Kandidaten (Vermögen 5000 Gulden, einer aus dem Kreis, zwei ausserhalb). Ein Wahlkollegium (neun Mitglieder des Kleinen Rates, die 13 Mitglieder des Obergerichtes, die 32 direkt gewählten Grossräte) bestimmte einen 18köpfigen Ausschuss, welcher durchs Los auf neun reduziert und durch die 16 reichsten Grundbesitzer des

Kantons auf die Zahl von 25 gebracht wurde. Diese Körperschaft durfte nun 16 Kantonsräte aus den eigenen Reihen und 16 Aussenstehende wählen. Damit zählte das Parlament 64 Mitglieder und wählte nun die fehlenden 36 (24 aus den Kandidaten der Kreise und 12 aus jenen einer Vorschlagskommission, welche aus drei Kleinen Räten und sechs Grossräten bestand). Die Amtsdauer der Legislative betrug acht Jahre, wobei alle vier Jahre die Hälfte der drei Gruppen ausschied, aber wieder wählbar war. Das Parlament versammelte sich jedes Jahr in der ersten Januar- und Juniwoche zu Sessionen zu je 14 Tagen. Die Tätigkeit war ehrenamtlich, es gab keine Entschädigungen. Die Aufgaben der Legislative blieben formell gegenüber der Mediationszeit unverändert, aber der Einfluss des Kleinen Rates, dessen Präsident, Landammann genannt, das Parlament auch präsidierte, war schon infolge der Wahlart deutlich grösser. Die Sitzungen waren übrigens nur zur Begrüssungsrede des Landammanns öffentlich.

Die Kantonsverfassung vom 14. April 1831 – in Kraft gesetzt am 1. Juni 1831, seither beginnt das Amtsjahr im Thurgau an diesem Tag – verwandelte den Thurgau erstmals in eine repräsentative Demokratie. «Im Namen und als Stellvertreter des Volkes» übte der Grosse Rat von weiterhin 100 Mitgliedern «die gesetzgebende und aufsehende – jährliche Untersuchung der Geschäftsführung aller Behörden und sämtlicher Kanzleien – Gewalt» aus. Er bestand aus 77 evangelischen und 23 katholischen, mindestens 25jährigen Abgeordneten, welche auf zwei Jahre direkt und in den Kreisen gewählt wurden, wobei Geistliche nur aus einem fremden Kreise erkoren werden durften. Der Rat versammelte sich von jetzt ab nur noch im Winter in Frauenfeld, im Sommer tagte er in Weinfelden, von wo die Regenerationsbewegung ausgegangen war.

Dieses Pendeln des Grossen Rates zwischen der Hauptstadt Frauenfeld und dem zentral gelegenen Marktflecken Weinfelden hat eine Parallele nur in der südafrikanischen Republik (Wechsel zwischen Pretoria und Kapstadt). Auffällig sind die «genügsamen Instrumentarien» für den Umzug in die «Sommerresidenz»: Die Arbeitsmittel und Unterlagen für jede einzelne Ratssitzung werden bis heute in einer Militärkiste aus Holz transportiert. Zu Sitzungen auch noch in Steckborn, wie im Verfassungsrat vorgeschlagen wurde, kam es nicht, der Grosse Rat dürfe doch «keine wandernde Musikgesellschaft» werden, wandte man ein.

Die Regenerationsverfassung von 1831 hat den nun sechsköpfigen Kleinen Rat bewusst entmachtet. Die Exekutive gehörte im Sinne einer konsequenteren Gewaltentrennung dem Parlament nicht mehr an und nahm nur noch «auf das Gutfinden und die Einladung des Grossen Rates hin» an den Verhandlungen teil. Eine Besonderheit waren auch die «Mittelbehörden» (Erziehungsrat, Kriegsrat), worin einflussreiche Grossräte sassen und weitgehend auch exekutive Aufgaben an sich zogen.

Das Gesicht des Grossen Rates der Regenerationszeit änderte sich auch in soziologischer Hinsicht. Während bis 1830 vor allem Behördenmitglieder aus verschiedenen Stufen und grösseren Orten dominierten, waren 1831 die freien Berufe (Ärzte, Advokaten, Gewerbetreibende etc.), aber auch Militärs stärker vertreten. Ebenso waren die Mitglieder nach ihrer Herkunft gleichmässiger über das ganze Kantonsgebiet verteilt. Sie erhielten jetzt auch eine Entschädigung. Die äusseren Formen, beispielsweise schwarze Kleidung, Degen und dreieckiger Hut, wurden beibehalten; die Verhandlungen waren öffentlich. Journalisten hatten Zutritt, mussten sich aber schriftlich verpflichten, nur die Wahrheit zu schreiben und Falsches unentgeltlich zu berichten.

In der Verfassungsrevision von 1849 wurde der Kleine Rat in Regierungsrat umbenannt. Das Kantonsparlament behielt aber die Bezeichnung Grosser Rat bei.

Die bisher letzte wesentliche Veränderung der Stellung des Grossen Rates brachte die Verfassung des Kantons Thurgau vom 28. Februar 1869. Sie erfüllte die Forderungen der demokratischen Bewegung; die abschliessende Kompetenz des Grossen Rates wurde mit der Einführung des obligatorischen Gesetzes- und Finanzreferendums beschnitten, die Volkswahl der Regierung eingeführt und die Mittelbehörden abgeschafft, was eine Stärkung der Exekutive bedeutete. Den Konfessionen wurde keine Vertreterzahl mehr garantiert. Die Grösse des Parlamentes wurde an die Entwicklung der Bevölkerung gebunden. Der erste Grosse Rat unter der demokratischen Verfassung zählte 93 Mitglieder und wurde im Majorzsystem auf eine Amtsdauer von drei Jahren in den 32 Kreisen gewählt.

Im Thurgau stiess die Einführung des Grossratsproporzes, welcher von den Linksparteien und katholischen Konservativen schon vor dem Ersten Weltkrieg gefordert worden war, auffallend lange auf erfolgreichen Widerstand der freisinnig-bäuerlichen Mehrheit. Anfangs März 1919 aber wurde ein Gesetz zur Einführung des Proporzwahlsystems gemäss eidgenössischem Modus mit den acht Bezirken als Wahlkreisen (Amtsdauer drei Jahre) knapp angenommen. Das erste Proporzparlament, gewählt Ende April 1920, brachte den Freisinnigen und den Bauern 73 Mandate (– 8), der Katholischen Volkspartei 24 (+ 2), den Demokraten 14 (+ 5) und den Sozialdemokraten 19 (+ 10).

Die Amtsdauer des Grossen Rates wurde 1966 von drei auf vier Jahre verlängert. Nach der Realisierung des Frauenstimmrechtes im Jahre 1971 wurde die feste Zahl von 130 Mitgliedern eingeführt. In der ersten Amtsperiode nach der Verwirklichung des Frauenstimmrechts (1972–76) zählte der Grosse Rat nur eine Frau unter seinen Mitgliedern. 1985 präsidierte erstmals eine Frau den Rat.

Das Kantonsparlament heute

Man bezeichnet den Thurgau gelegentlich als «Kanton ohne Mittelpunkt» und spielt damit auf das Fehlen einer volksreichen, dominierenden und zentral gelegenen Hauptstadt an und auch auf die Sogwirkung, welche ausserhalb der Kantonsgrenzen gelegene Städte wie Zürich, Schaffhausen, St. Gallen oder Wil auf die verschiedenen Regionen des nordöstlichen Standes der Eidgenossenschaft ausüben.

Fast möchte man meinen, dieses Merkmal komme auch im thurgauischen Grossen Rat zum Ausdruck: Ich spiele damit nochmals auf das Pendeln des Rates zwischen Frauenfeld und Weinfelden an.

Die sprichwörtliche Sparsamkeit des Thurgauers schliesslich mag man daran erkennen, dass bis vor wenigen Jahren ein Kantonsrat selbst bzw. gar ein Privatmann das Ratsprotokoll führte. Die Ratsdienste durch die Staatskanzlei wurden erst in jüngster Zeit etwas ausgebaut.

Keineswegs den Eindruck von Sparsamkeit erwecken hingegen die Sitzungssäle des Grossen Rates. Nur eben: Die Grossratssäle gehören gar nicht dem Kanton, für die Benützung wird aber eine angemessene Miete entrichtet. In Frauenfeld tagt der Rat im Rathaus, welches im Eigentum der dortigen Bürgergemeinde steht und den aristokratischen Geist des ausgehenden 18. Jahrhunderts atmet. Das Rathaus wurde vor wenigen Jahren geschmackvoll und prächtig restauriert. In Weinfelden gehört das Rathaus der Munizipalgemeinde und zeugt vom bürgerlich geprägten Selbstbewusstsein des alten Marktfleckens. Auch dieses Gebäude wurde vor kurzem renoviert.

Um mit den Besonderheiten und Eigentümlichkeiten fortzufahren: Das Kantonsparlament heisst offiziell «Grosser Rat», das Ratsmitglied lässt sich hingegen «Kantonsrat» nennen – heute gibt es zudem 18 Kantonsrätinnen! Welches Kantonsparlament kann sich übrigens rühmen, unter den Gewählten einen späteren Monarchen, nämlich Napoleon III., von 1852 bis 1870 Kaiser der Franzosen, zu verzeichnen? Tatsächlich wurde Prinz Louis Napoleon, Haupt der Bonapartisten, der damals auf seinem Schloss Arenenberg am Untersee wohnte, am 22. April 1838 vom Kreis Diessenhofen in den Grossen Rat gewählt. Er verzichtete jedoch wohlweislich, mit herzlichem Dank für das geschenkte Vertrauen, «geboten durch höhere Rücksichten», auf die Annahme der Wahl.

Die Wahl des populären Prinzen kann nun allerdings kaum auf die sonst immer wieder viel diskutierte sogenannte «Untertanenmentalität» des Thurgauers zurückgeführt werden. Damals war die Thurgauer Politik vielmehr recht aggressiv-liberal, der Neffe des grossen Korsen gab sich revolutionär und legte Wert auf die Freundschaft mit dem Führer der thurgauischen Regeneration von 1831, Pfarrer Thomas Bornhauser von Weinfelden. Dessen Büste ziert übrigens zusammen mit der des Landespräsidenten Reinhart von 1798 den heutigen Weinfelder Grossratssaal. Keiner hat wohl so viel für die Stärkung der Legislative im Thurgau getan wie Bornhauser, dieser Bewunderer der französischen Revolution.

Viele Beobachter, auch ehemalige prominente Volksvertreter selbst, meinen, dass die thurgauischen Parlamentarier nicht nur gehalten seien, in «schicklicher Kleidung» zu den Sitzungen zu erscheinen (was dies heisst, ist allerdings schwer zu konkretisieren, Kravatte gehört nicht mehr unbedingt dazu, und sogar Turnschuhe seien toleriert worden), sondern auch der Umgangston der Ratsmitglieder untereinander sei betont manierlich; der Regierung gegenüber, der allgemein eine starke Stellung attestiert wird, verhalte sich das Parlament fast devot. Jedenfalls komme die Exekutive mit ihren Anträgen fast immer durch. Letzteres stimmt zwar, hängt aber grossenteils damit zusammen, dass der Regierungsrat – welcher in der Regel vollzählig an den Ratssitzungen teilnimmt und seinen Platz links vom Präsidenten hat – aufgrund der Vernehmlassungspraxis und der zahlreichen informellen Kontakte mit Kantonsräten, Partei- und Verbandsvertretern die Stimmung recht genau kennt und so eben die Gesetzesvorlagen und Anträge entsprechend «dimensioniert». Die letzte «Justierung» einer Vorlage erfolgt schliesslich in den grossrätlichen Kommissionen. Hier spielen Parteibindungen und Prestigeüberlegungen eine geringere Rolle als im Plenum, Änderungen von Vorlagen sind leichter möglich, der Sachverstand herrscht vor. Im Verlaufe der Kommissionsberatungen bildet sich in der Regel zwischen Regierung und Kommission eine Solidargemeinschaft heraus, und gegen Kommission und Regierung vereint in öffentlicher Sitzung anzurennen ist meist vergeblich, was Minderheiten oft enttäuscht.

Mit den Regierungsrichtlinien, gelegentlich aber auch mit selbstbewusst und entschieden vorgetragenen Voten markiert die Regierung dennoch ihren Führungsanspruch, und das berühmte Bonmot eines ehemaligen Regierungs- und Ständerates, die Regierung könne eben nicht schneller marschieren als die Musik spiele, ist keineswegs die einzige Regierungsmaxime.

Die auch im Thurgau eingetretene politische Aufsplitterung (heute sieben Fraktionen, bis vor wenigen Jahren nur vier) dürfte die Regierung kaum geschwächt haben. Als «historisch» könnte in diesem Zusammenhang die Aufgabe der Fraktionsgemeinschaft zwischen FDP und SVP im Jahre 1986 bezeichnet werden. Damit ist ein weiteres thurgauisches Unikum in der eidgenössischen Parlamentslandschaft dahingegangen, gleichzeitig auch noch die Tradition des Wurstmahls während des Wintersemesters im «Falken» in Frauenfeld im Anschluss an die Sitzung der sogenannten «freisinnig-bäuerlichen Fraktion» – die übrigens während Jahrzehnten wegen ihrer Stärke (oft absolute Mehrheit) den Rat beherrschte, sofern sie einig war –. So lässt sich seither weniger leicht über die Wurst als Symbol der Politik witzeln, in der es hin und wieder «um die Wurst» geht, wobei die einen bloss «einen Wurstzipfel» bekommen, was den andern «wurscht» ist. Wer sich über den «Senf», den der politische Gegner zum besten gibt, ärgert, ist ja selber schuld. Das altrömische «do ut

Das Rathaus der Munizipalgemeinde in Weinfelden, Tagungsort des Grossen Rates Thurgau im Winter

des» heisst auf gut thurgauisch übrigens: «Gibst Du mir die Wurst, so lösch ich Dir den Durst». Aber letzteres ist sicher keine thurgauische Besonderheit mehr.

Jede Fraktion (mindestens fünf Mitglieder sind zu einer solchen erforderlich) hält ihre Sitzung in der Regel am frühen Vormittag des Ratstages ab, in Wirtshaussälen oder in Nebenzimmern des Rathauses. Geleitet wird die Sitzung vom Fraktionschef, anwesend sind auch Regierungsräte (inkl. Staatsschreiber) der betreffenden Partei. Diese Vorberatungen sind wichtig. Die Fraktion hört sich in der Regel zunächst die Voten eines Kommissionsmitgliedes zum entsprechenden Sachgeschäft an, worauf lebhaft diskutiert und eine wenn möglich einheitliche Willensäusserung für das Plenum vorbereitet wird. Während in früheren Zeiten der Fraktionschef fast zu jedem Sachgeschäft im Rate sprach, werden heute vermehrt sachkundige Referenten für jedes einzelne Traktandum bestimmt. Die sogenannte Fraktionsdisziplin ist relativ gut, doch gibt es – in allen Fraktionen – immer wieder Minderheiten, die sich recht ungeniert auch im Plenum zum Worte melden. Sanktionen haben sie deswegen kaum zu befürchten, es sei denn, das Abweichen von der allgemeinen Haltung der Partei (bzw. Fraktion) sei notorisch und erstrecke sich auch auf Grundsätzliches. Neben den ordentlichen Fraktionssitzungen gibt es auch ein paar ausserordentliche, pro Jahr vielleicht drei bis vier (nachmittags oder abends), an welchen komplexere Sachgeschäfte oder Ziele besprochen werden. Im Ratssaal sitzen die Fraktionen tischweise (Bankettbestuhlung): Vom Ratspräsidenten aus gesehen sitzt die Fraktion der CVP (27 Mitglieder) an zwei Tischen am rechten Rand, hinten anschliessend die EVP (6). Halbrechts vorn finden wir die FDP (23), gefolgt von der Grünen Partei (11). Die beiden vordern Tische links vom Ratspräsidenten gehören der SVP (33), ebenso ein Teil des hintern Tisches halblinks, gefolgt von der Autopartei (10). Hinten links sitzen die Sozialdemokraten (20 Mitglieder).

Es gäbe, sagen böse Zungen, übrigens auch inoffizielle Fraktionen, so die der rund 30 Gemeindeammänner, welche in fast allen Parteien sitzen und gegen die schwer anzugehen sei.

Infolge der zunehmenden fraktionellen Aufsplitterungen sind Entscheide im Parlament in Detailfragen heute weniger vorhersehbar, da sich häufiger wechselnde Mehrheiten bilden. In den Grundzügen setzt sich aber meist eine Linie durch, die man nach wie vor als gemässigt bürgerlich bezeichnen könnte. Übrigens ist die Bindung der einzelnen Fraktionen an «ihren» Regierungsrat eher etwas stärker geworden, was gelegentlich zu «Schutzallianzen» von drei bis vier Regierungsparteien führen kann. Kleinere Fraktionen beklagen dies natürlich.

Der Grosse Rat dürfte mit der Kontrolle der Verwaltungstätigkeit mehr Mühe haben als mit der eigentlichen gesetzgeberischen Arbeit. Dem Thurgauer liegt hartnäckiges Hinterfragen eben wenig, und so mag es sich erklären, dass ein früherer Grossratspräsident festgestellt hat, er sei nach einem Besuch im Zürcher Kantonsrat gerne in den heimischen Thurgau zurückgekehrt, da hier «Fairness» noch gross geschrieben werde.

Die Stellung des Grossratspräsidenten hat sich im Verlaufe der Geschichte verändert. Im 19. Jahrhundert wurden die zwei bis drei einflussreichsten Parlamentarier abwechselnd in dieses Amt gewählt und beherrschen vom Präsidentenstuhl aus die Legislative. Johann Konrad Kern beispielsweise war in zwei Jahrzehnten seiner Ratszugehörigkeit neun Mal Präsident. Davon kann heute keine Rede mehr sein. Der Grossratspräsident hat kaum noch «Macht». Er wird zwar gerne als «höchster Thurgauer» angesprochen und nach der Wahl aufwendig gefeiert. Er kann aber den Rat höchstens noch durch seinen persönlichen Stil prägen und dank gewandtem und korrektem Abwickeln der Formalien Pannen und Zeitverluste vermeiden. Präsidenten führen den Rat auch bei feierlichen Anlässen an – so etwa bei Einweihungen von grossen Staatsbauten – und repräsentieren häufig bei kantonalen Festen. Dabei wird die rhetorische Begabung des Präsidenten geschätzt und stark beachtet.

Der Grosse Rat kennt seit wenigen Jahren jeweils zu Beginn der Legislaturperiode das Amt des Alterspräsidenten. Früher eröffnete der Regierungsratspräsident die neue Amtsperiode. Der Alterspräsident (der amtsälteste Kantonsrat) leitet die Wahl des neuen Präsidenten und eröffnet die Sitzung mit einer wohlgesetzten Rede.

Zusammenfassend sei ein eidgenössischer Parlamentarier, früherer Kantonsrat, zitiert, welcher meint: Das thurgauische Parlament sollte etwas weniger «gouvernemental» und dafür «phantasievoller» sein. Er lobt aber die Ernsthaftigkeit und Sachlichkeit des thurgauischen Grossen Rates.

Grossratspräsidenten greifen selten zur Glocke – in der Regel nur zum Sitzungsbeginn. Eingeläutet wird die Sitzung übrigens durch das Rathausglöcklein. Die meist halbtägigen, ausnahmsweise ganztägigen Sitzungen finden gemäss der neuen Kantonsverfassung vom 16. 3. 1987, gültig ab 1. 1. 1990, im Winter (bisher Sommer) in Weinfelden und im Sommer (bisher im Winter) in Frauenfeld statt, und zwar jeweils um 9.30 Uhr. Der Präsident eröffnet die Sitzung mit dem Satz: «Die Sitzung ist eröffnet, es folgt der Namensaufruf.» Der Namensaufruf wird durch ein Büromitglied vorgenommen, wobei gleich auch die Entschuldigungen mit Begründung bekanntgegeben werden. Der Präsident muss in der Folge recht häufig zur Ruhe mahnen. Vielleicht befördert durch die Eigenheit, dass die Räte an grünbeschlagenen Tischen einander gegenübersitzen, sind mehr oder weniger private Gespräche abgelöst durch Zeitungslektüre oder einen gelegentlichen Gang zur Wandelhalle, wo man sich gerne eine Erfrischung gönnt (offizielle Ratspausen gibt es nicht) selbstverständlicher Bestandteil des Ratsbetriebes, womit eine Art familiärer Klubatmosphäre entsteht. Der Ratspräsident kann das Verlassen der Sitzung verbieten, wenn die Beschlussfähigkeit verloren zu gehen droht. Die Gründe für dieses lockere Verhalten der Ratsmitglieder sind hier wie anderswo dieselben: Man kennt mehr oder weniger den Ausgang einer Debatte, hat viele Referate auch schriftlich vor sich. «Der Grosse Rat ist eben keine Schulklasse» entgegnete ein früherer Regierungrat auf die Kritik von Schülern, die mit ihrem Lehrer auf der Tribüne Platz genommen hatten und Anstoss am unruhigen Ratsbetrieb nahmen.

Die Votanten im Rat sind gemäss Ratsreglement gehalten, «zur Sache zu sprechen, ohne weitschweifig oder beleidigend zu sein. Verletzt ein Redner diese Regeln, die dem Grossen Rat, dem Regierungsrat oder einzelnen Mitgliedern gebührende Achtung oder den Anstand, ermahnt ihn der Präsident oder erteilt ihm den Ordnungsruf. Über Einsprachen gegen diese Massnahmen entscheidet der Rat».

Eine eigentliche Redezeitbeschränkung gibt es nicht, aber der Rat könnte die Dauer der Diskussionsvoten beschränken. Von dieser Möglichkeit wird selten Gebrauch gemacht. Verhandlungssprache ist Schriftdeutsch, jenen wenigen Ratsmitgliedern, welche Mundart sprechen, wird dies aber nachgesehen.

Seit 100 Jahren ist kein Mitglied des Grossen Rates mehr auf die Idee gekommen, seinen Hund an die Sitzung mitzubringen. Das diesbezügliche Verbot in einem alten Ratsreglement ist, weil unnötig, längst vergessen. Vielleicht war der treue Begleiter seinem Herrn, welcher vor Jahrzehnten zu Fuss den Weg nach Frauenfeld oder Weinfelden zurücklegte, einfach nur gefolgt.

Eindeutig zugenommen hat in den letzten Jahren die Geschäftslast, welche 20–25 Sitzungen pro Amtsjahr nötig macht.

Bei den Verhandlungen ist zuerst über das Eintreten zu beraten und abzustimmen, sofern Eintreten nicht obligatorisch ist. Anschliessend folgt die materielle Beratung, nämlich zwei Lesungen und abschliessend eine dritte – die Redaktionslesung. Letztere wird durch eine sogenannte ständige Kommission vorbereitet. Weitere ständige Kommissionen sind: Budget- und Staatsrechnungskommission, Geschäftsprüfungskommission, Petitionskommission, Begnadigungskommission und Raumplanungskommission.

Wie beurteilen Aussenstehende, ständige Beobachter (z.B. Ratsberichterstatter) die Veränderungen der jüngsten Zeit?

Bemerkt wird die starke personelle Erneuerung bei den letzten Gesamterneuerungswahlen (jeweils mehr als ein Drittel neue Ratsmitglieder). Vielleicht hänge es damit zusammen, dass der Ratsbetrieb lockerer, aber auch schwerfälliger geworden ist. Beklagt wird das Verschwinden «echter Originale», herausragender Köpfe, die Dominanz von «Regierung und Mittelmässigkeit». Nur die Akustik und die Ratsberichterstattung seien in den letzten Jahren besser geworden. Diese bittere Bemerkung eines Journalisten dürfte aber bei den Kantonsräten selbst nicht unwidersprochen bleiben. Die Medien, so heisst es hier, belohnten eben zu sehr die zum Fenster hinaus Redenden und räumten einem geschickt eingestreuten Bonmot, das unter die Rubrik «gsaat isch gsaat» eingereiht wird, mehr Raum ein, als einem ernsthaften und korrekt vorgetragenen Gedankengang. «Ohne Presse gingen die Sitzungen viel rascher» meint ein Altkantonsrat. Ein anderer Ratsbeobachter aber schliesst versöhnlich: In der Bevölkerung sei der Grosse Rat des Kantons Thurgau angesehen und das Parlament ein gutes Abbild des Thurgaus: gastfreundlich, hilfreich, kein «Eliteverein», sondern eine Ansammlung von anständigen, ehrlichen, währschaften und gegenüber Andersdenkenden toleranten Männern und Frauen.

Quellenverzeichnis

Meyer Bruno
Die Stellung des Grossratspräsidenten im Wandel der Zeit, Thurgauer Jahresmappe 1978

Schoop Albert
Geschichte des Kantons Thurgau, Band I, Frauenfeld 1987

Trümpler Rudolf
Die Kompetenzen des Grossen Rates des Kantons Thurgau von 1803–1849, Lachen 1931

Vetter Elisabeth
Das Thurgauer Kantonsparlament, Zeitschrift Traktandum 3/88

Geschäftsordnung des Grossen Rates des Kantons Thurgau vom 18. August 1983

Kanton Thurgau
Mitglieder des Grossen Rates
Stand: 1. Januar 1990

Präsident: Vogel Walter, Frauenfeld, FDP
Aepli Vreni, Amriswil, CVP
Ammann Kurt, Märstetten, SAP
Anderes Walter, Romanshorn, SP
Anhorn Albert, Bischofszell, SP
Bächi Rainer, Sulgen, GP
Bachmann Joseph, Sirnach, CVP
Bachofner Hans, Frauenfeld, FDP
Balmer Beda, Müllheim, CVP
Baltisser Hans, Scherzingen, SVP
Baumann J. Alexander, Kreuzlingen, SVP
Baumann Rolf, Sulgen, SP
Beeli Theo, Kreuzlingen, CVP
Bolli Reinhold, Frauenfeld, SP
Bollinger Uta, Romanshorn, EVP
Bommer Franz Norbert, Weinfelden, CVP
Brändli Otto, Bommen, SVP
Braun Marlis, Frauenfeld, GP
Brühwiler Fridolin, Fischingen, CVP
Brüschweiler Louis, Bischofszell, CVP
Büchi Peter, Wallenwil, FDP
Bühler Ernst, Amriswil, SVP
Buri Max, Berg, FDP
Camenzind-Wüest Margrit, Frauenfeld, CVP
Carnier Vreni, Aadorf, CVP
Cornella Guido, Amriswil, FDP
Cotting Roger, Kreuzlingen, CVP
De Lazzer Stefan, Arbon, CVP
Dössegger Max, Ermatingen, FDP
Dubs Rudolf, Uttwil, CVP
Eberle Roland, Weinfelden, SVP
Egger Jürg, Gerlikon, SAP
Etter Jakob, Sirnach, EVP
Fehr Bruno, Uesslingen, SVP
Forster Peter, Salenstein, SVP
Frei Bernhard, Hörhausen, GP
Gamper Walter, Kreuzlingen, GP
Gehrig Erwin, Affeltrangen, SP
Giger Martin, Wilen bei Wil, CVP
Glauser Dorothe, Birwinken, SVP
Graf-Schelling Claudius, Arbon, SP
Grauer Hans Ulrich, Kreuzlingen, SP
Greuter Edy, Sulgen, FDP
Gubler Egon, Osterhalden, SVP
Gusset Wilfried, Frauenfeld, SAP
Haag Bruno, Fimmelsberg, CVP
Hager Alois, Frauenfeld, CVP
Hagmann Jakob, Hüttwilen, SVP
Halter Willi, Ueterschen, SVP
Hausammann Max, Romanshorn, SVP
Hänzi Brigit, Frauenfeld, FDP
Hefti Hansruedi, Münchwilen, SAP
Helg Robert, Weinfelden, FDP
Herzog-Zimmermann Theresa, Tobel, GP
Hinderling Judith, Balterswil, GP
Hug Clemens, Frauenfeld, CVP
Hug Paul, Wilen bei Wil, FDP
Hugentobler Hans, Märstetten, SVP
Isler-Baumer Janine, Arbon, FDP
Kauderer Gerold, Steinebrunn, SVP
Keller Heinz, Schönenbaumgarten, SVP
Keller Peter, Kreuzlingen, SP
Knus Heinrich, Arbon, FDP
Koch Bernhard, Zihlschlacht, CVP
Kopp Hannes, Götighofen, GP
Kradolfer Ernst, Riedt, SVP
Krähenmann Gerold, Heiterschen, CVP
Kruger Otto, Wilen bei Wil, SAP
Kuster Richard, Frauenfeld, SAP
Kunz Ernst, Arbon, SP
Künzli René, Berlingen, FDP
Lang Hansjörg, Mammern, FDP
Lanz Ernst, Romanshorn, GP
Lei Hermann, Weinfelden, FDP
Leugger Arthur, Kreuzlingen, CVP
Lindenmann Emil, Amriswil, SVP
Lindt Peter, Kreuzlingen, FDP
Meier Urs, Altishausen, SAP
Mettler Marlies, Fischingen, CVP
Minder Eduard, Steckborn, SP
Möckli Gottlieb, Oberschlatt, SVP
Möckli Gustav, Dickihof, SVP
Müller Alfred, Romanshorn, FDP
Müller Jörg, Felben-Wellhausen, SVP
Müller Oskar, Güttingen, SVP
Müller Otto, Hurnen, SVP
Münger-Keller Elsy, Spitzenreuti, SVP
Niklaus Arthur, Hüttenswil, SVP
Oswald Markus, Aadorf, FDP
Peter Liselotte, Mezikon, SVP
Peter Richard, Balterswil, SP
Raggenbass Hansueli, Kesswil, CVP
Rickenmann Paul, Dingenhart, SVP
Rohrer Louis, Bürglen, EVP
Rüegg Paul, Tobel, CVP
Rupp Bernard, Bischofszell, EVP
Ruprecht Hans Peter, Frauenfeld, SVP
Rusca-Naef Ines, Bottighofen, FDP
Sauter Josef, Sulgen, CVP
Schär Andreas, Affeltrangen, SVP
Schär Theo, Kreuzlingen, EVP
Schawalder-Linder Vreni, Romanshorn, SP
Scheurer Bruno, Diessenhofen, SP
Schlatter Martin, Herdern, CVP
Schlosser-Bösiger Hanni, Weinfelden, SP
Schmid Hans Ulrich, Arbon, FDP
Schoeller-Häberli Käthi, Tägerwilen, SP
Schöni Andreas, Neukirch-Egnach, SAP
Senn Ulrich, Bürglen, SVP
Sgier Giosch Antoni, Arbon, CVP
Sommer Walter, Diessenhofen, FDP
Stricker-Frehner Hannes, Kesswil, GP
Sturzenegger Karl, Arbon, SP
Tapfer Christian, Romanshorn, SP
Thalmann Rolf, Bischofszell, SAP
Tobler Christoph, Arbon, SVP
Tobler Eva, Frauenfeld, SP
Tödtli Hansruedi, Frauenfeld, GP
Vetterli Otto, Rheinklingen, SVP
Vogel Walter, Frauenfeld, FDP
Weber Kurt, Wigoltingen, SVP
Wechsler Alfred, Weinfelden, SP
Wellauer Bruno, Amriswil, FDP
Widmer Hansjörg, Altnau, FDP
Widmer Willy, Dussnang, CVP
Wildberger Peter, Frauenfeld, GP
Willi Jakob, Kreuzlingen, SP
Wüst Hans-Rudolf, Salenstein, SAP
Wüthrich Walter, Frauenfeld, SP
Züllig Hansjörg, Neukirch-Egnach, SVP
Zurbuchen Walter, Frauenfeld, EVP

SVP Schweizerische Volkspartei
CVP Christlichdemokratische Volkspartei
FDP Freisinnig Demokratische Partei
SP   Sozialdemokraten und Gewerkschafter
GP   Grüne Partei
SAP Schweizerische Autopartei
EVP Evangelische Volkspartei

Mario Gallino

Il Gran Consiglio del Ticino

La Costituzione cantonale ticinese definisce solo indirettamente il Gran Consiglio, affermando che «il potere legislativo è esercitato da un Gran Consiglio». E' una formula «relativamente nuova», che risale al 1892. Nella Costituzione dell'Atto di mediazione (1803) e in quelle del 1814 e del 1830 si parlava infatti di «potere sovrano», un'espressione che, a ben riflettere, non era molto aderente alla realtà politica di quei tempi. Oggi sarebbe in ogni caso preferibile una definizione diretta, rovesciando la formula del 1892. E' quanto propone il progetto di nuova Costituzione cantonale, che consiglia questa formula: «Il Gran Consiglio è l'autorità legislativa del Cantone». Ma trattandosi di un progetto, è possibile che dovremo accontentarci della definizione del 1892 ancora per parecchio tempo.

Danno corpo all'«autorità legislativa» 90 persone, che la tradizione popolare chiama onorevoli. Novanta deputati potrebbero apparire troppi in un paese che ospita meno di 300 mila anime. Ma potrebbero anche essere pochi, se contati con occhio storico. La Costituzione del 1830 fissava infatti a 114 il numero dei membri del Gran Consiglio. Quello dei deputati non fu comunque sempre un numero fisso. La Costituzione del 1876, ad esempio, stabiliva come base di computo un deputato ogni mille abitanti e la riforma successiva, del 1880, uno ogni 1200. Il ritorno al numero fisso è di questo secolo: 75 deputati a partire dal 1920 e 65 dal 1922 al 1970. I tentativi di aumentare il numero dei consiglieri, effettuati tra il '22 e il '70, fallirono a livello popolare (nel 1946 e nel 1954).

Il «miracolo» fu possibile nel 1970, grazie all'introduzione del suffragio femminile, che raddoppiò di colpo l'elettorato cantonale. E' interessante notare che nel 1970, memore delle precedenti sconfessioni popolari, il Consiglio di Stato non propose 90 deputati bensì solo 85, numero che il Gran Consiglio arrotondò saggiamente a 90. – Va notato che il Ticino è uno dei pochi cantoni in cui la Costituzione stabilisce il numero dei rappresentanti del popolo. Teoricamente bisogna riconoscere che dal profilo politico la rappresentanza è migliore là dove i deputati non sono in numero fisso ma variabile secondo la popolazione, oppure – meglio ancora – secondo il numero degli elettori. Ma i ticinesi sono in buona compagnia, visto che anche in sede federale il principio della rappresentanza in funzione del popolo è stato abbandonato. In favore del numero fisso militano ragioni di indole pratica. Tra le altre, quella relativa alla capienza dell'aula granconsigliare, che non permetterebbe di ospitare un numero di deputati molto superiore a quello attuale (è lo stesso problema che si pone per il parlamento federale).

Con 90 deputati il Gran Consiglio ticinese rimane pur sempre uno dei parlamenti cantonali meno numerosi della Svizzera. In quasi tutti i cantoni il numero dei deputati supera, anche di parecchio, la centuria. Ciò nonostante un aumento non sembra opportuno. Come si suol dire «quantità non è sinonimo di qualità» e le votazioni popolari del 1946, del 1954 e del 1970 lasciano intendere che una proposta di aumento, ammesso che sia opportuna, non sarebbe compresa dai cittadini.

A titolo di curiosità va ricordato che negli scorsi anni sulla stampa è stata ipotizzata una formula bicamerale. Si preconizzava in sostan-

Palazzo delle Orsoline, Bellinzona, Sede del Gran Consiglio ticinese

za un secondo ramo del parlamento nel quale avrebbero dovuto essere rappresentati gruppi economici e sociali rilevanti. Ma qualcuno ha pensato anche a un secondo ramo in chiave regionale. L'ipotesi bicamerale non ha avuto nessuna fortuna, siccome nella prima eventualità favorirebbe una prevalenza di interessi corporativi su quelli politici e nella seconda oscurerebbe la visione dell'interesse generale del Cantone come unità politica.

Qualche garanzia di rappresentanza regionale

Il Gran Consiglio ticinese è eletto direttamente dal popolo in un circondario unico costituito dall'intero cantone con il sistema del voto proporzionale. Il sistema del circondario unico, in vigore dal 1920, è addolcito da una clausola che il legislatore ha voluto aggiungere per garantire una rappresentanza regionale. In pratica è stata data ai partiti politici la facoltà di attribuire, in tutto o in parte, i loro candidati ai circondari stabiliti dalla Costituzione. Questa formula soddisfa i grandi partiti, desiderosi di garantire rappresentanze regionali, ma viene anche incontro al desiderio dei piccoli partiti, preoccupati di evitare una dispersione di voti e che possono concentrare i loro sforzi sul circondario unico.

Per assicurare la rappresentanza regionale il Cantone è stato diviso in dieci circondari elettorali. Sette sono costituiti dai distretti, ad eccezione di quello di Lugano (si tratta dunque dei distretti di Mendrisio, Vallemaggia, Locarno, Bellinzona, Riviera, Blenio e Leventina). Gli altri tre raggruppano vari circoli (Lugano, Ceresio, Carona e Pregassona; Tesserete, Sonvico, Vezia e Taverne; Agno, Magliasina, Sessa e Breno).

L'elezione del Gran Consiglio avviene ogni quattro anni, nel corso del mese di aprile. La data è stabilita dal Consiglio di Stato entro la fine dell'anno precedente. La campagna elettorale dura di regola un mese, con una tregua durante la settimana di carnevale. Essa si svolge su due piani diversi. C'è la campagna dei massmedia, condotta sui giornali di partito o su spazi ad hoc messi a disposizione da altri giornali, nonché la campagna radiotelevisiva, che ha luogo nell'ambito di apposite trasmissioni, di presentazione o di dibattito. E c'è la campagna popolare, che si svolge a livello di comune o di quartiere, con cene, comizi, feste danzanti, grandi raduni, ecc. Le elezioni cantonali riescono a provocare una notevole mobilitazione a livello comunale, per il fatto che precedono di un solo anno quelle comunali e pertanto fungono da «prova generale» in vista di quell'appuntamento. Inutile aggiungere che nel mese di campagna il Cantone diventa un grande carosello di comizianti. In media vi sono dai cinque ai dieci comizi per sera, in luoghi che spesso distano 50 o 80 chilometri l'uno dall'altro. Da anni si va ripetendo che nell'era dei massmedia la vecchia formula comiziale non ha più ragione di esistere, perché con essa si raggiunge solo una piccola porzione di elettorato, quella più politicizzata, mentre non si cattura l'elettorato di opinione. Ma nessun partito che conta ha il coraggio di imboccare una via completamente nuova, anche perché trovare alternative valide non è facile.

Il problema delle incompatibilità

Nei caroselli elettorali non si trovano, se non come spettatori, funzionari dell'amministrazione cantonale e preti. L'assenza dei primi è spiegata dalla Costituzione, che sancisce l'incompatibilità della carica di deputato al Gran Consiglio con quella di salariato cantonale. Durante una legislatura non è raro il caso di deputati costretti a gettare la spugna dopo essere entrati alle dipendenze del Cantone, come docenti o come funzionari. Questa incompatibilità deve essere mantenuta o abrogata? Il quesito è tuttora materia di dibattito. Il problema si è riproposto alcuni anni fa in merito al caso di tre deputati che erano primari di ospedali facenti parte dell'Ente ospedaliero cantonale, istituito con la legge sugli ospedali pubblici del 1982. L'Ufficio presidenziale aveva chiesto un parere giuridico per sciogliere l'interrogativo dell'eventuale incompatibilità e il rapporto era giunto alla conclusione che le due funzioni erano in conflitto. Di parere diverso fu invece la Commissione della legislazione e il Gran Consiglio seguì quest'ultima. Nel suo rapporto al Gran Consiglio la Commissione della legislazione era giunta alla conclusione che tutto il capitolo delle incompatibilità andava rivisto, poichè il legislatore dovrebbe favorire, e non già ulteriormente limitare, la possibilità di accedere alle cariche pubbliche. Oggi la carica di deputato al Gran Consiglio difficilmente si concilia con le esigenze professionali e quindi occorre evitare di restringere ulteriormente la cerchia dei possibili candidati con disposizioni limitative. L'invito della Commissione della legislazione non ha avuto molto successo. L'interesse ad aprire il Gran Consiglio ai dipendenti pubblici, eliminando una disparità che molti ritengono ingiustificata, non si concilia con la preoccupazione di evitare che il funzionario-deputato decida sul proprio statuto. E questa preoccupazione, almeno finora, ha avuto un peso prevalente.

Per gli ecclesiastici non esiste una incompatibilità costituzionale o legale. Meglio: non esiste più. La Costituzione del 1830 escludeva infatti gli ecclesiastici dal potere esecutivo e giudiziario e la riforma del 1855 estese l'incompatibilità a tutte le cariche costituzionali, quindi anche alla carica di deputato al Gran Consiglio. Il divieto è caduto nel 1875. La riforma di quell'anno sancì che «ogni cittadino svizzero domiciliato nel Cantone ha diritto di voto in affari cantonali e comunali ed esercita ogni altro diritto politico in conformità della Costituzione federale e relative leggi». Ciò nonostante in Gran Consiglio non ci sono preti. E' noto che per l'ordinamento canonico il sacerdote non può assumere cariche laiche senza il consenso dell'Ordinario. E la situazione ticinese è oggi tale da escludere che l'Ordinario dia il proprio consenso a un parroco desideroso di mettersi in lista per il Gran Consiglio.

Un mandato che scade ogni quattro anni

Il Gran Consiglio ticinese resta in carica quattro anni. C'è chi sostiene, non senza qualche ragione, che resta in carica solo tre anni poiché l'ultimo anno di legislatura è di «piccolo cabotaggio» politico, siccome i deputati si preoccupano soprattutto della loro rielezione.

La legislatura di quattro anni, che in Svizzera è la regola, costituisce un buon compromesso. E vero che più una legislatura è breve più i deputati sono rappresentativi (elezioni frequenti sono il miglior specchio dell'opinione pubblica). Ma i deputati sono altresì meno attivi poiché troppo preoccupati della loro rielezione. D'altra parte, una legislatura troppo lunga, ad esempio di otto o dieci anni, sottrarrebbe i deputati per troppo tempo alla «tutela popolare» e darebbe loro un potere eccessivo.

A questo proposito va detto che nel Ticino i legami dei deputati con l'elettorato sono abbastanza labili e di regola si esauriscono a livello di regione. I casi in cui un deputato si sente vincolato da promesse fatte agli elettori sono abbastanza rari e riguardano problemi che hanno un preciso riscontro nei programmi del partito che lo ha proposto.

La Costituzione cantonale ticinese, a differenza di quella federale, non ha ripudiato formalmente il mandato imperativo (La Costituzione federale dice che i membri dei due consigli «votano senza istruzioni»), ma la regola è rispettata persino dai deputati dei partiti che non disdegnano gli «ordini di scuderia» su questioni che non coinvolgono né il loro patrimonio ideale né i loro programmi. Anche perché il popolo può sempre sfoderare l'arma del referendum se non è soddisfatto di una decisione parlamentare e, in caso di «alto tradimento», la non rielezione.

Come tutti i parlamentari che si rispettano, anche i membri dei Gran Consiglio ticinese godono dell'immunità parlamentare, per cui quanto affermano nelle sedute del Gran Consiglio, delle commissioni, o in atti parlamentari, non implicano nessuna responsabilità penale o civile. In teoria un deputato potrebbe innaffiare di ingiurie un collega o un terzo, o far planare su di loro sospetti gravissimi, senza incorrere in nessuna sanzione legale. Si tratta di un privilegio di grosso calibro, che nessuno però usa. Il tono dei dibattiti è in genere pacato, i momenti di vera tensione sono rari e quasi sempre di breve durata. La stessa cosa non si può dire del dibattito politico che ancora avviene sulla stampa di partito. E' vero che rispetto al passato, quando gli estremi della diffamazione e della calunnia si realizzavano quasi ogni giorno, v'è stato un miglioramento notevole. Ma qualche asperità rimane. Ancora recentemente – anno di grazia 1988 – un consigliere di Stato si è sentito in dovere di sporgere una querela penale contro un giornalista a causa di un articolo che insinuava pesanti sospetti sulla sua persona (sia detto tra parentesi che il giornalista che ha «firmato» l'articolo come redattore responsabile è anche deputato al Gran Consiglio).

Specchio quasi fedele del paese

I deputati dei due partiti storici ticinesi – il liberale radicale e il popolare democratico – occupano assieme più di due terzi del parlamento. Il terzo restante è rappresentato dai socialisti (divisi in socialisti ticinesi e socialisti unitari), dall'estrema sinistra, dagli ecologisti e dall'Unione democratica di centro.

Tra i deputati prevalgono gli avvocati (mai meno di una ventina), seguiti dagli ingegneri e dagli architetti, dai medici e farmacisti, dai sindacalisti, dai giornalisti, ecc. Gli interessi economici sono in genere sempre bene rappresentati, non solo da esponenti della Camera di commercio e dell'Associazione degli industriali, ma anche da avvocati, economisti, consulenti fiscali, ecc. Robusta anche la rappresentanza sindacale e proporzionalmente buona quella del ceto agricolo. Questo specchio abbastanza fedele del Ticino reale spiega perchè associazioni e gruppi di interesse non avvertano l'esigenza di un'attività fiancheggiatrice, segnatamente con dossier di documentazione che sono invece all'ordine del giorno a livello federale.

Rispetto al passato, nel Gran Consiglio ticinese sono meno rappresentati gli interessi dei grossi centri. Sino a una ventina di anni fa tutti i sindaci delle città e dei borghi siedevano anche in Gran Consiglio. Oggi ciò non è più possibile sia perché la carica di sindaco è diventata estremamente impegnativa, tanto da creare una specie di incompatibilità (di tempo e di disponibilità, siccome nel Ticino non esistono sindaci a tempo pieno), sia perché si è fatta strada l'opportunità di evitare, nella misura del possibile, il cumulo delle cariche. Un discorso analogo vale per la doppia funzione di deputato cantonale e deputato nazionale. In passato c'erano deputati al Gran Consiglio che siedevano contemporaneamente al Nazionale. Oggi non ne esistono più, già perché le sessioni parlamentari coincidono e nessuno, almeno nel Ticino, ha il dono dell'ubiquità.

L'importanza dei gruppi parlamentari

Nel Ticino tutti i deputati, salvo rarissime eccezioni, devono la loro elezione a un partito politico. E' dunque cosa normalissima che gli eletti di uno stesso partito si raggruppino. In senso largo un gruppo parlamentare è una riunione di persone di uno stesso partito che si sforzano di concertare un atteggiamento comune (cosa non sempre facile). Nel Ticino sono di regola disciplinati i partiti di sinistra, abbastanza disciplinati i popolari democratici e poco disciplinati i liberali radicali, che non hanno fatto tesoro della «regola aurea» di Gladstone, secondo la quale «bisogna votare con il partito, come un gentleman, e non come un selvaggio, secondo coscienza».

In senso stretto il gruppo è un'istituzione ufficiale, prevista dal regolamento del Gran Consiglio. Per essere gruppo in senso stretto non basta riunirsi a scopi strategici, ma bisogna contare su almeno cinque deputati eletti su una stessa lista. Il Gran Consiglio ticinese non ammette i cosiddetti gruppi misti, enemmeno se i deputati sono eletti su liste apparentate enemmeno se i partiti apparentati in fase elettorale dovessero in seguito fondersi in un unico partito.

Il gruppo in senso stretto, ossia secondo regolamento, entra in considerazione per la formazione dell'Ufficio presidenziale e relativa presidenza, nonché delle commissioni. In quest'ultime i seggi sono infatti ripartiti proporzionalmente tra i gruppi, ritenuto che ogni gruppo ha diritto ad almeno un rappresentante in ogni commissione.

La regola è rigida ma non ottusa. Il Gran Consiglio può infatti decidere di assegnare un seggio supplementare in commissioni non permanenti a deputati che non formano gruppo, quando ritiene che il loro apporto - per professionalità ed esperienza – sia prezioso. I gruppi intrattengono con i partiti dei rapporti abbastanza variabili. Esistono comunque parecchie «unioni personali». In generale tutti i presidenti di partito fanno parte del Gran Consiglio e non di rado sono capigruppo. Anche i segretari di partito, specie se non hanno solo funzioni amministrative, siedono in Gran Consiglio e così pure i direttori dei giornali di partito.

I gruppi parlamentari, oltre che sui segretariati dei loro partiti, possono contare su commissioni e gruppi di lavoro che i partiti hanno istituito con compiti di consulenza in diversi campi (finanze, fiscalità, magistratura, scuola, cultura, turismo, ecc.). In genere sono queste commissioni di partito che preparano le bozze di risposta alle procedure di consultazione. Anche i gruppi ricevono delle indennità. La somma corrisposta è di 5000 franchi di base più 1500 franchi per ogni deputato.

Competenze classiche e nuove

Le competenze del Gran Consiglio sono disciplinate dalla Costituzione cantonale. La normativa è del 1892. Vi si trovano competenze classiche, come quella in cui si dice che il legislativo «adotta, modifica o rigetta i progetti di legge o i decreti legislativi», quella che gli affida l'esercizio del diritto di grazia e amnistia, o quella in cui si dice che esamina il bilancio preventivo e i consuntivi dello Stato, che stabilisce il genere e la misura delle imposte, ecc. Ma al Gran Consiglio sono altresì affidate competenze che portano il peso degli anni, come quella che lo abilita ad autorizzare o ratificare i contratti per l'acquisto del sale. Vi sono poi competenze che, pur essendo più antiche, non hanno per ciò perso di attualità: quella sull'alienazione dei beni cantonali è addirittura del 1814. Vi sono infine competenze nuove, soprattutto di natura pianificatoria, che pur essendo importanti non hanno trovato dignità costituzionale. – Sino agli anni Sessanta il preventivo annuale è stato praticamente il solo atto di pianificazione dello Stato. Ma era uno strumento a corto termine, insufficiente ad inquadrare i bisogni emergenti. Il primo modello di piano finanziario pluriennale è del 1966 e si riferiva al periodo 1967–1974. Il secondo, valido per gli anni 1973–1980, era già qualcosa di meno aleatorio (aveva la forma di decreto legislativo) e sarà sostituito dalla legge sulla pianificazione finanziari del 1980, che conferma il dovere di una politica pianificatoria indicativa. Altri obblighi pianificatori discendono da leggi particolari. E' il caso, ad esempio, della pianificazione ospedaliera, introdotta dalla legge sugli ospedali pubblici del 1982.

Dilettanti che lavorano tutto l'anno

La Costituzione vigente stabilisce che «il Gran Consiglio tiene ogni anno due sessioni ordinarie, di cui la prima si apre il terzo lunedì di aprile e la seconda il primo lunedì di novembre». Questa norma aveva lo scopo di concentrare tutte le sedute del legislativo in uno e poi in due periodi dell'anno, relativamente brevi. Oggi questa concentrazione non è più possibile. Le competenze dello Stato sono notevolmente cresciute e parallelamente si è dilatata la produzione legislativa. Oggi il Gran Consiglio lavora su tutto l'arco dell'anno e le sedute vengono fissate di volta in volta e ogni sessione viene dichiarata chiusa poco prima dell'apertura della successiva. Il sistema delle sessioni, tuttora ancorato nella Costituzione, non ha più nessuna ragione di esistere e dovrebbe essere sostituito con un sistema più flessibile.

Il Gran Consiglio ticinese lavora a tre livelli: nelle commissioni, nei gruppi parlamentari e nel plenum. La regia è assicurata dall'Ufficio presidenziale, che «cura il regolare svolgimento dei lavori». Dell'Ufficio presidenziale fanno parte il presidente, un primo e un secondo vice presidente, i capigruppo e quattro scrutatori.

Le commissioni si dividono in permanenti e speciali. Tra le prime e le seconde ve ne sono di serie A e di serie B. Tra le permanenti è certamente di serie A quella della gestione, già per le competenze che le sono attribuite. In ambito pianificatorio essa è una specie di «centrale operativa», visto che esamina il rapporto sugli indirizzi di sviluppo socio economico, di politica finanziaria e di organizzazione territoriale, le linee direttive e i piani finanziari quadriennali, i preventivi e i consuntivi dello stato. Ma non è tutto: la gestione esamina altresì le proposte concernenti la concessione di crediti e l'emissione di prestiti, quelle relative al bilancio o quelle che, in genere, sono di rilevanza finanziaria.

Sempre di serie A, ma con un certo stacco rispetto alla gestione, è la commissione della legislazione. Il lavoro a cui deve sobbarcarsi non è indifferente. Essa esamina e preavvisa non solo i disegni di legge, ma anche i ricorsi interposti davanti al Gran Consiglio e provvede all'elaborazione delle domande di iniziativa presentate in forma generica.

E'invece di serie C la commissione delle petizioni, chiamata a esaminare le petizioni indirizzate al Gran Consiglio (abbastanza rare e spesso demandate ad altre commissioni), le domande di grazia (ancora più rare siccome regolarmente respinte) e le domande di naturalizzazione, che sono diverse centinaia ogni anno. – Vi sono inoltre commissioni speciali che hanno lo statuto di commissioni permanenti. Tali sono ad esempio quella scolastica, quella tributaria, quella che esamina i ricorsi contro i piani regolatori.

Sedute pubbliche salvo eccezioni

Il plenum del Gran Consiglio non può deliberare «se non è presente la maggioranza assoluta dei suoi membri». La norma venne introdotta nel 1892. Tollerare la presenza di un numero di deputati inferiore alla maggioranza assoluta – 46 deputati – svaluterebbe in modo inaccettabile funzioni e responsabilità del Gran Consiglio. E sminuirebbe altresì i doveri che ogni singolo deputato si assume con l'elezione. Per le deliberazioni basta invece la maggioranza assoluta dei votanti.

La Costituzione vigente prescrive che le sedute del Gran Consiglio siano pubbliche, tranne nei casi in cui con due terzi dei voti si decide altrimenti. Oggi non ci sono più ragioni per mantenere una norma che consente a una maggioranza, sia pure qualificata, di imporre una seduta a porte chiuse. La norma risale al 1830. Allora le situazioni erano senza dubbio diverse e diversi erano i costumi politici. L'eccezione poteva dunque essere giustificata da superiori interessi pubblici. Oggi l'eccezione non ha più ragion d'essere: da tempo immemorabile la regola della pubblicità dei dibattiti del Gran Consiglio non ha più subito eccezioni.

Solitamente il Gran Consiglio delibera su messaggi e rapporti presentati del Consiglio di Stato, ma anche su iniziative parlamentari, su proposte di risoluzione, ricorsi e petizioni. Inutile precisare che ogni esame è preceduto da un vaglio preliminare commissionale, a meno che non venga decisa l'urgenza.

I due oggetti classici di competenza del Gran Consiglio sono le leggi e i decreti legislativi, che vengono discussi ed accettati in due letture da fare in due distinte sessioni, salvo il caso – oggi regola – in cui il Governo non dichiari di accettare la legge o il decreto uscito dalla prima lettura. Va precisato che il Consiglio di Stato ha la facoltà di far giungere ai deputati le sue osservazioni ed ha sempre la possibilità di ritirare il progetto di legge o di decreto prima della sua approvazione definitiva.

La stragrande maggioranza degli oggetti che giungono in Gran Consiglio sono proposte del Consiglio di Stato, ma non necessariamente frutto di iniziative autonome dei dipartimenti. A monte delle proposte c'è spesso l'iniziativa di un deputato o di un gruppo, oppure una mozione, singola o di gruppo.

I deputati hanno infatti la possibilità di proporre un progetto di legge, in forma elaborata o generica. In entrambi i casi, ma più spesso nel primo, il Consiglio di Stato ha la possibilità di presentare un controprogetto. La mozione è meno vincolante dell'iniziativa, siccome con essa il deputato propone al Governo «di esaminare l'opportunità» di presentare un disegno di legge o di decreto, o di prendere un altro provvedimento. Il Gran Consiglio ticinese non conosce invece l'istituto del postulato.

A disposizione del deputato ci sono infine le interpellanze e le interrogazioni. Con le prime, presentate durante le sessioni, si chiedono spiegazioni su un oggetto qualsiasi di interesse pubblico generale; il Consiglio di Stato risponde subito, seduta stante, oppure in una seduta successiva. L'interpellante può solo dichiararsi «soddisfatto» o «non soddisfatto», ma un'interpellanza può innescare una discussione generale se questa viene chiesta e votata. Non è raro il caso di vivaci discussioni parlamentari innescate da interpellanze a prima vista banali, come non è raro il caso di interpellanze «esplosive» che fanno la fine di una bolla di sapone.

L'interrogazione è una domanda formulata per iscritto, che può essere presentata in ogni momento e che obbliga il Governo a rispondere, pure per iscritto, entro 60 giorni. L'introduzione di questo strumento avrebbe dovuto evitare il proliferare delle interpellanze e quindi rendere più agili i lavori parlamentari. L'esercizio è riuscito solo a metà poiché le interpellanze non sono sensibilmente diminuite, mentre molte interrogazioni vengono evase secondo la nota formula tedesca «Erlegt durch liegen».

Il terremoto del 1987

Per concludere è opportuna qualche considerazione sul clima di lavoro. Esso è dipeso, e dipende tuttora, dagli schieramenti politici e dai loro ruoli. Nel Dopoguerra il Ticino è stato governato dapprima da un'alleanza (detta «di sinistra») tra liberali radicali e socialisti e in seguito su base interpartitica (liberali radicali, popolari democratici e socialisti), impostata nella prima fase su una specie di patto di legislatura concordato tra i partiti e in seguito sulla funzione centrale del governo e dei suoi programmi (Linee direttive e Piano finanziario).

Quest'ultima formula ha retto senza scosse sino alle elezioni del 1987 ed ha permesso al paese di superare la crisi finanziaria della prima metà degli anni Ottanta. La formula tripartita ha salvaguardato una certa divisione dei ruoli, con i partiti di governo da una parte (PLR, PPD e PST) e gli altri all'opposizione (UDC, socialisti autonomi e comunisti). Le cose si sono fatte più difficili quando il PSA (Partito socialista autonomo) ha subito un'evoluzione socialdemocratica, abbandonando progressivamente il suo ruolo di partito di opposizione e rivendicando la presenza in governo in alternativa ai socialisti democratici.

Il 5 aprile 1987 il PSA, grazie ai voti di una frangia staccatasi dal PST e al sistema proporzionale, che nel Ticino vige anche per l'elezione del Consiglio di Stato, è riuscito ad entrare in governo. Ma non a spese del PST, come era lecito attendersi, bensì dei popolari democratici, che come secondo partito del Cantone sono rimasti in governo con un solo rappresentante. Nella legislatura 1987–1991 a Bellinzona vige insomma una «formula anomala» (perchè non rispecchia la realtà del paese) con due liberali radicali, un popolare democratico, un socialista democratico e un socialista unitario (dopo le elezioni i socialisti autonomi e la frangia staccatasi dal PST si sono riuniti in un nuovo partito, il PSU, Partito socialista unitario).

Questa nuova formula si è rivelata perdente politicamente per diverse ragioni. Innanzi tutto perché ha messo in moto una procedura di revisione della legislazione elettorale che ha creato una certa tensione nella prima fase della legislatura. Secondariamente perché ha riacceso ed esasperato la lotta fratricida tra i due partiti socialisti – il PST e il PSU – in vista delle elezioni del 1991, quando uno dei due partiti rimarrà escluso dal governo in forza della legislazione elettorale votata nel 1989. In terzo luogo perché la tensione venutasi a creare in seno al governo per la convivenza dei due socialismi ha avuto ripercussioni negative sia sul clima di lavoro sia sulla collegialità, solida solo formalmente, ma in realtà assai più fragile che nella passata legislatura.

Infine – ed è il fatto che più interessa in questa sede – il «governo di tutti» ha scombussolato il gioco delle parti sia nelle commissioni, sia in Gran Consiglio, dove l'opposizione si è ridotta a un fatto marginale, favorendo la nascita – o meglia la rinascita – di opposizioni all'interno dei partiti, non di rado di natura regionale, un male endemico che si sperava superato.

Questo clima nuovo è comunque frutto di una realtà destinata a durare lo spazio di una legislatura. Il Ticino non si trova in un regime di emergenza e quindi non ha bisogno di governi «di unità nazionale». Il problema cruciale è questo: chi andrà all'opposizione?

Bibliografia

Costituzione ticinese (progetto di revisione totale elaborato dalla speciale commissione speciale nominata dal Consiglio di Stato).

Aubert Jean François
Traité de Droit constitutionnel Suisse, Neuchâtel 1967.

Giacometti Zaccaria
Das Staatsrecht der schweizerischen Kantonen, Zurigo 1941.

Crespi Sandro
Parere su Rivista di diritto amministrativo ticinese, 1980.

Bianchi Roberto /Ghiringhelli Andrea
Appunti per una storia dei partiti, edizioni Ragioni Critiche.

Annuario statistico del Cantone Ticino, edizione 1988.

Costituzione della Repubblica e Cantone del Ticino del 4 luglio 1830 (riordinata il 29 ottobre 1967)

Regolamento del Gran Consiglio del 17 febbraio 1986

Legge sul Gran Consiglio e sui rapporti con il Consiglio di Stato del 7 novembre 1984

Cantone Ticino
Deputati al Gran Consiglio
Elenco al 1° gennaio 1990

Presidente: Salmina Remo, Gordola, PST
Agustoni Carla, Giubiasco, PSU
Ambrosetti Renzo, Bellinzona, PST
Anastasi Giuliano, Ascona, PPD
Arigoni Giuseppe, Magliaso, PdL/IS
Bacciarini Alma, Breganzona, PLR
Ballabio Franco, Lugano, PLR
Ballinari Silvano, Viganello, PST
Barchi Fausto, Arosio, PPD
Barelli Waldo, Lodrino, PPD
Benelli Amos, Bellinzona, PLR
Bernasconi Benito, Morbio Inferiore, PST
Bianchi Aldo, Mendrisio, PSU
Bianchi Sergio, Bellinzona, PLR
Bianda Agostino, Losone, PPD
Bianda Rinaldo, Locarno, MET
Bizzozero Urbano, Canobbio, PPD
Bordogna Renzo, Mendrisio-Stazione, PLR
Bottini Carlo, Agno, PPD
Brioschi Guido, Lugano, PPD
Camponovo Geo, Chiasso, PLR
Canepa Walter, Mezzovico, PPD
Canevascini Vero, Balerna, PST
Canonica-Cattaneo Manuela, Bidogno, MET
Catenazzi Emilio, Morbio Inferiore, PPD
Cavadini Antonio, Balerna, PLR
Cavalli Franco, Bellinzona, PSU
Cereda Marco, Bellinzona, PLR
Chiesa Edgardo, Lugano, PST
Dadò Armando, Cavergno, PPD
Donadini Carlo, Camorino, PPD
Eusebio Marzio, Airolo, PPD
Ferrari Demetrio, Besazio, PLR
Ferrari Mario, Gandria, PSU
Fiori Marco, Cevio, PLR
Franzi Elvio, Lumino, PLR
Frigerio Angelo, Rovio, PSU
Früh Piero, Massagno, PLR
Gaggetta Germana, Bellinzona, PLR
Galli Antonio, Bioggio, PLR
Galli Elio, Brissago, PSU
Gallino Mario, Bellinzona, PLR
Gendotti Gabriele, Faido, PLR
Ghioldi-Schweizer Maria, Mendrisio, PPD
Giovannini Alfredo, Biasca, PLR
Giudici Luciano, Locarno, PLR
Grandi Attilio, Lugano, PPD
Grandini Giorgio, Lugano, PLR
Hunziker Ernesto, Lugano, PST
Lardi Remo, Bellinzona, PLR
Lepori Alberto, Massagno, PPD
Lepori Bruno, Canobbio, PLR
Lepori Bonetti Mimi, Lugano, PPD
Lotti Alfredo, Giubiasco, PPD
Mariotta Alfredo, Lugano, PPD
Masoni Pelloni Marina, Lugano, PLR
Mecatti Alessandro, Mendrisio, PPD
Merlini Aldo, Minusio, PLR
Moccetti Tiziano, Lugano, PLR
Nicoli Gian Carlo, Faido, PPD
Noseda John, Viganello, PSU
Oehen Valentino, Sessa, PEL
Paglia Erto, Faido, PST
Pedrazzini Luigi, Locarno, PPD
Pedrozzi Raffaele, Semione, PPD
Pelli Fulvio, Lugano, PLR
Pelossi Fiamma, Gerra Piano, PSU
Pessi Marco, Locarno, PLR
Pezzati Fulvio, Chiasso, PPD
Pinoja Innocente, Losone, UDC
Pozzoli Giuliano, Lugano, PST
Quadri Renzo, Bellinzona, PPD
Realini Luca, Losone, PST
Righetti Argante, Bellinzona, PLR
Righinetti Tullio, Ponte-Tresa, PLR
Riva Flavio, Montagnola, PLR
Robbiani Dario, Comano, PSU
Rossi Paolo, Agno, PSU
Rusca Mario, Rancate, PPD
Salmina Remo, Gordola, PST
Scossa Jean-Louis, Malvaglia, PLR
Sergi Giuseppe, Bellinzona, PSL
Simoneschi-Cortesi Chiara, Comano, PPD
Snider Saverio, Locarno, PPD
Soldati Gianfranco, Verscio, PPD
Staffieri Giovanni Maria, Lugano, UDC
Storelli Cristiana, Bellinzona, IND
Truaisch Marino, Olivone, PSU
Valsangiacomo Cesare, Chiasso, PLR
Vittori Giovanni, Taverne, PLR
von Wyttenbach Alessandro, Bellinzona, PLR

PLR	Partito liberale radicale
PPD	Partito popolare democratico
PST	Partito socialista ticinese
PSU	Partito socialista unitario
UDC	Unione democratica di centro
MET	Movimento ecologica ticinese
PDL/IS	Partito del lavoro e Indipendenti di sinistra
PEL	Particolo ecologista liberale
PSL	Partito socialista dei lavoratori
IND	Indipendente

François Geyer

Le Grand Conseil vaudois

Souveraineté du peuple et séparation des pouvoirs sont, avec la sacro-sainte autonomie communale, les piliers de l'Etat de Vaud. Rien n'illustre mieux cette séparation que le face-à-face, au point culminant de la Cité de Lausanne, du Château cantonal et du bâtiment du Grand Conseil. L'un massif, carré, héritage de molasse et de brique des derniers évêques et leurs successeurs, les baillis de Leurs Excellences. L'autre, d'une élégante modestie avec sa façade néo-classique frappée de la devise «Liberté et Patrie».

Député, si je traverse l'esplanade de gravier ouvrant sur la ville et le Jura, pour me rendre dans la forteresse du gouvernement, j'ai le sentiment vague de franchir une frontière. Et je ne me sens vraiment «chez moi» qu'en regagnant l'austère vestibule pavé, d'une rare nudité pourtant, qui conduit à notre hémicycle et à ses quelques dépendances.

Une salle historique, mais ...

«Vous êtes bien deux cents députés? Comment diable chacun d'eux trouve-t-il une place sur ces travées?» Cette double question vous est posée chaque fois qu'il vous incombe de faire les honneurs des lieux. Elle n'admet qu'une réponse: «Il ne la trouve pas.» Mais il y a le fumoir adjacent et son calme relatif. Et surtout l'essentielle buvette, deux étages plus bas, dont il s'agit de s'extirper à temps quand sonne la cloche annonçant un appel nominal.

Question suivante, posée sur le ton de la surprise: «Comment, vous n'avez pas de pupitres?» Eh non! Toutes les tentatives de réaménage la salle où le Grand Conseil vaudois siège depuis 1805 se sont soldées par un échec. Du point de vue de l'esthétique, c'est vrai, on ne pourrait que saccager des lieux dont le charme de «salon campagnard» – comme l'a si bien dit feu Pierre Cordey – tient d'abord à leurs admirables proportions. Et puis, sacrifier le beau poêle de faïence blanche, les banquettes raides comme des bancs d'église, tendues de velours vert fané... non, cela ne se peut. Respect à Alexandre Perregaux, l'architecte!

Il faudrait donc voir ailleurs. Serpent de mer des annales parlementaires, le projet d'une salle fonctionnelle fait surface, de loin en loin. Le regroupement sur le campus de Dorigny de la totalité des activités universitaires va achever de libérer à bref délai les espaces nécessaires. Mais certains crient déjà à l'assassinat. Ils craignent le pire pour l'atmosphère des débats, indubitablement liée à leur cadre. Cette atmosphère qui faisait dire avec nostalgie à un député radical devenu préfet: «Le Grand Conseil, c'est quand même un club formidable...» Et c'est vrai qu'entre membres de ce... «club» existent, dans l'ensemble, malgré les divergences idéologiques, des relations d'une qualité inusitée ailleurs. Ne serait-ce qu'en raison d'un tutoiement à peu près général, chez les députés en tout cas. L'égalité femmes–hommes n'a guère déployé d'effets, en ce domaine, au-delà des limites des familles politiques.

D'aucuns, pour leur part, semblent redouter plutôt d'avoir à siéger dans une salle où chacune et chacun aurait sa place assignée. La «stabulation libre» – comme disent de mauvaises langues – ne permet guère de constater avec certitude telle ou telle absence... Pourtant, peu de députés vaudois encourent le re-

Le bâtiment du Grand Conseil vaudois à Lausanne

proche de manquer d'assiduité, si lourde soit leur charge.

«Le silence de toutes les passions»

Mieux vaut donc voir dans ce souci de préserver un certain climat de discussions le lointain reflet d'une préoccupation qui hantait les hommes de 1803: faire régner dans le tout jeune Grand Conseil d'alors «le silence de toutes les passions». Mais, en vérité, depuis bien des législatures, présider le Grand Conseil vaudois ne consiste plus à maintenir l'ordre des débats mais à tenter de réduire l'agaçant bruit de fond des conversations particulières, amplifié par la disposition des lieux.

Les acteurs des batailles homériques du siècle passé et des débuts de celui-ci seraient à coup sûr stupéfaits – et peut-être consternés – devant l'atonie courtoise de joutes oratoires où le ton ne monte guère. Chacune et chacun veille en effet à ce que les mots ne dépassent jamais la pensée: c'est très mal vu du plus grand nombre. Et puis agresser, même verbalement, celles et ceux avec lesquels on partagera une bouteille, tout à l'heure à la buvette...

On aurait tort de croire cependant que le mot d'esprit est totalement prohibé. Simplement, il ne doit pas dépasser un taux de méchanceté comparable au 0,8 pour mille...

Tous conservateurs?

De ces hésitations, faut-il conclure que, des bancs de la gauche à ceux de la droite, le député vaudois est au fond un conservateur? On ne jurerait pas du contraire, parfois... Car il ne s'accommode pas seulement de l'inconfort d'une salle de séances presque bicentenaire. Il demeure régi – avec tout le canton – par une constitution dont on a fêté les cent ans en 1985 et par une loi organique qui en découle très directement. La première, fatalement, accuse son âge. Mais nul n'a encore osé prononcer le mot – sacrilège? – de révision totale.

La seconde elle aussi mériterait mieux qu'un énième rapetassage. C'est d'un «aggiornamento» global qu'elle a besoin.

Un autre exemple de cet immobilisme? «Le Grand Conseil s'assemble de plein droit» dit la constitution «le premier lundi de mai et le second lundi de novembre». Il s'agit là des sessions dites ordinaires. Or celle, prétendument extraordinaire, de septembre l'est tout autant qu'elles. Et celle de février aussi, sauf éventuellement l'année des élections cantonales. Pourquoi alors ces dates gravées dans le marbre constitutionnel? Parce qu'elles conviennent au pays profond, depuis le temps où il occupait la moitié de la population active (moins de 7% de celle-ci de nos jours) aux travaux du terroir agricole et viticole.

Mais qu'un député propose de revoir ce système de sessions et, pour la première fois depuis 1847, s'agissant de ce canton, voilà la presse qui parle de... révolution!

Des problèmes réels

A dire vrai, la machine fonctionne toujours de manière à peu près convenable. On a pourtant l'impression de toucher désormais aux limites du système de milice. Le nombre et l'importance des objets à traiter augmentent d'année en année. Les députés, de leur côté, exercent toujours plus activement les droits que leur confère la loi. Ne vaut-il pas mieux, dès lors, réviser ce qui doit l'être pendant qu'on peut encore prendre le temps de la réflexion?

Les vrais problèmes dépassent de beaucoup la question du système ou du rythme des sessions. Un certain formalisme des débats, comme l'exigence d'un second, quand ce n'est d'un troisième débat, 48 heures au plus tôt après le précédent, s'il a sa justification, a aussi des conséquences en fait de fréquence et de durée des séances.

On doit aussi s'interroger sur le décalage qui s'accentue entre la structure socio-économique du canton et la composition du parlement. Certes les membres du barreau, flanqués des notaires, agents d'affaires et autres juristes de tout poil, n'y tiennent plus le haut du pavé, sauf peut-être lors de quelques débats techniques. Mais la représentation du monde ouvrier, de celui des employés du secteur privé, celles aussi du commerce, de l'artisanat, de l'hôtellerie même, n'ont cessé de décliner dans l'hémicycle. Enseignants et autres fonctionnaires, ingénieurs et architectes, retraités, pour ne rien dire des métiers de la terre, sont bien présents. Les effets sur la conduite des affaires publiques ne sont pas tous positifs ou simplement négligeables.

La même remarque vaut pour ce qu'on a parfois appelé le groupe politique «en pointillé» – l'un des plus nombreux – formé de facto, tous partis confondus, des syndics et municipaux. Rarement loquaces en séance plénière, ils sont singulièrement influents en coulisse.

Les Vaudoises, au surplus, demeurent gravement sous-représentées dans le premier parlement cantonal auquel elles ont accédé il y a plus d'un quart de siècle. Et ne parlons pas de la nombreuse population immigrée: 80000 étrangers établis, en situation de se naturaliser, demeurent à l'écart de toute vie politique.

Ces constatations conduisent à relativiser la représentativité d'un Grand Conseil pourtant élu «à la proportionnelle», dans le cadre de trente arrondissements créés tout exprès. Chacun de ceux-ci est pourvu d'un siège de base, les 170 mandats restants étant attribués à raison d'un pour 2600 habitants. Une manière de corriger quelque peu le poids démographique de la région lausannoise, au profit de l'arrière-pays.

Une très lourde charge

Le décalage signalé plus haut ne s'explique pas par la seule indifférence de beaucoup envers les affaires publiques. La charge que le député vaudois, fraîchement élu ou réélu, prête solennellement serment de remplir, un matin d'avril sous les voûtes de la cathédrale, n'est pas seulement «importante», comme le dit le texte de la promesse. Elle est devenue lourde, très lourde. Dès lors, nombre de celles et de ceux qui pourraient briguer – et mériteraient – un mandat ne le peuvent tout simplement pas, pour des raisons familiales ou professionnelles. – D'autres devront renoncer à une réélection quatre ans plus tard. D'où un renouvellement de près d'un tiers du Grand Conseil à chaque élection générale. La durée moyenne d'une carrière parlementaire, qui est encore d'une douzaine d'années, risque bien de diminuer à l'avenir, ce qui n'est pas forcément souhaitable.

C'est que la présence aux séances, déjà, et la participation aux travaux des commissions signifient des dizaines de jours d'engagement par an. S'y ajoutent les heures consacrées à l'étude du flot d'exposés des motifs, de projets, de rapports, qui déferle à l'approche de chaque session. Et puis, on ne représente pas, ou pas bien, ses électrices et électeurs en étant un député en chambre. Il faut aller les rencontrer «sur le terrain», s'informer, préparer ses interventions. Pour mémoire, il y a encore les apparitions officielles dans le cadre de la vie associative de l'arrondissement (il n'y a que les Lausannois à paraître ignorer que leurs parlementaires cantonaux ne répugnent pas à se montrer en public).

Vaudoises et Vaudois, même s'ils connaissent souvent fort mal le nom et le visage de leurs élus, sont attachés à l'institution elle-même et se reconnaissent en elle. Un indice: le fait qu'en dépit du protocole édicté par le seul Conseil d'Etat, beaucoup d'entre eux, même des syndics, persistent délibérément à saluer dans la personne du président du Grand Conseil le premier personnage de l'Etat – qu'il n'est plus depuis trente ans passés, à l'avantage du président du gouvernement.

La longue marche des députés vaudois

C'est là, d'une certaine manière, savoir gré au législatif cantonal d'avoir patiemment conquis – le peuple aidant – des pouvoirs toujours plus étendus face à l'exécutif. Le Grand Conseil de 1803 ne pouvait qu'accepter ou refuser en bloc, sans possibilité de les amender, les projets que le Petit Conseil voulait bien lui transmettre. Ni lui ni ses membres n'avaient le moindre droit d'initiative.

Il a fallu une «longue marche», de constitution en constitution, jusqu'à ce que les députés disposent, comme aujourd'hui, de la panoplie quasi complète: question écrite, à laquelle le Conseil d'Etat doit répondre de même; interpellation suivie ou non d'un ordre du jour (non contraignant, il est vrai); motion et initiative parlementaire, en vue d'obtenir un rapport du gouvernement, ou la présentation d'un projet de révision constitutionnelle, de loi ou de décret, voire la prise, dans un délai éventuellement fixé, d'une mesure ou d'une décision.

Le Conseil d'Etat vaudois ne peut demander la transformation d'une motion gênante en postulat. Il peut seulement, comme d'ailleurs 5 députés, obtenir que sa prise en considération fasse l'objet d'une étude préalable en commission, d'un débat et d'un vote du Grand Conseil. Comme les Sept usent très modérément du droit de retirer un projet amendé contre leur avis, on peut affirmer que, malgré l'incroyable modestie des moyens logistiques mis à leur disposition, les députés vaudois exercent réellement, en matière législative et budgétaire, la souveraineté populaire qui leur est déléguée.

Bien sûr, cela implique que les Deux Cents «fassent leur métier» et n'acceptent pas de voter comme jadis le bloc campagnard du brave conseiller d'Etat Viquerat: «oui» quand, d'un geste d'imperator romain, celui-ci levait le pouce à la table du gouvernement, «non», quand il l'abaissait. – La certitude de l'efficacité n'est pas aussi nette s'agissant du contrôle de la gestion annuelle du Conseil d'Etat. Le système de la seule commission permanente apparaît archaïque et insuffisant à plus d'un, malgré le dévouement de celles et ceux qui acceptent d'en faire partie, quatre ans durant. Ce n'est pas un hasard si des accrochages répétés ont lieu entre les deux pouvoirs, à l'occasion des débats automnaux. Mais enfin, faute peut-être d'un grave accident de parcours, toutes les propositions de changement ont jusqu'ici été rejetées, parfois sans grand examen.

De même, autorité de nomination du Tribunal cantonal, le Grand Conseil est ensuite très respectueux de l'indépendance des jugements, d'ailleurs garantie par la constitution. Il apprécie moins en revanche que, sous couvert de séparation des pouvoirs, on veuille parfois réduire à une quasi-fiction la haute surveillance qu'il lui appartient d'exercer sur l'administration de la justice vaudoise. D'où, à l'occasion, quelque acrimonie réciproque, qui ne tire jamais à conséquence.

A l'image du peuple vaudois

«Beaucoup d'hommes simples, honnêtes et peu instruits, plusieurs connus pour leurs lumières et leurs talents». Au fond, le jugement porté sur le premier Grand Conseil par un père de la patrie vaudoise – il s'agit d'Henri Monod – reste valable, cent huitante sept ans plus tard. Sauf pour ce qui est de l'instruction, s'entend!

Et c'est bien là ce que le peuple vaudois attend de son parlement: qu'il soit à son image. Puissent-ils tous deux, le moment venu, admettre sans trop de difficulté que tout ce qui a été ne peut éternellement demeurer identique. Et que, pour accomplir sa tâche au service du bien public, le Grand Conseil a besoin de moyens légaux et matériels adaptés à notre temps.

Eléments de bibliographie

Encyclopédie illustrée du Pays de Vaud, vol. 4 (L'Histoire), 5 (Les Institutions), en dépit d'un relatif vieillissement, et 12 (Bibliographie générale), éd. «24 Heures» Lausanne, 1970–1987.

Bovard Pierre-André
Le gouvernement vaudois de 1803 à 1962, éd. de Peyrollaz, Morges, 1982 (comprend une bibliographie détaillée).

Maillefer Paul
Histoire du Canton de Vaud, Payot, Lausanne, 1903.

Mottaz Eugène
Dictionnaire historique, géographique et statistique du Canton de Vaud, rééd. Slatkine, Genève, 1982.

Ruffieux Roland:
Les élections au Grand Conseil vaudois, BHV. Lausanne 1974.

Constitution du Canton de Vaud, du 1er mars 1885, et Loi sur le Grand Conseil, du 17 décembre 1947.

Canton de Vaud
Membres du Grand Conseil
Etat au 10 avril 1990

Président: Martin Michel, Savigny, R

Ackermann Robert, Denges, R
Allemand Michèle, Bussigny-Lsne, S
Ambresin Jean-Jacques, Renens, S
Arber Ernest, Belmont-s-Lsne, L
Badan Jean-Jacques, Crassier, R
Baumgartner Willy, Chéserex, UDC
Beausire Jacques-Henri, Saint-Légier, R
Beck Serge, Le Vaud, L
Berberat Romain, Lausanne, PDC
Berger Jean, Mézières, R
Bettens Jean-Charles, Lausanne, S
Blaser-Lauber Nicole, Lausanne, S
Bolanz Christiane, Lonay, S
Bonnard Michel, Saint-Sulpice, L
Bonnet William, Vevey, L
Borboën Michel, Lonay, S
Borgnana Pierre, Préverenges, R
Bornet Pierre-Louis, Romanel-s-Lsne, R
Bourgeois-Lador Françoise, Vevey, S
Bourgeois Raymond, Sullens, R
Bovay Gérald, Aubonne, S
Bove Bruno, Pompaples, R
Bovet Charly, Arnex-sur-Orbe, R
Bovet Daniel, Lausanne, L
Bovy Claude, St-Saphorin-Morg., L
Brélaz Daniel, Lausanne, ECOL
Bron Jacques-Henri, Renens, R
Broulis Pascal, Sainte-Croix, R
Buffet Pascal, Montricher, UDC
Bugnon André, Saint-Prex, UDC
Burdet Georges, Ursins, UDC
Buri Jean, Pampigny, R
Burnand Daniel, Prilly, R
Caboussat Eric, Morges, S
Champoud Françoise, Lausanne, L
Chappuis Vincent, Rivaz, R
Chapuis Jean-Philippe, Romanel/Morges, R
Chenaux Bernard, Gollion, R
Chevalley Edna, Pully, S
Coderey Janine, Lutry, L
Cohen-Dumani Doris, Lausanne, R
Cornu Paul-André, Champagne, R
Cottens Yves, Rances, L
Crottaz Philippe, Vevey, R
Cruchaud Jean-Daniel, Lausanne, S
Danthe Jean-Jacques, Prilly, S
del Pero Franco, Tolochenaz, L
Depoisier Anne-Marie, Renens, S
Desmeules Michel, Granges-p.-Mar., L
Dessemontet-Besson Antoinette, Crissier, R
Dumartheray Daniel, Rolle, S
Dutoit Francis, Chavannes/Moud., S
Emery Jean-Marc, Morges, R
Fabrycy Chantal, Vevey, S
Fattebert Jean, Villars-Bramard, UDC
Favre Charles, Echallens, R
Favre Etienne, Yens, R
Fiaux Gilbert, Hermenches, UDC
Filippozzi Yves, St-Légier, ECOL
Forestier Charles, Yverdon-les-Bains, S
Forster Danièle, Lausanne, S
Frey Gérard, Morrens, S
Freymond-Bouquet Monique, St-Cierges, R
Gasser André, Lausanne, ECOL
Gavillet Aimé-Jacques, Dommartin, R
Gétaz Vincent, Cully, L
Girod Martial, Concise, L
Glardon Michel, Lausanne, ECOL
Glur Marcel, Corseaux, S
Goël Jean-Louis, Carrouge, UDC
Graf Edouard, Vers-chez-les-Blanc, R
Graf Franz, Arnex-sur-Nyon, R
Grin Nicole, Lausanne, L
Grognuz Frédéric, Tour-de-Peilz, R
Guibert Ernest, Chamby, R
Guyaz Raymond, Yverdon-les-Bains, R
Haldy Michel, Pully, L
Hämmerli Jacques, Chavannes-de-Bogis, L
Heim Jean, Lausanne, R
Heiz Serge, Grandson, R
Huguenin Marianne, Renens, POP
Hunziker Pierre, Rolle, L
Hurni Pierre, Payerne, S
Imfeld Charles-Frédéric, Cheseaux/Lsne, PDC
Jaccard Marc, Prangins, L
Jaquerod Martial, Bex, R
Jaquet-Berger Christiane, Lausanne, POP
Kasser Daniel, Yverdon-les-Bains, L
Keller Marianne, Tour-de-Peilz, S
Kislig Pierre-André, Crans, L
Lack-Roux Christiane, Ollon, R
Lasserre André, Lausanne, L
Lasserre Etienne, Prilly, L
Layaz-Rochat Christiane, Yverdon-les-Bains, S
Laydu Gilbert, Ecublens, UDC
Le Roy Jean, Pully, ECOL
Leresche Jacques, Lausanne, S
Lienhard Jacques, Lausanne, R
Loup Ginette, Montmagny, L
Maendly Olivier, Yverdon-les-Bains, S
Maillefer Pierre-Luc, Ballaigues, L
Mange Daniel, Vallorbe, R
Margot Michel, Lausanne, R
Marmillod Raymond, Lausanne, S
Marti Paul, Salavaux, R
Martin Ernest, Les Moulins, R
Martin François, Yverdon-les-Bains, R
Martin Luc, L'Auberson, L
Martin Michel, Savigny, R
Masson Jean, Ecublens, R
Maurer-Mayor Jacqueline, Lausanne, R
Mayor Jacques-André, Orbe, S
Mermoud Jean-Claude, Eclagnens, UDC
Méroz Jean-Robert, Pully, R
Messmer Patrick, Gland, S
Meylan Maurice, Lausanne, L
Michod Maurice, Lucens, R
Mischler Monique, Lausanne, S
Modoux André, Vevey, S
Moillen Jean-François, Les Diablerets, R
Monnier Anne-Lise, Gland, L
Monnier Jean-Claude, Villars/Champvent, R
Monod Daniel, Villeneuve, S
Morandi Renato, Lausanne, R
Moreillon Henri, Pully, R
Morel Nicolas, Préverenges, ECOL
Mottier André, Prilly, S
Munier Albert, Tartegnin, R
Narbel Jean-Marc, Clarens, L
Nicod Gérard, Lausanne, PDC
Nicollier Claudine, Veytaux, R
Nicoulaz Bernard, Lausanne, S
Ostermann Françoise, Vers-chez-les-Blanc, ECOL
Oulevey Gilbert, Prilly, R
Paccaud Henri, Coppet, R
Paquier Yves, Saint-Prex, L
Parisod Alain, Grandvaux, R
Parmelin Maurice, Bursins, UDC
Pellegrino Michel, Morges, R
Perret André, Yverdon-les-Bains, R
Perrin Jacques, Lausanne, R
Perrin Michel, Payerne, R
Peters Georges, Lausanne, S
Piguet Jean-Claude, Sainte-Croix, R
Piller André, Lausanne, S
Poget Claude, Cossonay, S
Poitry Alain-Valéry, Nyon, S
Poletti-Scherz Elisabeth, Veytaux, ECOL
Porchet Jean-Pierre, Forel-Lavaux, L
Probst Jean-Marc, Lausanne, R
Recordon Luc, Jouxtens-Mézery, ECOL
Renaud Michel, Ollon, S
Reymond André, Le Brassus, R
Riesen Marcel, Villeneuve, R
Roch Jean-Jacques, Ballens, R
Rochat Charles-Louis, Les Charbonnières, L
Rochat Eric, Saint-Légier, L
Rochat Jean-Claude, Lausanne, R
Rochat, Pierre, Clarens, R
Romang Marie-Madeleine, Lausanne, S
Rosat Jean-Claude, Château-d'Œx, L
Rosset Jean-Claude, Lausanne, R
Rossier Luc-Etienne, Aubonne, R
Rouge Henri, Romanel-s-Lausanne, L
Ryter Françoise, Chardonne, L
Salvi Pierre, Glion, S
Sandoz Suzette, Pully, L
Santschi Pierre, Lausanne, ECOL
Schilt Jean-Jacques, Lausanne, S
Schmid Bernard, Echallens, PDC
Schmid Charles, Prangins, S
Schmutz Bernard, Le Mont-s-Lsne
Schmutz Jean, Nyon, S
Schwaab Jean-Jacques, Riex, S
Sinner René, Duillier, R
Stettler Gérard, Vevey, R
Streit Adrien, Aubonne, UDC
Stucki René, Donatyre, UDC
Thalmann Bernard, Le Brassus, S
Tharin Gilbert, Orbe, R
Thévoz Francis, Lausanne, R
Thonney Jean-François, Pully, S
Tille Michel, La Comballaz, R
Tillmanns Pierre, Lausanne, S
Treyvaud Paul-Arthur, Yverdon-les-Bains, R
Vaudroz René, Leysin, R
Veillon Pierre-François, Bex, UDC
Vodoz Jean-Paul, Corbeyrier, L
Vodoz Séverine, Lausanne, ECOL
Voruz Eric, Morges, S
Vuillemin Philippe, Lausanne, –
Vuilleumier Marc, Lausanne, POP
Vullioud Jean-François, Vufflens-la-Ville, UDC
Wahlen Samuel, Tour-de-Peilz, L
Walther Eric, Chailly/Montreux, EC
Willi Jean-Rodolphe, Corcelles/Payerne, R
Zeiter-Hofmann Catherine, Yvonand, UDC
Zisyadis Josef, Lausanne, POP
Zulauf Michel, Montreux, S
Zweifel Max, Palézieux-Gare, S

R	Radical
S	Socialiste
L	Libéral
UDC	Union démocratique du c
ECOL	Groupe écologiste – Les V
PDC	Parti Démocrate-chrétien
POP	Parti ouvrier populaire

Edouard Delalay

Le Grand Conseil valaisan

Campagne électorale et élections

Le renouvellement du Grand Conseil valaisan se déroule dans un climat rendu brûlant malgré la saison, en raison du fait qu'il a lieu toujours trois mois après les élections communales, le premier dimanche de mars, chaque quatre ans.

C'est dire que la désignation des candidats s'effectue à peine les fêtes de fin d'année passées. Elle bénéficie donc de l'élan du scrutin communal mais souffre aussi parfois des effets de compensation ou de liquidation d'engagements plus ou moins publics pris hâtivement quelques mois plus tôt, par des dirigeants de partis ou des électeurs influents.

La campagne électorale se déroule par district en même temps que celle servant au renouvellement du Conseil d'Etat. Les candidats visitent leurs électeurs, le plus souvent à l'occasion de réunions de partis locaux. Ces rencontres ne manquent pas de déclarations de bonnes intentions puisque les candidats au gouvernement cantonal et au parlement (députés et suppléants) se succèdent pour haranguer les citoyens. La réunion peut constituer ici une respectable assemblée et là, être formée de quelques citoyens enfumés dans une arrière-salle d'établissement public.

L'élection des députés et des suppléants intervient par district, sous la haute surveillance du préfet, au moyen d'un seul bulletin par parti politique et au système de la représentation proportionnelle. Les dépouillements des scrutins sont par contre différents. Il en résulte parfois cette curiosité que dans le même district un parti n'obtient pas le même nombre de députés élus que de suppléants. Cela ne signifie pas qu'un suppléant noir est censé remplacer un député rouge; le nombre des suppléants dans un district est toujours suffisant pour que les remplacements puissent être organisés de façon satisfaisante. L'institution même des suppléants est caractéristique du Valais et du Jura; à la différence cependant qu'en Valais ils sont plus nombreux et font l'objet d'une élection séparée quoique sur le même bulletin de vote. Quant au principe lui-même, il permet une représentation meilleure des nombreuses petites localités et une présence plus fournie aux séances du Parlement, même si le suppléant est parfois appelé à siéger à l'improviste, sans la préparation qu'il pourrait souhaiter.

Le Casino municipal à Sion, siège du Grand Conseil valaisan

La session constitutive

Quinze jours après son élection, le nouveau parlement valaisan se réunit pour sa session constitutive. Le doyen d'âge ouvre la séance, invitant l'assemblée à participer à la messe du St-Esprit. Conduits par un peloton de gendarmes en tenue de soldats de Napoléon, par les huissiers aux capes rouges et blanches et le Conseil d'Etat fraîchement désigné par le peuple, les députés se rendent en cortège à la cathédrale de Sion. Après l'office, le retour à la salle des séances se réalise selon le même protocole, les députés se classant dans le cortège selon l'ordre des districts le long du Rhône. Le doyen d'âge y prononce l'allocution inaugurale qui est parfois, dans la vie de son auteur, le véritable «discours du trone». Cet événement passé, le bureau provisoire est désigné, le plus souvent tacitement. Il en va de même de la commission de validation désignée par le bureau provisoire sur proposition des groupes politiques où chacun d'eux a droit à une représentation au moins.

La séance constitutive connaît alors une interruption qui dure, selon les cas, entre une et deux heures et cela dans le but de permettre à la commission de validation de siéger et à son rapporteur de rassembler rapidement ses idées en vue d'apporter au plenum un reflet de ses débats.

Puis intervient la décision sur la validation des mandats et l'assermentation des députés dont l'élection n'est pas contestée. Après quoi se déroule une partie, généralement plus disputée et destinée à doter l'assemblée cantonale de ses organes définitifs.

L'élection du président est dirigée par le secrétaire du bureau provisoire. Ont lieu alors l'entrée du nouveau président précédé de l'huissier, les gratulations individuelles des membres du gouvernement et un nouveau discours inaugural. Puis ce sont les deux vice-présidents qui sont élus avec souvent de sérieux accrochages pour le deuxième d'entre eux, qui selon le cours normal des choses présidera le parlement deux ans plus tard. Les autres membres du bureau, deux secrétaires et quatre scrutateurs subissent ensuite le scrutin de leurs pairs.

Pour que le Grand Conseil soit en mesure de fonctionner efficacement lors de la session de mai, les commissions permanentes sont élues au bulletin secret. Il s'agit de la commission des finances et de la commission de gestion composées chacune de treize membres. Leurs présidents sont désignés de la même façon. Le Conseil d'Etat est enfin assermenté de sorte que les pouvoirs législatifs et exécutifs sont prêts à exercer les fonctions que leur attribue la constitution valaisanne.

La préparation des sessions

La préparation lointaine des sessions est toujours introduite par une première séance des chefs des groupes politiques du Grand Conseil avec le président du gouvernement, le responsable du bureau permanent et le chancelier d'Etat. Le but de cette rencontre consiste à arrêter, sur proposition du Conseil d'Etat, les objets qui seront traités ainsi que l'ordre du jour provisoire.

Une semaine plus tard, se réunit le bureau pour la décision définitive relative à l'ordre du jour de la session et la désignation des commissions qui étudieront les objets mis en discussion. La composition des commissions est mathématiquement calculée sur la base des forces politiques représentées au parlement cantonal.

A la suite de ces séances préparatoires, le secrétariat permanent envoie la convocation, l'ordre du jour, la liste des commissions et, au fur et à mesure de leur parution, les messages et les projets gouvernementaux.

Les commissions, à l'initiative de leur président, siègent en compagnie du chef du département concerné et cas échéant, de quelques grands commis de l'administration. Elles se déplacent parfois pour une vision locale ou à l'invite de l'un de leurs membres. Lorsqu'il s'agit de décrets de subventionnement d'ouvrages communaux, les commissaires sont reçus de manière fort sympathique ce qui a amené de mauvaises langues à les baptiser «commissions-raclettes».

Chaque commission désigne un rapporteur qui sera chargé de présenter un rapport introductif, généralement oral, au conseil. Les rapporteurs des commissions permanentes sont par contre responsables de la rédaction d'un rapport écrit à l'intention des députés.

Et la session commence pour une semaine pleine. Le lundi, le mardi et le jeudi, la séance n'a lieu que le matin alors que le mercredi et le vendredi, une séance de relevée a lieu l'après-midi. La semaine qui précède la session ont lieu les séances des groupes par district et par région et les groupes se retrouvent en général au niveau cantonal le lundi après-midi.

La réception du président

La réception du président du Grand Conseil est une journée haute en couleur dans la république et canton du Valais. Elle a lieu le deuxième lundi de mai, après une courte séance matinale.

Apéritif en fanfare à Sion dès avant midi puis accueil triomphal dans la commune de domicile du nouveau président. Les élus fédéraux, les autorités cantonales, du district et de la commune se trouvent réunies en ce jour de printemps, dans la détente et une ambiance de fête. Ecclésiastiques, militaires et civils, membres des corps législatifs, exécutifs et judiciaires défilent à la suite du peloton de gendarmes en tenue d'apparat et de tout ce que la commune compte de groupes, fanfares et sociétés organisées.

Le pays de la vigne justifie un nouvel apéritif sur la place du village où prennent successivement la parole, selon un protocole immuable, le président de la commune, le président du Conseil d'Etat et le nouvel élu qu'on appelle aussi familièrement Grand Baillif. Puis le dîner en commun rassemble tout ce monde à l'écoute des productions des sociétés locales et des discours du président du Tribunal cantonal et de tous les chefs des groupes politiques.

Cette fête qui se termine officiellement à l'heure où les fonctionnaires rentrent chez eux, se prolonge souvent fort tard dans les spéculations sur les chances des futurs candidats au perchoir. Elle est particulièrement pleine de relief en Valais de par la présence de tous les responsables politiques, économiques, sociaux et des grands serviteurs de la fonction publique du canton. Il fut souvent question d'en réduire le faste que d'aucun trouvent disproportionné. Mais personne n'y parvient vraiment car c'est souvent la première fois que la commune fête l'un des siens. Et c'est aussi peut-être l'occasion pour le peuple de fêter à travers ses élus, son indépendance et sa liberté.

L'année présidentielle

L'année présidentielle est un exercice assez unique. Chaque nouveau président se promet de réduire les prestations dévolues au premier magistrat du canton mais constate à la fin de son mandat qu'il n'y est guère parvenu.

Les mois de mai et de juin sont en Valais la période de l'année où les fêtes populaires et les assemblées se multiplient de toutes parts. Le président du Grand Conseil y est associé tout naturellement par l'intermédiaire d'un ami politique ou d'une connaissance. Comme il est nouveau dans sa fonction, il a tendance à céder facilement aux invitations.

Les vacances d'été sont plus calmes mais elles laissent place à un automne généralement chargé. En fin de compte, le Grand Baillif qui voulait se montrer réservé au départ se retrouve à la fin de ses fonctions avec cent cinquante à deux cents rencontres, festivals, réceptions, assemblées, concerts et représentations où il n'a heureusement pas toujours à prendre la parole. Car même s'il est le premier magistrat du canton, lorsqu'un conseiller d'Etat est présent, c'est lui qui s'exprime. Ça lui fait plaisir et ça rassure ses hôtes qui pourront de la sorte mieux le solliciter par la suite. Car par rapport au président du Grand Conseil, un conseiller d'Etat a au moins deux avantages déterminants: la durée et les clefs de la caisse; pour passer sous silence le traitement, le chauffeur et la retraite. Mais trêve de plaisanterie. L'année du Grand Baillif est une expérience humaine et sociale unique. Toujours et partout reçu dans le canton comme le premier citoyen, il bénéficie de tous les égards et d'une popularité qui l'identifie, pour une année, au pays et à sa population. Mais c'est encore une fois à travers sa personne, la souveraineté du peuple qui se manifeste et l'année suivante, le symbole est transmis à son successeur qui recommence la même merveilleuse expérience du contact privilégié avec un peuple généreux et libre.

Les sessions

Constitutionnellement deux sessions ont lieu qui commencent le deuxième lundi de mai et de novembre. Mais il y a belle lurette que le parlement valaisan n'est plus à même de remplir sa tâche en deux semaines. En fait, on en est aujourd'hui à deux semaines complémentaires, à fin juin et à fin janvier plus ici ou là quelques sessions spéciales d'un ou deux jours. Ainsi ce sont au total 14 à 16 journées complètes qui réunissent le plenum. Si l'on ajoute à cela la préparation individuelle du travail, les contacts politiques, les séances de groupes et de commissions, les députés valaisans doivent distraire de leur activité professionnelle entre un mois et demi et deux mois, selon leur capacité de travail et leur engagement. Leur rétribution annuelle pour ces prestations est de l'ordre de trois à cinq mille francs (1988).

Les débats sont organisés d'une manière immuable et très disciplinée. Le rapporteur présente l'objet, les délibérations et les décisions de la commission. Le débat d'entrée en matière permet à peu près toutes les digressions et avant qu'il ne soit clos, toutes les propositions écrites d'amendement des articles doivent être déposées pour être distribuées aux députés. Suivent immédiatement ou un autre jour, la discussion par article ainsi que le vote final. Le déroulement de la discussion est suivi avec un remarquable scrupule. Interviennent dans l'odre le rapporteur, les députés qui s'annoncent, le président de la commission et enfin le conseiller d'Etat responsable du dossier. La discussion est alors déclarée close, un député n'étant autorisé à intervenir après le membre du gouvernement que pour rectifier une erreur matérielle. Inutile de préciser que si l'entorse est rare, elle prête à l'occasion à de cosasses interprétations.

Les débats sur le texte se font en deux lectures dans deux sessions différentes sauf si l'urgence est acceptée par le conseil. Dans ce cas la deuxième lecture a lieu le dernier jour de la session.

Le contrôle parlementaire

Le contrôle parlementaire est une tâche qui n'est jamais totalement résolue dans aucun pays. Quel que soit l'organe qui en est chargé, certaines difficultés ne peuvent être surmontées. Il en va ainsi par exemple du niveau différent d'information qui existe fatalement entre les membres permanents de l'exécutif et les miliciens du législatif. En Valais, les choses sont peut-être encore accentuées par le fait que le gouvernement possède par tradition une position dominante par rapport aux représentants du peuple et d'autre part, par la présence, il faut le dire, d'une forte majorité politique.

Mais il ne faut rien exagérer car le même problème se pose partout. Il me souvient d'une visite que les représentants des commissions des finances et de gestion ont fait à M. Jean-Pascal Delamuraz, en 1983, au moment de la création dans notre canton de la commission de gestion. Le futur président de la Confédération, alors président de la commission de gestion du Conseil national nous avait reçus à Lausanne. Nous le consultons en vue d'organiser nos travaux sur la base de ses expériences au parlement fédéral et comme conseiller d'Etat vaudois. Nous y avons appris que la commission de gestion du canton de Vaud présentait, entre autres, par écrit une liste de questions sur la gestion et que le gouvernement y répondait. Et la curiosité nous a amenés à lui demander ce qui se passait lorsque le Grand conseil n'était pas satisfait des réponses du Conseil d'Etat. Sa réponse fut à peu de chose près la confirmation qu'il ne se passe rien du tout si ce n'est peut-être une déclaration de mécontentement, le reste étant laissé à la sanction politique qui peut s'exercer de diverses manières à l'égard du magistrat responsable, de son parti ou de ses subordonnés.

En Valais, après «les affaires Savro» qui ont secoué la république dès 1977, la commission des finances, unique responsable jusqu'alors du contrôle parlementaire, fut doublée dès 1983 d'une commission de gestion, à l'exemple de ce qui se fait un peu partout. L'inspection des finances fut aussi, au même moment, instituée comme un corps indépendant, subordonnée au Conseil d'Etat du seul point de vue administratif et à la disposition des commisions permanentes. En fait l'articulation des responsabilités entre la commission des finances et de gestion reste, comme partout, un peu floue. Le partage du travail se réalise par des rencontres entre les bureaux des commissions, celle de gestion étant plus spécialement dirigée vers l'examen du compte de l'Etat, celle des finances vers le budget. Reste l'éternel conflit sur le point de déterminer dans quelle mesure les députés, par leurs commissions, ont droit d'intervenir dans une sorte de contrôle préalable augmentant leur efficacité, ou doivent se contenter de l'examen à posteriori, laissant au gouvernement le soin, la charge et la responsabilité des affaires en cours.

Nous n'avons sans doute pas réglé ce problème du contrôle parlementaire mieux qu'ailleurs mais il est permis d'affirmer que la loi sur le contrôle administratif et financier, l'inspection des finances et les commissions permanentes des finances et de gestion sont des instruments adéquats pour mener à chef cette tâche toujours délicate du contrôle populaire sur les détenteurs du pouvoir.

Parallèle et comparaison entre parlements

Rien ne ressemble plus à un parlement qu'un autre parlement. C'est la même indiscipline relative, ce sont les mêmes discours qui paraissent être proclamés dans le désert, les petits à-partés, le va-et-vient, les lectures de rapports et de journaux, en un mot c'est partout la même apparente indifférence. Cela a fait dire à un amuseur public que la chambre des députés est une sorte de «société de discours mutuels». Les visiteurs sont d'ailleurs le plus souvent choqués par cette ambiance désinvolte qui règne dans les conseil législatifs.

Sur ce plan général, le Grand Conseil valaisan s'apparente davantage au Conseil des Etats qu'au Conseil national. Cela ne signifie pas qu'il adopte un train de sénateur mais que son style est plutôt dans le genre discipliné malgré le tempérament qui caractérise ses membres. L'esprit généreux et chaleureux des Valaisans se manifeste cependant par de nombreux applaudissements à l'adresse des membres du gouvernement ou d'un député appliqué ou coloré. Aux Chambres fédérales, ces manifestations d'encouragement sont proscrites ce qui contribue à un sentiment accru d'indifférence. Par contre le déroulement des débats est moins formel au plan fédéral. Les interventions y sont plus libres mais moins écoutées, les membres du gouvernement sont beaucoup plus modérés dans la durée tout en s'impliquant personnellement moins dans le débat. Ils ne sont pas impatients lorsque la discussion rebondit après leur intervention et surtout se montrent moins outragés lorsque la décision du législatif ne correspond pas à celle défendue par l'exécutif.

Ces comparaisons forcément subjectives n'empêchent pas de remarquer qu'avec des moyens infiniment plus réduits en fait de documentation, de télécommunication et de reproduction, le Parlement valaisan fonctionne avec une efficacité au moins aussi bonne que celui de mère Helvétie. Depuis un certain temps il est question de revoir le règlement. Cela est sans doute nécessaire sur des points de détail touchant à la tenue obligatoirement sombre des députés, à la distribution des documents avant la session, au travail des commissions. Par contre le déroulement des débats ne saurait être fondamentalement, modifié dans sa structure actuelle.

Représentation politique

La représentation politique au Grand Conseil valaisan est placée sous le signe de la stabilité. Les partis suivants y sont représentés:
1 parti conservateur, chrétien-social et démocrate chrétien
2 parti radical démocratique
3 parti socialiste
4 mouvement social indépendant
5 mouvement démocratique sédunois ou groupement libéral indépendant

L'évolution de ces diverses tendances, au cours des dernières législatures a été la suivante:

	1	2	3	4	5
1973 – 1977	84	26	14	4	2
1977 – 1981	84	25	15	6	–
1981 – 1985	80	31	13	–	6
1985 – 1989	81	32	12	–	5
1989 – 1993	79	32	14	–	5

Le secrétariat du Grand Conseil

Le secrétariat permanent du Grand Conseil a été mis sur pied en 1972. Auparavant, les tâches administratives étaient placées sous la responsabilité du chancelier d'Etat qui tenait à la disposition du Parlement un secrétaire, fonctionnaire à la chancellerie d'Etat.

Le premier secrétaire permanent fut M. Joseph Sigrist; il est resté en fonctions jusqu'en 1981, année où il fut remplacé par Mme Marthe Droz, toujours en activité.

Dans le passé, le bilinguisme posait quelques problèmes de communication. Pour chaque objet, étaient nommés un rapporteur de langue française et un autre de langue allemande. Les rapports étaient présentés dans les deux langues et pour le surplus chacun s'exprimait dans sa langue maternelle. Dès 1971, la traduction simultanée a été introduite et donne pleine satisfaction grâce à la qualité professionnelle des traducteurs. Un nouveau système a été introduit en 1988 permettant au président d'identifier par un écran les parlementaires qui demandent la parole.

La secrétaire permanente est en particulier responsable des tâches suivantes:

préparation des projets pour la constitution des commissions, rédaction des communications à l'intention des membres de la Haute assemblée, expédition des convocations et de tous les documents, préparation des dossiers du président et des secrétaires, distribution et tenue à jour de la liste des motions, postulats, interpellations, résolutions et petites questions, établissement de la transcription des sessions enregistrées sur bandes magnétiques et édition du bulletin des séances, développement du centre d'information et de documentation, établissement des consignes budgétaires du Grand Conseil, rédaction et distribution des messages relatifs aux élections de la compétence du Grand Conseil.

Pour toutes ces tâches, la secrétaire permanente est assistée par deux personnes en subordination administrative et par sept personnes en subordination fonctionnelle y compris les huissiers et les traducteurs.

Les objets traités par législature

Au cours des dernières législatures le nombre d'objets traités peut être résumé comme il suit:

	69–73	73–77	77–81	81–85	85–89
Constitution	7	7	5	12	3
Lois	31	19	20	20	32
Décrets	225	166	159	174	189
Règlements	21	11	13	14	22
Rapports		7	17		
Arrêtés		3	1	8	16
Divers	40	38	50	62	50

Les modifications constitutionnelles font l'objet de quatre débats: deux sur l'opportunité de la nouvelle disposition et deux sur le texte. Le référendum populaire est obligatoire.

Les lois sont traitées en deux débats et elles sont soumises au référendum populaire.

La quantité de décrets soumis au Grand Conseil valaisan peut paraître extraordinaire. La terminologie varie très sérieusement d'un canton à l'autre et en Valais, il faut entendre par décret tout une série de crédits d'ouvrages ouverts pour l'état cantonal, pour les communes ou pour des consortages. Ces décrets de subventionnement ne sont pas soumis au référendum obligatoire lorsque leur montant ne dépasse pas le 1 % des dépenses brutes du dernier compte d'Etat. Les règlements du Conseil d'Etat sont adoptés ou refusés en bloc et ne peuvent pas faire l'objet de discussion de détail.

Wilhelm Schnyder

Der Grosse Rat aus der Sicht eines Oberwallisers

Einleitung

Die Schweizer Kantone zeichnen sich dadurch aus, dass ihnen eine erhebliche Autonomie sowie ausgedehnte Mitwirkungsbefugnisse auf Bundesebene zustehen. In der Ausformung der kantonalen politischen Institutionen kommt dieses Gestaltungsrecht zum Tragen und führt dann gleichzeitig dazu, dass ausgeprägte Unterschiede von einem Kanton zum anderen festzustellen sind.

Die Darstellung einer kantonalen politischen Institution kann indessen kaum losgelöst vom gesellschaftlichen, wirtschaftlichen und politischen Umfeld geschehen. Nur der Einbezug dieses Umfeldes lässt verstehen, warum dieses so und nicht anders und jenes nicht so, sondern anders ist. Das soll einleitend etwas ausgeleuchtet werden. Dies wird dem geneigten Leser erlauben, die besondere Bedeutung der Repräsentations- und Integrationsfunktion des Walliser Grossen Rates besser zu verstehen, zumal weitere Funktionen, etwa Legislativ-, Kontroll-, Finanz- und Planungsfunktion, recht ähnliche Züge haben wie in anderen Kantonen.

Eng und doch offen

In diesem ersten Abschnitt soll vom politisch fruchtbaren Boden, von der geographischen Abgeschlossenheit und den vielen Fenstern die Rede sein.

Das rund einhundertzwanzig Kilometer lange Rhonetal kennt zur übrigen Schweiz eine einzige ganzjährig befahrbare Strassenöffnung. Es ist dies die Öffnung im Westen, nämlich in St-Maurice. Diesem passage obligé stehen komplementär die Autoverladeverbindungen Goppenstein–Kandersteg, Oberwald–Realp sowie im Sommer die Passübergänge Furka und Grimsel zur Seite.

Besser sieht es hingegen Richtung Süden aus. Hier kann mit der Simplonstrasse sowie der Strasse des Grossen St. Bernhards immerhin auf zwei internationale Strassenverbindungen zurückgegriffen werden. Dies macht auch verständlich, dass sowohl das Unterwallis wie das Oberwallis während Jahrhunderten und auch heute noch enge Beziehungen zum Aostatal und zu Oberitalien pflegen.

Dieses geographisch abgeschlossene Tal wird seit Jahrzehnten – nachdem die Rhoneebene als einzigartiger Obst- und Gemüsegarten hergerichtet worden ist – von Dichtern und Malern als fruchtbares, ja üppiges Land besungen und beschrieben. Dieser Kanton, dessen Hymne «Nennt mir das Land so wunderschön» die Schlichtheit und Schollenverbundenheit der Bewohner besingt, ist auch politisch fruchtbar. Eine Fruchtbarkeit, die sich auf der schweizerischen Plattform stark bemerkbar macht und die dazu führt, dass das Wallis viele politische Fenster mit hin und wieder recht frischem Wind aufweist.

Wir wollen hier nicht das abhandeln, was der Vergangenheit zugehört. Immerhin darf darauf hingewiesen werden, dass das Wallis in den Nachkriegsjahren mit Herrn Dr. Josef Escher und Herrn Roger Bonvin zwei Bundesräte in die Landesregierung entsenden konnte. Die schweizerische Bankenkommission wird seit mehreren Jahren von einem Walliser, alt Ständerat Dr. H. Bodenmann, präsidiert.

Sowohl die freisinnige Fraktion der Bundesversammlung wie auch die christlich-demokratische werden derzeit von Wallisern angeführt. Bei den Christdemokraten ist dies Nationalrat Vital Darbellay und bei den Freisinnigen hält Nationalrat Pascal Couchepin die Zügel in der Hand.

Spannungsverhältnis Ober- und Unterwallis

In Artikel 26 der Kantonsverfassung ist die räumliche Einteilung des Kantons geregelt: «Der Kanton ist in Bezirke eingeteilt. Die Bezirke sind aus Gemeinden gebildet.» Insgesamt kennt das Wallis heute dreizehn Bezirke, die auch den dreizehn Sternen im Kantonsbanner entsprechen. Die Bezirke Goms, Brig, Visp, Raron und Leuk bilden zusammengefasst das Oberwallis. Implizite anerkennt die Kantonsverfassung in Artikel 52 drei Landesteile, nämlich das Ober-, Mittel- und Unterwallis. In diesem Artikel ist nämlich festgelegt, dass diese Landesteile mindestens je einen Vertreter in der Walliser Regierung haben müssen.

Im gleichen Artikel ist überdies der Anspruch der Bezirke auf höchstens einen Regierungssitz begrenzt. Das deutschsprachige Oberwallis ist mit seinen Einwohnern von 69 284 eine sprachliche und kulturelle Minderheit. Das Unterwallis zählt 169 764 Einwohner und allein diese Zahlen zeigen auf, dass das auf schweizerischer Ebene gegebene Verhältnis zwischen französisch und deutsch im Wallis gerade umgekehrt ist. – Das alemannische Oberwallis ist denn auch eher auf die deutsche Schweiz ausgerichtet, so insbesondere in schulischen Fragen. Die verschiedene kulturelle Ausrichtung und die Sprachbarriere bringen es mit sich, dass man hin und wieder ein Auseinanderklaffen feststellen muss. So hat beispielsweise zu Beginn der achtziger Jahre das Oberwallis die Revision des kantonalen Schulgesetzes mit 83 % abgelehnt. Im Unterwallis hielten sich Gegner und Befürworter die Waage. Zwei eidgenössische Volksabstimmungen, die nicht weit zurückliegen, heben die Unterschiede besonders hervor. Die Rothenturm-Initiative ist im Oberwallis mit fast 55 % Ja-Stimmen angenommen und im Unterwallis mit rund 67 % Nein-Stimmen verworfen worden. Auch die Abstimmung zum Rüstungsreferendum hat ein ähnliches Bild ergeben.

Die wirtschaftliche Kraft des Unterwallis, die heute etwa dreimal so gross wie die des Oberwallis ist, kann eine solche Diskrepanz noch verschärfen. Gerade der Umstand, dass die kantonale Vereinigung der Industriellen nur einen zehnten Teil seiner Mitglieder im Oberwallis findet, weist in diese Richtung.

Wir werden noch ausführen, dass auch im Grossen Rat manchmal von den Oberwalliser und den Unterwalliser Deputierten verschiedene Wege beschritten werden. Es kommt hin und wieder vor, dass sich die Parteigrenzen verwischen und dass die Fronten zwischen Ober- und Unterwallis verlaufen. Es gibt in diesem Kanton aber unzählige Anstrengungen, um dem geistigen Klima ein Gepräge der gegenseitigen Verständigung zu verleihen.

Mangel an Verständigung geht auch im Wallis meistens aus einem zufälligen Aneinandergeraten, einem unvorhergesehenen Zusammenprallen innerer Prozesse oder auch aus Unkenntnis hervor. Bei diesem Hintergrund ist gerade in einem zweisprachigen Kanton der Grosse Rat ein bedeutendes Instrument der Verständigung.

Der Grosse Rat tagt im Casino

Das Reglement vom 26. März 1974 normiert die Tätigkeit des Grossen Rats. Interessant ist, dass es keine Aussage zum Tagungsort enthält, es sei denn, man zöge Schlüsse aus Art. 5, der folgendermassen lautet:

«Zu Beginn der konstituierenden sowie einer jeden ordentlichen Session begibt sich der Grosse Rat in corpore in die Kathedrale, um in einem Gottesdienste den Segen des Allerhöchsten auf seine Arbeit und auf das Vaterland herabzuflehen.»

Der Grosse Rat muss sich folglich zu Sitten im Wahljahr dreimal und in den anderen Jahren zweimal zum Gottesdienst in die Kathedrale begeben. Aufgrund dieser Reglementsbestimmung könnte der Grosse Rat indessen ohne weiteres auch anderswo tagen. Die Kantonsverfassung ist diesbezüglich restriktiver. Ihr Artikel 27 legt fest, dass Sitten der Hauptort des Kantons und der Sitz des Grossen Rates, des Staatsrates und des Kantonsgerichtes ist. In Absatz 2 wird ausgeführt, dass diese Behörden anderswo zusammentreten können, wenn es wichtige Umstände erfordern.

So kommt es hin und wieder vor, dass Abteilungen des Kantonsgerichtes ausserhalb Sitten tagen. Auch der Hohe Staatsrat tagt jeweils zu Beginn der Sessionen des Bundesparlamentes in Bern, wenn er sich daselbst zur Kontaktpflege mit den Walliser Parlamentariern trifft.

Der Grosse Rat ist sich hingegen solche «Eskapaden» nicht gewöhnt. Soweit aktenkundig festgestellt werden konnte, hat bis heute noch kein Abgeordneter im Ernst das Begehren gestellt, der Grosse Rat möge aus Reverenz gegenüber der sprachlichen Minderheit einmal im Oberwallis tagen. Solche Begehren sind auch aus dem Unterwallis nicht bekannt. Und so bleibt es, dass der Grosse Rat nach wie vor zu Sitten im Casino tagt.

Im Jahre 1863 hat die stolze und reiche Burgergemeinde Sitten an der Kreuzung der Rue du Grand Pont und der ruelle des Anes ein Gebäude errichtet, welches heute während der Sessionen vom Grossen Rat in Beschlag genommen wird.

Bis zur Jahrhundertwende diente dieses Gebäude der Casino-Betriebsgesellschaft, um den Einwohnern der Hauptstadt, um den Kantonsbürgern und den Confédérés bei literarischen, wissenschaftlichen und artistischen Soirées sowie bei Glücks- und Tanzspielen eine Plattform der rekreativen Begegnung zu gewähren. Die Bezeichnung Casino hat also einen realen geschichtlichen Hintergrund und die vielleicht ganz spontan auflebende Gedankenassoziation «Rien ne va plus» mag jeder und jede für sich interpretieren.

Auch bei uns macht sich bemerkbar, dass der hin und wieder aufflackernde und durch die Reglementierungsdichte nicht immer verwunderliche Vollzugsnotstand auf die parlamentarische Beratungsebene überschwappt. Zeit-, Sachkunde- und Bewertungsnot sind dem Walliser Grossen Rate bekannte Diagnosen. Da könnte etwa die immer komplexere legislatorische Arbeit den Wunsch wecken, dass der spielerische Hauch eines Casinos sich im Interesse der Sache hie und da lockernd über die Grossratsdebatte legte.

Farbenfroh

Seit 1943 ziert den Parlamentssaal eine farbenfrohe Freske des bekannten Malers Ernst Bieler. Dargestellt wird der Eintritt des Kantons Wallis in die Eidgenossenschaft im Jahre 1815.

434

Dieses farbenfrohe Bild reflektiert sich in den Parlamentarier-Rängen. Die Walliser CVP zählt nämlich 79 der 130 Abgeordneten in ihren Reihen. Dieser Block (de couleur orange) hat jedoch bei genauerem Hinsehen breite andersfarbige Streifen, nämlich die achtzehn Oberwalliser Christlichdemokraten (die Schwarzen) sowie die fünfzehn Christlichsozialen (die Gelben), ebenfalls aus dem Oberwallis.

Die Walliser Grünen kommen auf insgesamt 32 Abgeordnete. Dabei muss sofort der Hinweis angebracht werden, dass diese 32 Abgeordneten keineswegs mit den ökologisch Grünen verwechselt werden dürfen. Im Wallis beanspruchen traditionsgemäss die Radikalen (Freisinnigen) das Grün für sich.

Die Sozialdemokraten kommen auf 14 Sitze. Und diesen 14 Roten steht noch eine kleine Fraktion von fünf Mitgliedern der Walliser Liberalen gegenüber. Bezeichnend ist, dass sich diese kleinstmögliche Fraktion bis heute weder eine Grell- noch eine Pastellfarbe zugelegt hat.

Das farbenfrohe Bild wird noch dadurch erweitert, dass in der Fraktion der 32 Grünen auch drei Oberwalliser Blaue sitzen. So werden nämlich die Oberwalliser Freisinnigen genannt.

Verfolgt man die Beratungen des Walliser Parlamentes, kann man häufig feststellen, dass sich die Farbmuster je nach Abstimmungsvorlagen auf oft interessante Weise durchmischen. Geht es etwa um die Vereinheitlichung des Steuerkoeffizienten, den die Gemeinden anwenden müssen und der heute zwischen 1 und 1,5 schwankt – früher gar zwischen 0,8 und 1,6 – so stimmen die Vertreter der grossen Talgemeinden auf der einen Seite und die Vertreter der Berggemeinden auf der anderen Seite. Die Gegensätze zwischen Berg und Tal treten hier ganz klar zutage.

Bei Abstimmungen, die etwa den interkommunalen Finanzausgleich betreffen, kommt es sogar vor, dass das Mitglied einer Partei, welche sich die Hilfe an die Berggemeinden ins Programm schreibt, als Vertreter einer grossen Unterwalliser Gemeinde vehement gegen die Aufstockung des Ausgleichsfonds votiert.

Auch im Verhältnis Ober- und Unterwallis treten die politischen Parteien oft stark in den Hintergrund und man stimmt als Oberwalliser ungeachtet seiner Parteizugehörigkeit für die Interessen des deutschsprachigen Landesteiles. Dies trifft auch auf die Abgeordneten des Unterwallis zu.

Die wichtige Artikulationsfunktion des Grossen Rates bringt dies zwangsläufig mit sich. Es muss das aufgenommen und ausgesprochen werden, was beim Volk Gesprächsstoff ist.

Der Grosse Rat muss aber zugleich als Sachverwalter der Gesamtinteressen des Kantons seine Pflicht wahrnehmen. Hier hat er gerade in einem zweisprachigen Kanton eine bedeutende Integrationsfunktion. Den Fraktionen böte sich dabei eine einzigartige Möglichkeit, als Wegbereiter vermehrt in Erscheinung zu treten. Mit Ausnahme der liberalen Fraktion sind nämlich alle Fraktionen als Gesamtfraktionen im Parlament tätig: die CVP, die Radikalen und die Sozialdemokraten. Da all diese Fraktionen Mitglieder aus dem Oberwallis aufweisen, bestünde bereits hier die Chance, Anliegen der Minderheit aufzunehmen und dann im Parlament gemeinsam zu vertreten.

Erfolge sind zu verzeichnen. Aber es gibt auch hier immer wieder Rückschläge. Von einem Erfolg soll hier die Rede sein. Seit Jahrzehnten haben es die Bezirke Goms und Östlich-Raron als einen Affront empfunden, dass die Strasse zwischen Brig und Gletsch nicht als Kantonsstrasse klassiert worden ist, wiewohl die parallel verlaufende Rhone als kantonales Gewässer galt und immer noch gilt. Der Kanton nahm die Wasserrechtsabgaben für die Rhonewasser in Empfang, beteiligte sich jedoch nicht an den Strassenunterhalts- und -ausbauarbeiten, wie dies für die Strasse zwischen Brig und dem Genfersee der Fall war und ist. Dies hatte natürlich für die Gemeindefinanzen der kleinen Berggemeinden gewaltige Nachteile. Vor zwei Jahren konnte die Kantonalisierung des Strassenstückes Gletsch–Brig endlich im Grossen Rate durch Beschluss erreicht und eine schwerwiegende ungleiche Behandlung aus der Welt geschafft werden.

Die Abgeordneten

Mit der von den beiden Landesschreibern in französischer und deutscher Sprache verlesenen Eidesformel und der Bezeugung «Ich schwöre es» eines jeden Abgeordneten ist gemäss Artikel 8 des Reglementes des Grossen Rates die Befähigung, an den Beratungen teilzunehmen, geschaffen.

Insgesamt einhundertdreissig Grossräte verpflichten sich mit dem Eid oder mit dem Ehrengelübde «Ich verspreche es auf meine Ehre und mein Gewissen» der kantonalen res publica. Bei der alle vier Jahre zusammen mit den Staatsratswahlen durchgeführten Gesamterneuerung werden jedoch nicht nur einhundertdreissig Grossräte, sondern auch ebenso viele Suppleanten gewählt (Artikel 84 KV).

Auch die Suppleanten werden in den Bezirken als Wahlkreise nach dem Proporzsystem – ohne Möglichkeit der Listenverbindung – gewählt. Beachtenswert ist dabei, dass die Wahl der Grossräte und jene der Ersatzmänner gesondert erfolgt. Es ist daher möglich, dass in einem Bezirk, welcher über vier Grossratsmandate und über vier Suppleantenmandate verfügt, sich folgendes Wahlresultat ergibt:

Grossratswahlen	Partei A	Partei B	Partei C
Mandate	2	1	1
Suppleanten			
Mandate	1	1	2

Die Institution der Ersatzmänner ist ein Charakteristikum, das seinesgleichen sich kaum findet, zumal die Art und der Umfang der Stellvertretung äusserst lückenhaft geregelt ist.

Allein Artikel 4 des Reglementes des Grossen Rates spricht sich über die Funktion der Stellvertretung explizit aus:

«Ausser im Fall begründeter Verhinderung sollen die Mitglieder des Grossen Rates allen Sitzungen beiwohnen.

Ist ein Abgeordneter verhindert, an einer Sitzung des Grossen Rates teilzunehmen, so bezeichnet er den Ersatzmann. Ist er verhindert, an einer Kommissionssitzung teilzunehmen, so bezeichnet er seinen Stellvertreter und setzt vor der ersten Sitzung der Kommission das Büro des Grossen Rates und den Präsidenten der Kommission in Kenntnis.»

Im Falle des vorerwähnten Bezirkes wäre es theoretisch möglich, dass ein Grossrat von der Partei A durch einen Suppleanten der Partei C vertreten würde.

Dass es sich hierbei nicht nur um theoretische Modelle handelt, kann aufgrund eines früheren Wahlergebnisses im Bezirk Raron nachgewiesen werden, und zwar hat im Halbbezirk Östlich-Raron eine Partei, welche kein Grossratsmandat erringen konnte, ein Suppleantenmandat erreicht.

Einer schriftlichen parlamentarischen Intervention aus dem Jahre 1983 kann entnommen werden, dass erhebliche Unklarheiten herrschen. Ein Unterwalliser Abgeordneter stellte die Frage, ob die Praxis, wonach Abgeordnete eines Bezirkes durch Suppleanten anderer Bezirke ersetzt werden, mit Artikel 84 der Kantonsverfassung vereinbar sei. Er monierte, die Folge dieser Praxis sei, dass Regionen und Bezirke sowohl im Rate als auch in den Kommissionen im Verhältnis zu ihrer Wohnbevölkerung übervertreten sein könnten.

Der Rat hat sich wohl vor einigen Jahren die Revision des Reglementes des Grossen Rates ins Pflichtenheft geschrieben und dabei auch eine umfassendere Regelung des Suppleantenstatutes ins Auge gefasst. Die Revisionsarbeit lässt jedoch auf sich warten, und die Praxis ist bis heute unverändert geblieben.

Eines ist indes gewiss. Der Walliser Grossratssuppleant kann sich mit allen parlamentarischen Interventionsmöglichkeiten (schriftliche Anfrage, Interpellation, Postulat, Motion) in Szene setzen. Er kann in Kommissionen Einsitz nehmen und auch deren Berichterstatter sein. Der Suppleant ist nicht zweitklassig, er kann erstklassig einen Grossrat vertreten und dem Land gute Dienste leisten.

Wie oft erschallt doch der Ruf nach einer Anpassung unserer demokratischen Institutionen an die Bedürfnisse unserer Zeit. Die Institution der Suppleanten ist nicht ein Relikt vergangener Zeiten. Es ist eine Institution, die durchaus den heutigen hohen Ansprüchen, welche an ein kantonales Parlament gestellt werden, entspricht. Sie liefert wichtiges humanes Kapital, um die parlamentarische Arbeit «urbar» zu machen.

Die Arbeit des Grossen Rates

Der Walliser Grosse Rat tagt jährlich regelmässig während insgesamt sechs Wochen.

Im Plenum besteht seit den siebziger Jahren eine Simultanübersetzung. Dies bringt für die Beratungen ohne Zweifel entscheidende Zeitgewinne mit sich. Aber selbst die beste Übersetzung kann bestimmte Nuancen und Akzente nicht vermitteln. Die Übersetzung hat aber auch den Vorteil, dass zumindest im wesentlichen Inhalt in beiden Sprachen dasselbe wiedergegeben wird. Es soll nämlich früher vorgekommen sein, dass sich der gleiche Abgeordnete nicht in beiden Sprachen im gleichen Sinne ausgesprochen haben soll …

Repräsentations- und Integrationsfunktion

Der Walliser Grosse Rat hat in diesem Bereiche eine besonders wichtige Aufgabe zu erfüllen, deren Wahrnehmung jedoch in den letzten Jahren immer schwieriger geworden ist. Dies hat zwei Gründe.

In früheren Jahrzehnten haben Grossräte, welche eine weite Wegstrecke zum Tagungsort hatten, während der Sessionen in Sitten übernachtet, und auf diese Weise sind viele enge Kontakte zwischen den Abgeordneten der einzelnen Regionen geknüpft worden. Die Mobilität hat auch im Wallis dazugeführt, dass heute jeder Abgeordnete nach der Sitzung sofort heimkehren kann.

Im Grossen Rate gibt es und gab es Bewegungen, die auf seine zwingend erforderliche Integrationsfunktion hinweisen. Diese Funktion steht dann aber oft auch im Widerspruch mit den regionalen Repräsentationsbedürfnissen. Gerade in einem Kanton mit zwei Kulturen kommt es oft einer Gratwanderung gleich, hier den richtigen Weg zu finden. Man kann aber ruhig sagen, dass es beim Walliser Grossen Rat selten beim untauglichen Versuch geblieben ist.

Legislativfunktion

Nach der Walliser Kantonsverfassung kommt dem Grossen Rat als wichtigste Funktion die Rechtssetzung zu. Man spricht deshalb auch herkömmlicherweise von der gesetzgebenden Behörde. Eines konnte man in den vergangenen Jahren feststellen. Die immer komplexer werdenden politischen Sachverhalte schlagen auch auf die parlamentarische Arbeit in besonderer Weise durch. Wie oft geschah es, dass Regelungen, die für eine touristische Berggemeinde einem Gebote der Stunde entsprachen, für eine noch wesentlich auf die Landwirtschaft ausgerichtete Berggemeinde schädlich waren. Der Ruf nach immer differenzierteren Lösungen war die Folge, und die gesetzgeberische Arbeit wurde zwangsläufig immer schwieriger.

Da der Kanton Wallis das obligatorische Gesetzesreferendum kennt, mag es interessant sein, einen Blick darauf zu werfen, wie der Souverän der legislatorischen Arbeit des Parlamentes in den letzten 20 Jahren begegnet ist.

Insgesamt mussten sich die Walliser Stimmbürger über 107 kantonale Vorlagen aussprechen. Davon sind 87 angenommen und 20 abgelehnt worden. Das Resultat darf sich gewiss sehen lassen.

Kontrollfunktion

Die Kontrollarbeit gehört zweifelsohne zu den interessantesten und oft auch schwierigsten Aufgaben auch eines Kantonsparlamentes. Da sich jedoch mein Freund Edouard Delalay im französischen Text dieser Frage besonders angenommen hat, verzichte ich auf weitere Ausführungen.

Weitere Funktionen

Die Finanzfunktion (Festlegung des Voranschlages und Genehmigung der Jahresrechnung), die Planungsfunktion (Beratung und Kenntnisnahme der durch die Regierung festgelegten vierjährlichen Regierungsrichtlinien und des Finanzplanes), die Wahlfunktion (Wahl des Präsidenten, der zwei Vize-Präsidenten, der beiden Landesschreiber und der übrigen Mitglieder des Büros des Grossen Rates, Wahl der Kantonsrichter und Staatsanwälte u.a.) und die weiteren Parlamentsfunktionen entsprechen weitgehend dem, was wir in anderen kantonalen Parlamente vorfinden.

Als abschliessende Bemerkung zur Arbeit des Grossen Rates soll noch ein Vergleich herangezogen werden. – Vor hundert Jahren beschäftigte sich der Walliser Grosse Rat mit folgenden Themenkreisen:

– Schaffung einer internationalen Strassenverbindung (Grosser St. Bernhard)
– Wirtschaftliche Besserstellung der Berggemeinden
– Obligatorische Einrichtung von Baumschulen in den Walliser Gemeinden
– Sozialer Status des Lehrkörpers

Greift man zu den Memorials (Integrale schriftliche Wiedergabe der Beratungen des Rates) der letzten beiden Jahre, so stellt man fest, dass heute die gleichen Anliegen auf dem Tische sind wie im Jahre 1888, nämlich:
– Die Alpentransversale unter Berücksichtigung des Lötschbergs und Simplons
– Die wirtschaftliche Besserstellung der schwachen Regionen (es gibt Regionen mit einem Pro-Kopf-Einkommen unter 20 000 Franken und solche mit über 30 000 Franken)
– Die Errichtung der kantonalen Ingenieurschule und der Höheren Wirtschafts- und Verwaltungsschulen (die Ingenieurschule Wallis hat in Sitten ihre Pforten geöffnet; je eine HWV ist in Visp und in St-Maurice angesiedelt worden)
– Der soziale Status des Lehrkörpers sowie des Staatspersonals überhaupt

waren hervorragende Traktanden, die den Grossen Rat voll beansprucht haben.

Sagt da der Frankophone nicht zu Recht: «L'histoire n'est qu'un éternel retour …»

Canton du Valais
Membres du Grand Conseil
Etat au 1er janvier 1990

Président: Jordan Gérald, Sion, SP
Abgottspon Franz, Stalden, CVPO
Andenmatten Otto, Grächen, CVPO
Antille Rose-Marie, Monthey, PR
Baillifard Pierre, Bruson-Bagnes, PDCB
Balet-Emery Chantal, Sion, PLV
Balmer-Fitoussi Françoise, Sierre, PS
Barben Gaston, Le Châble/Bagnes, PR
Bayard Paul-Bernhard, Naters, CVPO
Berclaz Victor, Sierre, PR
Bernard Fabienne, Martigny, PR
Bertholet Claude, Saillon, PDCB
Blötzer Peter, Visp, CSPO
Bonvin Bernard, Sion, PDCC
Bonvin Georges, Lens, PDCC
Bonvin Jacques, Sion, PDCC
Bornet Jean-Charles, Baar-Nendaz, PR
Borter Willy, Brig, CVPO
Brigger Bernhard, Grächen, CSPO
Bruchez Lucien, Verbier, PDCB
Buchard Roger, Leytron, PR
Burgener Thomas, Visp, SOPO
Butzberger Joseph, Grimisuat, PDCC
Carlen Paul, Reckingen, CVPO
Carron Henri, Fully, PS
Chevey Michel, Anzère, PS
Chevrier Emmanuel, Bramois, PR
Cipolla Jean-Dom., Martigny, PDCB
Clausen Richard, Brig-Glis, CVPO
Clavien Bernard, Veyras, PR
Couturier Michel, Loye/Grone, PR
Crettaz Bruno, Mase, PDCC
Crittin Jean-Marc, Chamoson, PR
Darbellay Raphy, Martigny, PR
Delasoie Bernard, Sembrancher, PDCB
Deleze Pierre, Vetroz, PDCC
Derivaz Michel, Bouveret, PDCB
Dessimoz Pierre-Albert, St-Séverin, PCSC
Dorsaz Christian, St-Maurice, PR
Duc Eddy, Sierre, PDCC
Duchoud Maurice, St-Gingolph, PR
Ducrey Michel, Fully, PR
Emery Roland, Flanthey, PS
Epiney Simon, Vissoie, PDCC
Exhenry Pierre-Ignace, Champéry, PR
Farquet Leo, Saxon, PLV
Fellay Paul, Fully, PDCB
Fournier Jean-René, Sion, PDCC
Fournier Martial, Basse-Nendaz, PDCC
Frossard Marie-Claire, Monthey, PS
Furger Peter, Visp, PDCC
Fux Hermann, St. Niklaus, CSPO
Gaillard Emmanuel, Chamoson, PDCC
Gard Marcel-Henri, Sierre, PR
Gay François, Bovernier, PDCB
Gemmet Bernhard, Ried-Brig, CSPO
Gex Roland, Verossaz, PDCB
Gillioz Gerard, Riddes, PR
Giroud Michel, Saillon, PR
Grand Gabriel, Vernayaz, PR
Guntern Robert, Zermatt, CVPO
Hallenbarter Hans, Obergesteln, CSPO
Heritier Georges, Granois/Saviese, PLV
Imboden Fridolin, Niedergesteln, CSPO
Imhof Anton, Grengiols, CVPO
Imhof Artur, Brig-Glis, CSPO
Imhof Hubert, Riederalp, FDPO
Inderkummen Paul, Erschmatt, CSPO
Jacquemoud Raymond, Evionnaz, PDCB
Jäger Cäsar, Brig, FDPO
Jordan Gérald, Sion, PS
Joris Gaston, Morgins, PDCB
Julen Pierre-Noel, Sierre, PDCC
Julen Thomas, Zermatt, CSPO
Kalbfuss Claude, Monthey, PS
Lambiel Daniel, Riddes, PDCB
Lamon Georgie, Pont de la Morge, PS
Lattion Antoine, Muraz-Collombey, PDCB
Lehner Alfons, Wiler, CVPO
Leiggener Erwin, Visp, CSPO
Loretan Martin, Leukerbad, CSPO
Lovisa Raoul, Orsières, PDCB
Luggen Rudolf, Brig, SOPO
Luyet Jean-Marie, Savièse, PR
Luyet Pierre-Albert, St-Germain/Savièse, PDCC
Mabillard Michel, Leytron, PDCB
Margelist Peter, Baltschieder, CSPO
Marietan Georges, Champéry, PDCB
Marty Herbert, Leuk-Stadt, CVPO
Mathieu Regina, Leuk-Stadt, CSPO
Mathys-Sierro Juliette, Sion, PDCC
Metrailler Philippe, Evolène, MDH
Metrailler Serge, Salins, PDCC
Meyer Richard, Sion, PDCC
Micheloud Gilbert, Grone, PDCC
Nanchen Fernand, Flanthey, PR
Niggely Germain, Collombey, PR
Perruchoud Daniel, Chalais, Pr
Perruchoud-Massy Marie-F., Chalais/Réchy, PDCC
Pfammatter Otto, Naters, CVPO
Pfammatter Werner, Conthey, PDCC
Pitteloud Jean-Louis, Sierre, PS
Pralong Roger, Sion, PDCC
Premand Bernard, Choex/Monthey, PDCB
Puippe Maurice, Monthey, PR
Rey-Bellet Jean-Jacques, St-Maurice, PDCB
Ribordy Adolphe, Sembrancher, PR
Robyr Jeremie, Sierre, PDCC
Rouvinez Jean-Bernard, Sierre, PDCC
Ruppen Mario, Visp, FDPO
Salzgeber Karl, Raron, CSPO
Sauthier Philippe, Vetroz, PR
Savioz Bernard, Ayent, PDCC
Schalbetter Martin, Termen, CVPO
Schmid Odilo, Brig, CSPO
Schwery-Clavien Geneviève, Miège, PDCC
Severin Jean-Louis, Erde/Conthey, PDCC
Sierro Dominique, Hérémence, PS
Stoffel Alex, Visperterminen, CVPO
Theler Xaver, Raron, CVPO
Truffer Stefan, St. Niklaus, CVPO
Valterio Pierre, Grimisuat, PR
Varone Germain, St-Germain/Savièse, PS
Varone Maurice, Pont-de-la-Morge, PR
Volken Herbert, Fiesch, CVPO
Vouillamoz Cyrano, Saxon, PR
Vuadens Luc, Vouvry, PDCB
Weissen Andreas, Brig-Glis, SOPO
Werlen André, Susten, SOPO
Wyssen Klemens, Agarn, CVPO
Zurbriggen Charly, Brig-Glis, CVPO

CSPO	Parti chrétien-social du Haut-Valais
CVPO	Parti démocrate-chrétien du Haut-Valais
PDCC	Parti démocrate-chrétien du Valais romand
FDPO	Parti radical libre du Haut-Valais
PR	Parti radical-démocratique
PDCB	Parti démocrate-chrétien du Bas-Valais
SOPO	Parti socialiste du Haut-Valais
PS	Parti socialiste
PLV	Parti libéral valaisan
MDH	Mouvement démocratique d'Hérens
PCSC	Parti chrétien-social du district de Conthey

Jean-Marie Reber

Le Grand Conseil neuchâtelois

Au moment de prendre la plume pour attaquer cet autoportrait du Grand Conseil neuchâtelois que l'on me demande, me voilà bien embarrassé! – Quels traits choisir pour ne pas déformer le sujet? Quels mots trouver pour exprimer les nuances de cette riche personnalité sans trop d'inexactitudes ni de lacunes?

Il n'est pas inutile, d'entrée de cause, de préciser que le parlement neuchâtelois a un âge respectable puisqu'il est le fruit de la Révolution de 1848 et que sa première séance s'est ouverte, cette année-là, un mercredi 3 mai à 10 heures du matin.

Faut-il ajouter que si en 1848 il n'était composé que d'hommes, aujourd'hui une très large majorité de ses cent quinze députés sont de sexe masculin et que leur âge moyen est de quarante-six ans? Les femmes sont, en effet, rares dans les rangs du parlement neuchâtelois. Le suffrage féminin ayant été instauré en 1959, c'est en 1961 que quatre élues (trois socialistes et une communiste) sont venues s'asseoir aux côtés de leurs collègues masculins. Depuis lors, bien des années ont passé. Sept législatures se sont succédées sans que la représentation féminine ne prenne l'ampleur que l'on aurait pu souhaiter ou imaginer en 1959, puisque ses sièges ne sont occupés que par une petite douzaine de députées.

Si vous consultez un dictionnaire, vous constaterez que le terme de «députée» n'existe pas. La langue française n'a, semble-t-il, pas prévu de féminin pour cette fonction si longtemps réservée aux hommes. Toutefois, suite à une demande émanant de leurs rangs, fin 1981, les femmes neuchâteloises députés sont devenues «députées», le souci de la paix entre les sexes prévalant sur celui du respect du dictionnaire.

La cérémonie d'installation

Avant d'entrer dans le vif du sujet, il convient, sans doute, de dire quelques mots de la cérémonie d'installation des nouvelles autorités qui a lieu au début de chaque législature, tous les quatre ans.

Précédés d'huissiers, le Conseil d'Etat in corpore, en jaquette et pantalon rayé, le haut de forme porté à la main, ainsi que le Grand Conseil suivent un peloton de gendarmes en tenue d'apparat du siècle dernier pour grimper, à pied, au rythme d'une fanfare, la colline du Château et se rendre d'abord à la Collégiale pour un service religieux présidé par un pasteur. Il serait exagéré de prétendre que ce cortège, pourtant inhabituel, attire une grande foule dans les rues de Neuchâtel. Selon les endroits, l'assistance est d'inégale importance. Certes, on reconnaît sur les trottoirs les familles, les proches des élus, héros du jour. Aux fenêtres, le long de la rue du Château, de nombreux fonctionnaires ont préféré, quelques instants, le spectacle à la machine à écrire.

Parmi les curieux, certaines personnes âgées lèvent encore leur chapeau au passage du cortège. Quant aux jeunes gens qui se trouvent là par hasard, ils n'ont même pas l'air trop étonné à la vue de ces six bonshommes déguisés en pingouins, suivis par un groupe vêtu plus normalement mais marchant de façon plus désordonnée. – A la Collégiale, la cérémonie religieuse est sobre et brève. Elle consiste en un sermon et quelques prières entrecoupés de morceaux de musique.

Le Château cantonal à Neuchâtel, siège du Grand Conseil neuchâtelois

Les députés n'ont ensuite que quelques dizaines de mètres à effectuer pour se rendre à la salle du Grand Conseil. Se pressant sur la galerie qui lui est réservée, un nombreux public assiste à l'assermentation des nouvelles autorités en place et à la désignation des membres du bureau du Grand Conseil et de quelques commissions parlementaires. Ces opérations sont rapides parce que tacites. Nous y reviendrons. Au programme également: deux discours, ceux du doyen d'âge puis du président élu.

A signaler que, selon la formule du serment, le député promet «devant Dieu»... Comme le règlement du Grand Conseil en donne la possibilité, une petite poignée d'élus demandent au président la supression, pour ce qui les concerne, de cette mention divine.

Il n'est pas encore midi, la séance – et avec elle cette première session de mai – est terminée. Les députés se donnent rendez-vous un mois plus tard, en juin, là où les choses sérieuses commenceront. Mais la fête n'est toutefois pas finie puisque rendez-vous est donné en début de soirée pour fêter le nouveau président reçu dans sa commune de domicile. Entre-temps, l'après-midi aura encore été meublée par les divers repas des groupes parlementaires ...

La présidence

Dans la vie d'un Grand Conseil, les séances d'installation sont à l'activité régulière ce qu'un menu de fête est à l'ordinaire quotidien. Foin de préambule, je vous propose d'entrer dans la vie de tous les jours du Grand Conseil, ou plutôt dans celle de toutes les sessions.

A tout seigneur, tout honneur, cet autoportrait pourrait commencer par une évocation de la présidence. Pour arriver à ce poste honorifique par excellence, il est, en règle générale, nécessaire de suivre un certain cursus au sein du bureau dans lequel on occupe successivement les fonctions de deuxième et premier secrétaire, puis de deuxième et premier vice-président. Au terme de ces quatre années de présence au bureau, l'intéressé est porté à la présidence du Grand Conseil, devenant par là même le premier citoyen du canton, le président du Conseil d'Etat étant, lui, le premier magistrat.

Contrairement à ce qui se passe dans d'autres cantons, le chemin menant à la présidence est dénué d'embûches. A moins de commettre quelque scandale épouvantable, le candidat escaladera toutes les marches du bureau, jusqu'à la plus haute, sans jamais craindre une mauvaise élection, et cela tout simplement parce que l'élection du bureau, président compris, se fait traditionnellement de manière tacite, les trois grands partis, radical, libéral et socialiste, alternant avec une belle régularité à la présidence.

J'ai dit que les femmes étaient peu nombreuses au sein du Grand Conseil. Cela explique, sans doute en partie, que les présidentes sont très rares puisque jusqu'à présent une seule députée, provenant des rangs libéraux, a reçu cet honneur en 1975. Mais le rythme des présences féminines sur la plus haute marche du parlement va s'accélérer puisque, selon toute probabilité, une radicale sera la deuxième présidente en 1989 et une socialiste la troisième en 1991.

Outre les deux vice-présidents, dont le rôle consiste à remplacer à l'occasion quelques minutes le président, et les deux secrétaires, qui signent les décisions prises par le parlement, le bureau comprend également quatre scrutateurs et deux scrutateurs suppléants.

En dehors des sessions, le bureau se réunit essentiellement pour discuter du sort à donner au courrier, parfois abondant, qui lui parvient. Pour le reste, si l'on excepte les traditionnelles tâches de représentation du président, l'activité du bureau est moindre. Sans doute, d'une part parce que les problèmes de fonctionnement du parlement ne sont pas nombreux et d'autre part parce que la conférence des présidents de groupes règle toutes les questions inhérentes au déroulement des six sessions annuelles de trois demi-journées.

Une salle aussi haute que vaste

Mais venons-en au plénum et plantons le décor. La salle du Grand Conseil est aussi haute que vaste. Son agencement date de 1952. Elle est coupée en trois blocs par deux travées. Les sièges sont disposés en demi-cercle face, au premier plan, à la table des scrutateurs que domine le banc du Conseil d'Etat. Un cran encore au-dessus, le président du Grand Conseil est entouré, de gauche à droite, des vice-présidents, de l'éventuel rapporteur de commission, du secrétaire-rédacteur et des deux secrétaires.

Les membres du bureau ainsi que les conseillers d'Etat bénéficient d'un important avantage sur le commun des députés: outre leur position légèrement surélevée, leurs sièges sont garnis d'un coussin supplémentaire. Est-ce à dire que les honneurs rendent l'épiderme sensible? Mais on n'aura pas l'audace de mépriser ce coussin qui fait la différence lorsque le hasard ou le discernement a voulu que son siège en soit doté ...

Il n'en demeure pas moins que si agréable soit-il, ce confort supplémentaire n'empêche pas de trouver parfois le temps long. Au risque de me brouiller avec quelques-uns, sinon avec beaucoup, j'avouerai qu'à mes yeux, le principal privilège du gouvernement et des membres du bureau est de tourner résolument le dos, en séance, à une grande tapisserie évoquant les richesses naturelles et industrielles du canton, œuvre sans doute moderne et estimée en 1954, date de sa création, mais qui a, depuis lors, eu le défaut de fort mal vieillir.

Gare aux retardataires

Mais entrons dans le vif du sujet un lundi après-midi, vers 14 h 15, à l'ouverture d'une session qui durera trois bonnes demi-journées.

L'hémicycle se remplit rapidement. A l'entrée, les députés signent la liste de présences qui sera à leur disposition pendant une heure après le début de la séance. Après quoi, les retardataires devront s'annoncer auprès des scrutateurs et perdront leur droit à l'indemnité de séance de 75 francs. Notons que si les retardataires sont ainsi pénalisés, en revanche, les députés pressés de s'en aller – il y en a toujours! – n'encourent aucune sanction financière.

Aucune tenue vestimentaire n'est réglementairement prescrite aux députés. Actuellement, si sur les bancs radical et libéral le veston-cravate reste largement majoritaire, à gauche son pourcentage est plus restreint. Au cours de ces dernières décennies, pulls, jeans et même sabots ont fait leur apparition et ne semblent choquer personne. Seuls les conseillers d'Etat et le chancelier – secrétaire-rédacteur adoptent une tenue uniforme: veston noir, pantalons rayés, chemise blanche et cravate grise, obéissant ainsi à une vieille tradition périodiquement discutée mais encore respectée.

Quant au président, pendant longtemps il calquait sa tenue sur celle des membres du gouvernement. Depuis quelques années, ce n'est plus forcément le cas. Le premier citoyen du canton prend des libertés et l'on a enregistré des tenues aussi diverses que le costume foncé, le smoking (!) ou encore le veston rayé et le pantalon noir ...

La session a commencé

Mais il est 14 h 15 passées, le président agite sa cloche pour réclamer un soupçon de silence: la session a commencé.

Il est temps d'aborder l'ordre du jour qui commence – si nécessaire – par ce qu'on appelle les «objets à teneur du règlement». On entend par là, selon les séances et les besoins, les assermentations, les élections judiciaires, celles du bureau, le budget ou les comptes, les naturalisations ainsi que les rapports de la commission des pétitions et des grâces. A l'exception des séances ordinaires de mai et de novembre, où il est question des comptes et du budget, cette rubrique est généralement vite liquidée et l'on aborde les rapports du Conseil d'Etat qui ont la priorité sur les propositions parlementaires: interpellations, motions, etc.

Les députés qui souhaitent s'exprimer appuient sur un petit bouton placé sur leur pupitre ou, plus souvent, lèvent la main. Le président compose la liste des orateurs en donnant en priorité la parole aux membres de la commission qui s'est occupée de l'objet en discussion si, bien sûr, il y a eu renvoi en commission, ce qui n'est obligatoire que pour les propositions de lois émanant des députés. Si elles ne prêtent pas à contestation, une bonne partie des lois ainsi que la quasi totalité des décrets demandant l'octroi de crédits sont directement traités par le plénum, ce qui représente un gain de temps et une économie de travail parlementaire appréciables.

Brouhaha raisonnable

S'il existe une tribune qui permet de faire face à l'assemblée, elle n'est que très exceptionnellement utilisée. Les députés parlent debout de leur place dans un micro situé sur leur pupitre. Ainsi, même si leur voix est faible, ils sont entendus de toute la salle et leurs propos sont enregistrés sur bande magnétique par le personnel de la chancellerie, ce qui permet une reproduction intégrale des débats dans les procès-verbaux.

Ni le nombre des interventions ni le temps de parole ne sont limités. Ce qui n'est pas, parfois, sans conduire à certains abus de la part de députés passionnés ou alors ignorant tout de l'art de la concision. Les députés sont généralement calmes, les effets oratoires rares, le brouhaha raisonnable, ce qui n'empêche pas les élèves des classes d'écoles, venant en guise d'instruction civique suivre les débats depuis la galerie, de juger parfois avec sévérité, sinon le peu de passion animant les députés, en tout cas le manque d'attention régnant dans la salle. Il est vrai que seule une poignée d'orateurs sont capables de capter l'intérêt du plénum, et cela à condition qu'ils soient en forme et que l'objet discuté soit «sensible». Mais, d'une manière générale, – que l'on se rassure! – le bruit de fond n'est pas assez élevé pour empêcher certains députés de rattraper le sommeil qu'ils ont en retard. Il ne s'agit là, bien sûr, que d'exceptions: les doigts d'une main suffisent d'ailleurs à compter les dormeurs réguliers et résolus qui se répartissent équitablement entre les trois groupes.

Il faut dire que le sommeil peut jouer des tours au député pris dans ses rêves et qui en est tiré par le discret coup de coude du voisin pour participer à un vote. Il arrive que, la tête encore embrumée, le dormeur confonde amis et adversaires et se lève à contretemps pour exprimer son opinion. Il peut arriver ainsi qu'un vote puisse être considéré comme l'expression d'une indépendance de pensée, d'un courage politique ou alors d'un esprit de fronde, alors qu'il n'est en fait que la conséquence d'un réveil difficile … Ce que les journalistes, placés au fond de la salle, n'ont pas forcément discerné.

La buvette

Le lundi après-midi, la séance se déroule sans pause jusque vers 18 h 30, après quoi les groupes radical et libéral tiennent chacun une séance alors que la gauche, en avance dans sa préparation, a quartier libre. La session se poursuit les mardi et mercredi matins, de 8 h 30 jusque vers 13 h 00 / 13 h 30. Les matinées sont coupées par une pause entre 10 h 30 et 11h 00 environ. Les députés ont à leur disposition une salle du Château, dite «des Chevaliers», transformée pour l'occasion en buvette. Ils y trouvent abondance de biens pour se désaltérer et casser une petite graine dans l'attente des repas de groupes qui couronnent la longue matinée du mardi. C'est l'occasion, pour les députés, de se retrouver dans un bistrot, autour d'un bon plat et de bonnes bouteilles, et de s'attarder l'après-midi, dans la bonne humeur.

Les tirelires

«N'oubliez pas les tirelires des huissiers!» C'est généralement par ces termes que le président clôt la session.

Placées en évidence aux deux entrées de la salle, ces tirelires ont une petite histoire qui trouve son origine en 1981. Les huissiers avaient encore alors comme mission, en fin de session, d'apporter à chaque député une enveloppe contenant le montant de ses jetons de présence et de ses frais de déplacement. En remerciement de l'aimable service rendu, ils recevaient bien évidemment de nombreux pourboires fort appréciés. Or, ce système de paiement s'avérant décidément trop archaïque et trop compliqué, il fut pris la décision, en 1981, d'entente avec le bureau du Grand Conseil, de recourir désormais aux mandats bancaires ou postaux pour verser les indemnités auxquelles les députés avaient droit. Si cette innovation ne fut pas du goût de certains membres du Grand Conseil qui appréciaient tout particulièrement de recevoir de main à main l'enveloppe bienvenue, elle affligeait surtout les huissiers qui imaginaient déjà la disparition d'une manne non négligeable. Aussi généreux que compatissant, un député, menuisier de profession, mit du baume sur le cœur des fidèles serviteurs du parlement en fabriquant deux tirelires. Bien placées aux endroits stratégiques énoncés plus haut, elles incitent les parlementaires à la générosité. Certes, les recettes sont moins importantes qu'autrefois mais, pour ce qui concerne les huissiers, le pire a été évité!

En guise de conclusion

Certainement à l'image de bien d'autres, le Grand Conseil neuchâtelois est un parlement tranquille, souvent un brin ennuyeux même. Cela tient à plusieurs raisons assez diverses. D'une part, il ne comporte que peu de grands ténors de l'art oratoire susceptibles d'enflammer les débats, de l'autre, il règne dans le monde politique neuchâtelois un consensus certain sur beaucoup de grands sujets concernant l'avenir du canton. Les motifs d'affrontements idéologiques y sont donc assez rares même si les quatre députés communistes s'efforcent de se distinguer en se présentant comme la seule opposition.

En revanche, si le sectarisme politique n'est pas roi, le régionalisme a tendance à montrer le bout de son nez et il arrive, suivant l'objet traité, que, même de manière feutrée, les clivages se marquent plus entre les députés du haut et ceux du bas du canton qu'entre la gauche et la droite.

Le «communalisme» n'est non plus pas absent des débats, dans la mesure où une bonne partie des députés sont également membres d'autorités communales. Or, étant donné qu'il y a parfois conflit d'intérêts, du moins en apparence, entre le canton et les communes, certaines alternatives ne sont pas sans plonger dans l'embarras les uns ou les autres qui ne savent pas s'ils doivent se sentir, en l'occurrence, plus dans la peau d'un parlementaire ou dans celle d'un responsable de commune.

On dit que les gens sans histoires sont des gens heureux. A ce titre, et bien que son histoire soit déjà longue, le Grand Conseil peut se targuer sans doute d'être un parlement heureux car il est capable de travailler suffisamment efficacement et rapidement. Cela ne signifie pas pour autant que ses mérites sont toujours reconnus par la population. Mais c'est une autre histoire … Arrêtons là!

En guise d'addenda

«Un seul être vous manque et tout est dépeuplé» dit le poète. Faut-il en déduire qu'en politique une seule élection suffit pour que tout soit bouleversé? Cela n'a pas été le cas bien sûr en avril 1989 dans le canton de Neuchâtel. Mais tout de même …

Après, tout n'a pas été comme avant et mon «autoportrait» achevé en décembre 1988 a, quelques mois plus tard, déjà pris quelques rides. Ce texte n'est tout de même pas encore une page d'histoire mais il n'est déjà plus tout à fait d'actualité. D'où la nécessité de ces addenda en forme de mise à jour.

Qu'on ne s'y méprenne pas, les élections cantonales d'avril 1989 n'ont tout de même pas représenté un séisme politique dans la vie neuchâteloise, encore que la droite et surtout le centre aient essuyé une défaite électorale assez cinglante.

Au Conseil d'Etat, si les sortants (les deux socialistes et les deux libéraux) ont été réélus, un outsider «hors parti» mais soutenu par l'extrême gauche et les écologistes ainsi que par les socialistes au deuxième tour s'est emparé de belle manière du siège occupé jusque-là par les radicaux, désormais écartés du gouvernement. Cette victoire de la gauche et de l'écologie a eu pour conséquence immédiate un changement protocolaire de tenue pour l'installation des autorités. Le Conseil d'Etat in corpore n'a pas défilé en jaquette et pantalon rayé mais en costume sombre, tenue désormais également arborée lors des séances du Grand Conseil.

Au Grand Conseil justement, l'éventail politique s'est quelque peu modifié puisque les socialistes ont renforcé leur rang et que les écologistes y ont fait leur apparition, s'unissant avec les communistes pour former le groupe des «petits partis» (GPP). La confortable majorité libéro-radicale a fondu, n'étant plus que de trois sièges. Allait-on vers un durcissement des positions en présence, vers un clivage encore plus marqué? Le «consensus neuchâtelois» allait-il voler en éclats ?

Encore qu'il soit trop tôt pour se livrer à des considérations fondées sur le sujet, je me contenterai de remarquer que les premières sessions de la législature ont montré que les écologistes ne votaient pas systématiquement avec la gauche et que les radicaux et libéraux ne faisaient pas bloc. Sur beaucoup d'objets, les votes n'ont pas été forcément serrés.

Il n'en demeure pas moins qu'un premier affrontement a eu lieu lors de l'élection du bureau du Grand Conseil, élection, comme je l'ai dit dans mon «autoportrait», jusqu'alors toujours tacite. Etait en jeu, revendiqué par le groupe des petits partis, un siège de premier secrétaire qui devait revenir selon le tournus préalablement établi, aux radicaux. Si ces derniers ont pu conserver leur bien, ce n'est qu'à une majorité de trois voix. En guise de consolation, le GPP s'est vu offrir un poste de deuxième secrétaire.

On dira qu'il est des sujets plus sérieux qu'un siège au bureau du Grand Conseil ou une tenue vestimentaire. Certes, mais lorsque le recul manque pour faire les comparaisons qui s'imposent, on doit se contenter de certains signes qui peuvent annoncer de nouvelles pratiques parlementaires, tout en étant conscient que ces escarmouches peuvent tromper leur monde quant aux changements possibles. Pour l'heure, ce qui est à l'ordre du jour c'est la question cruciale de l'égalité entre l'homme et la femme. Pour la première fois, une députée occupant un poste de rapporteur dans une commission a signé: «La rapporteuse». La «rapporteuse» va-t-elle donc suivre la «députée» sur le chemin de l'égalité qui passe en l'occurrence malheureusement sur le dos de la langue française?

Sans doute me sera-t-il aisé de répondre de manière circonstanciée à cette épineuse question dans la prochaine édition de cet éminent ouvrage ...

Eléments de Bibliographie

Dubois Fréderic
Quelques aspects du système politique neuchâtelois, Memoire de licence, Université de Neuchâtel, 1985

Courvoisier Jean / Roulet Louis Eduard / Scheurer Rémy
Histoire du Conseil d'Etat neuchâtelois.

Canton de Neuchâtel
Membres du Grand Conseil
Etat au 1er janvier 1990

Présidente: Bauermeister Jacqueline, Neuchâtel, R

Attinger Gilles, Hauterive, L/PPN
Augsburger Charles-Henri, La Chaux-de-Fonds, S
Authier Jean-Pierre, Neuchâtel, L/PPN
Balmer Jacques, Boudevilliers, L/PPN
Bauermeister Jacqueline, Neuchâtel, R
Béguin Jean-Gustave, La Sagne, L/PPN
Berberat Didier, La Chaux-de-Fonds, S
Berger Gérard, Renan, POP
Berger-Wildhaber Michèle, Neuchâtel, R
Bernoulli Claude, Neuchâtel, L/PPN
Berthoud Francis, Neuchâtel, S
Besancet Francis, Fontaines, L/PPN
Blaser Frédéric, Le Locle, POP
Bochsler Gabrielle, Boudry, S
Bonhôte Pierre, Hauterive, S
Bonnet François, La Chaux-de-Fonds, E&L
Borel Claude, Enges, S
Bringolf Alain, La Chaux-de-Fonds, POP
Brunner Jean, Saint-Blaise, L/PPN
Brunner Louis-Albert, La Chaux-du-Milieu, L/PPN
Bugnon Claude, Neuchâtel, L/PPN
Buhler André, Neuchâtel, S
Castioni Mario, Neuchâtel, S
Châtelain Roland, La Chaux-de-Fonds, R
Chollet Lucien, Corcelles, L/PPN
Chuat Michel, Travers, E&L
Clémençon André, Cernier, S
Colomb Paul-André, La Chaux-de-Fonds, S
Comina Pierre, Saint-Aubin, L/PPN
Cuche Fernand, Le Pâquier, L/PPN
Cuche Fernand, Lignières, libre
Debély Roland, Cernier, R
Debrot Claude, Neuchâtel, S
Delachaux Pierre-André, Môtiers, S
Delémont Jean-Jacques, La Chaux-de-Fonds, S
Deneys Heidi, La Chaux-de-Fonds, S
Droz-Bille May, Cornaux, R
Dubois Jean-Sylvain, Peseux, S
Ducommun Jean-Marc, Areuse, L/PPN
Duport Blaise, Neuchâtel, S
Emery Alex, Cormondrèche, R
Fellrath Francine, Neuchâtel, E&L
Gaze Henry-Peter, Cortaillod, L/PPN
Geissbühler Claude, Cortaillod, S
Ghelfi Jean-Pierre, Neuchâtel, S
Gindrat Dominique, Le Locle, S
Girod Jacques, Couvet, R
Gobetti Michèle, La Chaux-de-Fonds, S
Graber Rolf, Le Locle, L/PPN
Gränicher Arnold, Peseux, R
Grandjean Antoine, Couvet, L/PPN
Grau Willy, Marin-Epagnier, R
Grédy Jean, La Chaux-de-Fonds, L/PPN
Gueissaz Marie-Anne, Neuchâtel, L/PPN
Haag Willy, Bôle, R
Helfer Henri, Fleurier, R
Hirschy Pierre, La Chaux-de-Fonds, L/PPN
Ingold Pierre, Colombier, S
Jacot Maurice, Bevaix, R
Jambé Paul, Le Locle, S
Jaquet Bernard, Peseux, R
Jaquet Francis, Le Locle, R
Javet Francis, Hauterive, R
Jeanbourquin Georges, La Chaux-de-Fonds, L/PPN
Jeanneret Raoul, Fleurier, S
Jeanneret-Gris Francis, Le Locle, S
Kipfer Pierre, Corcelles, L/PPN
Kuntzer Jean-Claude, Saint-Blaise, R
Leuba Jean-Claude, La Chaux-de-Fonds, S
Mamie Serge, Saint-Blaise, S
Mauler Pierre, Colombier, L/PPN
Meisterhans Claude, Cortaillod, S
Miserez Jean-Jacques, La Chaux-de-Fonds, S
Monard Michel, Les Ponts-de-Martel, L/PPN
Monnier Bernard, La Chaux-de-Fonds, L/PPN
Monsch Jean-Martin, La Chaux-de-Fonds, S
de Montmollin Jacques, Lignières, L/PPN
de Montmollin Pierre, Auvernier L/PPN
Moulin Fred-Eric, Colombier, S
Mouthon Anne-Marie, Marin-Epagnier, R
Noth Marie-Ange, La Chaux-de-Fonds, S
Nydegger Jean-Marc, Neuchâtel, L/PPN
Opan-Dupasquier Isabelle, Cortaillod, L/PPN
Oppel André, Neuchâtel, S
Pamblanc Roger, Boudry, R
Panighini Catherine, Neuchâtel, S
Pedroli Jean-Carlo, Neuchâtel, E&L
Philippin Jeanne, Corcelles, S
Piaget Gabriel, La Côte-aux-Fées, L/PPN
Piguet Christian, Neuchâtel, E&L
Pittet Marcel, Les Sagnettes, R
Pizzera Benoît, Colombier, L/PPN
Pochon Charles-Henri, Le Locle, S
Quartier Archibald, Neuchâtel, S
Reber François, Neuchâtel, R
Rebetez Germain, Le Landeron, L/PPN
Renevey Bernard, Gorgier, S
Robert Jean-Philippe, Fontainemelon, R
Sauser Maurice, La Chaux-de-Fonds, R
Soguel Bernard, Cernier, S
Stähli-Wolf Claudine, La Chaux-de-Fonds, POP
Thiébaud Fernand, Couvet, S
Tritten Jean-Pierre, Le Locle, S
Ummel Roger, La Chaux-de-Fonds, L/PPN
Veuve Charles, Chézard, R
Virgilio Jean-Luc, Villiers, S
Vogel Daniel, La Chaux-de-Fonds, R
Vuille Anne, Montezillon, S
Vuilleumier Serge, La Chaux-de-Fonds, S
Walther René, La Chaux-de-Fonds, R
Weiss Jacques, Bevaix, S
Widmer Hermann, Le Locle, L/PPN
Willen Pierre, La Chaux-de-Fonds, S
Wülser Hughes, La Chaux-de-Fonds, E&L
Zwahlen Fredy, Chaumont, L/PPN

R parti radical-démocratique
L/PPN parti libéral-progressiste national
S parti socialiste
POP parti ouvrier et populaire
E&L parti Ecologie & Liberté
libre Liste libre

Hélène Braun-Roth

Le Grand Conseil genevois

«... faire servir nos travaux au bien de la patrie qui nous a confié ses destinées.»

«Prenons la résolution de remplir consciencieusement notre mandat et de faire servir nos travaux au bien de la patrie qui nous a confié ses destinées.» Chaque début de séance du parlement genevois est ponctuée par cette exhortation et régulièrement, un député rétorque à voix basse: «C'est pas ce qu'elle a fait de mieux!»

Au fil des siècles, cette exhortation a perdu son caractère de prière, comme c'était le cas en 1541 où le Petit Conseil invoquait «le bon Seigneur Dieu qui nous a fait tant de bien qu'à l'entrée du Conseil on doive invoquer son saint nom et faire bonnes ordonnances ...». En 1847, elle invoque toujours «la bénédiction de Dieu sur les délibérations; qu'il en écarte les passions dangereuses ...».

Aujourd'hui, plus de référence à Dieu ni aux passions dangereuses! Et pourtant, la cloche de St-Pierre sonne toujours, deux heures avant les séances du Grand Conseil, tout comme La Clémence sonnait déjà au 15e siècle et sur laquelle il était gravé: «... j'appelle le peuple, ... ma voix est la terreur de tous les démons.» Aujourd'hui, c'est l'Accord qui annonce les séances du Grand Conseil, bien que le Parlement ne soit pas particulièrement porté sur le commun accord!

Vous avez dit: Hôtel-de-Ville!

Comment expliquer que l'Hôtel-de-Ville soit le siège des autorités cantonales et non pas municipales? Acquise en 1347, la Maison de ville devient dès le 15e siècle le lieu où se rassemblent les syndics et les différents conseils. Avec l'éviction de l'évêque et le passage à la Réforme, les autorités de Genève se sont dotées de pouvoirs nouveaux. Elles exercent, par l'intermédiaire du Conseil Général, le pouvoir non seulement sur la ville et sur les mandements, anciennes terres de l'évêque, mais également certains droits sur les anciennes propriétés du Chapitre de St-Pierre et du Prieuré St-Victor. Par conséquent, les villages sont totalement subordonnés au pouvoir de la ville.

L'Hôtel de Ville à Genève (avec la Tour Baudet), siège du Grand Conseil genevois

Jusqu'en 1842 – avec une brève période, sous l'occupation française, où la Ville devient, de 1800 à 1814, commune à part entière – le pouvoir de la République et de la Ville de Genève est exercé par les mêmes autorités.

Cette ambiguïté méritait d'être relevée, car aujourd'hui encore, une certaine confusion persiste due, notamment au fait que le Conseil Municipal de la Ville de Genève siège dans la même salle que le Grand Conseil.

Tout récemment, l'Etat de Genève recevait des Nations Unies le Prix du Messager de la Prix. Alors que le président du Conseil d'Etat était présent pour recevoir ce Prix, c'est le maire de Genève à qui cette récompense était expressément décernée!

La nuit porte conseil!

Savez-vous que les parlementaires genevois siègent de nuit? Réunis une fois par mois, les jeudi et vendredi à 17 heures et à 20 h 30, ils ont résisté aux menaces de modification d'un horaire auquel ils tiennent mordicus!

Deux fois par an, lors de l'examen du budget et des comptes, ils siègent dès 8 heures du matin jusqu'à épuisement des députés... mais pas toujours de l'ordre du jour!

Un tel rythme des sessions est bien sûr possible dans un canton-ville où les distances ne constituent pas un obstacle. Ce parlement de milice est farouchement attaché à ne pas empiéter sur le temps de travail, car toute aggravation poserait de réels problèmes professionnels à certains parlementaires.

Les élus du peuple

Comme dans une grande course populaire, ils sont nombreux à se presser au portillon du parcours électoral et il n'y aura que 100 élus qui achèveront la course! Ils étaient 176 à être élus en 1842, au système majoritaire, et le constituant avait, à cette époque, divisé le canton en 10 arrondissements électoraux. Avec la Constitution de 1847, il n'y a plus que 3 arrondissements, la rive droite, la rive gauche et la Ville de Genève. En 1892, le système proportionnel est introduit et le Grand Conseil devient plus représentatif des différents courants populaires. Un quorum fixé à 7% est adopté en 1912. Depuis 1933, le canton constitue un seul arrondissement électoral, les électeurs et électrices votant, dès 1886, dans leur propre commune. – Le Grand Conseil est élu tous les 4 ans, l'élection du Conseil d'Etat ayant lieu au même rythme, mais avec un décalage de 4 semaines. Après sept tentatives infructueuses, le suffrage féminin était enfin introduit en 1961. Actuellement, le Grand Conseil compte 32 femmes, ce qui constitue une proportion fort honorable. Quant à l'âge d'éligibilité, il a été abaissé de 25 ans à 21, 20 puis à 18 ans en 1980.

Il y a incompatibilité et incompatibilité!

Pour siéger au Grand Conseil, il importe de ne pas être fonctionnaire (à l'Etat s'entend, car le fonctionnaire communal n'est pas touché par les incompatibilités) c'est-à-dire de ne pas toucher un traitement permanent de l'Etat. Les magistrats du pouvoir judiciaire, à l'exception des juges suppléants, sont également concernés. A noter que les enseignants – qui sont des fonctionnaires cantonaux et non pas communaux comme dans de nombreux cantons – sont également touchés par ces dispositions.

Autre incompatibilité: «Aucun député ne peut, sauf autorisation donnée par le Grand Conseil, accepter un titre, une décoration, des émoluments ou une pension d'un gouvernement étranger». En 1988, le Grand Conseil déclarait incompatible un des leurs qui s'était vu décerner la médaille de Chevalier des Arts et des Lettres. Sans qu'il n'y ait un lien de cause à effet, le rapporteur qui plaidait les incompatibilités quittait le lendemain le Grand Conseil. Il eut un geste de classe: à chaque députée, il offrait une rose. Au député déclaré incompatible, il offrait une bouteille! Une scène d'autant plus cocasse que l'intéressé a reçu sa bouteille la médaille à la boutonnière...

Le Sautier, unique en Suisse!

Contrairement à de nombreux cantons, ce n'est pas le Chancelier qui est le secrétaire permanent du Grand Conseil, mais bien le sautier. Quel est donc ce personnage, grand maître des cérémonies qui, lors des manifestations officielles, précède les autorités, porte la masse, symbole du pouvoir de l'Etat et a même donné son nom à une rue dans la vieille ville?

En date du 28 janvier 1483, on peut lire dans les registres du Conseil de la Cité: «Johannes de Passie, guet, est nommé garde et habitant perpétuel de la Maison de commune. Il devra obéir aux ordres de MM. les syndics.» Il s'agit donc du premier sautier, nom dérivé du latin «saltarius» ou «saltuarius» (dérivé de «saltus», la forêt) et signifiait garde forestier.

A Genève, le sautier est d'abord le chef des guets, c'est-à-dire le chef de la police. Il remet les condamnés au bourreau, enferme les ivrognes au «crotton», petit local grillagé que l'on peut encore voir en bas de la rampe de l'Hôtel-de-Ville.

En sa qualité de gardien, il habitera l'Hôtel-de-Ville jusqu'en 1920. Il assure l'entretien des locaux et il aime à parfumer la Salle du Conseil aux clous de girofle et à la lavande! De nos jours, les députés lui seraient reconnaissants de maintenir cette tradition, car parfois, il flotte une odeur de cuisine qui monte du Café Papon... pas toujours très alléchante!

Chef du protocole, il va au devant des ambassadeurs et organise les repas officiels. Préposé à la garde de l'arsenal, il est également celui qui accompagne les syndics au culte le dimanche. Enfin, le sautier a droit au premier exemplaire de tous les livres imprimés à

Genève et bénéficie des jetons de présence des membres du Conseil qui quittaient la séance avant la fin des débats… Ah! Si tel était encore le cas, le sautier arrondirait coquettement ses fins de mois!

Feuille de marronniers et œil de lynx!

Si cet usage s'est perdu, en revanche une tradition s'est maintenue bien vivante depuis 1818. Connaissez-vous le marronnier de la Treille? Situé sur la promenade proche de l'Hôtel-de-Ville, ce marronnier officiel est l'objet des sollicitudes du sautier qui guette l'éclosion de la première feuille, signe avant-coureur du printemps. La date est alors inscrite sur une planchette recouverte de parchemin qui se trouve dans la salle du Conseil d'Etat. Le sautier a toutefois un rival en la personne d'un journaliste qui, régulièrement, essaie de le prendre de vitesse!

Sa sagacité est également mise à l'épreuve lors des votes litigieux qui ont lieu par «assis-debout»: «que ceux qui sont favorables au projet veuillent bien se lever» déclare la présidente et le sautier de faire le décompte des voix avec sa baguette, selon un rituel immuable! Les votes se font également à l'appel nominal. Il existe même le contre-appel, très rarement utilisé – deux fois en 15 ans – pour vérifier si les députés qui ont signé la liste de présence sont bien dans la salle! Tout récemment, les écologistes ont ostensiblement quitté le Grand Conseil pour se rendre à une «manif» concernant le surgénérateur de Creys-Malville. Le contre-appel a été demandé et ces députés absents seront privés de leurs jetons de présence!

Majorité, où as-tu donc passé?

De 1936 à 1985, l'Entente genevoise, composée des partis démocrate-chrétien, libéral et radical a détenu la majorité au Grand Conseil. Les élections cantonales de 1985 ont été marquées par la poussée des Vigilants (mouvement qui a vu le jour en 1965, proche des thèses nationalistes de l'Action Nationale) qui gagnent 12 sièges et deviennent ainsi, avec 19 sièges, le premier parti genevois avec le parti libéral. Ces résultats s'inscrivent dans un contexte marqué par l'inquiétude face à l'arrivée à Genève des requérants d'asile et la préoccupation de maîtriser le développement du canton. Les écologistes font leur entrée au Grand Conseil et obtiennent 8 sièges. Tous les partis y ont laissé des plumes, exception faite des Démocrates-Chrétiens qui maintiennent leurs positions.

Les partis de l'Entente perdent la majorité. Ils obtiennent 47 sièges (19 libéraux, 15 radicaux, 13 DC) la gauche 26 sièges (18 socialistes, 8 communistes). Les Vigilants et les écologistes jouent fréquemment le rôle d'arbitres, ce qui rend plus aléatoire une politique cohérente à long terme. Une politique à l'égard des requérants d'asile faite d'humanité et de rigueur a entraîné du certain essoufflement des Vigilants qui, lors des élections fédérales de 1987, perdaient leur siège au Conseil National. Certains députés vigilants se sont retirés du Grand Conseil. La liste des «viennent ensuite» étant épuisée, des nouveaux députés ont pu être choisis sans être élus par le peuple. Le Grand Conseil a vécu un épisode comique lors d'un vote à l'appel nominal: «Député Keller». Une voix dans la salle: «C'est qui le député Keller?» Rires des députés... car il était inconnu!

En ma qualité de présidente, je leur propose: «Que ceux qui veulent faire connaissance avec ce député viennent regarder la fiche du député où figure sa photo!» C'est ainsi que les députés ont fait connaissance avec l'homme invisible. Lors des élections de 1989, les Vigilants s'effondrent et perdent 10 sièges! L'Entente genevoise regagne du terrain, sans toutefois parvenir, avec 49 sièges, à une majorité (22 libéraux, 14 DC, 13 radicaux). La gauche progresse également (21 socialistes, 8 communistes) tout comme les écologistes qui obtiennent 13 sièges.

Au Bureau: Les places sont chères!

Chaque année, au début du mois de novembre, les cinq membres du nouveau Bureau sont élus. Les quatre partis gouvernementaux (partis de l'Entente genevoise et socialiste) respectent un tournus qui désigne le président, le 1er et 2e vice-président, un secrétaire, le deuxième secrétaire étant le représentant d'un parti non gouvernemental.

Les membres du Bureau ne sont élus que pour 1 an. Leur mandat n'est pas renouvelable. Une exception: le 1er vice-président devient président et il est donc le seul à siéger au Bureau pendant 2 années. Au début du 20e siècle, il était fréquent que le mandat du président soit reconduit à plusieurs reprises. A cette époque, les forces politiques étaient bien sûr différamment réparties.

Concertation; un mot clé

Avec une telle composition du Bureau, il est clair que certains partis ne sont pas associés à la préparation des séances du Grand Conseil. Désirant mettre l'accent sur la concertation, j'ai estimé indispensable, en ma qualité de présidente, d'associer tous les chefs de groupe à une rencontre tenue avec le Bureau afin de préparer les séances du Grand Conseil, de décider de la procédure concernant des votes quelque peu «délicats» et de procéder à un tour d'horizon de politique plus générale concernant le Parlement. Ces séances se déroulent le lundi de la semaine où siège le Grand Conseil, avant que les différents «caucus» des partis aient eu lieu. Avant la séance du Grand Conseil, une brève rencontre est également prévue pour informer le Bureau des décisions des différents partis. Une telle pratique évite de perdre un temps précieux en discussions stériles lors du plenum, les procédures ayant été clairement définies en accord avec tous les partis.

Cet esprit de concertation doit également se développer à l'égard d'autres partenaires telle que l'Association des communes genevoises (ACG) avec laquelle le Bureau et les chefs de groupes organisent des rencontres afin de faire le tour des problèmes communs.

Le Bureau entretient également des contacts réguliers avec le Conseil d'Etat et, une fois l'an, il rencontre le Bureau du Conseil Municipal de la Ville de Genève et la presse parlementaire.

Les modes d'interventions des députés

Organe législatif, l'essentiel de l'activité parlementaire consiste à légiférer. Le Conseil d'Etat et les députés peuvent présenter des projets de loi qui, en général, sont renvoyés en commission pour étude à moins qu'il y ait vote immédiat soit pour enterrer le projet, soit pour l'accepter séance tenante, par ex. les crédits d'aide humanitaire en cas de catastrophes. Depuis 1879, le référendum facultatif a été introduit, exception faite pour la loi budgétaire qui n'est pas soumise à cette procédure. Contrairement à d'autres cantons, le corps électoral ne se prononce donc pas systématiquement sur les projets de loi d'un certain montant, votés par le Grand Conseil.

Autres modes d'intervention: la motion qui est une proposition invitant le Conseil d'Etat à étudier une question déterminée et à faire rapport au Grand Conseil. Motion célèbre: celle condamnant l'absence très remarquée des membres du Conseil d'Etat aux séances du Grand Conseil!

La résolution n'entraîne pas d'effet législatif. Elle invite le Conseil d'Etat à intervenir notamment auprès des Chambres Fédérales, ou d'autres instances compétentes.

L'interpellation est une question posée oralement au Conseil d'Etat qui répond sur le champ ou lors d'une séance ultérieure. Elle n'entraîne pas de débat, seul le député concerné et le Conseil d'Etat ayant le droit de s'exprimer.

Enfin, la question écrite est une demande de renseignement posée au Conseil d'Etat qui doit y répondre dans un délai de 2 mois, délai qui n'est bien sûr pas toujours respecté!

Ne pas se fier aux apparences!

«Ils lisent le journal, ils discutent, c'est pas sérieux!» Si les séances du Grand Conseil peuvent donner une impression de récréation, il ne faut pas se fier aux apparences! Un travail sérieux est réalisé dans les commissions tant permanentes qu'ad'hoc.

Le Grand Conseil compte une vingtaine de commissions permanentes, la plupart de 15 membres, telles que la Commission des finances, de la fiscalité, de l'enseignement, de l'économie, judiciaire, législative, du logement, des travaux, du développement, des pétitions, des TPG, de la grâce, des naturalisations, de vérification des pouvoirs, de l'énergie et des affaires régionales.

Une commission semblerait unique en Suisse: celle des visiteurs de prison, dite des visiteurs officiels du Grand Conseil.

Connaissez-vous les visiteurs de prison?

Pensez-donc! Neuf députés ont pour mission de se rendre, au moins une fois par an, dans les différentes prisons où sont placés des détenus en vertu des décisions de la justice genevoise. Elle examine les conditions d'incarcération et auditionne ceux qui en font la demande. Au moins deux fois par an, la commission se rend à Champ Dollon, la prison genevoise. Dans un pénitencier d'un canton voisin, les détenus font l'élevage de poulets: il arrive que les députés-visiteurs de prison passent de généreuses commandes et se rendent à l'Hôtel-de-Ville pour prendre possession de leurs bestioles!

Droit d'initiative: que d'imbroglios!

En 1891, le droit d'initiative en matière cantonale était introduit à Genève. Nonante ans plus tard, en 1981, il était également introduit au plan municipal.

Au fil des ans, de sérieuses difficultés ont surgi dans le traitement des initiatives. Tout d'abord, le texte lui même, soumis à la récolte des signatures, ne fait pas l'objet d'une vérification de sa constitutionnalité.

Lors des débats du Grand Conseil et de ses commissions, auxquels toutes les initiatives sont soumises, que d'imbroglios et de blocages ont paralysé les procédures parlementaires qui souvent ont suscité des recours jusqu'au Tribunal Fédéral.

Avec l'introduction de l'initiative municipale, on a vu se superposer des interventions cantonales et municipales où une chatte n'y retrouverait plus ses petits!

Je prendrais pour exemple l'aménagement du périmètre de l'Alhambra, en centre ville, qui attend depuis bientôt 80 ans les décisions concernant son avenir!

Premier épisode: lancement d'une initiative cantonale en 1980 proposant la réalisation d'un projet habitat-parking; décision du Grand Conseil de soumettre l'initiative au peuple; recours des opposants qui sont déboutés par un Tribunal Fédéral unanime. Deuxième épisode: lancement fin 1988 d'une initiative municipale pour la sauvegarde de l'Alhambra (salle de spectacle incluse dans le périmètre concerné) dont le sort est incertain.

Cette initiative propose elle aussi la réalisation de logements, de même que d'un parking-habitants, donc beaucoup plus petit que celui envisagé par l'initiative cantonale.

Le Conseil d'Etat a mené une consultation auprès des partis afin de proposer une revision du droit d'initiative, de clarifier la situation et ainsi favoriser l'exercice des droits démocratiques, car Genève souffre de ces paralysies.

Un sujet explosif: le logement

Au cours de mon mandat de présidente, il m'est arrivé une seule fois de devoir suspendre les débats!

Quel sujet peut donc susciter des débats si passionnés? Il ne pouvait s'agir que du logement...

Un projet de loi, proposant de déclasser la zone agricole pour réaliser des logements, a mis le feu aux poudres. A une voix de majorité, ce projet était rejeté séance tenante par le parlement. Cet épisode est le révélateur des défis auxquels Genève est confrontée. Canton au territoire exigu, il doit maîtriser son développement et réaliser une croissance toujours plus qualitative. Dans cette optique, il s'agit de mener une politique globale qui prend en compte l'ensemble des problèmes, l'emploi, le logement, les transports, la circulation, l'aménagement du territoire.

En 1988, les Genevois acceptaient massivement un projet concernant l'amélioration des transports publics, de même que l'initiative pour une traversée de la rade. Les études sont en cours et il s'agit maintenant d'aller de l'avant avec détermination pour concrétiser la volonté populaire.

Définir des priorités: une urgence!

Genève la riche, Genève l'opulente est en train de subir une cure d'amaigrissement: baisse de la fiscalité grâce au barème-rabais, aux défalcations concernant le 2e et le 3e pilier, revision de la taxation des couples. En 1988, le peuple acceptait de supprimer totalement les effets de la progression à froid suivant ainsi un parlement unanime pour instaurer une meilleure justice fiscale.

Ce même parlement sera, par conséquent, toujours plus confronté à la nécessité de définir des priorités, tout ne pouvant pas être réalisé tout de suite.

Et c'est là que le bât blesse! Sans majorité, il lui sera bien difficile de trancher dans le vif et pourtant, c'est le prix à payer pour maîtriser toujours mieux le développement du canton, pour préserer les acquis sociaux et répondre aux besoins d'une population vieillissante.

Chers amis Confédérés

Le 1er juin 1814, les Suisses, contingents de soldats fribourgeois et soleurois, débarquaient au Port-Noir et Genève devenait canton suisse. Chaque année, les autorités cantonales participent à la célébration de cet anniversaire. Dans la salle du Grand Conseil, on peut admirer la belle tapisserie qui symbolise l'entrée de Genève dans la Confédération de même que les vitraux aux armoiries des cantons, ces derniers les ayant offerts lors du 150e anniversaire du rattachement de Genève à la Suisse.

Ces symboles expriment les liens profonds qui nous unissent à nos amis Confédérés.

Lors de sa traditionnelle sortie annuelle, le Grand Conseil s'est rendu à Soleure, ma ville d'origine, à l'invitation de la Fondation Waldegg qui organisait une semaine genevoise en septembre 1988. Quel accueil chaleureux! Soleure pavoisée aux couleurs genevoises, Soleure, ville des ambassadeurs de France, fidèle à sa tradition d'ouverture et de rencontre.

Nous avons senti battre le cœur d'un fédéralisme renouvelé où, dans la perspective du 700e anniversaire de la Confédération, de nouvelles collaborations doivent s'instaurer entre les cantons, entre les régions.

Genève a également été l'hôte du Marché concours de Saignelégier, puis ce fut le tour du Jura de tenir la vedette à Genève pour le 10e anniversaire de la création du nouveau canton. Ces liens doivent s'intensifier, car face à la construction de l'Europe de 1992, l'imagination et la créativité devront être au pouvoir plus que jamais.

L'Alabama, symbole de l'Esprit de Genève

Connaissez-vous la Salle de l'Alabama? C'est là que siège la commission des finances, dans la salle qui porte le nom d'un bateau «L'Alabama». C'est en ces lieux que siégea le tribunal arbitral qui mit fin au conflit entre les Etats-Unis d'Amérique et la Grande-Bretagne au lendemain de la guerre de Sécession en 1872. «L'Alabama» faisait partie de la flotte sudiste, armée en Angleterre, qui causa d'énormes dégâts au commerce nordiste.

C'est également en ces lieux, tout imprégnés du souvenir de Henri Dunant, que fut signée, en 1864, la Convention de Genève destinée à améliorer le sort des soldats blessés dans les armées en campagne. On y trouve également la charrue de la paix constituée par des sabres d'officiers américains à l'occasion d'un congrès pour la paix tenu à Philadelphie en 1872 et une cloche, réplique de celle qui sonna l'ouverture de la première assemblée de la SDN à Genève.

Oui, l'Esprit de Genève souffle en ces lieux. Une Genève qui, par ses institutions internationales, constitue une carte maîtresse de la Confédération en matière de politique étrangère.

A cette mission, Genève est profondément attachée. Tout comme elle est attachée à la collaboration étroite qui la rattache à la région franco-genevoise voisine et à ses 30 000 frontaliers, indispensables à notre économie, qui, chaque matin, viennent travailler à Genève. L'histoire de Genève est marquée, depuis des siècles, par un destin commun avec la région dont elle constitue le pôle d'attraction.

Le Grand Conseil est conscient de la nécessité de penser «région», région franco-genevoise, mais aussi région Vaud-Genève avec lesquelles des problèmes communs, tel par exemple celui des transports, devront être résolus.

Le Conseil d'Etat doit présenter au Grand Conseil une fois l'an, un rapport sur les questions régionales. Les députés ont saisi l'importance des enjeux et veulent être davantage partie prenante de l'avenir qui se construit.

Notre exécutif s'est fait quelque peu tirer l'oreille... et les députés ont dû attendre trois longues années avant de recevoir le rapport désiré!

Aujourd'hui, la commission permanente des affaires régionales a été créée qui très motivée va apporter sa pierre pour resserrer les liens avec les autres cantons et la région, car toutes les bonnes volontés doivent se mobiliser.

Renouveler le débat politique

Comme le déclare l'exhortation qui ouvre chacune des séances du parlement, nous devons «faire servir nos travaux au bien de la patrie qui nous a confié ses destinées».

Conscients des pesanteurs, des lenteurs, voire des blocages qui entravent l'action politique, il convient de renouveler le débat politique, de repenser certaines procédures, de se fixer des priorités afin de ne pas devenir prisonniers de structures inadaptées.

A cet effet, l'examen du budget a démontré les difficultés du Grand Conseil à modifier sa méthode de travail pour privilégier le vrai débat politique. Happés par le temps, les députés ne peuvent pas multiplier les séances de commission consacrées au budget. Dès lors il convient de mener une réflexion à plus long terme comme par exemple celle concernant les priorités dans les investissements, liées au développement du canton. Je crois profondément au pouvoir de la concertation entre partenaires politiques. Si nous ne cédons pas à la morosité et au repli, le Grand Conseil pourra alors mobiliser une majorité agissante capable de mener une politique tournée vers l'avenir qui réponde également aux besoins actuels, sans oublier les plus vulnérables d'entre nous.

Avec Aznavour, on savait Genève «Inoubliable, jolie en diable, création de Dieu ...» Vraiment, Genève a beaucoup reçu; il est juste qu'il lui soit beaucoup demandé! Selon la formule consacrée, elle a «confié ses destinées au parlement»: qu'il sache mériter cette confiance!

Eléments de Bibliographie

Encyclopédie de Genève
vol. 4 Les institutions politiques, judiciaires et militaires

Le pouvoir législatif à Genève à travers les siècles par M. Pierre Pittard, ancien président du Grand Conseil

Mémorial du Grand Conseil 1985 (tiré à part)

Loi portant règlement du Grand Conseil de la République et canton de Genève

Canton de Genève
Membres du Grand Conseil
Etat au 1er janvier 1990

Président: Jacquet Michel, Collonge-Bellerive, L

Andrié Jacques, Petit-Lancy, V
Annen Bernard, Genève 25, L
Baehler Raoul, Genève, V
Balestra Michel, Carouge, L
Beer Roger, Carouge, R
Blanc Claude, Meyrin, DC
Bobillier Jeanine, Meyrin, V
Boccard Jean-Marc, Grand-Saconnex, DC
Boesch Jacques, Meyrin, T
Born Liselotte, Carouge, S
Bosson Charles, Aire-la-Ville, R
Braun-Roth Hélène, Grand-Saconnex, DC
Brunner Christiane, Genève, S
Brunschwig Nicolas, Genève, L
Brunschwig Graf, Genève, L
Bugnon Fabienne, Meyrin, E
Burdet Hervé, Carouge, L
Calmy-Rey Micheline, Grand-Lancy, S
Cardinaux Georges, Vernier, L
Cavillier Nicolas, Grand-Lancy, L
Chevalley Anne, Genève, L
Chuard René, Chêne-Bourg, V
Cramer Robert, Genève 3, E
Dami Jeannik, Carouge, S
Damien Jaqueline, Genève, S
Dayer Andrée, Conches, DC
de Dardel Jean-Nils, Genève, S
Dessimoz Hervé, Meyrin 1, R
Deuber-Pauli Erica, Russin, T
Ducommun Daniel, Onex, R
Dufour Olivier, Genève, S
Dupont Bernard, Genève 17, DC
Ecuyer René, Genève, T
Erbeia Bernard, Vandœuvres, L
Fatio Catherine, Bellevue, L
Fontaine Philippe, Satigny, R
Fontanet Bénédict, Genève, DC
Gardiol Jean-Pierre, Vandœuvres, L
Genecand Jean-Claude, Genève, DC
Giromini Maurice, Genève, R
Grosjean François, Chêne-Bougeries, L
Humbert Yvonne, Genthod, L
Jacquet Michel, Collonge-Bellerive, L
Jacquiard Jacqueline, Genève, V
Jenni Hermann, Le Lignon, V
Johner Liliane, Genève, T
Jörimann Michel, Genève, S
Jost Georges, Vandœuvres, V
Joye Philippe, Genève, DC
Koechlin René, Genève, L
Lachat David, Genève, S
Leuenberger Sylvia, Vandœuvres, E
Lombard Armand, Genève, L
Loutan Guy, Genève, E
Luscher Béatrice, Troinex, L
Lusti Bernard, Versoix, R
Magnenat Gilbert, Genève 15, V
Magnenat Schellack, Le Lignon, S
Magnin Armand, Carouge, T
Mange Raymond, Vessy-Veyrier, L
Maréchal Albert, Collex-Bossy, DC
Maulini-Dreyfus Gabrielle, Chancy, E
Meylan Yves, Genève, E
Meyll Pierre, Versoix, T
Montessuit Jean, Carouge, DC
Mottet-Durand Geneviève, Avully, L
November André, Chancy, E
Olsommer Vesca, Grand-Lancy, E
Perregaux Berthier, Genève, S
Peyrot Alain, Genève, L
Poncet Charles, Genève 12, L
Queloz Jean, Lausanne, S
Ramseyer Gérard, Versoix, R
Rapp-Jotterand Catherine, Chêne-Bourg, E
Reusse-Decrey Elisabeth, Troinex, S
Revaclier David, Satigny, R
Richardet Jean-Luc, Petit-Lancy 1, S
Rigotti Jean-Pierre, Genève, T
Roset Martine, Satigny, DC
Rossetti Michel, Genève, R
Roth-Bernasconi Maria, Grand-Lancy, S
Rouiller Alain, Bernex, S
Saudan Françoise, Chêne-Bougeries, R
Saurer Andreas, Genève, E
Sauvin Alain, Genève, S
Savoy Irène, Meyrin, S
Schaller Philippe, Presinge, DC
Schneider Jacques-André, Genève, E
Schneider Max, Chêne-Bourg, E
Spielmann Jean, Genève, T
Stroumza Anni, Thônex, S
Sutter-Pleines Erika, Genève 4, S
Terrier Jean-Paul, Athenaz, DC
Torracinta-Pache Claire, Bernex, S
Torrent Jacques, Genève, R
Vaissade Alain, Genève, E
Vali Monique, Puplinge, DC
Vetsch Florian, Grand-Saconnex, R
Vial André, Châtelaine, V
Von der Weid Nicolas, Bardonnex, L

L Libéral
S Socialiste
DC Démocrate-chrétien
E Ecologiste
R Radical
V Vigilance
T Travail

Jean-Claude Montavon

Le Parlement jurassien

La représentation parlementaire de la République et Canton du Jura remonte en fait à l'Assemblée constituante, élue en 1976 et dissoute en décembre 1978 pour faire place au Parlement et au Gouvernement, deux organes de l'Etat jurassien dont le nom à consonnance bien française témoigne du souci constitutionnel d'illustrer la langue de Voltaire.

Forte de 50 députés, parmi lesquels la majorité de ceux qui avaient été aux avant-postes du combat pour l'autonomie et une bonne partie de l'élite politique du pays, la Constituante s'est distinguée par le niveau élevé de ses débats et une œuvre novatrice reconnue par tous.

La plupart des fortes personnalités de cette Assemblée ont cessé leur activité parlementaire à l'entrée en souveraineté du Canton pour se retrouver au Gouvernement, dans la haute administration ou à la tête d'établissements publics autonomes. Est-ce cette «désertion» qui a provoqué «le complexe de la Constituante» chez beaucoup de députés jurassiens? Ou ne serait-ce pas plutôt le fait que cette Assemblée a établi les fondements mêmes de l'Etat, ce qui ne saurait être fréquemment le cas dans un législatif cantonal ordinaire.

La Constitution jurassienne attribue au Parlement, principal représentant du peuple, la compétence de déterminer la politique du Canton et d'exercer la haute surveillance sur le Gouvernement, l'administration et les autorités judiciaires.

A cette fin, le Législatif discute le programme quadriennal de législature proposé par l'Exécutif et vote les dispositions constitutionnelles, les lois, les décrets et les arrêtés requis par l'activité de l'Etat.

Elus au système proportionnel par district et pour quatre ans, 60 députés constituent le Parlement jurassien, au sein duquel ils ne peuvent siéger plus de douze années consécutives. Une législature d'attente leur permet toutefois d'entamer une nouvelle carrière parlementaire.

En général, la séance constitutive d'un parlement est présidée par le doyen d'âge, à qui incombe l'allocution d'ouverture. Dans le Jura, il n'en est pas ainsi puisque, si le plus vieux député préside bien cette séance, il appartient au plus jeune élu du peuple de prononcer le discours inaugural. Belle fleur faite à la jeunesse, grande artisane (avec le Groupe Bélier) de l'accession à la souveraineté cantonale.

Une particularité du Législatif jurassien est la présence de suppléants (26 pour la présente législature). Elus sur les mêmes listes que les députés (ils en sont les premiers viennent-ensuite), ils ont des droits et devoirs identiques (documentation, indemnités, dépôt d'interventions, travaux des commissions, etc.), sauf naturellement celui de siéger lorsque tous les parlementaires du même groupe et du même district participent à la séance plénière. Les suppléants permettent ainsi de pouvoir compter sur une plenum réunissant toujours 58, 59 ou 60 députés. Ce système donne satisfaction. Cependant, une meilleure définition du statut des suppléants vient d'être arrêtée, car il ne saurait être le même que celui des députés, la Constitution jurassienne stipulant bien que le Parlement ne compte que soixante députés. Aussi, dorénavant, les suppléants ne pourront plus accéder aux fonctions de président, de vice-président et de scrutateur.

Six partis politiques se répartissent les sièges. Souvent, une majorité de droite/centre-

Le siège du Parlement jurassien à Delémont

droite (38 députés) l'emporte sur une minorité de gauche/centre-gauche (22 députés). Quant à la représentation socio-professionnelle, on y voit dominer les professions libérales (23%), devant les enseignants (17%), les cadres moyens (15%), les employés (15%), les agriculteurs (13%) et les cadres supérieurs (10%).

Le Parlement jurassien siège en règle générale chaque mois à Delémont, capitale de l'Etat. Néanmoins, il lui arrive d'émigrer une fois par an à Porrentruy ou à Saignelégier, chefs-lieux des deux autres districts.

Le Législatif de notre Etat est vraisemblablement (avec celui de Thurgovie et du Togo!) le seul au monde à ne pouvoir bénéficier de locaux permanents propres. Il tient en effet séance dans une salle qu'il loue à la paroisse réformée de Delémont et où, pour chaque réunion, tables, chaises, tribune, documentation, microphones et appareils d'enregistrement doivent être installés! Il arrive aussi que la salle soit prise et le Parlement doit alors siéger ailleurs! Cette carence nuit sans conteste à la bonne marche de cette institution et au symbolisme qui doit s'y attacher.

Les séances plénières se déroulent d'habitude dans le calme d'une «classe d'école bien gentille»! Les députés y sont assidus et hésitent à perturber la classe pardon le plenum, par des digressions, des bavardages ou des éclats de voix. Quant au public, il est relativement peu nombreux à suivre les débats. Rares sont aussi les élus qui s'expriment sans texte de référence et de trop nombreuses répétitions, d'un orateur à l'autre, nuisent à la fraîcheur et à la spontanéité du débat démocratique. Mais est-il possible de l'éviter? – L'ensemble des débats, ainsi que les messages gouvernementaux relatifs aux lois, les interventions et les réponses que l'Exécutif y apporte, sont fidèlement reproduits dans le Journal des débats. Dans la phase d'élaboration de celui-ci, chaque intervenant a la faculté de revoir le texte de ses interventions, afin d'en améliorer la syntaxe ou peut-être de préciser une notion. Mais seuls les ministres et quelques députés usent couramment de cette faculté.

La tenue vestimentaire des élus du peuple ne doit pas non plus surprendre. Habituellement, le complet-veston cravate est de rigueur mais on tombe facilement la veste. Toutefois, certaines tenues donnent à penser que quelques parlementaires ne se rendent peut-être pas compte qu'ils siègent au sein de la plus haute autorité politique du pays!

Une autre caractéristique du Parlement jurassien est l'invitation faite à deux observateurs (des communes du Jura méridional de Vellerat et de Moutier) d'assister aux séances du Parlement. Ils siègent également, avec voix consultative, au sein de la commission permanente de la coopération et de la réunification. Même si l'on doit considérer que l'influence des observateurs sur la marche des affaires de l'Etat n'est pas déterminante, on doit prendre acte que, par cette ouverture, le Parlement jurassien manifeste son souci permanent de reconstituer l'unité institutionnelle du Jura.

Alors que le Secrétariat du Parlement est la cheville ouvrière du Législatif cantonal, le Bureau (composé du président, d'un premier et d'un deuxième vice-présidents – tous élus pour une année – et des présidents des quatre groupes parlementaires) en est le patron.

A l'instar des autres législatifs, le Parlement jurassien compte des commissions permanentes et des commissions spéciales. Si celles-ci sont en général mises sur pied pour traiter des sujets ponctuels (nouvelles lois, arrêtés importants), les premières (gestion et finance, travaux publics et transports, justice et pétitions, coopération et réunification, économie) examinent les dossiers courants de l'Etat.

Seule peut-être la commission de la coopération et de la réunification est spécifique à notre canton. C'est elle qui étudie les affaires de coopération avec les cantons voisins, les régions frontalières (départements français, Etats de l'Allemagne fédérale), les autres entités francophones (Communauté française de Belgique, Wallonie, Bruxelles, Québec), tout en suivant de près le dossier «réunification du Jura historique».

Il faut noter aussi qu'une commission de rédaction (dont les membres ne sont pas forcément députés) s'attache au respect de la langue française, en corrigeant tous les projets de lois entre les deux lectures parlementaires.

C'est au sein des commissions que sont surtout discutés les enjeux de la politique cantonale. Et les incessantes navettes entre groupes et commissions sont certainement à l'origine d'une certaine sclérose du débat parlementaire public. Plutôt que de laisser chaque député jouer «au petit rapporteur» entre la commission et son groupe, ne faudrait-il point lui donner le pouvoir de délibération, de négociation et de décision dans les commissions?

Force est aussi de constater que les prises de position des groupes restent pratiquement immuables jusqu'à la fin du débat public et cela quels que puissent être les arguments développés par les représentants des autres groupes. Même Jésus ne serait pas suivi s'il apparaissait une fois à une séance de notre Législatif!

Les interventions dont disposent les députés jurassiens sont en général celles des autres parlements. Toutefois, il y a lieu de citer la question orale qui, pendant une heure toutes les deux séances, voit les parlementaires interroger le Gouvernement jurassien sur n'importe quel objet ressortissant à la politique du Canton. Et cela, sans aucune information préalable du représentant du Gouvernement, bien que certaines questions donnent l'impression d'une connivence entre interpellateur et interpellé! Il faut aussi citer la motion interne qui, débattue sur le mode de la motion, permet de traiter d'affaires exclusives au Parlement (modification du règlement par exemple) et donne la possibilité au Législatif d'exercer ses compétences constitutionnelles en matière fédérale. Quand au nombre d'interventions, il est celui que l'on peut attendre d'un parlement. Un simple coup de fil à l'administration en supprimerait plusieurs. Mais, publicité électorale oblige!

Le Parlement doit satisfaire à certaines élections (présidence et vice-présidence du Parlement, présidence et vice-présidence du Gouvernement, juges cantonaux, procureur, juge d'instruction cantonal, préposés aux poursuites) et un constat s'impose: le positionnement politique des candidats et la recherche du consensus entre les groupes sont généralement mieux pris en compte que les qualifications, la sympathie ou la solidarité socio-professionnelle. Une anecdote au sujet des élections et des votes: les scrutateurs n'ont pas hésité quelquefois à annoncer un nombre de voix supérieur à celui des députés!

En général, les consultations fédérales ne sont traitées que par les exécutifs cantonaux. Ce n'est pas le cas dans la République et Canton du Jura, puisqu'il appartient au Bureau du Parlement de décider de leur importance et, ainsi, de déclencher le débat parlementaire. A ce jour, la réponse gouvernementale a été soumise au Législatif, avant envoi aux autorités fédérales, pour les objets suivants: revision de la Constitution fédérale, conception globale des transports, statut des demi-cantons, répartition des tâches Confédération-cantons et initiative pour une extension de la durée des vacances payées.

Si le Gouvernement jurassien pratique une politique de coopération sur la base de postulats constitutionnels, le Parlement s'est également ouvert à d'autres législatifs. C'est ainsi que, depuis 1981, une section de l'Assemblée internationale des parlementaires de langue française (AIPLF) a été créée en son sein. Elle œuvre depuis au dialogue des cultures avec des députés francophones de plus de quarante parlements des cinq continents, qui se réunissent tant à Paris qu'à Bruxelles, au Sénégal, au Cameroun, au Québec, à la Réunion, au Canada, à Jersey, en France, dans le Jura, etc. En 1984, le Parlement jurassien a conclu, avec le Conseil de la Communauté française de Belgique, une entente de coopération interparlementaire qui permet chaque année à un comité mixte (cinq députés de chaque législatif) de siéger alternativement en Belgique et dans le Canton, pour traiter de problèmes intéressant les deux régions (institutions, droits politiques, protection du patrimoine, tourisme social, formation professionnelle, agriculture, Marché unique européen, etc).

Une autre caractéristique du Parlement jurassien est son excursion annuelle. Créée pour permettre aux députés – qui n'ont pas l'occasion de se fréquenter lors de véritables sessions – de s'apprécier mutuellement, les parlementaires jurassiens ont ainsi visité, depuis 1981, certaines régions du Canton naturellement, mais aussi Schwyz, le Valais, le Jura méridional, Macolin et la France voisine.

Les relations entre Parlement et Gouvernement sont vraisemblablement celles que connaissent la plupart de nos législatifs cantonaux. Et si le ton est en général cordial entre députés et ministres, on peut retenir que ceux-ci – souvent au bénéfice d'évidentes qualités oratoires et d'une très bonne maîtrise des dossiers qu'ils gèrent en véritables professionnels qu'ils sont – n'hésitent pas à user parfois d'un ton sarcastique à l'endroit des députés et à se révéler bien susceptibles.

Plusieurs députés estiment que le Parlement subit le poids toujours plus lourd de l'Exécutif. Relativiser un tel constat est sage, si l'on tient compte du fait que 58 députés (sur 60) sont membres des quatre partis au pouvoir. A l'évidence, l'indépendance du parlementaire face à la politique gouvernementale en prend un coup. Mais ne serait-ce pas aussi dû à notre système politique qui donne la priorité à l'action des exécutifs, véritables animateurs de la vie politique cantonale? Néanmoins, le Parlement jurassien n'est de loin pas encore une chambre de ratification et certains débats récents ont démontré qu'il fallait compter avec lui. – Après dix années de fonctionnement, le Parlement fait actuellement son «autocritique» au sein d'une commission parlementaire. Toutefois, il faut savoir que, selon une récente enquête:

– trois quarts des députés jurassiens sont satisfaits de la procédure parlementaire appliquée jusqu'à ce jour (proposition du Gouvernement, navettes commission-groupes, plenum);
– trois cinquièmes d'entre eux sont d'avis que le Parlement agit dans le cadre des compétences qui lui sont attribuées, les autres s'estimant dominés par l'action gouvernementale;
– les trois quarts pensent que tenir une dizaine de séances par an est un rythme convenable;
– les deux tiers enfin sont d'avis que les débats publics au plenum sont intéressants.

Ainsi, il en va du Parlement jurassien comme de toute institution qui ne vaut que par les hommes qui l'animent et les principaux griefs que l'on peut adresser à notre législatif peuvent concerner les parlements du monde entier.

Cependant, la grande chance du Parlement jurassien tient à son très jeune âge. Ses coutumes, ses procédures sont naissantes et l'expérience des autres lui est profitable en vue de constituer le lieu privilégié de toute démocratie que sont les parlements.

Eléments de Bibliographie

Constitution de la République et Canton du Jura (RSJU 101)

Loi sur les droits politiques (RSJU 161.1)

Règlement du Parlement de la République et Canton du Jura (RSJU 171.21)

«La République et Canton du Jura». Chancellerie d'Etat. Delémont. 1987. (Monographie)

Canton du Jura
Membres du Parlement
Etat au 1er janvier 1990

Présidente: Jolidon Mathilde, Le Prédame, PDC

Ackermann Claude, Bourrignon, PDC
Ackermann Hubert, Pleigne, PDC
Allimann Jean-Marie, Bassecourt, PDC
Amgwerd Dominique, Delémont, PDC
Bailat Andrée, Delémont, PDC
Bassang Jacques, Le Noirmont, PS
Beguelin Roland, Delémont, PS
Berberat Michel, Porrentruy, PLR
Bertolo Mario, Montfaucon, PDC
Beuchat Jean-Marie, Courroux, PCSI
Beuchat Marc, Courfaivre, PS
Biedermann André, Delémont, PCSI
Boillat Henri, Les Bois, PDC
Bonnemain Jean-Paul, Alle, PLR
Bouillaud Simone, Le Noirmont, PCSI
Bourquard Agnès, Les Breuleux, PS
Bourquard Edmond, Delémont, PLR
Bregnard Jacques, Bonfol, PDC
Chappuis Louis, Mervelier, –
Cerf Ernest, Courgenay, PLR
Cerf Michel, Cougenay, PDC
Cerf Paul, St-Ursanne, PDC
Charmillot Bertrand, Vicques, PDC
Charmillot Liliane, Vicques, PDC
Chavanne Alphonse, Glovelier, PDC
Comte André, Saint-Ursanne, PLR
Conti Jean-Michel, Porrentruy, PLR
Courbat Jean-Marie, Porrentruy, PDC
Crétin Gérard, Soulce, PDC
Crevoisier René, Les Genevez, PLR
Desbœufs Jean-Joseph, Le Noirmont, PDC
Etienne Victor, Porrentruy, PS
Etique Josiane, Delémont, POP + P
Finger Jean-Claude, Courtételle, PLR
Fresard Marcel, Delémont, PCSI
Gentil Pierre-Alain, Delémont, PS
Gerber Daniel, Le Prédame, PCSI
Gigon Etienne, Goumois, PDC
Giordano Victor, Porrentruy, PCSI
Gueniat Pierre, Delémont, POP + P
Hêche Claude, Courroux, PS
Helg Laurent, Delémont, PLR
Hennet Germain, Delémont, PLR
Henzelin André, Delémont, PLR
Hoffmeyer Grety, Bassecourt, PCSI
Hubleur Dominique, Porrentruy, PCSI
Hutmacher Ernest, Soubey, PLR
Jallon Yvonne, Courfaivre, PCSI
Jolidon Mathilde, Le Prédame, PDC
Juillerat Frédéric, Courfaivre, PLR
Kneuss Michel, Beurnevésin, PLR
Kohler Jean-François, Courgenay, PLR
Kohler Pierre, Delémont, PDC
Kottelat Germain, Mervelier, PDC
Maillard Maurice, Porrentruy, PLR
Minder Fritz, Bure, PLR
Miserez Alphonse, Saignelégier, PLR
Miserez Jean-Marie, Saignelégier, PS
Monnerat Yves, Courtemaîche, PDC
Montavon Odile, Delémont, CS + S
Müller Roland, Porrentruy, PS
Nicoulin Didier, Delémont, CS + S
Oeuvray Martin, Chevenez, PDC
Oeuvray Jean-Marc, Charmoille, PDC
Ory Jean-Marie, Delémont, PCSI
Petignat Jean-Pierre, Courtételle, PS
Petignat Philippe, Miécourt, PDC
Prince Jean-Claude, Delémont, PS
Probst Michel, Cœuve, PLR
Prongue Marie-Madeleine, Porrentruy, PDC
Raccordon Charles, Alle, PDC
Rais Georges, Delémont, PLR
Ramseyer Jean-René, Porrentruy, PLR
Richon André, Delémont, PS
Sanglard Odette, Courtételle, PS
Schaffter René, Soulce, PLR
Schlüchter Claude, Delémont, PS
Studer Rose-Marie, Delémont, PCSI
Taillard Etienne, Les Breuleux, PDC
Theurillat Hubert, Porrentruy, PDC
Thiévent Gilbert, Soubey, PDC
Varrin Bernard, Alle, PS
Vermot Michel, Porrentruy, PDC
Voirol Jean-Marie, Porrentruy, PLR
Voirol Romain, Courrendlin, PLR
Wermeille Vincent, Saignelégier, PCSI

PDC	Groupe démocrate-chrétien
PLR	Groupe libéral-radical
PS	Groupe socialiste
PCSI	Groupe chrétien-social indépendant
CS et S	Combat socialiste et Sympathisants
POP et P	Parti ouvrier et populaire et Progressistes